JN214594

北条氏発給文書の研究

附 発給文書目録

北条氏研究会［編］

勉誠出版

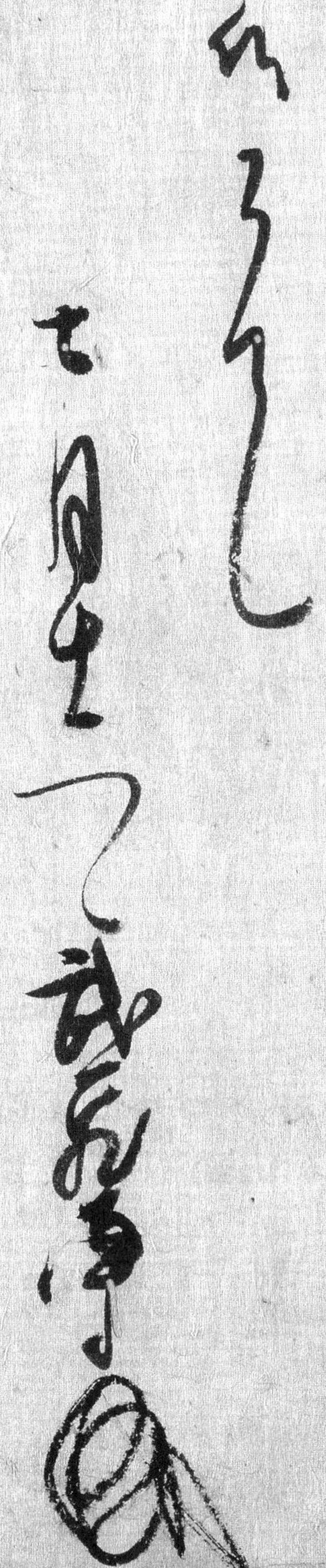

各論考の次に、北条時政以下各代の発給文書目録を掲載した。これは、例会用の目録を作成している山野井功夫氏に基本的なデータの提出をお願いし、菊池紳一がこれを勘案して当該執筆者に提示し、作成したものである。

現状の研究状況を見ると、各々の研究者がある時期を区切り、文書名を命名する例が多く見られる(詳細は、本書末尾の研究史、久保田和彦「北条氏発給文書研究の現状と課題」を参照されたい)。そこで本論集の発給文書目録記載の文書名は、本会の基本としてきた様式による分類に従って文書名を付した。大きな時代の流れに沿って、その文書の役割を判断するという目的もあり、北条時政から北条時宗まで、一定の基準で文書名を示すことにした。これに対する各執筆者の主張は各々の論考を参照していただきたい。

ここで、簡単に各文書名の基準を示しておきたい。冒頭に「関東」を付した文書名(関東下文、関東下知状、関東御教書等)は、執権あるいは両執権(執権・連署)が奉じた文書に使用した。「関東下文」は、冒頭に「下 (宛所)」のある文書、「関東下知状」は、「関東下文」にあった冒頭の一行(「下 (宛所)」)が省かれ、本文末尾が「依鎌倉殿仰下知如件、」「依仰下知如件、」で結ばれ、奥下に署名がある文書を指す。「関東御教書」は、執権あるいは両執権(執権・連署)が奉じ、本文末尾が「依鎌倉殿仰執達如件、」で結ばれ、日下に署名がある文書である。なお、書状様式(本文末尾が「恐々謹言」「謹言」等である文書)は、執権あるいは両執権(執権・連署)であっても「〇〇書状」「〇〇連署書状」とした。

第二部は、鎌倉殿の発給文書についての論考を掲載した。これは北条氏発給文書と比較するためで、鎌倉殿は、源頼朝、源頼家、源実朝、北条政子、藤原頼経、藤原頼嗣、宗尊親王、惟康親王の発給文書である。但し、宗尊親王、惟康親王の発給文書については考察対象の文書が少なく、掲載を断念せざるを得なかった。鎌倉殿の役割の限界を示しているともいえよう。

第三部は、会員各位の論考である。北条時宗までの北条氏発給文書を対象にすることを条件にして、自由に執筆していただいた。例会における報告のようなものもあれば、問題点を設定した論考もある、幅広いテーマとなっている。大凡年代順に配列した。

発給文書からみた論点

鎌倉幕府は、源頼朝と御家人との主従制を基礎とする「源頼朝家」（以下「源家」と表記する）の家政機関として出発した。源頼朝の発給文書を見ると、大きく分けて、①鎌倉幕府管轄下に対する文書と、②朝廷や公家、寺社権門に対する文書に分けられる。前者は、源頼朝の地位身分（官位等）によって、奥上署判下文→袖判下文→政所下文と変化していく。後者は、後白河院に対する政治的要求を示す上申文書以外は、ほとんど書状か側近の中原広元や平盛時の報じた御教書が用いられている。こうした源頼朝発給文書の果たした役割のどの部分を北条氏の発給文書が継承し発展させたのであろうか。

源頼朝が没すると、鎌倉幕府のシンボルである鎌倉殿には、源頼家、ついで源実朝が就任する。だが、「源家」の家長権は、源頼朝の後家である北条政子が掌握する。源実朝暗殺後、三寅（藤原頼経）の幼少時代を「二位家御時」と称されるように、政子は鎌倉殿の後見役として存在していた。

承久の乱を経て、北条政子が没すると「源家」は消滅しその影響は無くなる。新しい政治体制が生まれた。それが、北条時房・同泰時による両執権（執権・連署）体制である。具体的な政策には、御成敗式目の制定、評定衆の設置、鎌倉の街の整備（将軍御所の移動）等が確認できる。また、北条氏の嫡流である義時流（得宗）の家政機関（公文所）が拡充、整備されたのもこの時期である。

北条時政から始まった関東下文、関東下知状の二種の文書様式は、この新しい体制の許でも数多く見られるが、大勢は後者（関東下知状）に移っていく。ちなみに関東下文の様式は、北条義時、北条時頼、北条時宗各々の発給文書には一通しか見られない。ただなぜ、北条時房・同泰時連署の発給文書の中にこの様式が数多く見られるのか、検討する必要があろう。

「源家」が消滅すると、その支配下にあった関東御領や将軍の知行国である関東御分国は、政所の支配下に置かれ、徐々に得宗領化していった。新しい鎌倉殿（摂家将軍）の支配下には置かれなかったのではなかろうか。源頼朝の時に永代知行国として鎌倉殿に与えられた相模・武蔵両国のうち、武蔵国が得宗分国化する経緯はかつて述べたことがある（拙稿「鎌倉幕府の政所と武蔵国務」、『埼玉地方史』六五、二〇一一年）。相模国も宝治合戦を経て得宗分国化したと考えてよいのではなかろうか。発給文書からは見えない部分であるが、仮説として提示しておきたい。

北条長時は、康元元年（一二五六）三月に六波羅から鎌倉に帰着した。まもなく北条時頼が赤痢に罹り出家すると、時宗が幼稚の間の眼代（代官）として、①執権職、②武蔵国国務、③侍別当、④鎌倉第を長時に預けている。しかし、政村・長時の両執権としての発給文書をみると、時頼の執権としての権限を引き継いだとみられる文書だけで、守護や得宗としての立場は引き継いでいないと判断してよいであろう。出家しても時頼は後者を掌握していた。ここに、執権と得宗の分離が示されている。

北条時宗の時代に入ると、蒙古襲来という外圧も加わって、さらに明確になってくる。御家人を外様、得宗被官を御内と称し、その時代の後半は、外様と御内が時宗政権を支えていた。時宗が没すると、この対立が表面化し霜月騒動が起こり、後者が勝利する。

一方、御家人社会を見ると、例えば、北条長時の時は、惣領家、庶子家の区別なく将軍家政所下文で譲与安堵される例が見られる。また、北条時宗の時代前半にも、関東下知状で譲与安堵される例や将軍家政所下文で譲与安堵される例が見られる。ところが、後半の弘安三年（一二八〇）頃から惣領には将軍家政所下文、庶子家には関東下知状で譲与安堵する例が見られるようになる。惣領家と庶子家の区別、前者の権威付けが背後にあるのかもしれない。この頃から両者の対立、相論に関する関東下知状（裁許状）が見えるようになる。

文永八年（一二七一）、幕府は蒙古襲来に備え、鎮西に所領を持つ東国御家人を下向させ、異国防御と領内悪党鎮圧を命じている。こうした御家人社会の変化が発給文書に反映したのであろうか。幕府側の判断なのか、御家人側の要請なのか、興味深い所である。

現在、北条氏研究会では北条貞時の発給文書を読み進めている。こうした御家人社会の変動と内管領を中心とする御内人（得宗被官）の台頭がどのような武家社会に変化していたのか確認しつつ、一歩一歩読み進めていきたい。

北条氏研究会代表　菊池紳一

目次

第二部　鎌倉殿発給文書（袖判下文・書状等）

第三部　北条氏発給文書の世界

第一部　北条氏（執権）発給文書

北条時政発給文書について

——文書様式の変遷と権限——

菊池紳一

はじめに

いつの時代でも、人は様々な人間関係を持ち、その立場に応じた権限を行使する。人はその権限を行使するため文書を発給する。翻って、ある人の発給文書を検討し、その関連史料で補えば、その人の立場・権限をある程度推定することが可能である。

北条時政（保延四年～建保三年：一一三八～一二一五）は、代々伊豆国の在庁官人の家に生まれた。平治の乱に敗れ、伊豆国に配流された源頼朝を娘婿として迎え、治承四年（一一八〇）五月にその頼朝が平家追討を命ずる以仁王の令旨を受けるに及び、その岳父としてその挙兵を助けることになる。

鎌倉を拠点とした頼朝は、木曾義仲、ついで平家を滅ぼした。寿永二年十月宣旨によって既得権を認められた頼朝は鎌倉に政権を樹立し、文治五年（一一八九）には奥州藤原氏を滅ぼした。この間時政の活躍が見られるのは、頼朝の代官として源義経追捕のため上洛した時ぐらいであり、建久元年（一一九〇）頼朝が上洛して権大納言・右近衛大将に補任された時も、叙任されることはなく、無位・無官であった。

頼朝が没すると娘である後家尼政子の支援もあり、正治元年（一一九九）四月には、子義時とともに十三人の合議制の一員に加えられ、翌二年四月には従五位下遠江守に叙任され、他の御家人との差別化が進んだ。こうして幕府内での地位を固めつつあった時政は、将軍源頼家やその外戚比企能員と対立、建仁三年（一二〇三）八月、源頼家の病気が重くなると、時政は機先を制して比企能員を誘殺し、比企一族とともに一幡を殺害した。この時政のクーデターの結果、将軍頼家を廃して伊豆に幽閉し、その弟千幡（実朝）を跡継ぎとして征夷大将軍に戴き、みずからは将軍の外戚、また政所別当として幕府政治の実権を握った。この背景には娘政子の後援・容認もあったと考えられる。

その後、元久元年（一二〇四）、時政と後妻牧方の女婿武蔵守平賀朝雅を京都守護とし、着々とその政治的地盤を拡大しつつあったが、翌二年六月、朝雅から通報を受けた牧方の讒訴により、畠山重忠を武蔵国二俣川付近（神奈川県横浜市旭区）で討ち取った。さらに、時政は、牧方と謀って実朝を除き女婿朝雅を将軍にしようとしたが、政子・義時の反対にあい、同閏七月、時政は出家し、伊豆国北条に隠棲した。建保三年（一二一五）正月六日、日頃煩っていた腫れ物が悪化し没した。享年七十八。

時政はこのように波乱に満ちた一生を送り、鎌倉北条氏の基礎を築いた人物である。

本稿では、北条時政が発給した文書を検討し、その文書様式の変遷や内容等を検討・確認しつつ、発給文書という観点から時政の置かれた政治的立場や権限、頼朝等との人間関係等を考えてみたい。また、その発給文書を鎌倉幕府の発給文書の変遷のなかに位置付けてみたい。(1)

北条時政の発給文書全体を扱った論考はほとんど見られないが、鎌倉幕府成立期のこともあり、それに関わってその一部を扱った論考は数多く存在する。それらを分類すると次の四つにまとめることができる。

1　国地頭論に関するもの。(2)

2　執権在任期の北条時政発給文書に関するもの。(3)

3　北条氏領（肥後国阿蘇社等）に関するもの。(4)

4　守護としての発給文書に関するもの。(5)

詳しいことは、各章で触れることとして、以下、先論に導かれつつ、考察を進めて行きたい。

さて、北条時政の発給文書を、検討を要する文書も含め、『鎌倉遺文』等から検索すると、六十八通となる。(6) これを年代順に配列したのが本論文末に掲載した【表Ⅰ】（北条時政発給文書目録）である。(7) これを北条時政の幕府内での立場を考慮して、左記の（A）～（E）の五つの時期に分け、さらに時期に関わりなく権限によって（F）～（G）、検討を要する文書（H）に分類した。

（A）文治元年（一一八五）十一月以前。

（B）文治元年十一月二十五日の時政入洛から、同二年四月十三日の鎌倉帰着まで。

（C）前記の鎌倉帰着以降、源頼朝の没する正治元年（一一九九）正月まで。
（D）源頼朝没後から、建仁三年（一二〇三）九月二日の比企能員の乱まで。
（E）比企能員の乱以降、北条時政が伊豆に隠居するまで。
（F）北条氏領に関するもの。
（G）北条時政が守護として管国に発しているもの。
（H）検討を要する（偽文書と推定される）もの。
以下、各章で検討したい。なお、（H）に関しては各章の注記で触れた。

一　北条時政上洛以前（A）

北条時政上洛以前（A）の文書は『吾妻鏡』に引用されている左記の二通（1号・2号）である。この時期、寿永二年十月宣旨によって、源頼朝は朝敵ではなくなり、東国沙汰権を追認されている。しかし、これ以降元暦元年（寿永三年四月十六日に元暦と改元）にかけて北条時政の動向についてはよくわからず、『吾妻鏡』等から知られるのはこの二通の文書だけである。この二通が時政の発給文書かどうか、若干の疑問も残る。二通ともその根拠は『吾妻鏡』の地の文である。まず1号文書を見てみよう。

○1号　**北条時政下文写**（『吾妻鏡』元暦元年三月一日条）

下　土佐国大名国信・国元・助光入道等所
　可早源家有志輩同心合力追討平家事
右、当国大名并御方有志之武士、且企参上、且同心合力、可追討平家之旨、被　宣下之上、依鎌倉殿（源頼朝）仰所令下知也、就中当時上洛御家人信恒可令下向、如旧令安堵、不可有狼籍、大名武士同心合力不可見放之状如件、宜承知敢勿違失、以下、
　寿永三年三月一日　　　平（北条時政）

1号文書の出されたのは、同年二月に一谷合戦で平家が敗れた直後にあたる。ただこの当時、平家は讃岐国屋島を根拠地とし

て瀬戸内海の制海権を握り、その勢力はまだあなどりがたいものがあった。『吾妻鏡』の地の文には「次四国之輩者、大略以雖令与力平家、土佐国者為宗者奉通其志於関東之間、為北条殿御奉、同遣御書、其詞云、」と、時政が頼朝の命を受けて出した下文としてこの文書（北条時政下文）が掲載されている。

文書の様式を見ると、冒頭に「下　（宛所）」、次行に事書があり、事実書の末尾が「宜承知敢勿違失、以下、」、差出は日下にあるという下文様式をとる。事実書の文中に「依鎌倉殿仰、所令下知也、」と奉書文言があり、在鎌倉の側近が源頼朝の仰せ（命令）を奉じて発給した下文といえよう。いわば下知状の先行様式といってもよいであろう。

『吾妻鏡』の地の文以外の文書で「鎌倉殿仰」を奉じて発給された文書が見えるのは、寿永三年七月二日の関東御教書(8)が早い例で、在鎌倉で頼朝に近侍する吏僚中原広元が奉じた奉書様式の文書である。また、「鎌倉殿」の使用例は、これより早く、寿永二年十二月七日の某下文(9)で、藤原助弘を中野郷内西条の下司職に補任している。端裏に「これはあくせんし殿の御下文」とあり、頼朝の弟悪禅師（阿野全成）の下文とされる。文中に「且有限　鎌倉殿之御下文」とあり、「鎌倉殿」の初見かもしれない。

1号文書の内容は、土佐国の大名・武士に対して平家追討を命じたものである。『吾妻鏡』同日条の構成を見ると、最初に同日付の源頼朝奥上署判下文が配され、本文書と同様に、「鎮西九国住人等」に平家追討を命じている(10)。あたかも頼朝が九州、時政が土佐国と共に非支配地域に分担して発給した様子を示している。疑問が残るが、この時期「平姓」の頼朝の側近が見当たらないので、地の文に従っておきたい。時政はこの時期頼朝の側近にいて活動していた。

次に2号文書を見よう。

○2号　北条時政書状写（『吾妻鏡』元暦元年十二月三日条）

園城寺（近江国）衆徒、殊勒牒状、被申于鎌倉殿（源頼朝）事候歟之間、平家領一両所、別以所令寄進御候也、此次第、尤厳重思食候之故也、而
自彼衆徒之御中、令触申給事候者、殊入御心、御沙汰可有候者也、更御疎略不可候者歟、且又依御気色、所令申上候也、凡
可申上候事等雖多之候、忩々候之間、不能心事候、恐々謹言、
　十二月三日（元暦元年）　平（北条時政）
進上　判官殿（源義経）

2号文書は、当時源頼朝の代官として在京していた源義経に宛てた書状である。『吾妻鏡』元暦元年十二月三日条の地の文には「園城寺専当帰洛、而北条殿殊令帰依当寺給之間、相副慇懃御書、被申彼寺事於源廷尉、其詞曰、」とある。これより先の十一月二十三日、園城寺専当等が鎌倉に到着し、持参した園城寺衆徒の牒状を頼朝に提出、その前で中原広元が読み上げたという。内容は園城寺に平家没官領を寄進してほしいというものであった。頼朝はこれに応えて、同十二月一日に使者を御前に召して、同十一月二十八日付の寄進状と十二月一日付の寄進状を与えた。寺領として二か所を寄進したのである。『吾妻鏡』の地の文では、時政が園城寺に帰依したため「慇懃御書」を副えて園城寺のことを在京する源義経に伝えたと記すが、この記載には潤色があるようである。この時政書状には、鎌倉殿（源頼朝）が園城寺に平家没官領を寄進し、衆徒から何か申請があったら沙汰して欲しい旨述べているが、これは「且又依御気色、所令申上候也、」と頼朝の意向であることも記載しており、時政が自発的に出した書状ではなく、これも側近に仕える時政が頼朝の意向を受けて出した書状と考えたほうが蓋然性が高い。宛所が源義経であり、書状を用いている。

この時期「平姓」の頼朝の側近が見当たらないので、地の文に従って、前記二通は北条時政発給文書と判断した。

二　北条時政の入洛から鎌倉帰着まで（B）

北条時政は、文治元年十一月二十五日に入洛し、翌年三月末に出京して鎌倉に向かっている。この在京時の発給文書は十七通あるが、（H）（偽文書と推定されるもの）に属する文書が二通あり[11]、（B）として検討するのは十五通である。

この時期の北条時政発給文書は、早くから中田薫・牧健二両氏をはじめ多くの人々が、守護地頭設置に関する史料として取りあげてきた[12]。とりわけ、石母田正氏の「鎌倉幕府一国地頭職の成立」[13]が発表されて以来、時政が辞止した「七ケ国地頭職」をめぐって文治国地頭論が展開されている[14]。しかし、本稿はこの国地頭を論ずるのが本旨ではないので、在京時の北条時政の立場、権限をその発給文書の内容と様式から確認する点に重点をおきたい。

さて、十五通の文書の様式・内容を示したのが【表II】（北条時政発給文書（B））である。様式の上から見ると、書下（内容は禁制）が一通、外題（狼藉や武士濫妨停止）が三通、注文が一通あるが、多くは下文様式（五通）と書状様式（五通）である。下文様式と書下・外題は上意下達文書、書状様式は上申文書に用いられていたことが、宛所・内容から確認できる。まず、下文様式を見てみよう。

【表Ⅱ】北条時政発給文書（B）

番号	文書名	様式	宛所	内容
3	（文治元年）十二月十五日北条時政書状	書状	（高野山）	高野山領の兵粮米を停止する旨を伝える。
5	文治元年十二月日河内通法寺供僧人等解（外題）		（通法寺供僧人等）	通法寺僧徒の請により、衆庶の寺内への狼籍を停止する。
6	文治元年十二月日北条時政書下	書下	（薗光寺）	河内国薗光寺に対する甲乙人等の寺内乱入を禁ず。
7	文治元年十二月日多米正富解案（外題）		（多米正富）	伊勢太神宮領同国大橋御薗司多米正富の請により武士の乱妨を停止する。
8	文治元年十二月日北条時政下文写	下文	丹後国兵粮米使等	丹後国兵粮米使等に石清水八幡宮領に対する兵粮米を免除する旨を命じる。（甲）
9	文治二年正月二十九日北条時政下文写	下文	紀伊国高野山御庄々	紀伊国高野山領の兵粮米及び地頭を停止する。（甲）
10	文治二年正月日多米正富申状案（外題）		（多米正富）	多米正富の請により他人の狼藉を停止する。
12	文治二年二月十一日北条時政下文案	下文	伊勢国河田御薗一志武富并大橋御薗	伊勢太神宮領河田御薗一志武富并大橋御薗等への狼籍を停止する。（乙）
13	（文治二年）二月二十五日北条時政書状写	書状	（蔵人）	入道鍛冶の訴えについて請文を提出する。
14	（文治二年）三月一日北条時政書状写	書状	大夫属（吉田経房宛）	七ケ国地頭職の辞退などについて言上する。
15	文治二年三月十七日北条時政下文案	下文	稲毛日庄司	鳥羽宮（定恵法親王）領紀伊国阿弖河荘に対する三宝房長安等の妨を停止する。（乙）
16	文治二年三月十八日北条時政下文案	下文	高野山大伝法院御領庄官住人等	高野山大伝法院領に対する兵士兵粮供給雑事等の所役を停止する。（乙）
17	（文治二年）三月二十三日北条時政書状写	書状	吉田経房	源頼朝の命により、京留武士交名注文を副えて、関東下向のことを伝える。
18	（文治二年）三月二十七日京留武士交名注文写	注文	吉田経房	京留する武士の交名を注進する。
19	（文治二年）四月一日北条時政書状写	書状	大夫属（吉田経房宛）	尾張国萱津宿にて、京都に向かう源頼朝書状に添状を付す。

○8号　北条時政下文写（善法寺家文書）（甲）

北条（時政）殿御下文案

下　丹後国兵粮米使等

可早免除八幡宮（山城国石清水）寺御領兵粮米并藁催事

右、於宮寺御領者、件兵粮米等永令免除畢者、可存其旨之状、下知如件、
文治元年十二月　日　平在―（北条時政）（判）

○9号　**北条時政下文写**（根来要書下）（甲）

下（北条下文）　紀伊国高野山御庄々
可早令停止兵狼米并地頭等事
右、件御庄々自彼御山所被仰下也、仍為令致其制止、雑色守清所遣下者、於自今以後者、所令停止旁狼籍也、且御庄々折紙遣之、敢勿違失、故下、
文治二年正月廿九日　平在判（北条時政）

○12号　**北条時政下文案**（醍醐寺文書）（乙）

下（同前）　伊勢国太神宮御領河田御薗一志武富并大橋御薗等
可早任（源頼朝）鎌倉殿御教書旨停止狼籍事
右、件所々、任　鎌倉殿御教書之旨、可停止狼籍之状如件、住人等宜承知、不可違失、以下、
文治二年二月十一日　平御在判（北条時政）

この三通は下文様式で、9号・12号は冒頭に「下　（宛所）」、次行に事書、事実書の末尾に「敢勿違失、故下、」「不可違失、以下、」とあり、12号は奥下に差出がある。

一方8号は、「下　（宛所）」、次行に事書とほぼ同様であるが、事実書の末尾に「下知如件、」とある。すなわち、下文様式の中でも、下知状に近い様式で、後述する（E）の時期にも数例見られる。但し、8号・9号は写であるためか、差出が日下にある点が相違する。両者の相違は事実書の末尾と差出の位置といえよう。

事実書の末尾が「下知如件、」となる下文の例は、平安時代末期から見られることから、これは下文様式の一類型と考えてよ

いであろう。(15)

ところで、12号（乙）は、事実書に「任　鎌倉殿御教書之旨」という源頼朝の命令を受けたとする奉書文言が記載される。（甲）とした8号・9号が出された時期は、文治元年十一月二十五日に時政が入洛した直後で、兵粮米等の徴収に関して石清水八幡宮や高野山から直接訴えられ、それを鎌倉の意向を伺うことなく、時政の判断で兵粮米等の停止を命じたと考えられる。5号・7号・10号など、通法寺や醍醐寺に対して外題で処理しているのも、早急な対応を求められていたからであろう。高野山の要請に対しては、当面3号の書状で返事をし、高野山領荘園を調査してから、9号で命令を下している。

ところが、文治二年二月以降は（乙）の様式に変化する。すなわち、12号の事実書には「任　鎌倉殿御教書之旨」と源頼朝の指示をうけたとする文言が入るようになる。15号は、中原広元が奉じた年欠二月二十四日の源頼朝袖判中原広元奉書案(16)を受けて発給されたものであり、この奉書は15号の下文に副えて下されている。(17)すべての事柄ではないかもしれないが、以後時政は鎌倉の指示をうけるようになり、それが文書の文言に表れてきたものと思われる。(18)時政の微妙な立場の変化が垣間見られる。

源頼朝の命を受けた北条時政の上洛の目的は、源行家・同義経の追捕及び、彼らを煽動した後白河院とその近臣たちへの政治的決着にあった。それゆえ、時政は上洛直後、議奏公卿等の設置等や義経与党の院近臣の解官等を要請し、さらに東国の武士たちに五畿内・山陰・山陽・南海・西海道諸国を分賜し、その経費を捻出するため朝廷に段別五升の兵粮米の徴収を奏請したのである。(19)つまり、義経及びその与党の追捕、謀反人の蜂起の予防の方途として、鎌倉軍を支配下に置いた西国の各国に常駐させ、駐留のために兵粮米を徴収、確保し、その兵粮米徴収のため実質的な国衙支配を目指したといえよう。

さて、これら各国に駐留する武士と時政の関係はどうなっていたのであろうか。この時期の時政発給文書からはよくわからない。下文の宛所は現地の荘官住人たちであり、西国諸国に駐留する武士に対して遵行を命じたものは見当たらない。おそらく、時政による西国に駐留する武士を通しての支配は行われておらず、時政の下文は担当した国々について訴えた権門に渡され、その権門の手で地頭職等の停止が実行されていたのであろう。時政の権限が限定的であったことが伺える。

次に書状様式の文書を見てみよう。『吾妻鏡』文治二年三月二十四日条に、後白河院が時政に示した関東下向（鎌倉に帰る）の条件として「且其身雖令下向、差置穏便代官、可令執沙汰地頭等雑事之旨、度々被仰下之処、敢無其仁、」と見え、院は時政が頼朝の代官として西国の地頭に関する諸雑事を処理する権限を持っていると考えていたと想定することができる。しかし、この記事の中に見える「地頭等」が、具体的に何を指すのか、これだけでは明確ではない。ただ院は最低限時政の管轄する畿内周辺の治安の維持と徴税システムの保全を望んでいたのではなかろうか。

『吾妻鏡』文治二年二月二十二日条には、「廿二日庚午、神崎御庄兵粮米事、可停止之旨、以帥中納言、被仰北条殿之間、今日且任府宣、且相尋子細、可致沙汰之由、被示遣天野藤内遠景、其上被申関東云々、」とある。この記事から「後白河院→吉田経房→北条時政→天野遠景→神崎荘」という命令系統を推定することができよう。問題となっている神崎荘は肥前国神崎郡にあった院領荘園であり、院司で関東申次の帥中納言（吉田経房）から直接在京する時政に院宣が伝えられていたのである。

また、西海道は古代より大宰府の管轄する地域であり、頼朝も諸国武士の乱行の停止を申請した書状の中で(20)「但鎮西九ヶ国者、帥中納言御沙汰也、」と述べている。また、時政も「任府宣」沙汰するよう天野遠景に命じており、西海道は特別な行政区域であった。そして鎌倉幕府の九州支配も特別な方法がとられている。平氏は、大宰府の支配を、平頼盛が大宰大弐として赴任する他、在地の有力豪族原田種直を大宰少弐に補任するなど、大宰府官人の平氏家人化という方法で進めていた。それに対し頼朝は、文治元年二月弟範頼に命じて九州を掌握させ、範頼が鎌倉に去った後は、同年七月に中原久経、近藤国平を「鎌倉殿御使」として九州に派遣している。そして、同年の末頃派遣されたのが天野遠景である。この遠景のことを石井進氏は「鎮西奉行」であると同時に、九州諸国守護の権限をも兼帯していたと規定している(21)。つまり、天野遠景は時政の指揮下におかれていたわけではなかったのである。

○14号　北条時政書状写（『吾妻鏡』文治二年三月一日条）

院進御物之脚力可罷下候之由所申候也、以去廿八日三ヶ度御返事、纔一通進覧之由、賜御教書候畢、而件脚力不能賜御返事罷下候、所恐申也者、抑一日参拝之時、七ヶ国地頭職之条雖令言上候、未承分明之仰、罷出候畢、仍於時政給七ヶ国地頭職者、各為令遂勧農候、可令辞止之由所令存候也、於惣追捕使者、彼凶党出来候之程、且為承成敗、可令守補之由所令存知也、凡国々百姓等、兵糧米使等、寄事於左右、押領所々公物之由、訴訟不絶候也、且糾明如此等之次第、若兵糧米有過分者、即糺返件過分、又百姓等令未済者計、糺田数、早可令究済之由、尤可蒙御下知候、兼又没官之所々、蒙　院宣（後白河院）并二位家（源頼朝）仰候之間、可令見知之由、同所令存也、以此由可令言上給候、時政誠惶誠恐謹言、

（文治二年）三月一日　　平（北条）時政申文

進上　大夫属殿

この書状は、『吾妻鏡』に記載のもので、地の文に「諸国被補惣追捕使并地頭内七ケ国分、北条殿被拝領畢、而深存公平、去比上表地頭職、其上重被付書状於帥中納言、黄門又付定長朝臣被奏聞之、」とある。北条時政から吉田経房に宛てたもので、大夫属は経房の家司であろう。内容は次の五件（A「院進御物」、B「時政給七ケ国地頭職」、C「惣追捕使」、D「兵糧米」、E「没官之所々」）について述べている。[22]

最初はA「院進御物」についての返事で、『吾妻鏡』同年二月二日条に関連記事がある。頼朝が「諸国宰吏事」（国司）について京都に言上する中で、前対馬守親光が還任する件について、在任中の対馬守親光が、小国（対馬国）の乃貢をすべて「院進御物」として京都に運上ようとした。その頃平家が西国に下向して道が塞がれ乃貢を運べなかったため、その御物を御祈等のための神用に宛てたこと。頼朝がその目録を副えて再任を奏上している。時政の書状は、「院進御物之脚力」が下向したことを報告している。

次にB「時政給七ケ国地頭職」とC「惣追捕使」のことである。前者は過日「参拝」（参院した）時に、「時政給七ケ国地頭職」辞退を言上したがはっきりとした院の仰せを伺えなかった（院の意向を伺いたい）。前者（B）は勧農を遂げるために辞退したい。後者（C）は「彼凶党」（源義経等）が現れた時のため（治安維持のため）に辞退はしないと述べる。

次のD「兵糧米」については、諸国の百姓から次々と「兵糧米使」が所々の公物を押領するという訴えが続いている。この件については、調査してもし兵糧米を過分に徴収したならそれを返却し、百姓の未済があれば早く究済するよう下知して欲しい。

最後にE「没官之所々」である。これは平家没官領に関する記述と考えられ、没官領か否かの判断で争いがあり、後白河院と源頼朝の命もあるので確認すると返事している。

A～Eはこの時期惹起されていた政治問題と考えられる。このうちAを除いて、時政個人に関わるのがB、時政上洛時に鎌倉方が院に要請したのがC・D・Eである。B～Eについてもう少し検討してみたい

『吾妻鏡』文治二年三月二日条によると、昨日院領荘園である今南・石負両荘の兵糧米を停止するよう経房が院宣をもたらし、この日下文を作成して進上したという。この時期鎌倉方に認可された兵糧米徴収については個々の荘園領主の反発があり、それに時政がどの様に対応するかが問われていた。また「北条殿言上事　奏聞之由、左少弁所被示送于帥中納言之状、黄門遣北条殿云々、」と時政が院御所で言上した件について、院に奏聞した旨の記載があり、次の同日付の左少弁（藤原定長）の経房宛書状が引用されている。

時政(北条)申状　奏聞候畢、七ケ国地頭辞退事、尤穏便聞食、惣追捕使事、何様可候哉、為遂勧農、停止地頭職、無人愁者旁神妙、
定為其儀歟、兵糧米未済事又以同前、迎春譴責、窮民若為歎歟、其条又定相計旨候歟、没官所々検知事、自二位卿(源頼朝)許上(後白河院)へは
申旨も不候、次第何様候哉、委趣尋聞子細、且可令計申給之由、内々御気色候也、恐惶謹言、
三月二日(文治二年)　左少弁(藤原定長)
帥中納言殿(吉田経房)

内容は、Bについては「尤穏便聞食」と評価し、勧農のため地頭職を停止し人の愁いをなくすことは神妙と了承されている。Cについては「何様可候哉、」（どういうことなのか）と留保の言葉があり、Dについては窮民が喜ぶだろうと了解している。最後にEについて頼朝から何も聞いていいない、どうなっているのかと尋ねている。

時政個人に関わるB（「時政給七ケ国地頭職」）は、後白河院に辞退していることから、源頼朝に補任されたものではなく、院によって補任されたものである。一方、C（「惣追捕使」）は国数が記載されず、「時政給」とも記されていないので、時政上洛時に朝廷から鎌倉軍に命じられた治安維持の役職と考えられ、時政ばかりではなく西国各国に設けられた土肥実平・梶原景時等の鎌倉軍の武士も対象とされた。時政はこの内に含まれ、没落した源義経の権限（畿内近国の惣追捕使）を継承したと考えられる。D（「兵糧米」）は各地に駐留する鎌倉軍兵粮等をまかなうため、鎌倉からの要請で認可された権限と考える。E（平家没官領）はまだ確定しておらず、「没官所々検知」の条件につき交渉中であったのであろう。

後白河院は、在京し治安維持にあたる源義経を遇するのに官位を授けた。しかし、時政に対しては官位を授けていない。時政も義経の轍を踏まないよう注意を払っていたと思われる。しかし、院が何もしなかったとは考えられない。時政に対しては「七ケ国地頭職」を与える方途をとったのである。こう考えると、「七ケ国地頭職」はいわゆる「国地頭」ではなく、七か国に散在する地頭職（平家没官領の一部）だったと考える。(23) この時点で平家没官領の確認作業が進んでいたこともこれを裏付ける。

その他『吾妻鏡』から京都における北条時政の活動を分類すると、①源義経及びその与党の追捕、②畿内近国や洛中の治安維持、③朝廷との折衝、④朝廷の監視などであり、頼朝の代官として、在京する東国軍の指揮官であった。その発給文書は、下文様の上意下達文書と書状様の上申文書であった。(24)

三　北条時政の鎌倉帰着から源頼朝没まで（C）

次に、時政の鎌倉帰着から源頼朝没まで（C）の時期を検討する。この時期には20号から30号まで、十一通が確認できるが（【表1】参照）、（F）に属するものが四通（26・27・28・30号）、（G）に属するものが一通（21号）、（H）に属するものが四通（22・24・25・29号）あり、[25]（C）として検討するのは二通（20・23号）である。

○20号　**北条時政書状**（高野山文書宝簡集四七）

御札之旨委承候了、

抑衆徒御解状者、被成御外題候之由、所被仰下候也、尤悦思給候者也、三宝冥助誰可存忽緒候哉、恐々謹言、

（文治二年）六月十八日　（北条時政）平（花押）

この書状の文中に見える「衆徒御解状」は、文治二年（一一八六）五月日の高野山住僧等解[26]にあたる。この解状は、佐藤能清の高野山領紀伊国荒川荘に対する押領を停止するよう「鎌倉殿下（頼朝）」の裁定を求めたものであり、頼朝はこれを承認し、外題に「如解状者、件境事、度々経沙汰、被成　院庁御下文了、而能清忽称鎌倉下知、猥企濫妨之条、尤以不当也、早如元為高野山領、不可有相違之状如件、（花押）」と記している。これが20号の「御外題」にあたるものである。つまり、北条時政は御家人佐藤能清に関する高野山衆徒からの訴訟について口添えを依頼され、その返事としてこの書状が出されたのであろう。3・9・15・16号に見られるように、北条時政は在京中より兵粮米・地頭職・武士の濫妨等の停止で高野山と深いかかわりがあり、この書状もこうした関係で出された書状であろう。

次に23号文書を検討する。これは『吾妻鏡』掲載の関東御教書（書止が「依仰執達如件」）で、地の文には「摂津国在庁以下并御室御領間事、被定其法、今日為北条殿奉可得其意之由、所被仰遣三条左衛門尉之許也、其状云、」とある。地の文では時政（北条殿）が頼朝の意向を奉じて三条左衛門尉に発した関東御教書としている。

○23号　関東御教書写（『吾妻鏡』文治三年九月十三日条）

摂津国為平家追討跡、無安堵之輩云々、惣諸国在庁・庄園下司・惣押領使可為御進退之由、被下　宣旨畢者、縦領主雖為権門、於庄公下職等・国在庁者、一向可為御進退候也、速就在庁官人、被召国中庄公下司・押領使之注文、可被充催　内裏守護以下関東御役、但在庁者、公家奉公無憚云々、可被止文書調進外之役候、兼又以河辺船人名御家人時、定面々成給下知状云々、事若実者不可然、速可被停止、抑御室御領預所称数輩之寺官、充催御家人役之由、有御訴訟、所詮三人寺官之外、可止他人妨之由、被申御返事、可相存其旨、依仰執達如件、

文治三年九月十三日　　　　　　　　平

この関東御教書については、石井進、石井良助、上横手雅敬等の各氏をはじめ、多くの論考がある。(27)上横手雅敬は、この文書から北条時政を摂津国守護、宛所の三条左衛門尉を北条時定に比定し、同国守護代と推定している。しかし、守護が守護代に命じるのに、関東御教書を発給するであろうか。また、この関東御教書の奉者は北条時政であろうか。確認してみたい。

この前後の時政の動向を見てみると、これ以前では『吾妻鏡』文治三年二月二十八日条に、伊沢家景を頼朝に推挙したことが見え、これ以降では、同書同年十二月十日条に、時政の計らいで橘遠茂の子為茂が許され、駿河国の富士郡田所職を賜ったことが見える。この間、八月十五日の鶴岡八幡宮の放生会など、幕府の行事に時政の名は見えず、在鎌倉で頼朝の側で活動していた姿は確認できない。あるいは伊豆・駿河両国で在地経営に努めていた可能性がある。

一方、この文書の奉者を北条時政とするのは前掲の『吾妻鏡』同日条の地の文である。そこで、文治年間までの関東御教書の奉者を検出すると【表Ⅲ】（関東御教書奉者〈文治年間まで〉）のようになる。奉者は、はじめは中原広元が多いが、(28)文治三年頃を境として平盛時が多くなる。時政に関しては、建久年間になっても関東御教書の奉者となっている例はない。(29)ちなみに、元暦元年以降、広元は公文所別当、盛時は問注所寄人であり、両人とも幕府の役職に就いている。以上の事実からこの関東御教書の奉者を平盛時と考えたい。(30)

【表Ⅲ】　関東御教書奉者(文治年間まで)

	年月日	奉者	「平遺」・「鎌遺」	出典
1	年欠(元暦元年)四月二十三日	俊兼奉(藤井)		『吾妻鏡』同日条
2	〈寿永三年〉七月二日	散位広元奉(中原)	「平遺」⑧四一五八	東大寺文書四ノ七
3	(年欠)四月六日	盛時奉(平)	「平遺」⑩五〇九六	中野忠太郎氏所蔵手鑑(31)
4	(文治二年)二月二十四日	広元(中原)	「鎌遺」①五四	高野山文書又続宝鑑集七八
5	(文治二年)七月十日	平(花押)(盛時)	「鎌遺」①一二七	島津家文書
6	(文治二年)七月二十二日	広元奉(中原)	「鎌遺」①一三〇	昭和四十六年三月重要文化財指定文書
7	(文治二年)十一月二十五日	広元(中原)	「鎌遺」①一九五	彰考館本多田院文書
8	(文治三年)四月十八日	盛時奉	「鎌遺」①二二八	『吾妻鏡』同日条
9	(文治三年)五月三日	盛時奉	「鎌遺」①二三四	薩藩旧記雑録巻一
10	(文治三年)五月十四日	盛時奉	「鎌遺」①二三六	島津家文書
11	文治三年九月十三日	平(盛時カ)	「鎌遺」①二六四	『吾妻鏡』同日条
12	(文治三年)十月二十五日	盛時奉	「鎌遺」①二七八	『吾妻鏡』同日条
13	(文治五年カ)二月二十一日	盛時□	「鎌遺」①三六七	尾張室生院文書
14	(文治五年)八月十五日	盛時奉	「鎌遺」①四〇一	島津家文書
15	(文治五年)十月三日	盛時奉	「鎌遺」①四〇八	薩藩旧記雑録巻一北山新兵衛文書
16	(文治五年)十月二十四日	前因幡守(中原広元)	「鎌遺」①四一一	『吾妻鏡』同日条
17	(文治五年)十一月二十四日	盛時奉	「鎌遺」①四一三	薩藩旧記雑録巻二国分平二郎文書

(『平安遺文』を「平遺」、『鎌倉遺文』を「鎌遺」と略称を用いた。丸付き数字は各々の巻数を示す。以下同じ)

京都から帰った北条時政は、ほとんど幕政に関与することはなく、国務沙汰(あるいは守護)を掌握していた伊豆・駿河両国の在地経営に専念していた可能性が高い。建久年間、甲斐源氏の板垣・安田などの勢力が東海地方から駆逐されていくのもそのあらわれといってよかろう。また、この時期の後半(建久年間)に北条氏の所領に関する発給文書(F)が出現するのもその結果といえよう。

四　源頼朝没後から比企能員の乱まで（D）

ここでは、源頼朝没後～比企能員の乱までの北条時政発給文書（D）を扱う。(32)この時期時政は、頼朝没後の正治元年（一一九九）四月十二日に十三人の合議制が設置されるとそれに加えられ、翌同二年四月一日に従五位下遠江守に叙任される。源頼朝生存中とは違って、将軍の外祖父としてだけではなく、官位を得、幕府組織内での地位を固めていった。

この時期の発給文書は九通あるが、北条氏領（F）に属するものが一通、(33)偽文書（H）と推定される文書が二通(34)があり、考察の対象となるのは六通である。(35)

○33号　北条時政書状（香宗我部家伝証文）

土左国御家人中太秋道折紙献之、如状者、当国内深淵并香宗我部両郷地頭職、給故殿（源頼朝）御下文知行之処、彼内村々事、区称（マヽ）不被載御下文、不用地頭之職云々、事若実者、尤以不便候、任御下文状、可被沙汰付候歟、将又由緒候者、令尋聞子細、可令申左右給、為貴殿守護国之問、所令執申候也、謹言、

建仁元年七月十日　遠江守（北条時政）（花押）

豊嶋馬允（朝経）殿

土佐国守護豊嶋朝経に対し、土佐国御家人中太秋道に、深渕・香宗我部両郷を沙汰し付けするよう命じた書状である。ただ、守護宛に命令を伝える文書に私的な書状様式を用いている点、この当時の時政の立場を暗示させる。この頃、いかに時政が幕府内での地歩を固めつつあったとはいえ、この時点では幕府の役職に就いていなかった。私的な将軍の外祖父という立場で文書を発給していたのであろう。この時期の時政発給文書は書状様式であり、時政の幕府機構の中に位置付けがなされず、文書様式も定式化されていなかった。数年後に見られる関東下知状など、将軍の意を奉じた文書が見られないのもこれを裏付けよう。

○源頼家袖判御教書案（大隅祢寝文書・『鎌遺』③一三六七号）

（源頼家）（花押影）

『正文在家蔵』
大隅国祢寝南俣院地頭職事
右、件職重延知行之処、死去之由申之、然者、以清重法師所補給也、但論人出来之時者、召問両方、可有左右也、前左衛門(源頼家)
督殿仰旨如此、
建仁三年七月三日

○37号　北条時政書状案（大隅祢寝文書）
『正文在家蔵』
大隅国寝祢郡司人道賜御下文令下向候也、可令存其旨給候、謹言、
(建仁三年)七月廿七日　　遠江守(北条時政)在御判
嶋津左衛門尉殿(忠久)

この二通の文書は、前者で源頼家が大隅国御家人祢寝清重に同国祢寝南俣院地頭職を安堵する旨を通達している。(36)後者（37号）は、時政がそれを書状で大隅国守護島津忠久に(37)「可令存其旨」と伝えている。この書状は前者の添え状と言ってよいであろう。この事例は、北条時政が将軍頼家の外祖父として補佐していたことを示すものといえよう。

38号文書も土佐守護三浦義村に宛てた書状(38)であるが、39号文書は播磨国矢野荘の領家藤原隆信に宛てた書状である。同荘公文以下の所職名田等は領家の下文を賜わり牛窓荘司範国が知行していたので、範国の孫親家にも範国同様安堵してほしいと依頼する書状である。領家との交渉に用いられていた。親家は御家人であった可能性が高い。

前述したように、この時期北条時政は幕府内での地位を固めつつあった。しかし、関東御教書(39)にも、将軍家政所下文にも時政の名は見えず、幕府機構内の役職に就くなど、安定した地位を得てはいなかった。つまり、将軍頼家の外祖父として、政務を補佐していたのである。(40)

五　比企能員の乱後（E）

次に、比企の乱後から北条時政失脚までの発給文書文書のうち（E）を検討する。この時期の文書は三十二通あるが、そのう

ち（F）の二通、（G）の四通を除き、[41] 二十六通が考察の対象となる。左記の【表Ⅳ】（北条時政執権在任中の発給文書）がその一覧である（番号は【表Ⅰ】と共通）。

この時期の北条時政発給文書を扱ったものには、前述した湯山賢一、柏美恵子、杉橋隆夫、青山幹哉などの論考があり、[42] これらの論考に導かれながら考察を進めたい。

比企の乱後、建仁三年（一二〇三）九月七日、源実朝は従五位下征夷大将軍に叙任される。[43] 実朝はこの時点で十二歳の少年であり、[44] 政所を開く資格のある従三位に叙されるのは時政失脚後、承元三年四月十日である。[45] したがって、この時期将軍家政所下文や源実朝袖判下文は見られない。[46] そのほとんどが北条時政単署の関東下文か関東下知状である。建仁三年十月九日、将軍政所吉書始が行われ、北条時政は別当として参列している。[47] すなわち、時政は幕初以来はじめて幕府の役職（政所別当）に就任し、文書を発給しているのが確認できる。

【表Ⅳ】 北条時政執権在任中の発給文書

番号	年月日及び文書名	書出「下」の有無	事書の有無	書止文言	署名（奥下）	内容
41	建仁三年九月十六日の関東下知状案	無（ロ）	有	依鎌倉殿仰、下知如件、	遠江守平在判	補任
42	建仁三年九月二十三日の関東下知状	無（ロ）	有	依鎌倉殿仰、下知如件、	遠江守平（花押）	安堵
43	建仁三年十月五日の関東下知状案	無（ロ）	有	依鎌倉殿仰、下知如件、	遠江守平在判	補任
46	建仁三年十一月七日の関東下知状案	無（ロ）	有	依鎌倉殿仰、下知如件、	遠江守平在判	補任
49	建仁四年二月二十一日の関東下知状	無（ロ）	有	依仰下知如件、	遠江守（花押）	安堵
50	建仁四年二月二十八日の関東下知状案	無（ロ）	有	依仰下知如件、	遠江守在判	裁許
51	元久元年三月十九日の関東下知状	無（ロ）	有	依鎌倉殿仰、下知如件、	遠江守平（花押）	安堵
52	〈元久元年〉六月二十七日の北条時政書状	無（ニ）	無	恐々謹言、	遠江守平（花押）（日下にあり）	
53	元久元年八月二十二日の関東下文案	有（イ）	有	依鎌倉殿仰、下知如件、	遠江守在判	補任
54	元久元年九月六日の関東下知状案	無（ロ）	有	依鎌倉殿仰、下知如件、	遠江守平在判	補任
55	元久元年十二月三日の関東下知状	無（ロ）	有	依鎌倉殿仰、下知如件、	遠江守（花押）	裁許
56	元久元年十二月日の僧継尊申状案（外題）	無（ロ）	無	依鎌倉殿仰、下知如件、	遠江守平在判	裁許
57	元久二年正月九日の関東下知状案	無（ロ）	有	依鎌倉殿仰、下知如件、	遠江守平在判（日下にあり）	補任
58	元久二年二月二十二日の関東下文	有（イ）	有	依鎌倉殿仰、下知如件、以下、	遠江守平（花押）	譲与安堵

60	元久二年三月十三日の関東下文案	有（イ）	有	依鎌倉殿仰、下知如件、以下、	遠江守平在判（日下にあり）	裁許
61	元久二年三月二十二日の関東下知状案	（前欠カ）	無	依鎌倉殿仰、下知如件、	遠江守平在判	裁許
62	元久二年四月二十二日の関東下知状	無（ロ）	有	依鎌倉殿仰、下知如件、	遠江守平（花押）（日下にあり）	裁許
63	元久二年四月二十五日の関東下知状	無（ロ）	有	依鎌倉殿仰、下知如件、	遠江守平（花押）	裁許
64	元久二年五月六日の関東下知状	無（ロ）	有	依鎌倉殿仰、下知如件、	遠江守平（花押）	譲与安堵
65	元久二年五月十九日の関東御教書案	無（ハ）	無	依鎌倉殿仰、執達如件、	遠江守在判	指示
66	年欠（元久二年）五月十九日の北条時政書状案	無（ニ）	有	謹言、	遠江守在判（日下にあり）	（春日社神主宛）
67	元久二年五月二十三日の関東下知状	無（ロ）	有	依鎌倉殿仰、下知如件、	遠江守平（花押）	譲与安堵
68	元久二年五月二十七日の関東下文案	有（イ）	有	依鎌倉殿仰、下知如件、	遠江守平在判	裁許
69	元久二年六月五日の関東下文	有（イ）	有	依鎌倉殿仰、下知如件、	遠江守平（花押）	裁許
70	元久二年七月二十五日の関東下文案	有（イ）	有	依鎌倉殿仰、下知如件、	遠江守平朝臣在判（日下にあり）	補任
71	（元久二年）後七月十二日の関東御教書	無（ハ）	無	鎌倉殿所候、仍以執達如件、	遠江守（花押）（日下にあり）	連絡

この二十六通を様式の上から分類すると、関東下文（イ）・関東下知状（ロ）・関東御教書（ハ）のほかに北条時政書状（ニ）がある。（イ）～（ハ）は鎌倉幕府内における上意下達文書で、（ニ）は他権門に対して使用する文書様式である。

（イ）（ロ）両者の相違は、下文が最初に「下　（宛所）」、次行に事書、事実書の末尾が「依鎌倉殿仰、下知如件、」あるいは「依鎌倉殿仰、下知如件、以下、」とするもの。下知状は、最初に事書、事実書の末尾が「依鎌倉殿仰、下知如件、」とあるものである。[48]なお、61号のみ事書がなく（前欠文書カ）、49・50号の二通は書止が「依仰下知如件、」となっている。署名は両者とも奥下にあるのが原則である。[49]署名は「遠江守平（花押又は在判）」が最も多く十五通を占めているが、49・50・55の三通は「平」がない。

（イ）は六通ある。[50]左記のように宛所は「某所住人」又は「某所所司（地頭）」で、内容は安堵（譲与安堵）と相論の裁許である。補任も相論が起きている事象に対するもので、何らかの幕府の判断（裁許）を示す時に用いられている。

○58号　関東下文（中条家文書）（イ）

下　相摸国（鎌倉郡）南深沢郷住人

可早任故和田三郎宗実譲状、以高井太郎重茂為地頭職事
右人、相具故大将殿(源頼朝)御下文等、給田拾五町、自彼宗実手所譲得也者、任其状可為地頭職者、依鎌倉殿(源実朝)仰、下知如件、以下、
元久二年二月廿二日
遠江守平(北条時政)（花押）

（ロ）は十四通ある。ほぼ（イ）の冒頭の「下　(宛所)」が削除され、簡略化された様式である。左記のように宛所は明示されないが、本文の中に記載されることが多く、御家人宛がほとんどである。内容は、地頭職や所職、所領の補任・宛行。安堵(譲渡安堵)、裁許(狼藉・守護使入部などの禁制)等で、（イ）と用法がほぼ同じである。（イ）は下文から下知状へ様式が変化する途中の文書で、北条時頼の頃まで見られる。

○42号　関東下知状（市河文書）（ロ）
信濃国春近領志久見郷地頭職事
藤原能成(中野)
右件人、如本可為彼職、抑依能員非法、難安堵之由依聞食、於得分者、所被免也、然者成安堵思、可致官仕忠之状、依鎌倉(殿脱)仰、下知如件、
建仁三年九月廿三日
遠江守平(北条時政)（花押）

（ハ）は時政が奉じた関東御教書（二通、65・71号）で、事書が無く、差出が日下にあり、「遠江守（花押又は在判）」で「平」は無いのが（イ）（ロ）との相違点である。

内容は、65号が時政が鎌倉殿の仰を奉じて、春日社領について阿波国守護佐々木経高に惣追捕使の乱入を禁ずる旨指示したものである。これと対をなすのが（ニ）の66号（同日付）で、こちらは他権門の春日神主（中臣時定）に対し春日社領阿波国津田嶋のことと惣追捕使荘内乱入のことについて下知した結果を伝えている。すなわち、守護への指示には関東御教書を用い、他の権

門（春日社）への通知には書状を使用している。

71号（ハ）は備後国大田荘について、地頭補任の由来等を述べて改定しない旨を述べているが、宛所は未詳である。（ニ）の北条時政書状は二通（52・66号）あり、書止を「恐々謹言、」あるいは「謹言、」で結ぶ。52号は、北野宮寺所司の訴状に対する処置を伝えたもので、おそらく宛所は北野宮寺所司（他の権門）であろう。

この時期の時政は、幼少の鎌倉殿源実朝の外祖父としてこれを補佐し、関東下知状や関東御教書を発して政務処理にあたっていた。おそらく政所別当として幕府権力の中心となって活動していたといえよう。なお、他の権門に対しては書状を用いている点、（B）の時期と同じである。

六　北条氏領経営（F）

本章で検討するのは、北条氏領経営のために発給された文書（F）八通【表V】（北条氏領関連の発給文書）参照）である。この時期北条時政発給文書以外に、北条氏被官の発給文書は見られず、時政の時期には文書上では家務機関（公文所）は確認されない。(51)

【表V】　北条氏領関連の発給文書

番号	年月日及び文書名	書出「下」の有無	事書の有無	書止文言	署名(奥下)	内容
26	建久六年正月十一日の北条時政下文	有	有	依件用之、以下、	平(花押)	別納地
27	建久七年八月一日の北条時政補任状	無（「補任」）	有	・・・状如件、	平(花押)	補任
28	建久八年六月日の北条時政袖判下文	有	有	住人等宜承知、可違失、故下、	無(袖判)	補任
30	年欠(建久九年)十二月十五日の北条時政書下	無	無	・・之状如件、	(花押)（日下にあり）	例下米
36	建仁三年三月二十九日の北条時政袖判下文	有	有	・・之状如件、	無(袖判)	補任
40	建仁三年九月四日の北条時政書下	無	無	・・之状如件、	遠江守(花押)（日下にあり）	安堵
44	建仁三年十月十三日の北条時政袖判書下	無	有	・・之状如件、	無(袖判)	妨の停止
72	建暦元年七月十八日の北条時政袖判書下カ	無	（不明）	（不明）	無(袖判)	（不明）

（F）を地域的に見ると、肥後の阿蘇文書が26・27・30・36・44号の五通と半数以上を占め、残りは遠江・伊豆・信濃など東国に関する文書である。そこでまず、阿蘇文書から見ていこう。

北条氏と阿蘇社との関係については、杉本尚雄・石井進・小島征作等諸氏の論考に詳しく(52)、これらに導かれつつその概略を示しておきたい。

阿蘇社は肥後国造のあとをうけた古い歴史をもつ大社で、肥後国内に巨大な所領を持つ大勢力であった。十一世紀中頃までには立荘されていたようで、平治元年九月には安楽寿院新御搭領の末杜となり、安楽寿院領荘園の一部となった。領家は源雅定で、以降村上源氏に伝領されている。北条時政が阿蘇社を領知するようになった直接の原因は不明であるが、時政は阿蘇社全体の預所・地頭職を保有し、阿蘇社全体を支配しうる地位にあった。時政は領家と並んで大宮司を補任する権限を得ており、徐々に領家の権限は圧迫され、承久二年以降は大宮司職とそれに付随する八〜十カ所の所領が北条氏の支配下におかれるようになった。

阿蘇社に関わる北条時政発給文書を見ると、大きく分けて下文様式（26・27・36号）と書下様式（30・44号）の二種類である(53)。前者では、冒頭に「下」（27号は「補任」）とあり、その下に宛所（27号は事書の次行）、次行に事書、そして次行から「右、……」で始まる事実書がある。事実書の末尾は、26号は「所仰如件、社司宜承知、依件用之、以下」、27号は「可為大宮司沙汰之状如件」、36号は「可存其旨之状如件」と各々表現は別であるが、上意下達の形式である。署名は26・27号は書下年号の次行、36号は袖にある。27号と36号は阿蘇惟次を、各々阿蘇社大宮司、阿蘇岩坂郷預所代に補任する補任状であるが、様式は各別である。

なお、26号は阿蘇惟次の主張を認め、南郷を往古の屋敷として別納とすることを、阿蘇社の社司・神官に伝えた下文である。26号の翌年、27号が出される直前の建久七年六月十九日の阿蘇社領家下文(54)によって、阿蘇三社中司氏人祝部供僧等に宛てて、宇治惟次を大宮司に補任しており、惟次は領家と時政双方から補任されたことになる。

○26号　**北条時政下文**（肥後阿蘇文書）

下　（肥後国）阿蘇社司神官等

可早為別納究済所当物（肥後国）南郷事

右郷、阿蘇太郎惟次依令申往古屋敷之由、為別納、無解怠可済勤所当公事之状、所仰如件、社司宜承知、依件用之、以下、

建久六年正月十一日

○27号　北条時政補任状（肥後阿蘇文書）

平（北条時政）（花押）

補任
　阿蘇（肥後国）社大宮司職事
　　宇治（阿蘇）惟次
右、補任彼職如件、但於十二月朔幣井上分稲事者、可為大宮司沙汰之状如件、
　建久七年八月一日
　　　　　　　　　　　平（北条時政）（花押）

○36号　北条時政袖判下文（肥後阿蘇文書）

（端裏書）「たいくういわさかの御下知」
（北条時政）（花押）
下　阿蘇（肥後国）岩坂郷
　補任　預所代事
　　宇治（阿蘇）惟次
右人、為彼職、有限所当無解怠、可被沙汰之、但於地頭代者、故七郎惟時（阿蘇）子息沙汰也、可存其旨之状如件、
　建仁三年三月廿九日

後者の30・44号ともに書下であるが、30号は日下の署判、44号は袖判で各別の形式である。30号は「阿蘇別宮健軍・甲佐両社分例下米事」について国衙在庁に触れるよう指示したもので、年号はなく、日下に署判がある。44号は阿蘇惟次の申状（四箇条）に関して、時政が前の三箇条はそれを認め「御下文」を賜った、後の一箇条は甲佐宮神事に対する妨げ停止についてで、四箇条全体について「御下知之上」妨げを停止するよう命じている。「御下文」「御下知之上」の主体は、これ以前領家が沙汰している

ことから領家（村上源氏定房流）と考えられる。(55)

○30号　**北条時政書下**（肥後阿蘇文書）

阿蘇別宮（肥後国）　健軍・甲佐両社分例下米事、前任之時、国衙弁済有煩、社家譴責無隙之間、申下宣旨、彼米代公田内片寄三百町被奉免了、而当任依郡司等之濫訴、可被顛倒片寄免田之由、在庁令結構云々、仍証文案三通如此、凡国務事、以国司免判為規摸、当他一同之例也、況　宣旨有限乎、此条雖難風聞信受、随及承所令申也、然而不意之沙汰有出来事者、以此等証文、可被触示在庁人々之状如件、

十二月十五日（建久九年）　（花押）（北条時政）

○44号　**北条時政袖判書下**（肥後阿蘇文書）

（端裏書）「かうの殿へ御くたしふみ」

（花押）（北条時政）

阿蘇大宮司惟次申条々事

一、先御下知狩倉内おゝもり、あつまや、たかやま、ひらた已上四ヶ所妨可停止事

一、四面八丁内田畠地元妨可停止事

一、健軍宮大宮司分佃弐町（可脱カ）妨停止事

已上賜御下文畢、

一、甲佐宮御神事間、御酒為守朝（棚カ）致妨事可停止事

件条々、御下知之上、十郎子息等致妨之由、所訴申也、事実者不便事、早可令停止彼妨之□□如件、

建仁三年十月十三日

この五通の文書を見ると、様式が区々であり、固定化されていない。しかし、若干の傾向が見られる。まず22号文書には、文中に「所仰如件」なる奉書文言があり、建久六年の時点では、誰（頼朝か）かの命を受ける形で阿蘇杜司・神官等に対して、阿

蘇惟澄の「往古屋敷」である「南郷」を別納として所当公事を済勤させるよう命じているのである。つまり、時政は鎌倉幕府を背景に獲得した所領に臨んでいたといえよう。次に、翌七年に発給された23号文書では宇治惟次を大宮司職に補任している。これより約一か月半前、建久七年六月十九日に領家は宇治惟次を大宮司職に補任しており、これまで領家が補任してきた大宮司職にまで時政は口入し、その所領拡大をめざしている。(56) 小島征作氏が指摘しているように、こうした例は他には見られず、時政が阿蘇社支配に力を注いでいたことがわかる。もう、この文書には奉書文言は見られない。

26号文書は下文様式であるが、源頼朝が没すると、その様式が変化している。すなわち、36号、44号文書のように北条時政袖判の文書となっている。袖判は平安末期に、知行国主が国司庁宣に袖判を加えることから始まったが、(57) 時政の身近な存在としては源頼朝袖判下文がある。頼朝は挙兵当初、奥上署判の下文を用いていたが、朝敵を免ぜられてからは袖判下文を使用するようになった。佐藤進一氏は、このことを「奥判よりは袖判が尊大であり、相対的には上位者の書式である」とされている。この二通（36号・44号）の文書は、幕府内における時政の地位の変化を示すものであると共に、阿蘇社に対する立場の変化を示すものでもあろう。

次に東国に対する文書を検討する。

○28号　北条時政袖判下文（遠江蒲神明宮文書）

（北条時政）
（花押）

下　（遠江国長上郡）蒲御厨

補任蒲上下両郷地頭代職事

源清成

右、以人為彼職、可令執行所務之状如件、住人等宜承知、不可違失、故下、

建久八年六月日

○40号　北条時政書下〈切紙〉（出羽市河文書）

信濃国住人中野五郎（能成）、可令安堵本所之状如件、

建仁三年九月四日　　　　遠江守（北条時政）（花押）

○72号　**北条時政袖判下文**（伊豆下之神社文書）

（北条時政）（花押）

（伊豆国那賀郡）仁科庄松崎下官（宮）鰹船弍艘者、為石火宮供菜

……（紙継目）……

免除畢、而今度尚被注落之旨訴出、如本于可令免除之状如件、

建暦元年七月十八日

少将実朝（源）（花押）

松崎下祢宜（花押）

このうち、40号文書は、比企の乱の舞台裏を示す興味深い文書として著名である。中野五郎能成は、『吾妻鏡』によれば源頼家の側近の一人で、この文書の発給された同日に比企能員の与党として召禁じられ、九月十九日所領を収公されている。そして、十一月七日には遠流に処せられることが定められた。しかし、実際には内々で時政から本所を安堵され、比企の乱後、41号、43号、46号文書などの関東下知状で地頭職の補任、安堵が行われていた。つまり、中野能成は時政の密偵だったと考えられる。

28号文書は北条時政袖判下文の初見で、遠江国蒲御厨の地頭代職に源清成を補任したものである。嘉禄三年（一二二七）十月十二日の北条時房袖判下文でもこの地頭代職が補任されている。(58) 蒲御厨は北条氏の所領となった早いものの一つで、鎌倉時代を通して北条氏領であったことがわかる。建久五年八月安田義定が誅されたあと、時政は遠江へもその勢力を及ぼしつつあったといえよう。

72号文書は『静岡県史第二巻』（一九三一年）に写真が掲載されており、本文に「又賀茂郡松崎町下之神社に建暦元年（一二一一）少将実朝の出したという鰹船の文書がある。これは『仁科庄松崎下官（○宮の誤）鰹船弍艘者石火宮供菜』の二行と、袖判（○北条時政）だけが問題となるもので、免除云云以下は他紙を糊接し、更に差出人の名を削除して少将実朝花押を書加へたのである。」と説明している。北条時政の花押は、文治二年の22号までと、建久六年の26号以降のものと、二つの形態に区別できる

(59)が、この袖判は後者であり、とくに元久二年の59号文書の花押に似ている。恐らくこの文書の前半は、建仁・元久年間のものではなかろうか。なお、この仁科荘は伊豆国那賀郡にあった長講堂領荘園で、(60)時政の時から北条氏領となっていたのであろう。

七　守護としての発給文書（G）

最後に、守護として発給した文書四通（G）を検討する。

佐藤進一氏によれば、北条時政は駿河・伊豆及び薩摩の守護となっている。その在任期間は、駿河・伊豆が文治元年以前から元久二年、薩摩が建仁三年九月から元久二年以前とする。(61) 一方、伊藤邦彦氏は、駿河・伊豆両国は守護よりも将軍知行国における国務沙汰権を掌握していたとする。薩摩国は建仁三年から元久二年にかけて時政が守護であったとする。(62) 薩摩に関しては共通の認識である。

○45号　**北条時政袖判下文案**（薩摩新田神社文書）

（北条殿）御判

下　薩摩国新田宮執印職幷五大院々主職事

　惟宗康友

右、件所職散在名田畠等、無相違可令領掌、但于御公事者、任先例可沙汰之状如件、

建仁三年十月廿六日

○47号　**北条時政袖判景成奉書写**（薩藩旧記雑録）

北条殿（時政）在御判

藤内康友訴申嶋津庄内鹿児島郡司并弁済使職事、召問両方理非於庄官等、付文書道理、可令致沙汰給之由、所候也、仍以執達如件、

建仁三年十二月九日　景成奉

長沢左衛門尉殿
当国守護所

○48号　北条時政下文案写（薩藩旧記雑録二入来本田文書）

下　嶋津御庄内薩摩国山門院（出水郡）住人
　可令秀忠領掌当院所帯職事
右人、継親父国秀之跡、可領掌所帯職之由、去建久四年九月四日成賜　故大将家（源頼朝）政所御下文畢者、任彼状、可令秀忠知行之状如件、
　建仁三年十二月廿八日
　　　　　　　　遠江守（北条時政）在御判

○59号　北条時政袖判政元奉書（伊豆三島神社文書）
（花押）（北条時政）
　弐箇条事
一、三嶋宮御戸帳者、宗と可為東大夫沙汰之処、為西大夫不触東大夫、任自由令己用之由聞食之、事実者、不穏便歟、於自今以後者、停止西大夫自由之沙汰、任先例宜為東大夫之沙汰也、
一、鎰預事、同為西大夫、任自由致其沙汰云々、事若実者、尤不便、早守先例、可為東大夫之沙汰也、但此上有由緒者、各可注進子細也、
以前両条、仰旨如此、仍以執達如件
　元久二年二月廿九日　　左衛門尉政元奉
東大夫殿

前掲の四通のうち、三通が薩摩、一通が伊豆に関するものである。

なお、『吾妻鏡』によれば、元暦元年二月源頼朝が野出鹿を見るため伊豆に出かけているが、その時、京都から伊豆国府に到

着した平重衡を預かっているのは狩野介宗茂であり、この時期時政の伊豆国守護としての活動は見られない。

薩摩の三通は、北条時政が守護となった直後の建仁三年十月～十二月のものである。文書の内容は、45号文書が守護として惟宗康友の所領を安堵し、御公事の沙汰を命じたもの、47号文書は長沢左衛門尉と当国守護所に藤内康友にその所領を沙汰させるよう遵行を命じたもの、48号文書は山門院住人に秀忠の所領を安堵したことを伝えたものである。文書の様式はまちまちであるが、所領の安堵には下文を用い、施行には袖判を据えた被官の奉書を用いている。

次に59号文書を見てみよう。この文書は伊豆国一宮三島神社に対して、神社の儀式についての西大夫と東大夫の相論に裁許を下し、西大夫の沙汰を止めて東大夫の沙汰とするよう命じた文書である。奥富敬之氏は59号文書を根拠に三島神社を北条氏領としている。(63) しかし、安貞二年三月三十日には三島社領伊豆国玉河郷の地頭職について関東下文(64)が発給されており、北条氏所領として扱われていない。一方一宮の奉斎は国司及び守護の権限であり、この文書は伊豆守護として発給したものと考えられる。なお、建長元年十月日の伊豆国司庁宣(65)では、三島宮東経所料田の年貢を奉免している。

これら守護として発給している文書四通のうち三通には袖判があり、そのうち二通が「景成」「左衛門尉政元」の奉じる奉書であることは注目される。北条氏の発給文書の中で、袖判奉書が増加するのは泰時の時代であり、奥富敬之氏のいわれるように、公文所などの家務機構が整備されたのは泰時の時代と考えられるが、時政の時（とくに（E）の時期には）にもその萌芽と思われる家務専従者（被官）が存在していたのである。

おわりに

最初の武家政権として発足した鎌倉幕府の中にあって、時政の発給文書は多岐にわたり、その様式も区々である。しかし、関東下知状、守護あるいは得宗としての袖判下文など、鎌倉中期以降様式化する文書の原形がそこに見られる。

北条時政は、源頼朝の生存中、頼朝の代官として在京した時以外は、ほとんど幕府政治の表面には表れてこない。また無位無官である。伊豆国の在庁であり北条郷の一領主から出発した時政にとって、政治的飛躍をするためにはその地盤を固める必要があった。時政は伊豆・駿河両国の支配をテコに甲斐源氏を駆逐し東海地方に進出していった。建久年間にその所領に関する文書が見られるようになるのも、その顕れといってよかろう。この努力が頼朝没後実ることになる。時政は十三人合議制に加えられ、正治二年には従五位以下遠江守に叙任されるなど地位を確立し、幕政に関与するようになった。しかし、頼家の時はまだ幕府機構のの役職には就けず、将軍の外祖父として政務を補佐するだけであった。比企の乱後、情勢は一変する。時政は初めて政所別当となり、幼い将軍実朝の外祖父として、幕政を主導することになったのであった。

時政の発給文書は、その地位立場によって発給される様式が変化する。文治元年の上洛以前は在鎌倉で源頼朝の側近の一人として活動していた。同年源頼朝の指示によって上洛すると、上意下達の下文様式を用い、院や他の権門には上申文書として書状様式を用いている。翌年鎌倉に帰って以降は、あまり幕政に関与することはなく、駿河・伊豆両国の国務沙汰を軸に、東海地方へ勢力を扶植させた時期といえよう。

源頼朝没後には十三人の合議制に加えられ、従五位下遠江守にも叙任され、幕府機構内での足場を固めていった。その背景には、源頼家の外戚比企能員との対立があったと考えられ、北条氏は時政を中心に政子・義時兄弟が協力してこれにあたっていたのである。

比企能員が没落すると、時政の権力が確立する。文書様式から見ると、下文か下知状かは別として、「依鎌倉殿仰、下知如件、」「依仰下知如件、」の文言を末尾に持つ文書が多く見られるようになる。関東下知状の萌芽が見られ、以降鎌倉幕府文書の重要な文書様式になっていく。

以上、北条時政発給文書から卑見を述べてきたが、私見の狭隘さから独断に陥ったところも多いと思われる。多くの方々の御批判をいただければ幸いである。

註

（1）本稿は、拙稿「北条時政発給文書について――その立場と権限――」（『学習院史学』一九号、昭和五十七年）を、文書様式を考慮して、今回（平成三十年）改稿したものである。北条時政及び鎌倉北条氏については、北条氏研究会編『北条氏系譜人名辞典』（新人物往来社）、拙稿「鎌倉北条氏の盛衰」（関幸彦編『相模武士団』所収、吉川弘文館、二〇一七年）を参照されたい。

（2）本稿第二章参照。代表的なものを列挙する。中田薫「鎌倉時代の地頭職は官職に非ず」（『国家学会雑誌』二一―二・三、明治四〇年、のちに『法制史論集』第二巻所収、一九三八年）、牧健二「文治守護職の補任」（『法学論叢』七―二～五、大正十一年）、平泉澄「守護地頭に関する新説の根本的誤謬」（『史学雑誌』三四―一、大正十二年）、石井良助「鎌倉幕府職制二題」（『国家学会雑誌』四五―六、一九三一年、のちに『大化改新と鎌倉幕府の成立』所収、一九五八年）、石母田正「文治二年の兵粮米停止について──吾妻鏡本文批判の試み（その一）──」（『法学史林』五五─一、一九五七年）、同「文治二年の守護地頭停止について──吾妻鏡本文批判の試み（その二）──」（『法学史林』五五─二、一九五八年）、友田吉之助「文治二年兵粮米停止の信憑性について」（『日本歴史』一三〇、一九五九年）、羽下徳彦「石母田氏『文治二年の守護地頭停止について──吾妻鏡本文批判の試み（その二）──』を読んで」（『中世の窓』一、一九五九年）、安田元久『地頭及び地頭領主制の研究』（山川出版社、一九六一年）など。関幸彦『研究史　地頭』（吉川弘文館、一九八三年）に詳しい。その後の研究動向については三田武繁『鎌倉幕府体制成立史の研究』（吉川弘文館、二〇〇七年）に詳しい。参照されたい。

（3）本稿第五章参照。湯山賢一「北条義時執権時代の下知状と御教書」（『國學院雑誌』八〇─一一、一九七九年、のち『日本古文書学論集』五中世Ⅰ所収）、同「北条時政執権時代の幕府文書──関東下知状成立小考──」（小川信編『中世古文書の世界』、吉川弘文館、一九九一年）、柏美恵子「比企氏の乱と北条時政」（『法政史論』七、一九八〇年）、杉橋隆夫「執権・連署制の起源──鎌倉執権政治の成立過程・続論──」（『立命館史学』四二四～四二六合併号、一九八〇年）、同「鎌倉執権政治の成立過程──十三人合議制と北条時政の「執権」職就任──」（御家人制研究会編『御家人制の研究』所収、一九八一年、のち『日本古文書学論集』五中世Ⅰ所収）、折田悦郎「鎌倉幕府前期将軍制についての一考察──将軍実朝期を中心として──（上）・（下）」（『九州史学』七六・七七号、一九八三年）、青山幹哉「「御恩」受給文書様式に見る鎌倉幕府権力──下文と下知状──」（『古文書研究』二五、一九八六年）等がある。

（4）本稿第六章参照。杉本尚雄『中世の神社と社領──阿蘇社の研究──』（吉川弘文館、一九五九年）、石井進「九州諸国における北条氏所領の研究」（竹内理三博士還暦記念会編『荘園制と武家社会』所収、吉川弘文館、一九六九年）、小島征作「肥後阿蘇社の荘園的領知の成立と展開」（『宗教社会史研究』所収、雄山閣、一九七七年）参照。

（5）本稿第七章参照。佐藤進一『増訂鎌倉幕府守護制度の研究──諸国守護沿革考証編──』（東京大学出版会、一九七一年）、伊藤邦彦『鎌倉幕府守護の基礎的研究【国別考証編】』（岩田書店、二〇一〇年）参照。

（6）外題も含めてある。猶、北条時政発給文書と思われないものもあるが、その旨備考で触れた。

（7）年未詳文書は『鎌倉遺文』の推定に拠った。文書名は『鎌倉遺文』の記載を尊重したが、訂正したものもある（備考欄参照）。なお、本稿で何号文書と記した場合は【表Ⅰ】記載の番号を指す。その他詳細は【表Ⅰ】の例言を参照されたい。

（8）東大寺文書四ノ七、『平安遺文』⑧四一五八号。書止を「鎌倉殿仰如件、仍以執達如件、」とする。

（9）市河文書（『平安遺文』⑧四一二〇号）。

（10）『吾妻鏡』元暦元年三月二十八日条。

（11）4号文書と11号文書。前者は差出が「遠江守」となっており、奉書文言はなく書止が「執達如件、」で結ぶ。この時点の遠江守は安田義定であり、時政が遠江守に補任されるのは、源頼家将軍期の正治二年四月一日である（『吾妻鏡』）。安田義定が九州の太宰少弐に指示することも考えにくい。検討を要する文書である。一方後者は北条時政の署判が「平朝臣（花押）」となっている。時政が従五位下に叙されるのは正治二年四月一日であり（『吾妻鏡』）、「朝臣」と称するのは明らかにおかしい。また、文中に「任鎌倉殿御下文并土肥殿下文之旨」とあり、時政が頼朝及び土肥実平の意を遵行する形をとっている。後述するように時政はこの当時頼朝の代官として在京していたのであり、もし実平が出雲の守護人だとすると、時政と実平の立場が逆である。ちなみに、ここに見える「土肥殿下文」は文治二年正月日の土肥実平下文（千家文書、『鎌倉遺文』①四五号）にあたるが、この実平の署判も「平朝臣（花押）」で疑問である。

(12) 註（2）参照。

(13)『中世の法と国家』所収。

(14) 安田元久「文治地頭に関する省察」（『日本社会経済史研究』所収、吉川弘文館、一九六七年）、内田実「玉葉文治元年十一月廿八日記事について――北条時政奏請内容の基礎的検討――」（『日本社会史研究』11、一九六一年）、石井進「文治守護地頭試論」（『史学雑誌』七七―三、一九六八年）、上横手雅敬『日本中世政治史研究』（塙書房、一九七〇年）、中村一紀「文治の一国地頭職」（『熊本史学』三七、一九七〇年）、大山喬平氏「文治国地頭の三つの権限について――鎌倉幕府の守護制度の歴史的前提――」（『日本史研究』一五八、一九七五年）、義江彰夫氏『鎌倉幕府地頭職成立史の研究』（東京大学出版会、一九七八年）など。

(15)「下知如件」という文言だけを見ると、九世紀、貞和三年の大覚寺文書以降確認できる文言で、十世紀の天喜年間以降、東大寺政所下文や祭主下文等には「下知如件、」に続いて「故下、」（東大寺文書、『平安遺文』③七九三号）・「宮司宜承知、依件行之、敢不可令牢籠、故下、」（東寺百合文書、『平安遺文』③一〇二五号）等とする書止文言が確認できる（東京大学史料編纂所の平安遺文フルテキストデータベースによる）。他に、承保四年四月十五日の祭主下文（東寺百合文書、『平安遺文』③一一四四号）、永久三年十二月六日の東大寺修理所下文案（東大寺図書館本探玄記第十二巻抄裏文書、『平安遺文』⑤一八三九号）、元永二年八月三日の東大寺政所下文（東大寺文書、『平安遺文』⑤一九〇〇号）、保延元年九月十五日の興福寺政所下文（栄山寺文書、『平安遺文』⑤二三三〇号）、保延三年十一月二十日の祭主下文案（御鎮座伝記裏文書、『平安遺文』⑨四七〇九号）、天養二年二月十四日の祭主下文案（相模国大庭御厨古文書、『平安遺文』⑥二五四五号）、天養二年三月十四日の祭主下文案（相模国大庭御厨古文書、『平安遺文』⑥二五五一号）、久安元年閏十月二日の東大寺政所下文（百巻本東大寺文書、『平安遺文』⑥二五六四号）等がある。

　書止が「下知如件、」と結ぶ早い例は、保元元年十一月十三日の藤氏長者宣案（千鳥家文書、『平安遺文』⑩補八四号）である。全文を掲出しよう。

　殿下以解状令申上之処、御定云、任大社神主正預例、毎月三旬四季節供并御神楽臨時御供直会等、於若宮一社者、併可給神主祐重、兼又乍置祐重之代官大社司等恣押取諷物、申祝之条、甚以不当也、祐重為若宮一社惣官、然者宜令停止彼大社司等濫行之状、依　殿下（藤原忠通）御定、下知如件、

　　保元元年十一月十三日　少判事藤原在判

『平安遺文』では文書名を「藤氏長者宣案」とするが、冒頭に「下　（宛所）」と事書がなく、書止が「依　殿下御定、下知如件、」とあり、殿下＝藤原忠通の意を受けて家司少判事藤原が奉じた文書であり、殿下藤原忠通下知状と考えてよいのではなかろうか。同じ様式の文書に、仁安二年九月十二日の法橋某下知状（東大寺文書、『平安遺文』⑦三四三五号）がある。北条時政の上洛時の発給文書は当時畿内周辺で行われていた文書様式を参考にしたものと考えられよう。なお、註（3）湯山賢一「北条時政執権時代の幕府文書――関東下知状成立小考――」の「四　関東下知状の成立について」参照。

(16) 高野山文書又続宝簡集七十八（『鎌倉遺文』①五四号）。

(17) 14号に「同（関東）御教書」とあるのがこの御教書である。

(18) 15号にも「鎌倉殿御下知顕然也、」とある。また、書状の17号・19号にも源頼朝の意を受けた文言が見える。

(19) 『吾妻鏡』文治元年十一月二十八日条に「補任諸国平均守護地頭、不論権門勢家庄公可充課兵糧米〈段別五升〉之由、今夜、北条殿謁申藤中納言経房卿云々、」、『玉葉』文治元年十一月二十八日条に「伝聞、頼朝代官北条丸、今夜可謁経房云々、定示重事等歟、又聞、件北条丸以下郎従等、相分賜五畿山陰山陽南海西海諸国、不論庄公、可宛催兵粮〈段別五升〉、非啻兵粮之催、惣以可知行田地云々、凡非言語之所及、」とある著名な記事である。但し、兼実が「非啻兵粮之催、惣以可知行田地云々、」と書いているが、どのように具体的に想像していたかはわからない。「凡非言語之所及、」と漠然とした恐怖を感じていたのではなかろうか。

(20) 『吾妻鏡』文治二年六月二十一日条。

(21) 『日本中世国家史の研究』(岩波書店、一九六〇年)I、第一章第三節。

(22) 宛所の大夫属は、経房の家司と推定される。19号も参照。これも大夫属宛で、『吾妻鏡』地の文はは経房宛と説明する。

(23) この点私の考えは、註(2)の三田武繁『鎌倉幕府体制成立史の研究』に近いと言えよう。

(24) 北条時政が鎌倉に帰った後、鎌倉殿御使として中原久経・近藤国平の二人が派遣された。二人は文治元年二月五日から七月二十八日まで京都及び畿内近国、以降同二年初頭頃まで鎮西・四国における武士の非法狼藉の停止を担当し、文書を発給している。その初見である元暦二年四月二十四日の中原久経・藤原国平下文案(金勝寺文書、『平安遺文』⑧四二四二号)は冒頭に「下　近江国金勝寺所司庄官等」とあり、次行に事書、事実書の末尾を「依院宣、下知如件、」とする下文様式である。『平安遺文』は「関東下知状案」とするが、前述した8号文書(北条時政下文写)と同じ様式である。以降、元暦二年四月二十八日の鎌倉殿御使下文案(賀茂別雷神社文書、『平安遺文』⑧四二四三号)以降は、冒頭に「鎌倉殿御使下　(宛所)」、事実書の末尾が「下知如件、故下、」であり、ほぼ時政在京時の文書様式を踏襲している。これは下文様式の一類型と考えてよいであろう。鎌倉殿御使については、田中念「「鎌倉殿御使」考——初期鎌倉幕府制度の研究(1)——」(初出『史林』一九六号、一九六二年、後『鎌倉政権論集日本歴史4に所収、一九七六年)参照。

(25) 22・24・25・29号の四通、22号は安楽寺の所司神人等に対し、武士の狼藉を停止して、仏神事に励むよう命じたものであるが、この時すでに時政は鎌倉におり、また、九州に対しては前述のように天野遠景の沙汰する地域であって、時政の発給したものとは考えられない。24号については網野善彦氏「真継文書にみえる平安末～南北朝期の文書について——解説と紹介——」(『名古屋大学文学部研究論集史学』一九、一九七二年)参照。25・29号は梶原景時との連署下文であり、偽文書である。

(26) 高野山文書宝簡集二七(『鎌倉遺文』①一〇八号)。

(27) 五味克夫「鎌倉御家人の番役勤仕について」(『史学雑誌』六三—九・一〇、一九五四年)、石母田正「鎌倉政権の成立過程について——東国における一一八〇～八三年の政治過程を中心として——」(『歴史学研究』二〇〇号、一九五六年)、石井進「鎌倉幕府と律令制度地方行政機関との関係——諸国大田文作成を中心として——」(『史学雑誌』六六—一一、一九五七年、のちに『日本中世国家史の研究』所収)、石井良助「鎌倉幕府成立期の二つの問題——文治地頭職と幕府裁判権——」(『法制史研究』一七号、一九六七年)、同「吾妻鏡文治三年九月十三日条所載のいわゆる北条時政奉書について——石井進氏の批判にこたえて——」(『国家学会雑誌』八四—七八、一九七一年、なおこの二編は『大化改新と鎌倉幕府の成立』増補版に所収されている)、大饗亮『封建的主従制成立史研究』(風間書房、一九六七年)第四章第二節、高尾一彦「淡路国への鎌倉幕府の水軍配置」(『兵庫県の歴史』

七・八、一九七二年）、上横手雅敬「吾妻鏡文治三年九月十三日条をめぐる諸問題」（『日本歴史』三〇四号、一九七三年）などがある。

（28）〈元暦元年〉五月十八日の関東御教書の奉者は「左衛門少尉大江（花押）」とあるが、この時期広元は「中原」であり、任官しておらず、この人物を広元に比定できない。上杉和彦『大江広元』（人物叢書、吉川弘文館、二〇〇五年）参照。

（29）表Ⅲの3号・5号文書は年欠、文治三年以降と推定することも可能である。なお、この11号文書は年が記されており、署判が「平」とある点（この時期、他の関東御教書はほとんど「盛時奉」である。）、盛時に比定するとしても様式上疑問が残るが、この時期盛時の奉じた関東御教書が多くなっていることは見て取れる。

（30）黒川高明『源頼朝文書の研究（研究編）』、吉川弘文館、二〇一四年）では、時政を頼朝文書の奉者とは考えていない。

（31）表Ⅲ3号は年欠文書。内容は「山城介久兼解状」に関わるもの。久兼の訴えを受けて豊田郡司種弘を召進めるよう、佐々木左衛門尉に命じている。久兼は、源頼朝の招きで、元暦元年七月二十三日に鎌倉に下着。その後頼朝の使者として行動している記事が散見する。これを前提とすれば、文治元年以降の文書と推定される。

（32）この時期は、表Ⅰの31号から39号の九通。

（33）36号文書。

（34）31号・32号文書の二通。北条時政の遠江守補任は正治二年（一二〇〇）四月一日である（『吾妻鏡』同年四月九日条）。

（35）表Ⅰの33〜35号・37〜39号の六通。この他、『鎌倉遺文』には年欠（建仁二年）閏十月九日の北条時政書状（『鎌倉遺文』③一三二三号）が掲載される。但し、この文書の署判は「陸奥守（花押）」となっている。北条時政は陸奥守に補任されておらず、北条義時ではないかと考えられる。義時の陸奥守在任は建保五年（一二一七）十月三日〜貞応元年（一二二二）八月十六日で、この間、「閏十月」のある年は承久三年（一二二一）であり、この文書は承久三年閏十月三日の北条義時書状（『鎌倉遺文』⑤二八六八号）の誤入と考えられる。

（36）『鎌倉遺文』では文書名を「関東下文案」とするが、「源頼家袖判御教書案」とした。但し、この文書は完全に写されていない可能性がある。冒頭の「下（宛所）」か、事実書の文末「仍執達如件（奉者）」が書写の際落ちたのではなかろうか。とすれば、前者の場合は「源頼家袖判下文」、後者の場合は「関東御教書」になる。35号文書は時政が奉じた関東御教書を見ると、「左衛門督殿（源頼家）」に申し上げたところ、書止が「・・・所仰下候也、仍執達如件、」とあり、頼家指示受けたことを記す関東御教書の様式をとっている。

（37）註（5）記載の佐藤進一『増訂鎌倉幕府守護制度の研究』、伊藤邦彦『鎌倉幕府守護の基礎的研究【国別考証編】』参照。

（38）『吾妻鏡』では、33号文書の日付を豊島朝経の守護補任の日としており、同様に38号文書の日付をもって、三浦義村の守護補任の日としている。註（37）参照。

（39）この時期関東御教書は三通見え、そのうち「兵庫頭」（大江広元）の奉じたのは二通（『鎌倉遺文』②一〇四四号、②一〇七八号）、「平盛時」の奉じたものは一通（『鎌倉遺文』②一一一二号）である。

（40）北条時政の地位が頼朝生存中より向上したことは、正治二年正月一日に時政が埦飯を献じていることからも推察される。

（41）（F）に該当するのは40・44号の二通、（G）に該当するのは45・47・48・59号の四通である。

（42）　註（3）参照。

（43）『吾妻鏡』同年九月十五日条。

（44）　建久三年（一一九二）八月九日誕生（『吾妻鏡』）。

（45）『吾妻鏡』同年四月二十二日条。

（46）　杉橋隆夫氏が名付けた将軍家略式政所下文が二通見えるだけである（『鎌倉遺文』③一五〇九号、一五四九号）。いずれも時政は署名していない。

（47）『吾妻鏡』同日条に「別当遠州・広元朝臣已下家司……」とある。杉橋隆夫氏はこの政所吉書始について、摂関家の子弟の例を引いて説明し、正規の政所設置資格を欠いている者は正規の政所下文は発給されず、略式の政所下文（別当等、家司の職名の付記されない）が発給されるとしている。確かにこうした先例は鎌倉でも参考にされたと思うが、そのまま鎌倉幕府に宛てはめてもよいのであろうか。源頼朝は元暦元年公文所を開設、その後、文治元年四月二十七日従二位に叙されるが、政所開設の資格を得てすぐ正式な政所を設置したかどうかは議論の分かれるところであろう。すなわち、頼朝は位階は従二位であるが、在京していなかったため公卿としての官職に補任されることはなかった。そのため、『吾妻鏡』文治三年十月二十九日条に掲載の略式政所下文を発給している。その後、建久元年の上洛から帰鎌後の翌年正月、政所吉書始を行なっている。つまり、頼朝は公家の制度を取り入れてはいるが、そのまま模倣したわけではない。ここで設置された政所は前右大将家の単なる家政機関ではなく、鎌倉幕府の機関であったと考えたい。頼朝没後もこの政所が消滅したのではなく、正治二年二月六日源頼家が左中将に転じた叙書が到来するとすぐ、政所吉書始が行なわれている。これに列席しているのが政所の職員ばかりではなく、有力御家人である。このことは政所が幕府の重要な機構であったことを推定させる。しかし、この政所は鎌倉政権内部の機関であり、公家には認められないものであった。それ故、公的な性格を持つ正規の政所下文は発給されず、政所職員連署の下文が発給されたものと考えたい。

（48）　旧稿（註（1）参照）発表後、この時期の北条時政発給の文書様式については、湯山賢一氏は北条時政執権時代の幕府発給文書を五つの様式に分類し検討している（註（3）「北条時政執権時代の幕府文書――関東下知状成立小考――」）。この論考は（E）の時期の幕府発給文を対象としたもので、本稿とは対象が多少異なる。湯山氏は、そのうち北条時政発給文書を下文形式と下知状形式（二分類）に分けている。但し、下知状形式の二分類は内容によるもので形式には関わりがないように思う。また、青山幹哉氏は「御恩」の受給文書の様式に注目して、「下　（宛所）」で始まり「下知如件」を書止とする下文を、「政所発給の略式下文として扱わなければならない。」と指摘する（註（3）「「御恩」受給文書様式に見る鎌倉幕府権力――下文と下知状――」）。

（49）　57・61・62号の三通は日下に署名があるが、案文であり検討を要する。いずれも下文様式と判断している。

（50）　六通のうち、末尾の「以下、」があるのは、58・60号の二通（元久二年二月〜三月）だけで、53（元久元年八月）、68・69・70号（元久二年五月〜七月）は「依鎌倉殿仰、下知如件、」と変化している。

（51）　奥富敬之氏は「(三) 得宗家公文所」（『鎌倉北条氏の基礎的研究』第二部第二章所収、吉川弘文館、一九八〇年）や「(二) 得宗家の家務機関」（同書第二部第四章所収）の中で、北条氏の家務機関として「公文所」・「得宗方」（得宗領内部の訴訟問題を取り扱う機関）・「御内侍所」（御内人＝得宗被官を支配するための機関）の三つを挙げ、その端緒を泰時の段階としている。「得宗領の年貢公事等のいわば経済関係、所領関係を主に司さどっていた」のは公文所で、文書調査もその所務のうちに有していた。この公文所の初見は5号文書の事書に見える「申請北条殿公文所裁事」であるが、奥富氏はこれを「時政が頼朝の代官として上洛中の臨時のもの」とし、「泰時段階以降、鎌倉末期まで、得宗家に公文所は存続したものと考えることができる」と結んでいる。つまり、時政の時には在京中の臨時の公文所は存在したが、恒常的な公文所はなかったことになる。

(52) 杉本尚雄『中世の神社と社領――阿蘇社の研究――』(吉川弘文館、一九五九年)、石井進「九州諸国における北条氏所領の研究」(竹内理三博士還暦記念会編『荘園制と武家社会』所収、吉川弘文館、一九六九年)、小島征作「肥後阿蘇社の荘園的領知の成立と展開」(『宗教社会史研究』所収、雄山閣出版、一九七七年)。

(53) 27号文書は冒頭に「補任」とあるので前者に加えた。

(54) 阿蘇社領家下文(肥後阿蘇文書、「鎌遺」②八五〇号)。

(55) 領家職については、源顕房の孫雅定から確認でき、その子雅通の子孫に甲佐・郡浦両社と神宮寺が、その猶子定房の子孫に阿蘇本社と健軍社が相伝されている。領家源定房は、治承四年正月に、宇治惟久を阿蘇・健軍両社の大宮司に補任して、その社務や年貢の沙汰をするよう命じている。

(56) 時政の補任状には「十二月朔幣并上分稲事者、可為大宮司沙汰」と、具体的な大宮司の職務内容を記しており、現地の様子を詳しく把握していたことがわかる。

(57) 佐藤進一『[新版]古文書学入門』(法政大学出版局、一九九七年)。

(58) 蒲神明宮文書(「鎌遺」⑥三六七二号)。

(59) 『花押かゞみ』二(鎌倉時代一)一三一頁。

(60) 建久二年十月日の長講堂所領注文(島田文書、「鎌遺」①五五六号)。

(61) 註(5)参照。

(62) 註(5)参照。

(63) 註(51)奥富敬之『鎌倉北条氏の基礎的研究』参照。

(64) 三島神社文書(「鎌遺」⑥三七三五号)。

(65) 同前(「鎌遺」七一二九号)。

【表一】北条時政発給文書目録

例言

一、年月日欄の〈 〉内は付年号を示す。年欠の場合、( )内に推定年次を記載した。
二、文書名は、原則として文書様式を基準に、例会で検討した文書名とした。
三、出典は、原則として『鎌倉遺文』記載のそれによった。
四、巻号欄には、『鎌倉遺文』の巻数(〇数字)と文書番号を記載した。なお、補遺編は「補遺」、尊経閣文庫編は「尊経」の略称を用いた。
五、備考欄には、北条時政の動向・官途・幕府の役職等の他、関東下知状・関東御教書等の場合は単署・連署の区別、『鎌倉遺文』に記される注記や『鎌倉遺文』と本目録との相違点などを適宜記載した。なお、『鎌倉遺文』は「鎌遺」の略称を用いた。
六、本目録は、菊池紳一が作成した。

号番	年月日	文書名	出典	巻号	備考
1	寿永三年三月一日	北条時政下文写	吾妻鏡同日条		
2	年欠(元暦元年)十二月三日	北条時政書状写	吾妻鏡同日条		
3	年欠(文治元年)十二月十五日(一一八五)	北条時政書状	高野山文書宝簡集四三	①三〇	十一月二十五日入洛。「鎌遺」は「北条時政請文」とする。
4	文治元年十一月二十九日	北条時政書下案	宗像文書		『福岡県史資料』第七輯。指出に「遠江守」とあり、この文書検討を要す。
5	文治元年十二月日	河内通法寺供僧人等解(外題)	田中光顕所蔵文書	①三三	
6	文治元年十二月日	北条時政書下	河内玉祖神社文書	①三四	木札に記載。「鎌遺」は「北条時政禁制」とする。
7	文治元年十二月日	多米正富解案(外題)	醍醐寺文書	①三五	
8	文治元年十二月日	北条時政下知状写	善法寺家文書		『石清水八幡宮社家文書』所収。同書は「北条時政下文写」とする。
9	文治二年正月二十九日(一一八六)	北条時政下文写	根来要書下	①四二	「吾妻鏡」は文治二年正月九日条に収め、同日付とする。「鎌遺」は「北条時政下文」とする。
10	文治二年正月日	多米正富申状案(外題)	醍醐寺文書	①四四	
11	文治二年二月九日	北条時政下文	千家文書	①四八	「鎌遺」は差出「平朝臣(花押)」を時政に比定する。この時、時政は無位、検討を要するか。①四五号参照。
12	文治二年二月十一日	北条時政下文案	醍醐寺文書	①四九	
13	年欠(文治二年)二月二十五日	北条時政書状写	吾妻鏡同日条	①五五	「鎌遺」は「北条時政請文」とする。

14	年欠(文治二年)三月一日	北条時政書状写	吾妻鏡同日条	①六一	「鎌遺」は「北条時政申文」とする。
15	文治二年三月十七日	北条時政下文案	高野山文書又続宝簡集一一	①七三	
16	文治二年三月十八日	北条時政下文写	根来要書中	①七四	「鎌遺」は「北条時政下知状案」とする。
17	年欠(文治二年)三月二十三日	北条時政書状写	吾妻鏡同日条	①七五	藤原経房宛。「鎌遺」は「北条時政請文」とする。
18	年欠(文治二年)三月二十七日	京留武士交名注文写	吾妻鏡同日条	①七七	折紙。
19	年欠(文治二年)四月一日	北条時政書状写	吾妻鏡同日条	①八〇	「鎌遺」は「北条時政書状」とする。四月十三日鎌倉帰着。
20	年欠(文治二年)六月十八日	北条時政書状	高野山文書宝簡集四七	①一一五	
21	文治二年十二月三(七カ)日	北条時政下文案	大隅桑幡文書	補遺①補四〇	冒頭の「下」を欠く。書止は「不可遺失、故下也、」。「鎌遺」は「北条時政下知状案」とする。
22	文治二年十二月七日	北条時政下文案	大宰府神社文書	①一九八	
23	文治三年九月十三日(一一八七)	関東御教書写	吾妻鏡同日条	①二六四	時政単署。「鎌遺」は「関東御教書」とする。平盛時奉書カ。
24	文治五年三月十日(一一八九)	関東御教書写	名古屋大学所蔵真継文書	①三七一	時政単署。差出に「時正承」とある。「鎌遺」は「疑うべし」とする。要検討文書。
25	建久二年十一月日(一一九一)	梶原景時・北条時政連署下文写	相州文書大住郡舞舞鶴若孫藤次所蔵	①五六三	「鎌遺」は「梶原景時・北条時政連署下文」とし、「本書偽文書なるべし」と注記する。
26	建久六年正月十一日(一一九五)	北条時政下文	肥後阿蘇文書	②七六四	
27	建久七年八月一日(一一九六)	北条時政補任状	肥後阿蘇文書	②八五九	
28	建久八年六月日(一一九七)	北条時政袖判下文	遠江蒲神明宮文書	②九二一	「鎌遺」は「北条時政下文」とする。
29	建久九年六月二十九日(一一九八)	北条時政・梶原景時連署奉書写	日向記	②九八六	「鎌遺」は「北条時政・梶原景時連署奉書」とし、「本文書、検討を要す」とする。
30	年欠(建久九年)十二月十五日	北条時政書下	肥後阿蘇文書	②一〇一八	「鎌遺」は「北条時政裁許状」とする。
31	〈正治元年〉十一月二日(一一九九)	北条時政(カ)書状案	肥前伊万里文書	②一〇八四	正治元年正月十三日頼朝没。同二年四月一日時政任遠江守(『吾妻鏡』他)。差出に「遠江守御判」とあり、検討を要す。
32	正治元年霜月二十一日	関東書下案	大内文書	②一〇八六	時政単署。「鎌遺」は「関東下文案」とし、差出に「前遠江守奉」とあり、「本文書疑うべし。」とある。
33	〈建仁元年〉七月十日(一二〇一)	北条時政書状	香宗我部家伝証文	③一二三三	
34	〈建仁元年〉十一月二十二日	関東御教書(カ)案	薩摩新田神社文書	③一二七七	時政単署。本文の後半を欠く。「鎌遺」は「関東御教書案」とする。

No.	年月日	文書名	出典	鎌遺	備考
35	年欠(建仁二年カ)八月十五日(一二〇二)	関東御教書	神宮皇学館大学図書館所蔵文書	補遺①補四五〇	時政単署。「鎌遺」は「源頼家御教書」とし、年号推定は、恵良宏「初期鎌倉幕府と宇佐神宮」(『皇學館史学』第三号)によるとする。
36	建仁三年三月二十九日(一二〇三)	北条時政袖判下文	肥後阿蘇文書	③一三四八	「鎌遺」は「北条時政下文」とする。
37	年欠(建仁三年)七月二十七日	北条時政書状案	大隅禰寝文書	③一三六八	
38	(建仁三年)八月四日	北条時政書状	香宗我部家伝証文	③一三七一	
39	(建仁三年)八月五日	北条時政書状案	東寺百合文書井	③一三七二	建仁三年九月二日比企能員没落。
40	建仁三年九月四日	北条時政書下	出羽市河文書	③一三七八	「鎌遺」は「北条時政下文」とする。
41	建仁三年九月十六日	関東下知状案	肥後小代文書	③一三七九	時政単署。「鎌遺」は「関東下文案」とする。
42	建仁三年九月二十三日	関東下知状	出羽市河文書	③一三八一	時政単署。
43	建仁三年十月五日	関東下知状案	肥後小代文書	③一三八八	時政単署。
44	建仁三年十月十三日	北条時政袖判書下案	肥後阿蘇文書	③一三九〇	「鎌遺」は「関東下文」とする。
45	建仁三年十月二十六日	北条時政袖判下文案	薩摩新田神社文書	③一三九五	「鎌遺」は「北条時政下文案」とする。
46	建仁三年十一月七日	関東下知状案	肥後小代文書	③一四〇一	時政単署。「鎌遺」は「関東下文案」とする。
47	年欠(建仁三年)十二月九日	北条時政袖判景成奉書写	薩藩旧記二水引執引氏文書	③一四一二	「鎌遺」は「北条時政御教書」とする。
48	建仁三年十二月二十八日	北条時政下文写	薩藩旧記二入来本田文書	③一四一六	「鎌遺」は「北条時政下文案」とする。
49	建仁四年二月二十一日(一二〇四)	関東下知状	出羽市河文書	③一四三四	二月二十日元久と改元。
50	建仁四年二月二十八日	関東下知状案	甲斐大善寺文書	③一四三五	時政単署。
51	元久元年三月十九日	関東下知状	出羽市河文書	③一四四一	時政単署。
52	(元久元年)六月二十七日	北条時政書状	早稲田大学所蔵文書	補遺①補四六三	
53	元久元年八月二十二日	関東下文案	肥前青方文書	③一四七三	時政単署。「鎌遺」は「関東下知状案」とする。
54	元久元年九月六日	関東下知状案	東寺百合文書ゐ	③一四七九	時政単署。
55	元久元年十二月三日	関東下知状	筑前宗像神社文書	③一五〇八	時政単署。
56	元久元年十二月日	僧継尊申状案(外題)	山城醍醐寺文書	③一五一三	本表のNo.6・No.9文書を引用する。

57	元久二年正月九日（一二〇五）	関東下知状案	肥前伊万里文書	③一五一七	時政単署、「鎌遺」は「関東下文案」とする。
58	元久二年二月二十二日	関東下文	出羽中条家文書	③一五一九	時政単署。「鎌遺」は「関東下知状」とする。
59	元久二年二月二十九日	北条時政袖判政元奉書	伊豆三島神社文書	③一五二四	「鎌遺」は「北条時政御教書」とする。
60	元久二年三月十三日	関東下文案	山城醍醐寺文書	③一五二七	時政単署。
61	元久二年三月二十二日	関東下知状案	山城菊大路家文書	③一五二九	時政単署。前欠文書か。
62	元久二年四月二十二日	関東下知状	出雲北島文書	③一五三二	時政単署。
63	元久二年四月二十五日	関東下知状	肥前武雄神社文書	③一五三四	時政単署。
64	元久二年五月六日	関東下知状	忽那家文書		時政単署。『愛媛県史』による。「鎌遺」③一五三九（伊予長隆寺文書）の写により欠字を補う。
65	元久二年五月十九日	関東御教書案	大和大東家文書	③一五四二	時政単署。
66	年欠（元久二年）五月十九日	北条時政書状案	大和大東家文書	③一五四三	
67	元久二年五月二十三日	関東下知状	尊経閣所蔵文書 尊経閣文庫蔵武家手鑑	③一五四五 尊経一三	時政単署。
68	元久二年五月二十七日	関東下文案	高野山御池坊文書	③一五四八	時政単署。「鎌遺」は「関東下知状案」とする。
69	元久二年六月五日	関東下文	尊経閣所蔵文書 尊経閣古文書纂編年文書	③一五五〇 尊経一四	時政単署。「鎌遺」は「関東下知状」とする。
70	元久二年七月二十五日	関東下文案	肥後相良家文書	③一五五六	時政単署。「鎌遺」は「関東下知状案」とする。元弘三年八月二十一日の奥裏書あり。
71	〈元久二年〉後七月十二日	関東御教書	高野山文書宝簡集八	③一五六八	時政単署。
72	建暦元年七月十八日（一二一一）	北条時政袖判下文カ	伊豆下之神社文書	④一八八三	「鎌遺」は継目以下は後人の作にかかるとする。

北条義時の発給文書

下山　忍

はじめに

鎌倉幕府第二代執権である北条義時は、北条時政の子で、母は伊東入道（祐親か）の女である。兄に石橋山合戦後に討死した嫡男の宗時、姉に源頼朝の妻となった政子がいる。北条小四郎、江間（馬）四郎などの通称があり、後述のように相模守、右京権大夫、陸奥守を歴任した。源頼朝の挙兵以来、父時政に従って活躍し、北条氏の地盤を固めた。正治元年（一一九九）に頼朝が没し、子の頼家が跡を継ぐと、幕府の宿老十三人の合議制が始まるが、義時もこれに加わっている。

建仁三年（一二〇三）九月に比企氏の乱で比企一族が滅亡すると、頼家は伊豆国修善寺に幽閉（のちに殺害）され、弟の実朝が将軍となるが、義時も信濃国・大隅国の守護となった。元久元年（一二〇四）三月六日に相模守となり、同時に叙爵した。元久二年（一二〇五）六月には畠山重忠を滅ぼすが、その過程で父時政との確執が起こった。女婿平賀朝雅の将軍擁立を謀った時政は失敗して伊豆に蟄居し、同年閏七月二十日に義時が執権となった。義時の発給文書はこの後から見られるようになる。建保元年（一二一三）五月に和田義盛を滅ぼすと、義時はその保持していた侍所別当の地位も手に入れ、以後、政所別当と侍所別当を兼任して幕政を主導していくことになった。建保五年（一二一七）正月二十八日に右京権大夫、同年十二月十二日に陸奥守を兼任した。

建保七年（一二一九）正月二十七日に鶴岡八幡宮での実朝暗殺事件が起こったが、この時に御剣役を務めることになっていた義時は病のために供奉せずに難を逃れた。実朝の死去によって源氏の正統は途絶え、将軍の地位を巡る粛正や親王将軍の実現に向けての動きも見られたが、結局、同年七月に、九条道家の子三寅（当時二歳、のちの頼経）が鎌倉に下向した。これ以降、三寅が幼少の間は、政子が後見として政治を聴き、義時が執権として政治を執り行う体制が整えられた。承久三年（一二二一）には、緊張の度を加えていた後鳥羽上皇との間に承久の乱が起こったが、東国御家人たちは一致団結してこれにあたり、大軍を上洛させて京都を制圧した。

この結果、義時の主導する幕府が京都の公家政権に対して優位に立ち、六波羅探題を設置してこれを監督・支配する状況が生まれた。承久の乱後、幕府の勢力は西国にも延び、新たに地頭に補任された東国武士と現地での争いも多く、そうした訴訟に対応せざるを得なかった。そのような中、義時は貞応元年（一二二二）八月十六日に陸奥守、ついで十月十六日に右京権大夫を辞した。そして、元仁元年（一二二四）には病を得て出家した後、六月十三日に六十二歳で死去した。六波羅探題を務めていた泰時が急遽京都から引き返し、執権を継ぐことになったのである。(1)

以上のように、鎌倉時代の政治史を考えるにあたって、北条義時の果たした役割が重要であることは論をまたないが、その政治的役割や権限を解明するには、それらが投影されている発給文書の分析が有効であろう。本稿では、そのような考え方から、義時の全発給文書を総覧し、様式や機能等を検討するとともに、関東御教書と関連の深い鎌倉幕府奉行人奉書にも触れている。なお、このような意図からは、筆者自身による論考をすでに発表しているが(2)、その後『鎌倉遺文・補遺編』や『鎌倉遺文・補遺編尊敬閣文書』の刊行等もあり、また多くの研究の蓄積もあることから、今回の論集掲載に際しては前稿を全面的に書き改めた。

【表1】（本稿末尾に掲載）は、北条義時発給文書一七八通の一覧である。(3) 本稿の記述では、ここに示した文書番号を用いている。様式別にみると（一）将軍家政所下文二十三通、（二）関東下知状九十七通、（三）関東御教書十一通、（四）書状二十九通、（五）書下五通、（六）袖判下文・書下・袖判得宗家奉行人奉書九通、（七）その他四通であった。本稿は、これらの発給文書を総覧して整理・分析することが目的である。

一　将軍家政所下文

(1)　概観

将軍家政所下文は、形式的には将軍の意を受けて発給される文書であり、義時は政所別当の一人としてこれに署判しているが、執権として幕府の意志決定に大きく関わったであろうことを踏まえ、関東下知状等他の様式の文書との比較検討をする必要から、義時発給文書として扱った。

義時の署判の見える将軍家政所下文は二十三通あり、この将軍はいずれも源実朝である。その発給時期は承元三年（一二〇九）十二月から建保五年（一二一七）八月に及ぶが、これは、将軍実朝が承元三年四月十日に従三位に叙せられて政所を開設する資格を有した時から、建保七年（一二一九）正月二十七日に公暁による暗殺によってその生涯を閉じるまでの時期に収まっている。(4)実朝没後、承久元年（一二一九）七月には、九条道家の子三寅が鎌倉に迎えられるが、藤原頼経として征夷大将軍に補任されるのは、嘉禄二年（一二二六）正月二十七日であり、義時没後のことである。

なお、幼少の頼経にかわって政務を後見し「尼将軍」とも称せられた北条政子の、当該期の発給文書は、『鎌倉遺文』に消息が二通残っているに過ぎないが、他にも発給の徴証があり、その権限の行使については、田辺旬氏、菊池紳一氏の研究がある。(5)

(2)　用途について

【表Ⅱ】は、義時署判の将軍家政所下文二十三通の用途・別当の員数などをまとめたものである。文書番号は、【表Ⅰ】の北条義時発給文書目録に対応している（以下の表も同様とする）。このうち、正文が八通、案文が十三通、写が二通であった。用途から見ると、所領給与＝地頭職補任（地頭下司職補任の一通を含む）が九通と最も多く、譲与安堵の三通とあわせると御恩授与に関するものが過半数を占めている。

また、後の時期には見られることのない相論裁許(6)に用いられており、義時執権期には、まだ将軍家政所下文と関東下知状との用途の差別化が明確でないと言える。但し、このうち、20号と32号は地頭職や社司職の補任に関する裁許であることから、御恩授与等に準じて考えることはできよう。こうした相論は御家人間のものだけではなく、本所領家等からの訴えによるものもあった。35号・37号・38号がそれにあたり、訴えられた地頭の地頭職停止や非法停止の措置が下されている。

【表Ⅱ】北条義時発給将軍家政所下文一覧

通番	文書番号	年月日	西暦	用途	別当員数	正案写	備考
①	9	承元三・十二・十一	一二〇九	地頭下司職補任	五人	案文	
②	10	承元四・二・九	一二一〇	地頭職補任	五人	案文	
③	11	承元四・二・十	一二一〇	地頭職補任	五人	案文	
④	12	承元四・七・九	一二一〇	本所領家との相論の裁許	五人	正文	前欠
⑤	15	建暦二・閏正・十九	一二一二	譲与安堵	四人	案文	前欠、26号と同じ
⑥	17	建暦二・九・十三	一二一二	過書	三人	写	
⑦	18	建暦二・九・十三	一二一二	過書	五人	写	
⑧	19	建暦二・十・二十七	一二一二	地頭職補任	五人	正文	
⑨	20	建暦二・十二・十三	一二一二	地頭職をめぐる相論の裁許	五人	案文	
⑩	23	建暦三・七・十	一二一三	地頭職補任	四人	正文	
⑪	25	建暦三・九・十三	一二一三	過書	三人	案文	
⑫	26	建暦三・閏九・十九	一二一三	譲与安堵	四人	案文	前欠、15号と同じ
⑬	27	建保二・九・二十六	一二一四	寺領四至内の禁制	五人	正文	
⑭	29	建保三・三・二十二	一二一五	地頭職の譲与安堵	五人	案文	
⑮	30	建保三・三・二十三	一二一五	地頭職補任	五人	案文	
⑯	31	建保三・七・十九	一二一五	大隅正八幡宮用途等の催促	五人	案文	
⑰	32	建保三・十・二	一二一五	社司職をめぐる相論の裁許	五人	案文	
⑱	34	建保四・四・二十二	一二一六	地頭職補任	九人	案文	
⑲	35	建保四・五・十三	一二一六	本所領家の訴えに基づく地頭職停止	九人	正文	
⑳	36	建保四・七・十六	一二一六	地頭職補任	九人	案文	
㉑	37	建保四・八・十七	一二一六	本所領家の訴えに基づく地頭非法停止	九人	正文	
㉒	38	建保五・六・二十一	一二一六	本所領家の訴えに基づく地頭非法停止	八人	正文	
㉓	39	建保五・八・二十二	一二一七	地頭職補任	九人	正文	

そのほかの用途としては、27号の将軍家御祈祷所である金山観音寺領での狩猟・樹木伐採の禁制、31号の大隅正八幡宮遷宮・大神宝用途の九州の六国二島への催促がある。過書も17号・18号・25号の三通があって興味深いが、『鎌倉遺文』編者の指摘通り、様式等から見て検討の必要があると考えている。[7]

（3）別当の員数について

政所別当の員数であるが、若干の例外はあるものの、承元三年（一二〇九）十二月から建保三年（一二一五）十月までは五人制、建保四年（一二一六）四月から建保五年（一二一七）八月までは九人制と確認できる。承元三年十二月から、北条義時・中原師俊・大江親広・北条時房・中原仲業の五人が別当を勤めるが、このうち中原仲業の署判が建暦三年（一二一三）七月より見られなくなり、[8]建保二年（一二一四）九月からはこれに代わって二階堂行光が加わっている。[9]

建保四年（一二一六）四月からは、新たに四名が加わり、大江広元・源仲章・北条義時・源頼茂・大内惟信・大江親広・北条時房・中原師俊・二階堂行光の九人となった。[10]

○34号　将軍家政所下文案（豊後詫摩文書）

「校正畢、」

将軍家政所下　　肥後國六箇庄小山村住人

補任地頭職事

源業政

右人、補任彼職之状、所仰如件、以下

建保四年四月廿二日　　　案主菅野（景盛）　在判

令圖書少尉清原（清定）　在判　　　知家事惟宗（孝實）

別當陸奥守中原朝臣（廣元）　在判

大學頭源朝臣（仲章）　在判

相模守平朝臣（義時）　在判

右馬権守源朝臣（頼茂） 在判
左衛門権少尉源朝臣（惟信） 在判
民部権少輔源朝臣（親廣） 在判
武蔵守平朝臣（時房） 在判
書博士中原朝臣（師俊） 在判
信濃守藤原朝臣（行光） 在判

杉橋隆夫氏は、将軍家政所下文の全てに別当が「某朝臣」とあることから、五位以上であることが別当就任の条件であったことを推定されているが、(11) 義時発給文書における将軍家政所下文の全てにその原則があてはまる。また、大江広元が正四位下、源仲章が従四位上、北条義時・源頼茂・大内惟信・大江親広が正五位下、北条時房・二階堂行光が従五位下と考えられるので、(12) 署判の位置（席次）は位階の順となっていることが分かる。

この九人制の陣容について、杉橋氏は、概ね北条氏、文人官僚、将軍家一族の三グループによって構成されていたとした。(13) 確認すると、義時と時房の北条氏、摂津源氏の源頼茂と信濃源氏の大内惟信は当時「門葉」と呼ばれていた源氏＝将軍家一族、大江広元・源仲章・中原師俊・二階堂行光は文人官僚＝吏僚層であるから、この整理は概ね妥当であると言える。但し、この枠組みで考えるとひとり大江親広のみ位置付けが難しい。大江広元の嫡子であり、その後継者と目されている親広であるが、(14) 親広自身は後に京都守護として上洛し、後鳥羽上皇の召しに応じて幕府軍と戦うなど吏僚というよりは武将としても活動しており、「准門葉」(15) という側面も看過できない。(16) また、親広は竹殿と呼ばれた義時の娘を妻としており、(17) 北条氏との連携も想定されることは指摘しておきたい。

別当九人制の意義について、五味文彦氏は、政所を基盤に親裁体制を築いた実朝が、政所別当の増員によって将軍権力を強化・拡大したとし、(18) 杉橋隆夫氏は、北条義時が実質的にはともかく、少なくとも表面上は上級官僚の意を迎えるとともに、政所別当の合議を尊重する姿勢を示したものとした。(19)

本稿ではこの議論を止揚する準備はないが、坂井孝一氏も指摘するように、(20) 別当九人制が始まった建保四年（一二一六）の九月には、義時の意を受けた大江広元が実朝に将軍職以外の官職を辞退することを進言したが、微妙な表現ながらも実朝がこれを拒否したという逸話などに[21]、実朝の権威主義的志向とこれを抑えようとする義時・広元の政治的動きを見て取れなくもない。

別当九人制にあたって、これまでの五名に大江広元・源仲章・源頼茂・大内惟信の四名を増員した。このうち大江広元の登用について、五味文彦氏は将軍実朝の独走を抑えようとした北条義時の強い意向と推定しているが[22]、他の三人についても見ていくと、源仲章は実朝の侍読であるとともに後鳥羽上皇にも仕えており、大内惟信は後に起こる承久の乱において京方として戦っていることから後鳥羽上皇寄りの人物と見ることもできる。これに対して、大江広元は言うまでもなく義時の協力者であり、在京御家人の源頼茂は大内守護を勤めるが、承久の乱の二年前に後鳥羽上皇によって討たれている[23]ことから少なくとも源仲章や大内惟信とは一括りにはできない人物である。このように考えていくと、九人別当制の背後に、後鳥羽上皇寄りの別当を登用した実朝と、これを掣肘するためにそうした色合いの薄い別当を入れた義時のせめぎ合いを見ることも可能ではないだろうか。特に、義時よりも上位の位階をもつ大江広元と源仲章の増員にはそのことを強く感じるのである。

二　関東下知状

（1）　概観

下知状は、その書止文言が「下知如件」で結ばれる点に注目して名付けられた様式で、書き出し部分は下文の最初の一行を除いた形を取っているので、宛所は記されない。また、「依仰」という文言に見るように形式上は将軍（鎌倉殿）の意を体した奉書である。義時発給文書中、関東下知状は九十七通と最も多く、そのうち正文が四十九通、案文が四十通、写が八通であった。【表Ⅲ】は、義時発給の関東下知状の一覧であるが、これを見ると、その発給時期は、建保四年（一二一六）が一通、承久元年（一二一九）が三通、承久二年（一二二〇）が八通、承久三年（一二二一）が三十六通、承久四年＝貞応元年（一二二二）が二十二通、貞応二年（一二二三）が二十通、貞応三年（一二二四）が七通であった。承久三年から三年間の発給数が多いのは、後述のように承久の乱に伴う新恩給与などの影響であり、貞応三年が少ないのは、この年の六月に義時が死去していることを反映している。

【表Ⅲ】北条義時発給・関東下知状一覧

通番	文書番号	発給年月日	西暦	分類	冒頭(書出)	事書	書止文言	用途	正案写
①	33	建保四・二・十五	一二一六	Ⅱ型	○○申…事	なし	依鎌倉殿仰、下知如件	裁許(地頭職)	案文
②	45	承久元・九・十六	一二一九	Ⅳ型	○○可知行…事	有	依仰下知如件	譲与安堵(所知所帯)	案文
③	46	承久元・十一・十三	一二一九	Ⅳ型	可早令○○如本知行安堵…事	有	依仰下知如件	所領安堵(地頭職)	正文
④	47	承久元・十一・十九	一二一九	Ⅱ型	…事	なし	依仰下知如件	裁許(左馬寮使の非法停止)	案文
⑤	48	承久二・五・十九	一二二〇	Ⅳ型	…事	有	依仰下知如件	所領安堵(地頭職)	正文
⑥	49	承久二・六・十六	一二二〇	Ⅳ型	…事	有	依仰下知如件	所領給与(地頭職)	写
⑦	51	承久二・九・三	一二二〇(前欠)	不明	依仰下知如件	裁許(領知)	案文		
⑧	52	承久二・九・五	一二二〇	Ⅱ型	…事	なし	(後欠)	所領給与(下司職)	写
⑨	54	承久二・十・十四	一二二〇	Ⅱ型	○○申…事	なし	依仰下知如件	紛失安堵(地頭職)	正文
⑩	55	承久二・十一・十七	一二二〇	Ⅳ型	可令早○○爲…事	有	依仰下知如件	所領給与(地頭職)	正文
⑪	56	承久二・十二・十	一二二〇	Ⅳ型	可令早○○致沙汰…事	有	依仰下知如件	裁許(地頭職)	正文
⑫	57	承久二・十二・二十七	一二二〇	Ⅳ型	可令早…如本以○○領知…事	有	依仰下知如件	裁許(地頭職)	案文
⑬	58	承久三・五・八	一二二一	Ⅳ型	可令早○○爲…事	有	依仰下知如件	所領給与(地頭職)	案文
⑭	59	承久三・五・十三	一二二一	Ⅳ型	可令早○○…事	有	依仰下知如件	所領給与(地頭職)	案文
⑮	61	承久三・五・二十六	一二二一	Ⅳ型	可令早○○爲…事	有	依仰下知如件	裁許(地頭職)	案文
⑯	62	承久三・五・三十	一二二一	Ⅱ型	…事	なし	依仰下知如件	所領安堵(知行)	正文
⑰	64	承久三・六・二十五	一二二一	Ⅳ型	可令早○○爲…事	有	依仰下知如件	守護職補任・所領給与(地頭職)	正文
⑱	65	承久三・七・十二	一二二一	Ⅳ型	可令早○○爲…事	有	依仰下知如件	守護職補任	正文
⑲	66	承久三・七・十二	一二二一	Ⅳ型	可令早○○爲…事	有	依仰下知如件	所領給与(地頭職)	正文
⑳	67	承久三・七・十八	一二二一	Ⅳ型	可令早領知○○…事	有	依仰下知如件	所領給与(地頭職)	案文
㉑	68	承久三・七・二十	一二二一	Ⅳ型	可令早○○爲…事	有	依仰下知如件	守護職補任・所領給与(地頭職)	正文
㉒	69	承久三・七・二十六	一二二一	Ⅱ型	…事	なし	依仰下知如件	所領安堵(地頭職)	正文

㉓	70	承久三・八・二	一二二一	Ⅳ型	可令早為○○…事	有	依仰下知如件	所領給与(社領)	正文
㉔	71	承久三・八・一五	一二二一	Ⅱ型	…状	なし	依仰下知如件	神主職安堵	案文
㉕	73	承久三・八・一九	一二二一	Ⅱ型	…状	なし	依仰下知如件	所領安堵(知行)	案文
㉖	74	承久三・八・二十一	一二二一	Ⅳ型	可令早○○…事	有	依仰下知如件	所領給与(地頭職)	写
㉗	76	承久三・八・二十四	一二二一	Ⅱ型	…状	なし	依仰下知如件	守護使入部停止	正文
㉘	77	承久三・八・二十五	一二二一	Ⅳ型	可令早○○為…事	有	依仰下知如件	所領給与(地頭職)	正文
㉙	78	承久三・八・二十五	一二二一	Ⅳ型	可令早○○爲…事	有	依仰下知如件	譲与安堵(地頭職)	正文
㉚	81	承久三・八・二十七	一二二一	Ⅳ型	…事	有	依仰下知如件	所領給与(地頭職)	写
㉛	82	承久三・八・三十	一二二一	Ⅱ型	…事	なし	依仰下知如件	地頭に対する年貢納入の指示	正文
㉜	83	承久三・九・四	一二二一	Ⅳ型	可令早○○爲…事	有	依仰下知如件	所領給与(地頭職)	正文
㉝	84	承久三・九・六	一二二一	Ⅳ型	可令早○○爲…事	有	依仰下知如件	所領給与(地頭職)	正文
㉞	85	承久三・九・十八	一二二一	Ⅱ型	…状	なし	依仰下知如件	譲与安堵(屋敷田地等)	正文
㉟	86	承久三・十・十二	一二二一	Ⅳ型	…事	有	依仰下知如件	所領安堵(地頭職)	案文
㊱	87	承久三・十・十九	一二二一	Ⅱ型	…事	なし	依仰下知如件	所領安堵(所領)	正文
㊲	88	承久三・十	一二二一	Ⅳ型	可早停止…事	有	依仰下知如件	守護使入部停止	正文
㊳	89	承久三・閏十・一	一二二一	Ⅱ型	○○訴申…事	なし	依仰下知如件	裁許(預所職停止)	案文
㊴	91	承久三・閏十・十二	一二二一	Ⅳ型	可令早停止…事	有	依仰下知如件	地頭職停止	正文
㊵	92	承久三・閏十・十二	一二二一	Ⅳ型	可令早如元安堵…○○事	有	依仰下知如件	所領安堵(地頭職)	案文
㊶	93	承久三・閏十・十二	一二二一	Ⅳ型	…事	有	依仰下知如件	所領安堵(地頭職)	案文
㊷	95	承久三・閏十・十五	一二二一	Ⅳ型	可令早○○爲…事	有	依仰下知如件	所領給与(地頭職)	正文
㊸	98	承久三・十一・十七	一二二一	Ⅳ型	可令早停止○○濫妨…事	有	依仰下知如件	裁許(地頭非法停止)	正文
㊹	99	承久三・十一・二十一	一二二一	Ⅳ型	可令早任△△譲○○相傳知行…事	有	依仰下知如件	譲与安堵(地頭職)	案文
㊺	100	承久三・十二・十一	一二二一	Ⅳ型	可令早○○爲…事	有	依仰下知如件	所領給与(地頭職)	案文

㊻	101	承久三・十二・二十二	一二二一	Ⅳ型	可令早為○○沙汰…事	有	依仰下知如件	所領給与（預所地頭職）	案文
㊼	103	承久三・十二・二十四	一二二一	Ⅱ型	…事	なし	依仰下知如件	裁許（地頭に年貢料決定の指示）	案文
㊽	107	承久三・三・十五	一二二一	Ⅳ型	可令早任先例停止爲…事	有	依仰下知如件	守護所使入部停止	案文
㊾	108	承久四・四・五	一二二二	Ⅳ型	可令早為…事	有	依仰下知如件	裁許（地頭非法停止）	正文
㊿	111	承久四・四・二十六	一二二二	Ⅱ型	国々守護人竝地頭非法禁制御成敗條々事	有	依仰下知如件	守護・地頭の非法行為の禁令	写
51	112	貞応元・五・六	一二二二	Ⅳ型	可令早停止為…事	有	依仰下知如件	裁許（地頭非法停止）	正文
52	114	貞応元・五・十	一二二二	Ⅱ型	…状	なし	依仰下知如件	守護使入部停止	案文
53	115	貞応元・五・十四	一二二二（前欠）	不明	□仰下知如件	（不明）	案文		
54	117	貞応元・六・十一	一二二二	Ⅳ型	可令早任相伝理為…事	有	依仰下知如件	譲与安堵（地頭職）	正文
55	118	貞応元・七・七	一二二二	Ⅳ型	可令早停止為○○…事	有	依仰下知如件	裁許（地頭非法停止）	正文
56	119	貞応元・七・七	一二二二	Ⅳ型	可早停止○○非論…事	有	依仰下知如件	裁許（名田の領知）	案文
57	120	貞応元・七・八	一二二二	Ⅳ型	可令早○○爲…事	有	依仰下知如件	所領給与（地頭職）	正文
58	121	貞応元・七・十二	一二二二	Ⅳ型	可令早停止…事	有	依仰下知如件	地頭職停止	正文
59	122	貞応元・七・十三	一二二二	Ⅳ型	可令早停止…事	有	依仰下知如件	裁許（地頭非法停止）	正文
60	124	貞応元・七・二十四	一二二二	Ⅳ型	可令早停止為○○…事	有	依仰下知如件	裁許（地頭非法停止）	正文
61	125	貞応元・七・二十七	一二二二	Ⅳ型	…事	有	依仰下知如件	大宮司職安堵	正文
62	126	貞応元・八・八	一二二二	Ⅳ型	可令早停止○○濫妨…事	有	依仰下知如件	裁許（地頭非法停止・所領安堵）	案文
63	128	貞応元・八・十七	一二二二（前欠）	不明	依仰下知如件	所領給与（不明）	正文		
64	130	貞応元・九・十三	一二二二	Ⅳ型	可令早任…事	有	依仰下知如件	裁許（地頭に年貢料決定の指示）	案文
65	132	貞応元・九・二十五	一二二二	Ⅱ型	…事	なし	依仰下知如件	高野山修造の為の寄進の呼びかけ	正文
66	133	貞応元・十・十二	一二二二	Ⅱ型	…事	なし	依仰下知如件	守護職補任の確認	正文
67	134	貞応元・十・十九	一二二二	Ⅳ型	可令早停止…事	有	依仰下知如件	地頭職停止	案文
68	135	貞応元・十・二十三	一二二二	Ⅱ型	…事	なし	依仰下知如件	所領給与の確認	正文

⑥⑨	136	貞応元・十一	一二二二	Ⅳ型	可早停止○○非論…事	有	依仰下知如件	裁許(名田の領知)	案文
⑦⓪	137	貞応元・十二・六	一二二二	Ⅳ型	可令早停止…事	有	依仰下知如件	地頭職停止・守護使入部停止	案文
⑦①	138	貞応二・二・三	一二二三	Ⅳ型	可令早任度度御下知停止…事	有	依仰下知如件	寺領四至内の狩猟の禁制	正文
⑦②	140	貞応二・二・十七	一二二三	Ⅱ型	…事	有	依仰下知如件	所領給与(地頭職)	正文
⑦③	141	貞応二・四・十	一二二三	Ⅳ型	可令早○○為…事	有	依仰下知如件	譲与安堵(地頭職)	案文
⑦④	142	貞応二・四	一二二三	Ⅳ型	○○與△△相論條々事	有	依仰下知如件	裁許(領知・名主職・狼藉)	写
⑦⑤	143	貞応二・五・二十五	一二二三	Ⅳ型	可早且停止…事	有	依仰下知如件	裁許(地頭職)	案文
⑦⑥	144	貞応二・六・六	一二二三	Ⅳ型	可令早○○爲…事	有	依仰下知如件	所領給与(地頭職)	正文
⑦⑦	145	貞応二・六・□七	一二二三	Ⅳ型	可令早停止…(事カ)	有	依仰下知如件	裁許(地頭職停止)	正文
⑦⑧	146	貞応二・六・二十	一二二三	Ⅳ型	可早○○爲…事	有	依仰下知如件	譲与安堵(地頭職)	正文
⑦⑨	149	貞応二・七・九	一二二三	Ⅳ型	可早以…事	有	依仰下知如件	所領給与	案文
⑧⓪	152	貞応二・八・六	一二二三	Ⅳ型	可令早停止為…事	有	依仰下知如件	守護使入部停止	正文
⑧①	153	貞応二・八・九	一二二三	Ⅱ型	…事	なし	依仰下知如件	所領給与(預所職か)	案文
⑧②	154	貞応二・八・十七	一二二三	Ⅳ型	可令○○爲…事	有	依仰下知如件	所領給与(地頭職)	写
⑧③	155	貞応二・九・十三	一二二三	Ⅳ型	可令安堵…事	有	依仰下知如件	裁許(地頭職安堵)	正文
⑧④	156	貞応二・九・十三	一二二三	Ⅳ型	可令早停止…事	有	依仰下知如件	公文職停止	案文
⑧⑤	157	貞応二・九・十六	一二二三	Ⅳ型	可令早任△△譲状○○爲…事	有	依仰下知如件	譲与安堵(地頭職)	案文
⑧⑥	158	貞応二・九・十六	一二二三	Ⅳ型	可令早任△△譲状○○爲…事	有	依仰下知如件	譲与安堵(地頭職)	案文
⑧⑦	160	貞応二・九・二十九	一二二三	Ⅳ型	可早任△△譲状○○…事	有	依仰下知如件	譲与安堵(領主職)	案文
⑧⑧	161	貞応二・十・二十五	一二二三	Ⅳ型	可令早任先下知停止…事	有	依仰下知如件	守護使入部停止	正文
⑧⑨	162	貞応二・十一・二	一二二三	Ⅱ型	…状	なし	依仰下知如件	守護使入部停止	正文
⑨⓪	164	貞応二・十二・二十四	一二二三	Ⅳ型	可令早停止為…事	有	依仰下知如件	裁許(地頭非法停止)	正文
⑨①	166	貞応三・正・二十九	一二二四	Ⅱ型	○○申…事	なし	依仰下知如件	裁許(新地頭による下人拘束の禁止)	正文

92	167	貞応三・二・十	一二二四	Ⅳ型	可令早○○爲…事	有	依仰下知如件	紛失安堵（地頭職）	案文
93	169	貞応三・四・十四	一二二四	Ⅳ型	可令早○○爲…事	有	依仰下知如件	譲与安堵（地頭職）	正文
94	170	貞応三・四・十四	一二二四	Ⅳ型	可令早○○…事	有	依仰下知如件	所領給与（地頭職）	写
95	171	貞応三・四・二十四	一二二四	Ⅳ型	可早以○○爲…事	有	依仰下知如件	譲与安堵（郷司職・地頭職）	案文
96	172	貞応三・四・二十六	一二二四	Ⅳ型	可令早○○爲…事	有	依仰下知如件	譲与安堵（地頭下司職）	案文
97	175	貞応三・五・二十一	一二二四	Ⅳ型	…事	有	依仰下知如件	譲与（配分）安堵（名田等）	案文

関東下知状九十七通のうち、大江広元との連署である33号を除く九十六通は義時単署であり、その初見は源実朝没後の承久元年（一二一九）九月十六日の45号である。建保五年（一二一七）年八月二十二日が終見の将軍家政所下文（39号）と発給時期が重なることはなく、関東下知状が将軍家政所下文に代わって用いられた様式であることを物語っている。このことを具体的に示す文書がある。169号は建部清重から清綱に譲与した大隅国禰寝院南俣地頭職を安堵した関東下知状であるが、この文書のことを173号において義時自身が「安堵御下文」と称しており、これを受けた六波羅探題もその呼称を踏襲していることからも当時の当事者の認識を知ることができる。義時は執権就任後に、父時政のようにすぐに単署の関東下知状を用いなかったが、このことについては幕府吏僚層・御家人層に柔軟な姿勢を取ろうとした政治的判断があったという折田悦郎氏の見解もある。[25]

関東下知状のうち33号の一通のみは義時と大江広元との連署であり、建保四年（一二一六）二月十五日付であることから、建保五年（一二一七）八月まで発給されている将軍家政所下文とも発給時期が重なっている。この一通のみ書止文言も「依鎌倉殿仰、下知如件」であり、他の九十六通の「依仰、下知如件」と異なっている。こうした特徴の違いを踏まえ、この33号については項を改めて検討したい。

熊谷隆之氏は、関東下知状について鎌倉時代全期間を通して五つの様式で整理しており、義時執権期についてはⅠ型・Ⅱ型・Ⅳ型・Ⅴ型の四様式があることを述べている。[26]このうち、例えば46号や48号のように、独立した事書をもち、書止を「依仰下知如件」とする様式をⅣ型と名付けているが、義時発給の関東下知状九十七通中七十一通（73％）がこれに該当した。また、例えば62号のように、事書を持たず事実書から書き始める様式をⅡ型と名付けているが、こちらは二十三通（24％）が該当した。前欠のため事書の有無を確認できない文書三通を除き、義時発給文書は全てこの二つの様式に含まれている。熊谷氏のいうⅣ型七十一通のうち、46号のように事書を「可令早…事」とする文書が六十三通（関東下知状全体の65％）、48号のように事書を「…事」とする文書が八通（同じく8％）あった。

以上のように、義時単署の関東下知状は、「可令早…事」という事書を持つ様式（六十三通）、「…事」という事書を持つ様式（八通）、事書を持たず事実書から書き始める様式（二十三通）の三つの様式があった。数量的には「可令早…事」という事書を持つ様式が多かったが、いずれの様式も全期間に見られ明確に時期的な特徴を見いだすことはできなかった。

○46号　**関東下知状**（出雲千家文書）

可早令孝綱如本知行安堵、出雲國大庭社・美談新庄・乃白郷・田尻保地頭職事
右人、如本爲彼四箇所地頭職、本所年貢課役不致懈怠、守先例無違乱、可令安堵之狀、依仰下知如件
承久元年十一月十三日
右京權大夫平（義時）（花押）

○48号　**関東下知状**（肥前多久家文書）

肥前國國分寺地頭職事
右、以季俊男字猿太郎、可爲彼職之狀、依仰下知如件
承久二年五月十九日
右京權大夫平（義時）（花押）

○62号　**関東下知状**（鹿島大禰宜家文書）

橘郷事、賜故右大將殿御下文之後、父祖并政親已三代相傳知行無相違云云、然者成安堵之思、可令勤行祈禱之狀、依仰下知如件
承久三年五月卅日

陸奥守平（義時）（花押）

（2）関東下知状（北条義時単署）の用途について

先ず、大江広元との連署である33号を除く義時単署の関東下知状九十六通について見ていきたい。義時は前稿で述べた通り執権としての立場で発給しており、(27) この時期の関東下知状は、前述したように、将軍家政所下文に代わる様式として機能している。一例を挙げれば、27号は建保二年（一二一四）九月二十六日に発給され将軍家政所下文であり、内容は将軍家御祈祷所である金山観音寺領での狩猟・樹木伐採を禁じたものであるが、同内容の禁制は貞応二年（一二二三）二月三日には138号の関東下知状が用いられている。

○138号　関東下知状（備前金山寺文書）

可令早任度度御下知旨、停止備前國金山觀音寺寺領四至内武士并甲乙人狩獵狼藉事

右、當寺者、爲將軍家御祈禱所、被停止武士并甲乙人亂入狩獵狼藉、經年序畢、而今違犯輩出来云云、事實者甚不當也、早守度度御成敗之旨、可停止件狼藉也、若猶背制法者、直注進交名狀、依仰下知如件

貞應二年二月三日

前陸奥守平（義時）（花押）

【表Ⅱ】は、発給年月日・冒頭（書出）・事書の有無・書止文言・用途などの項目でまとめたが、このうち用途については、前掲48号に見る地頭職補任などを「所領給与」と分類した。補任された諸職は地頭職が最も多いが、52号の下司職、101号の預所地頭職、172号の地頭下司職もあった。70号は社領への給与である。守護職と地頭職を併せて補任する64号・68号や、守護職のみを補任する65号・133号もあった。

また、所領給与のうち、前掲の46号のように、安堵理由は不明ながらも「（本領）安堵」が読み取れるものを「所領安堵」と分類した。前述の「所領給与」に分類した文書が全て新恩給与に係るものとは断言できないが、一応文書内容を反映させる分類としたつもりである。こちらも当然ながら地頭職に係るものが最も多いが、71号の神主職や125号の大宮司職もあった。また、62

号・73号・87号のように、「知行」や「所領」という表現で具体的な職名を記していないものもあった。ここで「所領安堵」に分類した文書は内容からその安堵理由が分からないものである。

親子の間で行われた所領の譲与を承認する「譲与安堵」と盗難や火災等によって下文等を失った場合の証明を求める「紛失安堵」について、これらを読み取れるものはその分類とした。次に示す78号が譲与安堵、54号が紛失安堵の例である。なお、引用した史料に付した傍線は筆者によるものである(以下の引用も同様とする)。また、譲与安堵について、嫡子が下文をもらいそれ以外の者は下知状をもらったという指摘があるが[28]、当該期に将軍家政所下文の発給されていない義時単署の関東下知状には、当然ながら嫡子宛てと思われる文書も散見することは付記しておきたい。

○78号　関東下知状(幸田成友氏所蔵文書)

可令早尼常陸局爲但馬國小佐郷地頭職事

右人、任本地頭爲安之讓、可爲彼職之狀、依仰下知如件

承久三年八月廿五日

陸奥守平(義時)(花押)

○54号　関東下知状(楓軒文書纂五十三進藤文書)

新藤内咸定法師孫娘彦熊申伊勢國乙部御厨内乙部郷并越中國小針原庄内静林寺地頭職、代々御下文及手繼讓狀紛失事、如申狀、今月三日夜、於鎌倉住宅、爲竊盗被取資材物之刻、件證文等被盗取畢云々、而彼兩所故右大將殿御時以後、相傳知行無異儀、縦雖紛失之書、不可有相違之狀、依仰下知如件

承久二年十月十四日

陸奥守平(義時)(花押)

関東下知状には、これまで述べてきたような「所領給与」や「所領安堵」などの御恩授与以外では、121号に見られるような「地頭職停止」に用いられている。のちに制定される御成敗式目の五条にも規定されているように、年貢抑留等のために地頭を

解任されたものであろう。この荘園は、地頭停止後は121号に見られるように「領家御進止」となる。また、76号に見られるような「守護使入部停止」にも用いられている。守護の権限は大犯三箇条であるが、越権行為も見られたらしい。111号は貞応元年（一二二二）四月二十六日付の新編追加であるが、これによれば、刃傷殺害人を逮捕する時は、先ず荘園公領に連絡してその身柄を確保するという手続きを指示し、その手続なく荘園公領に乱入することを禁じている。また、刃傷殺害人以外の犯罪である盗犯・放火・人拘引は、守護ではなく国衙検非違所の管轄であることも明記されている。「守護使入部停止」はこうした検断権を梃子とした守護の荘園公領侵入を停止したものと考えられる。114号や152号のように、大番役と謀叛人・殺害人沙汰以外の守護使入部を禁じる文言を付したものもある。また、76号からは、承久の乱における兵糧米徴収に際しての荘園公領侵略があったことも分かる。「地頭職停止」や「守護使入部停止」は、いわば非法停止とでもいうべき内容で、137号のように地頭職停止と守護使入部を一通の文書で命じているものもある。82号には地頭に対する年貢納入の指示なども見られるが、これも荘園領主の権益を保護する内容であり、非法停止に準じて考えてよいだろう。

○121号　**関東下知状**（京都大学所蔵文書）

可令早停止播磨國永良庄一名位田地頭基康事

右、當庄停止地頭基康、可爲領家御進止之状、依仰下知如件

貞應元年七月十二日

陸奥守平（義時）（花押）

○76号　**関東下知状**（久我家文書）

播磨國這田庄并石作庄、任先例、停止守護所使入部、可爲領家進退也、兵糧米同率徴之符、爲領家使之沙汰、可弁濟之状、依仰下知如件

承久三年八月廿四日

陸奥守平（義時）（花押）

○82号　**関東下知状**（保阪潤治氏所蔵文書）

以武蔵國稲毛本庄被相博高來西郷事、此地者平家没官領也、
後白河院御時、將軍家令賜御畢、仰付地頭時員法師、所令進御室御年貢也、而今件御年貢者、爲東郷地頭行員之沙汰、相加
西郷分、任本數可進濟也、至于西郷者、依可爲前大僧正
御坊領、領家地頭可一向不輸之狀、依仰下知如件

承久三年八月卅日

陸奥守平（義時）（花押）

関東下知状は裁許にも用いられている。裁許とは訴訟に対する幕府による判決のことで、訴状（や陳状）の要約を示した後に幕府の判断を述べて判決を示す形が一般的である。次に挙げる98号は、河内国大和田庄が隣接する小和田庄の地頭から受けていた濫妨を停止するという内容で、いわゆる地頭非法停止に関する裁許である。裁許の内容ではこうした地頭非法停止が最も多いが、これらは荘園領主側からの訴えによるものであり、非法停止の命令にとどまらず地頭職の停止（145号）や預所職の停止（89号）という裁許もあった。その他には、主に一族間における地頭職や名田その他の領知をめぐる相論の裁許も多かった。こうしてみると、関東下知状で用いる裁許は、御恩授与と非法停止に関する内容を中心に用いられていることが分かる。

○98号　**関東下知状**（久我家文書）

可令早停止爲河内國小和田地頭高木左近將監濫妨、同國建春門院法華堂領大□（和カ）田庄事
右、訴狀云、故將軍右大將御時、當庄□□地、致莫大勤之由、依令申披、不可辨地頭之由、蒙仰畢云〻者、如狀者、小和田地頭之所行甚自由也、大小之字分明也、何故可混合哉、早停止大和田妨、有限寺用課役、任先例可令辨勤也者、依依仰下知如件

承久三年十一月十□（七日）

陸奥守平（義時）（花押）

以上、義時単署の関東下知状九十六通のうち欠損等により用途不明の四通を除いた九十二通の用途をまとめると、所領所職給与（二十七通）、所領安堵（十一通）、譲与安堵（十四通）、紛失安堵（二通）を合わせた御恩授与に係る用途が五十四通（59％）、守護使入部停止や地頭職停止などの非法停止に係る用途が十四通（15％）、裁許に係る用途が二十二通（24％）であり、大別するとほぼこの三つの用途に用いられており、この分類になじまない関東下知状は、高野山大塔修造寄進依頼を広く御家人に呼びかけた132号と、前掲した将軍家御祈祷所である金山観音寺領での狩猟・樹木伐採の禁制である138号の二通のみであった。さらに裁許に係る用途に用いられた関東下知状二十二通の内容を見ると、御恩授与は八通、非法停止は十二通であり、やはり、この二つの用途に用いられていることが分かる。

先に、義時発給の関東下知状の「可令早…事」という事書を持つ様式、「…事」という事書を持つ様式、事書を持たず事実書から書き始める様式の三つの様式に明確な時期的特徴を見いだすことはできなかったことを述べたが、同様にこうした三つの様式と用途との相関関係を見いだせなかった。

（3）北条義時・大江広元連署の関東下知状について

次に、一通だけ義時の単署ではなく大江広元との連署の関東下知状で、発給時期的にも将軍家政所下文と重なる33号を次に示して検討したい。

○33号　関東下知状案（山城醍醐寺文書）

権律師継尊申、伊勢国大橋御園（一名棚橋）地頭職事、故大将殿御時、依神宮之訴訟、被停止道時法師之沙汰畢、其後元久二年、重裁断之上、今更不可有相違、早如本可令継尊領知之状、依鎌倉殿仰、下知如件

建保四年二月十五日

相模守平（義時）御判

陸奥守中原（広元）御判

義時とともに署判を加えている大江広元は、政所別当として幕政を主導したことはよく知られている。将軍実朝期に関して言

えば、建仁三年（一二〇三）に政所吉書始に別当として見え、(29) 建永元年（一二〇六）の頃いったん辞したと思われるものの、(30) 建保四年（一二一六）四月までには復任していた。(31) 建保四年二月十五日に発給された33号は、これより二か月程遡るが、広元の政所別当復任の流れの中で捉えて良いかもしれない。上杉和彦氏は、本文書から、大江広元が後の連署職に相当する地位を得ていたとしている。(32)

また、義時署判の関東下知状のうち、将軍家政所下文と発給時期が重なるのはこの33号のみであるが、当該期の将軍家政所下文との用途の差異は見られるのだろうか。内容的に見ると、33号は伊勢神宮領大橋御園に対する地頭山内首藤道時の濫妨停止を命じたもので、大橋御園を領知する蓮華寺僧経尊に与えられたものと考えられる。本文書で「故大将殿御時、依神宮之訴訟、被停止道時法師之沙汰」と言っているのは文治二年（一一八六）二月十一日付関東下文を指すと思われ、(33) また「元久二年、重裁断」とは元久二年（一二〇五）三月十三日関東下文を指すと思われる。(34) 33号は、これらを根拠としてその後も止まぬ地頭濫妨の停止を求める経尊の要求を幕府が認めたものであり、六年後の貞応元年（一二二二）には地頭非法停止の裁許が示されていることが124号から分かる。下知状について、佐藤進一氏は「後日の証とすべきものではあるが、政所下文を出すほどでもない」というような下文と御教書の中間的な重要性をもつ事項に用いられたとしている。(35) この時期の将軍家政所下文との用途の差異について、この一通だけで断定することはできないが、将軍家政所下文は地頭職補任などの所領給与や譲与安堵に関するものが多く、相論裁許においても地頭職補任等に用いられており、33号はこうした地頭職の補任や停止まで至らず、裁許を経ていない幕府の判断を示すために用いられているようである。

三　関東御教書

（1）概観

御教書とは、平安時代以降用いられた文書様式で、三位以上の公卿の意を受けてその家司が発給した文書である。鎌倉時代、源頼朝が従二位に叙せられてからは武家様文書の主柱の一つとなった。下知状と同じ奉書であるが、「依仰執達如件」「仍執達如件」などの書止文言で結ぶことで区別される。(36) 義時発給文書では、このほかに「仰旨如此、仍執達如件」、「所候也、仍執達（執啓）如件」という書止文言も見られた。高橋一樹氏は「恐々謹言」等の文言を持ち、執権・連署が公家側に発給した文書も「関東御教書」に含めて検討することを提案しているが(37)、本稿では形式を踏まえた上で用途を分析するという基本的な考え方からこうした「恐々謹言」等の書止文言を持つ文書は「書状」と分類した。

なお、御教書には、関東御教書・六波羅御教書・鎮西御教書の三種があることを踏まえ、公卿の奉書ではなく北条氏一門の署判した書札に対する尊称ではないかとする熊谷隆之氏の見解もあり(38)、「沙汰未練書」にある「(御教書は)関東ニハ両所御判、京都ニハ両六波羅殿御判ノ成ヲ云也」という説明を踏まえれば首肯できる(39)。

よって、湯山賢一氏が「鎌倉幕府(政所)奉行人奉書」と名付けた(40)、義時の署判がなく、清原清定以下の署判と「依陸奥守殿御奉行、執達如件」の書止文言をもつ奉書形式の文書を、筆者は前稿で義時発給文書として扱ったが(41)、本稿では義時署判の有無を重視して関東御教書からは除外した。これらの文書を含めた鎌倉幕府奉行人奉書については、項を改めて検討することとする。

また、関東御教書は、事書はなく事実書から始まり、年月日が記され、執権(連署)の署判は日下(とその左横)に据えられて、最後の行に充所が記される。そして、前述のように「依仰執達如件」「仍執達如件」などの奉書文言で結ばれるのが一般的な様式であるが、義時発給の関東御教書十一通のうち、最後の行に充所を記していないものが四通、年号を入れず月日のみを記したものが三通あり、この時点では、まだそうした一般的な様式が定まっていない面もある。

なお、島津忠時宛ての24号・41号を本稿では書状に分類したが、いずれも「仍執達如件」という関東御教書によく用いられる書止文言を持っており、特に41号は関東御教書の要素も強い。これも義時執権期に関東御教書の形式が確立していないことの証左となるのかもしれない。

○24号　**北条義時書状**(島津家文書)

富山刑部丞子息小童母相具可上洛之由、所令申也、早件小童ヲハ付母堂、可被上洛也、仍執達如件

五月九日　(義時花押)

嶋津左衛門尉殿(忠時)

○41号　**北条義時書状案**(島津家文書)

薩摩郡内山田村本領主大藏氏所進折帋獻之、如狀者、右近將監友久狼藉無遁方歟、早相尋子細、所行若實者、可令召進關東

給候、仍執達如件

十月廿七日　　　　　　　　右京権大夫（義時）在判

嶋津左衛門尉（忠時）殿

建保六年十月廿七日給了

【表Ⅳ】北条義時発給・関東御教書一覧

通番	文書番号	発給年	西暦	書止文言	正案写	事書	年号	宛所の記載	充所(立場)	用途
①	5	元久三・二・二十九	一二〇六	所候也、仍執啓如件	正	○	×	本文中	建部清重(地頭)	禰寝南俣院地頭職の相論に係る現状維持の指示
②	8	承元三・十二・六	一二〇九	(「自余略之」とあり不明)	案	○	○	○	宇佐大宮司	巻数見参・大宮司扶持人による殺害・宇佐宮の武役停止・守護使入部停止
③	42	建保七・三・二十六	一二一九	依仰執達如件	案	○	○	本文中	六条若宮別当實深	六条若宮別当職の譲与安堵
④	94	承久三・閏十・十四	一二二一	所仰也、仍執達如件	案	○	○	○	北条時房(六波羅)	地頭非法停止の指示
⑤	104	承久四・正・二十	一二二二	所候也、仍執達如件	正	○	○	○	北条泰時(六波羅)	反逆・原免の実否調査の指示
⑥	116	貞応元・五・二十八	一二二二	仰旨如此、仍執達如件	写	×	○	本文中	北条時房・泰時(六波羅)	守護・地頭非法の調査
⑦	139	貞応二・二・十六	一二二三	仍執達如件	案	×	○	×	高野山?	高野山大塔修造用途として和泉国池田郷を寄進
⑧	147	貞応二・六・二十八	一二二三	依仰執達如件	正	○	×	○	北条時房(六波羅)	吉野悪党をめぐる吉野側と高野山側への伝達の指示
⑨	148	貞応二・七・六	一二二三	仰旨如此、仍執達如件	写	○	○	○	北条時房(六波羅)	新補地頭が守るべき5箇条の伝達の指示
⑩	159	(貞応二ヵ)九・二十八	一二二三	依仰執達如件	正	×	×	○	武藤資頼(守護)	武雄大宮司からの人質に関する訴えを受け解決するように指示
⑪	163	貞応二・十二・八	一二二三	依仰執達如件	正	×	○	○	北条泰時(六波羅)	守護使入部停止に伴い追捕損物返却の伝達の指示

（2）用途について

北条義時発給の関東御教書十一通の用途を見ると、六波羅探題（北条時房・泰時）に対する指示六通、守護（武藤資頼）に対する指示一通、地頭に対する指示一通、宇佐大宮司への伝達一通、高野山大塔修造料としての寄進一通、六条若宮別当職の譲与安堵一通であった。

御教書は限時的効力を持つ伝達文書としての色彩が強く、権利の付与もしくは認定を目的としている下文や下知状とはその性格を異にしていると言えよう。先ず、義時発給文書における政所下文と御教書との使い分けについて具体的に見ておきたい。5号と39号はともに大隅国禰寝院南俣郷地頭職をめぐる相論に対する幕府の意志を示したものである。

5号では禰寝（建部）清重のもつ証文を「謀書」とする曾木重能の訴訟が出来したが、「両方理非糺決以前」は当知行している清重の領知に任せよという内容である。これは裁許というより伝達であり、逆に言えば、この段階では幕府として「両方理非糺決」していないのである。これが御教書の機能である。その後、はっきりと決着がつけられ、39号の将軍家政所下文によって清重の子禰寝（建部）清忠が正式に地頭職に補任されたのである。

○5号　関東御教書（禰寝文書）

大隅國禰寝南俣院地頭職事、重延死去之後、以清重法師被補事實也、但論人出來之時者、召問両方、可有左右之由、故左衛門督殿家御時、去建仁三年七月三日給證文候了、而件狀爲謀書之旨、菱刈住人重能依出訴訟、被遣問狀候云〻、重能無左右領掌之条、甚無謂候、更不可信用事歟、両方理非糺決以前者、清重法師可領知之由所候也、仍執啓如件

二月廿九日　　　　相模守（義時）（花押）

○39号　将軍家政所下文（禰寝文書）

将軍家政所下　大隅國禰寝院内南俣住人

補任地頭職事

禰寝二郎清忠

右、如問注勘狀者、重能則雖帯故右大将家御下文案、相傳之条手継不詳、清忠亦累祖相傳文書之上、給故左衛門督家御教書之後、于今知行、然則清忠、云文書相傳理、云當時知行之實、忽難被弃置云云者、任相傳證文之理、可令清忠補任南俣地頭職之狀、所仰如件、以下

建保五年八月廿二日　　　　案主菅野（景盛）（花押）

知家事惟宗（孝貫）

令図書少尉清原（清定）（花押）
別當陸奥守大江朝臣（広元）（花押）
大學頭源朝臣（仲章）
右京權大夫兼相模守平朝臣（義時）（花押）
右馬権守源朝臣（頼茂）
左衛門権少尉源朝臣（惟信）
前遠江守大江朝臣（親広）（花押）
武蔵守平朝臣（時房）（花押）
書博士中原朝臣（師俊）（花押）
信濃守藤原朝臣（行光）（花押）

次に、関東下知状と関東御教書の使い分けの事例を示したい。152号の関東下知状は、伊賀国長田庄に対する大犯三箇条以外の守護使入部を停止したものであるが、163号は守護使入部の際に奪われた資財の返却に関して六波羅探題に伝達する内容となっており、関東下知状を踏まえて関東御教書が発給されていることがよく分かる。

○152号　**関東下知状**（島津家文書）

可令早停止爲伊賀國守護使亂入當國長田庄事
右、當庄、前ゝ守護之時、不入部使者之由、地頭所申也、大番役并謀叛殺害沙汰之外、不可入部彼使之狀、依仰下知如件
貞應二年八月六日
前陸奥守（義時）（花押）

○163号　**関東御教書**（島津家文書）

伊賀國長田庄地頭所進解狀遣之、子細見狀、守護所使狼藉事、可停止使入部之由、御下知已訖、雖然於追捕損物者、糺明可

返付給之状、依仰執達如件
貞應二年十二月八日　　（義時花押）
武蔵守殿(泰時)

なお、譲与安堵は将軍家政所下文や関東下知状によってなされるのが通例であるが、42号に六条若宮別当職の譲与安堵の内容を持つ関東御教書がある。42号は、実朝没後に義時が発給した関東下知状の初見である。この六条若宮は源為義の旧六条左女牛邸跡に石清水八幡宮より勧請して鎮座しており、この文書に見える季厳も大江広元の弟であるという幕府と非常に関係の深い神社である。関東御教書を用いた理由はよく分からないが、六条若宮が醍醐寺三宝院の管轄下にあったため、幕府として正式の安堵状を下文や下知状で発給するというよりも、御教書によって譲与の安堵を承認するという形になったのであろうか。

○42号　関東御教書案（山城醍醐寺文書）

「安堵御下知」
以所帯若宮別當職、可被譲与弟子大納言禪師實深事
右、先師僧都季嚴譲与弟子教嚴、今又教嚴譲与弟子實深之条、被申請之旨勿論也、實深任先例、可令施行社務之状、依仰執達如件
建保七年三月廿六日　　右京權大夫平在御判

（3）　鎌倉幕府奉行人奉書について

義時執権期に、義時の署判はなく、清原清定や散位藤原・散位三善・散位中原・左衛門尉清原の署判と「依陸奥守殿御奉行、執達如件」の書止文言をもつ奉書形式の文書が五通発給されており、(42) 湯山賢一氏はこれを「鎌倉幕府（政所）奉行人奉書」と名付けている。(43) 次に示す【表Ⅴ】は、義時執権期の鎌倉幕府奉行人奉書の一覧であるが、このうち通番⑱・⑳・㉑・㉒・㉔の五通がそれにあたる。これらについては、前述のように、本稿では関東御教書から除外したが、義時発給の関東御教書との関連を踏まえて整理してみたい。

【表V】北条義時執権期・鎌倉幕府奉行人奉書

通番	鎌遺番号	発給年	西暦	書止文言	奉者	充所(立場)	用途
①	一六二五	建永元・六・二八	一二〇六	依鎌倉殿仰、執啓如件	中原仲業	三善康信(地頭)	備後国大田庄の領有に係る情報の連絡
②	一六八三	建永二・五・六	一二〇七	鎌倉殿仰候也、仍執達如件	二階堂行政	(地頭か)	伊予国忽那島地頭名・給田の新儀禁止を指示
③	一六九六	建永二・八・二八	一二〇七	依鎌倉中将殿仰、執達如件	惟宗・清原清定・中原師俊	大友能直(守護)	地頭上妻家宗に所領四箇所を返付したことの連絡
④	一七八五	承元三・三・二九	一二〇九	依鎌倉殿仰、執達如件	中原仲業	伊達為宗(地頭)	陸奥国長世保内の荒野開発の指示
⑤	一八七一	建暦元・四・六	一二一一	依鎌倉殿仰、執達如件	中原仲業	院林二郎(地頭)	越中国石黒庄における非法停止の指示
⑥	一八七六	建暦元・五・一七	一二一一	依仰、執達如件	散位(中原仲業か)	大井尼(下司)	美濃国大井庄下司職にかかる東大寺への連絡を促す指示
⑦	一九五五	建暦二・一二・一三	一二一二	依鎌倉殿、執達如件	散位(中原仲業か)	伊達為宗(地頭)?	陸奥国長世保内荒野開発に伴う本田荒廃防止の指示
⑧	二〇一二	建暦三・七・三	一二一三	依鎌倉殿仰、執達如件	民部丞(中原仲業か)	佐治重貞(地頭)?	因幡国佐治郷地頭職を巡る訴訟に係る召喚の指示(召文御教書)
⑨	二〇一三	(欠損)		依鎌倉殿仰、執達如件	(不明)	佐治重貞(地頭)?	因幡国佐治郷地頭職を巡る訴訟の裁許
⑩	二一八二	建保三・一〇・四	一二一五	依鎌倉殿仰、執達如件	清原清定	島津忠久(守護)	薩摩国御家人で大番役を拒否している者の交名注進の指示
⑪	二二六〇	建保四・八・二六	一二一六	□鎌倉殿仰、執達如件	清原清定	景□(新地頭)	上総国武射北郷の地頭請所の引継の指示
⑫	二二六一	(欠損)		依鎌倉殿仰、執達如件	大江親広	土屋義清(地頭)	上総国武射北郷の地頭請所として准布六〇〇反を毎年納めることの指示
⑬	二三三四	建保五・七・二四	一二一七	依鎌倉殿仰、執達如件	二階堂行光	宗像大宮司	院宣と領家請文に基づく大宮司還補の伝達
⑭	二三三五	建保五・七・二四	一二一七	依鎌倉殿仰、執達如件	二階堂行光・清原清定	武藤資頼(守護)	院宣と領家請文に基づき大宮司還補をしたことの連絡
⑮	二三三六	建保五・七・二八	一二一七	依鎌倉殿仰、執達如件	二階堂行光・清原清定	宗像大宮司	社領における検断を社家沙汰とすることの伝達
⑯	二三三七	建保五・七・二八	一二一七	依仰執達如件	散位源・清原清定	宗像大宮司	社領における訴訟の裁許(公文職、名田畠の還補)
⑰	二四三一	建保七・二・六	一二一九	依仰執達如件	二階堂行光・清原清定	主殿大夫	鶴岡八幡宮神主職補任を主殿寮に連絡
⑱	二六八一	承久二・一二・三	一二二〇	依陸奥守殿御奉行執達如件	散位藤原・散位中原	北目地頭新留守	出羽大物忌小物忌神社修造の指示
⑲	二八二六	承久三・九・四	一二二一	仍執達如件	清原清定	宗像大宮司	巻数受取、預所職補任の連絡
⑳	二八九四	承久三・一二・一一	一二二一	依陸奥守殿御奉行執達如件	散位藤原・散位中原	武藤資頼(守護)	豊前国向野郷内名田屋敷等の買得安堵についての連絡
㉑	二九一四	承久四・正・一八	一二二二	依陸奥守殿御奉行執達如件	清原清定	国分次郎(地頭?)	大和国槻本庄における非法停止に係る状況説明の指示

㉒	二九一五	承久四・正・一八	一二二二	依陸奥守殿御奉行執達如件	清原清定	興原地頭(地頭)	古杣領における非法停止に係る状況説明の指示
㉓	補七七八	承久四・九・一九	一二二二	鎌倉殿御消息候也、仍以執達如件	散位中原	眞瀧坊法眼	備前国佐川庄の新地頭就任の連絡　※本文書要検討
㉔	三一四九	貞応二・八・二九	一二二三	依陸奥守殿御奉行執達如件	左衛門尉清原	飯田清重(地頭)	丹波国雀部庄地頭代の非法停止を地頭に指示

先ず、発給時期についてであるが、承久二年（一二二〇）十二月三日から貞応二年（一二二三）八月二十九日までの約二年八か月間に亘っている。発給され始めた契機については、すでに相田二郎氏によって指摘されている通り[44]、承久元年（一二一九）正月の将軍実朝暗殺である。実朝没後、同年七月に九条道家の子三寅が鎌倉に下向するが、わずか二歳の幼児であり「鎌倉殿仰」という表現が馴染まなかったため「依陸奥守殿御奉行、執達如件」の書止文言が用いられたのであろう。義時は貞応三年（一二二四）六月に死去しており、終見文書はその十か月前ということになる。

義時発給の関東御教書十一通のうち、これら鎌倉幕府奉行人奉書五通と時期的に重なる文書は六通ある。この点について、宛所の違いによって使い分けられていたという相田二郎氏や仁平義孝氏の指摘がある[45]。すなわち、義時発給の関東御教書は六波羅探題宛てであり、鎌倉幕府奉行人奉書は守護地頭宛てというのである。確かに義時発給関東御教書六通のうち、六波羅探題宛ては五通、鎌倉幕府奉行人奉書は守護（それに準ずる留守所）宛て二通[46]・地頭宛て三通[47]であるから、その結論は概ね首肯しうる。但し、豊前及び肥前守護を務めている武藤（少弐）資頼宛ての場合のみ両方の様式で発給されていることは指摘しておきたい。

次に挙げる承久三年十二月十一日付鎌倉幕府奉行人奉書と159号の義時単署の関東下知状である。内容的には、鎌倉幕府奉行人奉書が宇佐忠輔が売得した豊前国向野郷内の所領田畑について真偽を糺した上で安堵するように指示したものであり、159号の関東下知状は肥前国長島庄における武雄社からの訴えを受けて守護所における裁許を指示したものである。

○**鎌倉幕府奉行人奉書案**（豊前益永家文書〈『鎌倉遺文』二八九四号〉・表V通番⑳）

宇佐忠輔申豊前國向野郷内下糸永・同秋安・光永・彌同丸、宇佐屋敷貳ヶ所、榮重・榮房沽却屋敷・柑子籠畠地、大家郷内本成久・今成久・石同丸、下毛光永、封戸郷内恒貞・有永・彌同丸、辛嶋郷内光永、田染庄是行・清成田畠等事、如狀者、件名田畠、自甲乙人之手、令買領之後、知行雖無相違、爲向後證驗、可給御下知云〻者、賣買之地可依證文也、糺眞偽任道理、可令安堵之狀、依陸奥守殿御奉行、執達如件

承久三年十二月十一日　　散位藤原　在御判

散位中原　在御判

謹上　前大宰少貳殿（資頼）

○159号　関東御教書（肥前武雄神社文書）

肥前國武雄黒尾大宮司家門申、爲長嶋庄地頭日向太郎入道、以當社号長嶋内、押取質人四人由事、於守護所、彼是可遂一決之由、所令下知駿河守季時入道也、早可遂其節之狀、依仰執達如件

九月廿八日　　前陸奥守（義時）（花押）

前大宰少貳殿（資頼）

さて、こうした鎌倉幕府奉行人奉書には、「依陸奥守殿御奉行、執達如件」以外の書止文言を持つ文書も存在する。すなわち、次に挙げるような、清原清定等奉行人の署判と「依（鎌倉殿）執達如件」の書止文言をもつ文書である。

○鎌倉幕府奉行人奉書案（筑前宗像神社文書〈『鎌倉遺文』二八二六号〉・表Ⅴ通番⑲）

校正了、

令申給之旨、具披露候畢、天下静謐事、佛神之御計、不及左右事也、御巻數慥所參著也、當社事、可爲將軍御家領也、神境安全之條、已神妙之賢慮歟、預所職者、駿河守子息被補也、有限佛神事并本家領家御年貢事、随成敗可令致沙汰給之由候也、仍執達如件

承久三年

九月四日　　圖書允清原（清定）在判奉

宮像大宮司殿御返事

高橋一樹氏はこうした鎌倉幕府奉行人奉書に注目して検討しているが、(48)高橋氏が扱ったのは「依陸奥守殿御奉行、執達如件」の書止文言をもつ五通と重なる時期の文書に限定しているため、ここに挙げた承久三年九月四日付鎌倉幕府奉行人奉書の一通しか該当しない。(49)しかし、元久二年(一二〇五)から貞応三年(一二二四)という義時執権期の全期間で見ていくと、鎌倉幕府奉行人奉書は、【表V】に示したように二十四通ほどある。「依陸奥守殿御奉行、執達如件」の書止文言をもつ文書はこのうちの五通であるから、それ以外の鎌倉幕府奉行人奉書の方が数量的には多い。当該期の幕府発給文書を考える上で避けては通れない問題であろう。

本稿ではこれらを全面的に考察する用意はないが、元久二年(一二〇五)から建保七年(一二一九)正月の実朝暗殺前に発給された鎌倉幕府奉行人奉書十七通を見ると、守護宛三通、地頭宛と思われるものが九通、地頭に準じて考えられる下司宛が一通ある。宗像大宮司宛も三通あるが、宗像神社が将軍家領であることを勘案すると、「依陸奥守殿御奉行、執達如件」の書止文言をもつ五通とほぼ同様の傾向を示していると言えよう。義時執権期の鎌倉幕府奉行人奉書は、主に守護や地頭御家人等を宛所とする指示伝達に用いられており、建保七年(一二一九)正月の実朝没後には「依(鎌倉殿)仰」の文言を「依陸奥殿御奉行」と変えて発給されたと言うことができそうである。

それでは、建保七年正月以前の実朝将軍期において、こうした鎌倉幕府奉行人奉書と義時単署の関東御教書はどう使い分けられていたのだろうか。この時期の義時単署の関東御教書は建部清重宛(5号)、宇佐大宮司宛(7号)の二通のみであり、5号の書止文言は「之由所候也、仍執啓如件」と他の関東御教書と異なっており、7号は案文で「自余略之」とあって書止文言が判読できない。二通のみで断定はできないものの同時期の鎌倉幕府奉行人奉書に比べて様式が確立していない印象を受ける。

四　書状

(一)　概観

書状は、前述の下知状や御教書と異なって、真の発給者が差出者として文書に現れる様式であり、「候、恐惶(恐々)謹言」などの書止文言を特徴とする。同じ直状に「之状如件」や「也、仍状如件」などの書止文言をもつ形式のものがあるが、本稿ではこれらは全て書下とした。

書状は、本文を書き終えたあとに(年)月日、その下に差出者、最後の行に宛所を書くのが通例とされるが、【表Ⅵ】に示したように、義時発給文書二十九通を概観すると、全ての文書が年は入れずに月日のみを記入しており、その下に差出者である義時の署判がある。宛所については八通のみがこれを記載していた。正文は十九通、案文は四通、写は六通であった。

二十九通のうち、21号と22号の二通のみは、大江広元との連署であり、他は義時単署であった。この二通は他の書状とはやや特徴が異なるので、項を改めて検討したい。

【表Ⅵ】　北条義時発給・書状一覧

通番	文書番号	発給年月日	西暦	書止	宛所の記載	宛所	義時の立場	用途等	正案写
①	1	四・十七		義時恐惶謹言	なし	東大寺か	執権か	伊賀国阿波・広瀬庄地頭職停止の報告　※偽文書か	写
②	3	二・二十四		恐惶謹言	なし	醍醐寺か	地頭か	下総国橘木庄年貢完納の約束の伝達	正文
③	4	六・十二		恐惶謹言	なし	醍醐寺か	地頭か	下総国橘木庄年貢遅延の伝達	正
④	13	(承元四)・九・十一	一二一〇	恐々謹言	有	左京権大夫(本家側?)	執権か	播磨国矢野庄所職名田等に関する事項の伝達	案文
⑤	14	(建暦元)五・二十四	一二一一	被仰候也、恐々謹言	本文中	東大寺か	執権	美濃国大井庄下司職相論に幕府が介入しないことの伝達	正文
⑥	21	(建保元)五・三	一二一三	いそきうちとりてまいらすべし	有	某殿	執権	建保合戦における軍勢動員(巳刻)　※大江広元・北条義時連署	写
⑦	22	(建保元)五・三	一二一三	うちとりてまいらすべき也	有	佐々木定綱	執権	建保合戦における掃討指示(酉刻)　※大江広元・北条義時連署	写
⑧	24	五・九		仍執達如件	有	島津忠久(地頭)	執権	薩摩国島津庄政所奉行人富山刑部丞子息の上洛を惣地頭に伝達	正文
⑨	41	(建保六)・十・二十七	一二一八	仍執達如件	有	島津忠久(地頭)	執権	薩摩国山田村名頭職に係る訴えを受けて、惣地頭に実態調査を指示	案文
⑩	44	(承久元)八・二十三	一二一九	義時恐惶謹言	有	主税頭(大宮大納言)	執権	湯浅宗光配流に際して、所帯の子宗元への相続の伝達	写
⑪	50	(承久二)七・二	一二二〇	恐惶謹言	なし	村上源氏(領家)か	地頭・預所か	諸用件(年貢未進・地頭職停止・大般若供米・扇二十本謝礼)の連絡	正文
⑫	60	(承久三)五・十九	一二二一	恐々	なし	島津忠時	執権	北条泰時と京上したことの承認(感状か)　※花押のみ	案文
⑬	72	(承久三)八・十八	一二二一	恐々	有	北条時房(六波羅探題)	執権	服部康兼所領に濫妨輩出来につき、道理に任せた成敗の指示　※花押のみ	写
⑭	75	(承久三)八・二十二	一二二一	義時恐惶謹言	有	源有長(九条家か)	執権	尾張国大縣社・丹波国和久庄・播磨国佐用庄寄進の伝達	案
⑮	90	(承久三)閏十・九	一二二一	恐惶謹言	なし	領家嵯峨大臣家	執権	但馬国田結庄地頭濫妨停止の下知状の副状	正文

⑯	96	(承久三)閏十・十八	一二二一	あなかしこ、	なし	※断簡につき不明	執権か	下知状の副状か ※よし時(花押)	正文
⑰	102	(承久三)十二・二十四	一二二一	恐々謹言	なし	高野山(領家)	執権	紀伊国南部庄の年貢料決定の伝達(同日発給の関東下知状一〇三号あり)	正文
⑱	109	(承久四)四・五	一二二二	恐々謹言	なし	醍醐寺(領家)	執権	醍醐寺の訴えに基づく四箇所の裁決内容についての伝達	正文
⑲	110	(承久四)四・五	一二二二	義時恐惶謹言	なし	醍醐寺(領家)	執権	醍醐寺の訴えに基づく四箇所の裁決を行ったことの伝達	正文
⑳	80	(貞応元か)五・二	一二二二	恐惶謹言	有	河内入道(平保業)預所	領家	播磨国在田庄の田数所当の調査の指示	正文
㉑	113	(貞応元)五・六	一二二二	義時恐惶謹言	なし	石清水八幡宮(領家)	執権	河内国甲斐庄に係る裁許の伝達(同日発給の関東下知状一一二号の副状) ※裏花押	正文
㉒	127	(貞応元)八・十五	一二二二	義時恐惶謹言	なし	平光盛(領家)か	執権	尾張国海東庄からの訴えに対する返答	正文
㉓	129	(貞応元)九・三	一二二二	義時恐惶謹言	なし	近衛家(領家)か	執権	丹波国山内庄・宮田庄に守護使入部停止を行ったことの伝達	正文
㉔	131	(貞応元)九・十五	一二二二	恐惶謹言	なし	中院家(領家)か	執権	加賀国額田庄地頭職を停止したことの伝達	案文
㉕	150	(貞応二)七・二十七	一二二三	義時恐惶謹言	なし	勧修寺家(領家)か	執権	加賀国井家庄沙汰人からの訴状を受けての回答	正文
㉖	165	六・十九		あなかしこあなかしこ	なし	宣陽門院(本家)か	執権	訴えのあった七箇所のうち丹後国船木庄・播磨国巨智庄の地頭濫妨停止を行ったことの伝達	写
㉗	168	(貞応三)三・十六	一二二四	義時恐惶謹言	なし	高野山(領家)	執権	高野山からの訴えに対する地頭陳状の副状	正文
㉘	173	(貞応三)五・一	一二二四	謹言	なし	六波羅探題か	執権	関東下知状(一六六号)を受けて大隅国禰寝院南俣郷地頭職補任を六波羅に伝達	正文
㉙	176	四・一		恐惶謹言	有	阿蘇大宮司	※領家	阿蘇社の社務に係る新儀停止の指示	正文

(2) 書状(北条義時単署)の用途について

大江広元との連署である21号・22号を除いた書状二十七通を見ると、二十通が執権として発給したものであり、さらにこのうち十四通は近衛家・久我家・中院家・東大寺・高野山・醍醐寺などの本所領家に対して発給したと考えられる文書である。高橋一樹氏は、こうした公家側への伝達として用いられた文書も「関東御教書」に含めるべきであると提案しているが(50)、本稿では形式を踏まえた上で用途を分析するという基本的な考え方から「書状」として分類した。書状には、宛所が記されていない場合が多く、瞬時にはその用途を判別できないからである。さらに、前述のように宛所も公家や寺社ばかりではなく、公家や寺社であっても義時が執権以外の立場で発給している書状もある。

さて、次に示す113号は、そうした本所領家に対して執権として発給したと考えられる書状の例である。河内国甲斐庄について、石清水八幡宮から幕府に訴えがあった。地頭が、預所の大弐局が藤原（葉室）光親の室であるとして、神仏用途米を押領したが、大弐局は葉室光親室としてではなく石清水八幡宮の氏人として預所を勤めているのだから、それは不当な行為であるという訴えである。葉室光親は、北条義時追討宣旨を作成した公卿で、乱後鎌倉に送られる途中で斬られているように、承久京方の首謀者の一人と考えられていた人物であった。その縁者が預所を務めているということを理由とした地頭による荘園侵略に対し、石清水八幡宮が幕府に提訴したのである。112号は、幕府がその訴えを認め、地頭による濫妨停止と神仏用途米等の返却を命じたものである。113号はこの関東下知状（文中では「成敗状」）に副えられた書状であり、その内容の履行を保証した請文の機能を有していると考えられる。こうした事例は、紀伊国南部庄に関する102号と103号などにも見られる。

○113号　北条義時書状（尊経閣古文書纂石清水文書）

八幡宮御領河内國甲斐庄事、成敗状進覧之、縦雖被置地頭職、相従庄務、不致濫妨候者、何可有訴訟候哉、以此旨可言上之由、所候也、義時恐惶謹言

貞應元五月六日　　陸奥守平義時上（裏花押）

○112号　関東下知状案（尊経閣古文書纂石清水文書）

可令早停止爲河内國甲斐庄地頭爲綱、巧新儀背庄務、押取佛神用途米事

右、八幡宮所司解偁、女房大貳局爲當宮氏人之間、有由緒知行之、而彼局爲故按察卿室家之故、去年守護人粮米沙汰時、寄事於左右、所令押領也、縦雖爲彼局之私領、□□者各有免許歟、況依爲氏人、一旦知行之神領、何可有遺亂哉、仍宮寺載子細成下文、數度雖遣使者、更不及是非、毎度追返之、佛神事用途年貢以下色々物等、併責取之畢云々者、當庄云其地者往古之神領也、又云預所者宮寺氏人也、更非按察家領、地頭爭可進止哉、早相従庄務、有限年貢課役雜事、任先例不可致濫妨、就中、所押取之佛神事用途米等、慥可糺返也、地頭存道理者、縦雖無下知、豈不致御祈禱哉、何況押取神物之條、事若實者、甚不穏便、殊可致沙汰之状、依仰下知如件

貞應元年五月六日

陸奥守平（義時）（花押）

義時が執権として発給した書状は、本所・領家に対してばかりでなく、六波羅探題に宛てたものも72号・173号の二通あった。六波羅探題宛の指示等は、前述のように関東御教書を用いる場合が多かったが、書状も用いられていたことが分かる。また、島津忠時宛の60号は、承久の乱における出陣を証明するもので、「承了、神妙候」の表現から着到状と同様の機能を有したものであろう。

○60号　**北条義時書状案**（島津家文書）

三郎兵衛殿むさしのかみと京上事、承了、神妙候、恐々

五月十九日　在判（義時）

義時が執権以外の立場で発給したと思われる書状は五通あり、これらは得宗領に関するものと考えられる。下総国橘木庄に関する3号・4号・肥後国阿蘇社に関する50号・176号、播磨国在田庄に関する80号である。次に挙げる3号を見ると、自らの責任において年貢を進納することを伝達しており、例えば先に挙げた113号との違いは明らかである。

○3号　北条義時書状（上総橘神社文書）

橘木庄十三郷事、去々年御年貢任式数可有沙汰之由、令下知沙汰者候了、有限御年貢、争令致披露給候、恐惶謹言

二月廿四日　相模守（義時）（花押）

（3）　大江広元・北条義時連署書状について

大江広元・北条義時連署書状の二通は、いずれも建保元年（一二一三）の和田合戦に際して発給された文書であり、『吾妻鏡』に採録されている。この文書にかかる地の文で、鎌倉に参集した軍兵がいずれに味方すべきか判断できずにいる時に、将軍実朝御判の文書を発給したことにより皆幕府方に馳せ参じたことが記されている。21号はまだ戦いが決着していない段階で出された

武蔵等近国の御家人たちに対する軍勢催促であり、22号は和田義盛以下が討ち取られ決着がついた段階で、五条有範・佐々木定綱らの在京御家人たちに残敵掃討を命じたものである。特に21号を見ると仮名文書であり、漢文を解せない者の存在も想定して、趣旨がより多くの御家人たちに伝達されるように意図したことが分かり、合戦の緊迫した様子をよく伝えている。また、連署による書状ということは危機的な状況に際して大江広元と義時が協力してこれに対処したことを示している。

この二通は、緊急時に作成されたということもあって、独特の形式である。『吾妻鏡』ではこれらを「御書」と呼び[51]、将軍実朝の御判が加えられていたことを記している。もし、そうだとすれば、文書名は「源実朝(袖)判大江広元・北条義時連署書状」(傍線執筆者)等とすべきかもしれない。さらに言えば、書止文言からは、書状・書下のいずれとも決めがたいが、文書名は一応このままにしておく。

○21号　大江広元・北条義時連署書状写(『吾妻鏡』建保元年五月三日條)

きん邊のものに、このよしをふれて、めしくすへきなり、わたのさゑもん、つちやのひやうえ、よこ山のものとも、むほんをおこして、きみをいたてまつるといへとも、へちの事なき也、かたきのちりくになりたるを、いそきうちとりてまいらすへし

五月三日　巳刻　　大膳大夫(広元)
相模守(義時)

某殿

○22号　大江広元・北条義時連署書状写(『吾妻鏡』建保元年五月三日條)

和田左衛門尉義盛・土屋大學助義清・横山右馬允時兼、すへて相模の者とも、謀叛をおこすといへとも、義盛殞命畢、御所方別の御事なし、しかれとも、親類多きうへ、戰場よりもちりくに成よしきこしめす、海より西海へも落行候ぬらん、有範・廣綱おの丶そなたさまの御家人等ニ、この御ふみの案をめくらして、あまねくあひふれて、用意をいたして、うちとりてまいらすへき也

五月三日　酉刻　　大膳大夫(広元)

相模守（義時）
佐々木左衛門尉殿

五　書下

書下も書状と同様に、真の発給者が差出者として文書に現れる様式であり、下文と異なって「下…宛所」がなくて事書から始まり、「之状如件」や「也、仍状如件」などの書止文言を特徴とする。また、原則的には純粋に私用とされる書状と異なり、日付に年次を加えるのも特徴である。

義時発給の書下は四通あり、得宗領に関するものが79号・97号・123号の三通、守護職に関するものが28号一通である。次に挙げた79号は、義時が領家として預所を補任したものであり、123号の書下や80号の書状は関連文書である。得宗領に関する御恩授与に関しては、次節に見るように袖判下文を用いる例も多いが、宛所の河内前司入道は平頼盛の子保業であり、宛所の身分等を考慮して使い分けたと見ることもできる。

○79号　北条義時書下（朽木文書）

播磨國在田道山庄預所職事、可為河内前司入道之御沙汰之狀如件

承久三年八月廿五日　　陸奥守平（義時）（花押）

六　北条義時袖判下文・袖判書下・袖判得宗家奉行人奉書

文書の右端に花押を署すことを袖判といい、左端（文末）に署す奥判よりも尊大な書式であると言われている。源頼朝を初めとする歴代将軍は、三位になって政所を開設するまでこの書式を用いたが、義時発給文書では、ここで扱う九通が該当し、そのうち、この後に示す（一）北条義時袖判下文、（二）北条義時袖判書下、（三）北条義時袖判平忠家奉書の七通が得宗領に関する文書、（四）北条義時袖判散位為原奉書と（五）北条義時袖判藤原兼佐奉書の二通が守護としての権限に基づく文書と考えられる。

（一）　北条義時袖判下文

二通あり、「陸奥新渡戸文書」と「肥後阿蘇文書」に一通ずつある。43号は陸奥国平賀郡岩楯村地頭代職の補任、53号は肥後国阿蘇社大宮司職・所帯の安堵で、いずれも得宗領に関する御恩授与である。阿蘇社に関しては、北条氏か大宮司のいずれかが交代するたびに新たな安堵状が発給されていることは石井進氏によって明らかにされているが、(52) 53号は宇治惟泰から惟次への譲与を受けて発給されたものである。

（二）　北条義時袖判書下

三通あり、106号と151号は「陸奥齋藤文書」所収のもので、106号は陸奥国平賀郡平賀郷を別納請所として認めたもの、151号は同じく平賀本郷内の曾我惟重知行の村々に対する平賀郡政所・検非違所使の不入を認めたものである。もう一通の6号は『鎌倉遺文』に収録されていないが、これも陸奥国平賀郡の柏木郷に対する年貢納入と雑公事免除を命じたものである。義時は津軽惣地頭職としての権限に基づいて発給したもので、時政からの代替わりの時期にあたる。後欠文書であり宛所は不明であるが、文書の伝来から金子氏宛て推定とすれば、武蔵国御家人の得宗被官化の事例にもなりうる。(53)

（三）　北条義時袖判平忠家奉書

二通あり、いずれも「肥後阿蘇神社文書」所収のものである。177号は阿蘇大宮司宇治惟次の訴えを受けて狩倉に関する新儀沙汰を停止させたもの、178号は甲佐社からの訴えを受けて肥後国守富庄内神田に対する違乱を停止させたもので、いずれも得宗領内における訴訟に関する裁許である。いずれも阿蘇社であるが、平忠家はこうした得宗領における訴訟を担当した奉行人と考えられる。

（四）　北条義時袖判散位爲原奉書

40号の一通のみであり、次に示した。文中に「政所御下文」とあるのは38号の建保五年八月二十三日付将軍家政所下文を指し、この文書で建部清忠を禰寝院南俣郷地頭職に補任している。40号はその施行状ということができ、義時の立場は大隅守護ということになる。宛所の藤内兵衛尉は守護代であろう。

○40号　北条義時袖判散位爲原奉書（禰寝文書）

（花押）

大隅國禰寝院内南俣地頭職事、清忠・重能遂問注、清忠已所給預政所御下文也、然者任彼狀可致沙汰之由、可令下知給之由候也、仍以執達如件

建保五年九月廿六日　　散位爲原奉

藤内兵衛尉殿

（五）北条義時袖判藤原兼佐奉書

63号の一通のみであり、次に示した。これは、承久三年（一二二一）に起こった承久の乱において市河六郎刑部に対して発給されたものである。合戦に係る文書としては、すでに見たように建保合戦に際して発給された21号・22号もあるが、63号も仮名文書であり、時刻を記入しているなど共通点があって興味深い。

さて、内容的には、北条朝時を主将とする幕府北陸道軍は五月三十日に越後府中で軍勢を整えたが、これに先立って市河六郎刑部らは蒲原（新潟県親不知付近か）で仁科盛遠らの京方と戦い、これを敗走させている。「返々しむへう（神妙）に候」、「けんしょう（勧賞）あるへく候」などの文言からは感状の機能を持っているが、京方を打ち破った後は、急いで京都に攻め上るのではなく、山中に逃走した残敵を残らず掃討するように命じているということからは作戦指示の機能もある。本文書における義時の権限については、大局的な戦略の把握も感じさせるものの、信濃守護として管国御家人に宛てたものと考えられる。奉者の藤原兼佐の活動は『吾妻鏡』にも見える(54)。

○63号　北条義時袖判藤原兼佐奉書（出羽市河文書）

（花押）

五月卅日ゐのとに申されたる御文、けふ六月六日さるのときにたうらい、五月つこもりの日、かんはらをせめおとして、おなしきさるのときに、みやさきをゝいおとされたるよし、きこしめし候ぬ、しきふのせうをあひまたす、さきさまにさやうにたゝかひして、かたきをおひおとしたるよし申されたる、返々しむへうに候、又にしなの二らうむかひたりとも、三百き

はかりのせいにて候なれは、なにことかは候へき、又しきふとのも、いまはおひつかせ給候ぬらん、ほくろくたうのてにむかひたるよし、きこひ候は、みやさきのさゑもん、にしなの二郎、かさやのあわいゝさゑもん、くわさのゐんのとうさゑもん、又しなのけんし一人候ときゝ候、いかにも一人ももらさすうたるへく候也、山なとへおひいれられて候はゝ、山ふみをもせさせて、めしとらるへく候也、さやうにおひおとすならは、ゑ中・かゝ・のと・ゑちせんのものなとも、しかしなから御かたへこそまいらむすむ事なれは、大凡、山のあんないもしりて候らん、たしかにやまふみをして、めしとらるへく候、おいおとしたれはとて、うちすてゝなましいに京へいそきのほる事あるへからす、又ちうをぬきいてゝ、さやうに御けにんをもすすめて、たゝかひして、かたきをいおとされたる事、返々しむへうにきこしめし候、しんたかおとゝの四らうさゑもん六郎なと、あひともにちうをつくしたるよし、返々しむへうに候、又おのゝ御けんにんにも、さやうにこゝろにいれて、たゝかひもし、山ふみもし、かたきをも、うちたらんものにおきては、けんしやうあるへく候なり、このよしをふれらるへく候也、あなかしこ

六月六日さるのとき　　藤原兼佐

いちかはの六郎刑部殿御返事

七　その他

（1）関東下文

北条時政は執権として御恩授与に関東下文を用いていたが、義時は得宗領に係る袖判下文以外は余り用いず、7号・16号の二通のみ見える。このうち7号は高野山に宛て、所司（上座・寺主・都維那）や法橋の下知に従い混乱を停止せよという内容である。しかし、こうした宛所の場合は書状などを用いることが多く、高野山内の管轄について義時が命令を下すということが考えにくく、さらに文言が不自然である。以上のような理由から、7号は正文ではなく「写」であることも勘案して、扱う場合は十分な検討が必要であると考えている。

もう一通の16号は次に挙げた。こちらは、藤原（志岐）光弘を天草六ヶ浦地頭職に補任したものである。内容から藤原光弘はこれに先立つ元久二年（一二〇五）七月十九日に「御下文」によって地頭職に補任されており（文書は現存せず）、16号はそれを確

認したことが分かる。前述したように、この時期の地頭職補任は将軍家政所下文によって行われており、他に類例のない関東下文がなぜ用いられたかについては疑問が残るところである。前稿で筆者は執権としての伝達的な意味が強かったのではないかと推定したが(55)、得宗領との関連の可能性もある。すなわち、寛喜年間（一二二九～三二）に藤原光弘は家広に「天草六ヶ浦地頭代職」（傍線執筆者）を譲与しており(56)、これ以前に得宗領となっていることが分かる。後筆に「書付」とあるが、あるいは藤原光弘が義時に地頭職を寄進する際に証拠の一つとして用いたのであろうか。

○16号　関東下文（肥後志岐文書）

（包紙）

「建暦二年八月廿二日相模守平書付壹通（在判案文壹通）」

下　肥後國天草郡内六ヶ浦住人

補任　地頭職事

藤原光弘

右、件佐伊津澤張　鬼池　蒲牟田　大浦　須志浦　志木浦已上六ヶ浦　任元久二年七月十九日御下文之狀、如元可爲彼職之狀

如件

建暦二年八月廿二日

相模守平（義時）在判

（2）　関東寄進状

義時発給文書では174号の一通のみで、大和国大仏供上庄の年貢米三十石を東大寺鎮守八幡宮に寄進し、これを大般若経長日転読用途に宛てるというものである。大仏供庄は平家没官領として関東御領となっており、「仰旨如此」という奉書文言があるように、鎌倉殿からの寄進がなされ、義時は執権の立場でこれを執行したのである。様式的には、下文と下知状の要素を持っていると言える。なお、義時発給文書には高野山大塔修造料として和泉国池田郷を寄進した138号もあるが、こちらは関東御教書を用いている。

○174号　関東寄進状案（東大寺要録二）

関東寄進状案

寄進

東大寺鎭守八幡宮

大和國大佛供上庄壹所事

右、當庄者、依爲平家没官之地、前右大将家自　院令賜預之所也、因茲爲資彼菩提、於鎭守八幡宮募長日轉讀大般若經用途料、毎年可備進年貢卅石也、但於領家職者、忍辱山權僧正無相違可被知行者、仰旨如此、仍寄進如件

貞應三年五月十八日　　前陸奥守平(義時)在判

(3)　陸奥国司庁宣

義時発給文書では一通のみ見られ、唯一義時が陸奥守としての権限に基づいて発給している。(57) ここに見える山鹿遠綱は承久二年（一二二〇）に49号の関東下知状によって長世保内木間塚村地頭職に補任されており、所当以下の雑事は、長世保地頭である伊達為宗を経て進済されていたものと思われるが、本文書により別納が認められ保地頭を介さずに直接陸奥国司である北条義時に進済することになったのである。

別納請所については、陸奥国平賀郡平賀郷に関する106号もあるが、これは地頭代に宛てた義時袖判書下であり、得宗領内における所当進済経路の変更であった。一通のみであるので断言はできないが、本文書は地頭（正員）に対して別納を認めていることから得宗領化に係る文書であったのかもしれない。

○105号　陸奥國司廳宣写（高洲文書）

廳宣　留守所

可令早別納長世保内木間塚村事

右、件村爲別納、所當以下雑事、可爲山鹿三郎遠綱沙汰之状、所宣如件、以宣

承久四年正月廿三日

大介平朝臣判（義時）

おわりに

以上、北条義時発給文書を様式から分類し、それぞれの用途を中心に考察してきた。義時発給文書百七十七通を様式別にみると、（一）将軍家政所下文二十三通（13％）、（二）関東下知状九十七通（55％）、（三）関東御教書十一通（6％）、（四）書状二十九通（16％）、（五）書下四通（2％）、（六）袖判下文・袖判書下・袖判得宗家奉行人奉書九通（5％）、（七）その他四通（2％）であった。

用途についてまとめると、将軍家政所下文は、所領給与や譲与安堵という御恩授与に多く用いられている。将軍は源実朝であり、義時は政所別当の一人として署判を加えている。将軍家政所下文は後の時期には譲与安堵に限定して用いられるようになるが[58]、義時発給文書では所領給与にも用いられている。また、これも後の時期には関東下知状を用いる相論裁許にも将軍家政所下文を用いている。

永続的効力を期待される内容について伝達するときに用いられるとされる関東下知状は、義時発給文書中最も多く、全発給文書の半数以上を占めた。所領給与・所領安堵・譲与安堵・紛失安堵という御恩授与のほか、相論裁許や守護使入部停止や地頭職停止などの非法停止に用いられている。源実朝没後から用いられており、将軍家政所下文と発給時期が重なることはなく、これに代わって用いられた様式であることが分かる。

下文や関東下知状に対し、限時的効力しか有さないとされる御教書は、義時発給文書では十一通と少なく、六波羅探題や守護・地頭への指示等に用いられていた。なお、義時執権期には義時の署判のない鎌倉幕府奉行人奉書が関東御教書よりも多い二十四通発給されており、守護地頭宛ての指示等に用いられている。

書状は、本所・領家に宛てられたものが多く、公家・寺社領荘園をめぐる相論や地頭等による荘園侵略に対する訴えに対する返事等に用いられている。幕府としての決定を示した関東下知状と同時にその履行を保証した請文として発給されたものもある。そう多くはないが本所・領家以外では六波羅探題や守護宛てもあった。また、得宗領主として発給した書状もあり、書状は義時が執権以外の立場で発給する場合にも用いられたことが分かる。

書下も書状と同様に、真の発給者が差出者として文書に現れる様式である。義時発給文書では数は少ないが、得宗領主や守護として発給している。

尊大な書式である袖判を加えた文書は、袖判下文・袖判書下・袖判得宗家奉行人奉書があった。袖判下文は得宗領の御恩授与に係る内容、袖判書下は得宗領における権利付与である。得宗家奉行人奉書には三人の奉者が確認できたが、得宗領における相論裁許のほか、守護としての施行状や感状・作戦指示に用いたものもある。

以上、義時の権限から文書様式をまとめてみれば、執権（将軍家政所別当）としては将軍家政所下文・関東下知状・関東御教書・書状、守護としては書下や袖判得宗家奉行人奉書、得宗領主としては書状・書下・袖判下文・袖判得宗家奉行人奉書を用いていたことが分かる。

註

（1）北条義時については、安田元久『北条義時』（人物叢書）（吉川弘文館・一九六一年）、安田元久『鎌倉幕府――その政権を担った人々――』（新人物往来社、一九七一年）、奥富敬之『鎌倉北条一族』（新人物往来社、一九八三年）、岡田清一『北条得宗家の興亡』（新人物往来社、二〇〇一年）、北条氏研究会編『北条氏系譜人名辞典』（新人物往来社、二〇〇一年）、岡田清一『鎌倉幕府と東国』（続群書類従完成会、二〇〇六年）、細川重男『北条氏と鎌倉幕府』（講談社、二〇一一年）、日本史史料研究会監修・細川重男編『鎌倉将軍・執権・連署列伝』（吉川弘文館、二〇一五年）、岡田清一『北条義時――これ運命の縮まるべき端か――』（ミネルヴァ書房、二〇一九年）等を参照。

（2）下山忍「北条義時発給文書について」（安田元久先生退任記念論集刊行委員会『日本中世の諸相』吉川弘文館、一九八九年所収）。

（3）但し、2号のみは北条義時発給文書ではないが、そのことを明示するために【表1】に掲載した。

（4）実朝将軍期の将軍家政所下文には、もう一通、承元三年七月二十八日付のもの（『鎌倉遺文』一七九七号）があり、この文書が初見である。義時の署判がないため本稿が整理分析する対象ではないが、義時が承元三年七月段階で政所別当に列していなかった理由については今後検討が必要であろう。

（5）『鎌倉遺文』にある北条政子の発給文書は、貞応二年三月十六日北条政子消息案（『鎌倉遺文』三〇六七号）、年未詳（貞応三年か）北条政子消息案（『鎌倉遺文』三二三六号）の二通である。政子の権限の行使については、田辺旬「北条政子発給文書に関する一考察」（『ヒストリア』第二七三号、二〇一九年）、菊池紳一「北条政子発給文書について」（本書所収）を参照。

（6）例えば、本書で筆者が担当した経時執権期の将軍家政所下文には相論裁許は一通もない。

（7）他の将軍家政所下文の書止文言が「所仰如件、以下」なのに対して、この過所の三通は「地頭等宜承知、勿遺失、以下」である。

（8）　9号参照。
（9）　23号参照。なお、中原仲業の活動は『吾妻鏡』では、建保四年（一二一六）まで確認できる。
（10）　34号参照。
（11）　杉橋隆夫「執権・連署制の起源――鎌倉執権政治の成立過程・続編――」（日本古文書学会編『日本古文書論集5　中世Ⅰ』吉川弘文館、一九八六年所収）。
（12）　位階については『尊卑分脈』参照。
（13）　杉橋隆夫「執権・連署制の起源――鎌倉執権政治の成立過程・続編――」（日本古文書学会編『日本古文書論集5　中世Ⅰ』吉川弘文館、一九八六年所収）。
（14）　上杉和彦『大江広元』（人物叢書）（吉川弘文館、二〇〇五年）。
（15）　源氏一族ではないが、四・五位の位階を持ち、国守等に補任され、門葉に準ずる扱いを受けた御家人のこと。『吾妻鏡』建久六年正月八日条参照。
（16）　なお、大江親広を含めた実朝将軍期の政所職員等については、その発給文書も含めて、折田悦郎「鎌倉幕府前期将軍制についての一考察（上）（下）」（『九州史学』七六号・七七号、一九八三年）が詳しい。
（17）　『尊卑分脈』参照。
（18）　五味文彦「源実朝」（『歴史公論』五巻三号、一九七九年）。のち五味文彦『増補吾妻鏡の方法』（吉川弘文館、一九九〇年）に所収。
（19）　杉橋隆夫「執権・連署制の起源――鎌倉執権政治の成立過程・続編――」（日本古文書学会編『日本古文書論集5　中世Ⅰ』吉川弘文館、一九八六年所収）。
（20）　坂井孝一『源実朝――「東国の王権」を夢見た将軍――』（講談社、二〇一四年）。
（21）　『吾妻鏡』建保四年九月二十日条。
（22）　五味文彦「源実朝」（『歴史公論』五巻三号、一九七九年）。のち五味文彦『増補吾妻鏡の方法』（吉川弘文館、一九九〇年）に所収。
（23）　『尊卑分脈』参照。
（24）　貞応三年五月二十六日六波羅書下案（『鎌倉遺文』三二四〇号）。
（25）　折田悦郎「鎌倉前期将軍制についての一考察（下）」（『九州史学』七七号、一九八三年）。
（26）　熊谷隆之「鎌倉幕府の裁許状と安堵状――安堵と裁許のあいだ――」（『立命館文学』六二四号、二〇一二年）。
（27）　下山忍「北条義時発給文書について」（安田元久先生退任記念論集刊行委員会『日本中世の諸相』吉川弘文館、一九八九年）。
（28）　佐藤進一『［新版］古文書学入門』（法政大学出版局、一九九七年）。
（29）　『吾妻鏡』建仁三年十月九日条。
（30）　建永元年七月四日将軍家略式政所下文（『鎌倉遺文』一六二六号）に大江広元の署判がないことから判断した。
（31）　上杉和彦氏は『大江広元（人物叢書）』（吉川弘文館、二〇〇五年）掲載の略年譜で、広元が建保四年八月に政所別当に復任としていいるが、その根拠は同書本文から建保四年八月十七日の将軍家政所下文に広元が署判を加えていることによるものと思われる。しかし、広元署判の将軍家〈実朝〉政所下文の初見は、建保四年四月二十二日付（『鎌倉遺文』二二二七号）であることから、筆者は同年四月とすべきものと考える。
(32) 上杉和彦『大江広元（人物叢書）』（吉川弘文館、二〇〇五年）。
(33) 『鎌倉遺文』四九号。
(34) 『鎌倉遺文』一五二七号。
(35) 佐藤進一『〔新版〕古文書学入門』（法政大学出版局、一九九七年）。
(36) 佐藤進一『〔新版〕古文書学入門』（法政大学出版局、一九九七年）。
(37) 高橋一樹「関東御教書の様式について」（『鎌倉遺文研究』第八号、二〇〇一年）。
(38) 熊谷隆之「御教書・奉書・書下」（上横手雅敬編『鎌倉時代の権力と制度』思文閣出版、二〇〇八年）。
(39) 但し、「依仰」等の文字がないと奉書ではないのか、上意を受けて下位者に伝達するという意味をもつ「執達」という文字があれば奉書となるのかという点については検討が必要であると考える。
(40) 湯山賢一「北条義時執権時代の下知状と御教書」（『國學院雑誌』八〇―一一、一九七九年）。
(41) 下山忍「北条義時発給文書について」（安田元久先生退任記念論集刊行委員会『日本中世の諸相』吉川弘文館・一九八九年）。
(42) 承久二年十二月三日鎌倉幕府奉行人奉書（『鎌倉遺文』二六八一号）、承久三年十二月十一日鎌倉幕府奉行人奉書（『鎌倉遺文』二八九四号）、承久四年正月十八日鎌倉幕府奉行人奉書（『鎌倉遺文』二九一四号）、承久四年正月十八日鎌倉幕府奉行人奉書（『鎌倉遺文』二九一五号）、貞応二年八月二十九日鎌倉幕府奉行人奉書（『鎌倉遺文』三一四九号）の五通である。
(43) 湯山賢一「北条義時執権時代の下知状と御教書」（『國學院雑誌』八〇―一一、一九七九年）。
(44) 相田二郎『日本の古文書』（岩波書店、一九四九年）。
(45) 相田二郎『日本の古文書』（岩波書店、一九四九年）、仁平義孝「鎌倉前期幕府政治の特質」（『古文書研究』三一号、一九八九年）。
(46) 承久二年十二月三日鎌倉幕府奉行人奉書（『鎌倉遺文』二六八一号）は、北目地頭新留守宛てであるが、これは出羽国一宮大物忌小物忌神社修造についての指示であり、守護不設置の出羽国でその代わりに留守所に命じられたものである。
(47) 貞応二年八月二十九日鎌倉幕府奉行人奉書（『鎌倉遺文』三一四九号）の宛所について、湯山賢一氏はこれを守護代とするが（「北条義時執権時代の下知状と御教書」『國學院雑誌』八〇―一一、一九七九年）、本文書は地頭代の非法を地頭正員に停止させる命令であり、宛所の飯田左衛門尉（清重）は丹波国雀部庄地頭である。
(48) 高橋一樹「関東御教書の様式について」（『鎌倉遺文研究』第八号、二〇〇一年）。
(49) なお、検討の余地がある文書ではあるが、高橋氏が挙げられた文書以外ではもう一通、承久四年九月十九日付鎌倉幕府奉行人奉書（『鎌倉遺文・補遺編』七七八号）もある。
(50) 高橋一樹「関東御教書の様式について」（『鎌倉遺文研究』第八号、二〇〇一年）。
(51) 『吾妻鏡』では、21号発給に先だって波多野朝定が執筆し、実朝が御判を加えた文書を「御教書」と呼んでいる。
(52) 石井進「九州諸国における北条氏所領の研究」（竹内理三博士還暦記念会編『荘園制と武家社会』吉川弘文館、一九六九年）。

(53)『青森県史　通史編Ⅰ』二〇一八年。
(54)『吾妻鏡』貞応二年九月二十日條、同貞応二年十二月二十日條。
(55)下山忍「北条義時発給文書について」(安田元久先生退任記念論集刊行委員会『日本中世の諸相』吉川弘文館、一九八九年)。
(56)元徳元年十月日志岐弘円代覚心重申状案(『鎌倉遺文』三〇七六七号)。
(57)署判の「大介」とは守のことであり、この時点での陸奥守は北条義時である。
(58)例えば、経時執権期の将軍家政所下文では譲与安堵に限定している。

附記　本稿は、北条氏研究会例会における協議を踏まえて作成したものであり、例会参加諸氏による考察にも多く拠っている。ことに菊池紳一氏、久保田和彦氏からは多くの御教示を得た。記して謝意を表したい。

【表Ⅰ】北条義時発給文書目録

例　言

一、年月日欄の〈　〉内は付年号を示す。年欠の場合、（　）内に推定年次を記載した。
二、文書名は、原則として文書様式を基準に、例会で検討した文書名とした。
三、出典は、原則として『鎌倉遺文』記載のそれによった。
四、巻号欄には、『鎌倉遺文』の巻数（○数字）と文書番号を記載した。なお、補遺編は「補遺」、尊経閣文庫編は「尊経」の略称を用いた。
五、備考欄には北条義時の官途、幕府の役職の他、関東下知状・関東御教書等の場合は単署・連署の区別、『鎌倉遺文』に記される注記や『鎌倉遺文』と本目録との相違などを適宜記載した。なお、『鎌倉遺文』は「鎌遺」の略称を用いた。
六、本目録は、山野井功夫、菊池紳一が作成した。

号番	年月日	文書名	出典	巻号	備考
1	年欠（文治六年）四月十七日（一一九〇）	北条義時書状写	東大寺要録二	①四三六	「鎌遺」は「北条義時請文案」とする。偽文書か。並木優記「『鎌倉遺文』所収の偽文書」（『日本歴史』三七〇号、一九七九年三月）参照。
2	建久二年正月十五日（一一九一）	遠江守某書状写	正閏史料外編武久季督家蔵	①五〇四	「鎌遺」は「遠江守」を北条義時に比定し、「北条義時下文」とするが、「本文書偽文書なるべし。」と注記する。この時点の遠江守は源（安田）義定であるが、内容から義定には比定できない。
3	年欠二月二十四日	北条義時書状	上総橘木社文書	③一五二〇	「鎌遺」は「北条義時請文」とする。北条義時は元久元年三月六日任相模守。
4	年欠六月十二日	北条義時書状	山城醍醐寺文書	③一五二一	
5	年欠（元久三年）二月二十九日（一二〇六）	関東御教書	禰寝文書	③一六〇四	義時単署。「鎌遺」は「北条義時書下」とし、「年代は「新編禰寝氏正統系図」による。」と注記する。元久二年閏七月執権に就任とされる。
6	建永元年十一月三日	北条義時袖判書下	金子家文書		『入間市史　中世史料・金石文編』一六〇号。同書は文書名を北条義時下文とする。『青森県史　資料編　中世4』諸家資料補遺・金子直祐氏所蔵文書。
7	承元二年三月三日（一二〇八）	関東下文写	集古文書一三、所蔵不詳	③一七一八	義時単署。「鎌遺」は「関東御教書」とする。貞応元年八月十六日陸奥守辞任。この文書検討を要す。
8	承元三年十二月六日（一二〇九）	関東御教書案	豊前到津文書	③一八二〇	義時単署。事実書の末尾を略す。
9	承元三年十二月十一日	将軍（源実朝）家政所下文案	豊後詫摩文書	③一八二一	政所別当。
10	承元四年二月九日（一二一〇）	将軍（源実朝）家政所下文案	長門三浦家文書	③一八二八	政所別当。
11	承元四年二月十日	将軍（源実朝）家政所下文案	高野山文書又続宝簡集七八	③一八二九	政所別当。

No.	年月日	文書名	出典	『鎌遺』	備考
12	承元四年七月九日	将軍(源実朝)家政所下文	常陸塚原賢三氏所蔵文書	③一八四一	政所別当。前欠文書。
13	〈承元四年〉九月十一日	北条義時書状案	東寺百合文書キ	③一八四三	
14	〈建暦元年〉五月二十四日(一二一一)	北条義時書状	東南院文書第六櫃第六巻	④一八七七	『鎌遺』は「関東御教書」とする。東大寺宛カ。
15	建暦二年閏正月十九日(一二一二)	将軍(源実朝)家政所下文案	薩摩大井文書	④一九一六	政所別当。前欠文書。
16	建暦二年八月二十二日	関東下文案	肥後志岐文書	④一九四〇	義時単署。
17	建暦二年九月十三日	将軍(源実朝)家政所下文写	能登中井家文書	④一九四二	政所別当。『鎌遺』は「本文書、検討を要す。」とする。
18	建暦二年九月十三日	将軍(源実朝)家政所下文写	尾張真継家文書	④一九四三	政所別当。『鎌遺』は「本文書、検討を要す。」とする。
19	建暦二年十月二十七日	将軍(源実朝)家政所下文	肥前多久文書	④一九四八	政所別当。
20	建暦二年十二月十三日	将軍(源実朝)家政所下文写	筑後上妻文書	④一九五八	政所別当。
21	年欠(建暦三年)五月三日(一二一三)	北条義時・大江広元連署書状写	吾妻鏡同日条	④二〇〇三	『鎌遺』は「北条義時・大江広元連署書状」とする。
22	年欠(建暦三年)五月三日	北条義時・大江広元連署書状写	吾妻鏡同日条	④二〇〇四	『鎌遺』は「北条義時・大江広元連署書状」とする。
23	建暦三年七月十日	将軍(源実朝)家政所下文	島津家文書	④二〇〇九	政所別当。
24	年欠五月九日	北条義時書状	島津家文書	④二〇一〇	
25	建暦三年九月十三日	将軍(源実朝)家政所下文案	能登中井家文書	④二〇二九	政所別当。
26	建暦三カ年閏九月十九日	将軍(源実朝)家政所下文案	薩摩大井文書	④二〇三六	政所別当。前欠文書。
27	建保二年九月二十六日(一二一四)	将軍(源実朝)家政所下文	備前金山寺文書	④二一二八	政所別当。
28	建保二年十一月四日	北条義時書状案	東寺百合文書ゐ	④二一三一	『鎌遺』は「関東御教書案」とする。
29	建保三年三月二十二日(一二一五)	将軍(源実朝)家政所下文案	岩松新田文書	④二一五〇	政所別当。
30	建保三年三月二十三日	将軍(源実朝)家政所下文案	岩松新田文書	④二一五一	政所別当。
31	建保三年七月十九日	将軍(源実朝)家政所下文案	書陵部所蔵八幡宮関係文書二九	④二一七〇	政所別当。
32	建保三年十月二日	将軍(源実朝)家政所下文案	肥前武雄神社文書	④二一八一	政所別当。
33	建保四年二月十五日(一二一六)	関東下知状案	山城醍醐寺文書	④二二一〇	広元・義時連署。
34	建保四年四月二十二日	将軍(源実朝)家政所下文案	豊後詫摩文書	④二二二七	政所別当。

35	建保四年五月十三日	将軍(源実朝)家政所下文	出雲鰐淵寺文書	④二二三一	政所別当。
36	建保四年七月十六日	将軍(源実朝)家政所下文写	萩藩閥閲録五八内藤次郎左衛門	④二二五二	政所別当。「鎌遺」は「将軍(源実朝)家政所下文案」とする。
37	建保四年八月十七日	将軍(源実朝)家政所下文	壬生家文書	④二二五八	政所別当。
38	建保五年六月二十一日(一二一七)	将軍家政所下文写	芸藩通志所収田所文書	補遺②補七一九	政所別当。建保五年正月二十八日任右京権大夫。前欠文書。「鎌遺」は「将軍家政所下文」とする。
39	建保五年八月二十二日	将軍(源実朝)家政所下文	禰寝文書	④二三三二	政所別当。
40	建保五年九月二十六日	北条義時袖判為原奉書	禰寝文書	④二三三六	「鎌遺」は「北条義時袖加判御教書」とする。
41	年欠(建保六年)十月二十七日(一二一八)	北条義時書状案	島津家文書	④二四〇七	
42	建保七年三月二十六日(一二一九)	関東御教書案	山城醍醐寺文書	④二四八二	義時単署。
43	建保七年四月二十七日	北条義時袖判下文	陸奥新渡戸文書	④二四九四	「鎌遺」は「北条義時下文」とする。
44	年欠(承久元年)八月二十三日	北条義時書状写	山城神護寺文書	④二五四三	「鎌遺」は「北条時政書状写」とする。
45	承久元年九月十六日	関東下知状案	高野山文書又続宝簡集七八	④二五四四	義時単署。「鎌遺」は「北条義時下知状案」とする。
46	承久元年十一月十三日	関東下知状	出雲千家文書	④二五五九	義時単署。
47	承久元年十一月十九日	関東下知状案	信濃下諏訪神社文書	④二五六一	義時単署。
48	承久二年五月十九日(一二二〇)	関東下知状	肥前多久家文書	④二六〇八	義時単署。
49	承久二年六月十六日	関東下知状写	高洲文書	④二六一四	義時単署。
50	〈承久二年〉七月二日	北条義時書状	肥後阿蘇文書	④二六二三	
51	承久二年九月三日	関東下知状案	豊前益永家文書	④二六四五	義時単署。前欠文書。建保五年十二月十二日任陸奥守。
52	承久二年九月五日	関東下知状写	肥後綾部家文書	補遺②補七五一	義時単署。本文の欠多し。下知状カ要検討。
53	承久二年九月十四日	北条義時袖判下文	肥後阿蘇文書	④二六四九	「鎌遺」は「北条義時下文」とする。
54	承久二年十月十四日	関東下知状写	楓軒文書纂五三進藤文書	④二六五七	義時単署。「鎌遺」は「関東下知状」とする。
55	承久二年十一月十七日	関東下知状	土岐文書	④二六七一	義時単署。
56	承久二年十二月十日	関東下知状	出羽中条家文書	④二六八八	義時単署。
57	承久二年十二月二十七日	関東下知状案	豊前益永家文書	④二六九四	義時単署。

58	承久三年五月八日（一二二一）	関東下知状案	島津家文書	⑤二七四三	義時単署。
59	承久三年五月十三日	関東下知状案	島津家文書	⑤二七四五	義時単署。
60	年欠（承久三年）五月十九日	北条義時書状案	島津家文書	⑤二七四七	
61	承久三年五月二十六日	関東下知状案	肥前青方文書	⑤二七四九	義時単署。
62	承久三年五月三十日	関東下知状	鹿島大禰宜家文書	⑤二七五〇	義時単署。
63	年欠（承久三年）六月六日	北条義時袖判藤原兼佐奉書	出羽市河文書	⑤二七五三	「鎌遺」は「北条義時袖判御教書」とする。
64	承久三年六月二十五日	関東下知状	下野皆川文書	⑤二七六一	義時単署。
65	承久三年七月十二日	関東下知状	島津家文書	⑤二七六四	義時単署。
66	承久三年七月十二日	関東下知状	二階堂文書	⑤二七六七	義時単署。
67	承久三年七月十八日	関東下知状案	島津家文書	⑤二七七七	義時単署。
68	承久三年七月二十日	関東下知状	下野皆川文書	⑤二七七九	義時単署。
69	承久三年七月二十六日	関東下知状	長門山内首藤文書	⑤二七八二	義時単署。
70	承久三年八月二日	関東下知状	相模鶴岡八幡宮文書	⑤二七九三	義時単署。「鎌遺」は「関東安堵下知状」とする。
71	承久三年八月十五日	関東下知状案	下総香取宮司家文書	⑤二八〇〇	義時単署。
72	（承久三年）八月十八日	北条義時カ書状写	三国地誌一〇八	⑤二八〇三	義時単署カ。「鎌遺」は「関東御教書」とする。
73	承久三年八月十九日	関東下知状案	東大寺文書四四	⑤二八〇四	差出の署名なし。義時カ。冒頭右側に「二位家御下文」とある。
74	承久三年八月二十一日	関東下知状写	小早川家証文	⑤二八〇五	義時単署。
75	〈承久三年〉八月二十二日	北条義時書状案	九条家文書	補遺②補七六四	
76	承久三年八月二十四日	関東下知状	久我家文書	⑤二八〇九	義時単署。
77	承久三年八月二十五日	関東下知状	島津家文書	⑤二八一一	義時単署。
78	承久三年八月二十五日	関東下知状	幸田成友氏所蔵文書	⑤二八一二	義時単署。
79	承久三年八月二十五日	北条義時書下	朽木文書	⑤二八一三	「鎌遺」は「関東下文」とする。
80	年欠五月二日	北条義時書状	朽木文書	⑤二八一四	

81	承久三年八月二十七日	関東下知状写	長門毛利家文書	⑤二八一七	義時単署。
82	承久三年八月三十日	関東下知状	保坂潤治氏所蔵文書	⑤二八一九	義時単署。「鎌遺」は「関東裁許下知状」とする。
83	承久三年九月四日	関東下知状	出雲三刀屋文書	⑤二八二五	義時単署。
84	承久三年九月六日	関東下知状	長門熊谷家文書	⑤二八二七	義時単署。
85	承久三年九月十八日	関東下知状	長門熊谷家文書	⑤二八三六	義時単署。「鎌遺」は「関東安堵下知状」とする。
86	承久三年十月十二日	関東下知状案	伊予長隆寺文書	⑤二八四七	義時単署。
87	承久三年十月二十九日	関東下知状	香取大禰宜家文書	⑤二八五七	義時単署。
88	承久三年十月日	関東下知状	保坂潤治氏所蔵手鑑	⑤二八六〇	義時単署。
89	承久三年潤十月一日	関東下知状案	金沢文庫所蔵上素帖裏文書	⑤二八六五	義時単署。
90	年欠(承久三年)閏十月九日	北条義時書状	増野春所蔵文書	⑤二八六八	
91	承久三年閏十月十二日	関東下知状	山城大徳寺文書	⑤二八七〇	義時単署。
92	承久三年閏十月十二日	関東下知状案	高野山文書又続宝簡集七八	⑤二八七三	義時単署。
93	承久三年閏十月十二日	関東下知状案	伊予忽那文書	⑤二八七四	義時単署。
94	承久三年閏十月十四日	関東御教書案	山城八坂神社文書	⑤二八七五	義時単署。
95	承久三年閏十月十五日	関東下知状	島津家文書	⑤二八七六	義時単署。
96	年欠(承久三年)閏十月十八日	北条義時書状断簡	尊経閣文庫蔵旧武家手鑑	尊経二一	前欠文書。
97	承久三年十一月十五日	北条義時書下	肥後阿蘇文書	⑤二八八六	「鎌遺」は「北条義時下文」とする。
98	承久三年十一月十(七日)	関東下知状	久我家文書	⑤二八八七	義時単署。
99	承久三年十一月二十一日	関東下知状写	楓軒文書纂四五烟田二	⑤二八八八	義時単署。「鎌遺」は「関東下知状案」とする。
100	承久三年十二月十一日	関東下知状案	筑前宗像神社文書	⑤二八九三	義時単署。「鎌遺」は「関東下文案」とする。
101	承久三年十二月二十二日	関東下知状案	紀伊金剛三昧院文書	⑤二八九八	義時単署。
102	年欠(承久三年)十二月二十四日	北条義時書状	高野山文書宝簡集二三	⑤二九〇〇	
103	承久三年十二月二十四日	関東下知状案	高野山文書続宝簡集一九	⑤二九〇一	義時単署。

104	承久四年正月二十日（一二二二）	関東御教書	中野忠太郎蔵手鑑	補遺②補七七四	義時単署。
105	承久四年正月二十三日	陸奥国司庁宣写	高洲文書	⑤二九一七	『鎌遺』は「陸奥国司庁宣案写」とする。
106	承久四年三月十五日	北条義時袖判書下	陸奥斎藤文書	⑤二九三二	『鎌遺』は「北条義時下知状」とする。
107	承久四年三月十五日	関東下知状案	近衛家文書		義時単署。桜井彦「丹波国宮田荘関連史料――近衛家文書中の鎌倉遺文未収文書――」（『鎌倉遺文研究』一三号）一号文書。
108	承久四年四月五日	関東下知状	山城醍醐寺文書	⑤二九四三	義時単署。
109	〈承久四年〉四月五日	北条義時書状	山城醍醐寺文書	⑤二九四四	『鎌遺』は三つの断簡として掲載する。
110	〈承久四年〉四月五日	北条義時書状	山城醍醐寺文書	⑤二九四五	
111	貞応元年四月二十六日	関東下知状写	新編追加	⑤二九五三	義時単署。
112	貞応元年五月六日	関東下知状	尊経閣文庫文書古蹟文徴 尊経閣古文書纂石清水文書	⑤二九五六 尊経二三	義時単署。
113	〈貞応元年〉五月六日	北条義時書状	尊経閣文庫文書古蹟文徴 尊経閣古文書纂石清水文書	⑤二九五七 尊経二二	
114	貞応元年五月十日	関東下知状案	民経記維摩会参向記裏文書	⑤二九五八	義時単署。
115	貞応元年五月十四日	関東下知状案	豊前永弘家文書	⑤二九六〇	義時単署。前欠文書、書止（□仰下知如件、）だけ残る。
116	貞応元年五月十八日	関東御教書写	新編追加	⑤二九六一	義時単署。
117	貞応元年六月十一日	関東下知状	尊経閣古文書纂編年文書	尊経二四	義時単署。
118	貞応元年七月七日	関東下知状	山城仁和寺文書	⑤二九七三	義時単署。
119	貞応元年七月七日	関東下知状案	豊前益永家文書	⑤二九七四	義時単署。
120	貞応元年七月八日	関東下知状	出雲小野文書	⑤二九七五	義時単署。
121	貞応元年七月十二日	関東下知状	京都大学所蔵文書	⑤二九七八	義時単署。
122	貞応元年七月十三日	関東下知状	山城地蔵院文書	補遺②七八一	義時単署。
123	貞応元年七月二十三日	北条義時書下	朽木文書	⑤二九八一	『鎌遺』は「北条義時下文」とする。
124	貞応元年七月二十四日	関東下知状	石清水文書	⑤二九八二	義時単署。
125	貞応元年七月二十七日	関東下知状	筑前宗像神社文書	⑤二九八五	義時単署。

番号	年月日	文書名	出典	鎌遺	備考
126	貞応元年八月八日	関東下知状案	山城醍醐寺文書	⑤二九八九	義時単署。
127	〈貞応元年〉八月十五日	北条義時書状	久我家文書	⑤二九九一	
128	貞応元年八月十七日	関東下知状	尊経閣文庫所蔵武家手鑑	⑤二九九三	義時単署。前欠（事書を欠く）文書。
		関東下知状断簡	尊経閣文庫蔵武家手鑑	尊経二六	貞応元年八月十六日辞陸奥守。
129	年欠（貞応元年カ）九月三日	北条義時書状	山城海蔵院文書	補遺②七九四	
130	貞応元年九月十三日	関東下知状案	高野山文書又続宝簡集九六	⑤二九九七	義時単署。
131	〈貞応元年〉九月十五日	北条義時書状案	中院家文書	⑤二九九八	
132	貞応元年九月二十五日	関東下知状	紀伊金剛峯寺文書	⑤三〇〇一	義時単署。「鎌遺」は「北条義時下知状」とする。
133	貞応元年十月十二日	関東下知状	島津家文書	⑤三〇〇五	義時単署。
134	貞応元年十月十九日	関東下知状写	紀伊根来要書中	⑤三〇〇七	義時単署。「鎌遺」は「関東下知状案」とする。
135	貞応元年十月二十三日	関東下知状	豊前黒水家文書	⑤三〇一〇	義時単署。
136	貞応元年十一月日	関東下知状案	豊前益永家文書	⑤三〇一八	義時単署。
137	貞応元年十二月六日	関東下知状案	高野山御影堂文書	補遺②補八一六	義時単署。
138	貞応二年二月三日（一二二三）	関東下知状	備前金山寺文書	⑤三〇四九	義時単署。「鎌遺」は「将軍（藤原頼経）家下知状」とする。
139	貞応二年二月十六日	関東御教書写	紀伊続風土記高野山部五二寺領大塔領上	⑤三〇五二	義時単署。
140	貞応二年二月十七日	関東下知状写	諸家文書纂出雲三刀屋文書	⑤三〇五三	義時単署。「鎌遺」は「関東下知状」とする。
141	貞応二年四月十日	関東下知状写	記録御用所本古文書本郷家伝	⑤三〇八四	義時単署。「鎌遺」は「関東下知状案」とする。
142	貞応二年四月日	関東下知状写	薩藩旧記雑録末吉羽鳥氏文書	⑤三〇八九	義時単署。「鎌遺」は「関東下知状案」とする。
143	貞応二年五月二十五日	関東下知状案	石見益田家文書	⑤三一〇八	義時単署。
144	貞応二年六月六日	関東下知状	島津家文書	⑤三一一六	義時単署。
145	貞応二年六月□七□（日）	関東下知状	堀部氏所蔵文書	⑤三一一九	義時単署。
146	貞応二年六月二十日	関東下知状	田代文書	⑤三一二〇	義時単署。
147	年欠（貞応二年）六月二十八日	関東御教書	高野山文書宝簡集五一	⑤三一二三	義時単署。
148	貞応二年七月六日	関東御教書写	新編追加	⑤三一二八	義時単署。「鎌遺」は「関東御教書」とする。

149	貞応二年七月九日	関東下知状案	紀伊金剛三昧院文書	⑤三一三〇	義時単署。
150	年欠（貞応二年）七月二十七日	北条義時書状	尊経閣所蔵文書 尊経閣古文書纂編年文書	③一五五一 尊経三〇	
151	貞応二年八月六日	北条義時袖判書下	曾我文書	⑤三一四四	「鎌遺」は「北条義時安堵状」とする。
152	貞応二年八月六日	関東下知状	島津家文書	⑤三一四五	義時単署。
153	貞応二年八月九日	関東下知状案	大和春日神社文書	⑤三一四六	義時単署。
154	貞応二年八月十七日	関東下知状写	予章記	⑤三一四八	義時単署。「鎌遺」は「関東下知状」とする。本文書検討を要するか。
155	貞応二年九月十三日	関東下知状案	筑前宗像神社文書	⑤三一五四	義時単署。「鎌遺」は「関東下知状」とする。
156	貞応二年九月十三日	関東下知状案	近衛家文書		義時単署。桜井彦「丹波国宮田荘関連史料――近衛家文書中の鎌倉遺文未収文書――」（『鎌倉遺文研究』一三号）二号文書。
157	貞応二年九月十六日	関東下知状案	高野山文書又続宝簡集一四二	⑤三一五六	義時単署。
158	貞応二年九月十六日	関東下知状案	高野山文書又続宝簡集一四二	⑤三一五七	義時単署。
159	年欠（貞応二年）九月二十八日	関東御教書	肥前武雄神社文書	⑤五一七一	義時単署。貞応元年八月十六日陸奥守を辞し、貞応三年六月十三日没。よって本文書は、貞応元年か貞応二年の発給となるので、ここに収めた。
160	貞応二年九月二十九日	関東下知状写	備忘録抄在鶴田士市来伊兵衛	補遺②補八三三	義時単署。「鎌遺」は「関東下知状案」とする。
161	貞応二年十月二十五日	関東下知状	播磨広峰神社文書	⑤三一六六	義時単署。
162	貞応二年十一月二日	関東下知状	荻野由之氏所蔵文書	⑤三一六九	義時単署。
163	貞応二年十二月八日	関東御教書	島津家文書	⑤三一八七	義時単署。
164	貞応二年十二月二十四日	関東下知状	山城仁和寺文書	⑤三一九三	義時単署。
165	年欠六月十九日	北条義時書状写	國學院大學所蔵古筆写	⑤三一九七	
166	貞応三年正月二十九日	関東下知状	保坂潤治氏所蔵文書	⑤三二〇七	義時単署。
167	貞応三年二月十日	関東下知状案	書上古文書一本郷大和守家伝古書	⑤三二一三	義時単署。
168	年欠（貞応三年）三月十六日	北条義時書状	高野山文書宝簡集六	⑤三二二〇	「鎌遺」は「北条義時請文」とする。
169	貞応三年四月十四日	関東下知状	禰寝文書	⑤三二二三	義時単署。

170	貞応三年四月十四日	関東下知状写	肥前武雄鍋島家文書	補遺②補八四七	義時単署。
171	貞応三年四月二十四日	関東下知状案	肥後志賀文書	⑤三二一六	義時単署。
172	貞応三年四月二十六日	関東下知状案	豊後詫摩文書	⑤三二一七	義時単署。
173	年欠(貞応三年)五月一日	北条義時書状	禰寝文書	⑤三二二一	
174	貞応三年五月十八日	関東寄進状案	東大寺要録二	⑤三二二五	義時単署。
175	貞応三年五月二十一日	関東下知状案	豊後詫摩文書	⑤三二二九	義時単署。
176	年欠四月一日	北条義時書状	阿蘇家文書上		『大日本古文書家わけ第十三　阿蘇文書之一』二二一号
177	年欠六月四日	北条義時袖判平忠家奉書	阿蘇家文書上		『大日本古文書家わけ第十三　阿蘇文書之一』二二二号、「北条義時雑掌奉書」とする。
178	年欠六月二十六日	北条義時袖判平忠家奉書	阿蘇家文書上		『大日本古文書家わけ第十三　阿蘇文書之一』二二三号、「北条義時雑掌奉書」とする。

北条泰時の発給文書

久保田和彦

はじめに

北条泰時は寿永二年（一一八三）、鎌倉幕府二代執権北条義時の長男として生まれた。母は『系図纂要』の注記に「官女阿波局」と記されている。泰時の生まれた寿永二年は源平合戦の真最中で、祖父時政は四十六歳、父義時は二十一歳で、北条氏は一族をあげて武家政権の草創に尽力していた。泰時の童名は金剛というが、建久五年（一一九四）二月に十三歳で元服し、源頼朝の「頼」字を与えられて、太郎頼時と名乗る。『吾妻鏡』の初見は同三年五月の十一歳の時で、御家人多賀重行が散歩中の泰時に下馬の礼を取らず、頼朝から所領を没収された記事である。

建暦元年（一二一一）九月、二十九歳ではじめて修理亮に任官し、建保元年（一二一三）二月には将軍実朝の学問所番の筆頭に選ばれる。学問諸芸に秀でており、『新勅撰和歌集』以下の勅撰集に泰時の和歌が二十余首選ばれている。また、本業の武将としても、同年五月に起こった侍所初代別当和田義盛の乱で、泰時は将軍実朝を守護し、一方の大将として若宮大路で強力な和田軍と戦い、恩賞として陸奥国遠田郡地頭職を与えられた。後任の侍所別当には義時が任じられたが、御家人の統制にあたるこの幕府の重職は、以後北条氏に世襲され、同六年には泰時が襲職した。泰時はすでに三十六歳の壮年となり、翌承久元年（一二一九）には従五位上・駿河守に任ぜられ、まもなく武蔵守に転じた。

承久三年（一二二一）五月に承久の乱が起こると、泰時は叔父時房とともに東海道大将軍として十万を率いて上洛した。戦いは幕府軍の圧勝で、泰時は六月十五日に入京、後鳥羽・土御門・順徳三上皇の配流、仲恭天皇の廃位などの戦後処理にあたり、乱後も京都に残り時房と六波羅探題に就任した。

貞応三年（一二二四）六月に父義時が死去すると、六波羅から鎌倉に帰った泰時は、北条政子の命令により時房とともに軍営御後見（両執権）となり、鎌倉幕府三代執権に就任した。翌嘉禄元年（一二二五）に政権を支えた大江広元・北条政子が相次いで死去すると、十一名の有力御家人を評定衆として幕政に参加させる。合議制を基本とする執権政治の開始である。また、貞永元年（一二三二）七月には御成敗式目五十一ヶ条が完成した。式目は道理に基づく武家社会の慣例や右大将家（頼朝）以来の先例を基準に制定され、鎌倉幕府の高度な裁判制度が整備されていく。貞永式目は後の戦国法にまで影響を与えた武士の基本法となる。

合議制、撫民と公平、式目の制定など、泰時の政治は後世に武家政治の理想と称えられたが、泰時個人の私生活はあまり恵まれなかった。泰時は建仁二年に三浦義村の娘（矢部禅尼）と結婚し、翌三年長男時氏が誕生するが、この女性とはまもなく離婚する。その後、武蔵国御家人安保実員の娘と再婚し、建暦二年に次男時実が生まれる。女子は閑院流藤原実春・足利義氏・三浦泰村・北条朝直に嫁いだ女性、源国道の猶子となった女性が知られる。泰時の不幸は二人の男子に先立たれたことである。泰時には時氏と安達景盛の娘（松下禅尼）との間に生まれた二人の幼い孫（経時・時頼）が残され、以後は彼らの成長を待つしかなかった。

暦仁元年（一二三八）正月、泰時は将軍藤原頼経に従って大軍を率いて上洛する。建久六年の頼朝の上洛以来、実に四十三年ぶりの将軍上洛であった。頼経の父は前摂政九条道家で、当時皇位にある四条天皇の外祖父、頼経の外祖父で関東申次の西園寺公経とともに京都政界の最高実力者である。頼経の在京は十ヶ月にも及び、この間に泰時は京都の治安維持のため篝屋の制を設けている。将軍上洛も無事に終わり、朝幕関係は親密さを増したかのように見えた。

仁治三年（一二四二）正月、四条天皇が十二歳で急死すると、前摂政道家は姉の子である順徳上皇の皇子の即位を望んだ。しかし、順徳上皇は承久の乱の中心人物であり、配流先の佐渡に生存している。泰時は断固として拒絶し、討幕に反対した土御門上皇の皇子を擁立した。後嵯峨天皇である。四条天皇の後継問題により朝幕関係が急速に悪化する中、六月十五日、北条泰時は六十歳の生涯を閉じた。長年の盟友であった連署時房も二年前に死去しており、執権を継いだ嫡孫の経時は十九歳、弟の時頼は十六歳の若さであった。泰時の法名は観阿、現在大船の常楽寺本堂裏に墳墓がある。[1]

北条泰時の発給文書は、【表1】（本稿末尾に掲載）の文書目録によると三六一通にのぼる。初見文書は、承久三年六月二十二日の北条泰時書下案、終見は仁治三年四月五日の将軍藤原頼経家政所下文案である。約二十一年間におよぶ泰時発給文書は、泰時が六波羅探題として発給した前期の文書と、軍営御後見・執権・将軍家政所別当として発給した後期の文書に大別できる。前期の六波羅探題としての発給文書に関しては、すでに拙稿「六波羅探題発給文書の研究——北条泰時・時房探題期について——」(2)で論じているので、小論の検討・分析対象は、軍営御後見・執権・将軍家政所別当として泰時が発給した後期の文書である。【表1】の文書目録では、№59〜№361の三〇三通が対象となる。後期三〇三通を北条泰時の立場、文書の様式から分類すると、以下のようになる。

一　鎌倉幕府の執権・政所別当として発給した文書
(1)将軍家政所下文　二十五通
(2)関東下知状　六十四通(付、関東下文〈関東下知・下文〉二十通)
(3)関東御教書　一二三通(付、北条時房・泰時連署書状二十通)
(4)北条泰時袖判下文　七通
(5)北条泰時下知状　一通
(6)北条泰時(袖判)奉書　六通
(7)北条泰時書下　六通
二　北条家家督(得宗)として発給した文書
三　北条泰時書状　二十三通(付、寄進状二通、その他六通)

一　鎌倉幕府の執権・政所別当として発給した文書

(1)将軍家政所下文

嘉禄元年(一二二五)十二月二十九日、三寅は元服して藤原頼経を名乗り、翌年正月二十七日征夷大将軍に任官し(3)、以後頼経の袖判下文が発給される。これまで下知状は下文の代用物に過ぎず、鎌倉殿下文が発給されると使命を終えていた。しかし、北条泰時・時房は頼経袖判下文の発給が開始されてからも下知状の発給を続け、以後鎌倉幕府の文書体系は下文と下知状が併用される。頼経下文の機能は大きく制限され、諸職の給与と譲与安堵に限定される。寛喜四年(一二三二)二月二十七日、頼経は従三位となり(4)政所下文発給の資格を得るが、政所下文の機能も袖判下文と同じである。

将軍藤原頼経家政所下文は、【表1】の文書目録に二十五通が確認される。将軍藤原頼経家政所下文の様式上の特徴は、第一行を「将軍家政所下」で書き出し、第二行に「可早為賀茂別雷社家沙汰預所職事」という事書を記す。その後本文が始まり、諸職の給与と譲与安堵の文章が記され、書止文言は「所仰如下、以下」で結ばれる。文書様式は確立され、例外は見られない。北条泰時は時房とともに政所別当として奥上に署判している。

【史料1】（No.212）(5)

将軍家政所下　平朝秀

　可令早領知常陸国徳宿郷内烟田・冨田・大和田・生江沢、已上四箇村地頭職事

右人、任親父秀幹去年廿一日譲状〈四至載之〉可領知之状、所仰如件、以下、

　文暦二年閏六月十五日　　案主左近将監菅野（花押）

令左衛門少尉藤原（花押）　　知家事内舎人清原（花押）

別当相模守平朝臣（花押）

　武蔵守平朝臣（花押）

【史料1】は、父秀幹の譲状により、平朝秀に常陸国徳宿郷内地頭職を安堵した譲与安堵の将軍家政所下文である。将軍藤原頼経家政所の別当は相模守平朝臣（北条時房）と武蔵守平朝臣（北条泰時）の二名のみである。以後、この様式の将軍家政所下文により、諸職の給与と譲与安堵に限定された将軍家政所下文が発給される。この様式に変化が見えるのは、延応二年（一二四〇）正月二十四日の時房の死去である。(6)

同年閏十月十三日の将軍家政所下文（No.325）は、橘公員の肥前国長嶋庄内大渡村地頭職を安堵した諸職給与の機能を有する文書であるが、北条泰時がただ一人の別当として単署で発給されている。泰時単署の将軍家政所下文は三通が残されているが、仁治二年五月一日将軍家政所下文（No.338）から政所別当が突然七名に増員される。

【史料2】（№346）

将軍家政所下　肥前国晴気御領住人

可早以大江氏為地頭職事

右人、任夫前若狭守藤原顕嗣今年六月廿一日譲状、子息弥鶴成人之時、譲与之由載之云々、可為彼職、可令領掌之状、所仰如件、以下、

仁治二年九月十日　　案主左近将曹菅野

知家事弾正忠清原

令左衛門令尉藤原（花押）

別当前武蔵守平朝臣（花押）

主計頭中原朝臣（花押）

前陸奥守源朝臣

前美濃守藤原朝臣

前甲斐守大江朝臣（花押）

武蔵守平朝臣（花押）

散位藤原朝臣（花押）

【史料2】は、夫である前若狭守藤原顕嗣の譲状により、妻の大江氏に肥前国晴気御領地頭職を安堵した譲与安堵の将軍家政所下文である。同形式の将軍家政所下文は、同年五月一日を初見として約一年後の同三年四月五日（№359）まで五通が現存する。泰時の死去は同年六月十五日なので、別当七人制の将軍家政所下文は、北条時房の死去を契機に、泰時晩年の約一年間使用された様式といえる。

五味文彦氏は、将軍家の家政機関である政所の発給文書に注目し、政所下文の様式の変化から、実朝の時代を次の三つに時期区分する。(7)

Ⅰ期　建永元年（一二〇六）～承元三年

Ⅱ期　承元三年（一二〇九）～建保四年

Ⅲ期　建保四年（一二一六）～建保七年

第Ⅰ期は幕府から出される下文が、「依鎌倉殿仰、下知如件、以下」という書止文言をもち、家司五人が連署する、鎌倉殿下文の様式をとる時期。第Ⅱ期は下文が鎌倉殿下文から政所下文にかえられた時期で、それには令一人、別当四～五人、案主・知家事一人ずつの家司が連署している。第Ⅲ期は同じく政所下文であるが、別当が九人に増やされた時期とする。三つの時期区分は、将軍権力がもっとも直截に表現されるのが下文であり、鎌倉殿（将軍）の権力が下文の形式に反映していることを根拠としている。そして、「下文は将軍権力の顔であり、下文の変化（別当の人数の増員）は将軍権力の拡大を意味する」と述べる。第Ⅲ期の源実朝は、傀儡将軍、権力なき無権の将軍ではなく、朝廷とのつながりを保ちつつ、将軍権力の拡大をはかったと評価しているのである。

五味氏の理解が正しければ、北条泰時晩年の約一年間における政所別当の二人から七人への増員は、藤原頼経が将軍権力拡大をはかった結果となる。この理解は果たして妥当であろうか。別当七人制の将軍家政所下文五通の署判一覧（【表2―1】）を検討してみる。別当七人制の構成は、署判順から北条泰時・中原師員・足利義氏・藤原親実・大江泰秀・北条朝直・藤原（安達）義景の七人である。この内、将軍藤原頼経の側近といえるのは中原師員と藤原親実の二名である。【表2―1】を見ると、正文に花押を据えているのは中原師員のみで、藤原親実は案文・写二通に見えるのみである。

【表2―1】　将軍藤原頼経家政所下文署判一覧（別当七人制）

目録	年号	年	月	日	西暦	正案	北条泰時	中原師員	足利義氏	藤原親実	大江泰秀	北条朝直	藤原義景	遺文番号
338	仁治	二	五	一	一二四一	正	◎	◎					◎	⑧五八二七
346			九	十		正	◎	◎			◎	◎	◎	⑧五九二四
353		三	二	二十二	一二四二	案	○	○	○	○	○	○	○	⑧五九八七
357			三	二十一		写	○	○	○	○	○	○	○	⑧六〇〇三
359			四	五		案	○						○	⑧六〇一一

※表中の記号の意味　△署判無　○在判、御判　◎花押

永井晋氏の研究(8)によると、中原師員・藤原親実は御所奉行であり、将軍家の儀礼・祭祀に関する職務を担う存在で、頼経と浮沈をともにするような強い結びつきを持つ存在ではないと評価している。将軍家政所下文五通すべてに花押を加えているのは、泰時と安達義景の二名である。安達義景は泰時の最側近であり、また正文に花押を据えている北条朝直は時房の嫡子、大江泰秀は広元の嫡孫である。別当七人制は、北条時房死去の欠を補い、まだ若い北条経時の来るべき政権を補佐することを期待した泰時の意向による増員であったと考えたい。

佐藤進一氏は、弘安十年十月八日将軍家政所下文の解説(9)で、宛所の空白(10)について、次のように述べる。

幕府から出した下文でも初期のものは例外なしに「下」の下に…荘官等とか、…庄住人等といった充名があったが、これは多くは形式的な充名であって、地頭職補任にしても、この部分には実際に補任された人ではなくて、その地頭職の所在地の「住人等」が記されるのが通例であった。職の補任を古代の官職の任命とみなして、その任命を在地の者に告知するという古い形式を踏襲してきた。しかるに職の補任が所領給与を意味する傾向は著しく促進され、職補任の下文の宛所に在地の住人を書き入れることは全く形式的なものになってしまう。宛所を省いてこの部分を空白にするのは、そうした自覚の表れで、実際その職に補任される人、職を給与される人の名が書かれることになる。弘安前後からそういう形式が行われて、後には全くこれだけになってしまう。

佐藤氏の説明に対して、近藤成一氏は次のように批判する(11)。

佐藤進一氏は、下文の宛所について、在地住人宛所型→宛所空白型→受給者宛所型という変化を想定されていた。しかし、これは事実誤認と言わねばならない。事実は、在地住人宛所型→受給者宛所型→宛所空白型という変化を示す。鎌倉幕府の下文は、受給者宛所型からさらに進化して、宛所空白型で完成する。かかる異様な形態で下文が完成する事は、職の観念の変化によって説明される事ではなく、別の考察が必要である。「宛所のない下文」の成立は、宛所を持つという下文の様式上の特質が忘れられ、宛所を持たない下知状の様式に引きずられた結果といわなくてはならない。

近藤氏は、「受給者宛所型下文は頼経袖判下文から始まり、宗尊親王家政所下文に至るまで用いられ、在地住人宛所型下文と併用される。」と述べているが、【表2―2】に示したように、事実としては近藤氏の説明が正しい。【表2―2】には、当該期の将軍家政所下文の内容も要約したが、頼経下文は機能を大きく制限され、諸職給与と譲与安堵に限定されて使用されるとするこれまでの説明は正しい。

【表2―2】 将軍藤原頼経政所下文宛所一覧

No.	目録番号	年月日	内容	宛所	遺文番号
1	171	貞永元年五月二十六日	摂津国萱野西庄預所職を賀茂別雷社家の沙汰とせよ。	摂津国萱野西庄住人	⑥四三二七
2	184	貞永元年十一月十三日	父能胤の譲状により、平氏子(字土用)に陸奥国行方郡内千倉庄以下の地頭職を安堵。	平氏子字土用	⑥四四〇三
3	191	貞永二年四月十五日	父経季の譲状により、平経久に武蔵国久良郡平子郷以下地頭職を安堵。	平□久	⑦四四七三
4	207	文暦二年五月九日	安芸国守護職に補任。	前周防守藤原親実朝臣	⑦四七五七
5	212	文暦二年閏六月十五日	父秀幹の譲状により、平朝秀丸に常陸国徳宿郷内地頭職を安堵。	平朝秀	⑦四七七九
6	215	文暦二年七月七日	佐々木信綱を近江国長岡庄地頭職に補任。	尾張国長岡庄住人	⑦四七九二
7	242	嘉禎二年七月二十八日	平林頼宗を豊後国毛井社地頭職に補任。	豊後国毛井社住人	⑦五〇一六
8	247	嘉禎二年十二月十五日	父致茂の譲状により、弥益丸に石見国豊田郷内地頭職を安堵。	致員	⑦五〇九八
9	248	嘉禎二年十二月十五日	父致茂の譲状により、致員に石見国豊田郷内地頭職を安堵。	弥益丸	補②一二一二
10	255	嘉禎三年九月五日	父家門の譲状により、藤原能門に肥前国武雄社大宮司職を安堵。	藤原能門	⑦五一七五
11	271	嘉禎四年七月十日	父定経の譲状により、源助経に筑前国遠賀新庄内香月郷地頭職を安堵。	筑前国遠賀新庄内香月郷	⑦五二七〇
12	275	嘉禎四年七月二十八日	養母尼真阿弥陀仏の譲状により、大神惟家に豊後国都甲庄地頭職を安堵。	豊後国都甲庄住人	⑦五二八三
13	276	嘉禎四年八月九日	父有泰の譲状により、源虎王丸に若狭国大井本郷地頭職を安堵。	若狭国大井本郷住人	⑦五二九四
14	278	嘉禎四年十二月四日	父公業の譲状により、橘公員に出羽国秋田郡内地頭職を安堵。	橘公員	⑦五三三一
15	279	(年月日未詳)	橘公員の肥前国長嶋庄内大渡村地頭職を安堵。	肥前国長島庄内大渡村住人	⑦五三三二
16	293	延応元年七月一日	父為弘の譲状により、佐伯為貞に安芸国妻保垣以下地頭職を安堵。	佐伯為貞	⑧五四四七
17	302	延応元年九月二十六日	藤原遠忠を備後国高洲庄地頭職に補任。	備後国高洲庄住人	⑧五四七九
18	325	仁治元年閏十月十三日	橘公員の肥前国長嶋庄内大渡村地頭職を安堵。	肥前国長島庄内大渡村住人	⑧五六四八
19	326	仁治元年閏十月二十日	父二階堂基行の譲状により、行氏に肥前国鏡社以下地頭職を安堵。	左兵衛少尉藤原行氏	⑧五六五八
20	331	仁治元年十二月七日	父中臣政親の譲状により、大禰宜頼親に常陸国橘郷地頭職を安堵。	常陸国符郡橘郷〈除倉員村〉住人	⑧五六八七
21	338	仁治二年五月一日	平時茂の相模国南深沢屋敷と越後国奥山庄地頭職を安堵。	平時茂	⑧五八二七

22	346	仁治二年九月十日	夫前若狭守藤原顕嗣の譲状により、妻大江氏に肥前国晴気御領地頭職を安堵。	肥前国晴気御領住人	⑧五九二四
23	353	仁治三年二月二十二日	前大隅守惟宗忠時を和泉国和田郷地頭職に補任。	和泉国和田郷住人	⑧五九八七
24	357	仁治三年三月二十一日	源頼仲を舎弟能勢蔵人跡地頭職に補任。	源頼仲	⑧六〇〇三
25	359	仁治三年四月五日	品河四郎入道成阿を近江国野洲南郡三宅郷地頭職に補任。	近江国野洲南郡三宅郷住人	⑧六〇一一

（2）関東下知状（付、関東下文〈関東下知・下文〉）

【表1】の文書目録によると、北条泰時が鎌倉殿の仰せを受け「下知如件」の書止文言で発給した関東下知状は六十四通が、また書出が「下　某」で始まり、「依鎌倉殿仰、下知如件」で結ばれる関東下文が二十通確認される。この内、初期の六通(12)と延応二年（一二四〇）正月二十四日の北条時房の死後に発給された十二通を除くすべてが時房との連署による。佐藤進一氏の関東下知状の研究(13)によると、

①下知状は源頼朝の後期文書に下文の略式文書として使用開始され、やがて裁許状として定着する。頼朝の死後次第に多く出されるようになり、とくに三代実朝の嗣立以後増加する。

②その奉者は、初めは何人かの奉行の連署することが多かったが、だんだん北条時政だけになり、時政の失脚（一二〇五）後は子義時だけになり、彼が死んで（一二二四）、泰時が跡をついで執権となり、叔父時房を連署に任じて以後は、執権と連署との二人が連署する形に固定した。下知状の発生と盛行は全く北条氏執権政治の発生発展と照応する。

③下知状の様式上の特徴は、

（一）宛所…下文のように最初にくるか、形式上の宛所はなく事書の文中に含まれるかであって、書状・御教書のように日付の後に書くことは絶対にない。

（二）差出書…奉者の署判は必ず日付の真下でなく日付と別行になる。初期のものは連署の場合日付下にくることもあるが、承久以後は連署でも必ず別行になる。

（三）書止文言…「依鎌倉殿仰、下知如件」となるのが原則である。下知状の名称もここから出た。

④下知状の用途は、もともと明確ではなかったが、だんだんとその範囲が確定し、その幅を広げて逆に下文の用途を狭めるようになる。だいたい幕府政務上の裁決文書であって永続的効力の期待されるものに用いられるようになる。具体的には、

諸種の特権免許状、一般に周知させるための制札、禁制、訴訟の判決などが主なものである。

以上、佐藤氏の説明が関東下知状の定説であるが、北条泰時署判の関東下知状を分析し、この定説を検討してみたい。関東下知状および関東下文を検討するため、書出、事書の有無、署判と署判の位置、連署か単署か、宛所、書止文言、内容などの情報をまとめた（【表3】）。最初に、下知状の様式上の特徴を検討する。関東下知状の宛所について、佐藤氏は「下文のように最初にくるか、形式上の宛所はなく事書の文中に含まれるかであって、書状・御教書のように日付の後に書くことは絶対にない。」と述べるが、【表3】をみると、絶対にないと佐藤氏が断言する日付の後に宛所を書いている下知状が三通（No.71・75・183）存在する。三通の中二通は正文なので、日付の後に書く関東下知状は存在したといえる。しかし、三通はいずれも泰時執権時代の前期であり、宛所そのものも、後半になると、下文のように最初に宛所がくる下知状も姿を消し、No.185以降は、事書や本文に含まれるようになる。宛所について、関東下知状の様式が次第に整っていく様子が見られるのである。

【表3】　関東下知状の情報

No.	目録番号	年月日	文書名	下	事書	署判	単連	位置	宛所	書止文言	内容	遺文番号
1	59	貞応三年九月七日	関東下知状		有	武蔵守平（花押）	単	奥下		依仰下知如件	地頭職補任	⑤三二八一
2	60	貞応三年九月十八日	関東下知状		有	武蔵守平（花押）	単	奥下		依仰下知如件	寺領安堵	⑤三二八四
3	62	貞応三年十一月十一日	関東下知状		有	武蔵守平（花押）	単	奥下		依仰下知如件	地頭職補任	⑤三三〇七
4	64	貞応三年十一月三十日	関東下知状案		有	武蔵守平在御判	単	日下		依仰下知如件	譲与安堵	⑤三三一六
5	65	元仁二年正月一日	関東下文案	下	有	武蔵守平御判	単	日下		依将軍家仰、下知如件	地頭職補任	⑤三三三五
6	68	元仁二年四月二日	関東下知状案		有	武蔵守平在判	単	奥下		依仰下知如件	裁許状	⑤三三六二
7	70	年月日未詳	関東下文案	下	有				肥前国国分寺住人	依鎌倉殿仰、下知如件	譲与安堵	⑤三三七一
8	71	嘉禄元年十一月十九日	関東下知状写		無	武蔵守在判	連	奥下	豊前大炊助殿	依仰下知如件	造宇佐宮の命令	⑤三四三〇
9	72	嘉禄元年十一月二十三日	関東下知状		無	武蔵守平（花押）	連	奥下		依仰下知如件	裁許状	⑤三四三二
10	75	嘉禄元年十二月十五日	関東下知状		無	武蔵守平（花押）	連	奥下	前大宰少弐殿	依仰下知如件	造宇佐宮用途米の停止	⑤三四三九 尊経三三
11	76	嘉禄二年正月二十六日	関東下文写	下	有	武蔵守平判	連	奥下	諸国御家人等	依鎌倉殿仰、下知如件	追加法	⑤三四五五

12	83	嘉禄二年四月二十日	関東下文案	下	有	武蔵守平朝臣泰時在判	連	日下	山中中務丞俊信所	所仰如件、以下	鈴鹿山警固の命令	⑤三四八〇
13	86	嘉禄二年八月十八日	関東下知状案		有	武蔵守平御判	連	奥下		依鎌倉殿仰、下知如件	裁許状	⑤三五一五
14	87	嘉禄二年八月二十六日	関東下知状写		無	武蔵守平（花押）	連	奥下		依鎌倉殿仰、下知如件	香取社神主職安堵	⑤三五一七
15	91	嘉禄二年十一月三日	関東下文案	下	有	武蔵守平御判	連	奥下	甲斐国郡郷地頭并住人	依鎌倉殿仰、下知如件	大善寺修造材木人夫の奉加	⑤三五四〇
16	93	嘉禄二年十二月八日	関東下知状案			武蔵守在御判	連	日下		依鎌倉殿仰、下知如件	裁許状	⑤三五五三
17	97	嘉禄三年三月二日	関東下知状案		有	武蔵守平在御判	連	奥下		依鎌倉殿仰、下知如件	裁許状	⑥三五八三
18	98	嘉禄三年三月十九日	関東下文案	下	有	武蔵守御判	連	奥下	肥前国佐嘉御領住人等	依鎌倉殿仰、下知如件	裁許状	⑥三五九一
19	103	嘉禄三年六月六日	関東下文案	下	有	武蔵守平在判	連	日下	鹿嶋神領常陸国佐都東郡内大窪郷住人等	依鎌倉殿仰、下知如件	裁許状	⑥三六一七
20	104	嘉禄三年八月十六日	関東下知状案		無	武蔵守平判	連	日下		依仰下知如件	裁許状	⑥三六四九
21	105	嘉禄三年八月二十三日	関東下文案	下	有	武蔵守平在判	連	奥下	伊賀国壬生庄沙汰人	依鎌倉殿仰、下知如件	役夫工米沙汰	⑥三六五三
22	111	安貞二年二月六日	関東下文写	下	有	武蔵守平在判	連	奥下	左兵衛尉藤原兼定	依鎌倉殿仰、下知如件	当知行安堵	⑥三七一六
23	113	安貞二年三月十一日	関東下文案	下	有	武蔵守平在判	連	奥下	大和国夜部庄住人	依鎌倉殿仰、下知如件	所当宛行	⑥三七三一
24	114	安貞二年三月十三日	関東下文案	下	有	武蔵守在御判	連	奥下	肥前国宇野厨内小値賀嶋住人等	依鎌倉殿仰、下知如件	裁許状	⑥三七三二
25	115	安貞二年三月三十日	関東下文	下	有	武蔵守平（花押）	連	奥下	三嶋宮領伊豆国玉河郷住人	依鎌倉殿仰、下知如件	裁許状	⑥三七三五
26	116	安貞二年五月十九日	関東下文	下	有	武蔵守平（花押）	連	奥下	常陸国鹿嶋社御神領橘郷住人等	依鎌倉殿仰、下知如件	裁許状	⑥三七四五
27	117	安貞二年六月二日	関東下知状		有	武蔵守平朝臣（花押）	連	日下		依鎌倉殿仰、下知如件	押領停止	⑥三七五一
28	126	安貞二年十一月二十五日	関東下知状写		無	武蔵守―	連	日下		依鎌倉殿仰、下知如件	裁許状	補②九五八
29	131	寛喜元年四月十日	関東下知状		有	武蔵守平（花押）	連	奥下		依鎌倉殿仰、下知如件	守護所入部停止	⑥三八三〇
30	134	寛喜元年八月七日	関東下知状案		有	武蔵守平朝臣御判	連	日下		依鎌倉殿仰、下知如件	守護所入部停止	⑥三八六〇
31	135	寛喜元年八月二十五日	関東下文案	下	有	武蔵守平在判	連	奥下	河内国讃良庄住人	依鎌倉殿仰、下知如件	所当宛行	⑥三八六三
32	137	年月日未詳（寛喜元年九月五日）	関東下文写	下	有				右兵衛尉伴保久		所領安堵	⑥三八六七

33	138	寛喜元年十月三十日	関東下文写	下	有	武蔵守平朝臣	連	奥下	肥前国宇野御厨司等	依鎌倉殿仰、下知如件	当知行安堵	補②九八七
34	147	寛喜二年十一月日	関東下文写	下	有	武蔵守平朝臣御判	連	奥下	嶋津庄内日向方住人等	不及地頭成敗云々者	裁許状	⑥四〇五四
35	148	寛喜二年十一月日	関東下文写	下	有	武蔵守平朝臣御判	連	日下	嶋津庄内日向方住人等	可為領家進止矣	裁許状	⑥四〇五五
36	149	寛喜三年二月十三日	関東下知状		有	武蔵守平朝臣(花押)	連	奥下		依鎌倉殿仰、下知如件	守護使入部停止	⑥四〇九九
37	157	寛喜三年五月三日	関東下知状案		無	武蔵□□□	連	奥下		所□□状如件	所職安堵	⑥四一三八
38	164	寛喜三年六月二十四日	関東下知状		有	武蔵守平朝臣(花押)	連	奥下		依鎌倉殿仰、下知如件	裁許状	尊経四一
39	169	寛喜四年四月十七日	関東下文	下	有	武蔵守平(花押)	連	奥下	丹波国私市庄務事	依鎌倉殿仰、下知如件	裁許状	⑥四三〇九
40	172	年月日未詳(貞永元年六月二十七日カ)	関東下知状写		有	武蔵守平□□	連	日下		依鎌倉□□□□□□		⑥四三五一 補②一〇六三
41	176	貞永元年七月二十六日	関東下知状案		有	武蔵守平朝臣在御判	連	奥下		依鎌倉殿仰、下知如件	裁許状	⑥四三四八
42	178	貞永元年八月十九日	関東下知状		有	武蔵守平朝臣(花押)	連	奥下		依鎌倉殿仰、下知如件	裁許状	⑥四三六二
43	180	貞永元年九月二十四日	関東下文	下	有	武蔵守平朝臣(花押)	連	奥下	神護寺領播磨国福田庄西保住人	依鎌倉殿仰、下知如件	裁許状	⑥四三七九
44	183	貞永元年十一月四日	関東下知状		無	武蔵守平(花押)	連	奥下	熊谷平内左衛門二郎殿	依仰下知如件	所領安堵	⑥四四〇〇
45	185	貞永元年十一月十三日	関東下知状案		無	武蔵守平朝臣在判	連	奥下		依鎌倉殿仰、下知如件	所領安堵	⑥四四〇四
46	186	貞永元年十一月二十八日	関東下知状案		有	武蔵守平朝臣御判	連	日下		依鎌倉殿仰、下知如件	裁許状	⑥四四〇七
47	194	天福元年七月九日	関東下知状写		有	武蔵守平在判	連	奥下		依鎌倉殿仰、下知如件	地頭職停止	⑦四五三八
48	195	天福元年七月三十日	関東下知状案		有	武蔵守平朝臣在判	連	奥下		依鎌倉殿仰、下知如件	所領安堵	⑦四五四七
49	197	天福元年十二月十日	関東下知状案		無	武蔵守平在判	連	奥下		依鎌倉殿仰、下知如件	裁許状	⑦四五八六
50	204	文暦元年十一月二十九日	関東下知状		有	武蔵守平(花押)	連	奥下		依仰下知如件	譲与安堵	⑦四七一〇
51	209	文暦二年六月五日	関東下知状案		有	武蔵守平在判	連	奥下		依鎌倉殿仰、下知如件	守護へ職務命令	⑦四七六三
52	214	文暦二年七月六日	関東下知状		有	武蔵守平(花押)	連	奥下		依鎌倉殿仰、下知如件	裁許状	⑦四七九一
53	226	文暦二年八月二十八日	関東下知状		有	武蔵守平(花押)	連	奥下		依鎌倉殿仰、下知如件	裁許状	⑦四八一五
54	230	嘉禎元年十月二十五日	関東下知状		有	武蔵守平(花押)	連	奥下		依仰下知如件	裁許状	⑦四八四四

55	237	嘉禎二年四月三日	関東下知状案		有	武蔵守平在判	連	奥下		依仰下知如件	寄進安堵	⑦四九五六
56	238	嘉禎二年四月五日	関東下知状		有	武蔵守平(花押)	連	奥下		依鎌倉殿仰、下知如件	譲与安堵	⑦四九五九
57	243	嘉禎二年八月二十六日	関東下知状案		有	武蔵守平判	連	奥下		依仰下知如件	濫妨停止	⑦五〇二七
57	245	嘉禎二年九月四日	関東下知状		有	武蔵守平(花押)	連	奥下		依鎌倉殿仰、下知如件		⑦五〇三一
59	252	嘉禎三年七月七日	関東下知状		有	左京権大夫平(花押)	連	奥下		依鎌倉殿仰、下知如件	裁許状	⑦五一五三
60	256	嘉禎三年十二月六日	関東下知状案		無	左京権大夫平御判	連	奥下		依仰下知如件	所役免除	⑦五一九七
61	260	嘉禎四年五月十一日	関東下知状案		有	左京権大夫平在判	連	奥下		依鎌倉殿仰、下知如件	所領安堵	⑦五二四〇
62	265	嘉禎四年六月十三日	関東下知状		有	左京権大夫平(花押)	連	奥下		依鎌倉殿仰、下知如件	守護所入部停止	⑦五二五〇 尊経五〇
63	274	嘉禎四年七月二十七日	関東下知状		有	左京権大夫平(花押)	連	奥下		依仰下知如件	濫妨停止	⑦五二八二
64	277	嘉禎四年十月九日	関東下知状写		有	前武蔵守平在判	連	奥下		依仰下知如件	和与安堵	補②一二四四
65	281	延応元年三月四日	関東下知状案		有	前武蔵守平朝臣(花押)	連	奥下		依仰下知如件	寄進安堵	⑧五三九六
66	290	延応元年五月二十五日	関東下知状		有	前武蔵守平(花押)	連	奥下		依鎌倉殿仰、下知如件	裁許状	⑧五四三四
67	292	延応元年六月二十七日	関東下知状		有	前武蔵守平(花押)	連	奥下		依鎌倉殿仰、下知如件	裁許状	⑧五四四三
68	299	延応元年八月三日	関東下知状		有	前武蔵守平(花押)	連	奥下		依鎌倉殿仰、下知如件	譲与安堵	⑧五四六三
69	300	延応元年八月十八日	関東下知状		有	前武蔵守平(花押)	連	奥下		依鎌倉殿仰、下知如件	濫妨停止	⑧五四六七
70	303	延応元年十月二日	関東下知状案		無	武蔵守平判	連	奥下		依仰下知如件	譲与安堵	⑧五四八五
71	304	延応元年十一月五日	関東下知状案		有	前武蔵守平朝臣御判	連	奥下		依仰下知如件	譲与安堵	⑧五四九六
72	305	延応元年十二月九日	関東下知状案		有	前武蔵守平在御判	連	奥下		依鎌倉殿仰、下知如件	裁許状	⑧五五〇五
73	306	延応二年二月二日	関東下知状写		條々	前武蔵守	単	奥下		依仰下知如件	追加法	⑧五五二〇
74	307	延応二年二月二十五日	関東下知状写		條	前武蔵守	単	奥下		依仰下知如件	追加法	⑧五五二六
75	312	延応二年五月二十二日	関東下知状案		有	前武蔵守平	単	奥下		依鎌倉殿仰、下知如件	所領安堵	⑧五五七五
76	320	仁治元年十月十日	関東下知状		條々	前武蔵守平朝臣(花押)	単	奥下		依鎌倉殿仰、下知如件	裁許状	⑧五六二六

77	321	仁治元年閏十月二日	関東下知状案		有	前武蔵守平在御判	単	奥下		依鎌倉殿仰、下知如件	濫妨停止	⑧五六三五
78	324	仁治元年閏十月十一日	関東下知状写		條々	前武蔵守平朝臣（花押）	単	奥下		依鎌倉殿仰、下知如件	裁許状	⑧五六四六
79	329	仁治元年十一月二日	関東下知状案		有	前武蔵守平朝臣	単	奥下		依鎌倉殿仰、下知如件	所領安堵	⑧五六六九
80	337	仁治二年三月三十日	関東下知状		有	前武蔵守平朝臣（花押）	単	奥下		依仰下知如件	所領安堵	⑧五七九三
81	339	仁治二年五月二日	関東下知状		無	前武蔵守平朝臣□□	単	奥下		依鎌倉殿仰、下知如件	裁許状	⑧五八三一
82	345	仁治二年八月二十二日	関東下知状		有	前武蔵守平朝臣（花押）	単	奥下		依鎌倉殿仰、下知如件	裁許状	⑧五九一八
83	348	仁治二年十一月二十五日	関東下知状案		有	前武蔵守平朝臣在御判	単	奥下		依鎌倉殿仰、下知如件	裁許状	⑧五九六六
84	352	仁治三年二月十八日	関東下知状案		有	前武蔵守平朝臣在御判	単	奥下		依鎌倉殿仰、下知如件	裁許状	⑧五九八四

次に、差出書について、【表3】をみると、日下に署判しているのは関東下知状および関東下文八十四通の中わずか十一通であり、泰時執権時代の前期である。しかも一通以外は案文または写なので、案文または写作成時の誤写の可能性もある。また、この一通について、『鎌倉遺文』編者は「本文書稍疑うべし」と述べており、佐藤氏の差出書に関する説明は正しいといえる。

次に、書止文言について、【表3】をみると、関東下知状および関東下文の書止文言は、「依仰下知如件」「依鎌倉殿仰、下知如件」の文言が原則である。関東下知状および関東下文八十四通の中、前者が二十三通、後者が五十四通で、後者の「依鎌倉殿仰、下知如件」が圧倒的に多いが、前者と後者を内容や宛所で使い分けているとはいえない。例外が五通あるが、二通（No.137・157）は後欠で書止文言が判読できない。また二通（No.147・148）は「備志録抄市来北山新兵衛蔵」所収の写本で、裁許状の写であり、書止文言を省略したと思われる。残りの一通は「依将軍家仰、下知如件」で結んでいるが、日付の元仁二年正月一日は頼経の将軍就任以前であり、偽文書または後世の改竄のいずれかであろう。

次に、下知状の用途を検討するが、従来の研究史を整理する。最初に、佐藤進一氏の説明である。(14)

将軍頼経が下文を発給するようになると、下文は専ら諸職の恩給と譲与の安堵に用い、訴訟の裁許、守護不入等の特権付与、紛失安堵等には下知状を用い、その他の事柄には大体年付のある御教書を用いるようになり、これがほぼ定式となった。

【表3】の内容の項目を見ると、泰時執権時代の全期間に関東下知状および関東下文による諸職の恩給（地頭職補任、所領安堵、所当宛行、所領安堵など）と譲与の安堵の事例が見られる。当該期に下文と下知状の使い分けが行われたとする佐藤氏の理解は正しくない。近藤成一氏は、将軍頼経時代の下文と下知状の用途を比較し、次のように述べる。(15)

下文の用途が諸職の給与と譲与の安堵に限定され、訴訟の裁許には必ず下知状が用いられている事が明らかである。諸職の給与と譲与の安堵に下知状を用いた例が見当らない事は、下知状の用途もまた限定されているのではないかとの疑いを抱かせる。それにも拘らず、本文で、下文の用途が限定されているのに対し下知状の用途が限定されていない旨を述べたのは、一〇期（頼経政所）以降諸職の給与・譲与の安堵に下知状を用いた例がしばしば認められるからである。

近藤氏の下知状の用途に関する理解は大体正しいといえるが、一〇期（頼経政所）以降ではなく、九期（頼経御判）にも下知状の用途は限定されていないことは、【表3】に明らかである。青山幹哉氏は、当該期の下知状の用途を明確に示し、次のように述べる。(16)

① 寛喜四年（一二三二）二月二十七日、将軍藤原頼経は従三位に叙せられ、政所開設権を公式に得た。それに伴い、「御恩」受給文書様式も袖判下文から政所下文へ移行するが、不思議なことに同年より下知状も「御恩」受給の為に使用されるようになった。この下文と下知状の併用という現象は仁治二年（一二四二）まで継続した。

② 併用開始の年、貞永元年（一二三二）は藤原頼経の政所下文発給開始の年であるとともに、御成敗式目が制定された年でもあり、大きな幕政改革があった年である。そして、仁治三年五月に執権北条泰時は引退し翌月死亡する。下文と下知状の併用期間が右の二つの事件の年に挟まれていることは、単なる偶然ではあるまい。泰時の主導下に貞永元年、幕政改革の一環として「御恩」受給に関しても変革があり、彼の死とともにそれが中止されたのであろう。

青山氏①は、下知状が「御恩」受給の為に使用されるのは一〇期（頼経政所）以降であると、近藤説をより明確にした。しかし、これは【表3】の内容の項目から明らかに間違いで、泰時執権時代は「御恩」受給文書に下知状を一貫して使用しているのである。よって、青山氏①を前提に立論された青山氏②が成り立たないことも明らかとなる。下文は諸職恩給と譲与安堵に限定され、下知状は訴訟の裁許や特権付与のように両者は使い分けられる、という従来の理解は少なくとも泰時執権時代には見られないといえる。

最後に、佐藤進一氏の研究として先にまとめた①と②に関して検討する。

佐藤氏①は特に問題はない。しかし佐藤氏②の「その奉者は、初めは何人かの奉行の連署することが多かったが、だんだん北条時政だけになり、時政の失脚（一二〇五）後は子義時だけになり」の部分は修正が必要である。「北条時政の失脚後、下知状は子義時だけ」にはならず、三代将軍源実朝の時代に義時単署の下知状は発給されない。承元三年（一二〇九）四月十日に実朝が従三位に任じられ、[17]正規の将軍家政所下文が発給される以前は、【史料3】[18]のように、書出が「下　某」ではじまり、次行に事書があり、「依鎌倉殿仰、下知如件、以下」の書止文言を有し、四人から五人の政所奉行人が奥下・日下に署判する様式を有する文書が発給された。

【史料3】

下　筑前国宗像社領本木内殿住人

　可令早停止左衛門尉能綱妨、任証文旨、宗像氏用領掌事、

右、停止彼能綱之妨、任証文之旨、可令氏用領掌之状、依鎌倉殿仰、下知如件、以下、

建永元年七月十四日

惟宗（花押）

民部丞中原（花押）

散位藤原朝臣（花押）

書博士中原朝臣（花押）

散位大江朝臣（花押）

【史料3】は、下文と下知状の両方の特徴を合わせ持つ文書であり、かかる様式の文書を『鎌倉遺文』は「将軍家下文」「将軍家政所下文」「将軍家下知状」「関東下知状」など、同一様式の文書に四種類の文書名を付けている。下文と下知状の両方の特徴を持つことが混乱の原因である。五味文彦氏は「鎌倉殿下文」[19]、湯山賢一氏は「関東下文」[20]、杉橋隆夫氏は「将軍家略式政所下文」[21]という文書名を付している。私見では杉橋氏の説を妥当とするが、下文と下知状の両方の特徴を持つことを重視し、「将軍家略式政所下知・下文」[22]の文書名がよいと考える。

【表3】をみると、【史料3】とよく似た、書出が「下　某」ではじまり、次行に事書があり、「依仰下知如件」「依鎌倉殿仰、下知如件」の書止文言で結ばれ、北条時房・泰時が奥下・日下に署判する文書が二十通も発給された。菊池紳一・山野井功夫の両氏が作成した「【表1】　北条泰時発給文書目録」では「関東下文」の文書名が付されているが、【表3】を通覧していただき

たい。【表1】で「関東下文」と命名された文書は、書出が「下　某」ではじまること以外、署判・署判の位置・書止文言・内容（用途）のいずれの点でも関東下知状と同じである。ここまで、関東下知状と関東下文とを同一の機能・様式の文書として論じてきた理由である。(23)

【表3】の「関東下文」二十通の内、正文は四通（No.115・116・169・180）あるので、書出の「下　某」が案文や写を作成する際の誤写とすることはできない。【史料4】として例示する。

【史料4】（No.180）

下　神護寺領播磨国福井庄西保住人

　仰条々

一　下司・公文両職事

（中略）

以前三箇条、大概如斯、此外条々雑事等、雖載巨細之詞、依無証拠之状、暗難決理非歟、早任東保之例、同可致沙汰也者、依鎌倉殿仰、下知如件、

　　貞永元年九月廿四日

　　　　　　　　武蔵守平朝臣（花押）

　　　　　　　　相模守平朝臣（花押）

また、当該期に残存する事例は一通のみであるが、【史料5】のように下文により近い文書もある。

【史料5】（No.83）

下　山中中務丞俊信所

　可令早任　宣旨、致鈴鹿山守護領知近江国山中事、

右、今年三月十日被下　宣旨語、為伊勢太神宮奉弊使上下向・斉宮郡行・公卿以下往還、可差置鈴鹿山警固云々者、早任俊

直例、為彼職、可鎮盗賊難之状、所仰如件、以下、
嘉禄二年四月廿日　　武蔵守平朝臣在判（泰時）
相模守平朝臣在判

下知状は源頼朝の後期に下文の略式文書として使用が開始され、やがて鎌倉時代末期に編纂された『沙汰未練書』(24)に、「御下知トハ、就訴論人相論事、蒙御成敗下知状也、又裁許トモ云也」と記されるように、執権と連署二人が連署する裁許状として定着する。しかし、佐藤進一氏が下知状の特徴として述べた様式に至るまで、さまざまな様式・用途が使用されていたことは明らかである。なぜそのような様式・用途が使用されたのか、その理由を明らかにすることは難しいが、奉行人や右筆の個性や経験などによる相違なのかもしれない。

以上、北条泰時執権時代に使用された関東下知状は、従来の研究で指摘された様式や用途では説明できない文書が少なからず存在した。しかし、【表3】を見ると、関東下知状の様式がある時期から定式化することに気が付く。御成敗式目が制定され、幕政改革の一環として「御恩」受給に関する変革が行われたと青山氏が指摘する貞永元年（一二三二）である(25)。【史料4】のような、書出が「下　某」ではじまり、次行に事書があり、「依仰下知如件」「依鎌倉殿仰、下知如件」の書止文言で結ばれ、北条時房・泰時が奥下・日下に署判する様式の関東下知状は貞永元年九月二十四日（No.180）が最後である。また、佐藤氏が「絶対にない」と述べた、宛所を日付の後に書く関東下知状も同年十一月四日（No.183）が最後である。さらに案文ではあるが、執権・連署が日下に署判する関東下知状も同年十一月二十八日（No.186）が最後である。そして、以後の関東下知状は、一行目の書出しが事書で始まり、宛所が無くなり、日付の奥下に執権・連署が署判する様式に定式化する。

（3）関東御教書（付、北条時房・同泰時連署書状）

【表1】の文書目録によると、北条泰時が鎌倉殿の仰せを受け「執達如件」の書止文言で発給した関東御教書は一二三通が確認される。この内、初期の一通と延応二年（一二四〇）正月二十四日北条時房の死後二十四通を除くすべてが時房との連署による。佐藤進一氏の関東御教書の研究(26)によると、

①　源頼朝は早くから平盛時・大江広元らの右筆の奉じた奉書式文書を発給している。これらのうち、頼朝が従二位に叙せら

れて公卿の列に加わって以後の分は当然、御教書（鎌倉殿の御教書）とよばれた。

② 執権北条氏の時代になると、一般の政務や裁判などに関する伝達文書は、執権と連署の両人が連署して、書止め文言を「依仰執達如件」「執達如件」で結ぶ奉書式文書を用いた。これを関東御教書・鎌倉殿御教書とよんだ。

③ 年月日完記の御教書が、永続的効力の期待される事柄で下文、下知状が取扱わないもの（荘園領主に対する守護不入其他の特権の承認）から、随時の連絡、通達までを広く取扱うことになる。公家社会の文書慣習として随時の連絡、通達用として、月日だけの御教書が使用されてきたことを考えると、幕府の用法は新しい変化と言わねばならぬ。年月日を完記して、永続的効力の期待される事柄を扱うことにしたのは第一の変化であって、年月日完記の御教書で随時の連絡、通達の用を弁ずるのは第二の変化である。この点は、随時の連絡、通達文書が当面の用を弁じた後にもなお効力を持つという武家文書の特殊性によるのではないか。

佐藤氏の研究は関東御教書に関する定説と言えるが、その様式に関する説明はほとんどされていない。高橋一樹氏[27]は、時限的な意思伝達文書という性格づけもあって、御教書・奉書の研究は軽視されてきたと述べ、『鎌倉遺文』を検索し、書止文言など書様を異にする事例を示し、「依仰執達如件」以外の書止文言で結ばれた関東御教書の様式を検討された。高橋氏の研究を紹介すると、

① 執権と連署を奉者として将軍の意を伝達する奉書形式で共通しているのに、書止や署判の書様に明らかな違いがみられる。これは鎌倉幕府が執権と連署を奉者とする奉書の様式を宛所によって使い分けていたことをしめしている。

② 公家側に出される関東御教書の様式は、「恐惶謹言」の書止や無年号は書状の形式をとり、執権と連署が自署し裏花押を据える鄭重な様式で発給された。

③ 公家側に鎌倉幕府将軍の意を執権と連署が奉じて出す文書の様式が、宛所による使い分けだけでなく、将軍の官位や官職の変化にも対応していた。

④ 公家側に出された関東御教書は、殿下御教書・関東申次の御教書・院宣などと一緒に機能することがあり、その場合に公家社会において「関東請文」と称された。また、「関東御返事」「関東返報」などと表現する事例もみられる。

高橋氏の指摘の通り、鎌倉幕府将軍の意を執権と連署が奉じて出す文書で、「依仰執達如件」以外の書止文言で結ばれた文書は少なからず存在する。「内々所候也、恐々謹言」「鎌倉前中納言殿御消息所候也、恐惶謹言」の書止文言で結ばれ、月日のみで、

署判に裏花押を据える鄭重な様式である。かかる様式の文書を、高橋氏は公家側に出された関東御教書と呼んでいるが、関東御教書の様式とは全く異なっており、同じ文書名にすることはできない。六波羅探題時代にも両人はこの様式の文書を発給しており、以前、拙稿(28)では「連署書状」の文書名を付した。【表1】の文書目録には二十通確認できるが、「北条時房・同泰時連署書状」の文書名を付ける。

北条泰時執権時代の関東御教書と北条時房・同泰時連署書状を分析し、先学の研究を検討してみたい。関東御教書と北条時房・同泰時連署書状について、事書の有無、署判と署判の位置、連署か単署か、宛所、書止文言、内容などの情報をまとめた(【表4―1】、【表4―2】)。

最初に、関東御教書の様式について検討する。関東御教書の一般的な様式は、事書は無く、本文から始まり、執権・連署の署判は日下とその左横に据えられ、また宛所が明記され、「依仰執達如件」「依鎌倉殿仰、執達如件」の書止文言で結ばれる、とまとめられる。

【表4―1】　関東御教書の情報

No.	目録番号	年月日	文書名	事書	署判	単連	位置	宛所	書止文言	内容	遺文番号
1	69	元仁二年五月二日	関東御教書案		武蔵守平泰時在判	単	日下	進上　相模守殿	依仰執達如件	尋成敗指示	⑤三三六九
2	73	嘉禄元年十二月二日	関東御教書		武蔵守(花押)	連	日下	前大宰少弐殿	依仰執達如件	違乱停止	⑤三四三七
3	74	嘉禄元年十二月三日	関東御教書写		武蔵守在判	連	日下	前大宰少弐殿	依仰執達如件	所役勤仕命令	⑤三四三八
4	77	嘉禄二年二月十八日	関東御教書写		武蔵守判	連	日下	大宰少弐殿	依仰執達如件	所役勤仕命令	⑤三四六三
5	80	嘉禄二年三月十九日	関東御教書案		武蔵守在判	連	日下		依鎌倉殿仰、執達如件	地頭押領停止	⑤三四七六
6	81	嘉禄二年四月十七日	関東御教書写								
7	84	嘉禄二年四月二十三日	関東御教書案		武蔵守在御判	単	日下	駿河前司殿御返事	可令存其旨給之状、執達如件		⑤三四八一
8	89	嘉禄二年十月八日	関東御教書		武蔵守(花押)	連	日下	掃部助殿　修理亮殿	依鎌倉殿仰、執達如件	尋成敗指示	⑤三五三三
9	90	嘉禄二年十月二十五日	関東御教書案		武蔵守	連	日下	掃部助殿	依仰執達如件	注進指示	⑤三五三七
10	94	嘉禄二年十二月八日	関東御教書案		武蔵守判	連	日下	山鹿三郎殿	依鎌倉殿仰、執達如件	違乱停止	⑤三五五五
11	95	嘉禄三年二月十五日	関東御教書案		武蔵守在御判	連	日下	毛利入道殿	依仰執達如件	地頭改易命令	⑥三五七五

12	96	嘉禄三年二月十八日	関東御教書写		武蔵守判	連	日下	大宰少弐殿	依仰執達如件	所役勤仕命令	⑥三五七七
13	99	〈嘉禄三年〉三月二十三日	関東御教書案		武蔵守御判	単	日下	大宰少弐殿御返事	仍執達如件	尋成敗指示	⑥三五九五
14	100	嘉禄三年閏三月十七日	関東御教書写		武蔵守判	連	日下	掃部助殿　修理亮殿	依仰執達如件	追加法	⑥三六〇二
15	106	嘉禄三年九月七日	関東御教書		武蔵守(花押)	連	日下	掃部助殿并修理亮殿	依鎌倉殿仰、執達如件	尋成敗指示	⑥三六六三
16	107	嘉禄三年十月十五日	関東御教書写		武蔵守在判	連	奥下	掃部助殿　修理亮殿	依鎌倉殿仰、執達如件	尋成敗指示	⑥三六七四
17	108	嘉禄三年十一月十八日	関東御教書案写		武蔵守在判	連	日下	大宰少弐殿	依仰執達如件	所役勤仕命令	補②九三〇
18	109	嘉禄三年十二月二十四日	関東御教書案		武蔵守在御判	連	日下	豊後三郎左衛門尉殿	依鎌倉殿仰、執達如件	尋成敗指示	⑥三六九四
19	110	安貞元年十二月二十六日	関東御教書案		武蔵守御判	連	日下	常陸前司殿	依鎌倉殿仰、執達如件	所職安堵	⑥三七〇九
20	112	安貞二年三月九日	関東御教書写		武蔵守(花押)	連	日下	毘尻三郎殿	依仰執達如件	所役勤仕命令	⑥三七二八
21	119	〈安貞二年〉六月二十四日	関東御教書		武蔵守(花押)	連	日下		可令披露候、仍執達如件	所職安堵	⑥三七六二
22	120	安貞二年七月二十三日	関東御教書		武蔵守(花押)	連	日下	別符刑部丞殿	依鎌倉殿仰、執達如件	所領安堵	⑥三七六八
23	121	安貞二年八月十六日	関東御教書写		武蔵守―	連	日下	豊前大炊助入道殿	依鎌倉殿仰、執達如件	注進指示	補②九四六
24	122	安貞二年八月二十三日	関東御教書	有	武蔵守御判	連	日下	相馬五郎殿	依仰執達如件	所役安堵	⑥三七七七
25	125	安貞二年十月十八日	関東御教書写		武蔵守在御判	連	日下	六郷山執行御返事	依鎌倉殿仰、執達如件	所役安堵	補②九五五
26	127	安貞二年十二月八日	関東御教書写		武蔵守御判	連	日下		依鎌倉殿仰、執達如件	所職安堵	補②九五九
27	128	安貞三年二月十三日	関東御教書		武蔵守(花押)	連	奥下	金剛峯寺	仍執達如件	所領安堵	⑥三八〇七
28	132	〈寛喜元年〉六月二十四日	関東御教書案		武蔵守在判	連	日下	陰陽頭殿御返事	仍執達如件	濫妨停止	⑥三八三九
29	136	寛喜元年九月三日	関東御教書		武蔵守(花押)	連	日下	掃部助殿　修理亮殿	依仰執達如件	濫妨停止	⑥三八六四
30	139	寛喜元年十一月八日	関東御教書案		武蔵守	連	日下		依鎌倉殿仰、執達如件	違乱停止	⑥三八九〇　補②九八八
31	142	年欠(寛喜二年)閏正月二十六日	関東御教書写		武蔵守	連	日下	某殿	依鎌倉殿仰、執達如件	所役勤仕命令	⑥三九四九
32	145	寛喜二年六月五日	関東御教書写		武蔵守	連	日下	豊前大炊助入道殿	依鎌倉殿仰、執達如件	注進指示	補②一〇〇六
33	146	寛喜二年十一月七日	関東御教書写		武蔵守判	連	日下	駿河守殿　掃部助殿	依鎌倉殿仰、執達如件	追加法	⑥四〇四六
34	151	寛喜三年三月八日	関東御教書		武蔵守(花押)	連	日下	伊豆守殿	依鎌倉殿仰、執達如件	濫妨停止	⑥四一一一

35	153	寛喜三年三月二十一日	関東御教書		武蔵守(花押)	連	日下	駿河守殿　掃部助殿	依鎌倉殿仰、執達如件	所職安堵	⑥四一一六
36	154	寛喜三年四月二十一日	関東御教書写		武蔵守判	連	日下	駿河守殿　掃部助殿	依仰執達如件	追加法	⑥四一二六
37	155	寛喜三年四月二十一日	関東御教書写		武蔵守在御判	連	日下	駿河守殿　掃部助殿	依鎌倉殿仰、執達如件	追加法	⑥四一二七
38	156	寛喜三年四月二十一日	関東御教書写		武蔵守判	連	日下		所候也、仍執達如件	追加法	⑥四一二八
39	158	寛喜三年五月十三日	関東御教書写		武蔵守判	連	日下	駿河守殿　掃部助殿	依鎌倉殿仰、執達如件	追加法	⑥四一四二
40	159	寛喜三年五月十三日	関東御教書写		武蔵守判	連	日下	駿河守殿　掃部助殿	依鎌倉殿仰、執達如件	追加法	⑥四一四三
41	160	寛喜三年五月十三日	関東御教書写		武蔵守判	連	日下		依鎌倉殿仰、執達如件	追加法	⑥四一四四
42	162	寛喜三年六月六日	関東御教書写	有	武蔵守判	連	日下	駿河守殿　掃部助殿	依鎌倉殿仰、執達如件	追加法	⑥四一六〇
43	163	寛喜三年六月六日	関東御教書写	有	武蔵守	連	日下	駿河守殿　掃部助殿	可令没収其賭矣	追加法	⑥四一六一
44	166	寛喜三年八月一日	関東御教書案		武蔵守御判	連	日下	駿河守殿　掃部助殿	依仰執達如件	尋成敗指示	⑥四一七八
45	167	寛喜三年十一月十二日	関東御教書		武蔵守(花押)	連	日下		依仰執達如件	諸役請負	⑥四二四三
46	168	寛喜四年卯月七日	関東御教書写	條々	武蔵守判	連	日下	駿河守殿　掃部助殿	依鎌倉殿仰、執達如件	追加法	⑥四三〇八
47	170	貞永元年四月二十九日	関東御教書		武蔵守(花押)	連	日下	駿河守殿　掃部助殿	依仰執達如件	近衛殿下仰遵行	⑥四三三三　尊経四三
48	172	貞永元年六月二十九日	関東御教書写		武蔵守在判	連	日下	内藤判官殿	依仰執達如件	所役勤仕命令	⑥四三三六
49	181	貞永元年閏九月一日	関東御教書写		武蔵守平朝臣泰時判	単	日下		将軍家所被仰出、仍執達如件	本家領家の所領安堵	⑥四三八二
50	182	貞永元年閏九月八日	関東御教書案		武蔵守在御判	連	日下	豊後三郎左衛門尉殿	依仰執達如件	守護に命令	⑥四三八四
51	188	貞永元年十二月十九日	関東御教書写		武蔵守判	連	日下	駿河守殿　掃部助殿	随理非可被成敗也	追加法	⑥四四一九
52	189	貞永元年十二月二十九日	関東御教書写		武蔵守	連	日下	駿河守殿	依仰執達如件	追加法	⑥四四二七
53	193	天福元年六月二十八日	関東御教書案		武蔵守在御判	連	日下	豊後三郎左衛門尉殿	依仰執達如件	遅参停止	⑦四五三〇
54	196	天福元年九月二十二日	関東御教書案		武蔵守在御判	連	日下	駿河守殿　掃部助殿	依鎌倉殿仰、執達如件	本所への連絡指示	⑦四五六四
55	198	天福二年三月一日	関東御教書写		武蔵守判	連	日下	駿河守殿	依仰執達如件	追加法	⑦四六二五
56	199	天福二年三月二十三日	関東御教書		武蔵守平(花押)	連	日下	山名陸奥入道殿	依仰執達如件	当知行安堵	⑦四六三七
57	200	天福二年五月一日	関東御教書案		武蔵守御判	連	日下	駿河守殿	依仰執達如件	守護に命令	⑦四六五八

58	201	天福二年五月一日	関東御教書案								補②一一四八
59	202	天福二年九月二十二日	関東御教書案		武蔵守在御判	連	日下	駿河守殿　掃部助殿	依仰執達如件	濫妨停止	⑦四六八八
60	203	文暦元年正月日	関東御教書写		左京権大夫	連	日下	某殿	依仰執達如件	追加法	⑦四七〇三
61	205	文暦二年正月二十六日	関東御教書写		武蔵守判	連	日下		依仰執達如件	追加法	⑦四七二四
62	206	文暦二年正月二十七日	関東御教書写		武蔵守	連	日下	駿河守殿　掃部助殿	依仰執達如件	追加法	⑦四七二五
63	208	文暦二年五月二十三日	関東御教書写		武蔵守判	連	日下	駿河守殿　掃部助殿	依仰執達如件	追加法	⑦四七六一
64	210	文暦二年六月十日	関東御教書案		武蔵守在御判	連	日下	周防前司殿	依仰執達如件	守護に命令	⑦四七六四
65	211	文暦二年閏六月五日	関東御教書案	有	武蔵守御判	連	日下	掃部助殿	依仰執達如件	御家人所領安堵	⑦四七七六
66	216	文暦二年七月二十二日	関東御教書写		武蔵守在御判	連	日下	駿河守殿　掃部助殿	依仰執達如件	追加法	⑦四七九九
67	217	文暦二年七月二十三日	関東御教書写		武蔵守判	連	日下	駿河守殿　掃部助殿	依仰執達如件	追加法	⑦四八〇〇
68	218	文暦二年七月二十三日	関東御教書写		武蔵守判	連	日下	駿河守殿　掃部助殿	依仰執達如件	追加法	⑦四八〇一
69	219	文暦二年七月二十三日	関東御教書写		武蔵守判	連	日下	駿河守殿　掃部助殿	依仰執達如件	追加法	⑦四八〇二
70	220	年欠（文暦二年カ）七月二十三日	関東御教書写		武蔵守判	連	日下	駿河守殿　掃部助殿	依仰執達如件	追加法	⑦四八〇三
71	221	文暦二年七月二十四日	関東御教書写		武蔵守判	連	日下	駿河守殿　掃部助殿	依仰執達如件	追加法	⑦四八〇四
72	227	文暦二年九月十六日	関東御教書案		武蔵守在御判	連	日下	中務大夫殿	依仰執達如件	裁許請文	⑦四八二〇
73	228	文暦二年九月十九日	関東御教書案		武蔵守在御判	連	日下	下野入道殿	依仰執達如件	尋成敗指示	⑦四八二一
74	229	嘉禎元年十月二十五日	関東御教書		武蔵守（花押）	連	日下	駿河守殿　掃部助殿	依仰執達如件	実検命令	⑦四八四三
75	233	嘉禎元年十一月十七日	関東御教書案		武蔵守在判	連	日下	堀尾小太郎殿	依仰執達如件	摂関家政所下文遵行	⑦四八五〇
76	239	嘉禎二年五月十七日	関東御教書案		武蔵守判	連	日下	駿河守殿　掃部助殿	依仰執達如件	殿下御教書遵行	⑦四九八六
77	240	嘉禎二年六月五日	関東御教書		武蔵守平（花押）	連	日下		依鎌倉殿仰、執達如件	当知行安堵	⑦四九九六
78	241	嘉禎二年七月二十四日	関東御教書案		武蔵守在御判	連	日下	湯浅太郎殿	依仰執達如件	地頭に命令	⑦五〇一五
79	251	嘉禎三年四月二十六日	関東御教書案		左京権大夫	連	日下	小笠原六郎殿	依仰執達如件	御家人に命令	⑦五一三〇
80	254	嘉禎三年八月六日	関東御教書		左京権大夫（花押）	連	日下	岐部太郎殿	依仰執達如件	所役勤仕命令	⑦五一六三

81	257	年欠（嘉禎四年カ）正月二十三日	関東御教書写		左京権大夫在判	連	日下	千葉介殿	依仰執達如件	香取社造営のため在国命令	⑦五二〇三
82	259	嘉禎四年三月十五日	関東御教書写		左京権大夫在判	連	日下	下総国地頭中	依仰執達如件	香取社造営のため下向命令	⑦五二一八
83	267	嘉禎四年六月二十日	関東御教書		左京権大夫（花押）	連	日下	たかへの二郎入道殿	依仰執達如件	関東御公事・守護人使入部停止	⑦五二五六
84	270	嘉禎四年七月八日	関東御教書案		左京権大夫御判	連	日下		依仰執達如件	所役難渋地頭の交名注進	⑦五二六九
85	272	〈嘉禎四年〉七月二十六日	関東御教書案		左京権大夫御判	連	日下	長瀬南三郎殿	依仰執達如件	地頭役勤仕命令	⑦五二八〇
86	273	年欠（嘉禎四年）七月二十六日	関東御教書案		左京権大夫御判	連	日下	石志二郎殿	依仰執達如件	地頭役勤仕命令	⑦五二八一
87	284	延応元年四月十三日	関東御教書写		前武蔵守判	連	日下	相模守殿　越後守殿	依仰執達如件	追加法	⑧五四一二
88	285	延応元年四月十三日	関東御教書写		前武蔵守判	連	日下	相模守殿　越後守殿	依仰執達如件	追加法	⑧五四一三
89	286	延応元年四月十三日	関東御教書写		前武蔵守判	連	日下	相模守殿　越後守殿	可被下進関東也	追加法	⑧五四一四
90	287	延応元年四月十三日	関東御教書写		前武蔵守判	連	日下	相模守殿　越後守殿	可被申沙汰之状如件	追加法	⑧五四一六
91	288	延応元年四月二十四日	関東御教書写		前武蔵守判	連	日下	相模守殿　越後守殿	依仰執達如件	追加法	⑧五四二〇
92	289	延応元年五月一日	関東御教書写		前武蔵守判	連	日下	相模守殿　越後守殿	依仰執達如件	追加法	⑧五四二六
93	291	延応元年五月二十五日	関東御教書		前武蔵守（花押）	連	日下	山代後家	依仰執達如件	相続否定	⑧五四三五
94	295	延応元年七月二十六日	関東御教書写		前武蔵守判	連	日下	相模守殿　越後守殿	依仰執達如件	追加法	⑧五四五六
95	296	延応元年七月二十六日	関東御教書写		前武蔵守判	連	日下	相模守殿　越後守殿	依仰執達如件	追加法	⑧五四五七
96	297	延応元年七月二十六日	関東御教書写		前武蔵守判	連	日下		依仰執達如件	追加法	⑧五四五八
97	298	延応元年七月二十六日	関東御教書写		前武蔵守泰時判	連	日下	相模守殿　越後守殿	依仰執達如件	追加法	⑧五四五九
98	301	延応元年九月十七日	関東御教書写		前武蔵守判	連	日下	相模守殿　越後守殿	依仰執達如件	追加法	⑧五四七五
99	309	延応二年三月十八日	関東御教書写		武蔵守	単	日下	相模守殿	依仰執達如件	追加法	⑧五五三四
100	310	延応二年三月十八日	関東御教書写		前武蔵守	単	日下	相模守殿	依仰執達如件	追加法	⑧五五三五
101	311	延応二年五月十二日	関東御教書写		前武蔵守判	連	日下	和泉国守護所	依仰執達如件	追加法	⑧五五六九
102	313	延応二年六月十一日	関東御教書写		前武蔵守判	単	日下	相模守殿	依仰執達如件	追加法	⑧五五八六
103	314	延応二年六月十一日	関東御教書写		前武蔵守判	単	日下	相模守殿	依仰執達如件	追加法	⑧五五八七

104	315	延応二年六月十一日	関東御教書写		前武蔵守判	単	日下	加賀民部大夫殿	依仰執達如件	追加法	⑧五五八八
105	316	延応二年六月十一日	関東御教書写		前武蔵守判	単	日下		可有子細歟	追加法	⑧五五八九
106	319	仁治元年九月一日	関東御教書写		前武蔵守在判	単	日下	相模守殿　越後守殿	依仰執達如件	所役勤仕命令	⑧五六一九
107	322	仁治元年後十月五日	関東御教書		前武蔵守(花押)	単	日下	宇都宮四郎判官殿	依仰執達如件	守護使入部停止	⑧五六三七 補③一二七〇
108	323	仁治元年閏十月六日	関東御教書案		前武蔵守	単	日下	伊福三郎殿		所領安堵	⑧五六三八
109	327	仁治元年閏十月二十三日	関東御教書案		前武蔵守在御判	単	日下	近江入道殿	依仰執達如件	寄進安堵	⑧五六六一
110	330	仁治元年十一月二十八日	関東御教書写		前武蔵守判	単	日下	相模守殿	依仰執達如件	追加法	⑧五六七九
111	332	仁治元年十二月十六日	関東御教書写		前武蔵守判	単	日下	相模守殿	依仰執達如件	追加法	⑧五六九九
112	333	仁治二年二月三日	関東御教書案	有	前武蔵守在判	単	日下	近江入道殿	依仰執達如件	寄進安堵	⑧五七五三
113	336	仁治二年三月二十日	関東御教書写		前武蔵守	単	日下	相模守殿　越後守殿	依仰執達如件	追加法	⑧五七八五
114	340	仁治二年五月十四日	関東御教書		前武蔵守(花押)	単	日下	田口馬允殿	依仰執達如件	当知行安堵	⑧五八六〇
115	341	年欠(仁治二年)五月十四日	関東御教書		前武蔵守(花押)	単	日下	豊前前司殿	仍執達如件	当知行安堵	⑧五八六一
116	342	仁治二年六月三日	関東御教書		前武蔵守(花押)	単	日下	大宰少弐殿	依仰執達如件	守護へ遵行命令	⑧五八七七
117	343	仁治二年六月十日	関東御教書写		前武蔵守判	単	日下	相模守殿　越後守殿	仍執達如件	追加法	⑧五八八三
118	344	仁治二年六月十五日	関東御教書写		前武蔵守	単	日下	相模守殿　越後守殿	依仰執達如件	追加法	⑧五八八七
119	347	仁治二年九月十五日	関東御教書		前武蔵守(花押)	単	日下	相模守殿　越後守殿	依仰執達如件	本所成敗遵行命令	補③一二八三
120	354	仁治三年三月三日	関東御教書写	有	前武蔵守在御判	単	日下	大御堂執行御房　若宮別当御房　大夫法橋御房	所候也、仍執達如件	追加法	⑧五九九四
121	355	仁治三年三月三日	関東御教書写	有	前武蔵守	単	日下	大御堂執行御房　若宮別当御房　大夫法橋御房	仍執達如件	追加法	⑧五九九五
122	356	仁治三年三月三日	関東御教書写		前武蔵守泰時	単	日下	謹上　大蔵卿僧正御房	所候也、仍執達如件	追加法	⑧五九九六
123	358	仁治三年三月二十六日	関東御教書案		前武蔵守在—	単	日下	相模守殿　越後守殿	依仰執達如件	裁判進行・結果報告	⑧六〇〇五

第一に、事書の有無を【表４―１】から調べてみると、九通に事書が記されている。すべて案文・写であり、関東御教書の正文には事書が一通もない。関東御教書の様式の第一の特徴は、事書が無く本文から始まるといえる。また、関東下知状の執権・連署の署判が奥下に据えられたことに対して、関東御教書は二通のみで、執権・連署の署判は日下とその左横に据えられることが第二の特徴といえる。また宛所が記されていない御教書はほとんどが案文・写であり、正文はわずか三通である。関東御教書が書札様文書であるならば当然であるが、宛所が日付の次行・奥上に明記されることが第三の特徴である。

第四に検討するのは、関東御教書の書止文言である。【表４―１】を見ると、「依仰執達如件」「依鎌倉殿仰、執達如件」以外の書止文言が散見する。内容的に三種類に分類できると思う。

A、「所候也、仍執達如件」三通（No.156・354・356）、「将軍家所被仰出、仍執達如件」一通（No.181）のように、鎌倉殿の意を奉じる旨が別の表現で記される。

B、「之状、執達如件」一通（No.84）、「仍執達如件」六通（No.99・128・132・341・343・355）のように、「執達如件」の文言が記される。

C、「可令没収其賭矣」（No.163）「可被下進関東也」（No.286）「可有子細歟」（No.316）各一通のように、奉書文言が記されない。

Aの書止文言は、奉書文言が一般の関東御教書と別の表現で記される。No.354文書とNo.355文書は宛所が同じであるが、書止文言は異なっている。また、この二通はともに追加法であり、内容による使い分けでもない。結論は保留せざるをえないが、当該期の関東下知状もさまざまな様式・用途が使用されており、奉行人や右筆の個性や経験による相違なのかもしれないと述べた。

佐藤進一氏は、Bの「執達如件」を奉書文言と述べているが、(29)「執達如件」に鎌倉殿の意をうけるという意味はない。「執達如件」の書止文言は六波羅探題の発給文書で多用されているが、六波羅発給文書は直状である。本来記されるはずの「所候也」「依仰」「依鎌倉殿仰」の奉書文言が欠落してしまったのか。あるいは、欠落した理由はないのかもしれない。

Cの書止文言で結ばれる三通はいずれも追加法であり、本来あった奉書文言が写本作成の際に欠落したのであろう。

最後に、関東御教書の用途について検討する。佐藤氏は、年月日完記の御教書は鎌倉幕府の新しい用法で、随時の連絡、通達文書が当面の用を弁じた後にもなお効力を持つという武家文書の特殊性によるのではないか、と述べている。(30)【表４―１】を見ると、一二三通の中、年欠五通・付年号四通であり、当該期の関東御教書は年月日完記が原則であった。また、その用途を検討すると、随時の連絡・通達文書というよりも、宛所に対する幕府の指示・命令、また時には所職・所領安堵にも関東御教書が使用されている。関東下知状と関東御教書の使い分けという問題も、改めて考える必要があるのかもしれない。

付、北条時房・同泰時連署書状を関東御教書と比較する。

【史料6】(No.73)

筑前国宗像社解進之、如状者、造宇佐宮用途米事、当社垂跡天応以後五百余歳之間、更不勤仕之処、遠景朝臣宰府奉行之時、以新儀管内之庄園神社仏寺平均雖令支配、為本家八条院御沙汰、被経奏聞、蒙免除畢、而今付数百人之使、令催促之間、有限本所御年貢、可及違乱□者、先例於致其勤者、不及対捍、至于為新儀者、可被止彼責給之状、依仰執達如件、

嘉禄元年十二月二日　武蔵守(花押)

相模守(花押)

前大宰少弐殿

【史料7】(No.231)

高野山領備後国大田庄地頭非法事、衆徒解状謹下預候畢、尋明子細、可成敗候、且其由仰重時・時盛候也、以此趣可有御披露之旨、鎌倉按察殿御消息所候也、恐惶謹言、

十月廿八日　武蔵守平泰時(裏花押)

相模守平時房(裏花押)

【史料6】が関東御教書、【史料7】が北条時房・同泰時連署書状である。両通の共通する点は、①事書が無く、本文から始まる。②署判は日下とその左横に据えられる。③鎌倉殿の意をうけた奉書文言を含む書止文言で結ばれる。両通の異なる点は、④年月日完記か月日のみか、⑤署判が【史料6】は官途+花押、【史料7】は官途+姓+実名+裏花押、⑥書止文言は、【史料6】は「依仰執達如件」、【史料7】は「奉書文言+恐惶謹言」、⑦宛所は、【史料6】は明記(六波羅探題・守護・御家人など)、【史料7】は約半分が明記(公家・僧侶など)、などがわかる。

しかし、【表4―2】の書止文言を見ると、文言は多様であり、奉書文言が見えない文書も存在する。特定の文書に特定の様式を当てはめて理解することは当該期には難しいのかもしれない。

【表4―2】北条時房・同泰時連署書状の情報

No.	目録番号	年月日	文書名	署判	単連	位置	宛所	書止文言	内容	遺文番号
1	82	嘉禄二年四月十九日	北条時房・同泰時連署書状案	武蔵守平泰時裏判	連	日下		内々所候也、恐惶謹言	請文	⑤三四七九
2	88	嘉禄二年九月十二日	北条時房・同泰時連署書状案	武蔵守泰時「在判」(裏書)	連	日下		以此旨可令披露給之由候也、恐惶謹言	請文	⑤三五二〇
3	92	年欠(嘉禄二年カ)十一月二十八日	北条時房・同泰時連署書状案	武蔵守泰時(裏花押)	連	日下	進上　宰相僧都御房	可令申沙汰給旨所候也、恐惶謹言	請文	⑤三五五一
4	133	寛喜元年七月十八日	北条時房・同泰時連署書状案	武蔵守平在御判	連	日下	進上　八条二位入道殿	可申之旨候也、恐惶謹言	請文	⑥三八四六
5	140	年欠(寛喜元年)十一月八日	北条時房・同泰時連署書状案	武蔵守平泰時	連	日下	進上　二条中納言殿	以此趣可有御披露之由所候也、仍言上如件、恐惶謹言	請文	⑥四〇四七 補②九八九
6	141	〈寛喜元年〉十二月十七日	北条時房・同泰時連署書状案	武蔵守平泰時	連	日下	進上　右兵衛督殿	可有御披露之旨所候也、恐惶謹言	請文	⑥三九一一
7	143	〈寛喜二年〉三月三日	北条時房・同泰時連署書状	武蔵守平泰時(裏花押)	連	日下		以此旨可令披露給之由候也、恐惶謹言	請文	⑥三九六七
8	144	〈寛喜二年〉四月二十八日	北条時房・同泰時連署書状	武蔵守平「泰時」(裏花押)	連	日下		以此趣可有御披露之由所候也、恐惶謹言	請文	⑥三九八二
9	150	〈寛喜三年〉二月二十七日	北条時房・同泰時連署書状案	武蔵守在判	連	日下		令執進候畢、恐々謹言	巻数返事	⑥四一〇八
10	161	年欠(寛喜三年)五月十七日	北条泰時・同時房連署書状	武蔵守(花押)	連	日下		披露候畢、恐惶謹言	請文	⑥四一四九
11	165	寛喜三年六月二十五日	北条時房・同泰時連署書状	武蔵守平(花押)	連	日下		以此趣可令披露給之旨所候也、恐惶謹言	請文	尊経四二
12	190	年欠(貞永二年)四月十日(一二三三)	北条時房・同泰時連署書状	武蔵守(花押)	連	日下		御巻数被進候了、恐々謹言	巻数返事	⑦四四七二
13	223	年欠(文暦二年)七月二十九日	北条時房・同泰時連署書状写	武蔵守平泰時	連	日下	進上　二条中納言殿	以此趣可有御披露之由、鎌倉前中納言殿御消息所候也、恐惶謹言	請文	⑦四八〇八
14	231	年欠(嘉禎元年)十月二十八日	北条時房・同泰時連署書状	武蔵守平泰時(裏花押)	連	日下		以此趣可有御披露之旨、鎌倉按察殿御消息所候也、恐惶謹言	請文	⑦四八四六
15	234	年欠(嘉禎元年)十二月二十九日	北条時房・同泰時連署書状写	武蔵守泰時	連	日下		以此等之趣可有御披露之由、按察殿御消息所候也、恐惶謹言	請文	⑦四八七七
16	235	年欠(嘉禎元年)十二月三十日	北条時房・同泰時連署書状写	武蔵守平泰時	連	日下		以此旨可有御披露之由、按察殿御消息所候也、恐惶謹言	請文	⑦四八八一
17	246	年欠(嘉禎二年)十一月十五日	北条時房・同泰時連署書状写	武蔵守平泰時	連	日下		以此等趣可有御披露之由、按察殿御消息所候也、恐惶謹言	請文	⑦五〇八四
18	253	年欠(嘉禎三年カ)七月七日	北条時房・同泰時連署書状	左京権大夫(花押)	連	日下	謹上　加賀僧都御房	内々所候也、恐々謹言	請文	⑦五一五四
19	264	〈嘉禎四年〉五月二十四日	北条時房・同泰時連署書状案	左京権大夫在判	連	日下	東寺執行御房	之由所候也、恐々謹言	寺領立替依頼	⑦五二四五
20	266	年欠(嘉禎四年)六月十九日	北条時房・同泰時連署書状写	左京権大夫(花押)	連	日下	進上　金剛童院僧正御房殿	之由所候也、恐惶謹言	尋沙汰依頼	⑦五二五五

二　北条家家督（得宗）として発給した文書

北条泰時は、北条氏の進止下にある所職の補任や所領の支配に関して何種類かの文書を発給している。【表1】の文書目録には、北条泰時袖判下文が七通、北条泰時下知状が一通、北条泰時袖判奉書が六通、北条泰時（袖判）書下が六通、現存する。【表5】は、これらの文書群の書出、事書の有無、署判とその位置、宛所、書止文言、内容を調べてまとめたものである。これらの様式の特徴をまとめると、

（4）北条泰時袖判下文　七通
（5）北条泰時下知状　一通
（6）北条泰時袖判奉書　六通
（7）北条泰時（袖判）書下　六通

（4）北条泰時袖判下文は、書出し「下　某」で始まり、次行に事書が記され、署判は袖判である。書止文言は「之状如件、以下、」で結ばれ、内容は譲与安堵である。

（5）北条泰時下知状は一通のみであるが、署判は奥下で「下知如件」で結ばれる。内容は摂津国多田荘の荘務を定めたものである。

（6）北条泰時袖判奉書は、泰時は袖判で北条家奉行人が日下に署判する。日付の次行の奥上に宛所が記され、書止文言は「所候也、仍執達如件」で結ばれ、内容は所領安堵・譲与安堵である。

（7）北条泰時（袖判）書下は、様式が一定しないが、書止文言は「之状如件」の直状形式であり、内容は諸役勤仕命令や所領安堵である。

以上の文書群に関しては、北条氏所領とその内部構造の研究[31]、得宗家の公文所の研究[32]などで、個々には言及され、近年では得宗書状が有する公的性格や口入の機能が指摘されている[33]。しかし、何故、北条氏の所職の補任や所領の支配に、これだけ多様な様式が使用されたのか。下文・下知状・奉書・書下がどのように使い分けられたのか、明確な研究はない。様式に相違はあるが、内容は所領安堵・譲与安堵が多く、同内容の用途に異なる文書様式が使用されているように見える。

【表5】北条家家督(得宗)として発給した文書

(4) 北条泰時袖判下文　七通

No.	目録番号	年月日	文書名	書出	事書	署判	位置	宛所	書止文言	内容	遺文番号
1	66	元仁二年三月五日	北条泰時袖判下文	下	有	(花押)	袖	宇治惟次所	之状如件、□□	譲与安堵	⑤三三五一
2	85	嘉禄二年八月九日	北条泰時袖判下文	下	有	(花押)	袖	津軽平賀郡乳井郷	之状如件	譲与安堵	⑤三五一〇
3	101	嘉禄三年五月七日	北条泰時袖判下文写	下	有	判	袖	石見国久留原別符住人	所仰如件、以下	所領安堵	⑥三六〇八
4	118	安貞二年六月六日	北条泰時袖判下文	下	有	(花押)	袖	阿蘇三郎惟盛所	之状如件	譲与安堵	⑥三七五五
5	124	安貞二年九月十五日	北条泰時袖判下文	下	有	(花押)	袖	宇治惟義	之状如件、以下	譲与安堵	⑥三七八〇
6	224	文暦二年八月二十七日	北条泰時袖判下文	下	有	(花押)	袖	宇治亀熊丸	之状如件、以下	譲与安堵	⑦四八一三
7	249	嘉禎三年三月十三日	北条泰時袖判下文	下	有	(花押)	袖	伊豆田所女房	之状如件、以下	譲与安堵	⑦五一一六

(5) 北条泰時下知状　一通

No.	目録番号	年月日	文書名	書出	事書	署判	位置	宛所	書止文言	内容	遺文番号
1	258	嘉禎四年三月十一日	北条泰時下知状案		條々	左京権大夫平在御判	奥下		下知如件	多田院六ヶ条下知	補②一二三三

(6) 北条泰時袖判奉書　六通

No.	目録番号	年月日	文書名	書出	事書	署判	位置	宛所	書止文言	内容	遺文番号
1	61	貞応三年九月二十一日	北条泰時袖判盛綱奉書			(花押)	袖	曾我次郎殿	所候也、仍執達如件	所領安堵	⑤三二八五
2	129	安貞三年二月十三日	北条泰時袖判左衛門尉盛治奉書写			(花押)	袖	興津虎石殿	可被存其旨給之由所候也、仍執達如件	譲与安堵	⑥三八〇八
3	152	寛喜三年三月十九日	北条泰時奉行人奉書写					矢田六郎兵衛尉殿	随注申可有御沙汰之由所候也、仍執達如件	飢饉対策	⑥四一一五
4	250	〈嘉禎三年〉三月二十八日	平盛綱奉書案					大蔵丞殿	御気色候也、仍執達如件	相論裁許	⑦五一二一
5	269	嘉禎四年六月二十四日	北条得宗家奉行連署奉書案		有				依仰執達如件	相論裁許	⑦五二六〇
6	335	仁治二年三月十八日	北条泰時袖判左衛門尉時治奉書			(花押)	袖	政所綿貫入道殿	所被仰下候也、仍執達如件	所領安堵	⑧五七八二

（7）北条泰時（袖判）書下　六通

No.	目録番号	年月日	文書名	書出	事書	署判	位置	宛所	書止文言	内容	遺文番号
1	225	年欠九月二十一日	北条泰時書下			武蔵守（花押）	日下	豊前大炊助入道殿	可有御下知候也、仍執達如件	諸役勤仕命令	⑦四八一四
2	263	嘉禎四年五月二十二日	北条泰時書下案			左右権大夫在御判	日下	湯浅兵衛入道殿	可令相触給之状如件	諸役勤仕命令	⑦五二四四
3	282	延応元年三月二十八日	北条泰時袖判書下		有	（花押）	袖		任申請、可爲請所状如件	所領安堵	⑧五四〇〇
4	283	延応元年三月二十八日	北条泰時袖判書下		有	（花押）	袖		任申請、可爲請所状如件	所領安堵	⑧五四〇一
5	308	延応二年三月十日	北条泰時袖判書下		有	（花押）	袖		不可有相違之状如件	所職安堵	⑧五五三〇
6	334	仁治二年三月十八日	北条泰時書下			（花押）	日下		可引募彼料田状如件	所領安堵	⑧五七八一

四種類の泰時発給文書がいかなる場合に使用されたのか、あるいは明確な使用区分はなかったのか、を考えてみたい。事例として、陸奥国平賀郡岩楯村地頭職を得て下向土着した曽我氏[34]に関する史料を検討したい。

【史料8】（No.61）

（花押）

陸奥国平賀郡内岩楯村地頭職事、任故陸奥前司入道殿御時之例、無相違可令知行給之由、所候也、仍執達如件、

貞応三年九月廿一日　　左兵衛尉盛綱奉

曾我次郎殿

【史料9】（No.249）

（裏書）「むさしのせんし殿御くたしふみ」

（花押）

下　伊豆田所女房

可早領知平賀郡岩楯村地頭代職事
右人、任夫沙弥西心嘉禎二年三月六日譲状、一期後者、弥二郎可知行之由載之、可領知之状如件、以下、
嘉禎三年三月十三日　（花押）

【史料10】（No.283）

可早為請所津軽平賀郡岩楯村事
右、光弘請文云、如貞応二年検注目録者、定田玖町玖段陸拾歩也、所当布四十九端二丈三尺三寸三分并　紫四升九合六夕也、而今加廿端一丈六尺六寸七分之間、都合布漆拾端并御衣面壱切、紫染衣料地絹　被停止諸方使入部者、不論損亡不作、毎年無懈怠、可令究済也云々者、任申請、可為請所之状如件、
延応元年三月廿八日

【史料11】（No.334）
津軽岩楯尼申亡父墓堂灯油仏聖田事、当知行岩楯村者、依為公田狭少、本田壱町所令給免也、其外荒野弐町、近辺郷内、随政所計宛行、可令請作候也、然者、以本新参町、可引募彼料田之状如件、
仁治二年三月十八日　（花押）

【史料8】は北条泰時袖判奉書、【史料9】は北条泰時袖判下文、【史料10】と【史料11】は北条泰時（袖判）書下である。【史料9】は、夫沙弥西心の嘉禎二年三月六日の譲状に任せて、伊豆田所女房に対して平賀郡岩楯村地頭代職の領知を命じた譲与安堵の文書である。譲与安堵は、【表5】の（6）「袖判奉書」の安貞三年二月十三日北条泰時袖判奉書（No.129）でも行われており、【史料9】の「袖判下文」と内容に違いを認めることができない。

【史料8】は、曽我次郎に岩楯村地頭職の知行を安堵した文書、【史料10】は曾我光弘の請文により、岩楯村の請所の知行を安堵している。また、【史料11】は岩楯尼の知行を安堵している。三通とも岩楯村地頭職の知行を曽我氏一族に安堵する内容で、

【史料8】は地頭職の補任、【史料10・11】は裁許状であり、用途は異なっている。しかし、【史料10】は袖判、【史料11】は日下に泰時署判が据えられており、その使い分けの違いはよくわからない。

北条氏の進止下にある所職の補任や所領の支配に関して、北条泰時は四種類の文書を発給しているが、その使用区分に明確な基準はなく、譲与安堵は下文、裁許状は書下というある程度の使い分けはあるが、絶対のものではなく、他の様式の文書を使用する場合もあった。しかし、北条氏が袖判下文・下知状・奉行人奉書・書下などの文書を発給して、北条氏領や被官を支配したのは北条時政以来であり、以後、勢力を拡大しながら幕府滅亡まで継承される。泰時執権時代の事例だけで、この問題を明確にすることはできず、全時代を通した検討が必要である。(35)

三　北条泰時書状　二十三通（付、寄進状二通、その他六通）

【表1】の文書目録によると、北条泰時書状が二十三通確認できる。『国史大辞典』の書状の項目（上島有氏執筆）(36)は、以下のように説明する。

初行から本文を書き始め、本文が終わるとその次行に日付を書き、日付の下に差出書、さらに日付の左上部に宛所を書き、最後に封を加えるという書式が一般化する。それとともに書体・文体も整備され、文体は純漢文体から「侍」「給」などの言葉を交えた和風漢文体となり、さらに平安時代の末期ころまでには、「候」を用いた文体が成立、また書止め文言も「恐々謹言」などに規格化され、日本的な書札が完成する。

佐藤進一氏は、書状について①書止文言は「謹言」「恐々謹言」「恐惶謹言」「かしく」「あなかしく」など、②年付を加えず月日だけ、③純私用の限次的文書、と説明する。(37)北条氏書状に関しては、川添昭二・川島孝一・渡邉正男・佐藤雄基氏らの研究がある。(38)特に渡邉正男氏は、これまで純私用の限次的文書と説明されてきた書状について、得宗書状の公的性格を論じ、

①　得宗の単署で、書止文言が「恐惶謹言」等である場合、奉書文言の有無という明確な差異にもかかわらず、関東御教書と得宗書状が混同される傾向にある。書止文言は関東御教書と得宗書状とを区別する基準にはならない。

②　鎌倉時代後期、得宗書状の一部は公的な性格を持つようになり、同じ書札様文書で、機能の面でも類似する関東御教書との間で区別が曖昧になった。しかし、両者は発給主体・発給手続が異なり、区別されるべきもの。

③「仰之詞」を、「仰」という文字や「依仰」という文言に限定せず、「可申之由候」や「由所候也」などを含む、鎌倉殿の意志を受けたことを意味する奉書文言全般と解釈する。

などの重要な論点を指摘された。これまで書状の特徴とされてきた「謹言」「恐々謹言」「恐惶謹言」「かしく」「あなかしく」などの書止文言で結ばれていても、③のような奉書文言があれば、関東御教書とするべきと主張される。

北条泰時書状二十三通の署判とその位置、宛所、書止文言、内容などの情報をまとめ、【表6】とした。【表6】から北条泰時書状の特徴を検討してみたい。第一に書止文言を見ると、「謹言」「恐々謹言」「恐惶謹言」「あなかしく」の四種類で結ばれている。おおむね宛所によって書止文言が区別されているといえるが、六波羅探題北条重時宛の泰時書状は「恐々謹言」が使用されるが、返事では「謹言」、かな文書では「あなかしく」が使用されている。第二に日付について、年号は五通で記されているが、正文は一通のみなので、月日のみが一般的と言える。第三に内容であるが、請文・式目連絡・代官派遣など、連絡として発給されることが多いが、所領安堵・尋沙汰命令・裁判命令など、下知状に近い用途でも使用されている。北条泰時の場合、鎌倉幕府を代表する存在であり、その発給する文書は書状であっても公的性格が強いと思う。

【表6】　北条泰時書状

No.	目録番号	年月日	文書名	署判	位置	宛所	書止文言	内容	遺文番号
1	63	貞応三年十一月十三日	北条泰時書状	武蔵守泰時(裏花押)	日下	進上　本間左衛門尉殿	このむねをもつて、御ひろう候へく候、恐々謹言	所領安堵	⑤三三〇八
2	67	年欠二月三十日	北条泰時書状	武蔵守(花押)	日下		恐々謹言	請文	⑤三三五五
3	78	〈嘉禄二年〉二月二十七日	北条泰時書状	武蔵守(花押)	日下		以此旨可令披露給候、恐惶謹言	請文	⑤三四六七
4	79	年欠九月十六日	北条泰時書状	武蔵守平泰時(裏花押)	日下		以此旨可令披露給候、恐惶謹言	所領安堵	⑤三四六八
5	102	〈嘉禄三年〉五月十三日	北条泰時書状案	武蔵守在御判	日下	大和入道殿	穴賢、		⑥三六一二
6	123	〈安貞二年〉九月十四日	北条泰時書状写	武蔵守御判	日下	掃部助殿	これへおほせたひ候へく候、あなかしくあなかしく	代官派遣	補②九四九
7	130	〈寛喜元年〉四月一日	北条泰時書状	武蔵守(花押)	日下		不能関東御成敗候也、恐々謹言	請文	⑥三八二六
8	173	〈貞永元年〉七月六日	北条泰時ヵ書状	□□□□□	日下	駿河守殿御返事	可申沙汰候也、謹言	請文	⑥四三三九
9	177	〈貞永元年〉八月八日	北条泰時書状写	武蔵守御判	日下	するかの守殿	あなかしく	式目連絡	⑥四三五七

10	179	〈貞永元年〉九月十一日	北条泰時書状写	武蔵守在―	日下	駿河守殿	恐々謹言	式目連絡	⑥四三七三
11	187	〈貞永元年〉十二月一日	北条泰時書状	武蔵守（花押）	日下	駿河守殿	可令披露候、恐々謹言	請文	⑥四四〇九
12	192	天福元年正月十七日	北条泰時書状写	泰時	日下	修理亮殿	能々尋聞しめ給べく候、謹言	尋沙汰命令	⑦四四九六
13	213	年欠（文暦二年）閏六月二十九日	北条泰時書状案	在判	日下	豊後修理亮殿	あなかしく	請文	⑦四七八五
14	222	年欠（文暦二年カ）七月二十七日	北条泰時書状	武蔵守（花押）	日下	豊後四郎左衛門尉殿返事	可令注申給候也、謹言	裁判命令	⑦四八〇七
15	236	〈嘉禎二年〉二月十日	北条泰時書状	武蔵守（花押）	日下	駿河守殿御返事	可申沙汰候也、謹言	請文	⑦四九二〇
16	244	〈嘉禎二年〉八月二十七日	北条泰時書状案	武蔵守泰時判	日下	謹上　大納言律師御房	被下知候、恐々謹言	請文	⑦五〇二八
17	280	年欠二月十三日	北条泰時書状案	武蔵守判	日下		仰次第を申すへく候也、恐々謹言	請文	⑧五三四九
18	318	仁治元年七月三日	北条泰時書状案	泰時在御判	日下	摂津前司殿	可被申沙汰候、謹言	請文	⑧五六〇六
19	328	仁治元年十一月一日	北条泰時書状案	前武蔵守平泰時	日下	進上　修理大夫殿	鎌倉前大納言殿御消息候也、仍言上如件、泰時恐惶謹言	請文	補③一二七二
20	349	〈仁治二年〉十二月十三日	北条泰時書状	前武蔵守（花押）	日下	相模守殿御返事	可有御沙汰□也、恐々謹言	請文	⑧五九七四
21	350	仁治二年十二月日	北条泰時書状写	武蔵守	日下	相模守殿	恐々謹言	奉行人精勤命令	⑧五九七六
22	351	仁治二年十二月二十五日	北条泰時書状写						⑧五九七七
23	361	（年欠）八月二十一日	北条泰時書状	武蔵守泰時	日下	進上　左京権大夫殿	恐惶謹言	所領返付	

最後に、渡邉正男氏が指摘する関東御教書と書状との区別であるが、【表6】で書状に分類した【史料12】と関連【史料13】を示す。

【史料12】（No.328）

摂津國井門庄・筑前国三奈木領等者、一向當家領候、而所令進　禅定殿下御領候也、以此旨、可令申上給之由、鎌倉前大納言殿御消息候也、仍言上如件、泰時恐惶謹言、

仁治元年十一月一日　　前武蔵守平泰時

進上　修理大夫殿

【史料13】『鎌遺』補③一二七三

摂津國井門庄事

右、任関東今月七日（ママ）御教書旨、可令爲　禅定殿下政所御沙汰之状如件、

仁治元年十一月十七日

越後守平在判

相模守平在判

【史料12】は、鎌倉前大納言殿（藤原頼経）の意向を受け、その父九条道家に、摂津國井門庄・筑前国三奈木領を寄進することを伝達するよう修理大夫（九条家家司）に依頼した文書である。【史料12】を受けて発給された【史料13】の六波羅施行状案で【史料12】を「関東今月七日（ママ）御教書」と呼んでいるが、文書名を決める第一の基準は様式であると考えるため、【史料12】は「恐惶謹言」の書止文言により「北条泰時書状案」としたい。

付　北条泰時寄進状二通・その他六通

最後に、これまでの分類に属さない六通を【表7】としてまとめた。北条泰時単署の寄進状[39]が二通、貞永式目制定時の評定衆連署起請文、御成敗式目に関する泰時単署起請文、安芸国三入荘田畠等配分注文の袖に時房と連署した文書、摂津国多田荘々務条々事書、伊予国大山積神社の御油の沙汰を命じた充行状、などである。これらは個別に検討する必要があるが、すでに紙数をかなり超過している。署判とその位置、書止文言、内容をまとめた【表7】の情報を提示するにとどめたい。

【表7】　北条泰時寄進状・その他

（8）北条泰時寄進状

No.	目録番号	年月日	文書名	事書	署判	位置	書止文言	内容	遺文番号
1	294	延応元年七月十五日	北条泰時寄進状写	有	正四位上行前武蔵守平朝臣	日下	可令勤行之状如件	所領寄進	⑧五四五二
2	317	仁治元年三月七日	北条泰時寄進状写	有	泰時在御判	日下	不可有寺用対捍之状如件	所領寄進	⑧五六〇三

その他

No.	目録番号	年月日	文書名	事書	署判	位置	書止文言	内容	遺文番号
1	174	貞永元年七月十日	幕府評定衆連署起請文写	有	武蔵守平朝臣泰時	奥下	仍起請如件	起請文	⑥四三四一
2	232	嘉禎元年十一月十二日	安芸三入荘地頭得分田畠等配分注文		武蔵守（花押）	外題		外題安堵	⑦四八四九
3	261	嘉禎四年五月十一日	多田荘荘務条々事書	有			之由所候也、仍執達如件	荘務条々	⑤五二四一
4	262	嘉禎四年五月十四日	多田荘荘務条々事書	有			存此旨、可被致沙汰之状如件	荘務条々	⑦五二四三
5	268	嘉禎四年六月日	北条泰時起請文写		従四位上行左京権大夫平朝臣	日下	敬白	起請文	⑦五二六一
6	360	仁治三年九月日	北条泰時カ充行状	有	（花押）	日下	可令致其沙汰状如件	諸役安堵	⑧六〇八〇

おわりに

北条泰時の発給文書を泰時の立場、文書の様式から分類し、従来の研究をふまえながら検討を加えてきた。泰時発給文書は三六一通と多数残存するため、かなり冗長な論稿になってしまった。最後に、本文では検討できなかった熊谷隆之氏の研究(40)を紹介したい。

熊谷隆之氏は、鎌倉幕府発給の書札様文書に全面的な検討を行い、従来の古文書学の常識に見直しを迫る研究を発表された。熊谷氏の研究の要旨をまとめると、

① 鎌倉幕府発給の書札様文書に対して、当時用いられた「御教書」「奉書」「書下」の三つの呼称は、『沙汰未練書』の説明の通り、「御教書」は執権・連署発給文書、「奉書」は引付方以下の各部局の長官と、安堵奉行以下の特殊奉行の単署発給文書、「書下」は他の一般奉行人をふくむ連署発給文書である。

② 三位相当以上の主人の意をうけた奉書を「御教書」とよぶ、とする今日の古文書学の分類と、当時の三区分とのあいだに、明確なずれがある。三区分は、奉書・直状の区別と無関係で、「御教書」とは、鎌倉殿ではなく、署判者である執権・連署に対する尊称であり、これは直状形式の六波羅・鎮西御教書にも妥当する。

③　直状を「御教書」とよんだ事例は、院政期から散見する。古文書学がいうごとき、三位相当以上の意をうけた奉書を「御教書」とよぶ、その確たる根拠は不明である。

「御教書は執権・連署発給文書」、「御教書とは、鎌倉殿ではなく、署判者である執権・連署に対する尊称であり、これは直状形式の六波羅・鎮西御教書にも妥当する。」とする熊谷氏の研究は、確かに従来の古文書学の常識に見直しをはかる重要な指摘である。

【史料14】（No.243）

関東御教書

早可令停止権乗房現朗弟子性存濫妨山城国上桂庄間事

右、彼庄早可令現朗弟子性存濫妨之由、依仰下知如件、

嘉禎二年八月廿六日　武蔵守平判

修理権大夫平判

確かに、【史料14】は「依仰下知如件」の書止文言で結ばれた関東下知状案であるが、端書には「関東御教書」と記されており、端書を書いた人物は、【史料14】が執権・連署発給文書であり、執権・連署に対する尊称により「関東御教書」と記入したことが推定される。『沙汰未練書』が編纂された鎌倉時代末期には、熊谷氏の述べるように、「御教書」は執権・連署発給文書、「奉書」は引付方以下の各部局の長官と、安堵奉行以下の特殊奉行の単署発給文書、「書下」は他の一般奉行人をふくむ連署発給文書という三つの区分が行われていたのかもしれない。

しかし、鎌倉時代末期に執権・連署の発給文書を関東御教書と呼んでいたことで、執権・連署の発給文書のすべてを、関東下知状も含めて関東御教書と呼ぶことはできない。熊谷氏の研究は、北条氏発給文書の研究にあたり、大変に重要な指摘であり、今後の課題として考えていきたい。

註

（1）北条泰時全般に関しては、上横手雅敬著『北条泰時』（人物叢書9、吉川弘文館、一九五八年十一月）、拙稿「第3代　北条泰時――執権政治を確立――」（『別冊歴史読本・北条一族』新人物往来社、二〇〇一年一月）、同「三代執権　北条泰時」（日本史史料研究会監修・細川重男編『鎌倉将軍・執権・連署列伝』（吉川弘文館、二〇一五年）参照。また、泰時の経歴は、細川編著所収の同「鎌倉幕府執権・連署　経歴表」を参照した。

（2）拙稿「六波羅探題発給文書の研究――北条泰時・時房探題期について――」（『日本史研究』四〇一、一九九六年一月）。六波羅探題発給文書の統一的基準に基づく文書名に関しては、拙稿で仮説を提示している。【表1】の「北条泰時発給文書目録」の文書名は、【表1】の作成者である菊池紳一・山野井功夫の両氏が命名したものであり、拙論で提示した文書名とは多くの違いがある。また、後期の執権・政所別当として発給した文書に関しても、【表1】の文書目録では、書出が「下　某」ではじまり、「依仰下知如件」「依鎌倉殿仰、下知如件」の書止文言で結ばれた文書に「関東下文」の文書名を付している。これも本文の私案（註23参照）では「関東下知・下文」の文書名を付している。目録の文書名と拙論では見解が異なることをお断りしておきたい。

（3）『吾妻鏡』嘉禄元年十二月二十九日条、同二年正月二十七日条。『吾妻鏡』は、『新訂増補・国史大系』（吉川弘文館、一九七七年五月）を利用した。

（4）『吾妻鏡』寛喜四年二月二十七日条。

（5）No.は【表1】の文書番号。以下、引用史料は同じ。

（6）『吾妻鏡』延応二年正月二十四日条。

（7）五味文彦「源実朝――将軍独裁の崩壊――」（『歴史公論』四〇、一九七九年三月）。後に同著『増補吾妻鏡の方法――事実と神話にみる中世――』（吉川弘文館、一九九〇年一月）に再録。

（8）永井晋「中原師員と清原教隆」（『金沢文庫研究』二八一、一九八八年九月）。後に同著『金沢北条氏の研究』（八木書店、二〇〇六年十二月）に再録。

（9）佐藤進一『［新版］古文書学入門』（法政大学出版局、一九九七年四月）。同著口絵図版23の解説。本文一二八頁。

（10）佐藤氏は「充所」の漢字を使用するが、『広辞苑』によると「宛所」と同意語である。以後、「宛所」の漢字に統一する。

（11）近藤成一「文書様式にみる鎌倉幕府権力の転回――下文の変質――」（『古文書研究』一七・一八合併号、一九八一年十二月）。後に同著『鎌倉時代政治構造の研究』（校倉書房、二〇一六年一月）に再録。

（12）当該期の幕府文書が泰時単署である理由は、拙稿「鎌倉幕府『連署』制の成立に関する一考察」（『鎌倉遺文研究』四一、二〇一八年四月）を参照。

（13）佐藤進一氏前註（9）著書、同「中世史料論」（『岩波講座日本歴史』二五・別巻2〈日本史研究の方法〉、岩波書店、一九七六年九月）。以後、佐藤氏の研究の引用はすべてこの二論文である。

（14）佐藤進一氏前註（13）論文。

（15）近藤成一氏前註（11）論文。

（16）青山幹哉「『御恩』授給文書様式にみる鎌倉幕府権力――下文と下知状――」（『古文書研究』二五、一九八六年五月）。

(17)『吾妻鏡』承元三年四月二十二日条。
(18)竹内理三編『鎌倉遺文』第三巻一六二八号文書。以下、『鎌遺』③一六二八と表記する。
(19)五味文彦氏前註（7）論文。
(20)湯山賢一「北条時政執権時代の幕府文書──関東下知状成立小考──」（小川信編『中世古文書の世界』吉川弘文館、一九九一年七月）。
(21)杉橋隆夫「鎌倉執権政治の成立過程──十三人合議制と北条時政の『執権』職就任──」（御家人制研究会編『御家人制の研究』、吉川弘文館、一九八一年七月）。
(22)青山幹哉氏前註（16）論文で、仮称として「下知／下文」の文書名を使用している。
(23)【表1】で使用された「関東下文」なる文書名であるが、書出が「下　某」ではじまり、次行に事書があり、「依鎌倉殿仰、下知如件、以下」の書止文言を有し、四人から五人の政所奉行人が奥下・日下に署判する様式を有する文書について、湯山賢一氏が使用した文書名である。もっとも、かかる様式の文書は、五味文彦氏は「鎌倉殿下文」、杉橋隆夫氏は「将軍家略式政所下文」と呼んでいるので、文書名が確定されているわけではないが、湯山氏命名の「関東下文」と混同する。
【表1】の「関東下文」なる文書は、下文と下知状の中間的な様式であるが、本文でも述べたように、書出が「下　某」ではじまること以外、署判・署判の位置・書止文言・内容のいずれの点でも関東下知状と機能・用途の違いはなく、貞永年間からは完全に姿を消す過渡的な様式の文書である。冒頭に「下」のない普通の関東下知状としいて区別して文書名を付けるならば、「関東下知・下文」がよいと考える。
(24)『沙汰未練書』は、佐藤進一・池内義資編『中世法制史料集』第二巻（岩波書店、一九五七年六月）を利用した。
(25)青山幹哉氏前註（16）論文。
(26)佐藤進一氏前註（13）論文。
(27)高橋一樹「関東御教書の様式について」（『鎌倉遺文研究』八、二〇〇一年十月）。後に同著『中世荘園制と鎌倉幕府』（塙書房、二〇〇四年一月）に再録。
(28)前註（2）拙稿。
(29)佐藤進一氏前註（9）著書。
(30)佐藤進一氏前註（13）論文。
(31)北条氏所領とその内部構造の研究は、拙稿「北条氏関連論文目録」（北条氏研究会編『北条氏系譜人名辞典』新人物往来社、二〇〇一年六月）を参照。
(32)得宗家の公文所の研究は、奥富敬之「得宗家公文所の基礎的素描」（『日本史攷究』一六、一九七〇年十二月）。小泉聖恵「得宗家の支配構造」（『お茶の水史学』四〇、一九九六年十二月）。細川重男「得宗家公文所と執事──得宗家公文所発給文書の分析を中心に──」（『古文書研究』四七、一九九八年四月）、後に同著『鎌倉政権得宗専制論』（吉川弘文館、二〇〇〇年一月）に再録。
(33)渡邉正男「関東御教書と得宗書状」（稲葉伸道編『中世の寺社と国家・地域・史料』、法藏館、二〇一七年五月）、佐藤雄基「文書史からみた鎌倉幕府と北条氏──口入という機能からみた関東御教書と得宗書状──」（『日本史研究』六六七、二〇一八年三月）。

（34）得宗被官曽我氏に関する研究は、奥富敬之「得宗被官関係の一考察――曽我氏を中心として――」（『民衆史研究』1、一九六三年五月）、後に中世民衆史研究会編『中世の政治的社会と民衆像』（三一書房、一九七六年六月）に再録。岡田清一「元弘・建武期の津軽大乱と曽我氏」（羽下徳彦編『北日本中世史の研究』、吉川弘文館、一九九〇年二月）、後に同著『鎌倉幕府と東国』（続群書類従完成会、二〇〇六年一月）に再録。小口雅史「津軽曽我氏の基礎的研究」（『弘前大学国史研究』八九、一九九〇年十月）。脱稿後、梶川貴子氏の南条氏を中心とする得宗被官の研究を知ったが、本稿にいかすことはできなかった。論文名だけ紹介したい。「得宗被官南条氏の基礎的考察――歴史学的見地からの系図復原の試み――」（『創価大学大学院紀要』三〇、二〇〇八年十二月）、「北条時輔後見南条頼員について」（『創価大学大学院紀要』三二、二〇一〇年十二月）、「南条氏の得宗被官化に関する一考察」（『創価大学人文論集』二四、二〇一二年三月）、「得宗被官の歴史的性格――『吾妻鏡』から『太平記』へ――」（『創価大学大学院紀要』三四、二〇一二年十二月）、「鎌倉時代の政治的事件と得宗被官」（創価大学博士論文、二〇一六年三月）。いずれの論文も創価大学リポジトリで入手できる。

（35）川島孝一「北条時頼文書概論」（北条氏研究会編『北条時宗の時代』、八木書店、二〇〇八年五月）で、得宗文書として、北条時頼発給の下文・下知状・北条時頼袖判奉行人奉書・書状の検討を行っている。

（36）上島有「書状」（国史大辞典編集委員会編『国史大辞典』第七巻、吉川弘文館、一九八六年十一月）。

（37）佐藤進一氏前註（9）著書。

（38）川添昭二「北条時宗文書の考察――請文・巻数請取・書状――」（『鎌倉遺文研究』二、一九九八年九月）。川島孝一氏前註（35）論文。渡邉正男・佐藤雄基氏前註（33）論文。

（39）神野潔「関東寄進状について」（『法学政治学論究』五八、二〇〇三年九月）、同「鎌倉幕府の寄進安堵について」（『古文書研究』六二、二〇〇六年九月）、同「寄進状の効力――鎌倉期御家人寄進状における担保文書の検出と分類――」（『年報三田中世史研究』一三、二〇〇六年十月）。

（40）熊谷隆之「御教書・奉書・書下――鎌倉幕府における様式と呼称――」（上横手雅敬編『鎌倉時代の権力と制度』、思文閣出版、二〇〇八年九月）。

【表1】 北条泰時発給文書目録

例　言

一、年月日欄の〈　〉内は付年号を示す。年欠、年月日未詳の場合、（　）内に推定年次を記載した。
二、文書名は、原則として文書様式を基準に、例会で検討した文書名とした。
三、出典は、原則として『鎌倉遺文』記載のそれによった。
四、巻号欄には、『鎌倉遺文』の巻数（○数字）、文書番号を記載した。補遺編は「補遺」、尊経閣文庫編は「尊経」の略称を用いた。
五、備考欄には、北条泰時の官途、幕府の役職の他、関東下知状・関東御教書等の場合は単署・連署の区別、『鎌倉遺文』に記される注記や『鎌倉遺文』と本目録との相違などを適宜記載した。なお、『鎌倉遺文』は「鎌遺」の略称を用いた。
六、本目録は山野井功夫、菊池紳一が作成した。

番号	年月日	文書名	出典	巻号	備考
1	承久三年六月二十二日（一二二一）	北条泰時書下案	肥前龍造寺文書	⑤二七五八	六月十六日六波羅探題北方。「鎌遺」は「北条泰時禁制案」とする。
2	承久三年六月二十八日	北条泰時下知状写	予陽河野家譜	⑤二七六二	「鎌遺」は「六波羅下知状」とする。
3	承久三年七月八日	六波羅書下案	河内金剛寺文書	⑤二七六三	時房・泰時連署。「鎌遺」は「六波羅下知状案」とする。
4	年欠（承久三年）七月十二日	北条泰時書状	島津家文書	⑤二七六五	
5	〈承久三年〉七月十二日	北条泰時書状案	島津家文書	⑤二七六六	
6	年欠（承久三年）七月十五日	北条泰時書状案	島津家文書	⑤二七七六	
7	承久三年七月二十四日	六波羅下知状	播磨後藤文書	⑤二七八二	時房・泰時連署。「鎌遺」は「関東下知状」とする。
8	承久三年八月一日	六波羅下文	香宗我部家伝記文	⑤二七九一	時房・泰時連署。「鎌遺」は「六波羅下知状」とする。
9	承久三年八月十二日	六波羅下知状	高野山文書宝簡集二四	⑤二七九六	時房・泰時連署。
10	承久三年八月十三日	六波羅御教書案	高野山文書宝簡集二六	⑤二七九七	時房・泰時連署。
11	承久三年八月十四日	北条泰時下知状	前田家蔵古蹟文徴一 尊経閣古文書纂東福寺文書	⑤二七九九 尊経二〇	「鎌遺」は「六波羅下知状」とする。
12	承久三年八月十六日	六波羅下知状	山城鞍馬寺文書	⑤二八〇一	時房・泰時連署。
13	承久三年八月十七日	六波羅下文写	根来要書下	⑤二八〇二	時房・泰時連署。「鎌遺」は「六波羅下文」とする。

No.	年月日	文書名	出典	鎌遺	備考
14	承久三年八月二十一日	六波羅下知状写	豊前益永家文書	⑤二八〇六	時房・泰時連署。
15	承久三年八月二十三日	六波羅下知状写	後藤文書	⑤二八〇八	時房・泰時連署。「鎌遺」は「本書疑うべし」とする。
16	承久三年八月二十五日	六波羅下文写	紀伊根来要書下	⑤二八一五	時房・泰時連署。「鎌遺」は「六波羅下知状」とする。
17	承久三年八月二十五日	六波羅下文案	大隅桑幡家文書	⑤二八一六	時房・泰時連署。「鎌遺」は「六波羅下知状案」とする。
18	承久三年八月二十八日	六波羅下文写	薩藩旧記前編二国分寺文書	⑤二八一八	時房・泰時連署。「鎌遺」は「六波羅下文」とする。
19	承久三年八月日	北条泰時書下写	黄薇古簡集一二	⑤二八二三	「鎌遺」は「六波羅制札案」とする。
20	承久三年九月十二日	六波羅書下案	紀伊興山寺文書	⑤二八三〇	時房・泰時連署。「鎌遺」は「六波羅御教書案」とする。
21	〈承久三年〉九月十四日	北条泰時書状	久我家文書	⑤二八三一	「鎌遺」は「六波羅御教書」とする。
22	承久三年九月十七日	六波羅下知状案	大隅桑幡家文書	⑤二八三五	時房・泰時連署。
23	承久三年九月二十二日	六波羅下知状案	高野山文書続宝簡集二〇	⑤二八三九	時房・泰時連署。
24	承久三年九月二十二日	六波羅下知状案	高野山文書又続宝簡集五四	⑤二八四〇	時房・泰時連署。
25	承久三年九月二十四日	六波羅下知状写	芸藩通志一四〇鋳工甚太郎所蔵	⑤二八四一	時房・泰時連署。「鎌遺」は「六波羅下知状」とし、「真継文書にも同文写あり」と注記する。
26	年欠（承久三年カ）九月二十九日	北条泰時書状写	薩藩旧記二国分寺文書	⑤二九一一	「鎌遺」は「北条泰時書状案」とする。内容から承久三年と推定した。
27	承久三年十月八日	六波羅下知状写	薩藩旧記二国分寺文書	⑤二八四六	時房・泰時連署。「鎌遺」は「六波羅下知状案」とする。
28	承久三年十月十八日	六波羅下知状案	京都大学所蔵東大寺文書	⑤二八五〇	時房・泰時連署。
29	承久三年後十月七日	北条泰時施行状	久我家文書	⑤二八六六	「鎌遺」⑤二八〇九参照。
30	承久三年閏十月十二日	六波羅書下	東寺文書千字文	⑤二八七一	時房・泰時連署。「鎌遺」は「六波羅御教書」する。
31	承久三年十一月六日	六波羅書下案	高野山文書又続宝簡集七八	⑤二八八四	時房・泰時連署。「鎌遺」は「六波羅下文案」とする。「鎌遺」⑤二八八五参照。
32	承久三年十二月二十九日	六波羅書下	山城八坂神社文書	⑤二九〇四	時房・泰時連署。「鎌遺」は「六波羅下知状」とする。
33	承久四年二月八日（一二二二）	北条泰時下知状写	壬生家文書	⑤二九二五	「鎌遺」は「六波羅下知状写」とする。
34	年欠（承久四年カ）二月十四日	六波羅書下案	大和春日神社文書	補遺②補七七五	時房・泰時連署。「鎌遺」は「六波羅御教書」する。

35	承久四年三月十日	六波羅書下案	高野山文書又続宝簡集八一	⑤二九三〇	時房・泰時連署。「鎌遺」は「六波羅下知状案」とする。
36	承久四年三月二十九日	六波羅書下写	肥後阿蘇品家文書	⑤二九三四	時房・泰時連署。「鎌遺」は「六波羅過所写」とする。
37	承久四年四月五日	六波羅施行状	久我家文書	⑤二九四二	時房・泰時連署。
38	承久四年四月十日	六波羅書下写	紀伊根来要書中	⑤二九四六	時房・泰時連署。「鎌遺」は「六波羅下知状案」とする。
39	貞応元年五月二十六日	六波羅書下写	中井鋳物師伝書	⑤二九六二	時房・泰時連署。四月十三日貞応と改元。「鎌遺」は「六波羅過所写」とする。
40	貞応元年八月二十一日	六波羅書下	石清水文書	⑤二九九四	時房・泰時連署。「鎌遺」は「六波羅下知状」とする。
41	貞応元年八月二十一日	六波羅施行状	尊経閣古文書纂石清水文書	尊経二七	時房・泰時連署。石清水文書に写(「鎌遺」⑤二九九五)がある。「鎌遺」は「六波羅下知状写」とする。
42	貞応元年九月十八日	六波羅書下案	石見益田文書	⑤三〇〇〇	時房・泰時連署。「鎌遺」は「六波羅御教書案」とする。
43	年欠十月十八日	六波羅書下	尊経閣古文書纂編年文書	尊経二八	時房・泰時連署。「鎌遺」は「六波羅御教書」とする。
44	貞応元年十月日	備前金山寺住僧等解(外題)	備前金山寺文書	⑤三〇一一	外題に泰時の証判あり。書止は「可令致沙汰之状如件、」(書下と同じ)。
45	年欠(貞応元年カ)十一月十三日	北条泰時書状案	島津家文書	⑤三〇一六	仮名書状。「鎌遺」に「『旧記雑録』に『貞応元年歟』と朱書付年号があり。」と注記する。
46	貞応元年十二月十七日	六波羅下知状	山城離宮八幡宮文書	⑤三〇二九	時房・泰時連署。
47	貞応二年二月二十一日(一二二三)	六波羅書下写	越前永平寺文書	⑤三〇五八	時房・泰時連署。「鎌遺」は「六波羅過所写」とする。
48	年欠(貞応二年)七月七日	北条時房・同泰時連署書状	高野山文書宝簡集五一	⑤三一二九	「鎌遺」は「六波羅御教書」する。
49	貞応二年七月十六日	六波羅書下	香宗我部家伝証文	⑤三一三七	時房・泰時連署。「鎌遺」は「関東御教書」する。
50	貞応二年八月十日	六波羅下知状	京都大学所蔵影写本		
51	貞応二年九月二十一日	六波羅施行状	淀稲葉文書	⑤三一五八	時房・泰時連署。
52	貞応二年九月二十二日	六波羅施行状	早稲田大学所蔵文書	⑤三一五九	時房・泰時連署。
53	貞応二年九月二十四日	北条泰時書状案	摂津多田神社文書	補遺②補八三二	仮名書状。「鎌遺」⑤三一六〇号に同じ文書(摂津多田院文書)を収める。多少文言が異なる。
54	貞応二年十月四日	六波羅施行状案	近衛家文書		時房・泰時連署。櫻井彦「丹波国宮田荘関連史料――近衛家文書中の『鎌倉遺文』未収文書――」(『鎌倉遺文研究』一三)、同書では文書名を「北条泰時北条時房連署下文案」とする。

番号	年月日	文書名	出典	刊本	備考
55	年欠(貞応二年カ)十二月十七日	北条時房・同泰時連署書状	関戸守彦所蔵文書	補遺②補八四〇	「鎌遺」は「六波羅御教書」とする。
56	貞応三年二月二十五日(一二二四)	北条泰時書下	香宗我部家伝証文	⑤三二一八	「鎌遺」は「六波羅下知状」とする。
57	年欠(貞応三年カ)五月一日	六波羅御教書	京都大学所蔵文書		時房・泰時連署。『かつらぎ町史』(古代・中世史料編)の笠田荘八号。
58	貞応三年五月二十六日	六波羅施行状案	禰寝文書	⑤三二四〇	時房・泰時連署。
59	貞応三年九月七日	関東下知状	島津家文書	⑤三二八一	泰時単署。六月二十八日将軍後見(執権)。
60	貞応三年九月十八日	関東下知状	金剛三昧院文書	⑤三二八四	泰時単署。
61	貞応三年九月二十一日	北条泰時袖判盛綱奉書	陸奥曽我文書	⑤三二八五	「鎌遺」は「北条泰時御教書」とする。
62	貞応三年十一月十一日	関東下知状	出羽市河文書	⑤三三〇七	泰時単署。
63	〈貞応三年〉十一月十三日	北条泰時書状	出羽市河文書	⑤三三〇八	
64	貞応三年十一月三十日	関東下知状案	長門三浦家文書	⑤三三一六	泰時単署。十一月二十日元仁と改元、
65	元仁二年正月一日(一二二五)	関東下文案	吉川家文書	⑤三三三五	泰時単署。「鎌遺」は「将軍藤原頼経下文案」とする。
66	元仁二年三月五日	北条泰時袖判下文	肥後阿蘇文書	⑤三三五一	「鎌遺」は「北条泰時下文」とする。
67	年欠二月三十日	北条泰時書状	禰寝文書	⑤三三五五	
68	元仁二年四月二日	関東下知状案	東寺百合文書京	⑤三三六二	泰時単暑。
69	元仁二年五月二日	関東御教書案	大和春日神社文書	⑤三三六九	泰時単署。四月二十日嘉禄と改元。
70	年月日未詳	関東下文案	肥後阿蘇品家文書	⑤三三七一	後欠のため、年月日未詳。
71	嘉禄元年十一月十九日	関東下知状写	宇佐宮記	⑤三四三〇	時房・泰時連署。「鎌遺」は「関東下知状案」とする。
72	嘉禄元年十一月二十三日	関東下知状	豊前高牟礼文書	⑤三四三二	時房・泰時連署。
73	嘉禄元年十二月二日	関東御教書	筑前宗像氏緒家文書	⑤三四三七	時房・泰時連署。
74	嘉禄元年十二月三日	関東御教書写	宇佐宮記	⑤三四三八	時房・泰時連署。「鎌遺」は「関東御教書」とする。
75	嘉禄元年十二月十五日	関東下知状	前田家所蔵文書 尊経閣古文書纂編年文書	⑤三四三九 尊経三三	時房・泰時連署。

76	嘉禄二年正月二十六日（一二二六）	関東下文写	新編追加	⑤三四五五	時房・泰時連署。「鎌遺」は「関東下知状」とする。
77	嘉禄二年二月十八日	関東御教書写	宇佐記	⑤三四六三	時房・泰時連署。「鎌遺」は「関東御教書案」とする。⑥三五七七号と重複する。
78	〈嘉禄二年〉二月二十七日	北条泰時書状	肥後阿蘇文書	⑤三四六七	「鎌遺」は「北条泰時請文」とする。
79	年欠九月十六日	北条泰時書状	肥後阿蘇文書	⑤三四六八	
80	嘉禄二年三月十九日	関東御教書案	大和春日神社文書	⑤三四七六	時房・泰時連署。
81	嘉禄二年四月十七日	関東御教書写	宇佐宮御造営新古例書		時房・泰時連署。『宇佐神宮史史料篇』巻五による。
82	嘉禄二年四月十九日	北条時房・同泰時連署書状案	山城随心院文書	⑤三四七九	「鎌遺」は「関東御教書案」とする。
83	嘉禄二年四月二十日	関東下文案	近江山中文書	⑤三四八〇	時房・泰時連署。
84	嘉禄二年四月二十三日	関東御教書案	筑前宗像神社文書	⑤三四八一	泰時単署。
85	嘉禄二年八月九日	北条泰時袖判下文	陸奥新渡戸文書	⑤三五一〇	「鎌遺」は「北条泰時下文」とする。
86	嘉禄二年八月十八日	関東下知状案	豊後柞原八幡宮文書	⑤三五一五	時房・泰時連署。一部中略する。
87	嘉禄二年八月二十六日	関東下知状写	香取大宮司家文書	⑤三五一七	「鎌遺」は「関東下知状」とする。
88	嘉禄二年九月十二日	北条時房・同泰時連署書状案	高野山文書宝簡集五一	⑤三五二〇	「鎌遺」は「関東御教書案」とする。
89	年欠（嘉禄二年）十月八日	関東御教書	高野山文書宝簡集五一	⑤三五三三	時房・泰時連署。
90	嘉禄二年十月二十五日	関東御教書案	豊前到津文書	⑤三五三七	時房・泰時連署。
91	嘉禄二年十一月三日	関東下文案	甲斐大善寺文書	⑤三五四〇	時房・泰時連署。「鎌遺」は「関東下知状案」とする。
92	年欠（嘉禄二年カ）十一月二十八日	北条時房・同泰時連署書状	高野山文書宝簡集四八	⑤三五五一	「鎌遺」は「関東御教書」とする。
93	嘉禄二年十二月八日	関東下知状案	薩摩比志島文書	⑤三五五三	時房・泰時連署。前欠文書。
94	嘉禄二年十二月八日	関東御教書案	高洲文書	⑤三五五五	時房・泰時連署。
95	嘉禄三年二月十五日（一二二七）	関東御教書案	書陵部所蔵八幡宮関係文書二三	⑥三五七五	時房・泰時連署。
96	嘉禄三年二月十八日	関東御教書写	宇佐記	⑥三五七七	時房・泰時連署。「鎌遺」は「関東御教書案」とする。「鎌遺」⑤三四六三号（嘉禄二年）と同文、重複カ。
97	嘉禄三年三月二日	関東下知状案	陸奥塩釜神社文書	⑥三五八三	時房・泰時連署。

98	嘉禄三年三月十九日	関東下文案	肥前龍造寺文書	⑥三五九一	時房・泰時連署。「鎌遺」は「六波羅下知状案」とする。
99	〈嘉禄三年〉三月二十三日	関東御教書案	肥前龍造寺文書	⑥三五九五	泰時単署。
100	嘉禄三年閏三月十七日	関東御教書写	新編追加	⑥三六〇二	時房・泰時連署。「鎌遺」は「関東御教書」とする。
101	嘉禄三年五月七日	北条泰時袖判下文写	萩藩閥閲録一二一—四周布吉兵衛	⑥三六〇八	「鎌遺」は「北条泰時袖加判下文」とする。藤原頼経袖判下文写の誤りか(内容は地頭職補任)
102	〈嘉禄三年〉五月十三日	北条泰時書状案	筑前宗像神社文書	⑥三六一二	「鎌遺」は「六波羅御教書案」とする。
103	嘉禄三年六月六日	関東下文案	常陸塙不二丸氏文書	⑥三六一七	時房・泰時連署。「鎌違」は「関東下知状案」とする。
104	嘉禄三年八月十六日	関東下知状案	伊勢櫟木文書	⑥三六四九	時房・泰時連署。
105	嘉禄三年八月二十三日	関東下文案	大和春日神社文書	⑥三六五三	時房・泰時連署。「鎌遺」は「関東下知状案」とする。
106	嘉禄三年九月七日	関東御教書	大和春日神社文書	⑥三六六三	時房・泰時連署。
107	嘉禄三年十月十五日	関東御教書写	高祖遺文録五	⑥三六七四	時房・泰時連署。「鎌遺」は「関東御教書」とする。
108	嘉禄三年十一月十八日	関東御教書写	福岡市立歴史資料館蔵青柳資料	補遺②補九三〇	時房・泰時連署。前欠文書。「鎌違」は「関東下知状案写」とする。
109	嘉禄三年十二月二十四日	関東御教書案	薩摩新田八幡宮文書	⑥三六九四	時房・泰時連署。十二月十日安貞と改元。
110	安貞元年十二月二十六日	関東御教書案	常陸総社宮文書	⑥三七〇九	時房・泰時連署。
111	安貞二年二月六日(一二二八)	関東下文写	萩藩閥閲録一二一—一周布吉兵衛	⑥三七一六	時房・泰時連署。「鎌遺」は「関東下知状案」とする。
112	安貞二年三月九日	関東御教書写	相州文書所収相承院文書	⑥三七二八	時房・泰時連署。「鎌遺」は「関東御教書」とする。
113	安貞二年三月十一日	関東下文案	高野山寂静院文書	⑥三七三一	時房・泰時連署。「鎌遺」は「関東下知状案」とする。
114	安貞二年三月十三日	関東下文案	肥前青方文書	⑥三七三二	時房・泰時連署。「鎌遺」は「六波羅下知状案」とする。
115	安貞二年三月三十日	関東下文	伊豆三島神社文書	⑥三七三五	時房・泰時連署。文書名は『静岡県史』(史料編五中世二)による。「鎌遺」は「関東下文案」とする。
116	安貞二年五月十九日	関東下文	常陸鹿島大禰宜家文書	⑥三七四五	時房・泰時連署。「鎌遺」は「関東下知状」とする。
117	安貞二年六月二日	関東下知状	筑前千如寺文書	⑥三七五一	時房・泰時連署。「鎌遺」は「本文書稍疑うべし」と注記する。
118	安貞二年六月六日	北条泰時袖判下文	肥後阿蘇文書	⑥三七五五	「鎌遺」は「北条泰時下文」とする。

119	〈安貞二年〉六月二十四日	関東御教書	高野山文書宝簡集二二	⑥三七六二	時房・泰時連署。
120	安貞二年七月二十三日	関東御教書	別府文書	⑥三七六八	時房・泰時連署。『新編埼玉県史』（資料編五・中世1・古文書1）は「保坂潤治氏所蔵文書」とする。
121	安貞二年八月十六日	関東御教書写	肥前島原松平文庫文書	補遺②補九四六	時房・泰時連署。
122	安貞二年八月二十三日	関東御教書案	伊勢櫟木文書	⑥三七七七	時房・泰時連署。「鎌遺」は「六波羅御教書」とする。
123	〈安貞二年〉九月十四日	北条泰時書状写	古簡雑纂多田院文書	補遺②補九四九	仮名書状。「鎌遺」は「北条泰時書状」とする。『兵庫県史』第一巻に多田神社文書として収める。
124	安貞二年九月十五日	北条泰時袖判下文	肥後阿蘇文書	⑥三七八〇	「鎌遺」は「北条泰時下文」とする。
125	安貞二年十月十八日	関東御教書写	肥前島原松平文庫文書	補遺②補九五五	時房・泰時連署。
126	安貞二年十一月二十五日	関東下知状写	肥前島原松平文庫文書	補遺②補九五八	時房・泰時連署。
127	安貞二年十二月八日	関東御教書写	肥前島原松平文庫文書	補遺②補九五九	時房・泰時連署。
128	安貞三年二月十三日（一二二九）	関東御教書	高野山恵光院文書	⑥三八〇七	時房・泰時連署。
129	安貞三年二月十三日	北条泰時袖判左衛門尉盛治奉書写	諸家文書纂八興津文書	⑥三八〇八	「鎌遺」は「北条泰時袖判書下」とする。三月五日寛喜と改元。
130	〈寛喜元年〉四月一日	北条泰時書状	河内金剛寺文書	⑥三八二六	「鎌遺」は「北条泰時請文」とする。
131	寛喜元年四月十日	関東下知状	山城神護寺文書	⑥三八三〇	時房・泰時連署。
132	〈寛喜元年〉六月二十四日	関東御教書案	土御門文書	⑥三八三九	時房・泰時連署。
133	寛喜元年七月十八日	北条時房・同泰時連署書状案	久我家文書	⑥三八四六	「鎌遺」は「関東御教書案」とする。
134	寛喜元年八月七日	関東下知状案	甲斐大善寺文書	⑥三八六〇	時房・泰時連署。
135	寛喜元年八月二十五日	関東下文案	紀伊金剛三昧院文書	⑥三八六三	時房・泰時連署。「鎌遺」は「関東御教書」とする。
136	寛喜元年九月三日	関東御教書	肥前深堀家文書	⑥三八六四	時房・泰時連署。
137	年月日未詳（寛喜元年九月五日）	関東下文写	新編伴姓肝属氏系譜	⑥三八六七	後欠文書、「鎌遺」は「関東下文案」とする。年月日は⑥三八七五（六波羅施行状）による。
138	寛喜元年十月三十日	関東下文写	肥前武雄鍋島家文書	補遺②補九八七	時房・泰時連署。「鎌遺」は「関東下知状写」とする。
139	寛喜元年十一月八日	関東御教書案	山城禅定寺文書	補遺②補九八八	時房・泰時連署。前欠文書。「鎌遺」⑥三八九〇号と同内容（文字等を訂正し再録するカ）。

140	年欠（寛喜元年）十一月八日	北条時房・同泰時連署書状案	山城禅定寺文書	⑥四〇四七・補遺②補九八九	前欠文書。「鎌遺」・「補遺」は「関東請文案」とする。年代推定は「補遺」による。「補遺」は端裏書を削除し、欠損部分が加わる。
141	〈寛喜元年〉十二月十七日	北条時房・同泰時連署書状案	山城長福寺文書	⑥三九一一	「鎌遺」は「関東挙状案」とする。
142	年欠（寛喜二年）閏正月二十六日（一二三〇）	関東御教書写	吾妻鏡同日条	⑥三九四九	時房・泰時連署。「鎌遺」は「関東御教書」とする。
143	〈寛喜二年〉三月三日	北条時房・同泰時連署書状	山城長福寺文書	⑥三九六七	「鎌遺」は「関東請文」とする。
144	〈寛喜二年〉四月二十八日	北条時房・同泰時連署書状	氷室文書	⑥三九八二	「鎌遺」は「関東御教書」とする。
145	寛喜二年六月五日	関東御教書写	肥前島原松平文庫文書	補遺②補一〇〇六	時房・泰時連署。
146	寛喜二年十一月七日	関東御教書写	新編追加	⑥四〇四六	時房・泰時連署。「鎌遺」は「関東御教書」とする。
147	寛喜二年十一月日	関東下文写	備志録抄市来北山新兵衛蔵	⑥四〇五四	時房・泰時連署。「鎌遺」は「関東下知状案」とする。本文末尾を略す。
148	寛喜二年十一月日	関東下文写	備志録抄市来北山新兵衛蔵	⑥四〇五五	時房・泰時連署。「鎌遺」は「関東下文案」とする。本文末尾を略す。
149	寛喜三年二月十三日（一二三一）	関東下知状	長門熊谷家文書	⑥四〇九九	時房・泰時連署。
150	〈寛喜三年〉二月二十七日	北条時房・同泰時連署書状案	山城醍醐寺文書	⑥四一〇八	「鎌遺」は「関東巻数返事案」とする。
151	寛喜三年三月八日	関東御教書	長門熊谷家文書	⑥四一一一	時房・泰時連署。
152	寛喜三年三月十九日	北条泰時奉行人奉書写	吾妻鏡同日条	⑥四一一五	「鎌遺」は「北条泰時奉行人奉書」とする。
153	寛喜三年三月二十一日	関東御教書	山城松尾神社文書	⑥四一一六	時房・泰時連署。
154	寛喜三年四月二十一日	関東御教書写	新編追加	⑥四一二六	時房・泰時連署。「鎌遺」は「関東御教書」とする。
155	寛喜三年四月二十一日	関東御教書写	新編追加	⑥四一二七	時房・泰時連署。「鎌遺」は「関東御教書」とする。
156	寛喜三年四月二十一日	関東御教書写	新編追加	⑥四一二八	時房・泰時連署。「鎌遺」は「関東御教書」とする。
157	寛喜三年五月三日	関東下知状案	久我家文書	⑥四一三八	時房・泰時連署。
158	寛喜三年五月十三日	関東御教書写	新編追加	⑥四一四二	時房・泰時連署。「鎌遺」は「関東御教書」とする。
159	寛喜三年五月十三日	関東御教書写	新編追加	⑥四一四三	時房・泰時連署。「鎌遺」は「関東御教書」とする。
160	寛喜三年五月十三日	関東御教書写	新編追加	⑥四一四四	時房・泰時連署。「鎌遺」は「関東御教書」とする。

161	年欠(寛喜三年)五月十七日	北条泰時・同時房連署書状	出雲千家文書	⑥四一四九	「鎌遺」は「関東請文」とする。
162	寛喜三年六月六日	関東御教書写	新編追加	⑥四一六〇	時房・泰時連署。「鎌遺」は「関東御教書」とする。
163	寛喜三年六月六日	関東御教書カ写	侍所沙汰篇	⑥四一六一	時房・泰時連署。「鎌遺」は「関東御教書」とする。
164	寛喜三年六月二十四日	関東下知状	尊経閣古文書纂編年文書	尊経四一	時房・泰時連署。
165	寛喜三年六月二十五日	北条時房・同泰時連署書状	尊経閣古文書纂編年文書	尊経四二	
166	寛喜三年八月一日	関東御教書案	筑後田代文書	⑥四一七八	時房・泰時連署。
167	寛喜三年十一月十二日	関東御教書	長府毛利文書	⑥四二四三	時房・泰時連署。
168	寛喜四年卯月七日(一二三二)	関東御教書写	新編追加	⑥四三〇八	時房・泰時連署。「鎌遺」は「関東御教書」とする。
169	寛喜四年四月十七日	関東下文	山城賀茂別雷神社文書	⑥四三〇九	時房・泰時連署。「鎌遺」は「関東下知状」とする。四月二日貞永と改元。
170	貞永元年四月二十九日	関東御教書	陽明文庫武家手鑑 尊経閣文庫蔵旧武家手鑑	⑥四三一三 尊経四三	時房・泰時連署。出典の誤記。
171	貞永元年五月二十六日	将軍(藤原頼経)家政所下文案	春日社神事目記	⑥四三二七	政所別当。「鎌遺」は「将軍(藤原頼経)家政所下文」とする。
172	年月日未詳(貞永元年六月二十七日カ)	関東下知状案	山城禅定寺文書	⑥四三五一・補遺②補一〇六三	時房・泰時連署。年月日等の部分損傷。「鎌遺」補遺②補一〇六三は六月二十七日付として再録する。文書名は『禅定寺文書』(古代学協会編)によった。「鎌遺」⑥四三六一号も参照。
173	貞永元年六月二十九日	関東御教書写	榊葉集	⑥四三三六	時房・泰時連署。「鎌遺」は「関東御教書」とする。
174	〈貞永元年〉七月六日	北条泰時カ書状	肥前深堀家文書	⑥四三三九	差出の文字欠損。
175	貞永元年七月十日	幕府評定衆連署起請文写	貞永式目後付	⑥四三四一	評定衆。「鎌遺」は「幕府評定衆連署起請文」とする。
176	貞永元年七月二十六日	関東下知状案	筑前宗像神社文書	⑥四三四八	時房・泰時連署。
177	〈貞永元年〉八月八日	北条泰時書状写	御成敗式目後付	⑥四三五七	仮名書状。「鎌遺」は「北条泰時書状」とする。
178	貞永元年八月十九日	関東下知状	山城賀茂別雷神社文書	⑥四三六二	時房・泰時連署。
179	〈貞永元年〉九月十一日	北条泰時書状写	御成敗式目後付	⑥四三七三	仮名書状。「鎌遺」は「北条泰時書状」とする。
180	貞永元年九月二十四日	関東下知状	山城神護寺文書	⑥四三七九	時房・泰時連署。

181	貞永元年閏九月一日	関東御教書写	正閏史料外編	⑥四三八二	泰時単署。「鎌遺」は「関東御教書案」とし、「本文書、検討を要す。」と注記する。
182	貞永元年閏九月八日	関東御教書案	薩摩新田神社文書	⑥四三八四	時房・泰時連署。
183	貞永元年十一月四日	関東下知状	長門熊谷家文書	⑥四四〇〇	時房・泰時連署。
184	貞永元年十一月十三日	将軍(藤原頼経)家政所下文案	岩松新田文書	⑥四四〇三	政所別当。
185	貞永元年十一月十三日	関東下知状案	菊亭文書	⑥四四〇四	時房・泰時連署。
186	貞永元年十一月二十八日	関東下知状案	二階堂文書	⑥四四〇七	時房・泰時連署。「鎌遺」は「連署日下にあり。」とする。
187	〈貞永元年〉十二月一日	北条泰時書状	肥前深堀家文書	⑥四四〇九	
188	貞永元年十二月十九日	関東御教書写	新編追加	⑥四四一九	時房・泰時連署。「鎌遺」は「関東御教書」とする。
189	貞永元年十二月二十九日	関東御教書写	新編追加	⑥四四二七	時房・泰時連署。「鎌遺」は「関東御教書」とする。
190	年欠(貞永二年)四月十日 (一二三三)	北条時房・同泰時連署書状	東大寺文書	⑦四四七二	「鎌遺」は「関東巻数返事」とする。
191	貞永二年四月十五日	将軍(藤原頼経)家政所下文写	諸州古文書二五	⑦四四七三	政所別当。「鎌遺」は「将軍(藤原頼経)家政所下文」とする。四月十五日天福と改元。
192	年欠(天福元年カ)正月十七日	北条泰時書状写	渋柿	⑦四四九六	仮名書状。「鎌遺」は「北条泰時書状」とする。
193	天福元年六月二十八日	関東御教書案	薩摩新田神社文書	⑦四五三〇	時房・泰時連署。
194	天福元年七月九日	関東下知状写	東大寺要録二	⑦四五三八	時房・泰時連署。「鎌遺」は、「関東下知状」とする。
195	天福元年七月三十日	関東下知状案	豊後託磨文書	⑦四五四七	時房・泰時連署。
196	天福元年九月二十二日	関東御教書案	薩摩比志島文書	⑦四五六四	時房・泰時連署。
197	天福元年十二月十日	関東下知状案	伊予長隆寺文書	⑦四五八六	時房・泰時連署。
198	天福二年三月一日 (一二三四)	関東御教書写	新編追加	⑦四六二五	時房・泰時連署。「鎌遺」は「関東御教書」とする。
199	天福二年三月二十三日	関東御教書	丹波出雲神社文書	⑦四六三七	時房・泰時連署。
200	天福二年五月一日	関東御教書案	島津家文書	⑦四六五八	時房・泰時連署。
201	天福二年五月一日	関東御教書案	摂津多田神社文書	補遺②補一一四八	時房・泰時連署。
202	天福二年九月二十二日	関東御教書案	筑後鷹尾家文書	⑦四六八八	時房・泰時連署。十一月五日文暦と改元。

203	文暦元年正月日	関東御教書写	新編追加	⑦四七〇三	時房・泰時連署。「鎌遺」は「関東御教書」とし、「文暦元は嘉禎三年の誤であろう。」(泰時・時房の官歴による)とする。
204	文暦元年十一月二十九日	関東下知状	陸奥留守家文書	⑦四七一〇	時房・泰時連署。
205	文暦二年正月二十六日(一二三五)	関東御教書写	新編追加	⑦四七二四	時房・泰時連署。「鎌遺」は「関東御教書」とする。
206	文暦二年正月二十七日	関東御教書写	侍所沙汰篇	⑦四七二五	時房・泰時連署。「鎌遺」は「関東御教書」とする。
207	文暦二年五月九日	将軍(藤原頼経)家政所下文写	芸藩通志二〇厳島古文書三	⑦四七五七	政所別当。「鎌遺」は「将軍(藤原頼経)家政所下文」とする。
208	文暦二年五月二十三日	関東御教書写	新編追加	⑦四七六一	時房・泰時連署。「鎌遺」は「関東御教書」とする。
209	文暦二年六月五日	関東下知状案	厳島野坂文書	⑦四七六三	時房・泰時連署。
210	文暦二年六月十日	関東御教書案	安芸厳島神社御判物帖文書	⑦四七六四	時房・泰時連署。
211	文暦二年閏六月五日	関東御教書案	摂津多田院文書	⑦四七七六	時房・泰時連署。
212	文暦二年閏六月十五日	将軍(藤原頼経)家政所下文	常陸山口家文書	⑦四七七九	政所別当。
213	年欠(文暦二年)閏六月二十九日	北条泰時書状案	島津家文書	⑦四七八五	仮名書状。
214	文暦二年七月六日	関東下知状	熊谷家文書	⑦四七九一	時房・泰時連署。「鎌遺」は「関東裁許下知状」とする。
215	文暦二年七月七日	将軍(藤原頼経)家政所下文写	吾妻鏡同日条	⑦四七九二	政所別当。「鎌遺」は「将軍(藤原頼経)家政所下文」とする。
216	文暦二年七月二十二日	関東御教書写	後日之式条	⑦四七九九	時房・泰時連署。「鎌遺」は「関東御教書」とする。
217	文暦二年七月二十三日	関東御教書写	新編追加	⑦四八〇〇	時房・泰時連署。「鎌遺」は「関東御教書」とする。
218	文暦二年七月二十三日	関東御教書写	新編追加	⑦四八〇一	時房・泰時連署。「鎌遺」は「関東御教書」とする。
219	文暦二年七月二十三日	関東御教書写	新編追加	⑦四八〇二	時房・泰時連署。「鎌遺」は「関東御教書」とする。
220	年欠(文暦二年カ)七月二十三日	関東御教書写	新編追加	⑦四八〇三	時房・泰時連署。「鎌遺」は「関東御教書」とする。
221	文暦二年七月二十四日	関東御教書写	新編追加	⑦四八〇四	時房・泰時連署。「鎌遺」は「関東御教書」とする。
222	年欠(文暦二年カ)七月二十七日	北条泰時書状	薩摩揖宿家文書 日向指宿文書	⑦四八〇七 補遺②補一一六九	「鎌遺」は「北条泰時召文」とする。「補遺」は「鎌遺」と同文、「北条泰時書状」とし、宿紙ウワ書、付箋を加える。

223	年欠(文暦二年)七月二十九日	北条時房・同泰時連署書状写	天台座主記三七六尊性親王	⑦四八〇八	「鎌遺」は「関東奏状」とする。
224	文暦二年八月二十七日	北条泰時袖判下文	肥後阿蘇文書	⑦四八一三	「鎌遺」は「北条泰時下文」とする。
225	年欠九月二十一日	北条泰時書下	肥後阿蘇文書	⑦四八一四	
226	文暦二年八月二十八日	関東下知状	薩摩揖宿家文書	⑦四八一五	時房・泰時連署。
227	文暦二年九月十六日	関東御教書案	薩摩新田神社文書	⑦四八二〇	時房・泰時連署。
228	文暦二年九月十九日	関東御教書案	筑前宗像神社文書	⑦四八二一	時房・泰時連署。九月十九日嘉禎と改元。
229	嘉禎元年十月二十五日	関東御教書	高野山文書宝簡集五	⑦四八四三	時房・泰時連署。
230	嘉禎元年十月二十五日	関東下知状	高野山文書宝簡集七	⑦四八四四	時房・泰時連署。
231	年欠(嘉禎元年)十月二十八日	北条時房・同泰時連署書状	高野山文書宝簡集五	⑦四八四六	「鎌遺」は「関東請文」とする。
232	嘉禎元年十一月十二日	安芸三入荘地頭得分田畠等配分注文	長門熊谷家文書	⑦四八四九	外題に、時房・泰時連署。
233	嘉禎元年十一月十七日	関東御教書案	参軍要抄裏文書	⑦四八五〇	時房・泰時連署。
234	年欠(嘉禎元年)十二月二十九日	北条時房・同泰時連署書状写	春日社司祐茂日記	⑦四八七七	「鎌遺」は「関東御教書」とする。
235	年欠(嘉禎元年)十二月三十日	北条時房・同泰時連署書状写	春日社司祐茂日記嘉禎二年正月条	⑦四八八一	「鎌遺」は「関東御教書」とする。
236	〈嘉禎二年〉二月十日(一二三六)	北条泰時書状	肥前深堀家文書	⑦四九二〇	
237	嘉禎二年四月三日	関東下知状案	高野山金剛三昧院文書	⑦四九五六	時房・泰時連署。
238	嘉禎二年四月五日	関東下知状	筑後田代文書	⑦四九五九	時房・泰時連署。「鎌遺」は「関東下文」とする。
239	嘉禎二年五月十七日	関東御教書案	九条家文書	⑦四九八六	時房・泰時連署。
240	嘉禎二年六月五日	関東御教書	出雲北島家文書	⑦四九九六	時房・泰時連署。
241	嘉禎二年七月二十四日	関東御教書案	紀伊崎山文書	⑦五〇一五	時房・泰時連署。
242	嘉禎二年七月二十八日	将軍(藤原頼経)家政所下文写	碩田叢史二九平林氏古文書	⑦五〇一六	政所別当。「鎌遺」は「将軍(藤原頼経)家政所下文」とする。
243	嘉禎二年八月二十六日	関東下知状案	東寺百合文書ヨ	⑦五〇二七	時房・泰時連署。
244	〈嘉禎二年〉八月二十七日	北条泰時書状案	東寺百合文書ヨ	⑦五〇二八	
245	嘉禎二年九月四日	関東下知状	山内首藤文書	⑦五〇三一	時房・泰時連署。

番号	年月日	文書名	出典	刊本	備考
246	年欠（嘉禎二年）十一月十五日	北条時房・同泰時連署書状写	春日社司祐茂日記	⑦五〇八四	「鎌遺」は「関東御教書」とする。
247	嘉禎二年十二月十五日	将軍（藤原頼経）家政所下文案	石見内田文書	⑦五〇九八	政所別当。
248	嘉禎二年十二月十五日	将軍（藤原頼経）家政所下文	武蔵飯島一郎所蔵文書	補遺②補一二二二	政所別当。「鎌遺」は「将軍家政所下文」とする。
249	嘉禎三年三月十三日（一二三七）	北条泰時袖判下文	陸奥新渡戸文書	⑦五一一六	「鎌遺」は「北条泰時下文」とする。
250	嘉禎三年三月二十八日	平盛綱奉書案	摂津多田院文書	⑦五一二一	端に「前司入道（泰時）殿御下知状案文」とある。「鎌遺」は「執権執事平盛綱奉書」とする。
251	嘉禎三年四月二十六日	関東御教書案	摂津瀧安寺文書	⑦五一三〇	時房・泰時連署。「鎌遺」は「関東御教書」とする。
252	嘉禎三年七月七日	関東下知状	高野山興山寺文書	⑦五一五三	時房・泰時連署。
253	年欠（嘉禎三年カ）七月七日	北条時房・同泰時連署書状	高野山文書宝簡集六	⑦五一五四	時房・泰時連署。年代は『備後国大田荘史料一』の推定による。「鎌遺」は「関東御教書」とする。
254	嘉禎三年八月六日	関東御教書	大和中村雅真氏所蔵文書	⑦五一六三	時房・泰時連署。
255	嘉禎三年九月五日	将軍（藤原頼経）家政所下文案	肥前武雄神社文書	⑦五一七五	政所別当。
256	嘉禎三年十二月六日	関東下知状案	甲斐大善寺文書	⑦五一九七	時房・泰時連署。「鎌遺」は「関東下知状」とする。
257	年欠（嘉禎四年カ）正月二十三日	関東御教書写	下総香取文書	⑦五二〇三	時房・泰時連署。
258	嘉禎四年三月十一日（一二三八）	北条泰時下知状案	摂津多田神社文書	補遺②補一二三三	
259	嘉禎四年三月十五日	関東御教書写	下総香取文書	⑦五二一八	時房・泰時連署。「鎌遺」は「常陸香取文書」とするが誤記か。
260	嘉禎四年五月十一日	関東下知状案	金剛三味院文書	⑦五二四〇	時房・泰時連署。「鎌遺」は「関東御教書案」とする。
261	嘉禎四年五月十一日	多田荘荘務条々事書	摂津多田院文書	⑦五二四一	端に「前司入道殿御事書案文」とある。「鎌遺」は「関東御教書案」とする。
262	嘉禎四年五月十四日	多田荘荘務条々事書	摂津多田院文書	⑦五二四三	「鎌遺」は「関東御教書案」とする。
263	嘉禎四年五月二十二日	北条泰時書下案	紀伊崎山文書	⑦五二四四	「鎌遺」は「北条泰時下知状案」とする。
264	〈嘉禎四年〉五月二十四日	北条時房・同泰時連署書状案	東寺百合文書イ	⑦五二四五	時房・泰時連署。「鎌遺」は「関東御教書案」とする。
265	嘉禎四年六月十三日	関東下知状	尊経閣武家手鑑 尊経閣文庫蔵武家手鑑	⑦五二五〇 尊経五〇	時房・泰時連署。
266	年欠（嘉禎四年）六月十九日	北条時房・同泰時連署書状	東南院文書六—六	⑦五二五五	時房・泰時連署。「鎌遺」は「関東消息」とする。

267	嘉禎四年六月二十日	関東御教書	備後永井直衛氏所蔵文書	⑦五二五六	時房・泰時連署。「鎌遺」は「六波羅御教書」とし、「厳島野坂文書に案文あり。」と注記する。
268	嘉禎四年六月日	北条泰時起請文写	御成敗式目	⑦五二六一	「鎌遺」は「北条泰時起請文」とする。
269	嘉禎四年六月二十四日	北条得宗家奉行連署奉書案	摂津多田院文書	⑦五二六〇	端に「前司入道殿御下知正文当進之」とある。「鎌遺」は「北条得宗家奉行連署奉書」とする。
270	嘉禎四年七月八日	関東御教書案	肥後藤崎八幡宮文書	⑦五二六九	時房・泰時連署。
271	嘉禎四年七月十日	将軍（藤原頼経）家政所下文写	筑前麻生文書	⑦五二七〇	政所別当。「右京権大夫」とあるが誤り。「鎌遺」は「将軍（藤原頼経）家政所下文案」とする。
272	〈嘉禎四年〉七月二十六日	関東御教書案	肥前龍造寺文書	⑦五二八〇	時房・泰時連署。
273	年欠（嘉禎四年）七月二十六日	関東御教書案	肥前石志文書	⑦五二八一	時房・泰時連署。
274	嘉禎四年七月二十七日	関東下知状	長門赤間宮文書	⑦五二八二	時房・泰時連署。「鎌遺」は「関東下知状案」とする。
275	嘉禎四年七月二十八日	将軍（藤原頼経）家政所下文	豊後都甲文書	⑦五二八三	政所別当。「鎌遺」は「将軍（藤原頼経）家政所下文案」とする。
276	嘉禎四年八月九日	将軍（藤原頼経）家政所下文	本郷文書	⑦五二九四	政所別当。
277	嘉禎四年十月九日	関東下知状写	肥前武雄市教育委員会蔵感状写	補遺②補一二二四	時房・泰時連署。
278	嘉禎四年十二月四日	将軍（藤原頼経）家政所下文案	肥前小鹿島文書	⑦五三三一	政所別当。
279	（年月日未詳）	将軍（藤原頼経）家政所下文案	肥前小鹿島文書	⑦五三三二	後欠文書のため署名なし。
280	年欠二月十三日	北条泰時書状案	石清水文書	⑧五三四九	武蔵守は泰時か。
281	延応元年三月四日（一二三九）	関東下知状案	常陸薬王院文書	⑧五三九六	時房・泰時連署。暦仁二年七月十六日延応と改元。
282	延応元年三月二十八日	北条泰時袖判書下	陸奥宮崎文書	⑧五四〇〇	「鎌遺」は「北条泰時下知状」とする。
283	延応元年三月二十八日	北条泰時袖判書下	陸奥斎藤文書	⑧五四〇一	「鎌遺」は「北条泰時下知状」とする。
284	延応元年四月十三日	関東御教書写	新編追加	⑧五四一二	時房・泰時連署。「鎌遺」は「関東御教書」とする。
285	延応元年四月十三日	関東御教書写	新編追加	⑧五四一三	時房・泰時連署。「鎌遺」は「関東御教書」とする。
286	延応元年四月十三日	関東御教書写	新編追加	⑧五四一四	時房・泰時連署。「鎌遺」は「関東御教書」とする。本文の末尾を欠く。
287	延応元年四月十三日	関東御教書カ写	新編追加	⑧五四一六	時房・泰時連署。「鎌遺」は「関東御教書」とする。

288	延応元年四月二十四日	関東御教書写	新編追加	⑧五四二〇	時房・泰時連署。「鎌遺」は「関東御教書」とする。
289	延応元年五月一日	関東御教書写	新編追加	⑧五四二六	時房・泰時連署。「鎌遺」は「関東御教書」とする。
290	延応元年五月二十五日	関東下知状	肥前山代文書	⑧五四三四	時房・泰時連署。
291	延応元年五月二十五日	関東御教書	肥前山代文書	⑧五四三五	時房・泰時連署。
292	延応元年六月二十七日	関東下知状	肥前武雄神社文書	⑧五四四三	時房・泰時連署。
293	延応元年七月一日	将軍（藤原頼経）家政所下文写	萩藩閥閲録五八内藤二郎左衛門	⑧五四四七	政所別当。「鎌遺」は「将軍（藤原頼経）家政所下文」とする。初版の典拠は「正閏史料外編一」。
294	延応元年七月十五日	北条泰時寄進状写	吾妻鏡同日条	⑧五四五二	「鎌遺」は「北条泰時寄進状」とする。
295	延応元年七月二十六日	関東御教書写	新編追加	⑧五四五六	時房・泰時連署。「鎌遺」は「関東御教書」とする。
296	延応元年七月二十六日	関東御教書写	新編追加	⑧五四五七	時房・泰時連署。「鎌遺」は「関東御教書」とする。
297	延応元年七月二十六日	関東御教書写	式目追加	⑧五四五八	泰時単署。「鎌遺」は「関東御教書」とする。
298	延応元年七月二十六日	関東御教書写	新編追加	⑧五四五九	時房・泰時連署。「鎌遺」は「関東御教書」とする。
299	延応元年八月三日	関東下知状	土佐文書	⑧五四六三	時房・泰時連署。
300	延応元年八月十八日	関東下知状	酒井宇吉氏所蔵文書	⑧五四六七	時房・泰時連署。「鎌遺」は「関東御教書」とする。
301	延応元年九月十七日	関東御教書写	式目追加	⑧五四七五	時房・泰時連署。「鎌遺」は「関東御教書」とする。
302	延応元年九月二十六日	将軍（藤原頼経）家政所下文案	高洲文書	⑧五四七九	政所別当。「鎌遺」は「将軍（藤原頼経）家政所下文写」とする。
303	延応元年十月二日	関東下知状案	高洲文書	⑧五四八五	時房・泰時連署。
304	延応元年十一月五日	関東下知状案	肥前小鹿島文書	⑧五四九六	時房・泰時連署。「鎌遺」は「関東下知状」とする。
305	延応元年十二月九日	関東下知状案	筑後大友文書	⑧五五〇五	時房・泰時連署。
306	延応二年二月二日（一二四〇）	関東下知状写	吾妻鏡同日条	⑧五五二〇	泰時単署。「鎌遺」は「関東下知状」とする。北条時房、同年正月二十四日没。
307	延応二年二月二十五日	関東下知状写	吾妻鏡同日条	⑧五五二六	泰時単署。「鎌遺」は「関東下知状」とする。
308	延応二年三月十日	北条泰時袖判書下	陸奥新渡戸文書	⑧五五三〇	「鎌遺」は「北条泰時安堵状」とする。

309	延応二年三月十八日	関東御教書写	式目追加	⑧五五三四	泰時単署。「鎌遺」は「関東御教書」とする。
310	延応二年三月十八日	関東御教書写	式目追加	⑧五五三五	泰時単署。「鎌遺」は「関東御教書」とする。
311	延応二年五月十二日	関東御教書写	新編追加	⑧五五六九	時房・泰時連署。「鎌遺」は「関東御教書」とする。偽文書か。
312	延応二年五月二十二日	関東下知状案	薩摩和田文書	⑧五五七五	泰時単署。
313	延応二年六月十一日	関東御教書写	新編追加	⑧五五八六	泰時単署。「鎌遺」は「関東御教書」とする。
314	延応二年六月十一日	関東御教書写	式目追加	⑧五五八七	泰時単署。「鎌遺」は「関東御教書」とする。
315	延応二年六月十一日	関東御教書写	式目追加条々	⑧五五八八	泰時単署。「鎌遺」は「関東御教書」とする。
316	延応二年六月十一日	関東御教書写	式目追加	⑧五五八九	泰時単署。「鎌遺」は「関東御教書」とする。七月十六日仁治と改元。
317	仁治元年三月七日	北条泰時寄進状写	相州文書一五鎌倉郡證菩提寺所蔵	⑧五六〇三	「鎌遺」は「北条泰時寄進状案」とする。
318	仁治元年七月三日	北条泰時書状案	薩摩新田神社文書	⑧五六〇六	七月十六日仁治と改元。
319	仁治元年九月一日	関東御教書写	榊葉集	⑧五六一九	泰時単署。「鎌遺」は「関東御教書」とする。
320	仁治元年十月十日	関東下知状	出羽中条家文書	⑧五六二六	泰時単署。
321	仁治元年閏十月二日	関東下知状案	豊後広瀬家中村文書	⑧五六三五	泰時単署。
322	仁治元年後十月五日	関東御教書	安芸永井文書	補遺③補一二七〇	泰時単署。「鎌遺」⑧五六三七号と同文書、出典を「安斎随筆一八」、文書名を「関東御教書写」とする。
323	仁治元年閏十月六日	関東御教書案	肥前大川文書	⑧五六三八	泰時単署。
324	仁治元年閏十月十一日	関東下知状写	小早川家文書	⑧五六四六	泰時単署。
325	仁治元年閏十月十三日	将軍(藤原頼経)家政所下文案	肥前小鹿島文書	⑧五六四八	政所別当。事実書の後半欠。『九州史料叢書28 小鹿嶋文書大川文書斑嶋文書』・『九州庄園史料叢書11 肥前国長嶋荘史料』には橘薩摩公業譲状案と将軍(藤原頼経)家政所下文案の後欠文書の二通に分けて掲載。「鎌遺」はこれを勘案。
326	仁治元年閏十月二十日	将軍(藤原頼経)家政所下文	二階堂文書	⑧五六五八	政所別当。
327	仁治元年閏十月二十三日	関東御教書案	金剛三昧院文書	⑧五六六一	泰時単署。
328	仁治元年十一月一日	北条泰時書状案	九条家文書	補遺③補一二七二	「鎌遺」は「関東御教書案」とする。

329	仁治元年十一月二日	関東下知状案	大和大東家文書	⑧五六六九	泰時単署。「鎌遺」は「関東下知状」とする。
330	仁治元年十一月二十八日	関東御教書写	新編追加	⑧五六七九	泰時単署。「鎌遺」は「関東御教書」とする。
331	仁治元年十二月七日	将軍(藤原頼経)家政所下文	鹿島大禰宜家文書	⑧五六八七	政所別当。
332	仁治元年十二月十六日	関東御教書写	式目追加	⑧五六九九	泰時単署。「鎌遺」は「関東御教書」とする。
333	仁治二年二月三日 (一二四一)	関東御教書案	金剛三昧院文書	⑧五七五三	泰時単署。「鎌遺」は「関東下知状案」とする。
334	仁治二年三月十八日	北条泰時書下	陸奥宮崎文書	⑧五七八一	「鎌遺」は「北条泰時下文」とする。
335	仁治二年三月十八日	北条泰時袖判左衛門尉時治奉書	陸奥新渡戸文書	⑧五七八二	「鎌遺」は「北条泰時袖判下文」とする。
336	仁治二年三月二十日	関東御教書写	式目追加	⑧五七八五	泰時単署。「鎌遺」は「関東御教書」とする。
337	仁治二年三月三十日	関東下知状	山城田中教忠氏所蔵文書	⑧五七九三	泰時単署。
338	仁治二年五月一日	将軍(藤原頼経)家政所下文	出羽中条家文書	⑧五八二七	政所別当。
339	仁治二年五月二日	関東下知状	肥前大川文書	⑧五八三一	泰時単署。
340	仁治二年五月十四日	関東御教書	豊前奥山猪三郎氏所蔵文書	⑧五八六〇	泰時単署。
341	年欠(仁治二年)五月十四日	関東御教書	豊前奥山猪三郎氏所蔵文書	⑧五八六一	泰時単署。
342	仁治二年六月三日	関東御教書	松平定教氏蔵宗像文書	⑧五八七七	泰時単署。
343	仁治二年六月十日	関東御教書写	新編追加	⑧五八八三	泰時単署。「鎌遺」は「関東御教書」とする。
344	仁治二年六月十五日	関東御教書写	式目追加	⑧五八八七	泰時単署。「鎌遺」は「関東御教書」とする。
345	仁治二年八月二十二日	関東下知状	筑後大川文書	⑧五九一八	泰時単署。「鎌遺」は「本文書朽損あり。五九六〇号文書により補う。」とする。
346	仁治二年九月十日	将軍(藤原頼経)家政所下文	筑前宗像神社文書	⑧五九二四	政所別当。
347	仁治二年九月十五日	関東御教書	薩摩島津他家文書	補遺③補一二八三	泰時単署。
348	仁治二年十一月二十五日	関東下知状案	肥後相良家文書	⑧五九六六	泰時単署。
349	〈仁治二年〉十二月十三日	北条泰時書状	肥前深堀家文書	⑧五九七四	
350	仁治二年十二月日	北条泰時書状写	式目追加	⑧五九七六	「鎌遺」は「北条泰時書状」とする。

351	仁治二年十二月二十五日	北条泰時書状写	新編追加	⑧五九七七	「鎌遺」は「北条泰時書状」とする。
352	仁治三年二月十八日（一二四二）	関東下知状案	筑後大友文書	⑧五九八四	泰時単署。
353	仁治三年二月二十二日	将軍（藤原頼経）家政所下文案	島津家文書	⑧五九八七	政所別当。
354	仁治三年三月三日	関東御教書写	式目追加	⑧五九九四	泰時単署。「鎌遺」は「関東御教書」とし、⑧五九九七号に同文書（典拠は「新編追加」）を掲載する。
355	仁治三年三月三日	関東御教書写	式目追加	⑧五九九五	泰時単署。「鎌遺」は「関東御教書」とする。
356	仁治三年三月三日	関東御教書写	新編追加	⑧五九九六	泰時単署。「鎌遺」は「関東御教書」とする。
357	仁治三年三月二十一日	将軍（藤原頼経）家政所下文写	古文書集	⑧六〇〇三	政所別当。「鎌遺」は「将軍（藤原頼経）家政所下文」とする。
358	仁治三年三月二十六日	関東御教書案	大和春日神社文書	⑧六〇〇五	泰時単署。「鎌遺」は「関東御教書」とする。
359	仁治三年四月五日	将軍（藤原頼経）家政所下文案	筑後田代文書	⑧六〇一一	政所別当。
360	仁治三年九月日	北条泰時カ充行状	伊予大山積神社文書	⑧六〇八〇	六月九日死去。『愛媛県史』資料編（古代・中世）別冊の花押一覧からは泰時の花押と認められない。
361	（年欠）八月二十一日	北条泰時書状	センチュリー文化財団所蔵文書		

北条経時の発給文書

下山　忍

はじめに

　第四代執権の北条経時は、北条時氏の長男で、母は安達景盛の女（松下禅尼）である。同母弟には、のちに第五代執権となる時頼がいる。父時氏が早世していたため、仁治三年（一二四二）六月の祖父泰時の死去に際して嫡孫として執権を継いだ。元仁元年（一二二四）に生まれ、幼名は薬上。(1) 弥四郎、大夫将監、左近大夫将監、左親衛、武州等の通称がある。父時氏が六波羅探題北方を務めていた関係で、幼時は京都で過ごしたが、寛喜二年（一二三〇）三月に時氏とともに鎌倉に戻った。しかし、この年に時氏は二十八歳で早世している。文暦元年（一二三四）に将軍藤原頼経邸で元服し、弥四郎経時と名乗った。この時の加冠役は将軍頼経が自ら務め「経」の一字を偏諱として与えている。同年八月、小侍所別当に就任し、嘉禎二年（一二三六）十二月まで務めた。嘉禎三年（一二三七）二月に左近将監となり、叙爵した。仁治二年（一二四一）八月に従五位上に叙され、同年六月より翌三年六月まで評定衆を務めた。続いて、前述のように、仁治三年（一二四二）六月十五日に執権となった。連署については、前代の北条泰時を支えた時房が仁治元年（一二四〇）正月に死去して以来不在であったが、経時執権期を通して誰も任命されなかった。

　経時が執権となって半年後の寛元元年（一二四三）二月、評定衆を三番編成とし、それぞれの沙汰日を定めた。訴訟の効率化・迅速化を意図したものであろう。同年六月には正五位下に叙され、七月には武蔵守となっている。また、寛元二年（一二四四）

四月には、将軍九条頼経を廃し、その子息頼嗣を将軍とした。成長とともに将軍権力の伸長を図る頼経を危険視したための措置とされる。同年七月には、妹の檜皮姫を頼嗣の御台所とし、姻戚関係によって将軍家との関係を緊密にして勢力安定を図っている。しかし、こうして政治を主導し始めた矢先の寛元三年（一二四五）五月に重い病に罹った。死期を悟ったのであろうか、翌寛元四年（一二四六）三月二十三日には執権を辞して弟時頼に譲り、同年四月十九日に出家した。そして、その約十日後の閏四月一日には二十三歳の短い生涯を終えた。

経時の執権としての在職期間は四年に満たないが、祖父泰時からの代替わりに伴う反執権勢力の巻き返しの中で、果断に将軍頼経を更迭するとともに、裁判の迅速化を図るための訴訟制度改革を進めるなど、その政治的手腕にも一定の評価がある(2)。

その経時の発給文書は、本稿末尾に掲げる【表1】北条経時発給文書目録に示すように、合計四十一通が現存する。様式別にみると、（一）将軍家政所下文五通、（二）関東下知状九通、（三）関東御教書二十二通、（四）書状二通、（五）袖判下文一通、（六）袖判書下一通、（七）袖判沙弥右蓮奉書一通である。本稿は、これらの発給文書を整理・分析することを目的とする。

一　将軍家政所下文

経時の署判の見える将軍家政所下文は2号・7号・10号・11号・16号の五通で、2号・7号・10号が正文、11号・16号が案文である。用途としては、いずれも譲与安堵で、2号・7号・16号が地頭職、10号が領主職・預所並びに下司職、11号が公文職に係るものである。

なお、頼経将軍期の下文（袖判・政所）については、工藤勝彦氏による分析があり、合計四十八通中安堵が三十八通、地頭職補任が八例、守護職の替地給与が一通、地頭職停止が一通というように、安堵が最も多く、それを含めて全てが御恩の授与に関するものだという指摘もある(3)。また、このような御恩の授与を、関東下知状ではなく将軍家政所下文のみによって行っている背景には、泰時死後における将軍側勢力の増大（巻き返し）があるとする見方もある(4)。

次に、将軍家政所下文の一例を示す。文書番号は、【表1】「北条経時発給文書目録」に対応している（これ以降に引用する文書も同様である）。

〇2号　将軍家政所下文（長府毛利家文書）

将軍家政所下　藤原實時
可令早領知石見国長野庄美能地村内除三男實高分、四至堺載譲状、地頭職事
右、任親父實盛去延應二年三月九日譲状嫡子加署判、可令領知之状、所仰如件、以下、
仁治三年十月二十三日　案主　左近將曹菅野
令　左衛門少尉清原（清定）（花押）　知家事　弾正忠清原
別当　前攝津守中原朝臣（師員）（花押）
前美濃守藤原朝臣（親実）
前甲斐守大江朝臣（長井泰秀）
武蔵守平朝臣（大仏朝直）
左近將監平朝臣（北条経時）（花押）
散位藤原朝臣（安達義景）

将軍家政所下文は、「下」の下にこの文書の宛所が書かれ、この場合は藤原實時である。次の行に文書の趣旨を要約した事書が書かれ、この場合は石見国長野庄美能地村地頭職の補任である。次の行の「右」以下の事実書から親父實盛の譲状に基づくものであることが分かる。また、「所仰如件」とあり、この文書に署判する「案主」「知家事」「令」、「別当」という将軍家政所の家司が将軍の意を受けて発給していることを示している。

経時が政所別当として発給した将軍家政所下文における将軍はいずれも藤原頼経で、寛元二年（一二四四）四月以降の将軍頼嗣期の政所下文は見られない。これは、将軍就任時に六歳であった頼嗣は政所を開設できる三位以上の位階という要件を満たしていなかったからである。事実、頼嗣も建長三年（一二五三）六月二十七日に従三位に叙せられてからは発給しており、同年八月三日付けの将軍家政所下文(5)が初見である。

政所の別当は、五通とも中原師員、藤原親実、長井泰秀、大仏朝直、北条経時、安達義景の六名である。執権の経時が五番目に書かれているのは、位階による序列であろう。この時、筆頭の中原師員が正四位下、長井泰秀、大仏朝直、経時の三名が正

五位下、安達義景が従五位下であった。(6) 同じ位階である長井泰秀、大仏朝直、経時の序列は叙任順と思われる。

別当の員数については、杉橋隆夫氏が指摘しているように、(7) 源実朝将軍（義時執権）期の九名を最大とする。(8) 実朝暗殺後、嘉禄二年（一二二六）に将軍となった藤原頼経が、従三位に叙せられた寛喜四年（一二三二）二月二十七日以降は政所下文を発給するが、政所別当は執権泰時・連署時房の二名のみであった。仁治元年（一二四〇）正月二十四日に時房が死去して以降は、二通ほど泰時単著の政所下文が見られ、(9) その後は七名別当の政所下文となる。(10)

この泰時執権期の別当七名は、北条泰時、中原師員、足利義氏、藤原親実、長井泰秀、大仏朝直、安達義景であり、仁治二年（一二四一）に出家した足利義氏を除いた六名は、経時執権期も継続して政所別当を務めている。それぞれについて見れば、藤原親実以外の五名はいずれも評定衆も務めており、中原師員は外記（実務法曹官人）の経歴をもつ文吏、長井泰秀は長井時広の子で大江広元の孫、大仏朝直は泰時の連署を務めた北条時房の子、安達義景は景盛の子で、経時の母松下禅尼の兄弟にあたる。実務に長じた吏僚に北条氏一門や経時の外戚が加わっている。このうち、中原師員と藤原親実については、将軍頼経に近侍してその意を伝達しており、(11) 永井晋氏はこの立場を御所奉行によるものとしている。(12) 将軍権力と執権権力の微妙なバランスを示す陣容であるとも言える。

署判について見ると、10号と16号の二通は中原師員、藤原親実、長井泰秀、大仏朝直、北条経時、安達義景の六名全員が署判を加えており、7号はこのうち大仏朝直を除く五名が書判を加えている。なお、2号と11号は筆頭別当の中原師員と執権の北条経時の二名のみの署判であった。わずか二通ではあるが、総数が五通であることを踏まえると、筆頭別当中原師員の存在は看過できない面もある。

中原師員は藤原頼経に従って鎌倉に下ってきたことを契機に、文筆の能力が生かされて幕府に仕えた文吏であり、(13) 将軍頼経に近侍していたことは先に述べたが、執権経時との距離も遠くなかった。石井清文氏の指摘にもあるように、(14) 経時邸における少人数の会議に出席したり、(15) 経時執権就任前ではあるが、勲功賞に関する経時の諮問に答えたと思われる中原師員書状も残る。(16) のちに、藤原親実・後藤基綱・藤原定員という将軍側近が没落していく中で、中原師員が一人次代に生き残っていくことを考えるとその政治的姿勢は興味深い。

二　関東下知状

関東下知状は、9号・18号・20号・23号・24号・27号・34号・37号・40号の九通で、前述のように連署が置かれていないため、全て執権経時の単署である。9号・23号・24号・27号・34号・37号が正文、18号・20号・40号が写である。

下知状は、その書止が「下知如件」で結ばれる点に注目して名付けられた様式で、書き出し部分は下文の最初の一行を除いた形を取っているので、宛所は記されない。また、「依仰」という文言に見るように形式上は将軍(鎌倉殿)の意を体した奉書である。用途については、「後日の証とすべきものではあるが、政所下文を出すほどでもない」というような、下文と御教書の中間的な重要性をもつ事項、すなわち、永続的効力の期待される幕府の裁決などの伝達に用いられるようになったという。(17)経時発給文書について見れば、九通中六通が相論の裁許、二通が訴えの棄却、一通が紛失安堵であった。

関東下知状の様式と用途の関係については熊谷隆之氏の研究があり、「可早…事」の事書と「依仰下知如件」の書止文言をもつ様式は補任宛行状や安堵状に用いられ、「甲与乙相論…事」あるいは「某申…事」の事書と「依鎌倉殿仰下知如件」の書止文言をもつ様式は裁許状に用いられることを明らかにしているが、(18)経時発給文書についてもほぼこの原則があてはまり、「依鎌倉殿仰下知如件」の書止文言をもつ関東下知状は全て相論の裁許に用いられている。

相論の裁許の用途に用いた関東下知状の一例を次に示した。内容的には、越後国奥山荘の領家方雑掌と地頭との検注をめぐる相論に関する裁許で、検注の実施を要求する領家方に対して、地頭請所として検注は行わないという地頭方勝訴の判決である。双方の主張(訴状と陳状)の要約を載せ、判断の根拠となる証拠を明示した後、「仍」以降に幕府としての判断を示している。

○27号　関東下知状(出羽中條敦氏所蔵文書)

越後國奥山庄雜掌彈正忠盛遠与地頭高井兵衛三郎時茂法師相論検注間事

右、盛遠訴狀云、就前雜掌尚成和与狀、如所被成下仁治元年十月十日御下知狀者、検注以下五箇条内、於四箇条者、不可有違乱之由、具被載之畢、至于検注者、不被載仰詞之間、自領家可被遂行初任検注之条顯然也云々、如時茂法師陳狀者、検注以下五箇条、就和与狀、被載御下知狀之上、依爲請所、至于子ゝ孫ゝ、不可有相違之由、所被載下也、若可被遂検注者、爭不可有子ゝ孫ゝ相違之由、可被載下哉云々者、就尚成和与狀、如時茂法師所給仁治元年御下文者、検注事、被載名目之上、請所事、至于子ミ孫ミ、不可有相違云々、仍雖不被載仰詞、入扁目之間、非沙汰之限歟、早停止盛遠濫訴、任先下知旨爲地頭請所、永不可有検注狀、依鎌倉殿仰、下知如件

寛元二年七月廿一日

武藏守平朝臣（経時）（花押）

このような裁許だけではなく訴えの棄却にも関東下知状が用いられた。40号は小早川茂平の持つ安芸国都宇・竹原両荘の地頭職について、領家方の鴨御祖社（下賀茂神社）の社司（神官）らが改沙汰（再審）を請求してきたのであるが、「今更不及改沙汰」としてこれを棄却したものである。この相論については、泰時執権期にすでに裁許がなされており、(19)幕府はその判決を変えなかったのである。

○40号　関東下知狀写（小早川家文書）

鴨御祖社領安藝國都宇・竹原兩庄地頭職事、地頭茂平就問注記、給御下知狀畢、而社司等雖申子細、今更不及改沙汰者、依仰下知如件

寛元三年十一月廿一日

武藏守平朝臣（経時）（花押）

次に示す24号も改嫁に関する訴えの棄却である。改嫁とは夫と死別あるいは離別した女性が再婚することをいうが、そのことによって財産の所有に関する諸問題が生じたのである。(20)御成敗式目第二十四条には「讓得夫所領後家、令改嫁事」という規定があり、夫の所領を譲与された後家が夫の菩提を弔わずに改嫁した場合は、譲り受けた所領を亡父の子息に充てるように定められている。

24号からは、山代固後家が改嫁したとして益田通廣から訴えられていることが分かるが、この益田通廣の母が山代固の娘源氏であった。源氏は父から所領の分与をされなかったために山代固後家が改嫁したとして幕府に訴えたが敗訴し、後家尼の一期知行が認められている。(21)24号に見える益田通廣はこの訴訟から五年後に母（源氏）の志を継いで再び訴えた。通廣は、後家尼の改

嫁を証明するために多くの証人を立てているのであるが、その証言の何れもが根拠不十分ということで、幕府からは「非沙汰之限」とされた。すなわち訴えは棄却されたのである。

○24号　関東下知状（肥前松浦山代文書）

肥前國御家人通廣（益田六郎入道子息）與山城三郎固後家尼相論改嫁事

右、對決之處、兩方申詞子細雖多、所詮、通廣則、以泉女辨濟使妻福大宮司末時・藤大夫一┐（次字有擢）・治部房長有・源三廣・有田三郎究等爲證人、固後家尼改嫁之由訴之、後家尼亦此条今始申出之儀、先度同訴申之間、委經御沙汰、尼蒙御下知畢、其上者、不及御信用之旨陳之、爰被尋問通廣注申輩之處、治部房長有申状、聊雖似有子細、前後之詞渉兩段之上、自餘輩申状、皆以無指證據、就中、被問當國御家人之間、進覧連署起請文二通歟、其内如寛元元年四月廿九日状者、九人加署判、而峯三郎入道・同源藤二持・同彌次郎勝・左近将監並、已上四人者、以御厨目代吉弘之説、雖承及之不知一定云々、執行廻・志佐六郎貞・志岐宮司家安・相神浦三郎家一┐（忠字有擢）・小佐ゝ太郎重高、已上五人者、令風聞之由雖承之、實正不可誰人之説云々、如同五月十一日状者、五人加署判歟、其内波多源二郎入道・石志ゝ次郎潔二人者、下人等中雖令申沙汰之、實正不可誰人之説云々、佐志源二郎仰・値賀余三健・吉富右近太郎資業三人者、程遠之間、不知及云々者、通廣就注申、數輩之證人面々雖被尋問、爲一人證據不詳之間、非沙汰之限、早可令停止通廣濫訴之狀、依仰下知如件、

寛元二季四月廿三日

武藏守平朝臣（経時）（花押）

次に示す20号は、父が夜討を受け相伝文書が盗難にあったということを北郷五郎兼持女子尼が申請し、それを幕府が認めたものである。こうした盗難や火災などによって相伝文書などを失った場合に、その証明を幕府が行うことを「紛失安堵」という。この事例では、相伝文書を持っているものは（盗人なのだから）罪科を加えるという内容である。関連する25号からこの尼の名が西蓮であることや、相伝文書には日向国島津荘内の林田・久富等の名主職が含まれていることなどが読みとれるが、日置兼秀申状案では、この北郷五郎兼持が兼秀祖父来西入道の証判坪付を盗んで加筆し弁済使職を掠め取ろうとしたと訴えられており(22)、背景に弁済使職や名主職をめぐる相論があったことが分かる。こうした紛失安堵は義時執権期にも見られるが、この場合も関東下

知状を用いている。(23)

○20号　関東下知状写（備忘録市來北山新兵衛蔵）

（同）北郷五郎兼持女子尼申、相傳文書事、被夜討兼持之時、爲惡党等、被盜取云々、自今以後、令帯彼文書之輩者、可有其科之狀、依仰下知如件

寛元〻季十一月廿日

武蔵守平（経時）御判

三　関東御教書

関東御教書は、経時発給文書中最も多く、4号・6号・8号・12号・13号・14号・15号・17号・21号・22号・25号・26号・28号・29号・30号・32号・33号・35号・36号・38号・39号・41号の二十二通である。正文は21号・30号・35号の三通、案文は12号・13号・15号・32号・33号の五通、他は写となっている。連署が置かれていないため、関東下知状と同様に全て執権経時の単署である。

御教書とは、平安時代以降用いられた文書様式で、三位以上の公卿の意を受けてその家司が発給した文書である。鎌倉時代、源頼朝が従二位に叙せられてからは武家様文書の主柱の一つとなり、関東御教書・六波羅御教書・鎮西御教書の三種がある。下知状と同じ奉書であるが、書止文言を「依仰執達如件」「仍執達如件」で結ぶことで明確に区別される。

用途については、下文や下知状が権利の付与などの永続的効力を持つのに対して、御教書は限時的効力を持つに過ぎず、その内容が宛所に伝達されればその機能はなくなるものとされている。(24)

次に示す15号はまさにそうした用途に用いられており、定使を継いだ薩摩十郎に対して、流鏑馬を勤仕することを伝達し、難渋する者がいたらその名を列挙して報告するように命じる内容で、永続的効力を期待するものではない。

○15号　関東御教書案（武蔵橘中村文書）

九月九日流鏑馬事、爲薩摩入道定使、令勤仕來之處、其跡人々依相論致對捍云々、仍爲薩摩十郎沙汰、催具件跡人ミ、随分限可致勤仕也、若猶於致難澁人者、可被注進交名之由、所被仰下也、仍執達如件、

寛元ミ年九月六日　　武藏平（経時）　在判

薩摩十郎殿

次の35号も同様で、越中国二上荘において預所と地頭との相論があり、地頭石黒弥三郎に対し、来年二月に幕府法廷おける預所との対決のための出頭を命じたもので、こうした文書をその用途から「召文御教書」と呼ぶこともある。

○35号　関東御教書（東京久能木宇兵衛氏所蔵文書）

「北条経時判形」

越中國二上庄雑掌申問注事、申狀遣之、所詮、明春二月中預所相共、可令参決之狀、依仰執達如件

寛元二年十二月廿四日　　武藏平（経時）（花押）

石黒彌三郎殿

なお、関東御教書に「写」が多いのは、「新編追加」、「式目追加」、「式目追加條々」、「侍所沙汰編」など後世の法令集から採った文書が多いからであり、そのほとんどが『中世法制史料集』にも採録されている。幕府の追加法が限時的効力しか有さないとされる御教書で発給されることに違和感を感じる向きもあろうが、これは執権経時から他の幕府組織（担当者）に対する伝達を目的とする文書だったからである。

宛所として最も多いのは、この時期、六波羅探題（北方）を務めていた北条重時で、12号・13号・22号・25号・26号・28号・30号・36号・39号の九通がこれにあたり、六波羅探題が管轄する西国の政務に関する内容が伝達されている。30号が正文、12号・13号が案文で、他は写であった。案文の12号・13号と写の28号はほぼ同じ内容で、内容に少々の異同があったために『鎌倉遺文』にも採録されているが、中世法の伝達・拡散を考える上で興味深い(25)。また、25号と30号は、普遍的な適用を目的とする追

加法ではなく、それぞれ日向国島津荘及び紀伊国河上荘という個別の案件に関する指示となっている。なお、経時発給の関東御教書中では、宛所が重時の場合のみ「謹上」という上所を付けて敬意を表している。これは、重時の位階は従四位下であり、正五位下の経時より上位であったことによるものと思われる。(26)

○28号　**関東御教書写**（式目追加）

諸國御家人跡、爲領家進止之所々御家人役事

御家人相傳所帯等、雖爲本所進退、無指誤於被改易者、任先度御教書旨、可被申子細也、其上不事行者、可被注申關東候、若又當知行輩於其咎出來者、以御家人役勤仕之仁、可被改補之由、可被執申候、執至役者、任先例不可懈怠之由、可被催沙汰之由、可令申沙汰給之状、依仰執達如件

寛元二年八月三日　武藏平（経時）御判

謹上　相模守殿（北条重時）

宛所で北条重時に次いで多いのは町野康持で、4号・6号・8号・14号・17号・29号の六通がこれにあたる。町野康持は三善康信の孫にあたり、父康俊の代から町野を称していた。いわば実務法曹官人の家柄であり、祖父康信・父康俊を継いで問注所執事を務めており、その職務に基づく経時からの指示である。この後時頼執権期には、寛元の政変に際して評定衆を解任されることから反執権派と目されている康持であるが、経時発給文書からは職務に基づく「越堺（境越）下人」、「懸物押書」、「博奕」など訴訟に関する内容が伝達されており、ここからは経時との確執や齟齬等は読み取れない。

○4号　**關東御教書写**（新編追加）

越堺下人事、地頭等有不知之子細、年來於令拘留之輩者、不論年紀、今更非沙汰之限、自今以後、相互慥可令糺返也、但至百姓下人者、不可混地頭所従、爲十箇年内者、准被定置之旨、可返與由、可被加下知之状、依仰執達如件

寛元元年四月廿日　左近將監（経時）判

加賀民部大夫殿（町野康持）

宛所が後藤基綱のものが、次の38号である。後藤基綱は基清の子であるが、承久の乱において後鳥羽上皇方についた父に同心せずに幕府方として戦い戦功をあげた。嘉禎三年（一二三七）には経時と同じ正五位下に叙せられる有力御家人であったが、前述の町野康持同様に寛元の政変で反執権派として評定衆を解任されることになる。38号の内容は、保奉行人が存知すべき五箇条であり、保奉行人を統括する立場の者に充てられたと考えられるが、この基綱の権限は鎌倉市中の行政を担当した政所の職員のうちから任命された地奉行と考えられる。(27)

○38号　**関東御教書写**（吾妻鏡寛元三年四月廿二日條）

保司奉行人可存知條々

一　不作道事

一　差出宅檐於路事

一　作町屋漸ゝ狭路事

一　造懸小屋於溝上事

一　不夜行事

右、以前五箇條、仰保々奉行人、可被禁制也、且相觸之後、七ヶ日於立之者、相具保奉行人者使者、可被破却之條、依仰執達如件

寛元三年四月廿二日　　武藏守（経時）

佐渡前司殿（後藤基綱）

名越時長宛の御教書も41号の一通ある。時長は北条朝時の三男であり、朝時に始まる名越氏は反得宗の志向を持っていた北条氏一門として知られている。事実、寛元四年（一二四六）三月の経時から時頼への執権職移行に際して寛元の政変が起こっている。これは、時長の兄名越光時らが前将軍藤原頼経を擁して時頼の排除を図って失敗したもので、時長は兄時章・弟時兼とともに陳謝して許されている。そのような経緯をふまえると興味深い史料であるが、その辺の事情は読み取れない。

この御教書が名越時長に宛てられた理由についての解釈は難しいが、内容的に「国々」や「鎌倉中」の鷹狩の取締を命じたも

のであり、『吾妻鏡』同日条には諸国に仰せられたとあることから、時長も守護の一人として伝達を受けたとするのが自然である。時長の明確な守護徴証は見いだせないが、名越氏が守護を務めていた北陸道諸国のいずれかの守護正員ないし守護代の可能性もあるのではないだろうか。

○41号　関東御教書写（新編追加）

鷹狩事、殊御禁制之處、近年甲乙人等、背代々御下知、云國ゝ、云鎌倉中、多好狩之由、其有聞、甚濫吹歟、已招自科者歟、永可令停止、自今以後、猶令違犯者、可有後悔也、但於神社供祭鷹者、非制之限、以此旨、普可被相觸之條、依仰執達如件

寛元三年十二月十六日　　武藏守（経時）判

備前守殿（名越時長）

前述したように、限時的効力しか有さないとされる御教書であるが、その原則から外れ永続的効力を期待される安堵に用いられている文書も、経時発給文書には21号と33号の二通が残る。これら二通はいずれも当知行安堵、すなわち当知行地を再確認するという用途に用いられている。こうした当知行を御教書によって確認する意味については、すでに工藤勝彦氏が述べているように、御成敗式目第四十三条「当知行所領無指次申給安堵御下文事、若以其次始致私曲歟、自今以後可被停止也」の規定に従って、御教書が用いられたのである(28)。

○21号　関東御教書（保阪潤治氏所蔵手鑑）

石見國大家庄惣公文職事

右、如惟行申狀者、養父國知相傳之所職也、爰當庄住人行公不慮外致妨之間、申六波羅依令言上子細、賜領家御下文畢、然者、守先ゝ御成敗、欲賜重安堵御下文、且當知行無相違云云、略之者、不及子細、任承久二年二月廿四日當家御下文、早可令安堵之狀、依仰執達如件

寛元元年十一月廿三日　　武藏守（経時）（花押）

源二郎殿

○33号　関東御教書案（薩摩比志島文書）

薩摩國満家院内比志嶋・西俣・河田城・前田・上原薗、以上五箇所事、雖不帯本御下文、進覧度ゝ御教書案上、如守護人嶋津大隅前司書状、當知行無相違云ゝ、此上不及異儀歟者、依仰執達如件、

寛元二年十二月十一日　　武蔵守（経時）在御判

上総法橋御房

四　経時袖判下文・経時袖判書下・経時袖判沙弥右蓮奉書

ここまで述べてきた将軍家政所下文や関東下知状・関東御教書は、執権（あるいは政所別当）としての幕府発給文書であったが、これから述べる19号の経時袖判下文・5号の経時袖判書下・3号の経時袖判沙弥右蓮奉書は、いずれも得宗領に関するものである。関東下知状や関東御教書が、形式的には将軍（鎌倉殿）の意を体する奉書形式であったのに対して、ここで扱う下文や書下は経時の直状である。また、袖判は尊大な書礼であり、経時の幕府発給文書には見られなかった。

次に示す19号は、阿蘇社大宮司職に付随する八箇所の所領を安堵したものである。阿蘇社に関しては、北条氏か大宮司の当事者のいずれかが交代するたびに新たな安堵状が発給されていることは石井進氏によって明らかにされているが、(29)本文書は「任故武蔵入道文□□□（暦二年）八月廿七日下文」とあるように、泰時から経時への代替わりに伴って宇治亀熊丸（惟景）に安堵したものである。大宮司側の交代に伴う安堵の場合は、「任親父宇治惟義今年八月廿五日譲状」というような文言が入る。(30)

○19号　北条経時袖判下文（肥後阿蘇文書）

（経時花押）

下　　宇治龜熊丸

可早領知阿蘇社内所領□□

中村　下田　上久木野　□□□□

荒木　大野　柏村　　□□

右人、任故武蔵入道文□□□八月廿七日下文、可安堵領□□□如件

寛元元年十一月九日

次の5号は、書下という形式で、下文と異なって「下…宛所」がなくて事書から始まり、「…状如件」で結ぶ。また、純私用の書状と異なり、日付に年次を加えるのも特徴である。内容的には健軍社大宮司職とそれに付随する所帯が津屋三郎惟盛に安堵されたものである。津屋三郎惟盛は、宇治惟義の父惟次の三男で、19号の宇治惟景から見れば叔父にあたる。本文書は、惟次の譲状を受けて発給されたものである。(31) 19号と同じ諸職所帯の安堵に関する内容でありながら「下文」ではなく「書下」という形式の文書を用いたのは、惣領と庶子に対する礼遇の差を反映しているのではないだろうか。『阿蘇文書』を通覧すると、下文は阿蘇社大宮司職の安堵に限られているようである。

○5号　北条経時袖判書下（肥後阿蘇文書）

（経時花押）

阿蘇社領勢多村健軍社大□□職・南郷内久和波□□□□□□□□敷赤池陳事

右、津屋三郎惟盛可安堵領知□□如件

寛元元年五月十六□

次の3号は、経時の意を受けた沙弥右蓮という被官が作成し、経時が袖判を加えている文書で、形式的には書下と同様に事書から始まり、「依仰執達如□（件）」という奉書文言で結んでいる。内容的には19号に見える惟景（亀熊丸）の兄にあたる惟忠が父惟義の遺領について訴えをおこしたが、本人が父から勘当されたことを認めているので「非沙汰之限」、すなわち訴えは棄却したということを惟景に知らせたものである。沙弥右蓮については不詳であるが、得宗家の訴訟に関わる職務を担当した被官であろう。奥富敬之氏は、本文書を得宗家公文所奉書としている。(32)

○3号　北条経時袖判沙弥右蓮奉書

（経時花押）

阿蘇大宮司太郎惟忠申□□惟義遺領間事、故入道殿御□、次男亀熊丸任惟義之譲状、去□□二年八月廿七日成賜安堵御下文□、随又、惟忠者、蒙惟義勘當□□、令自稱之間、今更非沙汰之限、□令存此旨給之状、依仰執達如□

仁治三年十一月十日　　沙弥右□□（蓮）

阿蘇亀熊殿

五　書状

北条経時発給になる書状は1号と31号の二通ある。次に示した1号は、前述した阿蘇大宮司職に関わるもので、亀熊（惟景）への譲状と安堵御下文は確認したので、もし訴訟となるときにはこれを踏まえて対応するという内容である。充所は記されていないが、亀熊（惟景）と考えられ、おそらくは3号で見たような訴訟を想定した亀熊（惟景）から事前に証拠書類を送付してきたことに対する返書であり、機能的には「請文」に該当するものであろう。幕府発給文書ならば関東御教書が用いられるような内容と言えるが、この時期の得宗領に関しては書状を用いたことが分かる。(33)

○1号　北条経時書状写（阿蘇神社文書）

亀熊殿譲状、同安堵御下文、委見候了、沙汰候ハん時ハ、このやうを可存知候、謹言

「嘉禎三年」

七月廿九日　　左近将監（経時）（花押影）

次の31号は、二階堂行義に充てた文書で、上総法橋栄尊（比志島重賢）が申請してきた申状と証文はこのとおり揃っているので、子細を尋ねて申沙汰させるようにという指示である。二階堂氏は鎌倉幕府の文吏を務めた家であるが、この時の二階堂行義の立場は評定衆であった。前述したように、評定衆は三番編成でそれぞれが訴訟を担当する日が定められていたので、(34)それに基づく

指示であったと思われる。前述のように、執権経時から他の幕府要人に対する伝達を目的とする場合、関東御教書が用いられることが多かったが、本文書は書状を用いた例である。

ちなみに、本文書の関連文書である33号によれば、この時、上総法橋栄尊（比志島重賢）は下文は所持していないものの、度々の御教書案と守護が当知行を証明する書状を進めたので、それに基づいて薩摩国満家院内五箇所の知行が認められたことが分かる。

○31号　北条経時書状案（薩摩比志島文書）

上総法橋指申安堵御下文事、申状幷證文等如此候、相尋子細、可令申沙汰給候、謹言

「寛元二年」十一月廿五日　　　　経時　在御判

（二階堂行義）
出羽前司殿

おわりに

以上、北条経時発給文書を様式から分類し、それぞれの用途を中心に考察してきた。経時発給文書四十一通を様式別にみると、（一）将軍家政所下文五通（一二％）、（二）関東下知状九通（二二％）、（三）関東御教書二十二通（五四％）、（四）書状二通（五％）、（五）袖判下文一通（二％）、（六）袖判書下一通（二％）、（七）袖判沙弥右蓮奉書一通（二％）であった。

用途についてまとめると、将軍家政所下文は、地頭職等の御恩の授与に多く用いられるとされるが、経時発給文書に関してはそのうちの譲与安堵に限定していた。関東下知状は下文に次ぐ重要性を持ち、永続的効力を期待される内容について伝達するときに用いられるとされるが、経時発給文書の場合も相論の裁許が最も多く（関東下知状の六七％）、訴えの棄却や「紛失安堵」にも用いられていた。

下文や関東下知状に対し、限時的効力しか有さないとされる御教書については、御家人への流鏑馬勤仕の指示や幕府法廷への召喚状であるいわゆる「召文御教書」が見られたが、それ以上に北条重時や町野康持ら幕府組織（担当者）への伝達に用いられていた。経時発給になる関東御教書全体の六四％が「写」であり、これらは「新編追加」など後世の法令集に採録された文書である。幕府の追加法が限時的効力しか有さないとされる御教書で発給されることに違和感をもつ向きはあろうが、伝達された段

階でその内容については所管する幕府組織（担当者）の職責に属するという考え方に基づいていると考えられる。

尊大な書札である袖判下文・袖判書下・袖判沙弥右蓮奉書は、いずれも得宗領に関するもので、全てが『阿蘇文書』を出典とする。これらの様式の使い分けについては、それぞれが一通ずつで断定はできないものの、下文が惣領である阿蘇社大宮司職・所帯に係る安堵、書下は庶子の諸職・所帯に係る安堵、袖判沙弥右蓮奉書は得宗領に係る相論の裁許に用いられているようである。

書状二通のうち、一通は阿蘇社領における相論に関するもので、一方の証拠書類を披見したことを御内人に伝達する内容であったが、他の一通は、幕府組織（担当者）である二階堂行義に訴訟の事務手続を指示したものであり、前述した関東御教書との混用が見られた。

註

（1）久保田和彦「四代執権北条経時」（日本史史料研究会監修・細川重男編『鎌倉将軍・執権・連署列伝』吉川弘文館、二〇一五年、所収）。
（2）仁平義孝「執権政治期の幕政運営について」（『国立歴史民俗博物館研究報告』第四五号、一九九二年）、高橋慎一朗『北条時頼』（吉川弘文館、二〇一三年）、久保田和彦「四代執権北条経時」（日本史史料研究会監修・細川重男編『鎌倉将軍・執権・連署列伝』吉川弘文館、二〇一五年）等。
（3）工藤勝彦「九条頼経・頼嗣将軍期における将軍権力と執権権力」（『日本歴史』第五一三号、一九九一年）。
（4）青山幹哉「『御恩』授給文書にみる鎌倉幕府権力」（『古文書研究』第二五号、一九八六年）。
（5）『鎌倉遺文』七三三二号。
（6）『関東評定衆伝』。
（7）杉橋隆夫「鎌倉執権政治の成立過程――十三人合議制と北条時政の『執権』職就任――」（『御家人制の研究』所収、一九八一年、のち日本古文書学会編『日本古文書学論集5』に再録、一九八六年）。
（8）建保四年四月二十二日（『鎌倉遺文』二二二七号）から建保五年八月二十二日（『鎌倉遺文』二三三二号）までの五通の将軍家政所下文。
（9）仁治元年閏十月十三日（『鎌倉遺文』五六四八号）、仁治元年十二月七日（『鎌倉遺文』五六八七号。
（10）仁治二年五月一日（『鎌倉遺文』五八二七号）から仁治三年四月五日（『鎌倉遺文』六〇一一号）までの五通の将軍家政所下文。
（11）青山幹哉「鎌倉幕府将軍権力試論――将軍九条頼経～宗尊親王期を中心として――」（『年報中世史研究』第八号、一九八三年）。
（12）永井晋『金沢北条氏の研究』（八木書店、二〇〇六年）。
（13）五味文彦『武士と文士の中世史』（東京大学出版会、一九九二年）、永井晋『金沢北条氏の研究』（八木書店、二〇〇六年）。

（14）石井清文「北条経時執権期の政治バランス（Ⅰ）～（Ⅲ）」（『政治経済史学』三九一・三九八・四〇〇号、一九九九年）。
（15）『吾妻鏡』寛元元年五月二十三日条。
（16）『吾妻鏡』仁治二年九月三日條所収中原師員書状写（『鎌倉遺文』五九二三号）。
（17）佐藤進一『［新版］古文書学入門』（法政大学出版局、一九九七年）。
（18）熊谷隆之「鎌倉幕府の裁許状と安堵状――安堵と裁許のあいだ――」（『立命館文学』六二四号、二〇一二年）。
（19）仁治元年閏十月十一日関東下知状写（『鎌倉遺文』五六四六号）。
（20）ことばの中世史研究会編『鎌倉遺文にみる中世のことば辞典』（東京堂出版、二〇〇七年）八二頁。
（21）延応元年五月二十五日関東下知状（『鎌倉遺文』五四三四号）、延応元年九月二十日大宰府守護所下文（『鎌倉遺文』五四七六号）。
（22）日置兼秀申状案（『鎌倉遺文』六二五一号）。
（23）承久二年十月十四日関東下知状（『鎌倉遺文』二六五七号）。
（24）佐藤進一『［新版］古文書学入門』（法政大学出版局、一九九七年）。
（25）28号は「式目追加」からの採録であるが、12号は『東寺百合文書』、13号は「多田神社文書」から所収されており、伝達・拡散が想定できる。
（26）「引安礼節」（『群書類従』第二十七輯）には、五位から四位に対しては「謹上」を付すべき旨が示されており、こうした書札礼に則ったものであろうか。後述の38号の宛所の後藤基綱は経時と同じ正五位下であるが、「謹上」の上所はない。
（27）佐藤進一『鎌倉幕府訴訟制度の研究』（畝傍書房、一九四三年）、網野善彦「鎌倉の『地』と地奉行」（『三浦古文化』一九号、一九七六年）のち『日本中世都市の世界』筑摩書房、二〇〇一年に再録）。
（28）工藤勝彦「九条頼経・頼嗣将軍期における将軍権力と執権権力」（『日本歴史』五一三号、一九九一年）。
（29）石井進「九州諸国における北条氏所領の研究」（竹内理三博士還暦記念会編『荘園制と武家社会』吉川弘文館、一九六九年）。
（30）文暦二年八月二十七日北条泰時袖判下文（『鎌倉遺文』四八一三号）。
（31）嘉禄二年八月四日宇治惟次譲状写（『鎌倉遺文』三五〇八号）。
（32）奥富敬之『鎌倉北条氏の基礎的研究』（吉川弘文館、一九八〇年）。
（33）文暦二年八月二十七日北条泰時袖判下文（『鎌倉遺文』四八一三号）。
（34）『吾妻鏡』仁治四年二月日訴訟沙汰結番事、『中世法制資料集』二〇五条。

附記　本稿は、北条氏研究会例会における協議を踏まえて作成したものであり、例会参加諸氏による考察にも多く拠っている。ことに菊池紳一氏、久保田和彦氏からは多くの御教示を得た。記して謝意を表したい。

【表1】　北条経時発給文書目録

例　言

一、年月日欄の〈　〉内は付年号を示す。

二、巻号欄には、『鎌倉遺文』の巻数（〇数字）、文書番号を記載した。補遺編は「補遺」、尊経閣文庫編は「尊経」の略称を用いた。

三、出典は、原則として『鎌倉遺文』記載のそれによった。

四、備考欄には、北条経時の官途、幕府の役職の他、単署・連署（関東下知状・関東御教書等）、『鎌倉遺文』との相違などを適宜記載した。なお、『鎌倉遺文』は「鎌遺」の略称を用いた。

五、備考欄には、北条経時の動向・官途・幕府の役職等の他、関東下知状・関東御教書等の場合は単署・連署の区別、『鎌倉遺文』に記される注記や『鎌倉遺文』と本目録との相違点などを適宜記載した。なお、『鎌倉遺文』は「鎌遺」の略称を用いた。

六、本目録は、山野井功夫、菊池紳一が作成した。

番号	年月日	文書名	出典	巻号	備考
1	〈嘉禎四年〉七月二十九日（一二三八）	北条経時書状写	肥後阿蘇文書	⑦五二八四	「鎌遺」⑦五一五九に「嘉禎三年」と読み収めるが誤入。
2	仁治三年十月二十三日（一二四〇）	将軍（藤原頼経）家政所下文	長府毛利家文書	⑧六一二七	政所別当。仁治三年六月十五日執権就任。
3	仁治三年十一月十日	北条経時袖判沙弥右蓮奉書	肥後阿蘇文書	⑧六一三六	
4	寛元元年四月二十日（一二四三）	関東御教書写	新編追加	⑨六一七二	経時単署。「鎌遺」は「関東御教書」とする。
5	寛元元年五月十六日	北条経時袖判書下	肥後阿蘇文書	⑨六一八二	「鎌遺」は「北条経時下文」とする。
6	寛元元年五月十七日	関東御教書写	新編追加	⑨六一八三	経時単署。「鎌遺」は「関東御教書」とする。
7	寛元元年六月十一日	将軍（藤原頼経）家政所下文	古證文諏訪部氏三刀屋旧證文	⑨六一九二	政所別当。
8	寛元元年七月七日	関東御教書写	新編追加	⑨六一九九	経時単署。寛元元年七月八日任武蔵守。「吾妻鏡」同年閏七月七日条参照。「鎌遺」は「関東御教書」とする。
9	寛元元年七月十九日	関東下知状	山城醍醐寺文書	⑨六二〇四	経時単署。
10	寛元元年七月二十八日	将軍（藤原頼経）家政所下文	長府毛利家文書	⑨六二〇七	政所別当。
11	寛元元年七月二十八日	将軍（藤原頼経）家政所下文案	東京大学法学部資料室所蔵文書	補遺③補一三一二	政所別当。「鎌遺」は「将軍家政所下文」とする。
12	寛元元年八月三日	関東御教書案	東寺百合文書ノ	⑨六二二三	経時単署。「鎌遺」は「関東御教書」とする。「鎌遺」の注記に「東寺百合文書ホ所収の案文は、寛元二年とする。」等の記載がある。
13	寛元元年八月三日	関東御教書案	摂津多田神社文書	補遺③補一三一四	経時単署。「鎌遺」⑨六二二三と同文書。⑨六三五九と同文言。寛元二年に収める。

番号	年月日	文書名	出典	鎌遺	備考
14	寛元元年八月二十六日	関東御教書写	式目追加条々	⑨六二二九	経時単署。「鎌遺」は「関東御教書」とする。
15	寛元元年九月六日	関東御教書案	武蔵橘中村文書	⑨六二三五	経時単署。
16	寛元元年九月二十一日	将軍（藤原頼経）家政所下文案	豊前末久文書	⑨六二三七	政所別当。
17	寛元元年九月二十五日	関東御教書写	後日之式条	⑨六二三八	経時単署。「鎌遺」は「関東御教書」とする。『中世法制史料集』第一巻は、別に出典として「近衛家本式目追加条々」を示す。
18	寛元元年九月二十五日	関東下知状写	香取旧大禰宜家文書	⑨六二三九	経時単署。「鎌遺」は「本文書欠損あり。香取文書纂二により て補う。」と注記する。
19	寛元元年十一月九日	北条経時袖判下文	肥後阿蘇文書	⑨六二四六	「鎌倉」は「北条経時下文」とする。
20	寛元元年十一月二十日	関東下知状写	備忘録抄市來北山新兵衛蔵	⑨六二五〇	経時単署。「鎌遺」は「関東下知状」とする。
21	寛元元年十一月二十三日	関東御教書	保坂潤治氏所蔵手鑑	⑨六二五三	経時単署。
22	寛元元年十二月二十二日	関東御教書写	新編追加	⑨六二六五	経時単署。「鎌遺」は「関東御教書」とする。
23	寛元元年十二月二十三日	関東下知状	肥後相良家文書	⑨六二六六	経時単署。
24	寛元二年四月二十三日（一二四四）	関東下知状	肥前松浦山代文書	⑨六三〇八	経時単署。
25	寛元二年六月二十四日	関東御教書写	備忘録抄市來北山新兵衛蔵	⑨六三三二	経時単署。「鎌遺」は「六波羅御教書案」とする。
26	寛元二年六月二十五日	関東御教書写	新編追加	⑨六三三三	経時単署。「鎌遺」は「関東御教書」とする。
27	寛元二年七月二十一日	関東下知状	出羽中条敦氏所蔵文書	⑨六三四五	経時単署。
28	寛元二年八月三日	関東御教書写	式目追加	⑨六三五九	経時単署。「鎌遺」⑨六二二三・補遺③補一三二四と同文言、寛元元年に収める。「鎌遺」は「関東御教書」とする。
29	寛元二年十月十三日	関東御教書写	侍所沙汰編	⑨六三八七	経時単署。「鎌遺」は「関東御教書」とする。
30	寛元二年十月二十六日	関東御教書	早稲田大学所蔵文書	⑨六三九五	経時単署。
31	〈寛元二年〉十一月二十五日	北条経時書状案	薩摩比志島文書	⑨六四〇七	
32	寛元二年十一月二十六日	関東御教書案	紀伊金剛三昧院文書	⑨六四〇八	経時単署。
33	寛元二年十二月十一日	関東御教書案	薩摩比志島文書	⑨六四一七	経時単署。「鎌遺」は「六波羅御教書案」とする。
34	寛元二年十二月二十四日	関東下知状	尊経閣所蔵文書／尊経閣古文書纂編年文書	⑨六四二一／尊経五五	経時単署。
35	寛元二年十二月二十四日	関東御教書	東京久能木宇兵衛氏所蔵文書	⑨六四二二	経時単署。

36	寛元三年正月九日(一二四五)	関東御教書写	吾妻鏡同日条	⑨六四三二	経時単署。「鎌遺」は「関東御教書」とする。
37	寛元三年三月二十八日	関東下知状	安芸香川家文書	補遺③補一三三五	経時単署。前欠文書。
38	寛元三年四月二十二日	関東御教書写	吾妻鏡同日条	⑨六四七〇	経時単署。「鎌遺」は「関東御教書」とする。
39	寛元三年五月九日	関東御教書写	式目追加	⑨六四八三	経時単署。「鎌遺」は「関東御教書」とする。
40	寛元三年十一月二十一日	関東下知状写	小早川家文書	⑨六五七七	経時単署。
41	寛元三年十二月十六日	関東御教書写	新編追加	⑨六五九四	経時単署。「鎌遺」は「関東御教書」とする。寛元四年閏四月一日死去。

北条時頼文書概論

川島孝一

はじめに

鎌倉幕府の執権職を世襲した北条氏の文書研究については、これまで北条時政[1]・北条義時[2]・北条時宗[3]、また一族の金沢貞顕[4]などの人物が発給した文書の考察が行なわれてきた。今日現存する北条氏が署判を加えた文書の多くは鎌倉幕府文書であり、それゆえ北条時政・義時時代の考察は関東下知状や関東御教書などの鎌倉幕府文書の「文書様式」[5]を中心に論じられてきた。一方、私的書状の方面については、川添昭二氏の北条時宗文書、永井晋氏の金沢貞顕の書状の検討が試みられており、特に多数の金沢貞顕文書を整理した永井氏は、私的書状の有り様をはじめ料紙の問題に検討が加えられており、あらたな古文書様式論の一つの展望を示すものといえよう。

また川添氏は北条時宗文書を、発給主体から1、関東下知状や関東御教書を中心に将軍家政所下文を含めた幕府文書、2、下知状・下文・申文・願文などの得宗文書、3、私人としての文書、と大きく三つに大別している。本稿では北条時頼文書の整理という課題に際して、時頼が署判を加えた文書を執権・政所別当として発給した幕府文書と北条氏一族の家督としてまたは個人的に発給した得宗文書と二つに大別して整理し検討を加えていきたいとおもう。そして時頼の発給した文書を通じて鎌倉幕府文書や北条氏文書の性格の一端に触れてみたい[6]。

ところで、現在までに筆者が収集しえた北条時頼が書判を加えた文書を整理したものが「表1　北条時頼発給文書目録」である。そしてこの表をもとに、各分類にもとづく表を作成したので併せて参照してもらいたい。

表1　北条時頼発給文書目録

No.	文書名	年月日	典拠	遺文番号	他の活字史料集など	備考
1	北条時頼袖判成阿奉書	仁治3・10・1	南部光徹氏所蔵遠野南部家文書	⑧六一一一	『青森県史』資料編・中世一	北条時頼の袖判
2	北条時頼袖判盛阿奉書	仁治3・10・1	岩手大学附属図書館所蔵新渡戸文書	⑧六一一二	『青森県史』資料編・中世一	北条時頼の袖判
3	北条時頼下文	仁治3・10・25	原本所在不明文書(新渡戸・宮崎・斎藤文書)	⑧六一三〇	『青森県史』資料編・中世一	北条時頼の袖判
4	関東御教書案	寛元4・10・29	延時文書	⑨六七五三	『鹿児島県史料』旧記雑録拾遺・家わけ六	「九―六七五四」・「羽島文書」(『宮崎県史』史料編・中世1)と同じ
5	北条時頼奉書	[寛元4]・12・3	保阪潤治氏所蔵文書	⑨六七六七	『福井県史』資料編・中世二	
6	北条時頼下文	寛元4・12・5	宇都宮文書	⑨六七六八		
7	関東御教書	寛元4・12・11	延時文書	⑨六七七三	『鹿児島県史料』旧記雑録拾遺・家わけ六	
8	関東御教書写	寛元4・12・17	吾妻鏡・寛元四年十二月十七日条	⑨六七七七	『中世法制史料集』追加法二五四条	
9	関東御教書案	寛元5・2・2	武雄神社文書	⑨六七九七	『佐賀県史料集成』古文書編・第二巻	「武雄社重書案」のうち
10	北条時頼下文	寛元5・2・16	阿蘇家文書	⑨六八〇一	『阿蘇文書之一』(大日本古文書)	
11	北条時頼寄進状写	寛元5・2・16	走湯古文一覧	⑨六八〇二	『静岡県史』資料編五・中世一	『静岡県史』中世一は「走湯古文一覧」による
12	関東下知状写	宝治元・卯・2	諏訪神長官文書	ホ③一三六二		書体・内容より後世の写・要検討
13	北条時頼書状写	(宝治元)・6・5	吾妻鏡・宝治元年六月五日条	⑨六八三五		
14	関東御教書写	(宝治元)・6・5	吾妻鏡・宝治元年六月五日条	⑨六八三六		
15	北条時頼下文	宝治元・7・18	南部光徹氏所蔵遠野南部家文書	⑨六八五六	『青森県史』資料編・中世一	「南部家所蔵曽我文書」(『南部家文書』)と同じ
16	関東御教書案	[宝治元]・7・19	崎山文書	⑨六八五七	『和歌山県史』中世史料二	「湯浅一門重書案」のうち
17	関東御教書写	宝治元・7・19	新編追加	⑨六八五八	『中世法制史料集』追加法二五七条	
18	北条時頼寄進状写	宝治元・8・8	走湯古文一覧	⑨六八六六	『静岡県史』資料編五・中世一	『静岡県史』中世一は「走湯古文一覧」による
19	関東下知状案	宝治元・8・17	金剛三昧院文書	⑨六八七〇	『高野山文書』第二巻	二十二通の連券のうち
20	関東下知状案	宝治元・8・17	金剛三昧院文書	⑨六八七一	『高野山文書』第二巻	二十二通の連券のうち

21	関東御教書案	宝治元・9・13	経光卿維摩会参向記(嘉禎元年)紙背文書		『民経記』八(大日本古記録)	
22	北条重時・同時頼連署奉書	(宝治元)・10・8	東寺文書		『若狭国太良荘史料集成』第一巻	
23	関東御教書案	宝治元・10・17	宇佐永弘文書	⑨六八八八	『大分県史料』三	
24	関東下知状案	宝治元・10・25	新田神社文書	⑨六八九〇	『鹿児島県史料集』Ⅲ	
25	関東御教書写	宝治元・10・25	薩藩旧記三権執印文書	⑨六八九一	『鹿児島県史料』旧記雑録前編一	
26	関東御教書案	宝治元・10・29	比志島文書	⑨六八九二	『鹿児島県史料』旧記雑録拾遺・諸氏系譜三	『鹿児島県史料』旧記雑録前編一に写あり、五通の連券のうち
27	関東下知状案	宝治元・10・29	東寺百合文書ェ	⑨六八九三		
28	関東御教書写	宝治元・11・27	吾妻鏡・宝治元年十一月二十七日条	⑨六九〇五	『中世法制史料集』追加法二五八条	
29	関東御教書写	宝治元・12・8	新編追加	⑨六九一四	『中世法制史料集』追加法二五九条	
30	関東御教書写	宝治元・12・13	新編追加	⑨六九一八	『中世法制史料集』追加法二六一条	
31	関東御教書	宝治元・12・26	飯野八幡宮文書	⑨六九二五	『飯野八幡宮文書』(史料纂集)	
32	関東御教書	宝治2・2・29	後藤家文書	⑩六九四三	『佐賀県史料集成』古文書編・第六巻	
33	北条時頼書状案	[宝治2]・3・14	金剛三昧院文書	⑩六九四八	『高野山文書』第二巻	十六通の連券のうち
34	関東御教書案	宝治2・5・11	崎山文書	⑩六九六六	『和歌山県史』中世史料二	「湯浅一門重書案」のうち
35	関東御教書写	宝治2・5・13	松雲公採集遺編類纂六六記録部一〇	ホ③一四〇三		二通あり、一通は宛名欠く
36	関東下知状(前後欠)	(宝治2・5・16カ)	柞原八幡宮文書	⑩六九六九	『大分県史料』九	「関東下知状并六波羅施行状案」のうち
37	関東御教書写	宝治2・7・19	備忘録抄所収市来北山文書		五味克夫氏紹介史料	
38	関東御教書写	宝治2・7・29	新編追加	⑩六九九二	『中世法制史料集』追加法二六四条	
39	松下禅尼下知状	宝治2・8・8	毛利元雄氏所蔵文書		相田二郎氏『日本の古文書』上	東大史料・影写本は「長府毛利家文書」に収める
40	関東下知状	宝治2・9・13	室園文書	⑩六九九八		
41	関東下知状	宝治2・12・5	久米田寺文書	⑩七〇一五	『泉州久米田寺文書』	
42	関東下知状(前欠)	宝治3・正・10	石田文吉氏所蔵文書	⑩七〇三七	武田勝蔵氏紹介史料	
43	関東御教書案	建長元・5・20	龍造寺家文書	⑩七〇七六	『佐賀県史料集成』古文書編・第三巻	「龍造寺氏重所案」のうち、十一通の連券

44	関東御教書	建長元・6・3	鶴岡八幡宮文書	⑩七〇八二	『明解鶴岡八幡宮古文書集』	
45	北条時頼下文	建長元・6・26	麻生文書	⑩七〇八八	『筑前麻生文書』（北九州市立歴史博物館編）	
46	関東下知状	建長元・7・13	相良家文書	⑩七〇九一	『相良家文書之一』（大日本古文書）	
47	関東下知状案	建長元・7・20	東大寺図書館架蔵文書	⑩七〇九二	『東大寺文書之十六』（大日本古文書）	「与田保相論文書案」のうち、前半は東大寺図書館架蔵文書、後半は京都大学文学部博物館所蔵狩野亨吉氏蒐集文書
48	関東下知状案（抜書）	建長元・7・20	東大寺文書（第四回採訪）		東大史料・影写本	
49	関東下知状	建長元・7・23	尊経閣文庫所蔵宝菩提院文書	⑩七〇九三	『静岡県史』資料編五・中世一	
50	関東御教書	建長元・8・9	二階堂文書	⑩七一〇五	『鹿児島県史料』旧記雑録拾遺・家わけ一	「二階堂氏正統家譜五」のうち
51	関東御教書	建長元・8・10	宇都宮文書	⑩七一〇六	『福島県史』第七巻・資料編二	
52	関東御教書写	建長元・8・23	尾張文書通覧	⑩七一一一		東大史料に謄写本あり
53	北条時頼袖判盛阿奉書	建長元・9・2	阿蘇家文書	⑩七一一九	『阿蘇文書之一』（大日本古文書）	北条時頼の袖判
54	関東御教書	建長元・9・25	飯野八幡宮文書	ホ③一四五九	『飯野八幡宮文書』（史料纂集）	
55	北条時頼奉書案	[建長2]・2・6	海蔵院文書	⑩―七一五九		四通の連券のうち
56	関東下知状	建長2・4・28	入来院家文書	⑩七一九五	『入来文書』	
57	関東下知状案	建長2・7・7	橘中村文書	⑩七二一一	『佐賀県史料集成』古文書編・第十八巻	
58	関東御教書	建長2・7・25	金子文書	⑩七二一五	『明解鶴岡八幡宮古文書集』	要検討
59	関東御教書	建長2・8・3	宗像神社文書	⑩七二一八	『宗像大社文書』第一巻	案文もあり
60	関東御教書	建長2・8・21	高野山文書寶簡集五	⑩七二二六	『高野山文書之一』（大日本古文書）	
61	北条重時・同時頼連署奉書	[建長2]・8・29	尊経閣文庫所蔵石清水文書	⑩七二二八		『石清水文書之一』（大日本古文書）に写あり
62	関東御教書	建長2・9・5	松浦山代文書	⑩七二三〇	『佐賀県史料集成』古文書編・第十五巻	東大史料・影写本は「松浦文書」のうち
63	関東御教書	建長2・9・5	松浦山代文書	⑩七二三一	『佐賀県史料集成』古文書編・第十五巻	東大史料・影写本は「松浦文書」のうち
64	関東御教書	建長2・11・28	鶴岡八幡宮文書	⑩七二四八	『明解鶴岡八幡宮古文書集』	
65	関東御教書写	建長2・11・29	吾妻鏡・建長二年十一月二十九日条	⑩七二四九	『中世法制史料集』追加法二七一条	

66	関東御教書案	建長3・5・21	東寺百合文書ホ	⑩七三一一		「東寺百合文書ノ」にもあり
67	関東御教書写	建長3・6・21	吾妻鏡・建長三年六月二十一日条	⑩七三一九		
68	将軍(藤原頼嗣)家政所下文	建長3・8・3	朽木文書	⑩七三三三	『朽木文書』一(史料纂集)	
69	関東御教書案	建長3・8・4	詫摩文書	⑩七三三四	『大分県史料』一二	「詫磨氏所領重書案」のうち
70	関東下知状案	建長3・9・18	進美寺文書	⑩七三五四	『兵庫県史』史料編・中世三	七通の連券のうち
71	将軍(藤原頼嗣)家政所下文	建長3・12・12	伊達文書	⑩七三八九	『兵庫県史』史料編・中世九	東大史料・影写本は「幸田成友氏所蔵文書」のうち
72	将軍(藤原頼嗣)家政所下文案	建長3・12・14	工藤家文書	⑩七三九一		
73	関東御教書案	建長4・2・20	東寺百合文書ミ	⑩七四一一		十通の連券のうち
74	関東御教書案	建長4・卯・14	益永家文書	⑩七四三三	『大宰府・太宰府天満宮史料』巻八	三十六通の連券のうち
75	関東御教書案	建長4・4・29	宮内庁書陵部所蔵参軍要略抄下裏文書	⑩七四三六	『愛知県史』資料編八・中世一	
76	関東御教書写	建長4・6・25	吾妻鏡・建長四年六月二十五日条	⑩七四五〇	『中世法制史料集』追加法二七四条	
77	関東御教書写	建長4・6・25	薬師寺要録	⑩七四五一		「ホ三―一五一〇」に同文書あり、但し充名もあり
78	関東下知状案	建長4・6・30	入来院家文書	⑩七四五四	『入来文書』	
79	将軍(宗尊親王)家政所下文写	建長4・7・11	平林文書	⑩七四八六	『平林文書(1)』(西国武士団関係史料集一九)	署判は奥下一列
80	関東御教書	建長4・7・12	毛利家所蔵筆陣	⑩七四五八		東大史料・影写本は「長府毛利家文書」のうち
81	北条時頼(カ)下文案	建長4・8・7	工藤家文書	⑩七四六三	『信濃史料』第四巻	
82	将軍(宗尊親王)家政所下文	建長4・8・15	金光文書	⑩七四六八	『大分県史料』二	東大史料・影写本は「乙咩文書」のうち、東大史料・影写本「益永文書」に案あり
83	将軍(宗尊親王)家政所下文	建長4・9・12	家原家文書	⑩七四七三		東大史料・影写本は「三木鼎氏所蔵文書」のうち
84	関東下知状案	建長4・9・16	善通寺文書	⑩七四七六		
85	関東御教書案	建長4・10・11	宮内庁書陵部所蔵参軍要略抄下裏文書	⑩七四八四	『愛知県史』資料編八・中世一	
86	関東御教書案	建長4・10・26	宗像神社文書	⑩七四八七	『宗像大社文書』第二巻	「宗像大宮司長氏証文注進状案」のうち
87	関東御教書	建長4・10・28	尊経閣文庫所蔵加茂文書	ホ③一五二九	『福井県史』資料編二・中世	

88	北条重時・同時頼連署奉書	[建長4]・12・12	石清水八幡宮所蔵菊大路家文書	⑩七四九九	『石清水文書之六』(大日本古文書)	
89	将軍(宗尊親王)家政所下文	建長4・12・26	市河文書	⑩七五〇六	『新編信濃史料叢書』第三巻	
90	関東下知状案	建長4・12・26	詫摩文書	⑩七五〇七	『大分県史料』一二	「詫磨氏所領重書案」のうち
91	将軍(宗尊親王)家政所下文	建長4・12・28	市河文書	⑩七五〇八	『新編信濃史料叢書』第三巻	
92	関東下知状写	建長5・2・11	秋田藩採集文書岡本元朝家蔵	⑩七五二〇	『茨城県史料』中世編Ⅳ	
93	北条重時・同時頼連署書状案	建長5・3・3	菊亭家文書	⑩七五二五		三通の連券のうち
94	北条重時・散位平連署下文案	建長5・3・12	日御碕神社文書	⑩七五二六	『新修島根県史』史料編一・古代中世	六通の連券のうち・要検討・時頼に比定できない
95	関東下知状(断簡)	建長5・3・12	大内文書	⑩七五二七		要検討・年月日・署判のみ
96	北条重時・同時頼連署奉書	[建長5]・3・25	尊経閣文庫所蔵石清水文書	⑩七五三〇		
97	関東御教書写	建長5・4・17	薩藩旧記四権執印文書	⑩七五四一	『鹿児島県史料』旧記雑録前編	
98	関東御教書写	建長5・4・25	新編追加	⑩七五四四	『中世法制史料集』追加法二七六条	
99	関東下知状写	建長5・7・6	千載家旧蔵東大寺文書		横内裕人氏紹介史料	
100	北条時頼書状	[建長5]・7・24	鹿島大禰宜家文書	⑩七五九九	『茨城県史料』中世編Ⅰ	
101	関東御教書	建長5・7・29	長隆寺文書	⑩七六〇三	『愛媛県史』資料編・古代中世	
102	関東下知状案	建長5・7・30	詫摩文書	⑩七六〇四	『大分県史料』一二	「詫磨氏所領重書案」のうち
103	将軍(宗尊親王)家政所下文案	建長5・8・17	実相院文書	⑩七六〇六	『佐賀県史料集成』古文書編・第十五巻	「河上社重書案」のうち
104	関東下知状案	建長5・8・27	詫摩文書	⑩七六一〇	『大分県史料』一二	「肥後国鹿子木荘重書案」のうち
105	関東下知状案	建長5・8・27	橘中村文書	⑩七六一一	『佐賀県史料集成』古文書編・第十八巻	
106	関東下知状写	建長5・10・1	新編追加	⑩七六二一	『中世法制史料集』追加法二八二条	
107	関東御教書案	建長5・10・11	田代文書	⑩七六二二	『高石市史』第二巻	
108	北条重時・同時頼連署交名写	建長5・11・14	経俊卿記・建長五年十二月二十二日条	⑩七六四一	『経俊卿記』(図書寮叢刊)	
109	関東下知状案	建長5・12・20	青方文書	⑩七六五七	『青方文書』第一(史料纂集)	

110	将軍(宗尊親王)家政所下文案	建長5・12・28	禰寝文書	⑩七六八二	『鹿児島県史料』旧記雑録拾遺・家わけ一	
111	将軍(宗尊親王)家政所下文	建長5・12・28	池端文書	⑩七六八三	『鹿児島県史料』旧記雑録拾遺・家わけ一	
112	関東下知状写	建長6・正・20	高城村沿革史所収高城氏文書	⑪七六九七	五味克夫氏論文所引	
113	関東下知状	建長6・3・8	忽那家文書	⑪七七一九	『愛媛県史』資料編・古代中世	
114	関東御教書写	建長6・4・16	真玉寺文書	⑪七七三三	『編年大友史料(増補訂正版)』	「真玉氏系譜」のうち
115	関東下知状案	建長6・4・26	田部文書	⑪七七三八	『宮崎県史』史料編・中世一	「高千穂神社文書」(『宮崎県史』中世一)に省略文書あり
116	関東御教書案(前欠)	建長6・5・7	関戸守彦氏所蔵文書	ホ③一五四六		
117	北条重時・同時頼連署奉書	建長6・7・5	石清水八幡宮所蔵田中家文書	⑪七七七五	『石清水文書之二』(大日本古文書)	「筑波大学所蔵石清水八幡宮文書」に案文あり
118	関東御教書案	建長6・9・12	大内文書	⑪七七九六		要検討・時頼に比定できず
119	関東御教書案	建長6・10・7	柞原八幡宮文書	⑪七八〇九	『大分県史料』九	
120	関東下知状案(抜書)	建長6・10・12	東寺百合文書ェ	⑪七八一二	『中世法制史料集』追加法三〇〇条	
121	関東御教書写	建長6・10・17	吾妻鏡・建長六年十月十七日条	⑪七八一五	『中世法制史料集』追加法三〇二条	
122	関東御教書案	建長6・10・30	東大寺文書	⑪七八一六		案文は四通あり
123	将軍(宗尊親王)家政所下文案	建長6・11・5	臼田文書	⑪七八一八	『茨城県史料』中世編Ⅰ	
124	将軍(宗尊親王)家政所下文	建長6・11・17	黴古館所蔵文書	⑪七八二一		
125	将軍(宗尊親王)家政所下文	建長6・12・12	市河文書	⑪七八二九	『新編信濃史料叢書』第三巻	
126	将軍(宗尊親王)家政所下文	建長7・3・27	色部文書	⑪七八六一	『新潟県史』資料編四・中世二	
127	将軍(宗尊親王)家政所下文	建長7・3・28	深堀家文書	⑪七八六二	『佐賀県史料集成』古文書編・第四巻	
128	関東御教書写	建長7・3・29	式目抄	⑪七八六三	『中世法制史料集』追加法三〇三条	
129	北条重時・同時頼連署奉書案	(建長7)・4・19	宗像神社文書	⑪七八六五	『宗像大社文書』第二巻	「宗像大宮司長氏証文注進状案」のうち
130	将軍(宗尊親王)家政所下文案	建長7・6・5	入来院家文書	⑪七八七四	『入来文書』	
131	関東御教書	建長7・7・17	富岡宜永氏所蔵文書	⑪七八八三		

132	関東御教書写	建長7・8・12	新編追加	⑪七八九二	『中世法制史料集』追加法三〇五条	
133	将軍(宗尊親王)家政所下文案	建長7・8・22	得田文書	⑪七八九四	『加能史料』鎌倉Ⅰ	
134	関東下知状写	建長7・9・13	後藤家事蹟	⑪七九〇四	『大宰府・太宰府天満宮史料』巻八	
135	関東下知状写	建長7・10・24	古案記録草案所収色部文書	⑪七九一一	『新潟県史』資料編四・中世二	
136	関東御教書	建長7・11・7	阿蘇家文書	⑪七九一七	『阿蘇文書之一』(大日本古文書)	
137	関東御教書	建長7・11・17	保阪潤治氏所蔵文書	⑪七九三一		
138	関東御教書案	建長7・12・7	入来院家文書	⑪七九四六	『入来文書』	
139	関東下知状案	建長7・12・25	島津家他家文書	⑪七九四九	『鹿児島県史料』旧記雑録拾遺・家わけ一	
140	関東御教書写	建長8・6・2	新編追加	⑪八〇〇二	『中世法制史料集』追加法三〇七条	
141	関東御教書案	建長8・6・5	八坂神社文書	⑪八〇〇三	『増補八坂神社文書』下巻	
142	北条政村・同時頼連署書状案	(建長8)・6・12	八坂神社文書	⑪八〇〇四	『増補八坂神社文書』下巻	
143	将軍(宗尊親王)家政所下文	建長8・7・3	尊経閣文庫所蔵武家手鑑	⑪八〇〇八		
144	将軍(宗尊親王)家政所下文	建長8・7・9	忽那家文書	⑪八〇一〇	『愛媛県史』資料編・古代中世	
145	関東下知状案	建長8・8・11	柳河大友文書	⑪八〇二〇	『大分県史料』二六	「玖殊郡帆足氏証文」のうち
146	関東御教書写	建長8・8・17	彰考館所蔵吉田神社文書	⑪八〇二二	『茨城県史料』中世編Ⅱ	
147	北条政村・同時頼連署書状	[建長8]・9・2	東寺百合文書せ	⑪八〇三〇		
148	将軍(宗尊親王)家政所下文案	建長8・10・3	詫摩文書	⑪八〇四三	『大分県史料』一二	「肥後国六箇荘小山村地頭職重書案」のうち
149	北条時頼袖判浄■奉書	康元元・10・30	鹿王院文書		『鹿王院文書の研究』	
150	道崇(北条時頼)願文写	正嘉元・4・15	吾妻鏡・正嘉元年四月十五日条	⑪八〇九九		
151	道崇(北条時頼)寄進状写	正嘉元・11・28	相州文書所収相承院文書	⑪八一六七	『新編改訂・相州古文書』第二巻	
152	道崇(北条時頼)書状写	(弘長2)・10・5	金剛仏子叡尊感身学正記・中	⑫八八八〇	『西大寺叡尊伝記集成』	
153	北条時頼書状(折紙)	年欠・4・21	厳島文書御判物帖		『広島県史』古代中世資料編Ⅲ	

154	北条時頼書状(折紙)	年欠・4・24	保阪潤治氏所蔵文書	⑫九〇一六		東大史料・影写本は「長府毛利家所蔵文書」のうち
155	北条時頼書状	年欠・6・12	関戸守彦氏所蔵文書		『書苑』第十巻第二号	
156	北条時頼書状(折紙)	年欠・9・17	随心院文書		相田二郎氏『日本の古文書』下	
157	北条時頼書状	年欠・10・23	深堀家文書		『佐賀県史料集成』古文書編・第四巻	
158	北条時頼袖判蓮性奉書(折紙)	年欠・10・24	深堀家文書		『佐賀県史料集成』古文書編・第四巻	北条時頼の袖判
159	北条時頼書状写	年月日欠	本朝文集巻第六七	⑫九〇一七	『本朝文集』(新訂増補国史大系三〇)	

※ 文書名・典拠名は改めたものもある。
※ 『吾妻鏡』など編纂物に収録されている文書は写とした。
※ 「遺文番号」は竹内理三氏編『鎌倉遺文』の巻数・号数である。
※ 付年号は[ ]で表示した。
※ 推定年号は( )で表示した。
※ 「五味克夫氏紹介史料」は、五味克夫氏「島津庄日向方北郷弁済職並びに図師職について——備忘録抄所収北山文書の紹介——」(『日本歴史』第一七〇号)による。
※ 「武田勝蔵氏紹介史料」は、武田勝蔵氏「吾妻鏡欠巻の補遺史料——宝治三年正月十日下知状——」(『史学』第三十三巻第一号)による。
※ 「横内裕人氏紹介史料」は、横内裕人氏「新出千載家文書にみる造東大寺勧進と鎌倉幕府——行勇時代の再建事業——」(『鎌倉遺文研究』第一二号)による。
※ 「五味克夫氏論文所引」は、五味克夫氏「薩摩国甑島地頭小川氏の史料」(『鹿大史学』第一〇号)に引用されている。

一　幕府文書

A　将軍家政所下文

古文書学の概説書などによると、政所下文は、源頼朝が建久元年十一月に権大納言・右近衛大将に任官され(それより以前、元暦二年四月に従二位に叙されている)、翌十二月には両官を辞したが、これを契機に翌年より発給したとされる。そして建久三年頼朝が征夷大将軍に任官すると一時将軍家政所下文を出すようになる。その後の頼朝の後継者となった歴代の将軍である源頼家・源実朝・藤原頼経・藤原頼嗣においては三位に叙せられ、政所開設の資格を得てのち、将軍家政所下文を出している。しかし宗尊親王以後の皇族将軍の時代は最初より将軍家政所下文を用いた。そしてその用途については、承久の乱以降は専ら「知行充行」と「譲与安堵」に限られていたという(7)。「知行充行」と「譲与安堵」は、将軍藤原頼嗣時代の当初は下文で行なわれていたが、建長三年六月頼嗣が従三位に叙される[8]に及んで将軍家政所下文に変わり、建長四年四月宗尊親王が将軍として鎌倉へ下着する[9]とともに、引き続き将軍家政所下文で行なわれている。

北条時頼が政所別当として、署判を加えている将軍家政所下文を整理したものが「表2―1　北条時頼を奉者とした文書〈政所下文〉」である。その現在における初見は『朽木文書』建長三年八月三日付の将軍（藤原頼嗣）家政所下文である。

表2―1　北条時頼を奉者とした文書（政所下文）

No.	文書名	年月日	署判	連・単	署判の位置	充名	書き止め文言	内容
68	将軍（藤原頼嗣）家政所下文	建長3・8・3	相模守平朝臣（花押）	連（左）	奥上	丹後国倉橋庄内与［　］住人	之状如件、以下、	地頭職の補任
71	将軍（藤原頼嗣）家政所下文	建長3・12・12	相模守平朝臣（花押）	連（左）	奥上	但馬国小佐郷…住人	之状所仰如件、以下、	地頭職の譲与安堵
72	将軍（藤原頼嗣）家政所下文案	建長3・12・14	相模守平朝臣	連（左）	奥上	藤原師能	之状所（仰脱）如件、以下、	地頭職の譲与安堵
79	将軍（宗尊親王）家政所下文写	建長4・7・11	相模守平朝臣（花押影）	連（左）	奥上	津守頼敏	状所仰如件、（マヽ）	所領の譲与安堵
82	将軍（宗尊親王）家政所下文	建長4・8・15	相模守平朝臣（花押）	連（左）	奥上	中原氏（住江太郎金光嗣輔後家）	之状所□（仰）如件、以下、	所領の譲与安堵
83	将軍（宗尊親王）家政所下文	建長4・9・12	相模守平朝臣（花押）	連（左）	奥上		之状所仰如件、以下、	所領の譲与安堵
89	将軍（宗尊親王）家政所下文	建長4・12・26	相模守平朝臣（花押）	連（左）	奥上	藤原忠能	之状所仰如件、以下、	所領の譲与安堵
91	将軍（宗尊親王）家政所下文	建長4・12・28	相模守平朝臣（花押）	連（左）	奥上	藤原正康	之状所仰如件、以下、	所領の譲与安堵
103	将軍（宗尊親王）家政所下文案	建長5・8・17	相模守平朝臣御判	連（左）	奥上	藤原資朝	之状所仰如件、以下、	所領の譲与安堵
110	将軍（宗尊親王）家政所下文案	建長5・12・28	相模守平朝臣在御判	連（左）	奥上	建部宗親	之状所仰如件、以下、	所領配分安堵
111	将軍（宗尊親王）家政所下文	建長5・12・28	相模守平朝臣（花押）	連（左）	奥上	氏（佐汰進士親高五女字地蔵）	之状所仰如件、以下、	所領配分安堵
123	将軍（宗尊親王）家政所下文案	建長6・11・5	相模守平朝臣在判	連（左）	奥上	信濃国海野庄加納田中郷住人	之状所仰如件、以下、	所領の譲与安堵
124	将軍（宗尊親王）家政所下文	建長6・11・17	相模守平朝臣（花押）	連（左）	奥上	美作国垪和西郷住人	之状所仰如件、以下、	所職の譲与安堵
125	将軍（宗尊親王）家政所下文	建長6・12・12	相模守平朝臣（花押）	連（左）	奥上	藤原氏	之状所仰如件、以下、	所領の譲与安堵
126	将軍（宗尊親王）家政所下文	建長7・3・27	相模守平朝臣（花押）	連（左）	奥上	右衛門尉平公長	之状所仰如件、以下、	所領の譲与安堵
127	将軍（宗尊親王）家政所下文	建長7・3・28	相模守平朝臣（花押）	連（左）	奥上	肥前国戸八浦住人	之状所仰如件、□□（以下）、	所職の補任
130	将軍（宗尊親王）家政所下文案	建長7・6・5	相模守平朝臣御判	連（左）	奥上	平重経	之状所仰如件、以下、	所領の譲与安堵

133	将軍（宗尊親王）家政所下文案	建長7・8・22	相模守平朝臣在判	連（左）	奥上	能登国得田保住人	之状所仰如件、以下、	所領の譲与安堵
143	将軍（宗尊親王）家政所下文	建長8・7・3	相模守平朝臣（花押）	連（左）	奥上	左衛門尉藤原景経	之状所仰如件、以下、	所領の譲与安堵
144	将軍（宗尊親王）家政所下文	建長8・7・9	相模守平朝臣（花押）	連（左）	奥上	藤原弥亀丸	之状所仰如件、以下、	所領の譲与安堵
148	将軍（宗尊親王）家政所下文案	建長8・10・3	相模守平朝臣在判	連（左）	奥上	肥後国六箇庄内小山村住□（人）	之状所仰如件、以下、	所領の譲与安堵

註
1．文書番号は「表1　北条時頼発給文書目録」の番号である。
2．文書名は改めたものもある。
3．「連・単」は連署・単署の別を示す。「連（左）」は連署の左側。

ところで時頼が署判を加えた政所下文を通覧してみると、いくつかの書式の型があるようである。その型をまとめてみると次のようになる。

Ⅰ型

将軍家政所下　丹後国倉橋庄内与□□住人
　補任地頭職事
　　前宮内大輔平朝臣
右人、為彼職、任先例、可致沙汰之
状如件、以下、
　　建長三年八月三日　　案主菅野
令左衛門少尉藤原　　　　知家事清原
別当陸奥守平朝臣（花押）
相　模　守平朝臣（花押）(10)

Ⅱ型

将軍家政所下　美作国垪和西郷住人

可令早密厳院阿闍梨覚玄為地頭職事

右、任祖父入道左馬頭義氏（法名正義）去月廿九日譲状、□（為カ）彼職、守先例、可致沙汰之状、所仰如件、以下、

建長六年十一月十七日　案主清原

令左衛門少尉藤原　知家事清原

別当陸奥守平朝臣（花押）

相　模　守平朝臣（花押）(11)

Ⅲ型

将軍家政所下　藤原正康

可令早領知信濃国中野郷内屋敷壱所・田捌段（加弥熊、作定）、志久見郷内宗大夫田在家等事

右、任祖父左馬允能成正月廿五日（付延応二年）譲状、可令領掌之状、所仰如件、以下、

建長四年十二月廿八日　案主清原

令左衛門少尉清原　知家事清原

別当陸奥守平朝臣（花押）

相　模　守平朝臣（花押）(12)

Ⅳ型

将軍家政所下

可令早王子房丸領知出雲国大野庄内大野・
　高山・細原・大野浦、四箇所地頭職之事
右、任父紀明長今年六月八日譲状、可令領知之
状、所仰如件、以下、
　　建長四年九月十二日　　　　案主清原
令左衛門少尉藤原　　　　　　　知家事清原
別当陸奥守平朝臣（花押）
相　模　守平朝臣（花押）(13)

時頼の時期に発給された将軍家政所下文は、いずれも所領・所職の「知行充行」と「譲与安堵」であるが、微細に見てみるとその書式には違いが見られる。I型は充所に「丹後国倉橋庄内与□□住人」とあり、次行に「補任地頭職事」との事書が続き、更に次行に「前宮内大輔平朝臣」と現実に地頭職を充行われた人物が記される。この人物は文永九年三月十二日に子息「平為度」にこの所領を譲与している「平光度」(14)であろう。平光度は国立公文書館編『朽木家古文書』上・第一三五号の「平氏系図」に池大納言頼盛の孫としてみえており、父は「池河内守」の注記のある保業としており、光度には「池宮内大輔」の注記がある。そしてこの平光度は『吾妻鏡』建長四年十一月十一日日条に将軍宗尊親王の新御所御移徙の供奉人のなかに「前宮内大輔光度」とあり、平光度は関東祇候廷臣(15)の一人であったことがわかる。

同じ書式で書かれた将軍家政所下文が、もう一通ある。「深堀家文書」建長七年三月廿八日付で深堀五郎左衛門尉能仲が肥前国戸八浦地頭職に補任された文書である(16)。東国御家人深堀氏については瀬野精一郎氏の研究(17)があり、いまそれにもとづいてこの文書に至るまでの経緯を確認しておきたい。深堀氏は上総国伊南庄に所職をもつ御家人であり、深堀仲光は承久の乱勲功賞として摂津国吉井新庄末里法師跡地頭職が充行われた。この地頭職は嫡子能仲が継承するが、能仲は吉井新庄沙汰人百姓の対捍に苦しみ、貞永年間よりさかんに幕府・六波羅探題へ替地を愁訴(18)した結果、承久勲功地の替地として建長二年ようやく筑後国三池庄北郷内甘木村（東西）深浦村地頭職が給付されることになった(19)。さらに能仲は、肥前国戸八浦地頭職に補任されたのである。

この二例を通じてこのI型の書式は、あらたに所領・所職を充行う場合に用いられたことが了解されるであろう。

次のⅡ型・Ⅲ型・Ⅳ型の将軍家政所下文はともに「譲与安堵」を内容とするものである。しかし充名を見ると、Ⅱ型は「美作国垪和西郷住人」とし、Ⅲ型は「藤原正康」とし、Ⅳ型は空白となっている。

鎌倉幕府の下文と下知状との関係を論じた近藤成一氏は、下文のあるべきところの充所の変化について佐藤進一氏が説いた「在地住人充所型→充所空白型→受給者充所型」へ変化するという説を批判し、「在地住人充所型→受給者充所型→充所空白型」と変化すると論じている。(20) この変化の可否はともかく、少なくとも時頼が政所別当として署判を加えている建長年間は、右のⅠ型・Ⅱ型・Ⅲ型・Ⅳ型に示されているように充所の型は混在しているといえよう。(21)

また近藤氏は政所下文を検討したなかで、藤原頼嗣が将軍在任期間である寛元二年から建長四年の間のなかで、頼嗣が従三位に叙せられ政所下文を出すようになった建長三年以降に政所下文の署判のありかたに大きな画期を認め、「一二期（近藤氏の作表によれば頼嗣の政所下文の時期で建長三年から四年まで、以上筆者注）以降の政所下文には執権・連署のみが別当として署判を加える。のみならず、令・知家事・案主の加判すべき箇所を空白にしたまま発給される」(22)と述べ、下文と下知状との同質化を説いている。しかし加判という点からみれば、「尊経閣文庫所蔵・武家手鑑」所収の建長八年七月三日付将軍（宗尊親王）家政所下文には、令の「左衛門少尉藤原」が花押を据えているので、(23)簡単には割り切れないものがある。

B　関東下知状

関東下知状は、概説書などによれば、(24)頼朝の時代に下文と御教書の中間的な後日の証とすべきものの文書様式として発生し、その書き止めが「下知如件」と結ばれることを特徴とする。頼朝の死後になると当初は何人かの奉行人が連署して発していたが、北条氏の幕府内での勢力が強まるにしたがい、奉者は北条時政・その子義時となり、泰時が執権となり叔父時房が連署に就任して以降は、執権・連署二名が連署する形になった。その書式上の特徴については、

1．充所は最初にくるか、事書の文中に含まれる。

2．差出書の奉者の署判は日付と別行になる。(25) このことは時頼が署判を加えた下知状の正文を通覧しても確認できる。

3．書止文言は「依鎌倉殿仰、下知如件」となっており、宗尊親王の将軍在任期だけは「依将軍家仰、下知如件」となる。(26)

また関東下知状の用途については、鎌倉幕府初期の時代にはいわば下文の代用であったが、執権政治の確立とともに執権・連署が署判を加える書式に固定化していき、裁許状などの永続的効果の期待されるものに用いられるようになった。裁許状に見られ

るように下知状は裁定者の意志を表す文書[27]として発給され、いわば領域支配・統治に関わる文書といえよう。時頼が執権として署判を加えた下知状（「表2―2　北条時頼を奉者とした文書（下知状）」）を通覧してみても、その大部分は裁許を内容[28]とすることが判る。

表2―2　北条時頼を奉者とした文書（下知状）

No.	文書名	年月日	署判	連・単	署判の位置	書き止め文言	内容	相論の当事者		
12	関東下知状写	宝治元・卯・2	相模守平朝臣時頼(花押影)		奥下	御下知状如件、	所領充行い			後世の写
19	関東下知状案	宝治元・8・17	左近将監平朝臣在判	連(右)	奥下	依鎌倉殿仰下知如件、	狼藉禁止命令			
20	関東下知状案	宝治元・8・17	左近将監平朝臣在判	連(右)	奥下	依鎌倉殿仰下知如件、	過所命令			
24	関東下知状案	宝治元・10・25	左近将監平朝臣在判	連(右)	日下	依鎌倉殿仰下知如件、	裁許状	新田神社	地頭鮫島行願	
27	関東下知状案	宝治元・10・29	左近将監平朝臣在御判	連(右)	日下	依鎌倉殿仰下知如件、	裁許状	太良庄雑掌定宴	地頭若狭忠清代定西法師	
36	関東下知状	(宝治2・5・16カ)	左近将監平朝臣(花押)	連(右)	奥下	依鎌倉殿仰下知如件、	裁許状	賀来庄預所頼妙法師	地頭賀頼維綱	K-6991参照
40	関東下知状	宝治2・9・13	左近将監平朝臣(花押)	連(右)	奥下	依鎌倉殿仰下知如件、	裁許状	上妻庄名主吉田能茂法師	地頭安倍泰房	
41	関東下知状	宝治2・12・5	左近将監平朝臣(花押)	連(右)	奥下	依鎌倉殿仰下知如件、	裁許状	久米田寺別当祐円	地頭代沙弥西生	
42	関東下知状(前欠)	宝治3・正・10	左近将監平朝臣(花押)	連(右)	奥下	□□(依鎌)倉殿仰下知如件、	裁許状	惟久	惟景	前欠
46	関東下知状	建長元・7・13	相模守平朝臣(花押)	連(右)	奥下	依鎌倉殿仰下知如件、	裁許状	尼命蓮代相良頼氏	相良頼重	
47	関東下知状案	建長元・7・20	相模守平朝臣在御判	連(右)	奥下	依鎌倉殿仰下知如件、	裁許状	与田保公文源尊	地頭与田朝貞	前欠
49	関東下知状	建長元・7・23	相模守平朝臣(花押)	連(右)	奥下	依鎌倉殿仰下知如件、	裁許状	宇都谷郷雑掌教円	今宿傀儡	
56	関東下知状	建長2・4・28	相模守平朝臣(花押)	連(右)	奥下	依鎌倉殿仰下知如件、	裁許状	入来院名主寄田信忠	地頭渋谷定心	
57	関東下知状案	建長2・7・7	相模守平朝臣在御判	連(右)	奥下	依鎌倉殿仰下知如件、	裁許状	長島庄東福寺住僧良慶	地頭薩摩公義	
70	関東下知状案	建長3・9・18	相模守平朝臣御判	連(右)	奥下	依鎌倉殿仰下知如件、	押領狼藉の停止命令			
78	関東下知状案	建長4・6・30	相模守平朝臣在御判	連(右)	奥下	依将軍家仰下知如件、	裁許状	島津庄薩摩方雑掌資通・前名主弥伴太師永	地頭渋谷重秀	
84	関東下知状案	建長4・9・16	相模守平朝臣判	連(右)	奥下	依将軍家仰下知如件、	地頭職の補任			

90	関東下知状案	建長4・12・26	相模守平朝臣在判	連（右）	奥下	依将軍家仰下知如件、	裁許状	詫磨能秀・大友時景	大友泰直	
92	関東下知状写	建長5・2・11	相模守平朝臣（花押影）	連（右）	奥下	依将軍家仰下知如件、	和与裁許	岩崎尼妙法代岡本親元	岩崎隆泰	
99	関東下知状写	建長5・7・6	相模守平朝臣在判	連（右）	日下	依　将軍家仰下知如件、	宣旨の遵行			
102	関東下知状案	建長5・7・30	相模守平朝臣在判	連（右）	奥下	依将軍家仰下知如件、	裁許状	詫磨能秀・大友時景	大友泰直	
104	関東下知状案	建長5・8・27	相模守平朝臣御判	連（右）	日下	依将軍家仰下知如件、	裁許状	鹿子木庄名地頭詫磨能秀代沙弥幸阿	長浦秀元	
105	関東下知状案	建長5・8・27	相模守平朝臣在判	連（右）	奥下	依将軍家仰下知如件、	裁許状	長島庄住人岩永重直法師	地頭薩摩公義	
106	関東下知状写	建長5・10・1	相模守	連（右）	日下	之状下知如件、	郡郷地頭代への命令			
109	関東下知状案	建長5・12・20	相模守平朝臣御判	連（右）	奥下	（事実書き後半省略されている）	裁許状	大野庄雑掌承印	地頭明長	
112	関東下知状写	建長6・正・20	相模守平朝臣	連（右）	日下	依将軍家仰下知如件、	裁許状	高城信久	小河季張（マヽ）	
113	関東下知状	建長6・3・8	相模守平朝臣（花押）	連（右）	奥下	依仰下知如件、	和与裁許	忽那重俊	忽那重康	
115	関東下知状案	建長6・4・26	相模守平朝臣在判	連（右）	奥下	依　将軍家仰下知如件、	裁許状	高知尾庄雑掌進士高村	地頭高知尾政重	
134	関東下知状写	建長7・9・13	相模守平朝臣在判	連（左）	奥下	依将軍家仰下知如件、	裁許状	藤木行元女子藤原氏代塚崎長明	継母藤原氏代藤木行重	
135	関東下知状案	建長7・10・24	相模守平朝臣判形	連（右）	奥下	依将軍家仰下知如件、	裁許状	小泉庄地頭色部公長	荒河保地頭荒河景秀	
139	関東下知状案	建長7・12・25	相模守平朝臣在御判	連（右）	奥下	依将軍家仰下知如件、	裁許状	伊作庄預所安芸重宗代盛景法師	下司伊作則純法師代孫有純	
145	関東下知状案	建長8・8・11	相模守平朝臣在御判	連（右）	奥下	依将軍家仰下知如件、	裁許状	帆足道員	伯父家近代子息家俊	

註
1．文書番号は「表1　北条時頼発給文書目録」の番号である。
2．文書名は改めたものもある。
3．「連・単」は連署・単署の別を示す。「連（右）」は連署の右側。

裁許の下知状の基本的な書式は、文書内容の表題である事書とその内容を記した事実書とが記され、年月日と発給者の署判をもつ。事書の記しかたは鎌倉時代を通じてすべて同一であった訳ではなく、近藤成一氏は「鎌倉幕府裁許状の事書について」なる論考において、事書の表記の変化に幕府裁判の変化を見極めようとする。(29)

北条時頼が署判を加えた裁許の下知状という限定された範囲でしかないが、近藤氏とは別の視点からこの事書に注目してみたい。そこでこの事書のみを抽出してならべてみると、いくつかの型があるようである。

Ⅰ型（甲国乙庄荘官など与地頭相論―）

薩摩国入来院塔原名主寄田弥太郎信忠与地頭
渋谷五郎房定心相論名主職事
右、対決之処、……
……可為地頭進退之状、依鎌倉殿仰
下知如件、
建長二年四月廿八日
相模守平朝臣（花押）
陸奥守平朝臣（花押）(30)

Ⅱ型（甲与乙相論―）

尼命蓮代相良弥五郎頼氏与相良三郎兵衛尉
頼重相論両条
一、田壱町弐段事
右、対決之処、……
以前両条、依鎌倉殿仰、下知如件、
建長元年七月十三日
相模守平朝臣（花押）
陸奥守平朝臣（花押）(31)

Ⅲ型（―国―申、―事）

　　　但馬国進美寺衆徒等申、於当寺領田畠等、不可致押領
　　　　　　　　　　　　　　　　狼藉由事
右寺者、如右大将家御時建久五年五月十五日御下文者、為関東
御祈祷所、国中在庁大名等、不可致押領狼藉処、守護并地
頭御家人等、致違乱煩云々、然則、守先例、可令停止彼輩等押領
狼藉者、依鎌倉殿仰、下知如件、
　　建長三年九月十八日
　　　　　　　　　　　相模守平朝臣御判
　　　　　　　　　　　陸奥守平朝臣御判(32)

　Ⅰ型は事書の冒頭に当事者の属する国名・荘園名から書き起こし、訴人名と論人名とが記され、係争地・係争所職などが示され、「―事」、或いは係争点が複数あれば「―条々」で結ばれる。そしてこの表記の事書は地頭御家人対本所（多くは雑掌）や非御家人との相論の下知状にみえている。

　つぎのⅡ型は、最初から訴人の名前と論人の名前から書き起こし、係争地・係争所職などが次に示されるというものである。この書き方の裁許状は、相良頼氏と相良頼重との相論というように、地頭御家人の一族内相論の裁許の場合に用いられた書式であるようである。(33)

　Ⅲ型はⅠ・Ⅱ型とは異なっている。訴人の所属する国名より書き出し、訴人である寺名とその主張の要約が事書となっており、論人は示されていない。事実書にも他の型にみえる「対決之処」という文言もなく、事実書をみてもわかるように訴人の主張を受け入れ裁定が下されている。

　近藤氏は前掲の「鎌倉幕府裁許状の事書について」において、「訴人与論人相論―事」と表記される書式を「甲与乙相論」型とし、この書式の成立過程において寛元元年にひとつ画期を想定された。そして寛元元年九月二十五日以降の裁許状の事書の主流となるこの「甲与乙相論」型以外の事書には特別な事情が説明可能であると説く。

この意見にもとづいてⅢ型の裁許状を振り返ってみると、この事書には論人は示されてはいない。おそらくは論人を特定することが難しかったからであろう。さらに進美寺衆徒が自らの主張の根拠として提出したのが「右大将家御時建久五年五月十五日御下文」(34)であった。源頼朝から与えられた証文であったがゆえに、幕府は無条件に進美寺衆徒側の主張を聞き入れたのではないだろうか。

C　関東御教書と連署奉書

鎌倉幕府がその意志・命令を伝達した文書に、関東御教書とよばれる書式の文書がある。いま佐藤進一氏の整理によれば、おおよそ次のようになる。

御教書とはもともと十世紀末ごろに出現した書状の変形であり、侍臣や右筆が主人の意を奉じて作成する文書である。源頼朝時代の御教書は、大江広元や藤原俊兼などが右筆として日下に署判をし、日付はすべて月日であった。頼朝時代の後期になって、下文・下知状・御教書の機能分化が進み、御教書については、年付のある御教書が出現するようになった。そして下文は守護職・地頭職の補任やその他、下知状は裁許、年付のある御教書は下文・下知状以外の永続的効力の期待される諸事案、年付のない御教書は従来通りに随時的な通達と、文書様式とその機能との対応関係の分化がみられるようになった。

頼朝死後の執権署判または執権・連署両人が署判を加えた月日型の御教書は京都朝廷との連絡など公家系との通交に用いられるだけで、幕府政治のなかではみられなくなる。他方の年月日完記型の御教書は、永続的効力の期待される事柄で、下文・下知状で扱われる以外のものから、随時の連絡・通達まで広くに用いられ、この随時の連絡、通達文書が当面の所用を終了した後にもなお効力をもつところに武家文書の特殊性があるという(35)。すなわち月日型と年月日完記型との二種の御教書があるというのである。

今日『鎌倉遺文』をはじめとする活字史料集に関東御教書として収録されている文書を通覧すると、その書式は一様ではないことが判る。古文書学の概説書に説かれている執権・連署が署判を加え、「依仰執達如件」や「仍執達如件」の文言で書き止める関東御教書の他に、「恐惶謹言」の文言で書き止められている文書も関東御教書との文書名が付されている。「恐惶謹言」の文言で書き止められている文書について、高橋一樹氏は公家側に出されたものとし、「依仰執達如件」に示されている「仰せ」の主体である将軍の官職などの変遷や充所に応じて書き止めや署判の書様に区別があったことなどを論じ、関東御教書として理解している(36)。

ところで上島有氏は武家文書の効力の範囲について「下文・下知状・御判御教書などの武家文書の適用範囲は基本的には武家社会に限られ(37)」ると説く。鎌倉幕府が発給した下文・関東下知状・関東御教書も同じように幕府進止下の御家人などに発せられ、幕府進止下の御家人の社会のなかで効力をもつ。とすれば幕府進止下にない朝廷・寺社などの権門などに充てられた書式の異なる文書を同じ関東御教書の文書名を付することには躊躇せざるをえない。くわえて当時の朝廷・寺社などの権門に属し、幕府進止下にない人々のなかではこれまで関東御教書と文書名が付された文書のことを「武家避文(38)」・「関東返報案(39)」などと称し、「関東御教書」という意識はみられない。「恐惶謹言」などの書止文言をもつものや鎌倉殿の意を受けて執権・連署が署判をくわえた奉書で、朝廷・寺社をはじめとする関東進止下以外の権門充ての文書は、幕府と権門との間で取り交わされる互通文書として考えるべきであり、この種の文書を関東御教書とは切り離して文書名を付して考えたほうがよさそうである。

右の視点に立って、六波羅探題をはじめとする関東進止下に充てられて出された関東御教書を整理したのが「表2―3　北条時頼を奉者とした関東御教書」である。これを一覧してみると判然とするように年月日完記型であり、署判の位置も日下に加え

表2―3　北条時頼を奉者とした関東御教書

No.	文書名	年月日	署判	連・単	署判の位置	充名	書き止め文言	内容	備考
4	関東御教書案	寛元4・10・29	左近将監御判	単署	日下	薩摩夜叉	依鎌倉殿仰執達如件、	譲与安堵	
7	関東御教書	寛元4・12・11	左近将監（花押）	単署	日下	薩摩平三	依鎌倉殿仰執達如件、	譲与安堵	
8	関東御教書写	寛元4・12・17	左近将監	単署	日下	某	依仰執達如件、	悪党・四一半禁止命令	
9	関東御教書案	寛元5・2・2	左近将監在御判	単署	日下	大宮司	依鎌倉殿仰執達如件、	当知行安堵	
14	関東御教書写	（宝治元）・6・5	左近将監	単署	日下	相模守	依仰執達如件、	馳参の停止命令	
16	関東御教書案	［宝治元］7・19	左近将監在御判	連（右）	日下	湯浅入道	候也、仍執達如件、	行賞の連絡	
17	関東御教書写	宝治元・7・19	左近将監判	連（右）	日下	相模左近大夫将監	依仰執達如件、	治安維持命令	
21	関東御教書案	宝治元・9・13	左近将監在御判	連（右）	日下	相模左近大夫将監	依仰執達如件、	勘気免除の指示	
23	関東御教書案	宝治元・10・17	左近将監（在御判）	連（右）	日下	豊前々司	依仰執達如件、	問状	
25	関東御教書写	宝治元・10・25	左近将監在判	連（右）	日下	相模左近大夫	依仰執達如件、	公家への断罪要求	
26	関東御教書案	宝治元・10・29	左近将監在御判	連（右）	日下	上総法橋	依鎌倉殿仰執達如件、	譲与安堵	

28	関東御教書写	宝治元・11・27	左近将監	連(右)	日下	相模左近大夫将監	依仰執達如件、	諸国守護地頭への所務命令	
29	関東御教書写	宝治元・12・8	左近将監時頼判	単署	日下	相模左近大夫将監	依仰執達如件、	諸国地頭への所務命令	
30	関東御教書写	宝治元・12・13	左近将監判	連(右)	日下	相模左近大夫将監	之状如件、	諸国地頭への所務命令	
31	関東御教書	宝治元・12・26	左近将監(花押)	連(右)	日下	伊賀式部入道	之由候也、可被存其旨、仍執達如件、	陸奥好嶋庄預所職の補任	
32	関東御教書	宝治2・2・29	左近将監(花押)	連(右)	奥下	墓崎次郎殿後家	依鎌倉殿仰執達如件、	譲与安堵	
34	関東御教書案	宝治2・5・11	左近将監在御判	連(右)	日下	湯浅太郎入道	仰旨如此、仍執達如件、	当知行安堵	
35	関東御教書案	宝治2・5・13	左近将監在―	連(右)	日下	駿河守	依仰執達如件、	召文催促	
37	関東御教書写	宝治2・7・19	左近将監御判	連(右)	日下		依仰執達如件、	御家人訴訟についての指示	
38	関東御教書写	宝治2・7・29	左近将監判	連(右)	日下	相模左近大夫将監	依仰執達如件、	御家人訴訟についての指示	
43	関東御教書案	建長元・5・20	左近将監御判	単署	日下	長瀬南三郎	依仰執達如件、	用途の送進命令	
44	関東御教書	建長元・6・3	左近将監(花押)	単署	日下	信濃民部入道	依仰執達如件、	用途の沙汰命令	
50	関東御教書	建長元・8・9	相模守(花押)	連(右)	日下	常陸入道	依仰執達如件、	用途の沙汰命令	
51	関東御教書	建長元・8・10	相模守(花押)	連(右)	日下	三浦介	依仰執達如件、	公事の沙汰命令	
52	関東御教書写	建長元・8・23	相模守時頼(花押影)	連(右)	日下	左近大夫将監	依仰執達如件、	西国近国御家人催促命令	
54	関東御教書	建長元・9・25	相模守(花押)	連(右)	日下	伊賀式部入道	依仰執達如件、	年貢沙汰命令	
58	関東御教書	建長2・7・25	相模守(花押)	連(右)	奥下		依仰執達如件、	神事祭礼興行命令	要検討
59	関東御教書	建長2・8・3	相模守(花押)	連(右)	日下	陸奥左近大夫将監	依仰執達如件、	朝廷への申入の指示	
60	関東御教書	建長2・8・21	相模守(花押)	連(右)	日下	陸奥左近大夫将監	依仰執達如件、	召文催促	
62	関東御教書	建長2・9・5	相模守(花押)	連(右)	日下	豊前々司	依仰執達如件、	訴訟についての指示	
63	関東御教書	建長2・9・5	相模守(花押)	連(右)	日下	豊前々司	依仰執達如件、	召文催促	
64	関東御教書	建長2・11・28	相模守(花押)	連(右)	日下	若宮別当法印御房	依仰執達如件、	供僧乱行の停止命令	
65	関東御教書写	建長2・11・29	相模守	連(右)	日下	某	依仰執達如件、	鷹狩の停止命令	
66	関東御教書案	建長3・5・21	相模守在御判	連(右)	日下	陸奥左近大夫将監	依仰執達如件、	召文催促	

67	関東御教書写	建長3・6・21	相模守		日下		依仰執達如件、	用途催促	
69	関東御教書案	建長3・8・4	相模守在判	連(右)	日下	詫磨別当	依仰執達如件、	所領の充行い	
74	関東御教書案	建長4・卯・14	相模守御判	連(右)	日下	豊前々司	依仰執達如件、	祈祷命令	
75	関東御教書案	建長4・4・29	相模守御判	連(右)	日下	陸奥左近大夫将監	依仰執達如件、	尋成敗の指示	
76	関東御教書写	建長4・6・25	相模守	連(右)	日下	秋田城介	依仰執達如件、	諸堂寺用供米沙汰命令	
77	関東御教書写	建長4・6・25	相模守	連(右)	日下	小山・宇都宮・朝村	仍執達如件、	諸堂学侶供米沙汰命令	
80	関東御教書	建長4・7・12	相模守(花押)	連(右)	日下	豊前々司	依仰執達如件、	論人の召喚命令	
85	関東御教書案	建長4・10・11	相模守在判	連(右)	日下	陸奥左近大夫将監	依仰執達如件、	本所への指示	
86	関東御教書案	建長4・10・26	相模守在御判	連(右)	日下	豊前々司	依仰執達如件、	尋成敗の指示	
87	関東御教書	建長4・10・28	相模守(花押)	連(右)	日下	陸奥左近大夫将監	依仰執達如件、	尋成敗の指示	
98	関東御教書写	建長5・4・25	相模守	連(右)	日下	陸奥左近大夫将監	依仰執達如件、	訴訟手続きについての指示	
101	関東御教書	建長5・7・29	相模守(花押)	連(右)	日下	陸奥左近大夫将監	依仰執達如件、	尋成敗の指示	
107	関東御教書案	建長5・10・11	相模守在判	連(右)	日下	陸奥左近大夫将監	依仰執達如件、	地頭所務についての指示	
114	関東御教書案	建長6・4・16	相模守判	単署	日下	木付豊前八郎左衛門	依仰執達如件、	地頭所務について五方引付への指示	
116	関東御教書案	建長6・5・7	相模守御判	連(右)	日下	陸奥左近大夫将監	依仰執達如件、	所職安堵の指示	
119	関東御教書案	建長6・10・7	相模守在御判	連(右)	日下	陸奥左近大夫将監	依仰執達如件、	尋成敗の指示	
121	関東御教書写	建長6・10・17	相模守	連(右)	日下	筑前々司	依仰執達如件、	政所執事への指示	
122	関東御教書案	建長6・10・30	相模守在判	連(右)	日下	陸奥左近大夫将監	依仰執達如件、	尋成敗の指示	
128	関東御教書写	建長7・3・29	相模守	連(右)	日下		也、仍執達如件、	訴訟手続きの指示	
131	関東御教書	建長7・7・17	相模守(花押)	連(右)	日下	陸奥左近大夫将監	依仰執達如件、	尋成敗の指示	
132	関東御教書写	建長7・8・12	相模守判	連(右)	日下	伊勢前司	依仰執達如件、	保奉行人への指示	
136	関東御教書	建長7・11・7	相模守(花押)	連(右)	日下	尾張前司	依仰執達如件、	一国平均役の沙汰の伝達の指示	
137	関東御教書	建長7・11・17	相模守(花押)	連(右)	日下	播磨律師	仰旨如此、仍執達如件、	供僧職の補任	

138	関東御教書案	建長7・12・7	相模守在判	連(右)	日下	渋谷五郎四郎	依仰執達如件、	譲状失錯上申の報告	
140	関東御教書写	建長8・6・2	相模守判	連(右)	日下	下野前司など計24人	依仰執達如件、	夜討強盗の禁圧命令	
141	関東御教書案	建長8・6・5	相模守判	連(右)	日下	富木武者入道	依仰執達如件、	裁許の遵行命令	
146	関東御教書写	建長8・8・17	相模守在御判	連(右)	日下	栗崎太郎左衛門尉	依仰執達如件、	参決の召文	

註
1. 文書番号は「表1　北条時頼発給文書目録」の番号である。
2. 文書名は改めたものもある。
3. 「連・単」は連署・単署の別を示す。「連(右)」は連署の右側。
4. 付年号は［ ］で表示した。
5. 推定年号は（ ）で表示した。

られており、通説の通りであることがわかる。そしてこれまで関東御教書として分類された公家・寺社充の文書を「北条時頼奉書」・「北条重時・同時頼連署奉書」として抽出し整理したものが「表2—4　北条時頼が将軍の意志を奉じた文書」である。そのなかの一例を次に掲げたい。

表2—4　北条時頼が将軍の意志を奉じた文書

№.	文書名	年月日	署判	連・単	署判の位置	充名	書き止め文言	内容
5	北条時頼奉書案	[寛元4]12・3	左近将監時頼	単署	日下		鎌倉少将殿御消息候也、時頼恐惶謹言、	越前宇坂庄雑掌の返書
22	北条重時・同時頼連署奉書	(宝治元)10・8	左近将監(花押)	連(右)	日下		鎌倉少将殿御消(息脱)候也、恐惶謹言、	庄園の沙汰命令
55	北条時頼奉書案	[建長2]2・6	左近将監時頼判	単署	日下		鎌倉少将殿御消息候也、恐惶謹言	所領についての披露
61	北条重時・同時頼連署奉書	[建長2]8・29	相模守(花押)(裏署名)	連(右)	日下	八幡権別当法印	依仰執達如件、	地頭職停止の返書
88	北条重時・同時頼連署奉書	[建長4]12・12	相模守(花押)(裏署名)	連(右)	日下	八幡権別当法印	仍執達如件、	寺社所職ついての申し入れ
93	北条重時・同時頼連署奉書案	建長5・3・3	相模守在判	連(右)	日下	仁和寺三位	之由所候也、恐々謹言、	所職の安堵
96	北条重時・同時頼連署奉書	[建長5]3・25	相模守(花押)	連(右)	日下	弥勒寺法印	之由所仰下也、仍執達如件、	寺社所職についての申し入れ
117	北条重時・同時頼連署奉書	建長6・7・5	相模守(花押)(裏署名)	連(右)	日下	八幡田中権別当法印	之由所候也、仍執達如件、	寺社所職についての申し入れ

129	北条重時・同時頼連署奉書案	（建長7）4・19	相模守在御判	連（右）	日下	宗像大宮司	也、仍執達如件、	巻数請取
142	北条政村・同時頼連署書状案	（建長8）6・12	相模守時頼裏判	連（右）	日下		所候也、以此趣可有御披露候歟、恐惶謹言、	裁許の披露
147	北条政村・同時頼連署書状	［建長8］9・2	相模守（花押）	連（右）	日下		候了、以此趣可令申給候、恐惶謹言、	上申の報告

註
1. 文書番号は「表1　北条時頼発給文書目録」の番号である。
2. 文書名は改めたものもある。
3. 「連・単」は連署・単署の別を示す。「連（右）」は連署の右側。
4. 付年号は［　］で表示した。
5. 推定年号は（　）で表示した。

周防国得善保事、申状
披露了、先度所被避
地頭職也、今更不及沙汰
者、依仰執達如件、
「建長二年」（異筆）八月廿九日　相模守（花押）「時頼」（裏書）
陸奥守（花押）「重時」（裏書）
八幡権別当法印御房御返事(40)

この文書は佐藤氏の説かれるように月日型であり、署判は日下に加えられており、他の公家や寺社に充てられた奉書も同じ書式である。ところが次に示すように、同一人物を充名にしながらも年月日完記型の連署奉書も存在するのである。

八幡宮寺末社周防国遠石別
宮領得善保地頭職事、申状具書
披露之処、於地頭職者、被停止畢、至
国領与社領相論事者、不及関東御

口入、可為京都成敗之旨、先々被仰
両方畢、今更不及御沙汰之由所候也、仍
執達如件、
建長六年七月五日　相模守（花押）「時頼」（裏書）
陸奥守（花押）「重時」（裏書）
八幡田中権別当法印御房
御返事(41)

この文書は同じ石清水八幡宮別当を充名にしてはいるが、年月日完記型となっている。何故に年月日完記型となっているのだろうか、その事情を考えてみることにしよう。幸いにも石清水八幡宮末社周防国遠石別宮領得善保については幾つかの史料が伝わっており、これらの文書に記されている地頭職の件について焦点を絞って関係を追ってみたい。

周防国遠石別宮領得善保は国衙領であり、また周防国が造東大寺料国でもあり、加えて石清水八幡宮末社遠石別宮の半不輸地でもあったため、石清水八幡宮・東大寺・国司・地頭と複雑な関係があった(42)。得善保地頭職については、寛元五年正月後嵯峨上皇の院政での評定において「一、八幡権別当教清与右衛門尉盛範相論、周防国得善保事、可被問国司之由(43)」とあり、審議の議題の一つに挙げられていた。「右衛門尉盛範」が地頭であったかどうかは、この史料のみでは判然としないが、建久二年に「地頭」と称し「遠石別宮盛家」なる者の新儀狼藉の停止が命じられており(44)、「右衛門尉盛範」と通字を同じくするところより、おそらくはこの系譜を引く同族の者であろう。そして石清水八幡宮より出された地頭職改替要求に対して、地頭職の停止を幕府が決定し伝えた文書が前掲の建長二年八月廿九日付の連署奉書である。そしてこの連署奉書は六波羅探題北条長時の書状(45)とともに後嵯峨上皇のもとへもたらされ、同年十一月得善保地頭職について「度々　院宣并武家避文分明之上、去八月関東重避之」とあるように幕府よりの伝達をうけて、地頭職の停止・国司の妨げの停止が上皇よりの院宣(46)によって命じられた。しかしその後も現地での相論は続いていたようで(47)、再び幕府より地頭職停止と国衙領と八幡宮領との相論には関与しないことを伝えた文書が建長六年七月五日付の連署奉書である(48)。

石清水八幡宮よりの度重なる地頭停止要求に対し、幕府は度々の地頭職停止を決定してきたわけではあるが、それに対する年月日完記型の連署奉書は、今後の問題についてはすべてこの文書によるという幕府の最終表明ではないだろうか。のちのための証文としての効力をもたせるために、すなわち将来に向けての効力を期待して、(49)ことさらに年付を付したのである。(50)相論審議の場において、当事者より提出された証拠文書の年号の有無が争点になることはままあることであり、(51)このように考えれば、年月日完記型の連署奉書の意味を理解することが出来るのである。

二　得宗文書

A　下文

北条時頼がその主体となって発給した下文が数通現在に伝わっており、それを収集し整理したものが「表3―1　北条時頼の意志を伝える文書（下文系文書）」(52)である。現在伝わる北条時頼の下文は総じて袖判のものであり、花押の位置は頼朝の袖判下文と同様に、中央よりやや下方に据えられている。次にその基本的な時頼署判の下文を掲げておきたい。

（花押）
下　小二郎兵衛尉資時
　可令早為筑前国山鹿庄内麻生庄・野面庄・上津役郷三箇所地頭代職事
右人、任親父二郎入道西念今月日譲状、為彼職、可令致沙汰之状如件、
　建長元年六月廿六日(53)

表3―1　北条時頼の意志を伝える文書(下文系文書)

No.	文書名	年月日	署判	署判の位置	充名	書き止め文言	内容
3	北条時頼下文	仁治3・10・25	(花押)	袖判		之状如件、以下、	所職の譲与安堵
6	北条時頼下文	寛元4・12・5	(花押)	袖判	陸奥国糠部五戸	之状如件、以下、	所職の安堵
10	北条時頼下文	寛元5・2・16	(花押)	袖判		之状如件、	所職の安堵
11	北条時頼寄進状写	寛元5・2・16	左近将監平朝臣(花押影)	日下		之状如件、	田地の寄進
15	北条時頼下文	宝治元・7・18	(花押)	袖判	平光広	之状如件、以下、	所職の補任
18	北条時頼寄進状写	宝治元・8・8	左近将監平朝臣(花押影)	奥下		之状如件、	所当米の寄進
45	北条時頼下文	建長元・6・26	(花押)	袖判	小二郎兵衛尉資時	之状如件、	所職の譲与安堵
81	北条時頼(カ)下文案	建長4・8・7	在判	奥下		之状如件、	堺相論の裁許
151	道崇(北条時頼)寄進状写	正嘉元・11・28	沙弥道崇	奥下		之状如件、	所領の寄進

註
1. 文書番号は「表1　北条時頼発給文書目録」の番号である。
2. 文書名は改めたものもある。

北条氏が発給する下文は、北条氏の進止下にある所職の補任や支配に関わる事項を主とするものであり、このような下文は北条時政の時代より出されており、この文書もその流れを汲むものである。そのため従来より、北条氏の進止下にある所領や被官人との関係を究明するために検討されてきた。右に基本的な時頼の下文をみてきたが、次の文書はどのように考えるべきであろうか。

(花押)
肥後国健軍社大宮司
職事、津屋三郎惟盛
可令安堵知行之状如件、
寛元五年二月十六日(54)

この文書は大日本古文書『阿蘇文書之一』では、「北条時頼下文」と文書名が付されているものである。九州・阿蘇社への北条氏の支配は時政の時代より大宮司職の補任などが北条氏によってなされており、この文書はその系譜をうけ、時頼が津屋惟盛に阿蘇社別宮健軍社大宮司職を安堵したものである。同じような書式による北条氏の所領支配に関わる次の北条義時が発給した文書と比較してみたい。

「曽我五郎二郎」（端裏書）

（花押）

津軽平賀本郷内、曽我五郎
次郎惟重知行分村々事、任親
父曽我五郎之時例、令停止検
非違所・政所下部等乱入、可令
安堵百姓等之状如件、
貞応二年八月六日(55)

この文書は北条義時が自己の所領内の「曽我五郎次郎惟重知行分村々」の検非違所・政所下部等の乱入停止を命じたもので、北条氏所領の支配に関わる文書である。先の阿蘇家文書のものと見比べてみると、両文書とも文書の袖やや下方に花押が据えられており、書き下し年号である。また東京大学史料編纂所架蔵影写本「阿蘇文書」の寛元五年二月十六日付の文書と青森県史編さん中世部会編『青森県史』史料編・中世1・南部家史料所収の「南部光徹氏所蔵遠野南部家文書」に掲載されている貞応二年八月六日付の文書の書体を見比べてみると、両方とも一字づつ明確に分かれて書かれ、やや崩れた楷書体であるなど共通したところが多い。しかし貞応二年八月六日付の文書を校訂した青森県史編さん中世部会編『青森県史』では、この文書を「北条義時袖判書下」との文書名が付されているのである。同じ書式のこの二通の文書名としては、下文と書下と編者によって異なっているが、どちらのほうが適切なのであろうか。

古代中世の古文書の詳細な様式分類をされた相田二郎氏や佐藤進一氏によれば、「書下」というのは書札様文書の一種であると説かれている。(56) 書札様文書というのは相田氏によれば「その文書に差出所と充所とを具え、且つその書式を、差出者と受取者との社会的地位によって種々に書き変え、且つ差出所、充所の要素に種々のものを附加して、儀礼の厚薄を表そうとしたところにある」とその定義を示している。書札様文書は差出所・充所を具えていることがその基本となる。さらに上島有氏は書札様文書の指標の一つに行書体であることをあげられ、武家文書を説明された項目で「書札様文書では宛所は必ず本文の最後の行に書かれる」(57) と述べられる。「書下」が書札様文書であるからにはこのような要件を満たしていなければならないが、貞応二年八月六日付の北条義時が署判を加えた文書は、その要件を具えているとは言い難い。(59)

それでは北条義時が署判を加えた貞応二年八月六日付の文書を下文と判断することができるだろうか。相田氏の分類によれば下文のなかに「下文変形文書」の項目があり、前掲の寛元五年二月十六日付北条時頼下文をその実例として示している。さらに上島氏の分類によれば、下文はやや崩れた楷書体で書かれるとされ、また鎌倉幕府の文書として本格的な機能を果たすようになると、「下」以下の文字が省略されるようになり、実際の受給者が文中に収められると指摘される。(60) 下文を象徴している文頭の「下」の文字やその下に続く充所は省略されることもあり、その場合は充所（現実の文書受給者名）は本文に組み込まれる。以上のように書下と下文の要件を考慮すれば、いま書式と書体との二面からでしか検討できないが、両文書はともに下文として理解することが妥当であると考える。

B　下知状（松下禅尼下知状）

北条氏の所領支配に関わるもののなかで、北条時頼が奉者となっている文書が一通ある。この文書は『鎌倉遺文』には収録されていないが、相田氏の『日本の古文書』上に「毛利元雄氏所蔵文書」として写真が掲載されており、東京大学史料編纂所の影写本では「長府毛利家文書」のなかに収められているものである。

可令早平清度致沙汰丹波
　国野口庄内牧外方下司
　　代職事
右、以人為彼職、任先例

致沙汰旨、依尼御前仰
下知如件、
宝治二年八月八日
（花押）(61)

丹波国野口庄は現在の船井郡西南部より亀岡市にかけてひろがっていた荘園で、古代の野口牧から出発したようである。鎌倉時代には長講堂領荘園となっていたが、荘内の構成などは定かではなく、貞応元年十月二十日に丹波国守護北条時房が守護代に、野口荘内小山村に守護所使の乱入禁止を命じている。(62)この文書は北条時頼が「尼御前仰」を奉じて平清度を「野口庄内牧外方下司代職」に補任したものである。「尼御前」は北条時頼の母・松下禅尼のことであろう。とすれば松下禅尼はこの荘園の下司代職を安堵する権限をもっていたことになり、この文書は時頼が北条氏の家督として母・松下禅尼の命を奉じたものであろう。下文の書式を取らなかったのは任命者が「尼御前」であったためであり、下知状が下文の代用として出発しているという意味は失われてはいない。

C　北条時頼袖判奉行人奉書

北条氏の私的関係に関わる文書として、時頼が文書の袖に花押をすえた奉行人の奉書がある。この書式の文書も下文と同様に北条時政の時代より出されており、時頼もそれを踏襲したものである。次に一例を掲げることとする。

（花押）
天王寺につくりをかれ
候御堂并御宿所寺領等
事、如故葛西谷尼御前
御内可見沙汰之由候也、可令
存其旨給候、仍執達如件、

康元元年十月卅日　沙弥浄■

粟飯原馬入道殿(63)

天王寺に造られた「御堂并御宿所寺領」の詳細については定かではないが、「故葛西谷尼御前御内」の意向を「沙弥浄■」が奉じ、時頼が花押を据えた文書である。この「故葛西谷尼御前」を、今野慶信氏は北条泰時の妻・安保実員の女子と比定している(64)。このような北条氏の被官人が奉者となり時頼が袖判を加えている文書が他に三通現存している。

・「南部光徹氏所蔵遠野南部家文書」、仁治三年十月一日、北条時頼袖判沙弥成阿奉書(65)、
・「岩手大学附属図書館所蔵新渡戸文書」、仁治三年十月一日、北条時頼袖判沙弥盛阿奉書(66)、
・「阿蘇家文書」、建長元年九月二日、北条時頼袖判沙弥盛阿奉書(67)。

表3―2　北条時頼の意志を伝える文書(奉行人奉書)

No.	文書名	年月日	署判	署判の位置	充名	奉者	書き止め文言	内容
1	北条時頼袖判成阿奉書	仁治3・10・1	(花押)	袖判	曽我五郎二郎	沙弥成阿	之由所候也、仍執達如件、	所職の安堵
2	北条時頼袖判盛阿奉書	仁治3・10・1	(花押)	袖判	毘沙鶴并女子鶴後家	沙弥盛阿	之由所候也、仍執達如件、	所職の安堵
53	北条時頼袖判盛阿奉書	建長元・9・2	(花押)	袖判	□(山)田五郎四郎	沙弥盛阿	之□□(由所)候也、仍執達如件、	乱妨の停止命令
149	北条時頼袖判浄■奉書	康元元・10・30	(花押)	袖判	粟飯原馬入道	沙弥浄■	候、仍執達如件、	寺堂等の沙汰の連絡
158	北条時頼袖判蓮性奉書(折紙)	年欠・10・24	(花押)	袖判	深森(堀)五郎左衛門入道	蓮性	恐々謹言、	仏事料見参の返事

註
1．文書番号は「表1　北条時頼発給文書目録」の番号である。
2．文書名は改めたものもある。

これらの文書は、いずれも北条氏進止下の所領所職の安堵・所領内の濫妨停止といった支配に関わるものであり、北条氏の私的支配にこの書式の文書が出されていたことが判る。

（花押）
御仏事料染
物十端、入見
参了、神妙
由候也、恐々謹言、
十月廿四日　蓮性
深森五郎左衛門入道
御返事[68]

この文書は、深堀能仲より御仏事料として贈られた「染物十端」に対する折紙の返書である。きわめて略式のものであり、時頼の被官人蓮性が署名し、時頼が袖判を加えているところから「御仏事料染物十端」は北条氏に対する進物であろう。[69]この文書の年付けを推定する手がかりは、袖に加えられた時頼の花押であり、[70]この花押と東京大学史料編纂所の「花押カードデータベース」と照合すると、「建長八年」ごろと推定しうる。この推定が認められれば、『吾妻鏡』康元元年十月十三日条（建長八年は十月に康元と改元）に「相州姫君卒去、日来有御祈祷、日光法印尊家被修愛染王供、法印清尊為千手供、阿闍梨兼頼、験者各有事已後、破壇退出」と北条時頼息女の卒去の記事が見える。この時頼息女の卒去に対して、深堀能仲が「御仏事料」を贈り、この文書はその際の時頼からの返書ということになる。深堀氏は北条氏被官人としての活動の徴証は認められないが、北条氏と御家人との通交関係の一端をを示すものにはまちがいない。

ところで右のような北条氏の従者が日下に署判をした文書に、得宗が袖に花押を据えた文書を小泉聖恵氏は「得宗袖判執事奉書」と総称し、[71]細川重男氏はこれをさらに奉者単数（有得宗袖判）の「得宗袖判執事奉書」と奉者単数（無得宗袖判）の「得宗家執事書状」とに分類している。[72]そして「得宗袖判執事奉書」と「得宗家執事書状」の書式の雛形を提示し、その相違点に「得宗の袖判を有し、奉者は花押を据えないもの」と「得宗の袖判を有さず奉者自身が花押をすえるもの」とし、花押の有り様に着目して両者を区別している。また執事の語句の使用について、得宗家執事就任の確認できる長崎高資が両タイプの文書の奉者を務めていることを基準にし、そこから遡及してそれぞれの書式の文書に「執事奉書」と「執事書状」とに整理されたのである。細川氏自身も長崎高資が奉者となっていない文書については、「執事」の語句は便宜的なものであり、「発給者が即、執事というわけではない」と但し書きしているように、奉者をすべて執事と認定することは困難であろう。しかし文書名に認定できない「執事」の語句を付せば、無用の混乱をも引き起こしかねない。時頼が袖判を加えた右の書式の文書がのちの「執事奉書」へと連なっていくことは想定できるが、文書の奉者を執事と断定できない以上、いますこし緩やかに考えてもよいのではないだろうか。

D　書状

北条時頼の意志を伝える書状は多岐にわたっており、それらを敢えて大まかに分類すると次のようになるであろう。まずは神社よりの祈祷巻数の返書である。いま時頼が署判を加えた鹿島社・厳島社への祈祷巻数の返書が伝わるが、(73) それは北条氏一族への祈祷というよりは、鎌倉幕府への祈祷に対する報謝であろう。また六波羅探題北条重時へ充てた三浦泰村の乱の件を公家へ伝えるよう命じた書状があり、その意味では書状といっても、幕府の立場にたったものといえよう。

その一方では時頼が帰依していた叡尊に充てた書状のように、全くの個人的な私状ともいうべきものもある。時頼の活動の一齣を伺うことのできる書状に、つぎの文書がある。

三位そうづ申され候いし、
やまのへとうの事、ひやう
定に申て候へハ、　聖断
あるべきよし、さた候なり、
このやうをこそ、つたへお
ほせ候らめ、このよしを
申させ給へく候、あなかしこ、
　六月十二日　　　　時より(74)

表3―3　北条時頼の意志を伝える文書（書状）

No.	文書名	年月日	署判	署判の位置	充名	書き止め文言	内容
13	北条時頼書状写	（宝治元）・6・5	左近将監	日下	相模守	恐々謹言、	公家への合戦終結連絡の指示
33	北条時頼書状案	［宝治2］3・14	時頼在判	日下	城介	恐々謹言、	了承の返事
100	北条時頼書状	［建長5］7・24	（花押）	日下	鹿嶋前大禰宜	謹言、	巻数請取
150	道崇（北条時頼）願文写	正嘉元・4・15	弟子沙弥道崇敬白	日下		敬白、	国家鎮護の願文
152	道崇（北条時頼）書状写	（弘長2）・10・5	沙弥道崇	日下	西大寺方丈	恐々謹言、	物品の進上
153	北条時頼書状（折紙）	年欠・4・21	時頼（花押）	日下	安芸前司	謹言、	巻数請取
154	北条時頼書状（折紙）	年欠・4・24	（花押）	日下	庄四郎	謹言、	在京奉公の勧賞
155	北条時頼書状	年欠・6・12	時より	日下		べく候、あなかしこ、	評定結果の伝達
156	北条時頼書状（折紙）	年欠・9・17	相模守時頼	日下	人々御中	恐惶謹言	御教書披露の依頼
157	北条時頼書状（折紙）	年欠・10・23	（花押）	日下	能登前司	之状如件、	勲功賞披露の指示
159	北条時頼書状写	年月日欠			（与僧蘭渓書）		恩徳の謝辞

註
1. 文書番号は「表1　北条時頼発給文書目録」の番号である。
2. 文書名は改めたものもある。
3. 付年号は［　］で表示した。
4. 推定年号は（　）で表示した。

この文書の充名は定かではないが、本文は漢字・仮名交じりであり、差出の名前の一字を仮名で書くのは女性に対するものであるのが慣例であるので[75]、朝廷に近い女性に出されたものであろう。そしてこの文書は時頼の自筆と思われ、その点からも貴重なものである。内容をみてみると、「やまのへとう」の件について、幕府の評定の結果「聖断あるべきよし」との結果の申し入れを伝達しているのである。さきにふれた執権・連署による連署奉書による伝達とはまた異なった伝達ルートを伺わせるものであり、たいへん興味深いものである。

一概に時頼の書状といっても、以上にみてきたように幕府の決定を伝えるものから、北条氏の家督としての書状、また『吾妻鏡』正嘉元年四月十五日条に載せる伊勢神宮への願文などというようにその内容は多彩であり、一律に割りきることはできない。しかしこのような書状から、時頼と御家人との関係・朝廷との関係など幕府文書ではみられない側面を伺い知ることができるであろう。

おわりに

北条時頼が署判を加えた文書を出来うる限り網羅的に収集し、幕府文書・得宗文書と大別し、幾つかの点を指摘してきたが、論点が多岐にわたり単なる素描にとどまってしまったかもしれない。また時頼の時期のみの文書を検討の素材としたため、文書論としてはさまざまな不備が存在することはまちがいない。「文書研究」と題さなかったゆえんであり、本稿の大きな欠点として認識せざるを得ない。この稿を出発点として派生する個々の問題点については、他日を期していきたいと思う。最後に別の視点から北条時頼の発給文書についての指摘を試み、本稿のまとめにかえていきたい。

鎌倉幕府が発給した文書には、将軍の下文・関東下知状などの下文系文書と、関東御教書などの書札様文書との二つの様式があったとされる(76)。下文系文書とは平安時代以来の弁官下文(77)・政所下文・院庁下文などの様式をもつ文書であり(78)、書札様文書も前代の啓・状などから出発した私的書状である奉書・御教書・院宣などである。そして鎌倉幕府は前代以来のこの二つの文書様式を基本的に受け継ぎ、かつその時々の状況に対応すべく、下知状の開発を一例とするように、独自の要素を加えながら文書を発給していったのである(79)。幕府文書の基本がこの二様式の文書を中心に展開していったことをモデルとして、北条氏もその二様式の文書を受け継いでいった。時頼の袖判下文・時頼自身が奉者となった松下禅尼下知状などの下文系文書と、時頼袖判で北条氏の奉行人が奉者となった奉書・時頼自らが署名を加えた書状などの書札様文書とである。この二つの文書様式を柱として、北条氏は時政以来の文書様式を継承しながら、かつ折々の状況に応じた文書が出されていったのである。

文書様式には、それぞれ独自の作法があったはずである。その作法の意味を探ることによって、個々の文書の有り様の認識を深化させることができる。そして文書発給者と受給者との思わぬ人間関係や制度の一面を伺うことができるであろう。

註

（1）菊池紳一氏「北条時政発給文書について――その立場と権限――」（『学習院史学』第一九号）。湯山賢一氏「北条時政執権時代の幕府文書――関東下知状成立小考――」（小川信氏編『中世古文書の世界』所収）。

（2）湯山賢一氏「北条義時執権時代の下知状と御教書」（日本古文書学会編『日本古文書学論集』5・中世1、所収）。下山忍氏「北条義時発給文書について」（安田元久先生退任記念論集刊行委員会編『中世日本の諸相』下巻、所収）。

（3）川添昭二氏「北条時宗文書の考察――請文・巻数請取・書状――」（『鎌倉遺文研究』第二号）。

（4）永井晋氏「金沢貞顕書状概論」（『鎌倉遺文研究』第一三号）、「金沢貞顕書状の料紙について」（『金沢文庫研究』第三一三号）。

（5）「様式」という用語は論者によって様々に用いられているが、その定義について、佐藤進一氏は「用材（紙・木・布等）・文型・文体・書体等の総体」（「中世史料論」〈岩波講座『日本歴史』別巻2・日本史研究の方法、所収〉）と云い、上島有氏は「たんに書式だけではなく書体・紙面の飾り方・料紙の使い方・紙継目の固定の仕方などの形態も含めた文書の総体として把握されるべきもの」（「古文書の様式について」〈『史学雑誌』九七―一一〉）と説く。

（6）なお北条時頼の経歴については、佐々木馨氏「時頼伝の基礎的考察」（『青森県史研究』第一号）参照。

（7）以上は佐藤進一『［新版］古文書学入門』による。

（8）『吾妻鏡』建長三年七月一日条。

（9）『吾妻鏡』建長四年四月一日条。なお『武家年代記』建長四年条・宗尊親王の項に「建長四正八元服十一才、同日為三品、同三廿四出京、同四一下着、同為征夷大将軍九十」とあり、建長四年の鎌倉下向以前に三品に叙せられていた。

（10）「朽木文書」（表1　北条時頼発給文書目録」六八号、以下「発給文書目録」六八号と略記して示す）。なおこの文書は『鎌倉遺文』では署判を「別当陸奥守平朝臣判」・「相模守平朝臣判」とし案文として扱うが、国立公文書館編『朽木家古文書』上（内閣文庫影印叢刊）・一一九号の写真には署判には花押が据えられており、正文としてみてよい。

（11）「徴古館文書」（「発給文書目録」一二四号）。なおこの文書の正文は昭和二十年の戦災で焼失し、その正文は現存しない。この点は矢野憲一氏のご教示による。

（12）「市河文書」（「発給文書目録」九一号）。

（13）「家原家文書」（「発給文書目録」八三号）。

（14）国立公文書館編『朽木家古文書』上（内閣文庫影印叢刊）・一二〇号、平光度譲状。

（15）関東祇候廷臣については、岡野友彦氏『中世久我家と久我家領荘園』第二編、第三章・池大納言家領の伝領と関東祇候廷臣、参照。

（16）「深堀家文書」（「発給文書目録」一二七号）。

（17）瀬野氏『鎮西御家人の研究』第三章第二節、鎮西における東国御家人、参照。

（18）「深堀家文書」、〔貞永元年〕七月六日、北条泰時（カ）書状（『佐賀県史料集成』古文書編・第四巻）。以下関連文書がある。

（19）「深堀家文書」、建長二年十月廿三日、藤原頼嗣下文（『佐賀県史料集成』古文書編・第四巻）。なお次の時頼の書状はこの間に出されたものと思われる。

深堀左衛門
尉能仲申、
勲功賞事、
申状如此、相尋
子細、可令披
露給之状
如件、
十月廿三日　(花押)
能登前司殿

右の文書は「深堀家文書」のなかの一通であり「財団法人鍋島報效会所蔵深堀家文書」の写真による(「発給文書目録」一五七号)。充名に記されている「能登前司」は仁治二年六月七日の臨時除目で能登守に任じられ、寛元元年まで在任が確認できる三浦光村であろうか。三浦光村は三浦義村の三男で、将軍藤原頼経の寵臣であった(菊池紳一氏「中世加賀・能登の国司について――鎌倉時代を中心に――」〈『加能史料研究』第十六号〉)。そして時頼のこの文書の花押と東京大学史料編纂所の「花押カードデータベース」の時頼の花押とを照合してみると、寛元四年から宝治元年に比定できる。「能登前司」が三浦光村に比定できるとすれば、光村は宝治合戦で宝治元年六月六月二四日に自害しているから、その前年である寛元四年十月となる。またこの文書は深堀能仲の「勲功賞事」を将軍藤原頼経へ三浦光村を通じて披露を依頼しているものであり、時頼と将軍との関係の一端を伺わせる興味深いものでもある。

(20) 佐藤氏『[新版]古文書学入門』。
(21) 近藤氏「文書様式にみる鎌倉幕府権力の転回――下文の変質――」(日本古文書学会編『日本古文書学論集』5・中世1、所収)。また佐藤秀成氏は「受給者充所型下文」の発生を数カ国に及ぶ散在所領の安堵を一通の下文で行なうためといった現実の要請があったことに求めている(「将軍家下文に関する一考察」〈鎌倉遺文研究会編『鎌倉時代の政治と経済』鎌倉遺文研究I、所収〉)。
(22) 近藤氏、前掲「文書様式にみる鎌倉幕府権力の転回――下文の変質――」
(23) この文書(「発給文書目録」一四四号。なお「尊経閣文庫所蔵・武家手鑑」の写真による)を次に示しておきたい。

将軍家政所下　左衛門尉藤原景経
　可令早領知武蔵国船木田新庄由井内横河郷・
　　遠江国山香庄内犬居郷・美濃国下有智御厨内
　　寺地郷并上野平太・同四郎兵衛尉名田畠等・安芸国
　　志芳庄内西村等地頭職・肥前国佐嘉御領内
　　末吉名預所職事
右、任亡父前和泉守政景法師(法名浄念)延応元年十二月
十一日譲状并浄念譲後家尼(景経母)仁治二年十二月廿七日

状案于時在俗、及舎兄左衛門尉政泰・景村・景氏等去月廿七
請文之旨、為彼等職、各守先例可致沙汰之状、所仰
如件、以下、

建長八年七月三日　案主清原

令左衛門少尉藤原（花押）　知家事清原
別当陸奥守平朝臣（花押）
相模守平朝臣（花押）

(24) 以下は佐藤進一氏『〔新版〕古文書学入門』による。

(25) このことは下知状が下文系の文書であることと関わりがあるとおもう。

(26) 但し、「忽那家文書」建長六年三月八日、関東下知状（「発給文書目録」一一三号）は宗尊親王の将軍在任期間であるが書止文言は「依仰下知如件」となっている。

(27) 近藤成一氏は裁許状の事書の表記の変化に幕府裁判の変化を見極めようとする（「鎌倉幕府裁許状の事書について」〈皆川完一氏編『古代中世史料学研究』下巻、所収〉）。

(28) 所務沙汰における裁許状作成の手続きについては、石井良助氏『中世武家不動産訴訟法の研究』参照。

(29) 近藤氏「鎌倉幕府裁許状の事書について」（皆川完一氏編『古代中世史料学研究』下巻、所収）。

(30) 「入来院家文書」、建長二年四月二十八日関東下知状（「発給書目録」五六号）。なお行替えなどは東京大学史料編纂所架蔵写本による。

(31) 「相良家文書」、建長元年七月十三日、関東下知状（「発給文書目録」四六号）、なお行替えは高橋正彦氏編『慶應義塾所蔵・古文書選』（二）掲載の写真による。

(32) 「進美寺文書」、建長三年九月十八日、関東下知状案（「発給文書目録」七〇号）、なお行替えなどは東京大学史料編纂所架蔵の影写本による。

(33) 幕府裁判における一族内相論の全体については、古澤直人氏「鎌倉幕府裁許状にみえる一族内相論について」（『早稲田大学大学院・文学研究科紀要』別冊第一二集、哲学・史学編）参照。

(34) この文書と思われるものが「進美寺文書」建久五年五月一五日源頼朝下文案（『兵庫県史』史料編・中世三）にみえており、袖に頼朝の花押があったようで「御□（判）」に『兵庫県史』の編者は（源頼朝カ）と校訂注を付している。この文書は日下に「散位小野時広奉」とあり、基本的な袖判下文とは異なる。なお黒川高明氏はこの文書に「○本文書、検討ノ要アリ」との按文を付している（『源頼朝文書の研究・史料編』三三九号）。しかしたとえ今日の我々が書式に違和感をもっていても、当時の人々にとっては証拠文書として効力を発揮したかもしれない。

(35) 以上は佐藤氏前掲「中世史料論」による。

(36) 高橋氏「関東御教書の様式について」（『中世荘園制と鎌倉幕府』所収）。

(37) 上島氏、前掲「古文書の様式について」。

(38)「石清水八幡宮所蔵田中家文書」、建長二年十一月十四日、後嵯峨院院宣（大日本古文書『石清水文書之一』一六三号）にみえる「武家避文」は、「尊経閣文庫所蔵石清水文書」、建長二年八月二九日、関東御教書（この文書は尊経閣文庫所蔵の写真による）のことである。

(39) 例えば「宮内庁書陵部所蔵・壬生家旧蔵・壬生家家領関係文書一」に（文永四）三月廿六日付の北条政村・同時宗の連署奉書が次のようにある（宮内庁書陵部編『壬生家文書』五、一二一〇号）。

法光寺事、不及関東沙汰之由候也、仍執達如件、

三月廿六日　　相模守（花押）

左京権大夫（花押）

「（異筆）到来文永四・四・十八未刻」

そして壬生家はこの文書の写しを作成し、その写しの端裏書に「関東御返事案」（同編『壬生家文書』五、一二六五号）と記している。

(40)「尊経閣文庫所蔵石清水文書」、建長二年八月廿九日、北条重時・同時頼連署奉書（「発給文書目録」六一号）。なおこの文書については、「尊経閣文庫所蔵」の写真による。なお尊経閣文庫にはこの得善保関係をはじめ何点かの石清水八幡宮関係の正文が伝わっており、石清水八幡宮にはその写があり、「大日本古文書」は石清水八幡宮所蔵の写を翻刻している。以下本稿で使用する「尊経閣文庫所蔵石清水文書」の史料についてはその写真による。また『鎌倉遺文』では署判の裏書きが脱落している。

(41)「石清水八幡宮所蔵田中家文書」（「発給文書目録」一一七号）。なお村田正志・田中君於・石川晶康各氏編『続石清水八幡宮史料叢書』一・田中家文書目録（一）に掲載されている写真による。

(42) 周防国遠石別宮領得善保の概要については、網野善彦他氏編『講座日本荘園史』9・中国地方の荘園・「周防国」（木村忠夫氏執筆）参照。

(43)『葉黄記』宝治元年正月廿六日条。

(44)「石清水八幡宮所蔵田中家文書」、建久二年二月十日、八幡宮別当下知状（大日本古文書『石清水文書之一』一五九号）。

(45)「尊経閣文庫所蔵石清水文書」、建長二年九月廿六日、北条長時書状。

(46)「石清水八幡宮所蔵田中家文書」、建長二年十一月十四日、後嵯峨院院宣（大日本古文書『石清水文書之一』一六三号）。なおこの文書は、日本歴史学会編『演習・古文書選』古代・中世編の二八号として写真が掲載されている。

(47)「尊経閣文庫所蔵石清水文書」、建長六年四月十七日、後嵯峨上皇院宣。

(48) この幕府よりの文書をうけて、後嵯峨上皇の院宣も再度出されている（「尊経閣文庫所蔵石清水文書」、建長六年十二月五日、後嵯峨上皇院宣）。

(49) このことは発給者の意図であり、受給者が証文として扱うか否かは別問題である。

(50) なお「消息耳底秘抄」（『群書類従』第九輯・消息部）に「一、為証文消息事　可為証文消息ニハ、年号月日ヲ書テ加判之」とあり、当時の証文とすべき消息に対する作法の一端を伺うことができる。

(51) 例えば幕府裁判の例であるが「有浦文書」、弘安二年十月八日関東下知状案に「或如売券者、正嘉三年也、如奥書者、無年号之

間、為同年三月歟、以後日売券書載先日譲詞之条、為疑書之由、家康申之、不記年号於奥書之間、□（後年カ）書載之歟、仍難称同年状歟」（福田以久生・村井章介両氏編『改訂松浦党有浦文書』一〇号）とみえているように、無年号のため「疑書」と論じられている。また「烟田文書」弘安元年十一月三日関東下知状写に「綱幹□状者、無年号之上、家―未生以前状也、不足証拠之由」（鉾田町史編さん委員会編『鉾田町史・中世史料編・烟田氏史料』二〇号）とあり、無年号であるゆえ証文としての証拠能力に欠けることが主張されている。

(52) この表のなかに寄進状をも含めたが、寄進状が下文の範疇にはいることについては、青山幹哉氏「『御恩』受給文書様式にみる鎌倉幕府権力」（『古文書研究』第二五号）参照。

(53) 「麻生文書」建長元年六月廿六日、北条時頼下文（「発給文書目録」四五号）。なお本論では北九州市立歴史博物館編『筑前麻生文書』の写真による。

(54) 「阿蘇家文書」、寛元五年二月十六日、北条時頼下文（「発給文書目録」一〇号）。なお行替えは東京大学史料編纂所架蔵影写本による。この文書は昭和八年一二月四日に東京大学史料編纂所が阿蘇惟孝氏所蔵より影写本を調製した時点では存在したが、その後阿蘇家文書は熊本大学附属図書館に移管され、昭和六十二年三月に文化庁文化財保護部美術工芸課が作成した『阿蘇家文書目録』には掲載されてはおらず、正文は現在のところ所在不明となっている。この点は熊本大学附属図書館・東京大学史料編纂所図書室のご教示による。

(55) 「南部光徹氏所蔵遠野南部家文書」、貞応二年八月六日、北条義時袖判書下（『青森県史』資料編・中世1・南部家関係資料）。なお本論では同書に掲載されている写真によって行替えなど改めた。

(56) 相田氏『日本の古文書』上・下、佐藤氏『［新版］古文書学入門』。なお相田氏『日本の古文書』下に「書下」の実例が示されている。

(57) 上島氏、前掲「古文書の様式について」。

(58) 六波羅探題の発給文書を検討された熊谷隆之氏は「下文様の書下」と「書札様の書下」を提示された。六波羅探題が発給した文書を網羅的に収集しその「通底」する要素を抜き出すという方法は正しいが、視点に問題があったためにこのような混乱した結論が導きだされたと思われる。

(59) なお『青森県史』は、「南部光徹氏所蔵遠野南部家文書」暦応二年三月十七日、足利直義書下と文書名を付した文書を掲載している。いまその文書を次に掲げよう。

参御方者、本領事□（任カ）被定置之旨可有其□（沙）汰之上、致軍忠［○］（者）、可抽□（賞）之状如件、

暦応二年三月十七日　（足利直義）（花押）

南部六郎（政長）殿

『青森県史』は一つの文書名について異なった書式の文書に付すといった不統一がみられる。本稿に記したように、「書下」という書式は書札様文書の一形態で、これが守護や守護大名の「書下」に受け継がれていくと考える。

(60) 上島氏、前掲「古文書の様式について」。

(61) 「毛利元雄氏所蔵文書」、宝治二年八月八日、松下禅尼下知状（相田二郎氏『日本の古文書』上、「発給文書目録」三九号）

(62) 以上は網野善彦他氏編『講座日本荘園史』8・近畿地方の荘園Ⅲ、丹波国の項（黒川直則氏執筆）による。

(63)「鹿王院文書」康元元年十月卅日、北条時頼袖判沙弥浄■奉書（「発給文書目録」一四九号）。なお行替えは東京大学史料編纂所架蔵影写本で改めた。

(64) 今野氏「『葛西殿』について」（葛飾区郷土と天文の博物館編『鎌倉幕府と葛西氏』所収）。

(65)「発給文書目録」一号。なおこの文書の典拠として『鎌倉遺文』では「斎藤文書」としているが、『青森県史』資料編・中世1では「南部光徹氏所蔵遠野南部家文書」として写真が掲載されており、本稿ではそれによる。「斎藤文書」の伝写過程については鈴木茂男氏「文書がはがされた話――南部文書と斎藤文書――」（日本古文書学会編『日本古文書学論集』2・総論Ⅱ所収）参照。

(66)「発給文書目録」二号。

(67)「発給文書目録」五三号。なおこの文書については「熊本大学附属図書館所蔵阿蘇家文書」の写真による。

(68)「深堀家文書」、年欠十月廿四日、北条時頼袖判蓮性奉書（折紙）（「発給文書目録」一五八号）。なおこの文書については「財団法人鍋島報效会所蔵深堀家文書」の写真による。

(69) 同じような北条氏に対する進物が伺われる史料に、曽我氏が「御仏事料染物」や「鱒・雁」を贈った返書の例がみられ、いずれも折紙で北条氏奉行人の署判で北条氏一族の者が袖判を加えている（「南部光徹氏所蔵遠野南部家文書」、年欠二月卅日、某袖判平泰綱奉書・年欠卯月廿四日、某袖判泰茂奉書〈『青森県史』資料編・中世1・南部氏関係資料〉。なお『青森県史』はこの両通の袖判を「北条義政か」と注記している。）

(70) 北条氏の花押については、二合体で全体を梯形にまとめ終筆を内側に撥ねた「時政型の花押」と、一字型で右端下に左に筆をおろし右に向けて底辺線を引き小さな三角形をつくり左上にのばして頂点と合するといった省画と補筆による「義時型の花押」とがあり、時頼の花押は「時政型」に属する（佐藤進一氏『花押を読む』Ⅴ執権北条氏の花押について）。

(71) 小泉氏「得宗家の支配構造」（『お茶の水史学』四〇号）。

(72) 細川氏『鎌倉政権得宗専制論』第一部・第三章、得宗家公文所と執事――得宗家公文所発給文書の分析を中心に――。

(73)「鹿島大禰宜家文書」〔建長五年〕七月廿四日、北条時頼書状（「発給文書目録」一〇〇号）、「厳島文書御判物帖」、年欠四月廿一日、北条時頼書状（「発給文書目録」一五三号）。

(74)「関戸守彦氏所蔵文書」年欠六月十二日、北条時頼書状（「発給文書目録」一五五号）。なお本稿では『書苑』第十巻第二号に掲載されている写真による。

(75)『書苑』第十巻第二号掲載の「北条時頼真蹟仮字消息」の解説。

(76) 上島氏、前掲「古文書の様式について」。富田正弘氏「中世史料論」（岩波講座『日本通史』別巻3・史料論、所収）。なお上島氏は「下文様文書」とし、富田氏は「下文系文書」とする。

(77) この文書名については、百瀬今朝雄氏「官宣旨と弁官下文」（『弘安書札礼の研究』所収）参照。

(78) 関東下知状が下文系文書に属する理由は、もともと下文の代用として出発したこと、書体が楷書体にちかい字形であること、字配りが天大地小のものも存在することなどがあげられる。

(79) 本郷和人氏は鎌倉幕府文書は朝廷の文書様式をに学んだものとされ、さらに武家文書の主要様式として下文・下知状・御教書・

直状の四つを提示している（「中世古文書学再考」〈石上英一氏編『歴史と素材』日本の時代史30〉所収）。筆者は本論で触れたように下文系文書と書札様文書を柱にして、そこから個々の文書様式を考えていくべきだと考える。

附記　本稿を作成するにあたり史料の閲覧および種々のご教示を与えられた財団法人前田育徳会尊経閣文庫・菊池紳一氏、東京大学史料編纂所・林譲氏、石清水八幡宮研究所・田中君於氏、財団法人鍋島報效会・藤口悦子氏、ＮＰＯ法人五十鈴塾・矢野憲一氏、諏訪大社・桃井義弘氏、東京大学史料編纂所図書室、熊本大学附属図書館、神長官守矢史料館に、末筆ながらあつく御礼申し上げたい。

なお花押の比定には、東京大学史料編纂所「花押データベース」を利用した。

（北条氏研究会編『北条時宗の時代』（八木書店）より転載）

【参考表】北条時頼発給文書目録

例言

一、年月日欄の〈 〉内は付年号を示す。年欠、年月日未詳の場合、( )内に推定年次を記載した。

二、文書名は、原則として文書様式を基準に、例会で検討した文書名とした。

三、出典は、原則として『鎌倉遺文』記載のそれによった。

四、巻号欄には、『鎌倉遺文』の巻数(○数字)、文書番号を記載した。補遺編は「補遺」、東寺文書編は「東寺」、尊経閣文庫編は「尊経」の略称を用いた。

五、備考欄には、北条時頼の官途、幕府の役職の他、関東下知状・関東御教書等の場合は単署・連署の区別、『鎌倉遺文』に記される注記や『鎌倉遺文』と本目録との相違などを適宜記載した。なお、『鎌倉遺文』は「鎌遺」の略称を用いた。

六、本目録の文書番号は、本書掲載の川島孝一論文(「北条時頼文書概論」:初出北条氏研究会編『北条時宗の時代』〈八木書店〉より転載)の文書番号(表1)と一致させた。なお、追加は「補○」とした。

七、本目録は、山野井功夫・菊池紳一が作成した。

番号	年月日	文書名	出典	巻号	備考
1	仁治三年十月一日(一二四〇)	北条時頼袖判沙弥盛阿奉書	陸奥齋藤文書	⑧六一一一	「鎌遺」は「北条時頼書下」とする。
2	仁治三年十月一日	北条時頼袖判沙弥盛阿奉書	陸奥新渡戸文書	⑧六一一二	「鎌遺」は「北条時頼書下」とする。
3	仁治三年十月二十五日	北条時頼袖判下文	陸奥新渡戸文書	⑧六一三〇	
4	寛元四年十月二十九日(一二四六)	関東御教書案	薩摩延時文書	⑨六七五三	時頼単署。
補1	寛元四年十月二十九日	関東御教書写	薩藩旧記三末吉羽島文書	⑨六七五四	時頼単署。「鎌遺」は「関東御教書案」とする。
5	〈寛元四年〉十二月三日	北条時頼書状案	保坂潤治氏所蔵文書	⑨六七六七	「鎌遺」は「関東御教書」とする。
6	寛元四年十二月五日	北条時頼袖判下文	常陸宇都宮文書	⑨六七六八	
7	寛元四年十二月十一日	関東御教書	薩摩延時文書	⑨六七七三	時頼単署。
8	寛元四年十二月十七日	関東御教書写	吾妻鏡同日条	⑨六七七七	時頼単署。「新編追加」は宛所「某殿」を「信濃国中」とする。
9	寛元五年二月二日	関東御教書案	肥前武雄神社文書	⑨六七九七	時頼単署。
10	寛元五年二月十六日	北条時頼袖判書下	肥前阿蘇文書	⑨六八〇一	「鎌遺」は「北条時頼下文」とする。
11	寛元五年二月十六日	北条時頼寄進状写	集古文書二二伊豆東明寺蔵	⑨六八〇二	「鎌遺」は「北条時頼寄進状」とする。

12	宝治元年卯月二日	関東下知状カ写	信濃諏訪神長官文書	補遺③補一三六二	時頼単署。「鎌遺」は「関東下知状」とする。様式等より、要検討文書。
13	年欠（宝治元年）六月五日	北条時頼書状写	吾妻鏡同日条	⑨六八三五	「鎌遺」は「北条時頼書状」とする。
14	年欠（宝治元年）六月五日	関東御教書写	吾妻鏡同日条	⑨六八三六	時頼単署。「鎌遺」は「関東御教書」とする。
15	宝治元年七月十八日	北条時頼袖判下文	陸奥齋藤文書	⑨六八五六	
16	〈宝治元年〉七月十九日	関東御教書案	紀伊崎山文書	⑨六八五七	重時・時頼連署。
17	宝治元年七月十九日	関東御教書写	新編追加	⑨六八五八	重時・時頼連署。「鎌遺」は「関東御教書」とする。
18	宝治元年八月八日	北条時頼寄進状写	集古文書四二伊豆東明寺蔵	⑨六八六六	「鎌遺」は「北条時頼寄進状」とする。
19	宝治元年八月十七日	関東下知状案	金剛三昧院文書	⑨六八七〇	重時・時頼連署。「鎌遺」は「関東御教書」とする。
20	宝治元年八月十七日	関東下文案	金剛三昧院文書	⑨六八七一	重時・時頼連署。「鎌遺」は「関東御教書」とする。
21	宝治元年九月十三日	関東御教書案	経光卿維摩会参向記（嘉禎元年）紙背文書		重時・時頼連署。『民経記』八（大日本古記録）。
22	年欠（宝治元年）十月八日	北条重時・同時頼連署奉書	東寺文書六芸部数一一	東寺①一一八	
補2	年欠（宝治元年）十月十六日	関東御教書案	経光卿維摩会参向記（嘉禎元年）紙背文書		重時・時頼連署。『民経記』八（大日本古記録）。
23	宝治元年十月十七日	関東御教書案	豊前永弘文書	⑨六八八八	重時・時頼連署。
24	宝治元年十月二十五日	関東下知状案	薩摩新田神社文書	⑨六八九〇	重時・時頼連署。「鎌遺」は「関東下知状」とする。前欠文書。
25	宝治元年十月二十五日	関東御教書写	薩藩旧記三権執印文書	⑨六八九一	重時・時頼連署。「鎌遺」は「関東御教書案」とする。
26	宝治元年十月二十九日	関東御教書案	薩摩比志島文書	⑨六八九二	重時・時頼連署。
27	宝治元年十月二十九日	関東下知状案	東寺百合文書ヱ	⑨六八九三	重時・時頼連署。
28	宝治元年十一月二十七日	関東御教書写	吾妻鏡同日条	⑨六九〇五	重時・時頼連署。「鎌遺」は「関東御教書」とする。
29	宝治元年十二月八日	関東御教書写	新編追加	⑨六九一四	重時・時頼連署。「鎌遺」は「関東御教書」とする。
30	宝治元年十二月十三日	関東書下写	新編追加	⑨六九一八	重時・時頼連署。事実書の末尾に「仍執達如件」なし。「鎌遺」は「関東御教書」とする。
31	宝治元年十二月二十六日	関東御教書	陸奥飯野八幡社文書	⑨六九二五	重時・時頼連署。
32	宝治二年二月二十九日（一二四八）	関東御教書	肥前後藤家文書	⑩六九四三	重時・時頼連署。
33	〈宝治二年〉三月十四日	北条時頼書状案	紀伊金剛三昧院文書	⑩六九四八	
34	宝治二年五月十一日	関東御教書案	紀伊崎山文書	⑩六九六六	重時・時頼連署。

番号	年月日	文書名	出典	鎌遺	備考
35	宝治二年五月十三日	関東御教書写	松雲公採集遺編類纂六六記録部一〇石清水八幡宮旧記抄下古文書施行案	補遺③補一四〇三	重時・時頼連署。
36	（宝治二年五月十六日）	関東下知状	豊後柞原八幡宮文書	⑩六九六九	重時・時頼連署。前欠文書、年号を欠損する。年月日は「鎌遺」⑩六九九一を参照。
37	宝治二年七月十九日	関東御教書	市来北山文書		五味克夫「島津庄日向方北郷弁済職並びに図師職について――備忘録抄所収北山文書の紹介――」（『日本歴史』一七〇号）。
38	宝治二年七月二十九日	関東御教書写	新編追加	⑩六九九二	重時・時頼連署。「鎌遺」は「関東御教書」とする。
39	宝治二年八月八日	北条時頼奉下知状	毛利元雄氏所蔵文書		時頼単署。相田二郎『日本の古文書』上所収。
40	宝治二年九月十三日	関東下知状案	筑後室園文書	⑩六九九八	重時・時頼連署。
41	宝治二年十二月五日	関東下知状	和泉久米田寺文書	⑩七〇一五	重時・時頼連署。
42	宝治三年正月十日（一二四九）	関東下知状	相模石田文吉氏文書	⑩七〇三七	重時・時頼連署。前欠文書。
43	建長元年五月二十日	関東御教書案	肥前龍造寺文書	⑩七〇七六	時頼単署。
44	建長元年六月三日	関東御教書	相模鶴岡八幡宮文書	⑩七〇八二	時頼単署。
45	建長元年六月二十六日	北条時頼袖判下文	筑前麻生文書	⑩七〇八八	
46	建長元年七月十三日	関東下知状	肥後相良家文書	⑩七〇九一	重時・時頼連署。
47	建長元年七月二十日	関東下知状案	狩野亨吉氏蒐集文書	⑩七〇九二	重時・時頼連署。前欠文書。
48	建長元年七月二十日	関東下知状案（抜書）	東大寺文書（第四回採訪）		東京大学史料編纂所架蔵影写本
49	建長元年七月二十三日	関東下知状	尊経閣所蔵宝菩提院文書 尊経閣古文書纂宝菩提院文書	⑩七〇九三 尊経六一	重時・時頼連署。
50	建長元年八月九日	関東御教書	薩摩二階堂文書	⑩七一〇五	重時・時頼連署。
51	建長元年八月十日	関東御教書	宇都宮文書	⑩七一〇六	重時・時頼連署。
52	建長元年八月二十三日	関東御教書	尾張文書通覧	⑩七一一一	重時・時頼連署。
53	建長元年九月二日	北条時頼袖判沙弥盛阿奉書	肥後阿蘇文書	⑩七一一九	「鎌遺」は「北条時頼家雑掌奉書」とする。
54	建長元年九月二十五日	関東御教書	陸奥飯野文書	補遺③補一四五九	
55	〈建長二年〉二月六日（一二五〇）	北条時頼書状案	山城海蔵院文書	⑩七一五九	差出「左近将監時頼」とするが、時頼はこの時相模守。年代誤記か。「鎌遺」は「関東御教書案」とする。
56	建長二年四月二十八日	関東下知状	薩摩入来院文書	⑩七一九五	重時・時頼連署。
57	建長二年七月七日	関東下知状案	橘中村文書	⑩七二一一	重時・時頼連署。

58	建長二年七月二十五日	関東御教書	相模金子文書	⑩七二一五	重時・時頼連署。「鎌遺」は「本文書は検討の余地がある。」と注記する。
59	建長二年八月三日	関東御教書	筑前宗像神社文書	⑩七二一八	重時・時頼連署。
60	建長二年八月二十一日	関東御教書	高野山文書宝簡集五	⑩七二二六	重時・時頼連署。
61	〈建長二年〉八月二十九日	関東御教書	尊経閣所蔵文書 尊経閣古文書纂石清水文書	⑩七二二八 尊経六二	重時・時頼連署。
62	建長二年九月五日	関東御教書	肥前山代文書	⑩七二三〇	重時・時頼連署。
63	建長二年九月五日	関東御教書	肥前山代文書	⑩七二三一	重時・時頼連署。
64	建長二年十一月二十八日	関東御教書	相模鶴岡八幡宮文書	⑩七二四八	重時・時頼連署。
65	建長二年十一月二十九日	関東御教書写	吾妻鏡同日条	⑩七二四九	重時・時頼連署。「鎌遺」は「関東御教書」とする。
補3	建長二年十二月日	将軍(藤原頼嗣)近習結番交名注文写	吾妻鏡同年同月二十七日条	⑩七二五九	重時・時頼連署。「鎌遺」は「将軍(藤原頼嗣)近習結番交名注文」とする。
66	建長三年五月二十一日	関東御教書案	東寺百合文書ホ	⑩七三一一	重時・時頼連署。
67	建長三年六月二十一日	関東御教書写	吾妻鏡同日条	⑩七三一九	時頼単署。
68	建長三年八月三日	将軍(藤原頼嗣)家政所下文案	近江朽木文書	⑩七三三二	政所別当。
69	建長三年八月四日	関東御教書案	豊後詫摩文書	⑩七三三四	重時・時頼連署。
70	建長三年九月十八日	関東下知状案	但馬進美寺文書	⑩七三五四	重時・時頼連署。
71	建長三年十二月十二日	将軍(藤原頼嗣)家政所下文	但馬伊達文書	⑩七三八九	政所別当。
72	建長三年十二月十四日	将軍(藤原頼嗣)家政所下文案	信濃工藤家文書	⑩七三九一	政所別当。
73	建長四年二月二十日 (一二五二)	関東御教書案	東寺百合文書ミ	⑩七四一一	重時・時頼連署。
74	建長四年卯月十四日	関東御教書案	豊前益永家文書	⑩七四三三	重時・時頼連署。
75	建長四年四月二十九日	関東御教書案	書陵部本参軍要略抄下裏文書	⑩七四三六	重時・時頼連署。
76	建長四年六月二十五日	関東御教書写	吾妻鏡同日条	⑩七四五〇	重時・時頼連署。「鎌遺」は「関東御教書」とする。
77	建長四年六月二十五日	関東御教書写	薬師寺要録	⑩七四五一	重時・時頼連署。「鎌遺」は「関東御教書」とする。
補4	建長四年六月二十五日	関東御教書写	下野薬師寺縁起	補遺③補一五一〇	⑩七四五一号に同じ。宛所を補う。
78	建長四年六月三十日	関東下知状案	薩摩入来院文書	⑩七四五四	重時・時頼連署。
79	建長四年七月十一日	将軍(宗尊親王)家政所下文	豊後平林文書	⑩七五八六	政所別当。

80	建長四年七月十二日	関東御教書	毛利家所蔵筆陣	⑩七四五八	重時・時頼連署。
81	建長四年八月七日	北条時頼書下案	信濃工藤家文書	⑩七四六三	「鎌遺」は「関東下知状案」とする。
82	建長四年八月十五日	将軍（宗尊親王）家政所下文	豊前金光文書	⑩七四六八	政所別当。
83	建長四年九月十二日	将軍（宗尊親王）家政所下文	出雲家原家文書	⑩七四七三	政所別当。
84	建長四年九月十六日	関東下知状案	讃岐善通寺文書	⑩七四七六	重時・時頼連署。
85	建長四年十月十一日	関東御教書案	書陵部本参軍要略抄下裏文書	⑩七四八四	重時・時頼連署。
86	建長四年十月二十六日	関東御教書案	筑前宗像神社文書	⑩七四八七	重時・時頼連署。
87	建長四年十月二十八日	関東御教書	尊経閣文庫所蔵文書 尊経閣古文書纂加茂社文書	補遺③補一五二九 尊経六四	重時・時頼連署。
88	〈建長四年〉十二月十二日	関東御教書	菊大路家文書	⑩七四九九	重時・時頼連署。
89	建長四年十二月二十六日	将軍（宗尊親王）家政所下文	出羽市河文書	⑩七五〇六	政所別当。
90	建長四年十二月二十六日	関東下知状案	肥後詫摩文書	⑩七五〇七	重時・時頼連署。
91	建長四年十二月二十八日	将軍（宗尊親王）家政所下文	出羽市河文書	⑩七五〇八	政所別当。
92	建長五年二月十一日 （一二五三）	関東下知状写	秋田藩採集文書岡本元朝家蔵	⑩七五二〇	重時・時頼連署。「鎌遺」は「関東下知状」とする。
93	建長五年三月三日	関東御教書案	菊亭家文書	⑩七五二五	重時・時頼連署。
94	建長五年三月十二日	関東補任案	出雲日御碕神社文書	⑩七五二六	重時・時頼連署。「鎌遺」は連署を「陸奥守平御判」「散位平御判」とするが、相模守時頼が散位と署判するのは不自然。検討を要す。
95	建長五年三月十二日	関東下知状	大内文書	⑩七五二七	重時・時頼連署。事実書以前を欠く。「鎌遺」は連署を「陸奥守平（花押）」「散位平（花押）」（「西明寺殿」の追筆）とするが、相模守時頼が散位と署判するのは不自然。検討を要す。
96	〈建長五年〉三月二十五日	関東御教書	前田家所蔵文書 尊経閣古文書纂石清水文書	⑩七五三〇 尊経六六	重時・時頼連署。
97	建長五年四月十七日	関東御教書写	薩藩旧記四権執印文書	⑩七五四一	重時・時頼連署。「鎌遺」は「関東下知状案」とする。
98	建長五年四月二十五日	関東御教書写	新編追加	⑩七五四四	重時・時頼連署。「鎌遺」は「関東御教書」とする。
補5	年月日欠	関東御教書案	薩摩比志島文書	⑩七五八五	後欠文書。事実書の末尾以下を欠く。
99	建長五年七月六日	関東下知状写	千載家旧蔵東大寺文書		横内裕人「新出千載家文書にみる造東大寺勧進と鎌倉幕府――行勇時代の再建事業――」（『鎌倉遺文研究』一二号）。
100	〈建長五年〉七月二十四日	北条時頼書状	鹿島大禰宜家文書	⑩七五九九	

101	建長五年七月二十九日	関東御教書	伊予長隆寺文書	⑩七六〇三	重時・時頼連署。
102	建長五年七月三十日	関東下知状案	肥後詫摩文書	⑩七六〇四	重時・時頼連署。
103	建長五年八月十七日	将軍（宗尊親王）家政所下文案	肥前実相院文書	⑩七六〇六	政所別当。
104	建長五年八月二十七日	関東下知状案	肥後詫摩文書	⑩七六一〇	重時・時頼連署。
105	建長五年八月二十七日	関東下知状案	肥前橘中村文書	⑩七六一一	重時・時頼連署。
106	建長五年十月一日	関東下知状写	新編追加	⑩七六二一	重時・時頼連署。「鎌遺」は「関東下知状」とする。
107	建長五年十月十一日	関東御教書案	和泉田代文書	⑩七六二三	重時・時頼連署。「鎌遺」は「関東御教書」とする。
108	建長五年十一月十四日	法勝寺供養守護武士交名注進状写	経俊卿記同年十二月二日条	⑩七六四一	重時・時頼連署。
109	建長五年十二月二十日	関東下知状写案	肥前青方文書	⑩七六五七	重時・時頼連署。事実書の末尾を省略する。
110	建長五年十二月二十八日	将軍（宗尊親王）家政所下文案	禰寝文書	⑩七六八二	政所別当。
111	建長五年十二月二十八日	将軍（宗尊親王）家政所下文	大隅池端文書	⑩七六八三	政所別当。
112	建長六年正月二十日（一二五四）	関東下知状写	薩摩高城村沿革史所収高城氏文書	⑪七六九七	重時・時頼連署。「鎌遺」は「関東下知状案」とする。
113	建長六年三月八日	関東下知状	伊予忽那家文書	⑪七七一九	重時・時頼連署。
114	建長六年四月十六日	関東御教書案	豊後真玉寺文書	⑪七七三三	時頼単署。『吾妻鏡』は同年四月二十九日条にあり。
115	建長六年四月二十六日	関東下知状案	日向田部文書	⑪七七三八	重時・時頼連署。事実書に欠文あり。
116	建長六年五月七日	関東御教書案	関戸守彦所蔵文書	補遺③補一五四六	重時・時頼連署。前欠文書。
117	建長六年七月五日	関東御教書	石清水文書	⑪七七七五	重時・時頼連署。
118	建長六年九月十二日	関東御教書案	大内文書	⑪七七九六	重時・時頼連署。「鎌遺」は連署を「陸奥守平御判」「散位平御判」とするが、相模守時頼が散位と署判するのは不自然。「鎌遺」は「本文書，検討を要す」と注記する。
119	建長六年十月七日	関東御教書案	豊後柞原八幡宮文書	⑪七八〇九	重時・時頼連署。
120	（建長六年十月十二日）	関東下知状案（抜書）	東寺百合文書ヱ	⑪七八一二	署名無し。「鎌遺」は「関東下知状案」とする。
補6	年月日欠（建長六年十月十二日）	関東御教書写	吾妻鏡建長六年十月十二日条	⑪七八一三	署名無し。「鎌遺」は「関東御教書」とするも、「関東評定事書」ならん。
121	建長六年十月十七日	関東御教書写	吾妻鏡同日条	⑪七八一五	重時・時頼連署。「鎌遺」は「関東御教書」とする。
122	建長六年十月三十日	関東御教書案	東大寺文書	⑪七八一六	重時・時頼連署。

123	建長六年十一月五日	将軍(宗尊親王)家政所下文案	常陸臼田文書	⑪七八一八	政所別当。
124	建長六年十一月十七日	将軍(宗尊親王)家政所下文	伊勢徴古館文書	⑪七八二一	政所別当。
125	建長六年十二月十二日	将軍(宗尊親王)家政所下文	出羽市河文書	⑪七八二九	政所別当。
126	建長七年三月二十七日(一二五五)	将軍(宗尊親王)家政所下文	出羽色部文書	⑪七八六一	政所別当。
127	建長七年三月二十八日	将軍(宗尊親王)家政所下文	肥前深堀家文書	⑪七八六二	政所別当。
128	建長七年三月二十九日	関東御教書写	式目抄	⑪七八六三	重時・時頼連署。「鎌遺」は「関東御教書」とする。
129	年欠(建長七年)四月十九日	関東御教書案	筑前宗像神社文書	⑪七八六五	重時・時頼連署。「鎌遺」は「関東巻数請取案」とする。
130	建長七年六月五日	将軍(宗尊親王)家政所下文案	薩摩入来院文書	⑪七八七四	政所別当。
131	建長七年七月十七日	関東御教書	武蔵富岡宣永氏所蔵文書	⑪七八八三	重時・時頼連署。
132	建長七年八月十二日	関東御教書写	新編追加	⑪七八九二	重時・時頼連署。「鎌遺」は「関東御教書」とする。
133	建長七年八月二十二日	将軍(宗尊親王)家政所下文写	得田文書	⑪七八九四	政所別当。
134	建長七年九月十三日	関東下知状写	肥前後藤家事蹟	⑪七九〇四	重時・時頼連署。「鎌遺」は「関東下知状案」とする。
135	建長七年十月二十四日	関東下知状写	古案記録草案所収色部文書	⑪七九一一	重時・時頼連署。「鎌遺」は「関東下知状案」とする。
136	建長七年十一月七日	関東御教書	肥後阿蘇文書	⑪七九一七	重時・時頼連署。
137	建長七年十一月十七日	関東御教書	保坂潤治氏所蔵文書	⑪七九三一	重時・時頼連署。
138	建長七年十二月七日	関東御教書案	薩摩入来院文書	⑪七九四六	重時・時頼連署。
139	建長七年十二月二十五日	関東下知状写	島津家他家文書	⑪七九四九	重時・時頼連署。「鎌遺」は「関東下知状」とする。
140	建長八年六月二日	関東御教書写	新編追加	⑪八〇〇二	重時・時頼連署。「鎌遺」は「関東御教書」とする。
141	建長八年六月五日	関東御教書案	山城八坂神社文書	⑪八〇〇三	重時・時頼連署。
142	建長八年六月十二日	北条政村・同時頼連署書状案	山城八坂神社文書	⑪八〇〇四	重時・時頼連署。「鎌遺」は「関東請文案」とする。
143	建長八年七月三日	将軍(宗尊親王)家政所下文	尊経閣武家手鑑 尊経閣文庫蔵武家手鑑	⑪八〇〇八 尊経七〇	政所別当。
144	建長八年七月九日	将軍(宗尊親王)家政所下文	伊予忽那家文書	⑪八〇一〇	政所別当。
145	建長八年八月十一日	関東下知状案	筑後大友文書	⑪八〇二〇	重時・時頼連署。
146	建長八年八月十七日	関東御教書写	常陸吉田神社文書	⑪八〇二三	重時・時頼連署。

147	〈建長八年〉九月二日	関東御教書	東寺百合文書せ	⑪八〇三〇	重時・時頼連署。
148	建長八年十月三日	将軍（宗尊親王）家政所下文案	肥後詫摩文書	⑪八〇四三	政所別当。康元元年11月22日執権辞職。
149	康元元年十月三十日	道崇（北条時頼）袖判浄■奉書	鹿王院文書		『鹿王院文書の研究』。
150	正嘉元年四月十五日（一二五七）	道崇（北条時頼）願文写	吾妻鏡同日条	⑪八〇九九	「鎌遺」は「道崇（北条時頼）願文」とする。
151	正嘉元年十一月二十八日	道崇（北条時頼）寄進状写	相州文書所収相承院文書	⑪八一六七	「鎌遺」は「道崇（北条時頼）寺領寄進状案」とする。
152	年欠（弘長二年）十月五日	道崇（北条時頼）書状写	叡尊感身学正記中	⑫八八八〇	「鎌遺」は「道崇（北条時頼）書状」とする。弘長三年十一月二十二日死去。
153	年欠四月二十一日	北条時頼書状	厳島文書御判物帖		『広島県史』古代中世資料編Ⅲ。
154	年欠四月二十四日	北条時頼書状	保坂潤治氏所蔵手鑑	⑫九〇一六	
155	年欠六月十二日	北条時頼書状	関戸守彦氏所蔵文書		『書苑』第十巻第二号。
156	年欠九月十七日	北条時頼書状	随心院文書		相田二郎『日本の古文書』下。
157	年欠十月二十三日	北条時頼書下	深堀文書		『佐賀県史料集成』古文書編第四。「北条時頼御教書」とする。
158	年欠十月二十四日	北条時頼袖判連性奉書	深堀文書		『佐賀県史料集成』古文書編第四。「北条時頼加判連性奉書」とする。
159	年月日欠	北条時頼書状写	本朝文集六七金沢文庫残篇	⑫九〇一七	「鎌遺」は「北条時頼書状」とする。

北条長時発給文書概論
——執権在任時——

菊池紳一

はじめに

北条長時（寛喜二年〈一二三〇〉～文永元年〈一二六四〉）は、北条時頼の連署として業績を残した重時の子（二男）で、時頼出家後に「家督（継子時宗）幼稚之程眼代」として執権に就任した人物として知られる。

筆者はかつて、「北条長時について」（北条氏研究会編『北条時宗の時代』所収、八木書店）をまとめ、北条長時の人物像（母親や在京時の行動、「眼代」としての具体像を）を検討したことがある。そこでの結論は左記の通りであった。(1)

①長時の執権としての発給文書は、執権就任一か月後の康元元年（一二五六）十二月五日から、没する二か月前の文永元年（一二六四）六月十三日まで確認でき、執権の職務を遂行していたことがわかる。

②『吾妻鏡』における長時の記事は淡泊である。『吾妻鏡』には六波羅や諸国守護に対し発給された関東御教書を引用する記事がいくつか見られる。例えば、正嘉二年（一二五八）三月二十日条には、同二十八日付の守護宛の関東御教書が引用されているだけで、評定への出席者や論点等については記載されていない。以降の記事についても同様で、評定を長時が主導した形跡も、長時の個性も記載されることはなかった。

③時頼に注目すると、正嘉元年八月二十五日勝長寿院造営の雑掌が定められた時、本堂は時頼、弥勒堂は時房流（大仏）の時直、五仏堂は極楽時流の重時、三重塔は連署政村が担当しており、長時の姿は見えない。それ以外にも翌二年二月十三日故

経時の十三年忌の法主は時頼であり、時頼が仏事を主導する姿が見られる。

④また、正月一日の垸飯の沙汰人や廂衆結番等の主導権を握るのも時頼である。

以上のことから、長時は、政所の執権別当として、忠実に事務処理を進めていた。一方、鎌倉の年中行事や仏事供養は、得宗の時頼が中心として活動していたことが指摘できる。

本稿では、前稿で十分に検討することができなかった執権時代の北条長時発給文書を概観し、長時の立場や役割等をさらに解明したいと思う。

なお、北条長時発給文書の一覧については、六波羅時代も含めて、本稿末尾に「【表1】北条長時発給文書目録」として掲載したので確認されたい。本文中の文書番号はこれによっている。

一　検討課題

北条長時は、父重時が鎌倉に帰った後上洛し、宝治元年（一二四七）に六波羅北方に就任し、約十年間在任した。長時の六波羅在任期間は、関東申次が西園寺実氏に代わった直後であり、朝廷から武家宛に出される文書の様式や方法は定まったものはなく、案件により、適宜行われていた。

康元元年（一二五六）三月二十日、長時は六波羅北方を辞して出京し、同二十七日鎌倉に帰着している。その後、同年六月二十三日引付衆を経ずに評定衆となり、同七月二十日武蔵守に任じられ、同年十一月二十二日、時頼の譲りを受けて執権に就任した。長時が執権在任中の将軍は宗尊親王である。

本稿では、時頼の発給文書をどの様に引き継いだのか、何が引き継げなかったのかを念頭に考えてみたい。前稿では、長時の執権としての発給文書を考えるにあたり、川島孝一「北条時頼文書概論」(2)の考え方を継承し、左記の分類から「一、幕府文書」のA・B・Cの文書を継承したと考え検討したが、文書数も増えており再検討してみる。川島論文では、「一、幕府文書」A～Cは長時が継承し、「二、得宗文書」A～Dについては時頼が出家後も発給していたことを確認している。

一、幕府文書

A、将軍家政所下文　　B、関東下知状　　C、関東御教書と連署奉書

二、得宗文書
A、下文　　B、下知状（松下禅尼下知状）
C、北条時頼袖判奉行人奉書　D、書状

しかし、表１を確認すると、「二、得宗文書」の袖判書下だけが一通見られるので、

一、幕府文書
A、将軍家政所下文　B、関東下知状　C、関東御教書　D、連署奉書
E、書状　F、その他
二、得宗文書
A、北条長時袖判書下

に分けて、文書様式の詳細や宛所、内容も含め検討することにしたい。

二　幕府文書

A　将軍家政所下文

長時が執権に就任した時の将軍は、後嵯峨院の皇子宗尊親王であった。この時期の将軍（宗尊親王）家政所下文の初見は、「相良家文書」所収の正嘉元年（一二五七）九月十四日付の四通である。以降、十三通が確認できる。

○正嘉元年九月十四日の将軍（宗尊親王）家政所下文（56号）

将軍家政所下　藤原頼俊法師（法名迎蓮）
可令早領知肥後国球磨郡人吉庄南方内経徳名（除寺田玖段参丈、藤二柒町、宗形女子分田壱町伍段、寒田堀内替水田弐町伍段云云、）・常楽名・龍万名・矢黒肆段・神田弐町参段・新田参町玖段参丈（在間村）　在家拾伍宇寒田堀内（已上員数子細見譲状并相博状、）并豊前国上毛郡成恒名地頭職事
右、亡父永頼法師（法名蓮仏）寛元四年三月五日譲状并蓮信建長六年十一月相博状等、為彼職、守先例、可致其沙汰之状、所仰如件、
以下、

正嘉元年九月十四日　案主清原
令左衛門少尉藤原　知家事清原
別当相模守平朝臣(北条政村)(花押)
武蔵守平朝臣(北条長時)(花押)

【表Ⅱ】北条長時期将軍家政所下文一覧

号番	書出	書止	宛所	内容
56	将軍家政所下	…状、所仰如件、以下、	藤原頼俊法師	譲与安堵
57	将軍家政所下	…状、所仰如件、	藤原氏(字牛)	譲与安堵
58	将軍家政所下	…状、所仰如件、以下、	藤原頼員	譲与安堵
59	将軍家政所下	…状、所仰如件、以下、	平永綱法師	譲与安堵
61	将軍家政所下	…状、所仰如件、	武蔵国入東郡横沼郷住人	寄進を認可(安堵)
69	将軍家政所下	…状、所仰如件、以下、	藤原知盛	譲与安堵
73	将軍家政所下	…状、所仰如件、以下、	左衛門尉藤原時業法師	譲与安堵
82	将軍家政所下	…状、所仰如件、以下、	近江国滋賀郡仰木村住人	譲与安堵
85	将軍家政所下	…状、所仰如件、以下、	豊後国玖珠郡飯田郷内野上村住人	譲与安堵
87	将軍家政所下	…状、所仰如件、	筑後国三潴庄内高三潴村住人	地頭職補任
88	将軍家政所下	…状、所仰如件、以下、	肥前国石志村住人	地頭職補任
105	将軍家政所下	…状、所仰如件、以下、	美濃国郡戸領成田郷住人	譲与安堵
112	将軍家政所下	…状、所仰如件、	松正丸	譲与安堵
115	将軍家政所下	…状、所仰如件、以下、	平乙鶴丸	譲与安堵
132	将軍家政所下	…状、所仰如件、以下、	平政景	譲与安堵
134	将軍家政所下	…状、所仰如件、以下、	藤原泰朝	譲与安堵
141	将軍家政所下	…状、所仰如件、	平氏字姫夜叉	譲与安堵

【表Ⅱ】（北条長時期将軍家政所下文一覧）の十七通の様式は、書出が「将軍家政所下」、書止が「…状、所仰如件、以下、」か「…状、所仰如件、」である。宛所は御家人か対象地の住人で鎌倉幕府支配下にあるもの、内容については譲与安堵等所領の安堵に関わる内容である(3)。長時は、奥上に別当として「武蔵守長時」と政村の次位に署名している。これは二人の位次の順番による(4)。川島論文では、政所下文をⅠ型～Ⅳ型に分類している。Ⅰ型は宛所に「A国B住人」とあり、次行に「補任地頭職事」との事書が続き、更に次行に地頭職を充行われた人物が記される。あらたに所領・所職を充行う場合に用いられた。Ⅱ型・Ⅲ型・Ⅳ型の将軍家政所下文はいずれも「譲与安堵」を内容とするもので、宛所には、Ⅱ型は「A国B住人」、Ⅲ型は「人名」が記され、Ⅳ型は空白（宛所に記載のない）のものとする。

この川島氏の分類に従えば、Ⅰ型は87号・88号の二通、Ⅱ型は61号・82号・85号・105号の四通、Ⅲ型は56号～59号・69号・73号・112号・115号・132号・134号・141号文書の十一通で、Ⅳ型は見られない。

十七通のうち、譲与安堵（Ⅱ型・Ⅲ型）が大半を占める。例外的なものは61号で、北条時頼の寄進状に任せて、武蔵国入東郡横沼郷を鎌倉の大慈寺釈迦堂に寄進したことを認め、同郷住人に通達した文書である。横沼郷は国衙領と推定され(5)、当時国務沙汰を掌握していた長時が、関東御分国武蔵国の名目的知行国主であった将軍宗尊親王の認可を示す意味で発給した政所下文であろう。なお、長時は、文永元年（一二六四）七月三日に出家し、八月二十一日鎌倉の浄光妙寺において死去しており、終見の将軍家政所下文に署名した後、約二か月後に没している。

B　関東下知状

長時が執権に就任したのは康元元年（一二五六）十一月二十二日、長時が署名する関東下知状の初見は、「小早川家文書」所収の正嘉元年（一二五七）七月六日のそれ（54号）である。以降、【表Ⅲ】（北条長時期関東下知状一覧）の十九通が知られる。

○正嘉元年（一二五七）七月六日の関東下知状（54号）

可令早僧（国平子）良円領知安芸国沼田（沼田郡）新□□参町名字所当公事間事見配分状事

右、亡父左衛門尉国平（椋梨）末（末）分之間、後家□□月日令配分畢者、任彼状、且守先例、可致□（沙汰之状）、依仰下知如件、

正嘉元年七月六日

武蔵守平朝臣（北条長時）（花押）
相模守平朝臣（北条政村）（花押）

【表Ⅲ】から、この様式は、最初に事書があり、書止が「依将軍家仰、下知如件、」か「依仰、下知如件、」である。(5) 宛所は明確な記載はなく、内容が譲与安堵等の場合は事書か本文（事実書）に記載される。内容は裁許が多いが、譲与安堵等の安堵にも用いられる。署名は奥下の政村・長時の連署であり、(6)「平朝臣」を付し、長時が下位に位置する。これは将軍家政所下文と同じである。(7)

【表Ⅲ】　北条長時期関東下知状一覧

号番	書出	書止	宛所	内容
54	（事書）	（…之状、）依仰下知如件、	無（僧良円）	未処分地の後家の配分安堵
55	（事書）	依　将軍家仰、下知如件、	無	裁許（地頭職につき相論）
66	（事書）	※後欠文書	無	裁許（地頭職につき相論）
75	（事書）	依将軍家仰、下知如件、	無	裁許（下司職につき相論）
80	（事書）	（省略される）	無	裁許（地頭職につき相論）
81	（事書）	依将軍家仰、下知如件、	無	裁許（堺相論）
86	（事書）	依仰下知如件、	無（藤原秀家）	未処分地の和与安堵
91	（事書）	依仰下知如件、	無（飯泉景光法師後家）	譲与安堵
102	（事書）	依将軍家仰、下知如件、	無	裁許（一宮座主職等につき相論）
104	（事書）	依仰、下知如件、	無（源氏）	譲与安堵
109	（事書）	依将軍家仰、下知如件、	無	裁許（地頭職等につき相論）
120	（事書）	依将軍家仰、下知如件、	無	裁許（紛失状につき安堵）
121	（事書）	依将軍家仰、下知如件、	無（湯浅宗業）	裁許（殺生禁断を認定）

122	(事書)	依将軍家仰、下知如件、	無(湯浅宗業)	裁許(殺生禁断を認定、120号とほぼ同文)
123	(前欠)	依将軍家仰、下知如件、	無	裁許(譲与につき相論)
126	(事書)	依将軍家仰、下知如件、	無	裁許(知行につき相論)
127	(事書)	依将軍家仰、下知如件、	無	裁許(山口につき相論)
139	(事書)	依将軍家仰、下知如件、	無	裁許(地頭職につき相論)
140	(事書)	依将軍家仰、下知如件、	無	裁許(知行につき兄弟相論)

川島論文では、関東下知状をI型～III型に分類している。I型は、事書の冒頭に当事者の属する国名・荘園名から書き起こし、訴人名と論人名とが記され、係争地・係争所職などが示され、「…事」、或いは係争点が複数あれば「…条々」で結ばれる。そして、この事書は地頭御家人対本所（多くは雑掌）や非御家人との相論の下知状に見えている。II型は、最初から訴人の名前と論人の名前から書き起こし、係争地・係争所職などが次に示されるというものである。この書き方の裁許状は、相良頼氏と相良頼重との相論というように、地頭御家人の一族内相論の裁許の場合に用いられた書式であるようである。III型は、I・II型とは異なっている。訴人の所属する国名より書き出し、訴人である寺名とその主張の要約が事書となっており、論人は示されていない。事実書にも他の型に見える「対決之処」という文言もなく、事実書を見てもわかるように訴人の主張を受け入れ裁定が下されているとする。

長時の時期にはこれ以外に「譲与安堵」を内容とするものがあり、事書に譲与安堵の対象者とその所領が記されている。これは、将軍家政所下文のIV型の変形であるので(8)、これを関東下知状のIV型とする。

以上の分類に従えば、I型は55号・66号・75号・81号・102号・109号・127号の七通、II型は80号・123号・126号・139号・140号の五通、III型は120号・121号（122号）の二通、IV型は54号・86号・91号・104号の四通である。

このうちIV型について検討する。91号と104号は将軍家政所下文のIII型と宛所が同形式であるが、54号・86号は少々異なる。54号は、亡夫椋梨国平が譲与の処分をせずに亡くなったため、後家が差配して配分を定めそれに任せて安堵する下知状。86号は、亡夫広家がこれも譲与の処分をせずに亡くなったため、兄弟が和与状を作成して申請し、それを幕府が安堵した文書である。いずれも譲与安堵に準じて考えてよいと思う。

C　関東御教書

川島論文では、幕府進止下にある御家人社会で効力を持つ、鎌倉殿の意を受けて執権・連署が署判を加えた奉書を「関東御教書」としている。本稿でもこれを踏襲する。(9)

長時の執権就任後、長時が署名する関東御教書の初見は、「書陵部本参軍要略抄下裏文書」所収の康元元年（一二五六）十二月五日のそれ（44号）である。以降、左記【表Ⅳ】（北条長時期関東御教書一覧）の五十四通が知られ、長時発給文書の中で最も多い全体の三分の一強を占める。

○正嘉元年閏三月二十四日の関東御教書（51号）

豊後国御家人右田四郎守明申、当国野上村（玖珠郡）地頭職事、申状（副具書）遣之、子細見状、早可令弁申之状、依仰執達如件、

正嘉元年閏三月廿四日　武蔵守（北条長時）（花押）

相模守（北条政村）（花押）

金伽羅殿（野上資直）

表Ⅳの「書出」の欄は、「事書」・「(事書)」・「(なし)」の三種とし、「事書」は冒頭の行に事書があるもの、「(事書)」は本文の冒頭に「……事」と事書があるものを示す。「(なし)」はそれのない文書である。

表Ⅳの五十四通から、様式で共通するのは、書止はほぼすべて「依仰執達如件」(10)である。宛所は記載がある。年月日はすべて年号の記載があり、月日だけの無年号はない。指出は日下の政村・長時の連署であり(11)、長時が下位に位置する。これは将軍家政所下文・関東下知状と同じである。但し、官途だけで「平朝臣」の記載はない。

【表Ⅳ】　北条長時期関東御教書一覧

番号	書出	書止	宛所	内容
44	(事書)	依仰執達如件、	北条時茂(六波羅)	訴状を送り、調査を命じる。
45	事書	依仰執達如件、	少弐資能・宇都宮信景(奉行)	造宇佐宮につき指示する。

46	（事書）	依仰執達如件、	少弐資能・宇都宮信景（奉行）	造宇佐宮につき指示し、期日通りの遷宮を命じる。
47	（事書）	依仰執達如件、	少弐資能・宇都宮信景（奉行）	造宇佐宮用途につき命じる。
48	（事書）	依仰執達如件、	北条時茂（六波羅）	宗像社領につき、本所に伝えるよう指示する。
49	（事書）	依仰執達如件、	北条時茂（六波羅）	訴状を送り、調査を命じる。
50	（事書）	依仰執達如件、	北条時茂（六波羅）	訴状を送り、調査を命じる。
51	（事書）	依仰執達如件、	野上資直	申状を送り、陳弁を命じる。
52	（事書）	依仰執達如件、	北条時茂（六波羅）	訴状を送り、調査を命じる。
53	（事書）	依□執達如件、	北条時茂（六波羅）	訴状を送り、調査を命じる。
60	（事書）	依仰執達如件、	北条時茂（六波羅）	訴状を送り、調査を命じる。
62	（事書）	依仰執達如件、	少弐資能	重訴状を送り、対決のため関東に召し進めるよう命じる。
63	（なし）	依仰執達如件、	乙吉小太郎	勝長寿院供養布施内二貫文を進上するよう命じる。
65	（なし）	依仰執達如件、	某（諸国守護）	来年の将軍上洛を御家人に伝達する。
67	（なし）	依仰執達如件、	阿波前司（朝村）	出羽陸奥夜討強盗につき、陸奥国柴田郡内の郡郷地頭の警固を命じる。
68	（なし）	依仰執達如件、	淡路守護長沼宗泰	国々悪党蜂起につき、淡路国の警固を命じる。
70	（事書）	依仰執達如件、	山代広	先度の下知に任せ返付を命じる。
72	事書	依仰執達如件、	鶴岡若宮別当実深	鶴岡若宮別当職の譲与を認める。
76	事書	依仰執達如件、	讃岐守護北条有時	諸国飢饉につき浪人の身命を助けるよう命ず。
77	（なし）	依仰執達如件、	陸奥留守	諸国飢饉につき陸奥国中に浪人の身命を助けるよう命ず。
78	（事書）	依仰執達如件、	深堀時光	京都大番役につき勤仕の期間を通達する。
79	（事書）	依仰執達如件、	北条時茂（六波羅）	西国雑務につき重事以外は直に沙汰するよう命じる。
83	（事書）	仍執達如件、	大輔阿闍梨御房	新阿弥陀堂供僧職に補任されたことを通知する。
84	（事書）	依仰執達如件、	北条時茂（六波羅）	訴状を送り、成敗を命じる。もし子細あらば注進せよ。
89	事書	依仰執達如件、	某（諸国守護）	諸国寺社の大般若経転読についてその国の寺社の住僧に命じよ。

90	(事書)	依仰執達如件、	北条時茂(六波羅)	問注以後の追進状につき証文を進上せよ。
92	(事書)	依仰執達如件、	薩摩守護島津忠時	守護代使者の安楽寺別宮への濫妨を停止するよう下知せよ。
93	(事書)	依仰執達如件、	少弐資能	建暦の豊前国香春社造営は藤原資頼の奉行か報告せよ。
94	(なし)	依仰執達如件、	詑問能秀	鶴岡八幡宮百座仁王講の布施を沙汰せよ。
95	事書	依仰執達如件、	北条時茂(六波羅)	先例通り、早馬は急事のみにせよ。
96	事書	依仰執達如件、	北条時茂(六波羅)	京下御物の送夫につき管理を厳重にせよ。
97	(未詳)	(後欠断簡。)	(未詳)	関東下知状か。129号参照。
99	事書	依仰執達如件、	(六波羅カ)	在京人・西国守護人に、御家人役を百姓に宛て課すことを禁ずることを通達せよ。
100	事書	依仰執達如件、	少弐資能	諸国盗賊について沙汰するよう肥前・筑前・豊前・対馬国中に通達せよ。
101	(なし)	依仰執達如件、	北条時茂(六波羅)	三浦義村弟良賢を拘束したので在京人・西国御家人の鎌倉参向を禁止する旨通達せよ。
103	(事書)	依仰執達如件、	北条時茂(六波羅)	東大寺領大井庄下司職につき本所に成敗するよう触れよ。
106	事書	依仰執達如件、	(なし)	神崎大明神の造営・祈禱を命じる。
107	事書	依仰執達如件、	(なし)	神崎大明神の造営・祈禱を命じる。
108	事書	依仰執達如件、	(なし)	諸役を百姓に宛て課さず、地頭得分をもって沙汰するよう命じる。
110	(なし)	依仰執達如件、	庄四郎入道	六波羅無人の間、在京を命じる。
111	(事書)	□□執達如件、	北条時茂(六波羅)	深堀能仲の訴状を送り尋ね成敗を命じる。
114	(事書)	依仰執達如件、	少弐資能	豊前国香春社造営につき沙汰するよう命じる。
116	事書	可被存其旨者、所仰如件、	北条時茂(六波羅)	追加法について通知する。
117・118	(事書)	依仰執達如件、	嶋津忠時	京都大番勤仕の日程を通知する。
119	(なし)	依仰執達如件、	詑問別当	上布二反を沙汰し進めるよう命じる。
124	(事書)	依仰執達如件、	北条時茂(六波羅)	将軍上洛の百姓等所役につき命じる。
125	(事書)	依仰執達如件、	木付親重	将軍上洛の百姓等所役につき命じる。
128	(なし)	依仰執達如件、	北条時茂(六波羅)	将軍上洛延引につき、摂津・若狭両国に、京上所役を返すよう下知せよ。

129	事書	依仰執達如件、	北条時茂（六波羅）	将軍上洛延引につき、その旨を御家人に通知せよ。
130	（事書）	依仰執達如件、	北条時茂（六波羅）	薩摩国鹿児嶋郡司等の訴訟につき、後家の代官を出すよう下知せよ。
131	事書	依仰執達如件、	二階堂行頼	切銭につき、用いることを停止する旨下知せよ。
133	（事書）	依仰執達如件、	北条時茂（六波羅）	大隅正八幡宮遷宮用途につき、調査して成敗するよう命じる。
135	事書	依仰執達如件、	諸国守護人	百姓を保護するよう御家人に触れるよう命じる。
136	（なし）	依仰執達如件、	小早河政景	在京奉公を命じる。
137	（なし）	依仰執達如件、	長井泰重	備後・備前両国に、田麦徴収の停止を御家人に触れるよう命じる。

まず関東御教書で書出の異なるものを検討しよう。（ア）書出に事書があるもの、（イ）本文冒頭に事書を記載するもの、（ウ）事書のないものの三種がある。その数を比べると、（イ）が圧倒的に多く（ウ）がそれに次ぐ。但し、（ア）は関東下知状の影響を受けた（イ）の変形と考えることも可能であろう。つまり（イ）の事書部分が改行されて一行となったとみなせる。（ウ）は御家人に対して御家人役を勤めるよう命じるものが多いが、明確な（ア）（イ）（ウ）の内容的な区別は見られない。

宛所は、（エ）北条時茂（六波羅）が二十通と多くを占め、次が（オ）諸国の守護人・当該案件の奉行人で、（カ）個々の御家人宛（個人宛）も存在する。

（エ）は、最初は訴状を送付しそれについて調査を命じる内容が多く見られ（44号・49号・50号・52号・53号・60号）、79号（正元元年六月十一日）で西国雑務につき重事以外は直に沙汰するよう命じて以降は、訴状を送付し成敗を命じる内容に変化する（84号・111号・133号）。その他、本所に触れるよう指示したもの（48号・103号）、将軍上洛に関する指示（124号～129号）、幕府法の伝達（79号・99号・116号）など、事務的通知に類するものが多い。

（オ）は、造宇佐宮等についての指示（45号～47号・93号・114号）、守護人宛の通知（62号・65号・68号・76号・77号・89号・92号・117号・135号・137号）などがある。

（カ）は、各御家人対する指示で、申状を送り陳弁を命じるなど訴訟手続きや訴訟結果に関するもの（51号・70号）、出羽・陸奥夜討強盗につき陸奥国柴田郡内の郡郷地頭の警固を命じたもの（67号）、京都大番役や在京奉公を命じたもの（78号・110号・136号）、御家人役の督促（63号・94号・119号）のほか、鎌倉幕府管轄の寺社の役職についての指示・安堵に関する文書（72号・83号）もある。

内容は多岐に渉るが、譲与安堵や裁許に関する文書はなく、裁許とその後の沙汰に関わる文書は70号だけである。(12)

D　北条政村・同長時連署書状

川島論文の指摘する、「鎌倉殿の意を受けて執権・連署が署判を加えた奉書で、朝廷・寺社をはじめとする関東進止以外の権門充ての文書」に該当する。書止から、北条政村・同長時連署書状と命名した。執権長時と連署政村の連署書状は数が少なく、74号と113号の二通である。

○（正嘉二年）十二月二十四日の北条政村・同長時連署書状案（74号）(13)

（端裏書）
「関東　院宣御返事　正嘉二年十二月廿四日」

興福寺領摂津国吹田庄下司職事、寺家所申非無子細候之間、成与下知之由、可申之旨所候也、以此趣、可令披露給候、恐々謹言、

十二月廿四日　　（北条長時）武蔵守在判
　　　　　　　　（北条政村）相模守在判

【表Ⅴ】　北条長時期北条政村・同長時連署書状一覧

番号	書出	書止	宛所	内容
74	（事書）	以此趣可有御披露候、恐惶謹言、	（なし）	興福寺領摂津国吹田庄下司職につき下知することにした。披露して欲しい。
113	（事書）	以此趣可有御披露候、恐惶謹言、	（なし）	香春社造営につき少弐資能に下知するよう沙汰した。披露して欲しい。

【表Ⅴ】（北条長時期北条政村・同長時連署書状一覧）の二通（74号、113号）は、本文の冒頭に事書があり、書止が「以此趣可有御披露候、恐惶謹言、」とある。二通とも宛所の記載がないが、他の権門に対する書状と推定できる。

74号は「大和春日神社文書」、興福寺領摂津国吹田荘下司職に関する訴訟で、75号の関東下知状案と関連する。端裏に「関東

院宣御返事〈正嘉二年十二月廿四日〉」（〈　〉内は割書、以下同じ）と、一具と推定される礼紙書の端裏にも「関東寺家御返事」正嘉三年正月十一日到来、正嘉二年十二月廿四日」と端裏にあり、後嵯峨院の院宣に対する請文であった。113号は「香春神社文書」、天台別院豊前国香春社造営に関するもので、本文の（事書）の次に「院宣〈副具書〉謹給預候畢、」とあり、院宣を受けての沙汰である。これも後嵯峨院院宣に対する請文であった。請文の翌日正嘉二年（一二五八）十二月二十五日、幕府は寺家の主張を認め、下司職は寺家の進止である旨の関東下知状（75号）を発給している。

二通とも宛所は、後嵯峨院の傍に仕える廷臣であった可能性が高い。そのため、案文が両神社に残されたのであろう。宛所が鎌倉幕府管轄外であり、書状様式が用いられている。(14)

E　書状（北条長時書状）

書状は、71号の一通だけである。【表1】を見ると、北条長時は六波羅時代多くの書状が残されているのに対し、執権時代は左記の一通だけである。

○正嘉二年十二月十日の北条長時書状（71号）

自嘉禄元年至仁治三年御成敗事

右、於自今以後者、准三代将軍并二位家（北条政子）御成敗、不可有改沙汰云々、故武蔵前司入道殿（北条泰時）所申沙汰候者、自嘉禄元年至仁治三年御成敗、不可被改之由、今日十日御評定候、式目奥被書載候、案文令書進候、可有御存知候哉、恐々謹言、

正嘉二年十二月十日　武蔵守（北条長時）御判

陸奥左近大夫将監（北条時茂）殿

文書様式を確認すると、最初に事書があり、本文末尾は「恐々謹言」で結ぶ。差出は日下にあり、「平朝臣」はない。本文末尾以外はほぼ関東御教書の様式に似ている。内容は、六波羅北方の子北条時茂に対して、今日（正嘉二年十二月十日）の評定で、故北条泰時が三代将軍及び北条政子の成敗を改めないと定めたのに準じ、嘉禄元年から仁治三年までの北条泰時の成敗を改めないとした旨を伝え、御成敗式目の奥に記載の案文を送付している。関東御教書の（エ）に準じた用法である。

F　その他

その他の二通は、64号（和泉和田文書）と98号（式目追加条々）である。

○正嘉二年三月二十日の和泉国御家人着到注文（64号）

（端裏書）
「着到御家人割符」

御家人着到有　（貼紙）左近将監長時

正嘉二年三月廿日、高野御幸、同廿二日政所御所御宿直、和泉国地頭御家人着到、次第不同、

一、御家人

鳥取兵衛次郎　　信達源太

（中略）

同神主代五郎　　儀（部カ）□兵衛尉

已上卅人

守護人佐治左衛門尉

関東御判「披露之処、尤神妙之由候也者、□

（北条長時）武蔵守□

（北条政村）相模守□」

この64号は、正嘉二年（一二五八）後嵯峨上皇が高野山に御幸した際の着到状で、同年三月二十日御幸があり、同二十二日政所御所の宿直に着到した和泉国地頭御家人の交名である。文書の奥に執権・連署の証判が「披露之処、尤も神妙之候也者、□」とあり、証判の下部は欠損のため不明である。同年四月十八日の六波羅書下は(15)64号を関東に進上し、「神妙之由、所被仰下候也、加御判、被返下畢、」と証判を受けた事情を物語る。守護代佐治左衛門尉に(16)和泉国地頭御家人中に披露するよう指示している。

98号は、関東新制の条々（一、可如法勤行諸社神事等事など六十箇条）を諸国（御家人等）に通知するために作成されたもので、書止が「同可被処其科之状如件、」と書下様式であるが、関東下知状と同様の機能を持っている文書である。十日後に発せられた関

東御教書（99号）は、このうち「百姓臨時役事」「修理替物事」「垸飯役事」を百姓に宛て課さないよう在京人と西国守護人・地頭に命じたもので、六波羅宛の可能性が高い。

三　得宗文書

北条長時は得宗ではない。故に得宗としての発給文書は無いはずである。ところが左記の一通だけ残されている。ではなぜ得宗文書に関わっているのか。考えてみたい。

A　北条長時袖判書下

最初に、得宗領に関する袖判書下について見てみよう。

○文永元年五月十日の北条長時袖判書下（138号）

（北条長時）
（花押）

陸奥国平賀郡岩楯村地頭代職事

右、曽我大次郎後家尼、如元可令領知之状如件、

文永元年五月十日

もう一通、『鎌倉遺文』には、陸奥斎藤文書として左記の文書がある。

○文永元年五月日の北条政村袖判書下（陸奥斎藤文書）(17)

（北条政村）
（花押）

陸奥国平賀郡岩楯村地頭代職事

右、曽我大次郎後家尼、如元可令領知之状如件、

文永元年五月　日

ほとんど同じ文言である。相違するのは、袖判、年月日である。この二通の文書は、本来同じもので、『青森県史　資料編中世Ⅰ（南部氏関係資料）』によれば、東京大学史料編纂所架蔵影写本「斎藤文書」一に収められており、本来津軽曽我氏の文書であった。この花押は、北条長時あるいは同政村に比定する説もあるが、両者と形が大きく異なっており、北条義政の花押に似ているとの指摘がある。いずれにしても北条長時の発給文書ではないので、除外してよかろう(18)。

おわりに

北条長時は、家督（北条時宗）幼稚の間の眼代として執権職を時頼から引き継いだと考えられる。その執権時代の発給文書を検討すると、幕府に関係する文書だけが残されており、

A、将軍家政所下文　B、関東下知状　C、関東御教書
D、連署奉書　E、書状　F、その他

に分類することができる。これを、北条時頼の発給文書と比較すると、幕府文書だけを引き継いでいることが明確である。Dだけが、鎌倉幕府管轄以外に発給された文書で二通しかない。時頼の執権としての権限を引き継いだとみられ、守護や得宗としての立場は引き継いでいないと判断してよいであろう。

A（将軍家政所下文）は、十七通あり、御家人所領の譲与安堵が大半を占める。あらたに宛行う地頭職補任は二通だけで、宛所に「A国B住人」とあり、次行に「補任地頭職事」との事書が続き、更に次行に地頭職を充行われた人物が記される。

B（関東下知状）は、十九通あり、相論の裁許が大半を占める。未処分地の安堵や譲与安堵が数通存在する。

C（関東御教書）とE（書状）は、最も数が多く五十四通と、長時執権時代の九十九通之半分以上を占める。そのうち二十通が六波羅北方（北条時茂）宛（エ）で、事務的通知が多く見られる。特に正元元年以降、訴訟について重事以外は直に沙汰するよう命じており、六波羅の役割分担が増やされている。これは、各奉行人や守護宛の関東御教書（オ）や次のDとも関連して、幕府から六波羅や地方の機関への指示が増え、地方への権限や役割分担の移行が進められたことを示している。鎌倉幕

府全体の組織が整備されつつあった時期にあたる。

D(北条政村・同長時連署書状)は数が少ないが、Cの六波羅北方(北条時茂)宛の文書中に本所に触れるよう指示したものがあり、六波羅の役割分担が明確になっていることが確認できる。

北条長時は、北条時頼から①執権職が譲られ、②武蔵国国務、③侍別当と④鎌倉第を預かることとなった。このうちその発給文書で確認できることは、①と③(御家人役に関すること)といえよう。長時は、引き継いだ執権職を忠実に実行して時宗を補佐した、能吏だったと考えられよう。

註

(1) 三山進「北条長時」(安田元久編『鎌倉将軍執権列伝』所収、一九七四年十二月)、北条氏研究会編『北条氏系譜人名辞典』(北条長時項、下山忍執筆分)、父重時との関係について触れた桃裕行『武家家訓の研究』(桃裕行著作集第三巻、一九八八年三月)、筧泰彦『中世武家家訓の研究』(一九六七年五月)、湯山学「北条重時とその一族」(『相模国の中世史』上、一九八八年七月)、六波羅北方として在京中の長時の発給文書について論じた石井清文「執権北条長時と六波羅探題北条時茂」(『政治経済史学』一一二)や、久保田和彦「六波羅探題北条長時発給文書の研究」(『日本史攷究』二六、二〇〇一年十一月)等を参照した。

(2) 北条氏研究会編『北条時宗の時代』(八木書店、二〇〇八年)所収。本書にも転載して収めた。

(3) 近藤成一「文書様式にみる鎌倉幕府権力の転回——下文の変質——」(『古文書研究』一七・一八合併号、一九八一年十二月、後に同氏『鎌倉時代政治構造の研究』に再録、校倉書房、二〇一六年正月)で、「受給者宛所型下文は頼経袖判下文から始まり、宗尊親王家政所下文に至るまで用いられ、在地住人宛所型下文と併用される。」という指摘がある。この時期の【表Ⅱ】からも同様に言えよう。

(4) 政村については、従四位下に叙されたのが寛元二年(一二四四)六月二十二日(時に前右馬権頭)、康元元年(一二五六)四月五日任陸奥守、正嘉元年(一二六七)六月十二日任相模守、文永元年(一二六四)七月三日長時出家後の八月十一日に執権就任。同年十二月二十一日に従四位上に叙されている。一方、長時は、寛元三年(一二四五)十二月二十九日左近将監に任じられ、同日叙爵(左近将監如元)、宝治元年(一二四七)六波羅北方就任、康治元年関東下向後の七月二十日任武蔵守、同年十一月執権就任。正嘉二年十二月十四日に従五位上に叙され、文永元年七月三日に出家している。一貫して、政村が位次では上位にあったことがわかる。

(5) 66号・80号は、「依仰」の部分が欠けているので未詳だが、あった可能性はある。

(6) 署名は奥下に記載されるのが大半で、75号だけが日下に記載する。但しこれは案文であり、誤写の可能性が高い。

(7) 註(3)参照。

(8) 将軍家政所下文の様式から、冒頭の「将軍家政所下　(宛所)」と次行の事書を除き、書止が「所仰如件、以下、」を「依将軍家仰、下知如件、」とした点が異なる。
(9) 前述の川島論文の指摘に従い(「北条時頼文書概論」註(2))、北条政村・同長時の連署する奉書を関東御教書と区別して扱う。但し、文書様式の観点から前者を北条政村・同長時連署書状と称する。前者をD、後者をCと分類して論じた。拙稿「北条長時について」(北条氏研究会編『北条時宗の時代』所収、八木書店、二〇〇八年)参照。
(10) 116号のみ「可被存其旨者、所仰如件、」である。
(11) 106号・107号は奥下に署名するが、106号は政村の署名の上に「別当相模守平朝臣(花押)」と「別当」の記載があり、検討を要する文書である。同文書は『千葉県史料　中世編　諸家文書』の三二八頁に写真が掲載されているので参照されたい。
(12) このうち、京都大番役や在京奉公を命じたものや御家人役の督促は、時頼から預かった侍別当の権限に基づくものであろう。
(13) 『春日大社文書　第二巻』三〇六号(吉川弘文館、一九八一年)にも収める。
(14) 北条時政の発給文書も同様である。本書所収拙稿「北条時政の発給文書」参照。
(15) 和泉和田文書、『鎌倉遺文』⑪八二二二号(丸付き数字は巻数)。文書名を「六波羅御教書」とする。
(16) 和泉国守護は、寛喜二年以降、六波羅北方を勤めた北条重時から長時へと、その子孫に伝えられており、この時点の守護は長時の子時茂であった。佐治氏はその被官である。伊藤邦彦『鎌倉幕府守護の基礎的研究』(岩田書院、二〇一〇年)参照。
(17) 『鎌倉遺文』⑪九一〇一号文書(北条政村袖判下文)。『青森県史　資料編　中世Ⅰ(南部氏関係資料)』四二八号(某袖判書下)に当たる。
(18) 『青森県史　資料編　中世Ⅰ(南部氏関係資料)』四二八号(某袖判書下)の註による。なお、本書所収の山野井功夫「北条政村単署の発給文書小考」を参照されたい。

【表Ⅰ】 北条長時発給文書目録

例　言

一、年月日欄の〈　〉内は付年号を示す。年欠、年月日未詳の場合、（　）内に推定年次を記載した。
二、文書名は、原則として文書様式を基準に、例会で検討した文書名とした。
三、出典は、原則として『鎌倉遺文』記載のそれによった。
四、巻号欄には、『鎌倉遺文』の巻数（○数字）、文書番号を記載した。補遺編は「補遺」、尊経閣文庫編は「尊経」の略称を用いた。
五、備考欄には、北条長時の官途、幕府の役職の他、関東下知状・関東御教書等の場合は単署・連署の区別、『鎌倉遺文』に記される注記や『鎌倉遺文』と本目録との相違などを適宜記載した。なお、『鎌倉遺文』は「鎌遺」の略称を用いた。
六、本目録は、山野井功夫、菊池紳一が作成した。

号番	年月日	文書名	出典	巻号	備考
1	宝治元年(一二四七)十月六日	六波羅施行状案	肥前高城寺文書	⑨六八八六	長時単署。宝治元年七月十八日六波羅探題北方就任。
2	宝治二年(一二四八)正月十七日	六波羅施行状案	薩摩比志島文書	⑩六九三三	長時単署。
3	宝治二年三月三日	北条長時書下	肥後阿蘇文書	⑩六九四六	「鎌遺」は「北条長時問状」とする。
4	宝治二年七月二十七日	六波羅施行状案	豊後柞原八幡宮文書	⑩六九九一	長時単署。
5	建長元年(一二四九)六月十日	北条長時書状	東寺百合文書イ	⑩七〇八三	
6	建長元年八月十一日	六波羅書下写	薩藩旧記四権執印文書	⑩七一〇八	長時単署。「鎌遺」は「六波羅御教書案」とする。
7	建長二年(一二五〇)二月二十日	六波羅書下	山城神護寺文書	⑩七一六八	長時単署。「鎌遺」は「六波羅御教書」とする。
8	建長二年九月二十六日	北条長時書状写	石清水文書	⑩七二三四	「鎌遺」⑪七八〇一にも収めるが、年代の間違い。
9	建長二年九月二十六日	北条長時書状	尊経閣古文書纂石清水文書	尊経六三	「鎌遺」⑩七二三四と同文。
10	建長二年十一月二十一日	六波羅施行状	肥前深堀文書	⑩七二四七	長時単署。
11	建長三年(一二五一)二月二十三日	六波羅施行状	肥前深堀文書	⑩七二九五	長時単署。文書の下部破損する。
12	建長三年二月二十五日	六波羅御教書カ案	調所氏家譜	⑩七二九七	文書の下部半分破損する。六波羅発給の根拠はない。
13	建長三年五月二十一日	六波羅書下案	久我家文書	⑩七三一二	署判部分等、文書の下部を欠損する。
14	建長三年六月二十五日	六波羅御教書案	東寺百合文書ノ	⑩七三二〇	長時単署。「鎌遺」は「六波羅施行状案」とする。

15	建長三年八月十九日	六波羅御教書案	東大寺文書	⑩七三四一	長時単署。「鎌遺」は「六波羅御教書」とする。
16	建長三年九月二十三日	六波羅御教書案	紀伊崎山文書	⑩七三五五	長時単署。
17	建長三年十月三日	六波羅御教書	山城齋藤文書	補遺③補一四九二	長時単署。
18	建長三年十月七日	六波羅御教書案	東大寺文書	⑩七三六八	長時単署。
19	建長三年十月十三日	六波羅書下案	若狭秦金蔵氏文書	⑩七三七一	長時単署。「鎌遺」は「六波羅下知状案」とする。
20	建長三年十二月十三日	六波羅御教書案	東大寺文書	⑩七三九〇	長時単署。
21	〈建長三年〉十二月十八日	北条長時書状案	書陵部本参軍要略抄下裏文書	⑩七三九三	
22	建長四年（一二五二）二月十五日	六波羅書下案	東大寺文書	⑩七四〇八	長時単署。「鎌遺」は「六波羅下知状案」とする。
23	〈建長四年〉二月十七日	北条長時書状案	東大寺文書	⑩七四〇九	
24	建長四年六月二十七日	六波羅書下	出雲千家文書	⑩七四五三	長時単署。「鎌遺」は「六波羅下文」とする。
25	建長四年九月十三日	六波羅施行状	豊前到津文書	⑩七四七四	長時単署。
26	建長五年（一二五三）二月一日	六波羅御教書案	東寺百合文書ア	⑩七五一八	長時単署。
27	年欠（建長二年カ）二月十日	北条長時書状案	東寺百合文書ぬ	⑩七五一九	「鎌遺」は「六波羅御教書案」とする。
28	建長五年二月十一日	北条長時書状案	書陵部本参軍要略抄下裏文書	⑩七五二一	
29	建長五年三月二十八日	六波羅書下	伊予大山積神社文書	⑩七五三三	長時単署。「鎌遺」は「六波羅御教書」とする。
30	〈建長五年〉五月三日	六波羅書下	筑前宗像神社文書	⑩七五五一	長時単署。「鎌遺」は「北条長時書下」とする。
31	〈建長五年〉八月二十四日	北条長時書状案	東寺百合文書そ	⑩七六〇九	
32	建長五年十二月二十七日	六波羅御教書	筑前宗像神社文書	⑩七六八一	長時単署。
33	年欠（建長六年）（一二五四）閏五月七日	北条長時書状案	関戸守彦所蔵文書	補遺③補一五四七	「鎌遺」は「六波羅御教書案」とする。
34	建長六年七月九日	六波羅書下	伊予興隆寺文書	⑪七七八〇	長時単署。「鎌遺」は「六波羅下文」とする。
35	建長七年（一二五五）三月二十五日	六波羅書下	禰寝文書	⑪七八五九	長時単署。「鎌遺」は「六波羅御教書」とする。
36	建長七年五月二日	六波羅施行状	肥前深堀文書	⑪七八六七	長時単署。
37	建長七年五月二十一日	六波羅書下	備前金山寺文書	⑪七八七二	長時単署。「鎌遺」は「六波羅下知状」とする。

38	年欠八月十六日	北条長時書状	大橋文書	⑪七八九三	
39	年欠(建長七年)十一月十三日	北条長時書状案	東寺百合文書ミ	⑪七九二九	
40	〈建長八年〉二月十六日	北条長時書状	富岡宣永氏所蔵文書	⑪七九六三	「鎌遺」は「北条長時請文」とする。
41	建長八年(一二五六)三月七日	六波羅御教書	松平定教氏所蔵文書	⑪七九七二	長時単署。
42	建長八年七月六日	北条長時書下案	後藤文書	⑪八〇〇九	
43	年欠七月二十一日	北条長時書状	中野忠太郎蔵手鑑	⑪八〇四八	建長八年十一月二十二日執権に就任。
44	康元元年十二月五日	関東御教書案	書陵部本参軍要略抄下裏文書	⑪八〇五六	政村・長時連署。康元元年七月二十日任武蔵守。
45	康元元年十二月十六日	関東御教書案	豊前益永家文書	⑪八〇六二	政村・長時連署。「鎌遺」は「六波羅御教書」とする。
46	康元元年十二月十八日	関東御教書案	豊前益永家文書	⑪八〇六三	政村・長時連署。
47	康元元年十二月二十日	関東御教書案	豊前樋田家文書	⑪八〇六六	政村・長時連署。
48	正嘉元年(一二五七)三月五日	関東御教書案	筑前宗像神社文書	⑪八〇八五	政村・長時連署。
49	正嘉元年閏三月二十日	関東御教書案	筑前宗像神社文書	⑪八〇九三	政村・長時連署。
50	正嘉元年閏三月二十日	関東御教書案	筑前宗像神社文書	⑪八〇九四	政村・長時連署。
51	正嘉元年閏三月二十四日	関東御教書	野上文書	⑪八〇九五	政村・長時連署。
52	正嘉元年閏三月三十日	関東御教書	肥前深堀家文書	⑪八〇九六	政村・長時連署。
53	正嘉元年閏三月三十日	関東御教書	肥前深堀家文書	⑪八〇九七	政村・長時連署。花押部分両名とも欠損。
54	正嘉元年七月六日	関東下知状	小早川家文書	⑪八一二六	政村・長時連署。
55	正嘉元年八月二十二日	関東下知状案	山城醍醐寺文書	⑪八一三四	政村・長時連署。
56	正嘉元年九月十四日	将軍(宗尊親王)家政所下文	肥後相良家文書	⑪八一四五	政所別当。
57	正嘉元年九月十四日	将軍(宗尊親王)家政所下文案	肥後相良家文書	⑪八一四六	政所別当。
58	正嘉元年九月十四日	将軍(宗尊親王)家政所下文	肥後相良家文書	⑪八一四七	政所別当。
59	正嘉元年九月十四日	将軍(宗尊親王)家政所下文	肥後相良家文書	⑪八一四八	政所別当。
60	正嘉元年九月二十七日	関東御教書案	高野山文書又続宝簡集二〇	⑪八一五一	政村・長時連署。

61	正嘉元年十二月二日	将軍（宗尊親王）家政所下文案	相州文書所収相承院文書	⑪八一六八	政所別当。
62	正嘉二年（一二五八）二月十六日	関東御教書案	豊前末久文書	⑪八一九〇	政村・長時連署。
63	正嘉二年三月十八日	関東御教書	長府毛利文書	⑪八一九九	政村・長時連署。
64	正嘉二年三月二十日	和泉国御家人着到注文（奥判）	和泉和田文書	⑪八二〇一	政村・長時連署。花押は両名とも欠損。
65	正嘉二年三月二十八日	関東御教書案写	吾妻鏡同年同月二十日条	⑪八二〇三	政村・長時連署。『鎌遺』は「関東御教書」とする。
66	年月日欠	関東下知状	大友家文書録	⑪八二六三	後欠文書。『大友文書録』は正嘉二年六月に掲出する（『鎌遺』注記参照）。
67	正嘉二年八月二十日	関東御教書写	新編追加	⑪八二七四	政村・長時連署。『鎌遺』は「関東御教書」とする。
68	正嘉二年九月二十一日	関東御教書写	新編追加	⑪八二八一	政村・長時連署。『鎌遺』は「関東御教書」とする。
69	正嘉二年十二月二日	将軍（宗尊親王）家政所下文	下野茂木文書	⑪八三一八	政所別当。松本一夫『下野中世史の世界』。
70	正嘉二年十二月五日	関東御教書	肥前山代文書	⑪八三一九	政村・長時連署。
71	正嘉二年十二月十日	北条長時書状案	多田院文書	⑪八三二一	
72	正嘉二年十二月十三日	関東御教書案	山城醍醐寺文書	⑪八三二四	政村・長時連署。
73	正嘉二年十二月二十三日	将軍（宗尊親王）家政所下文	山内首藤家文書	⑪八三二八	政所別当。
74	正嘉二年十二月二十四日	北条政村・同長時連署書状案	大和春日神社文書	⑪八三三〇	『鎌遺』は「関東請文案」とする。⑪八三三一号は本文書の礼紙書。
75	正嘉二年十二月二十五日	関東下知状案	大和春日神社文書	⑪八三三四	政村・長時連署。
76	正嘉三年（一二五九）二月九日	関東御教書案写	新式目	⑪八三四六	政村・長時連署。『鎌遺』は「関東御教書案」とする。
77	正嘉三年二月十日	関東御教書案写	式目追加	⑪八三四七	政村・長時連署。『鎌遺』は「関東御教書案」とする。
78	正嘉三年二月二十日	関東御教書	肥前深堀家文書	⑪八三四九	政村・長時連署。
79	正元元年六月十八日	関東御教書写	新編追加	⑪八三八八	政村・長時連署。『鎌遺』は「関東御教書」とする。
80	正元元年七月十六日	関東下知状案	肥前青方文書	⑪八三九三	政村・長時連署。『鎌遺』は「関東裁許状案」とする。事実書の最後を省略する。
81	正元元年七月二十七日	関東下知状案	摂津多田院文書	⑪八三九七	政村・長時連署。
82	正元元年九月十一日	将軍（宗尊親王）家政所下文	近江佐々木文書	⑪八四〇六	政所別当。

83	正元元年十月二十七日	関東御教書	保坂潤治氏所蔵文書	⑪八四一九	政村・長時連署。
84	正元元年閏十月十八日	関東御教書	廣嶺胤忠氏所蔵文書	⑪八四二八	政村・長時連署。「鎌遺」は「将軍（宗尊親王）御教書」とする。
85	正元元年十二月九日	将軍（宗尊親王）家政所下文写	諸家文書纂野上文書	⑪八四四六	政所別当。「鎌遺」は「将軍（宗尊親王）家政所下文」とする。
86	正元元年十二月二十三日	関東下知状	上野長楽寺文書	⑪八四五二	政村・長時連署。
87	正元元年十二月二十六日	将軍（宗尊親王）家政所下文	筑後河原文書	⑪八四五四	政所別当。
88	文応元年（一二六〇）三月二十九日	将軍（宗尊親王）家政所下文案	肥前石志文書	⑪八四九三	政所別当。
89	文応元年六月十二日	関東御教書写	吾妻鏡同日条	⑫八五二六	政村・長時連署。「鎌遺」は「関東御教書」とする。
90	文応元年八月十二日	関東御教書写	吾妻鏡同日条	⑫八五四七	政村・長時連署。「鎌遺」は「関東御教書」とする。
91	文応元年九月十九日	関東下知状	相模仏日庵文書	⑫八五五七	政村・長時連署。
92	文応元年十月五日	関東御教書写	薩藩旧記前編四国分寺文書	⑫八五六二	政村・長時連署。「鎌遺」は「関東御教書案」とする。
93	文応元年十二月二十五日	関東御教書案	豊前香春神社文書	⑫八五九五	政村・長時連署。
94	文応二年（一二六一）二月五日	関東御教書案	豊後詫摩文書	⑫八六〇八	政村・長時連署。
95	文応二年二月二十五日	関東御教書写	吾妻鏡同日条	⑫八六一一	政村・長時連署。「鎌遺」は「関東御教書」とする。
96	文応二年二月二十五日	関東御教書写	吾妻鏡同日条	⑫八六一二	政村・長時連署。「鎌遺」は「関東御教書」とする。
97	年月日欠	関東御教書カ案	薩摩新田神社文書	⑫八六二二	後欠の断簡。「鎌遺」は「関東御教書案」とする。
98	弘長元年二月二十日	関東新制事書写	式目追加条々	⑫八六二八	政村・長時連署。「鎌遺」は「関東新制事書」とする。
99	弘長元年二月三十日	関東御教書写	新編追加	⑫八六二九	政村・長時連署。「鎌遺」は「関東御教書」とする。
100	弘長元年三月二十二日	関東御教書案	肥後武雄神社文書	⑫八六三八	政村・長時連署。
101	弘長元年六月二十五日	関東御教書写	吾妻鏡同日条	⑫八六七二	政村・長時連署。「鎌遺」は「関東御教書」とする。
102	弘長元年七月二十九日	関東下知状	肥前河上神社文書	⑫八六九四	政村・長時連署。
103	弘長元年八月八日	関東御教書案	東大寺文書四ノ一〇	⑫八七〇四	政村・長時連署。
104	弘長元年八月二十九日	関東下知状写	諸家文書纂萬澤家文書	⑫八七一三	政村・長時連署。「鎌遺」は「関東下知状案」とする。

No.	年月日	文書名	出典	刊本	備考
105	弘長元年九月三日	将軍(宗尊親王)家政所下文	池田文書	⑫八七一四	政所別当。
106	弘長元年十月十八日	関東御教書	下総神崎神社文書	⑫八七二五	政村・長時連署。奥判の上に「別当」とある。
107	弘長二年(一二六二)二月九日	関東御教書	下総神崎神社文書	⑫八七六七	政村・長時連署。
108	弘安元年(一二七八)二月三十日	関東御教書写	新編追加	⑰一二九九九	時宗・義政連署。建治三年四月四日義政出家。「鎌遺」は文書名を「関東御教書」、「本文書錯簡あるべし。」と注記する。『中世法制史料集』第一巻(鎌倉幕府法)では、弘長の誤記とする。よって北条長時の発給文書として扱う。
109	弘長二年三月一日	関東下知状	尊経閣所蔵文書 尊経閣古文書纂仁和寺心蓮院文書	⑫八七七五 尊経七四	政村・長時連署。
110	弘長二年三月十七日	関東御教書案	長府毛利家文書	⑫八七八一	政村・長時連署。
111	弘長二年三月十八日	関東御教書	肥前深堀家文書	⑫八七八三	政村・長時連署。文書下部及び花押部分欠損。
112	弘長二年三月十九日	将軍(宗尊親王)家政所下文案	常陸烟田文書	⑫八七八四	政所別当。
113	弘長二年四月十七日	北条政村・同長時連署書状案	豊前香春神社文書	⑫八八〇〇	「鎌遺」は「関東御教書案」とする。
114	弘長二年四月十八日	関東御教書案	豊前香春神社文書	⑫八八〇一	政村・長時連署。
115	弘長二年五月六日	将軍(宗尊親王)家政所下文	肥前深堀家文書	⑫八八〇七	政所別当。
116	弘長二年五月二十三日	関東御教書写	新編追加	⑫八八二一	政村・長時連署。「鎌遺」は「関東御教書」とする。
117	弘長二年七月十日	関東御教書案	薩摩八田家文書	⑫八八二八	政村・長時連署。
118	弘長二年七月□	関東御教書写	比志島氏架蔵文書		『九州史料叢書　薩藩旧記(6)』四七五号。「関東御教書案」とする。
119	弘長二年⑦月二十五日	関東御教書案	豊後詫摩文書	⑫八八四六	政村・長時連署。
120	弘長二年十月十八日	関東下知状案	甲斐大善寺文書	⑫八八八二	政村・長時連署。
121	弘長二年十二月十日	関東下知状	尊経閣所蔵文書 尊経閣古文書纂編年文書	⑫八九〇四 尊経七五	政村・長時連署。「鎌遺」は「関東下知状案」とする。
122	弘長二年十二月日	関東下知状案	紀伊神光寺文書	⑫八九〇五	政村・長時連署。前欠文書。
123	弘長三年(一二六三)三月十三日	関東下知状	常陸塙不二丸氏文書	⑫八九三九	政村・長時連署。
124	弘長三年六月二十三日	関東御教書写	吾妻鏡同日条	⑫八九六四	政村・長時連署。「鎌遺」は「関東御教書」とする。

125	弘長三年六月二十五日	関東御教書案	豊後眞玉氏系譜	⑫八九六五	政村・長時連署。
126	弘長三年七月二十日	関東下知状	長門熊谷家文書	⑫八九七一	政村・長時連署。
127	弘長三年八月五日	関東下知状	出雲鰐淵寺文書	⑫八九七四	政村・長時連署。
128	弘長三年八月二十五日	関東御教書写	吾妻鏡同年八月二十日条	⑫八九七九	政村・長時連署。「鎌遺」は「関東御教書」とする。
129	弘長三年八月二十五日	関東御教書写	吾妻鏡同日条	⑫八九八〇	政村・長時連署。「鎌遺」は「関東御教書」とする。
130	弘長三年九月三日	関東御教書案	薩摩新田神社文書	⑫八九八六	政村・長時連署。
131	弘長三年九月十日	関東御教書写	吾妻鏡同日条	⑫八九九三	政村・長時連署。「鎌遺」は「関東御教書」とする。
132	文永元年(一二六四)三月十二日	将軍(宗尊親王)家政所下文	小早川文書	⑫九〇六一	政所別当。
133	文永元年三月二十日	関東御教書案	書陵部所蔵八幡宮関係文書二九	⑫九〇六二	政村・長時連署。
134	文永元年三月二十二日	将軍(宗尊親王)家政所下文	肥後志賀文書	⑫九〇六三	政所別当。
135	文永元年四月十二日	関東御教書写	新編追加	⑫九〇七三	政村・長時連署。「鎌遺」は「関東御教書」とする。
136	文永元年四月二十日	関東御教書案	小早川文書	⑫九〇七八	政村・長時連署。「鎌遺」は「関東御教書案写」とする。
137	文永元年四月二十六日	関東御教書写	新編追加	⑫九〇八〇	政村・長時連署。「鎌遺」は「関東御教書」とする。
138	文永元年五月十日	北条長時袖判書下	斎藤文書	⑫九〇九二	「鎌遺」は「北条長時袖判下文」とする。同⑫九一九一(政村袖判)と同内容。
139	文永元年五月十日	関東下知状案	筑前宗像神社文書	⑫九〇九三	政村・長時連署。
140	文永元年五月二十七日	関東下知状	長門熊谷家文書	⑫九〇九九	政村・長時連署。
141	文永元年六月十三日	将軍(宗尊親王)家政所下文写	薩藩旧記五入来本田文書	⑫九一一二	政所別当。「鎌遺」は「将軍(宗尊親王)政所下文案」とする。文永元年七月三日出家、八月二十一日卒去(三十五歳)。

北条時宗の発給文書

――幕府文書・得宗文書・私的文書――

山野龍太郎

はじめに

本稿は、北条時宗の発給文書について検討するものである。(1) 時宗は、建長三年（一二五一）五月、執権の北条時頼の嫡子として、鎌倉甘縄の松下禅尼の邸宅で誕生した。康元二年（一二五七）二月、将軍の宗尊親王を加冠役として七歳で元服すると、時宗と名乗って政治的な活動を開始した。正元二年（一二六〇）二月、十歳で小侍所に出仕して、文永元年（一二六四）八月、十四歳で連署に転任すると、文永五年（一二六八）三月には十八歳で執権に就任した。そして、蒙古襲来という未曽有の危機を乗り越えて、弘安七年（一二八四）四月、三十四歳の若さで病死したという。時宗は、鎌倉幕府の執権や連署として、また、北条氏の嫡流である得宗として、その短い生涯のうちにも数多くの文書を残した。そうした時宗の発給文書は、（一）幕府文書・（二）得宗文書・（三）私的文書という三区分に大別できる。(2)

（一）幕府文書としては、将軍家政所下文・関東下知状・関東御教書などが挙げられる。これらは、幕府の執権や連署という立場で、将軍の意を奉じて発給した文書である。将軍家政所下文は、執権と連署が将軍家政所の別当を兼任して発給された。関東下知状や関東御教書は、執権と連署の二人が連名で署判することで発給された。従来の研究は、こうした幕府文書の様式や変遷を解析することで、幕府権力が将軍から執権に移行する過程を明らかにしてきた。(3) その研究史には踏み込まないが、精緻に積み上げられた成果は、時宗の発給文書を検討する際にも大いに参考にしたい。時宗は、宗尊親王の時期に連署となって、惟康王を新たな将軍として迎えてから、執権に就任して幕府政治を主導していく。そして、時宗は朝廷に働きかけて、惟康王に源氏を賜姓して元服させており、将来的に右近衛大将に昇進させることで、初代将軍の源頼朝を再現した体制を目指したと考えられている。(4) こうした将軍に対する時宗の認識については、時宗が発給した幕府文書を分析することで、より具体的な根拠を提示できる可能性がある。それは、時宗の政治構想を把握する試みであるのと同時に、幕府政治の実態を解明する意味でも有効な作業となるだろう。

(二) 得宗文書としては、得宗下文・得宗書下・得宗袖判執事奉書・得宗家執事書状・得宗家公文所奉書・得宗家公文所下知状などが挙げられる。(5) これらは、北条氏の嫡流である得宗という立場で発給した文書である。ただし、これらの様式にも時期的な変遷があり、得宗下文については、時宗の時期に発給されたものは確認できない。また、得宗家執事書状は、息子の北条貞時から本格的に発給されていく様式であり、時宗の時期に発給されたものは残っていない。本稿では、得宗書下・得宗袖判執事奉書・得宗家公文所奉書・得宗家公文所下知状を扱うことにする。こうした時宗による得宗文書は、直接的には得宗家の内情を示す史料だが、幕府政治の変遷を考える上でも有益である。というのも、時宗が幕府政治を主導した時期は、北条氏が帯びる政治的な権威が、執権から得宗へと転換した画期として認識されていたからである。幕府の政治形態は、将軍独裁・執権政治・得宗専制の三段階で整理されるが、(6) 鎌倉後期を不易法の適用対象から区分すると、政治の主体が執権から得宗に移行したことが明瞭に読みとれる。(7) すなわち、時宗の政治的な立場は、かつて執権として認識されていたが、やがて得宗とみる評価が定着していった。そして、こうした意識が形成されたのは、息子の貞時が活動していた時期だったという。とすれば、時宗が得宗として展開した活動は、貞時の政治にも多大な影響を与えたと考えられる。したがって、時宗が発給した得宗文書を検討することは、得宗が幕府権力の主体となった背景を探究する意味でも重要だろう。

(三) 私的文書としては、請文・巻数請取・書状などが挙げられる。(8) これらは、幕府文書や得宗文書という枠外で、時宗が私人として発給した文書である。本稿では、その代表例として時宗の書状を扱うことにする。書状は、「恐々謹言」「恐惶謹言」「あなかしこ」「あなかしく」などの書止文言を用いる文書であり、私的に意思を伝達する手段として使用された。ただし、同じような書状形式の書止文言は、公家に宛てた関東御教書にも使用されたといわれている。(9) つまり、一見すると書状形式の文書でも、将軍の意を奉じた関東御教書である場合があった。したがって、書止文言だけに拘泥せず、奉書文言の有無にも注意しながら、関東御教書と書状とを区別していく必要があるだろう。

さて、本稿では、時宗の発給文書を分析する基準として、時宗や将軍の政治的な立場に応じて、第Ⅰ期・第Ⅱ期・第Ⅲ期・第Ⅳ期という四つの時期区分を設けたい。(10)

北条時宗の時期区分

	時期	時宗の立場	幕府の将軍
第Ⅰ期	一二六四・八〜一二六六・七	連署	宗尊親王
第Ⅱ期	一二六六・七〜一二六八・三	連署	惟康王
第Ⅲ期	一二六八・三〜一二七〇・十二	執権	惟康王
第Ⅳ期	一二七〇・十二〜一二八四・四	執権	源惟康

第Ⅰ期は、文永元年（一二六四）八月から文永三年（一二六六）七月で、時宗が連署に就任した時期である。執権は北条政村が務めており、政村と時宗の二人で幕府文書を発給する体制は、政村が文永十年（一二七三）五月に世を去るまで継続された。この第Ⅰ期には、宗尊親王が将軍に在任していた。

第Ⅱ期は、文永三年（一二六六）七月から文永五年（一二六八）三月で、将軍が惟康王に交代した時期である。時宗は、引き続き連署に在任しており、政村と時宗が幕府文書を発給する体制に変化はなかった。

第Ⅲ期は、文永五年（一二六八）三月から文永七年（一二七〇）十二月で、時宗が執権に就任した時期である。執権と連署が交代したことで、それまで執権だった政村は連署に転任した。政村と時宗で幕府文書を発給する体制は同じだが、この異動によって、時宗の意思が幕府政治に反映される傾向が強化された。将軍は、引き続き惟康王が在任していた。

第Ⅳ期は、文永七年（一二七〇）十二月から弘安七年（一二八四）四月で、将軍の惟康王が元服して源惟康に変わった時期である。時宗は、源氏を賜姓された将軍の後見として、弘安七年（一二八四）四月に死去するまで、執権として在任していた。連署については、文永十年（一二七三）五月、政村が死去したのに伴って、同年六月、塩田義政が新たに就任した。しかし、建治三年（一二七七）四月、義政は出家して連署を辞任しており、弘安六年（一二八三）四月になって、北条業時が連署に就任した。

時宗の発給文書には、こうした時期区分に応じた動向が刻まれているはずであり、様式や機能などの変遷を跡づけることで、時宗や将軍の政治的な立場を確認することができるだろう。(11)

なお、時宗が生きた時代は、二度の蒙古襲来による社会的な混乱や、御家人と御内人（得宗被官）による対立の激化など、様々な問題が顕在化していた時期で、時宗の政治をめぐる論点も多岐にわたっている。特に、御家人勢力を代表する安達泰盛は、時宗の時期に政治改革を主導した存在とされており、その政治的な事績を追究することは、時宗政権を理解する主要な課題となっている(12)。しかし、以下では、そうした周辺的な状況への論及は最小限にとどめて、純粋に時宗の発給文書のみに焦点を絞ることで、時宗による活動の実態について考察していきたい。

一　北条時宗の幕府文書

（1）　北条時宗の将軍家政所下文

将軍家政所下文は、将軍家政所の職員が将軍の意を奉じて発給した幕府文書である。幕府の将軍は、三位に叙されると、自身の政所を開設して、政所の職員が署判する下文を発給した。こうした将軍家政所下文は、諸職補任・所領給与・安堵・課役免除・守護不入以下の特権付与や訴訟の判決など、永続的な効力が期待される案件に使用された。また、承久の乱以降の将軍家政所下文は、知行充行と譲与安堵に限定して使用されたという(13)。

将軍家政所下文の書出文言は、「将軍家政所下」として定型化されており、この様式については時宗の全時期を通じて共通している。その下に書かれる充所は、在地住人充所型・受給者充所型・充所空白型という三つに大別できる。在地住人充所型は、安堵する所領の住人を記した形式で、下文の伝統的な様式を継承したものである。受給者充所型は、安堵する御家人の名前を記した形式で、関東下知状の影響を受けて生まれた様式といわれる。充所空白型は、充所に何も記さない形式で、関東下知状の性格と同質化したことを示しているという。幕府文書の下文は、在地住人充所型から出発したが、やがて受給者充所型が登場して、充所空白型が主流になっていった。このように、将軍家政所下文の充所は、北条氏が創出した関東下知状の影響を受けて変容しており、北条氏の権力の浸透を示していたのである(14)。

将軍家政所下文の差出書には、年月日に続けて、政所職員の別当・令・案主・知家事が発給者として名を連ねた。ただし、実際に花押を据えるのは、別当を兼任する執権・連署の二名だけに限定されていく。時宗は、連署や執権として幕府文書を発給したが、将軍家政所下文では政所の別当という立場で署判していた。令・案主・知家事といった奉行人は、従来の様式を踏襲して一応は記載されたが、花押を据えることは基本的になかったという。将軍家政所下文は、北条氏が幕府の実権を握った実態を反映して、執権と連署の二人によって発給される文書に変化したのである。(15)

第Ⅰ期は、宗尊親王を将軍として、時宗が連署を務めた時期であり、四点の将軍家政所下文が確認できる。以下に掲げたのは、第Ⅰ期に時宗が別当として署判した将軍家政所下文として、もっとも早い時期のものである。

【史料①】　将軍家政所下文(16)

将軍家政所下　藤原氏
可令早領知信濃国中野西条宝蓮知行分并春近領内志久見郷地頭職事
右、任亡父忠能法師法名宝蓮去年二月十七日譲状、可令領掌之状、所仰如件、以下、
文永二年五月廿五日　案主菅野
令左衛門少尉藤原　知家事
別当左京権大夫平朝臣（北条政村）（花押）
相模守平朝臣（北条時宗）（花押）

文永二年（一二六五）五月、信濃国高井郡中野郷西条（長野県中野市）・同国高井郡志久見郷（長野県下水内郡栄村）の地頭職について、亡父の中野忠能から娘の藤原氏に対する譲状を安堵した文書である。充所の「藤原氏」は、忠能の娘である袈裟を指しており、(17)受給者充所型の典型といってよい。また、差出書をみると、政村と時宗による花押が据えられており、将軍家政所の別当として署判していた。この第Ⅰ期には、御家人に対する譲与安堵では、嫡子や庶子などの区別を問わず、一律に将軍家政所下文を適用していたと考えられる。

第Ⅱ・Ⅲ期は、未成年の惟康王が将軍だった時期である。時宗は、第Ⅱ期に連署となり、第Ⅲ期には執権に就任したが、この期間には将軍家政所下文を一点も確認することができない。つまり、文永三年（一二六六）七月に将軍に就任した惟康王は、文永七年（一二七〇）十二月に七歳で元服するまで、ただの一通も将軍家政所下文を発給しなかったことになる。惟康王は、父の宗尊親王に代わって将軍に就任したが、元服して従三位に叙されるまでは、政所が設置されない状態だったので、将軍家政所下

文も発給できなかったのである。この期間は、「将軍家」としての家政が不在であり、将軍の権能である知行充行や譲与安堵などは、関東下知状によって代行された。第Ⅱ・Ⅲ期には、時宗は連署や執権として惟康王を後見しながら、将軍の持てる全権力を行使していたのである。(18)

第Ⅳ期は、源惟康を将軍として、時宗が執権を務めた時期であり、二十六点の将軍家政所下文が確認できる。惟康は、文永七年（一二七〇）十二月に元服して従三位に叙されると、自身の政所を開設して、将軍家政所下文を発給するようになった。以下に掲げたのは、第Ⅳ期に執権の時宗が別当として署判した将軍家政所下文である。

【史料②】 将軍家政所下文(19)

将軍家（政脱カ）所下

可令早津守親継領知信濃国英多庄八郎丸内平林屋敷内桑井傔仗屋敷・豊後国毛井社地頭職（除舎弟等分定）事

右、任亡父左衛門尉頼敏法師（法名正願）文永五年十一月九日譲状、可領掌之状、所仰如件、以下、

文永八年十二月廿二日　　案主菅野

令左衛門少尉藤原（二階堂行忠）　　知家事

別当左京権大夫平朝臣（北条政村）（花押）

相模守平朝臣（北条時宗）（花押）

文永八年（一二七一）十二月、信濃国英多荘八郎丸名（長野県長野市）・豊後国海部郡毛井社（大分県大分市）の地頭職などについて、亡父の平林頼敏から平林親継に対する譲状を安堵した文書である。充所には何の記載もなく、充所空白型に属している。この第Ⅳ期には、在地住人充所型は減少して、ほとんどが受給者充所型か充所空白型に移行していた。また、差出書をみると、政村と時宗による花押が据えられており、将軍家政所の別当として署判している。なお、事書の部分では、「舎弟等」の分を除外すると定めているが、そうした弟たちの所領については、将軍家政所下文ではなく、関東下知状によって安堵された。というのも、同日付の関東下知状が存在しており、庶子の平林法師丸に対する譲状を安堵したことが確認できる。(20)つまり、嫡子の親継には将軍家政所下文、庶子の法師丸には関東下知状が発給されたのであり、嫡子と庶子によって、別々の文書様式を適用していた

事実が判明するのである。(21) したがって、第Ⅳ期には、御家人の譲与安堵において、庶子に宛てる関東下知状よりも、嫡子に宛てる将軍家政所下文に対して、優先的な地位を与えていたと考えられる。

第Ⅰ～Ⅳ期を通して、将軍家政所下文の変遷をみると、書出文言は「将軍家政所下」となっており、時宗の時期には、終始一貫して共通した様式が用いられた。その下に書かれる充所については、在地住人充所型が減少して、受給者充所型と充所空白型が増加する傾向が認められる。御家人が各地に恩賞地を獲得して、複数の所領を列挙した譲状が一般化すると、一つの地域を指定して安堵する在地住人充所型では対応が難しくなる。こうした御家人社会の実態を反映して、受給者充所型が登場したと推察される。(22) ただし、いずれの型も第Ⅰ・Ⅳ期に共通して残っており、三つの様式が混在した状態で、徐々に充所空白型へと移行していったようである。

将軍家政所下文の差出書には、政所の奉行人として別当・令・案主・知家事が名を連ねているが、実際に花押を据えるのは、別当を兼任した執権と連署の二人だった。しかし、将軍家政所下文が再開された第Ⅳ期で、もっとも早い時期に出された文書には、「令左衛門少尉藤原在判」という署判があり、政所令の二階堂行忠も花押を据えていた可能性がある。(23) これは案文なので明確な実例とは言いがたいが、宗尊親王が在任していた時期にも、政所令が花押を据えた将軍家政所下文の正文が確認されており、(24) 別当だけが署判したとする通説には反証も存在する。将軍家政所下文から奉行人の花押が消滅した点から、将軍権力が形骸化したと考える説には、再考の余地があるかもしれない。

時宗が発給した将軍家政所下文の傾向をみると、将軍権力の再興を図ろうとする積極的な意向が読みとれる。第Ⅱ～Ⅲ期には、将軍家政所下文が発給されなかったので、関東下知状によって知行充行や譲与安堵が行われていた。これは、執権・連署による関東下知状が、将軍家政所下文の機能を代替している状態であり、将軍権力を抑制するには都合のよい体制といえる。しかし、時宗は、第Ⅳ期に将軍家政所下文を復活させると、御家人の譲与安堵では、将軍家政所下文を嫡子に適用して、関東下知状を庶子に限定するという方針をとっている。これは、将軍家政所下文を尊重する姿勢の現れとみるべきであり、時宗が将軍権力を重視していた明証と解せられるだろう。ところが、こうした譲与安堵の方式は、時宗が没して源惟康が源姓を喪失した時期から崩れて、将軍家政所下文の優越性は薄れていく。鎌倉期を通して判断すれば、嫡子と庶子を区別しない方が多いので、こうした使い分けを例外的な現象と見なして、あまり重視してこなかったのが現状といってよい。(25) だが、時宗の試みが一過性の現象に終わったとしても、将軍家政所下文に特権的な地位を与えた事実を軽視すべきではないだろう。御家人の譲与安堵で嫡庶を区別した事例は、【史料②】の文永八年（一二七一）十二月が初見であり、弘安十年（一二八七）十月が終見である。[26]これは、源惟康が源氏将軍となった第Ⅳ期から、親王将軍となるまでの期間と一致している。源惟康は、文永七年（一二七〇）十二月に源氏を賜姓されたが、弘安十年（一二八七）十月に親王を宣下されて、正応二年（一二八九）九月に将軍を辞任して鎌倉を逐われたという。したがって、将軍家政所下文を尊重する方式は、惟康王が源惟康となった時点に始まって、惟康親王となった時点で終焉を迎えたと考えられる。これは、源惟康が源氏将軍だった期間に限定した政策であり、頼朝を再現して将軍権力を強化する時宗の意向を示すものといってよいだろう。

このように、時宗は、将軍家政所下文を御家人統制の中核に据えることで、源氏将軍を頂点とした御家人社会の秩序化を目指していたと推察されるのである。

（2）北条時宗の関東下知状

関東下知状は、執権・連署が将軍の意を奉じて発給した幕府文書である。諸種の特権免許状・制札・禁制・訴訟の判決など、永続的な効力が期待される案件に使用された。書出文言には全体の要旨を示した事書があり、書止文言は「下知如件」で結ばれる。日付と別行に執権と連署の二人が署判して、形式上の充所は記載されない。こうした関東下知状の様式は、将軍家政所下文を原型にしながら、執権の北条氏が確立したもので、北条氏の権力が発展する過程に対応していたという。[27]また、将軍家政所下文の権限が縮小して、関東下知状の使途が拡大する傾向から、将軍の権力が制限されて、執権の権力が伸張したと評価されている。[28]このように、従来の研究は、将軍家政所下文と関東下知状を対比的に把握することで、将軍と執権の政治的な力関係を論じてきた。本稿では、関東下知状に表れた将軍の呼称に注目することで、幕府政治における将軍権力の位置づけを明らかにしていきたい。

関東下知状の書出文言は、文書全体の要旨を示した事書と呼ばれる部分から、申型・甲与乙相論型という二つに大別できる。[29]申型は「某申……事」という事書で、訴人が主張する内容を認めて発給された文書様式である。[30]それに対して、甲与乙相論型は「甲与乙相論……事」という事書で、訴人と論人が訴陳状を交わしたり、法廷で問答対決を経たりした上で発給された文書様式である。申型の関東下知状では、幕府で問答対決が行われたとは断定できないが、甲与乙相論型に属する関東下知状であれば、幕府で相論が成立していたことは確実である。[31]ちなみに、これ以外にも「……事」「可早……事」という書出文言があったが、北条泰時の後半からは、申型と甲与乙相論型が大部分を占めるようになった。本稿では、執権・連署による裁許状の指標として、甲与乙相論型の関東下知状を取り上げていきたい。

関東下知状の書止文言は、「下知如件」となるのが基本だが、より厳密に分類すれば、裁許状・安堵状という二つに大別できる。[32]

裁許状は、書止文言が「依鎌倉殿仰、下知如件」などの関東下知状で、将軍の呼称が仰せの主体として挿入されている。その書出文言は、甲与乙相論型や申型が多く、主に相論の裁許状として用いられた。それに対して、安堵状は、書止文言が「依仰、下知如件」となる関東下知状で、仰せの主体が省略されている。その書出文言は「可早……事」が多く、大部分は補任宛行状・安堵状として用いられたという。本稿では、この二つの様式を裁許型・安堵型として仮称するが、将軍に対する時宗の認識について解明するため、仰せの主体を明示した裁許型の関東下知状に注目していきたい。[33]

第Ⅰ期は、宗尊親王を将軍として、時宗が連署を務めた時期であり、十一点の関東下知状が確認できる。そのうちで仰せの主体を明示した裁許型の関東下知状は五点となる。以下に掲げたのは、第Ⅰ期に時宗が署判した裁許型の関東下知状として、もっとも早い時期のものである。

【史料③】　関東下知状[34]

宮城右衛門尉広成後家尼代子息景広与那須肥前二郎左衛門尉資長相論条々

一　鎌倉地一所町事

右、以訴陳状、於引付之座、召問両方之処、（中略）然者、氏女以件地、譲与資長之後、令分譲于尼之条、難叙用歟、仍尼訴訟不及沙汰焉、

一　資長召文違背事

右、資長帰国之後、弘長三年五月被下召文乎、而依宇都宮頭役、難参上之由、進請文之間、（中略）召問両方、被裁許之上、任傍例、不及沙汰矣、

以前条々、依将軍家（宗尊親王）仰、下知如件、

文永元年十月十日

左馬権頭平朝臣（北条時宗）（花押）

相模守平朝臣（北条政村）（花押）

文永元年（一二六四）十月、鎌倉の屋地や宇都宮頭役をめぐる相論で、宮城広成の後家尼側の主張を退けて、那須資長の主張を認めた文書である。書出文言の事書は、甲与乙相論型に類しており、事実書をみても、双方から訴陳状を提出させて、引付の座に召喚している。書止文言は「依将軍家仰、下知如件」で、仰せの主体を明示した裁許型の様式になっている。ここでは、書出・書止とも、裁許状として統一された体裁になっており、幕府の法廷で相論が行われて、執権と連署が発給したことが確認できる。

第Ⅰ期には、裁許型の関東下知状は、仰せの主体を「将軍家」と表現している。これは、宗尊親王の時期にみられる特徴であり、時宗が発給した五点も、ほぼ「将軍家」で統一されている(35)。裁許型の関東下知状では、将軍を「鎌倉殿」と記すのが通例だが、宗尊親王だけは「将軍家」と表現された(36)。その理由については確たる定説がないが(37)、北条氏が親王を「殿」と名指しするのは、書札礼の規定に反するので、「鎌倉殿」と記すのは憚られたのではないだろうか。そこで、「鎌倉殿」に代わる呼称として、「将軍家」が採用されたと推測される。「将軍家」という呼称であれば、将軍家政所下文の書出文言に「将軍家政所下」を使用しており、御家人社会にも受け入れやすいものだった。このように、第Ⅰ期の関東下知状は、宗尊親王を「将軍家」と表現した様式で発給されており、幕府の首脳部は、将軍が親王であることを意識しながら、幕府文書を発給していたのである。

第Ⅱ期は、惟康王を将軍に迎えて、時宗が連署を務めた時期であり、八点の関東下知状が確認できる。しかし、書止文言は「依仰、下知如件」だけで、安堵型の関東下知状に限られていた。つまり、仰せの主体を明記した裁許型の関東下知状は、一通も発給されなかったことになる。このように、書止文言から「将軍家」の仰せが消滅した点に、この時期の特徴を見出すことができるだろう。以下に掲げたのは、第Ⅱ期に時宗が連署として署判した関東下知状である。

【史料④】　関東下知状(38)

山内右近将監俊―（家有字慢）与舎弟兵衛三郎時通・四郎清俊・藤原氏相論条々

一　備後国地毗庄内四ヶ所（本郷・河北郷・伊与東村・江木門田）事

右、如訴陳状者、子細雖多、所詮、（中略）然則、於本郷并河北・伊与東村・江木門田等者、停止俊―濫訴、任深念建長譲状并正嘉御下文、各知行不可有相違、次俊ー謀書事、任被定置之旨、可被行其科、次同庄内上原村事、（中略）俊ー多年知行之条、云俊ー、云時通等、不論申歟、其上不及子細歟、狼藉事、（中略）為枝葉之間、不及沙汰焉、

一　相模国早河庄多古一得名内屋敷田畠事

右、問答之趣、枝葉雖区、譲状之真偽、子細同前矣、

以前条々、依仰、下知如件、

文永四年十月廿七日

相模守平朝臣（北条時宗）（花押）

左京権大夫平朝臣（北条政村）（花押）

文永四年（一二六七）十月、備後国地毗荘（広島県庄原市）や相模国早河荘（神奈川県小田原市）をめぐる相論で、山内俊家の主張を退けて、山内時通・清俊・藤原氏の主張を認めた文書である。書出文言の事書は、甲与乙相論型に類しており、事実書をみても、訴陳状を交わして問答が行われている。したがって、幕府の法廷で相論が行われて、執権と連署が裁許したことは間違いない。しかしながら、書止文言は「依仰、下知如件」で、仰せの主体が明示されない安堵型の様式になっている。すなわち、甲与乙相論型の裁許状であるにも関わらず、安堵型の書止文言で結ばれており、書出・書止が首尾一貫しない不自然な文書といわざるを得ない。こうした特異な関東下知状は、この第Ⅱ期だけに限定して二点の事例が見出される。この時期の関東下知状は、相論に対する裁許状であっても、安堵型によって発給されており、そもそも裁許型は存在しなかった可能性が高いだろう。

第Ⅱ期は、惟康王の将軍家政所が未設置だったので、将軍家政所下文も発給されなかった時期である。つまり、惟康王は将軍として迎えられたが、「将軍家」の家政は始動していなかった。そこで、裁許型の関東下知状でも「将軍家」を強調するわけにいかず、仰せの主体を削除した関東下知状が発給されたのだろう。とすれば、この時期の関東下知状が安堵型に限られるのは、裁許型の関東下知状から「将軍家」が消滅したことで、たまたま安堵型と一致してしまった結果だったと解釈できるだろう。

このように、第Ⅱ期の関東下知状は、惟康王が幼少で政所が未設置だったので、「将軍家」を記載しない様式で発給されており、将軍の地位を表現する適切な呼称を模索していた時期といえるだろう。

第Ⅲ期は、惟康王を将軍として、時宗が執権を務めた時期であり、十八点の関東下知状が確認できる。そのうちで仰せの主体

を明示した裁許型の関東下知状は十点である。その書止文言は「依鎌倉殿仰、下知如件」で、時宗が執権に就任したことで、再び裁許型の関東下知状が登場した点に、この時期の特徴が見出される。以下に掲げたのは、第Ⅲ期に時宗が執権として署判した裁許型の関東下知状として、もっとも早い時期のものである。

【史料⑤】 関東下知状案(39)

周防国御家人与田武者三郎朝保与僧源尊今者死去女子夫貞遠相論当国与田保公文職事

右、対決之処、子細雖多、所詮、（中略）然則、任建保御教書并寛元元年朝兼譲状・同年安堵御下文等、於当職者、朝保可令領知也者、依鎌倉殿（惟康王）仰、下知如件、

文永五年六月廿日

相模守平朝臣（北条時宗）御判

左京権大夫平朝臣（北条政村）御判

文永五年（一二六八）六月、周防国那珂郡与田保（山口県柳井市）の公文職をめぐる相論で、源尊の娘婿である貞遠の主張を退けて、与田朝保による領知を認めた文書である。書出文言の事書は、甲与乙相論型に属しており、事実書をみても、双方が証拠文書を提出して対決が行われている。書止文言は「依鎌倉殿仰、下知如件」で、仰せの主体を明示した裁許型の様式になっている。ここでは、書出・書止とも、裁許状として統一された体裁になっており、幕府の法廷で相論が行われて、執権と連署が発給したことが確認できる。

第Ⅲ期は、いまだに将軍家の家政が始まっていなかったが、将軍の呼称を明示した裁許型の関東下知状が現れるようになる。これは、時宗が執権に就任したことで、裁許状から将軍の呼称が脱落した状態を改革したことを意味するのだろう。ただし、宗尊親王の場合は「将軍家」だったが、惟康王には「鎌倉殿」を採用している。この呼称は、時宗が主体的に選択した文言であり、将軍に対する時宗の認識を示した表現とみてよいだろう。鎌倉殿という呼称は、摂家将軍にも使用されており、単純に以前の様式に戻しただけという可能性もある。しかし、時宗は、やがて惟康王を源姓の将軍として元服させて、頼朝以来の源氏将軍として位置づけていく。とすれば、惟康王に対する「鎌倉殿」という呼称は、初代の源氏将軍である頼朝を意識した表現だったので

はないだろうか。このように、第Ⅲ期の関東下知状は、時宗が執権に就任したことで、「鎌倉殿」を使用した様式で発給されており、惟康王を頼朝に見立てた呼称が選択されたのである。

第Ⅳ期は、源惟康を将軍として、時宗が執権を務めた時期であり、六十五点の関東下知状が確認できる。そのうちで仰せの主体を明示した裁許型の関東下知状は五十点を占める。以下に掲げたのは、第Ⅳ期に時宗が執権として署判した裁許型の関東下知状である。

【史料⑥】関東下知状(40)

駿河彦四郎有政（北条）与姉平氏号弥鶴相論亡父時賢遺領武蔵国比企郡南方石坂郷内田在家事

右、就訴陳状、欲有其沙汰之処、如有政去年十二月廿六日避状者、任女子等所帯譲状、可去与云々、爰如氏女所進建長六年八月廿四日・文永八年九月十日譲状者、石坂郷内恵加佐次郎在家同田壱町五段・右衛門太郎在家同田壱町云々者、任彼状、向後無違乱、可令領知之状、依鎌倉殿（源惟康）仰、下知如件、

建治三年正月　日

武蔵守平朝臣（塩田義政）
相模守平朝臣（北条時宗）（花押）

建治三年（一二七七）正月、武蔵国比企郡石坂郷（埼玉県比企郡鳩山町）をめぐる相論で、北条有政の主張を退けて、姉の平氏による領知を認めた文書である。書出文言の事書は、甲与乙相論型に属しており、事実書をみても、双方から訴陳状を提出させている。書止文言は、仰せの主体を明示した裁許型の様式になっている。ここでも、書出・書止が、裁許状として統一された体裁になっており、幕府の法廷で相論が行われて、執権の時宗が発給したことが確認できる。書止文言は「依鎌倉殿仰、下知如件」であり、源惟康として「将軍家」の家政が始動して以降にも、引き続き「鎌倉殿」という称号が用いられた。というよりも、頼朝以来の源氏将軍が誕生したことで、ようやく「鎌倉殿」の呼称に相応しい実質が補塡されたとみるべきだろう。

第Ⅳ期は、源惟康の家政が本格的に始動した時期であり、将軍家政所下文が御家人の譲与安堵で重要視されて、関東下知状の使用範囲が部分的に縮小された。これは、将軍権力を尊重する姿勢の現れと解するべきであり、将軍家政所下文と関東下知状を

使い分ける方式が確立されたことになる。こうして、第Ⅳ期の関東下知状は、頼朝に由来した「鎌倉殿」を使用した様式で、将軍の権威が強化されたのである。ちなみに、【史料⑥】の関東下知状は、塩田義政の位署から花押が消滅しており、連署としての政務を放棄していたことを示唆している。(41) 建治三年(一二七七)四月、義政は連署を辞任して出家を遂げて、同年五月、信濃国塩田荘(長野県上田市)に下向して隠遁した。この関東下知状は、結果的に義政が差出書に登場する最後の幕府文書となった。この事件は、鎌倉の内外に衝撃を与えたが、時宗の心にも傷痕を残した可能性がある。執権として取り残された時宗は、しばらく連署を設置することなく、六年間の長きにわたって、単独で幕府文書に署判を続けていった。

第Ⅰ～Ⅳ期を通して、関東下知状の変遷をみると、書止文言が「依仰、下知如件」となる安堵型は、一定の点数が継続的に発給されていた。一方、仰せの主体が明示される裁許型をみると、第Ⅰ期には、宗尊親王を「将軍家」と呼んでいたが、第Ⅱ期には、惟康王に「将軍家」を適用できず、仰せの主体が消滅した安堵型に変化した。第Ⅲ期になると、執権に就任した時宗によって、惟康王が「鎌倉殿」という呼称で表現された。そして第Ⅳ期には、源惟康として元服を遂げたことで、「鎌倉殿」が名実ともに再現された。こうして源氏将軍を「鎌倉殿」とする体制は、時宗の主導によって完成に向かったのである。

時宗が発給した関東下知状の傾向をみると、裁許型の関東下知状では、仰せの主体である将軍の呼称が、宗尊親王の「将軍家」から、惟康王の「鎌倉殿」へと変化したことが指摘できる。関東下知状の特徴としては、宗尊親王の時期に「将軍家」を用いていた点が、つとに注目されてきた。しかし、宗尊親王だけが例外に属するという理解は、後世から遡及させて導かれた結果論にすぎない。親王将軍を鎌倉に迎えた時点では、裁許型の関東下知状には「将軍家」を用いるのが、当時の幕府が打ち出した方針だったと考えるべきだろう。とすれば、そうした決定を白紙に戻して、惟康王に「鎌倉殿」という呼称を適用した点に、時宗の政治的な意図が表れていると思われる。時宗は、朝廷に働きかけて惟康王に源姓を付与することで、源氏将軍の再現を図ったと指摘されている。とすれば、一度は「将軍家」で定着した呼称を撤回して、頼朝に由来する「鎌倉殿」に戻したのは、惟康王を頼朝に見立てようとする認識の表れにほかならない。裁許型の関東下知状の「鎌倉殿」には、源惟康として源氏を賜姓させる将来の方針が、いわば先取りして表現されていたのである。したがって、源氏将軍を実現させる構想は、第Ⅲ期に「鎌倉殿」を用いた時点で固まっていたとみてよいだろう。

このように、時宗は、御家人の相論に用いた裁許型の関東下知状において、頼朝を連想させる「鎌倉殿」の仰せを明示する形式で、源氏将軍を推戴する支配体制の完成を目指したと推察されるのである。

(3) 北条時宗の関東御教書

関東御教書は、執権・連署が将軍の意を奉じて発給した幕府文書である。幕府の政務一般や命令の伝達など、時限的な効力が期待される案件に使用された。書止文言は、「依仰執達如件」や「仍執達如件」で、日下に執権・連署の二人が連名で署判する様式だった。[42] 時宗の関東御教書は、第Ⅰ〜Ⅳ期の全時期で発給されており、幅広くとれば一二五点もの点数が発給されている。ただし、第Ⅱ・Ⅲ期は、将軍の惟康王が従三位に叙されていないので、当該期の関東御教書は、古文書学的には奉書と称されるもので、御教書の定義に適合しないという見方もできる。[43] しかし、『沙汰未練書』は、御教書を「関東ニハ両所御判、京都ニハ両六波羅殿御判ノ成ヲ云也」としており、執権と連署が署判した奉書のことを関東御教書と認識していた。[44] 関東御教書の定義は、論者によっても様々だが、本稿では、将軍の仰せを受けた執権・連署による奉書という基本を踏まえて、幅広く関東御教書の類型を探っていきたい。

第Ⅲ期は、時宗が執権に就任した時期であり、惟康王を将軍として、その意を受けた関東御教書が発給された。

【史料⑦】 関東御教書[45]

八幡宮谷々事、僧坊之外在家相交之由、有其聞、甚不穏便、早可被停止甲乙人止住之状、依仰執啓如件、

文永六年二月十六日　相模守(北条時宗)(花押)

左京権大夫(北条政村)(花押)

謹上　別当前大僧正(隆弁)御房

文永六年(一二六九)二月、鎌倉の鶴岡八幡宮の谷について、僧坊と在家が混在しているのを問題視して、甲乙人の在住を禁じることを別当の隆弁に伝達した文書である。書止文言は「依仰執啓如件」で、将軍の仰せを奉じたことが示されている。書止文言の定型は「依仰執達如件」だが、受給者である隆弁の地位を考慮して、「執達」を「執啓」に変化させている。関東御教書は、受給者の立場に応じて、基本型の様式を変化させる場合があったのである。なお、第Ⅲ期は「仰」の主体である惟康王が、まだ従三位に叙されていないので、厳密には御教書の定義から外れるが、この文書を関東御教書に含めることに異論はないだろう。

第Ⅳ期は、将軍が元服して源惟康になった時期であり、三位以上の主人の意を受けた奉書という定義を満たした関東御教書が

発給された。

【史料⑧】　関東御教書(46)

永福寺薬師堂供僧職事、以快誉阿闍梨之跡、所被補任也者、仰旨如此、仍執達如件、

文永十一年三月四日　　　　　　武蔵守(塩田義政)（花押）
　　　　　　　　　　　　　　　相模守(北条時宗)（花押）

刑部卿律師御房

文永十一年（一二七四）三月、鎌倉の永福寺薬師堂の供僧職について、快誉の後継者として刑部卿律師を補任した文書である。書止文言は「仍執達如件」だが、直前の「仰旨如此」によって、将軍の仰せを奉じたことが示されている。このように「仰」が別途に記される場合、奉書文言が重複することを避けて、書止文言から「依仰」を省略することが多かった。この関東御教書では、幕府の御願寺における供僧職を認定しており、永続的な効力が期待される補任状としても機能したことを示している。関東御教書は、幕府と関係が深い寺社に対する所職補任や安堵にも使用されたのである(47)。

第Ⅰ～Ⅳ期を通して、関東御教書の変遷をみると、時期による様式の変化は少なかったが、個々の受給者に応じた変化はきわめて顕著だった。たとえば、公家の女性に宛てられた文書として、第Ⅰ期に発給された書状形式の関東御教書を提示してみたい。

【史料⑨】　関東御教書案(48)

みまさか(美作)の国ゆけ(弓削)の庄・ひせん(備前)の国さえき(佐伯)の庄・おハリ(尾張)の国かいとう(海東)上・中庄のあつかり(預)所しき(職)の事、三条局の譲にまかせ(任)て、御ちきやう(知行)さうゐ(相違)あるへからす候、りやうけ(領家)職も同御沙汰あるへく候、京のやち(屋地)の事、関東の御口入におよは(及)さるよし(由)、申へきむね(旨)候、あなかしく、

[文永二年]閏四月廿九日　　　　　相模守(北条時宗)在御判
　　　　　　　　　　　　　　　　左京権大夫(北条政村)在御判

文永二年（一二六五）閏四月、美作国弓削荘（岡山県久米郡久米南町）・備前国佐伯荘（岡山県和気郡和気町）・尾張国海東上・中荘（愛知県あま市・稲沢市）の預所職などについて、平光盛の四女だった三条局による譲与を安堵した文書である。書止文言は「あなかしく」で書状形式だが、「申へきむね（旨）候」という奉書文言が含まれている。さらに、京の屋地が「関東の御口入」に及ばないと述べる点から、将軍の意を受けた奉書だったと判断できる。また、差出書の日付・署判・配置などは、通常の関東御教書の様式と一致しており、これが私的な書状ではなく、幕府文書だったことを示している。したがって、一見すると仮名書きの書状であるが、執権・連署が将軍の意を受けた奉書であり、関東御教書の一類型として把握できるだろう(49)。充所は記載されていないが、本文が仮名書きである点を踏まえれば、女性に宛てた文書だったと推測される。そこで受給者を調べると、該当する所領が三条局から久我通忠後室に譲られたことがわかる(50)。したがって、この関東御教書は、通忠後室に対する譲与安堵であり、やはり女性に宛てた文書だったことが裏づけられる。このように、受給者が公家の女性だった場合、関東御教書は仮名書きの書状形式で発給されたのである。

続いて、公家に宛てられた文書として、第Ⅳ期に発給された書状形式の関東御教書を提示してみたい。

【史料⑩】　関東御教書(51)

興福寺訴申宗兼・宗政事、重　院宣謹下給候了、宗兼関東家人役事、於去年四月十四日状者、召返候了、至其事者、宜在
聖断之旨、鎌倉二位中将殿（源惟康）可申之由候、以此旨、可令披露給候、恐惶謹言、
（建治三年）七月廿六日　　相模守時宗（北条）（裏花押）
進上　右馬権頭入道殿（三善為衡）

建治三年（一二七七）七月、興福寺が訴えた矢田宗兼・宗政の流罪の件について、亀山上皇の院宣が発給されたのに対して、二人の御家人身分を剥奪して、処罰を聖断に任せることを伝達した文書である。書止文言は「恐惶謹言」で、時宗が裏花押を据えた丁重な書状形式となっている。ただし、「鎌倉二位中将殿（源惟康）可申之由候」という奉書文言があるので、将軍の意を受けた奉書だったことは疑いない。また、この時期の時宗は、執権として単独で署判していたので、執権が将軍の意を奉じた関東御教書だったと判断できるだろう(52)。充所の「右馬権頭入道殿」は、西園寺実兼の家司だった三善為衡と考えられる(53)。したがって、この

関東御教書は、執権の時宗が、家司の三善氏を通じて、関東申次の西園寺家に宛てた幕府文書である。西園寺家という公家が対象なので、書札礼に配慮した様式に変更されたことになる。このように、受給者が公家の人物だった場合、関東御教書は厚礼の書状形式で発給されたのである。

時宗が発給した関東御教書の傾向をみると、書止文言が「依仰執達如件」「仍執達如件」などの基本型に関しては、六波羅探題・守護・地頭御家人など、幕府の関係者を充所とする場合に用いられた。一方、「恐惶謹言」「あなかしく」などの書止文言は、朝廷の関係者を充所とする場合に用いられた。さらに、女性には仮名書きの書状形式にしたり、公家には書札礼に対応した書様に変えたりと、受給者の立場に合わせた意思の伝達ができる幕府文書だった。こうした書状形式の発給文書については、関東御教書に含めることに慎重な意見もあり、単なる書状の一種として整理されることも少なくない。(54) しかし、将軍の仰せを受けた執権・連署による奉書という機能を踏まえれば、関東御教書の一形態として解釈してもよいだろう。(55) こうした書状形式の関東御教書は、将軍家政所下文や関東下知状では非礼となる場面にも対応できるため、朝廷との政治的な折衝などでも存在感を発揮した幕府文書だった。

さらに注目されるのは、公家宛の関東御教書には、将軍に対する時宗の認識が示される場合があった点である。たとえば、【史料⑩】では、関東申次の西園寺家に対して、将軍の「鎌倉二位中将殿」(源惟康)の意向であると強調している。このような仰せの主体が明示された書状形式の関東御教書は、第Ⅳ期に約三点を確認することができる。(56) 第Ⅳ期といえば、裁許型の関東下知状において、源惟康に「鎌倉殿」という呼称を用いた時期である。裁許型の関東下知状と公家宛の関東御教書は、仰せの主体を「鎌倉殿」と表現する点では共通する様式だった。ただし、裁許型の関東下知状が「鎌倉殿」だったのに対して、公家宛の関東御教書は「鎌倉二位中将殿」と位階・官職まで明記している。朝廷の関係者に宛てた関東御教書では、将軍の地位を貴族社会の身分秩序によって表現していたのである。

このように、将軍の位階・官職を明示する幕府文書は、御家人を対象とした関東下知状ではなく、公家を充所とした関東御教書だった。また、実例こそ確認できないが、惟康が右近衛大将に在職していた期間には、頼朝を髣髴させる「鎌倉右大将」家の関東御教書が発給されたと想定されている。(57) つまり、裁許型の関東下知状が「鎌倉殿」だったのに対して、公家宛の関東御教書では「鎌倉右大将殿」と明記していたことになる。この点から推せば、源惟康を右近衛大将に昇進させる方針は、将軍の権威を御家人に誇示することよりも、むしろ頼朝の先例を公家に意識させることを意図していたのではないだろうか。(58) 公家に宛てた関東御教書は、朝廷に向けて発信された幕府の自己認識を探究する意味でも、重要な意義がある史料といえるだろう。

これまで関東御教書は、時限的な効力しか持たない文書と認識されており、将軍家政所下文や関東下知状と比べると、十分に研究が進められてこなかった。しかし、幕府と朝廷との接点で機能した様式であり、公武関係を考える場合にも不可欠な幕府文書として、今後は積極的に検討を深めていく必要があるだろう(59)。

二　北条時宗の得宗文書

（一）　北条時宗の得宗書下

得宗書下は、北条氏の当主が直状形式で発給した得宗文書である(60)。書止文言は「状如件」で、得宗の人物が単独で署判する様式だった。得宗文書として、もっとも重視された様式は得宗下文だったが、時宗の時期に発給されたものは確認できない。それに準ずる格式の文書様式として、時宗の時期には得宗書下が使用されたと考えられる。時宗による得宗書下としては、第Ⅰ～Ⅳ期に発給された四点が確認できる。

以下に掲げたのは、第Ⅰ期に時宗が発給した得宗書下として、もっとも早い時期のものである。

【史料⑪】　北条時宗書下写(61)

坂路八郎光信法師(法名行円)与同大炊助光行法師(法名光蓮)相論陸奥国石河庄蒲田村事

右、対決之処、両方申詞枝葉雖多、所詮、(中略)然則、任極楽寺殿御下知状、於蒲田村者、光蓮之領知、不可有相違之状如件、

文永二年八月廿三日　　　　平(北条時宗)（花押影）

文永二年（一二六五）八月、陸奥国石河荘蒲田村（福島県東白川郡古殿町）をめぐる相論で、坂路光信の主張を退けて、坂路光行の領知を認めた文書である。発給者は平姓の人物で、花押の形状から時宗だったことが確認できる。ただし、幕府文書であれば、執権の政村との連名で発給されたはずだが、連署の時宗だけが単独で署判している。また、すでに時宗は相模守に任じられてい

たが、そうした官途も用いずに姓のみで署名している。これは、幕府や朝廷といった政治的秩序の埒外で、家政の一環として発給した得宗文書だったことの現れだろう。このとき時宗は十五歳だったが、父の時頼は二年前に没しており、北条氏の当主である得宗として歩み始めていた。書出文言の事書をみると、甲与乙相論型と一致しており、事実書でも双方の対決が行われているので、時宗が裁許状として発給したことは間違いない。得宗文書である点を踏まえれば、この相論が行われた法廷の場は、得宗家の公文所とみるべきだろう。書止文言は「状如件」であり、時宗の書下として発給されたことがわかる。こうした得宗領や得宗被官に関する相論では、裁許状として直状形式の得宗書下が使用されたのである。

また、得宗書下は、いわゆる御内法にも用いられた。御内法とは、得宗が自身の家の規定として制定した法令のことである(62)。御内人（得宗被官）を主要な対象としており、御家人が対象の幕府法とは明確に区別される。以下に掲げたのは、第Ⅳ期に時宗が発給した得宗書下であり、得宗家が定めた御内法として、もっとも早い時期のものである。

【史料⑫】北条時宗書下写(63)

御判有之、

一　恒例臨時公事間事、（御内）或就政所、或定頭人、被仰下之処、給主并寄子等、称令対捍、不遣其道之条、無謂、然者、頭人并政所先致沙汰、可注申子細、寄子并給主等、背彼催促、致自由対捍者、随公事之体、可被付寄子所帯於頭人、次政所経公用事、於別納之地者、可被落例郷、至例郷者、可付政所、但以不実於注申者、政所・頭人可有其咎之状如件、

弘安六年四月　日

弘安六年（一二八三）四月、恒例・臨時の公事について、政所―給主か、頭人―寄子という二通りの方式で賦課することを命じた文書である。一見すると御家人役の徴収に関する幕府法だが、事書に「御内」という注記があるので、得宗被官を対象とした規定とみるべきだろう。また、袖書に「御判有之」とあるので、時宗の花押が据えられていたと推定される。したがって、この法令は、御家人を対象とする幕府の追加法ではなく、時宗が袖判で保証した得宗家の御内法である(64)。書止文言は「状如件」であり、時宗の書下として発給されている(65)。こうした得宗領や得宗被官に対する御内法の制定にも、直状形式の得宗書下が使用されたのである。

得宗書下は、得宗が単独で署名する直状形式の文書であり、永続的な効力が期待される文書だった。第Ⅰ期の段階では、得宗家の相論に対する裁許状として、得宗書下の様式が使用された。また、第Ⅳ期には、得宗家が制定した御内法にも使用された。御内法の初見は、時宗が発給した【史料⑫】の得宗書下であり、息子の貞時の時期から本格的に運用された(66)。試みに、『中世法制史料集』から御内法を抽出すると、弘安七年（一二八四）八月の第五六一条(67)、弘安九年（一二八六）の第六〇六条(68)、弘安年間（一二七八―一二八八）の第六一三条(69)などが挙げられる。大半は貞時が制定した御内法だが、基本的には得宗が袖判で保証しており、時宗の方式を踏襲していた可能性が高いだろう。こうした御内法の傾向をみると、得宗領や得宗被官を統制する制度的な枠組みが、時宗の時期を起点として整備されていったことが確かめられる(70)。

このように、得宗書下は、裁許や法令などに利用された様式であり、後日の保証としても機能する文書だったのである。

（2）北条時宗の得宗袖判執事奉書

得宗袖判執事奉書は、得宗被官の有力者が主人の意を奉じて発給した得宗文書である(71)。書止文言は「仍執達如件」で、得宗被官の代表者が単独で署判して、袖には得宗の人物が花押を据える様式だった。得宗下文や得宗書下に準ずる重要な格式を備えており、得宗家公文所の発給文書では、もっとも初期から長期にわたって使用されたという。得宗袖判執事奉書の奉者は、しばしば得宗家公文所の長官（内管領）が担当しており、彼らは同時代には執事と呼ばれていた。時宗の時期には、平頼綱や佐藤業連が奉者を務めていた。業連は得宗家に仕えた文筆官僚だが、頼綱は得宗家の執事として活躍した人物である。時宗による得宗袖判執事奉書としては、第Ⅳ期に発給された三点が確認できる。

【史料⑬】　北条時宗袖判執事奉書案(72)

（北条時宗）
在御判

諸国田文事、御教書案如此、早任被仰下之旨、若狭国分可令注進給、仍執達如件、

文永九年十一月三日　　左衛門尉頼綱（平）

渋谷十郎（経重）殿

文永九年（一二七二）十一月、諸国に大田文の注進を命じる関東御教書を、若狭国の守護代に伝達した文書である。発給者の頼綱は、この史料が得宗家の執事としての初見であり、得宗被官の筆頭として権勢を拡大させた。(73)また、時宗の袖判があったと推定されるので、得宗の意を受けて発給されたことは確実だろう。なお、充所である渋谷十郎は、文永十年（一二七三）二月二十日の施行状などによって、若狭国の守護代だった渋谷経重だったことが確認できる。(74)渋谷氏は、得宗被官として顕著な活動がみられる一族である。(75)書止文言は「仍執達如件」で、奉書の様式を備えているので、得宗家の執事だった頼綱が、時宗の意を奉じた得宗袖判執事奉書だったと判断できる。なお、こうした田文の調進は、諸国の守護が現地に施行する職務の一環であり、(76)若狭国は時宗が守護職を相伝する得宗分国の一つだった。(77)このように、幕府の命令が得宗分国に通知される場合、得宗袖判執事奉書を使用して、守護代の人物に伝達されたのである。

【史料⑭】北条時宗袖判執事奉書(78)

（北条時宗）
（花押）

円覚寺斎料潤月米百石、可沙汰進之由、被仰下候也、仍執達如件、

弘安七年三月廿六日　　　　頼綱（平）奉

得重公文所

弘安七年（一二八四）三月、円覚寺の斎料を進めることを、尾張国春日部郡の得重保（愛知県名古屋市）の公文所に命じた文書である。得宗家の執事だった頼綱が奉者となって、時宗が袖判を据えており、得宗の意を受けて発給されたことは間違いない。書止文言は「仍執達如件」で、奉書の様式を備えているので、得宗家の執事だった頼綱が、時宗の意を奉じた得宗袖判執事奉書だったと判断できる。円覚寺は、弘安五年（一二八二）に時宗が創建した寺院であり、こうした得宗家と関係が深い寺社の沙汰にも、得宗袖判執事奉書が使用されたのである。

得宗袖判執事奉書は、得宗家公文所の執事が発給した文書だったが、得宗が袖判を据えて保証しており、後日にも効力を発揮する文書だった。その内容は、得宗の代替安堵・得宗被官の代替安堵・得宗領や得宗分国の支配・所領の寄進・訴訟の判決・得

宗領の過所など、得宗領の支配に関する大半の事項に及んでいたという。[79] こうした得宗領や得宗分国に対する指示は、得宗袖判執事奉書を用いて、現地に施行されたのである。

しかし、得宗家袖判執事奉書は、時宗の第Ⅳ期までは頻繁に発給されていたが、それ以降には使用の機会が減少して、永続的な効力を期待される重要な案件だけに限定されていった。こうして、得宗家執事奉書が持っていた機能は、大部分が得宗公文所奉書などに移行していったのである。[80]

(3)　北条時宗の得宗家公文所奉書

得宗家公文所奉書は、得宗家公文所の奉行人が主人の意を奉じて発給した得宗文書である。[81] 書止文言は「仍執達如件」で、日下に複数の奉行人が連署する様式だった。その基本的な様式は、関東御教書と似通っており、幕府文書の影響が感じられる。得宗家公文所奉書の奉者を務めたのは、得宗家公文所に組織された得宗被官である。時宗による得宗公文所奉書としては、第Ⅳ期に発給された十点が確認できる。

【史料⑮】 得宗家公文所奉書[82]

(端裏書)「本堂供養奉加御書下正文也、」

新田方分各別被成下知了、可被存其旨候也、

来三月多田院本堂可被遂供養之旨、所有其沙汰也、僧膳料能米参拾石(廿石本田、十石新田、已庄斗定、)募去々年所当内、可令沙汰入寺家、且又堂荘厳・庭掃除・仮屋雑菜以下事、不謂別納・請所、支配給主・御家人等、奉行人今吉左衛門入道相共、可令致沙汰、更不可有緩怠之旨、所候也、仍執達如件、

弘安四年二月八日

田部(花押)

沙弥(花押)

(長崎時綱)
左兵衛尉(花押)

多田庄両政所

弘安四年（一二八一）二月、摂津国河辺郡（兵庫県川西市）の多田院の御堂供養について、多田荘の両政所に遂行することを命じた文書である。(83)長崎時綱を始めとする三人の奉行人が連署しており、いずれも得宗家公文所の職員として勤仕する得宗被官だった。多田荘の政所は、本田政所と新田政所に分かれていたが、両政所が協力して供養に当たることを指示している。書止文言は「仍執達如件」で、「所候也」という奉書文言もあるので、時宗の意を奉じて発給されたことは明らかだろう。多田荘は得宗領として著名な荘園であり、得宗である時宗は、得宗領の政所に対して、給主らに公事を賦課することを命じた。(84)これは、【史料⑫】の御内法で制定された政所―給主という支配方式とも合致している。御内法で規定された得宗領の体制は、すでに多田荘などで先行的に施行されていたらしい。こうした得宗領の寺社に対する命令には、得宗家公文所奉書が使用されたのである。

【史料⑯】得宗家公文所奉書案(85)

異賊降伏御祈事、御教書案文如此、於当国中寺□（社）、付顕蜜（密）、可致祈請之由、可被相触別当・神主等、且御祈之次第、可被進注文候、仍執達如件、

弘安七年正月四日

（佐藤業連）加賀権守在御判

（諏訪盛経）沙　弥在御判

（平頼綱）左衛門尉在御判

若狭国守護御代官殿

弘安七年（一二八四）正月、異国降伏の御祈を命じる関東御教書を、若狭国の守護代に伝達した文書である。(86)頼綱を始めとする三人の奉行人は、いずれも時宗に仕える得宗被官だった。また、充所である若狭国の守護代は、同年正月六日の施行状などによって、鎌倉に滞在していた渋谷経重だったと考えられる。(87)書止文言は「仍執達如件」で、奉書の様式を備えているので、得宗家公文所の奉行人が、時宗の意を奉じた得宗家公文所奉書だったと判断できる。なお、こうした異国降伏の祈祷指令は、諸国の守護が現地に施行する職務の一環だった。(88)このように、幕府の命令が得宗分国に通知される場合、得宗家公文所奉書を使用して、守護代の人物に伝達されたのである。

得宗家公文所奉書は、関東御教書に類似した様式であり、幕府文書の影響を受けて創出されたと推定される。得宗家公文所奉

書は、得宗領や得宗分国の支配・所領の寄進・訴訟の手続き・訴訟の判決など、主として得宗領の支配に関して発給された。[89]時宗の得宗家公文所奉書は、得宗領や得宗分国の支配などに使用されたが、得宗権力の発展を象徴する事例としては、幕府の命令を得宗分国に通知した文書様式が注目される。すなわち、【史料⑬】では得宗袖判執事奉書だったが、【史料⑮】では得宗家公文所奉書に変化している。得宗からの指示が、得宗被官を通じて守護代に伝達される点では、両者とも共通した方式だが、奉者が単数の得宗袖判執事奉書から、奉者が複数の得宗家公文所奉書に転換したことになる。これは、得宗家公文所の奉行人が増員されたことで、多数の奉行人が関与する連署奉書が、使用範囲を拡大させたことを意味するのだろう。

こうして、得宗家公文所奉書は、得宗家執事奉書から多くの機能を吸収して、第Ⅳ期から中心的な役割を果たす得宗文書として利用されるようになったのである。

（4）北条時宗の得宗家公文所下知状

得宗家公文所下知状は、得宗家公文所の奉行人が主人の意を奉じて発給した得宗文書である。[90]書出文言には、全体の要旨を示した事書があり、書止文言は「依仰、下知如件」となるのが通例である。日付と別行に複数の奉行人が署判して、形式上の充所は記載されない。こうした基本的な文書様式は、関東下知状と同一であり、幕府文書の影響が強く感じられる。得宗家公文所下知状の奉者を務めたのは、得宗家公文所に組織された得宗被官である。時宗による得宗家公文所下知状としては、第Ⅳ期に発給された約二点が確認できる。

【史料⑰】　得宗家公文所下知状[91]

摂津国多田院造営条々

一　荒神祭事

右、先募所当之上分、宜潔祭祀之中精蘋蘩之礼、敢勿緩怠矣、

一　鎮守社事

右、六所之和光者、一庄之鎮守也、而玉殿漸傾、紅扉已斜云々、如前段、早募所当、任本跡、可令造替也、

一　本堂造営事

右、桧皮雨漏、蓮眼露冷、朽損之趣、従斯而始云々、寺之長久不如瓦葺者歟、早改桧皮、可用土瓦矣、

一　材木大小事

右、梁柱以下材木分際、各止今案、可守旧儀也、

一　杣採材木用捨事

右、偏不顧庄内之大営、強莫嫌山中之不材、但勧進聖恒念并政所令相談、惣奉行可有沙汰也、次材木出人夫事、先令採置材木之後、注申分限之時、可有沙汰也、

一　祭造営以下日時事

右、聖一向所申行也、尋問陰陽師、聖可相計之、

一　造営程聖居所事

右、別当并政所以寺内便宜所、早可令計宛也、

一　寺僧可与于聖事

右、寺社小破之時者、寺務以下且加修理、及大破者、頻可注申之処、無音歴年序之条、為法為世是非如何、所詮寺僧相共、可励造営也、

一　寄進御年貢事

右、寺庫納済物、同交分者、本堂造営之程、一向可為寺用也、次於政所納本所御年貢并真如堂寄進及庄立用米以下事者、如前々、可為政所沙汰也、

一　給主等田畠得分事

右、地子并交分内、各半分者、任前御下知状、可加納寺用也、

一　秋畠以下所出物等事

右、任正元々年九月十九日御下知之員数、代銭参拾弐貫弐佰文可納寺庫也、不被載彼御下知之雑物等者、近年不備公物之間、当時不及沙汰矣、

一　在庄御家人給田畠得分事

右、尫弱分限、仮令過分壱町余、継煙之構此外無憑方云々、早以憐愍之儀、可免除彼輩（加土左・熊野・栗原庄定）者也、

一　惣奉行事

右、聖・政所以下有難計之事者、雖須申関東、為遼遠之間、可延引之上、定有其煩歟、然者可随安東平右衛門入道（蓮聖）之成敗也、

以前条々、聖・政所以下早存知此趣、各早速可励造営之状、依仰、下知如件、

文永十年四月廿四日

左近衛将監藤原（花押）

沙　弥（花押）

左兵衛尉平（花押）（長崎時綱）

沙　弥　労（尾藤景氏）

文永十年（一二七三）四月、摂津国河辺郡（兵庫県川西市）の多田院の造営について、全十三条で構成された詳細な方針を示して、勧進聖と多田荘の政所に伝達した文書である。書出文言は「摂津国多田院造営条々」であり、得宗領の寺社支配に関する規定となっている。また、書止文言は「依仰、下知如件」であり、時宗の「仰」を奉じて発給されたと考えられる。奉者は、得宗家公文所の奉行人であり、長崎時綱を含めた得宗被官が署判していた。多田院は、源氏の宗廟として崇敬を集めた寺院だが、承久の乱以降、多田荘が北条氏の支配する得宗領に転化したことで、多田院にも得宗の影響力が及んでいった。(92) このように、得宗領の所領支配に関する重要な文書として、得宗家公文所下知状が使用されたのである。

その他にも、得宗家公文所下知状だった可能性がある文書として、『新編追加』等に採録された第Ⅳ期の文書が挙げられる。

【史料⑱】　得宗家公文所下知状写(93)

一　石（岩）原左衛門五郎高家与鎌倉住人慈心相論腹巻事

右、訴陳之趣、枝葉雖多、所詮、以件腹巻、令入置無尽銭質物之処、慈心抑留之由、高家雖申之、一倍已後、経訴訟之間、非沙汰之限矣者、依仰、下知如件、

弘安二年十一月卅日

平判

散位藤原朝臣判

沙弥判

弘安二年（一二七九）十一月、石原高家が質入れした腹巻をめぐる相論で、高家の主張を退けて、鎌倉住人の慈心の主張を認めた文書である。書出文言の事書は、甲与乙相論型と一致しており、事実書でも訴人と論人が争っているので、裁許状として発給されたことは間違いない。また、書止文言は「依仰、下知如件」で、関東下知状や得宗家公文所下知状と符合している。(94)従来は、この「仰」を将軍家の仰せと解しており、『鎌倉遺文』は将軍家政所下知状と名付けている。しかし、将軍家政所が発給した下知状という様式は、鎌倉期を通して類例が一切存在しない。そもそも下知状は、将軍家の下文から派生して、執権の北条氏が確立した文書と考えられており、(95)将軍家による下知状という様式は、こうした通説に馴染まない異質な存在といえる。さらに、「平」「散位藤原朝臣」「沙弥」という奉行人が、源惟康の将軍家政所に属していたという確証が得られない。それに対して、得宗家公文所であれば、同時期に共通する姓や通称を持った奉行人が散見している。たとえば、「平」は長崎氏、「散位藤原朝臣」は尾藤氏の一族とみれば、得宗家公文所が発給した得宗文書だったと判断できるだろう。(96)また、訴人である石（岩）原高家は、北条泰時の奉行を務めた岩原氏の子孫とみられるので、時宗に仕える被官だった可能性が高い。(97)したがって、この文書は、鎌倉で得宗被官が訴えた雑務沙汰について、時宗が裁定した得宗家公文所下知状だったと考えられる。このように、得宗被官が関わる相論の裁許状にも、得宗家公文所下知状が使用されたのである。

得宗家公文所下知状は、関東下知状に類似した様式であり、幕府文書の影響を受けて成立したと考えられる。関東下知状が永続的な効力を期待されたように、得宗家公文所下知状もまた、得宗領や得宗被官に対して、同様の効力を発揮したと思われる。時宗の得宗家公文所下知状は、寺社の支配や訴訟の判決などに使用されたが、得宗権力の発展を象徴する事例としては、得宗家の相論を裁許した文書様式が注目される。すなわち、第Ⅰ期の【史料⑪】では得宗書下だったが、第Ⅳ期の【史料⑱】では得宗家公文所下知状に変化している。得宗被官に関する相論の裁許状という点では、両者とも共通しているが、得宗が単独で署判する得宗書下から、複数の奉者が署判する得宗家公文所下知状に転換したことになる。これは、得宗家公文所の機構が整備されたことで、多数の奉行人が関与する裁許状が使用されたことを意味するのだろう。

得宗家公文所下知状は、時宗の第Ⅳ期に初めて登場する文書なので、幕府文書の関東下知状を参考にしながら、時宗が定着させた様式だったと考えられる。幕府文書から得宗文書が創出された事実は、北条氏の政治的な立場が、執権から得宗に移行した動きと軌を一にしている。このように、得宗家公文所下知状には、得宗の権力が強化されていく過程が如実に示されていたのである。

三　北条時宗の私的文書

（1）北条時宗の書状

書状は、私人として意思を伝達するために発給した文書である。[98]後日の効力を必要としない限時的な文書であり、当事者の間で意味が通じれば十分なので、年号などの記載を省略したり、簡略な記述で済ませたりする場合が少なくなかった。書止文言は、「恐々謹言」「恐惶謹言」「あなかしこ」「あなかしく」などを使用するのが通例である。ただし、こうした書状形式を備えた文書でも、奉書文言がある場合には、将軍の仰せを受けた関東御教書として分類されるので注意を要する。そこで、こうした幕府文書を除外して、時宗が私人として発給したと推定される書状を探っていきたい。

最初に掲げるのは、時宗の書状として、しばしば言及される著名な一通である。

【史料⑲】　北条時宗書状[99]

時宗留意宗乗、積有年序、建営梵苑、安止緇流、但時宗毎憶、樹有其根、水有其源、是以欲請宋朝名勝、助行此道、煩　詮・英二兄、莫憚鯨波険阻、誘引俊傑禅伯、帰来本国、為望而已、不宣、

弘安元年戊寅十二月廿三日　　時宗（北条）「和南」（異筆）

詮蔵主禅師

英典座禅師

弘安元年（一二七八）十二月、中国の南宋から禅僧を日本に招請するに当たって、現地に派遣する無及徳詮と傑翁宗英に宛てた文書である。[100]書止文言の「不宣」は、書状の末尾に使われる語であり、中国では対等な個人間に用いられたという。署名の下に添えられた「和南」の二字は、本文とは異なる筆跡で書かれており、時宗の自筆だった可能性が高いと考えられる。また、充

所に記された二人の使僧は、鎌倉に臨済宗を広めた蘭渓道隆の弟子である。蘭渓道隆は、同年七月に建長寺で没したが、こうして時宗の命で渡宋した弟子の尽力によって、弘安二年（一二七九）六月、無学祖元の来日が実現することになった。このような背景を持った本文書は、対句法などの技巧を凝らした漢文で書かれており、時宗が帰依した禅宗の影響が全体に感じられる。この時宗の書状は、禅宗に精神的な拠り所を求める時宗の心情が映し出された史料といえるだろう。

次に掲げるのは、鎌倉に招請された無学祖元に関連するもので、やはり禅宗の影響を受けて発給された書状である。

【史料⑳】　北条時宗書状(101)

以円覚禅寺、申成
将軍家（源惟康）御祈祷所候、仍御教書進之、食輪已転、法輪常転、必及竜葩之期、感悦之至、不知所謝、委細期面拝、恐惶謹言、
（弘安六年）七月十八日　　時宗（北条）
円覚禅寺方丈（無学祖元）侍者

弘安六年（一二八三）七月、円覚寺を関東祈祷所に認定した「御教書」を進上した上で、円覚寺の興隆を祈念する漢文の文言を添えて、無学祖元に宛てた文書である。書止文言は「恐惶謹言」であり、奉書文言も含まれないので、時宗の書状として分類してよいだろう。この書状が発給される契機となった「御教書」とは、連署の北条業時が発給した関東下知状を指している。(102)その関東下知状によれば、時宗の申請を受けて、円覚寺を関東祈祷所と定めた上で、尾張国富田荘・尾張国富吉加納・上総国畔蒜南荘などを寄進したという。時宗の書状は、こうした幕府文書の副状として円覚寺に伝来したのであり、その意味では政治的な色彩が濃厚な文書といってよい。なお、円覚寺文書目録には、この書状が「法光寺殿（北条時宗）御自筆御書」と記載されており、(103)時宗の自筆だった可能性が指摘されている。(104)時宗の書状は、時宗の筆跡を知る上でも欠かせない史料といえるだろう。

最後に掲げるのは、執権や得宗などの政治的な立場とは関係なく、純然たる私的文書として発給されたと考えられる書状である。

【史料㉑】　北条時宗書状(105)

昨日者沈酔過法了、御辺如何、今日者、引上候之由、承候、目出候、助殿光臨之由承候、実事候、御同道候乎、兼又召〔占〕文二

通進之候、事々期面候也、
「□□」十月廿四日　時宗(北条)
備前太郎殿

昨日は深酔いしたと述べた上で、相手の具合や今日の動静を確認したり、「助殿」が来訪する件を了承したりして、「備前太郎」に宛てた文書である。(106)書止文言は「事々期面候也」とあるが、時宗の書状と判断して問題ないだろう。ただし、当事者のみで了解される内容で、年代や人名などの情報も不分明であり、前後の状況を正確に把握するのが難しい。書状に登場する関係者をみると、「助殿」は右馬助や掃部助などの略称であり、(107)「備前太郎」は備前守を父祖とする人物と考えられるので、(108)いずれも北条氏の一族だった可能性が高いだろう。時宗は、蒙古襲来への対応で神経を磨り減らして、三十四歳で早世したと評されるが、この書状からは、気心の知れた一門の人々と宴会に興じて、大いに酩酊するような一面が垣間みられる。時宗は、こうした酒席で歓談している時、緊張に満ちた政務から解放されたのではないか。また、右筆に依頼して執筆させるような案件でもないので、時宗の自筆だった可能性は十分にあるだろう。(109)今後、年代や人名などの解明が進めば、時宗の私的な姿が浮かび上がる史料として利用できるはずである。

おわりに

本稿では、北条時宗の発給文書を検討することで、その活動の実態について考察してきた。時宗が残した文書は、(一)幕府文書・(二)得宗文書・(三)私的文書という三区分に大別されるが、それぞれの様式や機能などの変遷によって、時宗や将軍の政治的な立場を確認することができた。

(一)幕府文書として、時宗は将軍家政所下文・関東下知状・関東御教書などを発給した。将軍家政所下文は、御家人の嫡子に対する譲与安堵に優先的に使用されており、時宗は源氏将軍を中核とする御家人社会の統制や秩序化を図っていた。関東下知状は、裁許型と安堵型に大別されるが、裁許型に明示された仰せの主体をみると、宗尊親王の「将軍家」から惟康王の「鎌倉殿」に変化しており、源惟康を頼朝に見立てて源氏を賜姓させる時宗の方針が表現されていた。関東御教書は、将軍の位階・官職を公家に向けて明示しており、源惟康を右大将に昇進させて頼朝の官途を再現する目的が、朝廷に対する政治的な主張だった可能性が指摘できた。このように、時宗は、将軍権力を掣肘する存在ではなく、むしろ自身の権力の根源として、積極的に権威の強化を図っていた形跡がある。(110)蒙古襲来の前後は、様々な社会問題が噴出して政治的な課題が山積していたが、時宗は将軍権力を再興することで、御家人社会や執権の基盤を安定化させて、幕府の円滑な運営を図ったと推察されるのである。

（二）得宗文書として、時宗は得宗書下・得宗袖判執事奉書・得宗家公文所奉書・得宗家公文所下知状などを発給した。こうした得宗文書は、得宗の関係者を主要な対象としており、得宗家の所領や被官が増加するのに伴って、発給の機会を飛躍的に拡大させたと考えられる。時宗の時期に限っても、得宗文書の変遷には得宗権力の成長が端的に示されていた。たとえば、得宗家の裁許状は、得宗書下から得宗家公文所下知状に転換しており、守護分国への施行状も、得宗袖判執事奉書から得宗家公文所奉書に変更された。このように、発給者が単独の文書から複数の文書に移行したのは、公文所の奉行人の増員などを背景にして、得宗家の文書様式が改定された結果と考えられる。また時宗は、得宗領の支配などに関わる御内法も制定していた。このように時宗は、家政機関の整備・発給文書の再編・御内法の制定などに着手しており、得宗権力が一つの頂点に達した時期だったと評価できる。こうした時宗による一連の政策には、それ以降の世代に踏襲されたものが少なくなかった。たとえば、御内法や得宗家公文所下知状などは、時宗が定めた形式を規範として、息子の貞時に継承されていった。貞時による家政は、時宗が整備した体制の延長上に展開したのである。時宗の政治的な立場を、執権でなく得宗と考える認識は、貞時の時期に形成されたというが、(111)それは貞時の活動を支える基盤が、時宗の時期に構築された事実を前提にしていたのである。

（三）私的文書として、時宗は請文・巻数請取・書状などを発給した。時宗の書状は、現存する点数こそ多くないが、その人柄や筆跡などを推察する上でも重要な史料といえる。北条氏一門の書状といえば、金沢氏が残した膨大な書状群が知られるが、これは文書の紙背が称名寺で聖教の書写などに利用されて、金沢文庫の蔵書として伝存したという特殊な事情によるもので、(112)必ずしも金沢氏だけが突出して多くの書状を発給したわけではないだろう。時宗も、幕府の要職を占める北条氏の嫡流という立場上、各方面の人々と交流する機会があったはずで、相当数の書状を交わしていたことは容易に想像される。しかし、そうした書状の多くは、用件が終われば保管する必要性が失われるので、大部分が廃棄されて、現在に伝わらなかったのだろう。時宗の私的文書を掘り起こして、私人としての姿を明らかにする作業は、今後に残された課題といえるだろう。

以上のように、時宗の発給文書には、幕府政治を主導する執権として、また北条家一門を代表する得宗として、鎌倉を舞台に活動した実態が表れていた。時宗の人物像については、安達泰盛や平頼綱に政治的な実権を奪われて、主体性を発揮できない存在だったと説明されることもある。しかし、そうした傀儡的な評価には再考の余地があるのではないだろうか。時宗の幕府文書をみると、まさしく執権に就任した時点から、惟康王に鎌倉殿という呼称を付与しており、政所の別当に就任して、源惟康の政所を設置して家政を始動させると、将軍家政所下文を御家人統制の根幹に位置づけている。こうした政策には、時宗の執権としての意向が直接的に表れていたと解釈できる。また、時宗の得宗文書をみても、公文所の整備や御内法の制定など、後世の規範となるような施策を積極的に打ち出している。このような幕府文書と得宗文書の双方で実現した画期性を、すべて泰盛や頼綱らの功績に帰するのは、発給文書の実態から乖離した意見といわなければならないだろう。時宗は、むしろ泰盛や頼綱らの力を結集して、執権や得宗として指導力を発揮することで、鎌倉期の政治史に大きな足跡を残した人物だったと考えられるのである。

註

（1）北条時宗の研究としては、川添昭二『北条時宗』（吉川弘文館、二〇〇一年）、村井章介『北条時宗と蒙古襲来 時代・世界・個人を読む』（日本放送出版協会、二〇〇一年）、秋山哲雄『北条氏権力と都市鎌倉』（吉川弘文館、二〇〇六年）、細川重男『鎌倉北条氏の神話と歴史——権威と権力——』（日本史史料研究会、二〇〇七年）、北条氏研究会編『北条時宗の時代』（八木書店、二〇〇八年）、森幸夫『北条重時』（吉川弘文館、二〇〇九年）、渡邊晴美『鎌倉幕府北条氏一門の研究』（汲古書院、二〇一五年）などを参照した。

（2）時宗の発給文書の三区分については、川添昭二「北条時宗文書の考察——請文・巻数請取・書状——」（『鎌倉遺文研究』第二号、一九九八年）の分類に準拠した。

（3）時宗の発給文書に関わる研究としては、佐藤進一『［新版］古文書学入門』（法政大学出版局、一九九七年）、近藤成一「文書様式にみる鎌倉幕府権力の転回——下文の変質——」（同『鎌倉時代政治構造の研究』校倉書房、二〇一六年、初出一九八一年）、青山幹哉「「御恩」授給文書様式にみる鎌倉幕府権力——下文と下知状——」（『古文書研究』第二五号、一九八六年）、佐藤秀成『鎌倉幕府文書行政論』（吉川弘文館、二〇一九年）などが挙げられる。

（4）青山幹哉「鎌倉将軍の三つの姓」（『年報中世史研究』第一三号、一九八八年）、細川重男「右近衛大将源惟康——得宗専制政治の論理——」（同『鎌倉北条氏の神話と歴史——権威と権力——』日本史史料研究会、二〇〇七年）、鈴木由美「鎌倉期の「源氏の嫡流」」（日本史史料研究会監修編『将軍・執権・連署』吉川弘文館、二〇一八年）、岡野友彦『源氏長者 武家政権の系譜』（吉川弘文館、二〇一八年）。ただし、弘安十年（一二八七）六月、源惟康が右近衛大将に任じられた時には、すでに時宗は世を去っていた。

（5）時宗の得宗文書については、細川重男「得宗家公文所と執事」（同『鎌倉政権得宗専制論』吉川弘文館、二〇〇〇年、初出一九九八年）の分類に準拠した。

（6）佐藤進一『日本中世史論集』（岩波書店、一九九〇年）、同『日本の中世国家』（岩波書店、一九八三年）。

（7）下村周太郎「鎌倉幕府不易法と将軍・執権・得宗」（『日本歴史』第七三二号、二〇〇九年）。
（8）時宗の私的文書については、註（2）前掲論文の分類に準拠した。
（9）高橋一樹「関東御教書の様式について」（『鎌倉遺文研究』第八号、二〇〇一年）。
（10）第Ⅰ期に連署に就任する以前、文応元年（一二六〇）二月から文永元年（一二六四）八月には、時宗は小侍所に所属して、別当の金沢実時と協働していた。『吾妻鏡』には二点の実時・時宗による連署状が記録されており、時宗が発給した最初期の幕府文書として貴重である。
（11）時宗の政治的な立場に関わる問題として、時宗が文永元年（一二六四）に就任したのは連署でなく執権であり、文永五年（一二六八）に連署から執権に交代した事実もなかったとする説がある。これは本稿の時期区分を左右する重大な論点なので、その当否について検証しておきたい。この説の論拠は、①文永元年から関東御教書等で時宗が第一署判者なので時宗は最初から執権に就任していた、②文永五年にも署判の順序に変化はないので連署から執権に交代したことは証明できない、という二点にあるらしい。しかし、この解釈には二重の意味で問題がある。まず、古文書に署判する序列は、日付に近い袖（右側）が下位で、奥（左側）を上位とするのが通例である。文永元年から袖に署判している時宗は第二署判者であり、奥に署判する政村こそ第一署判者とみなければならない。したがって、時宗が第一署判者＝執権だったとする①の説は誤りである。次に、古文書に署判する順序は、たとえ幕府文書であっても、位階の上下に従って自動的に決定された。政村が文永元年には従四位下だったのに対して、時宗は最終的に正五位下で没しており、政村の位階を追い抜くことは生涯なかった。つまり、時宗が執権に就任して、連署の政村を越えたとしても、位階で劣っている限り、政村より上位に署判することはできなかったのである。したがって、文永五年に署判の順序が変化しないのは当然であり、署判の位置から執権の交代を論じる②の説は成り立たない。このように、時宗が連署・執権に就任した時期について、現時点では通説を変更する必要性は認められない。従来通り、文永元年に連署に就任して、文永五年に執権に交代したという前提で、時宗の発給文書を分析することにしたい。石井清文「『関東御教書』等にみる北条時宗の執権就任時期について」（『政治経済史学』第五七四号、二〇一四年）参照。
（12）多賀宗隼『鎌倉時代の思想と文化』（目黒書店、一九四六年）、石井進「霜月騒動おぼえがき」（同『石井進著作集』第四巻、岩波書店、二〇〇四年、初出一九七三年）、網野善彦『蒙古襲来』（小学館、一九七四年）、村井章介「安達泰盛の政治的立場」（同『中世の国家と在地社会』校倉書房、二〇〇五年、初出一九八八年）、細川重男『鎌倉政権得宗専制論』（吉川弘文館、二〇〇〇年）、福島金治『安達泰盛と鎌倉幕府――霜月騒動とその周辺――』（有隣堂、二〇〇六年）、北条氏研究会編『北条時宗の時代』（八木書店、二〇〇八年）等。
（13）佐藤進一『［新版］古文書学入門』（法政大学出版局、一九九七年）。
（14）近藤成一「文書様式にみる鎌倉幕府権力の転回――下文の変質――」（同『鎌倉時代政治構造の研究』校倉書房、二〇一六年、初出一九八一年）。
（15）佐藤進一『［新版］古文書学入門』（法政大学出版局、一九九七年）。
（16）文永二年（一二六五）五月二十五日将軍〈宗尊親王〉家政所下文（「市河文書」、『鎌倉遺文』一三巻九二九三号）。
（17）文永二年（一二六五）閏四月十八日関東下知状（「市河文書」、『鎌倉遺文』一三巻九二八五号）。

(18) 青山幹哉「「御恩」授給文書様式にみる鎌倉幕府権力――下文と下知状――」(『古文書研究』第二五号、一九八六年)。
(19) 文永八年(一二七一)十二月二十二日将軍〈源惟康〉家政所下文(「碩田叢史平林家古文書」、『鎌倉遺文』一四巻一〇九四三号)。
(20) 文永八年(一二七一)十二月二十二日関東下知状案(「碩田叢史平林家古文書」、『鎌倉遺文』一四巻一〇九四二号)。
(21) 佐藤進一「幕府論」(『新日本史講座』中央公論社、一九四九年)。
(22) 佐藤秀成『鎌倉幕府文書行政論』(吉川弘文館、二〇一九年)。
(23) 文永八年(一二七一)四月五日将軍〈源惟康〉家政所下文案(「竹内文平氏所蔵御領目録裏文書」、『鎌倉遺文』一四巻一〇八一四号)。これは、第Ⅳ期の将軍家政所下文の初見であり、源惟康の政所が設置された当初には、政所令の二階堂氏も花押を据える方針だったのかもしれない。
(24) 建長八年(一二五六)七月三日将軍〈宗尊親王〉家政所下文(『尊経閣武家手鑑』、『鎌倉遺文』一一巻八〇〇八号)。川島孝一「北条時頼文書概論」(北条氏研究会編『北条時宗の時代』八木書店、二〇〇八年、本書所収)参照。
(25) 註(18)前掲論文。
(26) 弘安十年(一二八七)十月八日将軍家政所下文(「大見水原文書」、『鎌倉遺文』二一巻一六三五五号)、弘安十年(一二八七)十月八日関東下知状(「大見水原文書」、『鎌倉遺文』二一巻一六三五六・一六三五七号)。
(27) 佐藤進一『[新版]古文書学入門』(法政大学出版局、一九九七年)。
(28) 註(14)前掲論文。
(29) 近藤成一「鎌倉幕府裁許状の事書について」(同『鎌倉時代政治構造の研究』校倉書房、二〇一六年、初出一九九八年)。
(30) 黒須智之「「申」型裁許状の再検討」(『日本歴史』第八〇二号、二〇一五年)。
(31) 熊谷隆之「六波羅における裁許と評定」(『史林』第八五巻第六号、二〇〇二年)。
(32) 熊谷隆之「鎌倉幕府の裁許状と安堵状――安堵と裁許のあいだ――」(『立命館文学』第六二四号、二〇一二年)。
(33) 安堵型の関東下知状は、第Ⅰ～Ⅳ期の全時期で継続的に発給されているが、本稿では主要な考察の対象から除外した。
(34) 文永元年(一二六四)十月十日関東下知状(「結城文書」、『鎌倉遺文』一二巻九一六六号)。
(35) 唯一の例外は、「日御碕神社文書」の文永二年(一二六五)四月十二日付の関東下知状で、書止文言が「依鎌倉殿仰、下知如件」となっている。しかし、日御碕神社の検校職や神領を認める安堵状でありながら、裁許型の様式になっているのは不自然である。何より、宗尊親王を「将軍家」でなく「鎌倉殿」と表現しているのは、この文書の信憑性を疑わせるのに十分な根拠となるだろう。文永二年(一二六五)四月十二日関東下知状(「日御碕神社文書」、『鎌倉遺文』一三巻九二六九号)。
(36) 佐藤進一『[新版]古文書学入門』(法政大学出版局、一九九七年)。
(37) その理由については、武家の棟梁的性格が色濃い「鎌倉殿」から、将軍儀礼の遂行が求められる皇族の「将軍家」へと、将軍の立場が変化したことを示していたとする新説もある。関口崇史「非源氏将軍の登場――摂家将軍から親王将軍へ――」(日本史史料研究会監修編『将軍・執権・連署』吉川弘文館、二〇一八年)七一頁。
(38) 文永四年(一二六七)十月二十七日関東下知状(「山内首藤家文書」、『鎌倉遺文』一三巻九七八八号)。
(39) 文永五年(一二六八)六月二十日関東下知状案(「東京大学法学部資料室所蔵文書」、『鎌倉遺文』一三巻一〇二六〇号)。

(40) 建治三年（一二七七）正月日関東下知状（「朽木文書」、『鎌倉遺文』一七巻一二六六〇号）。
(41) 下山忍「極楽寺流における北条義政の政治的立場と出家遁世事件」（北条氏研究会編『北条時宗の時代』八木書店、二〇〇八年）。
(42) 佐藤進一『［新版］古文書学入門』（法政大学出版局、一九九七年）。
(43) 古文書学では、三位相当以上の主人の意を受けた奉書のことを御教書と呼んでいるが、そうした御教書の定義に対して根本的な疑義を呈する説も提起されている。熊谷隆之「御教書・奉書・書下――鎌倉幕府における様式と呼称――」（上横手雅敬編『鎌倉時代の権力と制度』思文閣出版、二〇〇八年）。
(44) 『沙汰未練書』（『中世法制史料集』第二巻室町幕府法、岩波書店、一九五七年）。
(45) 文永六年（一二六九）二月十六日関東御教書（「神田孝平氏所蔵文書」、『鎌倉遺文』一四巻一〇三七八号）。
(46) 文永十一年（一二七四）三月四日関東御教書（「保坂潤治氏所蔵文書」、『鎌倉遺文』一五巻一一五六七号）。
(47) 佐藤秀成『鎌倉幕府文書行政論』（吉川弘文館、二〇一九年）一〇四―一〇五頁。
(48) （文永二年（一二六五）閏四月二十九日関東御教書案（「久我家文書」、『鎌倉遺文』一三巻九二八九号）。
(49) 渡邉正男「関東御教書と得宗書状」（稲葉伸道編『中世の寺社と国家・地域・史料』法藏館、二〇一七年）三九四―三九五頁。
(50) 正嘉元年（一二五七）九月十七日三条局譲状案（「久我家文書」、『鎌倉遺文』一一巻八一五〇号）。岡野友彦『中世久我家と久我家領荘園』（続群書類従完成会、二〇〇二年）一八九頁。
(51) （建治三年（一二七七））七月二十六日関東御教書（「春日神社文書」、『鎌倉遺文』一六巻一二四二九号）。『鎌倉遺文』は、付年号を建治二年（一二七六）としているが、東京大学史料編纂所の影写本「春日神社文書」によって、建治三年（一二七七）に訂正した。本郷和人『中世朝廷訴訟の研究』（東京大学出版会、一九九五年）一二九・一四九頁。
(52) 註（9）前掲論文二六頁。
(53) 西園寺公衡の日記『公衡公記』によれば、西園寺家に「為衡法師」「沙弥観証」「右馬権頭入道」と称する被官が祇候しており、いずれも同一人物を指していたと判断できる。また、弘安二年（一二七九）二月の西園寺実兼御教書写には、奉者の「沙弥観証」に対して「西園寺大納言家祇候人右馬権頭入道」という注記がある。（弘安二年（一二七九））二月四日西園寺実兼御教書写（「弘安二年内宮仮殿遷宮日記」、『鎌倉遺文』一八巻一三四一九号）。
(54) 註（2）前掲論文一七―一八頁。
(55) 註（9）（49）前掲論文。
(56) 残りの二点は、文永九年（一二七二）十二月、東大寺に伝来した「鎌倉二位中将殿御消息候也」という奉書文言の関東御教書で、「東大寺文書」の案文は十二月二十八日付、『東大寺要録』の写は十二月二十六日付となっている。ただし、両者は本文の内容が一致するので、おそらく日付を誤って書写されたもので、もとは一通の正文だった可能性が高いだろう。（文永九年（一二七二））十二月二十八日関東御教書案（「東大寺文書」、『鎌倉遺文』一五巻一一一七〇号）、（文永九年（一二七二））十二月二十六日関東御教書写（『東大寺要録』、『鎌倉遺文』一五巻一一一六六号）。
(57) 細川重男「右近衛大将源惟康――得宗専制政治の論理――」（同『鎌倉北条氏の神話と歴史――権威と権力――』日本史史料研究会、二〇〇七年）一〇二頁。

(58) ただし、御家人に対する将軍家政所下文でも、源惟康が右近衛大将に在職していた期間には、「右大将家政所下」という書出文言を用いたと想定されるので、御家人社会に対して頼朝の先例を意識させる目的があったことも否定できないだろう。しかし、右大将の源惟康による将軍家政所下文も、実例は確認されていない。

(59) こうした問題関心から関東御教書を分析した研究として、佐藤雄基「文書史からみた鎌倉幕府と北条氏——口入という機能からみた関東御教書と得宗書状——」(『日本史研究』第六六七号、二〇一八年)が挙げられる。

(60) 佐藤進一『[新版] 古文書学入門』(法政大学出版局、一九九七年)一一九頁。

(61) 文永二年(一二六五)八月二十三日北条時宗書下写(「秋田藩家蔵赤坂光康文書」、『鎌倉遺文』一三巻九三三七号)。

(62) 小泉聖恵「得宗家の支配構造」(『お茶の水史学』第四〇号、一九九六年)。

(63) 弘安六年(一二八三)四月日北条時宗書下写(『貞応弘安式目』、『鎌倉遺文』二〇巻一四八四六号)。『中世法制史料集』第一巻「鎌倉幕府法」、追加法第四九〇条。

(64) 佐藤進一・池内義資編『中世法制史料集』第一巻(岩波書店、一九五五年)補註、五味文彦『増補吾妻鏡の方法(新装版) 事実と神話にみる中世』(吉川弘文館、二〇一八年)二二四頁。

(65) 差出書は年月日のみで署名や充所がないが、『貞応弘安式目』に採録された文書の写なので、編纂の段階で省略された可能性なども考慮すべきだろう。

(66) 網野善彦「「関東公方御教書」について」(同『網野善彦著作集』第六巻、岩波書店、二〇〇七年)。

(67) 第五六一条は、弘安七年(一二八四)八月に「領内寺社別当供僧等事」を定めたもので、「御内　御判有之」という注記がある。書止文言は「状如件」で、貞時による得宗書下として発給されている。

(68) 第六〇六条は、弘安九年(一二八六)に「諸御領不作河成事」を定めたもので、「在御判」という注記がある。書止文言は「同可有其沙汰矣」である。

(69) 第六一三条は、弘安年間(一二七八—一二八八)に「安堵事」を定めたもので、「御内」という注記がある。書止文言は「一向可令停止之」である。

(70) 以上の事例は、「御内」「御判」などの注記によって、御内法だったと判断できるケースである。おそらく幕府の追加法には、他にも注記の失われた御内法が含まれていると推測される。たとえば、第五四五条の追加法は、【史料⑫】の第四九〇条と類似しており、御内法だった可能性があるだろう。幕府法と御内法を条文の比較検討から峻別して、得宗家の法体系を復元する作業は、今後に残された大きな課題である。

(71) 以下、得宗家公文所の発給文書については、細川重男「得宗家公文所と執事」(同『鎌倉政権得宗専制論』吉川弘文館、二〇〇〇年、初出一九九八年)を参考にした。

(72) 文永九年(一二七二)十一月三日北条時宗袖判執事奉書案(「東寺百合文書」ア函、『鎌倉遺文』一五巻一一一四二号)。

(73) 森幸夫「平頼綱と公家政権」(『三浦古文化』第五四号、一九九四年)、細川重男「得宗家公文所と執事」(同『鎌倉政権得宗専制論』吉川弘文館、二〇〇〇年、初出一九九八年)。

(74) 文永十年(一二七三)二月二十日渋谷経重施行状案(「東寺百合文書」ア函、『鎌倉遺文』一五巻一一一九二号)、『若狭国守護職次第』（『群書類従』第四輯、続群書類従完成会）。
(75) 細川重男「渋谷新左衛門尉朝重――御内人と鎌倉期武家の主従制――」（同『鎌倉北条氏の神話と歴史――権威と権力――』日本史史料研究会、二〇〇七年）。
(76) 伊藤邦彦『鎌倉幕府守護の基礎的研究【論考編】』（岩田書院、二〇一〇年）二八七―二九三頁。
(77) 佐藤進一『増訂鎌倉幕府守護制度の研究』（東京大学出版会、一九七一年）、伊藤邦彦『鎌倉幕府守護の基礎的研究【国別考証編】』（岩田書院、二〇一〇年）。
(78) 弘安七年（一二八四）三月二十六日北条時宗袖判執事奉書（「円覚寺文書」、『鎌倉遺文』二〇巻一五一二五号）。
(79) 細川重男「得宗家公文所と執事」（同『鎌倉政権得宗専制論』吉川弘文館、二〇〇〇年、初出一九九八年）。
(80) 細川重男「得宗家公文所と執事」（同『鎌倉政権得宗専制論』吉川弘文館、二〇〇〇年、初出一九九八年）。
(81) 細川重男「得宗家公文所と執事」（同『鎌倉政権得宗専制論』吉川弘文館、二〇〇〇年、初出一九九八年）。
(82) 弘安四年（一二八一）二月八日得宗公文所奉書（「多田神社文書」、『鎌倉遺文』一九巻一四二四八号）。
(83) 多田院の御堂供養については、（弘安四年（一二八一）三月二十三日）摂津多田院金堂供養注進状（「多田神社文書」、『鎌倉遺文』一九巻一四二七一号）、弘安四年（一二八一）三月二十三日摂津多田院金堂供養曼荼羅供僧衆等交名（「多田神社文書」、『鎌倉遺文』一九巻一四二七二号）を参照。
(84) 給主と併記された「御家人」については、北条氏の支配下で再編成された多田院御家人であり、一般的な幕府の御家人とは区別される特殊な存在である。
(85) 弘安七年（一二八四）正月四日得宗家公文所奉書案（「東寺百合文書」な函、『鎌倉遺文』二〇巻一五〇五一号）。
(86) 伊藤邦彦『鎌倉幕府守護の基礎的研究【国別考証編】』（岩田書院、二〇一〇年）二五一―二五二頁、伊藤邦彦『鎌倉幕府守護の基礎的研究【論考編】』（岩田書院、二〇一〇年）。
(87) 弘安七年（一二八四）正月六日渋谷経重施行状案（「東寺百合文書」リ函、『若狭国太良荘史料集成』一巻二四八号）、『若狭国守護職次第』（『群書類従』第四輯、続群書類従完成会）。
(88) 佐藤進一『増訂鎌倉幕府守護制度の研究』（東京大学出版会、一九七一年）一三―一六頁、伊藤邦彦『鎌倉幕府守護の基礎的研究【論考編】』（岩田書院、二〇一〇年）二七七―二七九頁。
(89) 細川重男「得宗家公文所と執事」（同『鎌倉政権得宗専制論』吉川弘文館、二〇〇〇年、初出一九九八年）。
(90) 細川重男「得宗家公文所と執事」（同『鎌倉政権得宗専制論』吉川弘文館、二〇〇〇年、初出一九九八年）。
(91) 文永十年（一二七三）四月二十四日得宗家公文所下知状（「多田神社文書」、『鎌倉遺文』一五巻一一二五二号）。
(92) 入間田宣夫「北条氏と摂津多田院・多田庄」（『日本歴史』第三二五号、一九七五年）、小田雄三「摂津国多田庄と鎌倉北条氏」（『名古屋大学教養部紀要A』第三四号、一九九〇年）。
(93) 弘安二年（一二七九）十一月三十日得宗家公文所下知状写（『新編追加』、『鎌倉遺文』一八巻一三七七三号）。
(94) 下知状の様式なので、もともと奉行人の署判は日付と別行にあったはずだが、『新編追加』が編纂される段階で、日下に詰めて書写されたのだろう。

(95) 佐藤進一『［新版］古文書学入門』（法政大学出版局、一九九七年）。

(96) 得宗家公文所の奉行人を輩出した氏族として、平姓では北条氏・平氏・長崎氏、藤原姓では尾藤氏・佐藤氏・工藤氏らが確認できる。奥に署判した「沙弥」は、将軍家政所令の二階堂行綱とする説もあるが、同時期の得宗家公文所奉書で、奥に署判している「沙弥」と推定される。弘安二年（一二七九）十月十五日得宗家公文所奉書（「広峯神社文書」、『鎌倉遺文』一八巻一三七三八号）。

(97) 岩原氏は、相模国足柄郡岩原村（神奈川県南足柄市）を本領とした東国武士で、泰時の奉行として活動した一族である。『吾妻鏡』寛喜三年（一二三一）四月二日条では、「岩原源八経直」が武蔵国の留守所に派遣されており、『吾妻鏡』貞永元年（一二三二）二月廿六日条では、「石原源八経景」が武蔵国の榑沼堤に下向している。両者は、武蔵国を担当した北条氏の被官であり、「源八」という通称なども共通するので、直系の同族だったことは確実である。よって、「岩原」＝「石原」で、「イワハラ」と称する武士だったと考えられる。

(98) 註（2）前掲論文一七―一八頁。

(99) 弘安元年（一二七八）十二月二十三日北条時宗書状（「円覚寺文書」、『鎌倉遺文』一八巻一三三三四号）。

(100) この文書の読解については、黒板勝美『虚心文集』（吉川弘文館、一九三一年）、相田二郎『日本の古文書』（岩波書店、一九四九年）、相田二郎『日本古文書学の諸問題』（名著出版、一九七六年）、註（2）前掲論文などを参考にした。

(101) （弘安六年（一二八三））七月十八日北条時宗書状（「円覚寺文書」、『鎌倉遺文』二〇巻一四九一〇号）。

(102) 弘安六年（一二八三）七月十六日関東下知状（「円覚寺文書」、『鎌倉遺文』二〇巻一四九〇八号）。

(103) 応安三年（一三七〇）二月二十七日円覚寺文書目録（「円覚寺文書」、『神奈川県史』資料編3上（神奈川県、一九七五年）四六四〇号）。

(104) 荻野三七彦「北条時宗の筆蹟をめぐりて」（『美術史学』第七四号、一九四三年）。

(105) （弘安六年（一二八三）ヵ）十月二十四日北条時宗書状（「中野忠太郎氏手鑑」、『鎌倉遺文』二〇巻一五一四三号）。

(106) この文書の校訂や読解については、註（2）前掲論文を参考にした。

(107) 「助殿」の候補としては、『関東評定伝』弘安四年（一二八一）条の「右馬助平宗房」（北条宗房）が挙げられる。註（2）前掲論文。

(108) 「備前太郎」の候補としては、『吾妻鏡』弘長三年（一二六三）正月一日条の「備前太郎宗長」（名越宗長）や、「高城寺文書」の正応三年（一二九〇）九月十五日付の大仏妙性朝房充行状案を発給した「備前前司入道妙性」（大仏朝房）が挙げられる。荻野三七彦『古文書研究――方法と課題――』（名著出版、一九八二年）、註（2）前掲論文。

(109) 荻野三七彦『古文書研究――方法と課題――』（名著出版、一九八二年）。

(110) たとえば、惟康王を新造の御所に迎える場面では、時宗を筆頭とする御家人が庭先に降りて着座することで、将軍の権威を誇示するパフォーマンスが行われたという。『建治三年記』建治三年（一二七七）七月十九日条。久保木圭一「鎌倉将軍に就いた皇子たち――京都目線から見た親王将軍――」（日本史史料研究会監修編『将軍・執権・連署』吉川弘文館、二〇一八年）参照。

(111) 註（7）前掲論文。

(112) 関靖『金沢文庫の研究』（大日本雄弁会講談社、一九五一年）、納富常天『金沢文庫資料の研究』（法藏館、一九八二年）、福島金治『金沢北条氏と称名寺』（吉川弘文館、一九九七年）。

表1　北条時宗発給文書目録

例言

一、年月日欄の〈　〉内は付年号を示す。年欠、年月日未詳の場合、（　）内に推定年次を記載した。

二、文書名は、原則として文書様式を基準に、例会で検討した文書名とした。

三、出典は、原則として『鎌倉遺文』記載のそれによった。

四、巻号欄には、『鎌倉遺文』の巻数（○数字）、補遺編は「補遺」、尊経閣文庫編は「尊経」の略称を用い、文書番号を記載した。

五、備考欄には、『鎌倉遺文』は「鎌遺」の略称を用い、北条時宗の官途、幕府の役職の他、関東下知状・関東御教書等の場合は単署・連署の区別、『鎌倉遺文』に記される注記や『鎌倉遺文』と本目録との相違などを適宜記載した。

六、本目録は、山野井功夫・菊池紳一が作成した。

番号	年月日	文書名	出典	巻号	備考
1	年欠（文応元年）（一二六〇）七月六日	北条実時・同時宗連署書状写	吾妻鏡同日条	⑫八五三四	実時・時宗連署。文応元年二月小侍所別当。「鎌遺」は「北条実時・同時宗請文」とする。
2	年欠（文応元年）十一月十三日	北条実時・同時宗連署書状写	吾妻鏡同年十一月十一日条	⑫八五七三	実時・時宗連署。「鎌遺」は「北条時宗・同実時連署状」とする。
3	文永元年（一二六四）十月十日	関東下知状	陸奥結城文書	⑫九一六六	政村・時宗連署。文永元年八月十一日連署。
4	文永元年十月二十五日	関東下知状	山城住心院文書	⑫九一六九	政村・時宗連署。前欠（事書の一部）文書。
5	文永元年十一月一日	関東御教書案	東京大学法学部資料室所蔵文書	⑫九一七七	政村・時宗連署。
6	文永元年十一月二十二日	関東御教書写	榊葉集	⑫九一八四	政村・時宗連署。「鎌遺」は「関東御教書」とする。
7	文永元年十一月二十二日	関東下知状	和泉田代文書	⑫九一八五	政村・時宗連署。
8	文永二年（一二六五）正月二十二日	関東御教書写	尾張文書通覧	⑫九二〇九	時宗単署。文永二年三月二十八日任相模守。「三条殿仰」を奉じる。検討を要する文書。「鎌遺」は「関東御教書」とする。
9	文永二年四月十二日	関東下知状	出雲日御埼神社文書	⑬九二六九	政村・時宗連署。
10	文永二年閏四月十八日	関東下知状	出羽市河文書	⑬九二八五	政村・時宗連署。
11	〈文永二年〉閏四月二十九日	北条政村・同時宗連署書状案	久我家文書	⑬九二八九	政村・時宗連署。「鎌遺」は「関東御教書案」とする。
12	文永二年五月七日	関東御教書写	薩摩山田文書	⑬九二九〇	政村・時宗連署。「鎌遺」は「関東御教書案」とする。
13	文永二年五月十日	関東御教書	長門熊谷家文書	⑬九二九二	政村・時宗連署。
14	文永二年五月二十五日	将軍（宗尊親王）家政所下文	出羽市河文書	⑬九二九三	政所別当。

15	文永二年七月一日	関東下知状写	新編相模風土記稿所収鎌倉郡大伴主膳文書	⑬九三〇八	政村・時宗連署。「鎌遺」は「関東下知状」「内閣文庫本大伴氏文書」（五版）とする。
16	文永二年七月三日	関東御教書写	新編相模風土記稿所収鎌倉郡大伴主膳文書	⑬九三一二	政村・時宗連署。「鎌遺」は「関東御教書」「内閣文庫本大伴氏文書」（五版）とする。
17	文永二年八月二十二日	関東下知状	出雲北島家文書	⑬九三三六	政村・時宗連署。「鎌遺」は「将軍（宗尊親王）家御教書」とする。
18	文永二年八月二十三日	北条時宗書下写	秋田藩採集文書鎌倉文書	⑬九三三七	時宗単署。「鎌遺」は「北条時宗下知状」とする。
19	文永二年九月三日	関東下知状写	萩藩閥閲録九三井上右衛門	⑬九三四四	政村・時宗連署。「鎌遺」は「関東下知状案」とする。
20	〈文永二年〉九月（二十日カ）	北条政村・同時宗連署書状	九条家文書	⑬九三五二	「鎌遺」は「関東御教書」する。紙損のため欠字が多く、判読難解。特に署名部分は欠ける。書止が「恐惶謹言」、宛所が九条家と推定されるので、政村・時宗の連署書状とした。
21	文永二年九月二十八日	関東下知状写	萩藩閥閲録一二一ノ四周布吉兵衛	⑬九三五九	政村・時宗連署。「鎌遺」は「関東下知状案」とする。
22	文永二年十月十二日	関東御教書	禰寝文書	⑬九三六八	政村・時宗連署。
23	〈文永二年〉十一月十四日	北条時宗書状案	久我家文書	⑬九四〇二	文永元年カ。
24	文永二年十二月七日	将軍（宗尊親王）家政所下文案写	乾坤院文書	⑬九四三〇	政所別当カ。署判部分を欠く。「鎌遺」は「将軍（宗尊親王）家政所下文案」とし出典を「塩尻七」とするが掲載されず。出典は『愛知県史　資料編8中世1』に拠った。
25	文永二年十二月十七日	将軍（宗尊親王）家政所下文案	金剛三昧院文書	⑬九四六九	政所別当。「鎌遺」は「将軍宗尊親王家政所下文」とする。
26	文永二年十二月二十六日	関東御教書案	書陵部所蔵八幡宮関係文書二九	⑬九四七四	政村・時宗連署。
27	文永二年十二月二十六日	関東御教書案	書陵部所蔵八幡宮関係文書二九	⑬九四七五	政村・時宗連署。
28	文永二年十二月二十七日	関東下知状案	薩摩桑幡文書	⑬九四七七	政村・時宗連署。「鎌遺」は「関東御教書案」、出典を「薩摩曾木文書」とするが誤り。『薩藩旧記雑録前編一』は「加治木桑波田文書」とする。『九州史料叢書　薩藩旧記（5）』は、「正本在加治木桑波田氏」とする。日付が異なる（廿九日）のみ。誤記カ。
29	文永二年十二月二十八日	将軍家政所下文写	綾部家文書写		『佐賀県史料集成』第二十一。事実書及び令・別当の署名部分を略す。
30	文永三年三月二十八日	関東御教書写	吾妻鏡同日条	⑬九五一六	政村・時宗連署。「鎌遺」は「関東御教書」とする。
31	文永三年四月九日	関東下知状	小早川家文書椋梨家什書	⑬九五二一	政村・時宗連署。
32	文永三年五月二日	北条時宗書下	相模鶴岡八幡宮文書	⑬九五三二	

33	文永三年八月二十六日	関東御教書写	薩藩旧記四権執印文書	⑬九五六一	政村・時宗連署。事実書の書止を略す。「鎌遺」は「関東下知状案」とするが、連署の様式から御教書と判断した。
34	文永三年十月二十八日	関東御教書	保坂潤治氏所蔵手鑑	⑬九五八五	政村・時宗連署。
35	文永三年十二月十一日	関東下知状	常陸税所文書	⑬九六〇九	政村・時宗連署。
36	文永四年(一二六七)三月二十六日	関東御教書	書陵部所蔵壬生家法光寺并氏神雄琴社事	⑬九六八一	政村・時宗連署。
37	文永四年四月二十四日	関東下知状	二階堂文書	⑬九七〇二	政村・時宗連署。
38	文永四年六月一日	関東下知状写	高洲文書	⑬九七一八	政村・時宗連署。「鎌遺」は「関東下知状案写」とする。
39	文永四年六月十六日	関東下知状	薩摩入来院文書	⑬九七二四	政村・時宗連署。「鎌遺」は「関東安堵下知状」とする。
40	文永四年六月十六日	関東下知状写	薩藩旧記所収入来院岡元文書	⑬九七二五	政村・時宗連署。「鎌遺」は「関東下知状」とする。
41	文永四年十月二十五日	関東下知状案	筑前宗像神社文書	⑬九七八六	政村・時宗連署。
42	文永四年十月二十七日	関東下知状	山内首藤文書	⑬九七八八	政村・時宗連署。
43	文永四年十一月二十三日	関東御教書	豊後詫摩文書	⑬九八〇六	政村・時宗連署。
44	文永四年十二月十九日	関東下知状案	薩摩比志島文書	⑬九八二三	政村・時宗連署。「鎌遺」は「欠字傍註は、薩藩旧記による。」と注記する。
45	文永五年(一二六八)二月二日	関東御教書写	新編追加	⑬九八五七	政村・時宗連署。「鎌遺」は「関東御教書」とする。
46	文永五年二月二十六日	関東御教書	肥前深堀家文書	⑬九八六四	政村・時宗連署。
47	文永五年二月二十七日	関東御教書写	新式目	⑬九八八三	政村・時宗連署。「鎌遺」は「関東御教書」とする。
48	文永五年三月二十三日	尼御前某下文案	駿河北山本門寺文書	⑬九八九四	時宗単署。文永五年三月五日執権就任。北条時宗が尼御前(母・北条重時女か)の意を奉じて発給。
49	文永五年四月二十五日	関東御教書案	高野山正智院文書	⑬一〇二三六	政村・時宗連署。
50	文永五年六月二十日	関東下知状案	東京大学法学部資料室所蔵文書	⑬一〇二六〇	政村・時宗連署。
51	〈文永五年〉六月二十三日	北条政村・同時宗連署書状	久我家文書	⑬一〇二六三	「鎌遺」は「関東御教書」とする。
52	文永五年七月十八日	関東下知状案	吉川家文書	⑬一〇二八〇	政村・時宗連署。
53	文永五年九月十日	関東下知状	近江朽木文書	⑬一〇三〇一	政村・時宗連署。
54	文永五年閏十月二十九日	関東下知状	反町弘文荘『古文書集』		政村・時宗連署。

55	文永六年（一二六九）正月三十日	関東御教書	禰寝文書	⑭一〇三七〇	政村・時宗連署。
56	文永六年二月十六日	関東御教書	神田孝平氏所蔵文書	⑭一〇三七八	政村・時宗連署。宛所、「謹上」とする。
57	文永六年三月二十三日	関東御教書案	豊前香春神社文書	⑭一〇四〇一	政村・時宗連署。
58	文永六年三月二十三日	関東御教書案	豊前香春神社文書	⑭一〇四〇二	政村・時宗連署。
59	文永六年六月二十四日	関東御教書写	禰寝文書	⑭一〇四五〇	政村・時宗連署。「鎌遺」は「関東御教書」、『鹿児島県史料』旧記雑録拾遺家わけ一は「関東御教書写」とする。
60	文永六年八月十二日	関東御教書	肥前深堀家文書	⑭一〇四七四	政村・時宗連署。
61	文永六年十月二十三日	関東下知状	島津家文書	⑭一〇五一四	政村・時宗連署。
62	文永六年十一月二十五日	関東御教書案	下総香取神宮文書	⑭一〇五三〇	政村・時宗連署。書下年号の「文永」を欠く。
63	文永六年十二月十二日	関東下知状	陸奥飯野文書	⑭一〇五四四	政村・時宗連署。前欠文書。事書を欠く。
64	文永六年十二月十九日	関東下知状	美濃池田文書	⑭一〇五四九	政村・時宗連署。
65	文永七年（一二七〇）三月二十五日	関東御教書写	大友家文書録	⑭一〇六〇九	政村・時宗連署。「鎌遺」は「関東御教書案」とする。
66	文永七年四月二十六日	関東下知状写	諸家文書纂野上文書	⑭一〇六一七	政村・時宗連署。「鎌遺」は「関東下知状」とする。
67	文永七年五月六日	関東御教書写	諸家文書纂野上文書	⑭一〇六二三	政村・時宗連署。「鎌遺」は「関東御教書」とする。
68	文永七年五月九日	関東御教書写	新編追加	⑭一〇六二五	政村・時宗連署。「鎌遺」は「関東御教書」とする。
69	文永七年五月十日	北条政村・同時宗連署書状案	山城大通寺文書	⑭一〇六二六	政村・時宗連署。「鎌遺」は「関東御教書案」とする。
70	文永七年五月二十六日	関東御教書写	禰寝文書	⑭一〇六二九	政村・時宗連署。「鎌遺」は「関東御教書」、『鹿児島県史料』旧記雑録拾遺家わけ一は「関東御教書写」とする。
71	文永七年六月十三日	関東下知状	山内首藤家文書	⑭一〇六三六	政村・時宗連署。
72	文永七年八月二十八日	関東下知状案	長門三浦家文書	⑭一〇六八二	政村・時宗連署。
73	文永七年八月二十九日	関東御教書写	新編追加	⑭一〇六八四	政村・時宗連署。「鎌遺」は「関東御教書」とする。
74	文永七年閏九月十日	関東下知状	相模相承院文書	⑭一〇六九八	政村・時宗連署。
75	文永七年十二月三日	関東下知状	相模相承院文書	⑭一〇七四五	政村・時宗連署。
76	文永七年十二月八日	関東下知状	常陸真壁文書	⑭一〇七四九	政村・時宗連署。

77	文永七年十二月十三日	関東下知状案	出羽中条家文書	⑭一〇七五〇	政村・時宗連署。
78	文永七年十二月十四日	関東下知状案	出羽色部文書	⑭一〇七五一	政村・時宗連署。
79	文永七年十二月十四日	関東下知状案	出羽色部文書	⑭一〇七五二	政村・時宗連署。
80	文永七年十二月十四日	関東下知状案	出羽色部文書	⑭一〇七五三	政村・時宗連署。
81	文永七年十二月十四日	関東下知状案	出羽色部文書古案記録草案	⑭一〇七五四	政村・時宗連署。
82	文永七年十二月二十五日	関東下知状案	出羽色部文書	⑭一〇七六二	政村・時宗連署。「鎌遺」⑭一〇七五三号と同文。「鎌遺」は「関東御教書案」とする。
83	文永七年十二月二十五日	関東御教書	禰寝文書	⑭一〇七六三	政村・時宗連署。
84	文永八年(一二七一)二月十日	関東下知状案	肥後詫摩文書	⑭一〇七七七	政村・時宗連署。
85	文永八年三月十日	関東書下案	信濃守矢家文書	⑭一〇七九七	連署は相模守平朝臣・武蔵守平朝臣であり、疑問。「鎌遺」は「関東下知状案」とし、「本文書検討を要す。」と注記する。
86	文永八年四月五日	将軍(源惟康)家政所下文案	竹内文平氏所蔵御領目録裏文書	⑭一〇八一四	政所別当。事書を欠く。
87	文永八年六月二十日	関東御教書	肥後小代文書	⑭一〇八四二	政村・時宗連署。
88	文永八年九月十三日	関東御教書	肥後小代文書	⑭一〇八七三	政村・時宗連署。
89	文永八年九月十三日	関東御教書	薩摩二階堂文書	⑭一〇八七四	政村・時宗連署。
90	文永八年十月十六日	関東御教書案	禰寝文書	⑭一〇九〇一	政村・時宗連署。
91	文永八年十月十六日	関東御教書案	禰寝文書	⑭一〇九〇二	政村・時宗連署。
92	文永八年十一月十九日	関東下知状案	筑前宗像神社文書	⑭一〇九一八	政村・時宗連署。「鎌遺」は「関東下知状」とする。
93	文永八年十一月二十五日	将軍(源惟康)家政所下文案	肥前青方文書	⑭一〇九二〇	政所別当。
94	文永八年十一月(日カ)	関東下知状	出雲千家文書	⑭一〇九二二	政村・時宗連署。前欠文書。「鎌遺」は「関東御教書」とする。
95	文永八年十二月二十二日	関東御教書写	尾張文書通覧	⑭一〇九四一	政村・時宗連署。「鎌遺」は「関東御教書」とする。
96	文永八年十二月二十二日	関東下知状写	碩田叢史平林家古文書	⑭一〇九四二	政村・時宗連署。「鎌遺」は「関東下知状案」とする。
97	文永八年十二月二十二日	将軍(源惟康)家政所下文写	碩田叢史平林家古文書	⑭一〇九四三	政所別当。「鎌遺」は「将軍源惟康家政所下文」とする。
98	文永八年十二月二十三日	関東下知状	越後大見水原文書	補遺③補一六二六	政村・時宗連署。

99	文永八年十二月二十四日	関東下知状案	島津家文書	⑭一〇九四五	政村・時宗連署。
100	文永八年十二月二十四日	関東下知状	島津家文書	⑭一〇九四六	政村・時宗連署。
101	文永八年十二月二十九日	将軍源惟康家政所下文	上杉家文書	⑭一〇九四八	政所別当。
102	文永九年(一二七二)正月二十日	関東御教書案	紀伊興山寺文書	⑭一〇九五五	政村・時宗連署。
103	文永九年正月二十日	関東下知状	高野山文書寶簡集七	⑭一〇九五六	政村・時宗連署。
104	文永九年二月十二日	幕府(?)北御門宿直着到	肥前実相院文書	⑭一〇九七四	奥に時宗単署の証判あり。
105	文永九年四月五日	関東下知状写	秋田藩採集文書小泉藤左衛門昌堅蔵	⑭一一〇〇五	政村・時宗連署。「鎌遺」は「関東下知状」とする。
106	文永九年四月十二日	関東御教書	出雲千家文書	⑭一一〇〇九	政村・時宗連署。
107	文永九年五月十日	関東下知状案	肥前青方文書	⑭一一〇二九	政村・時宗連署。
108	文永九年五月十七日	関東下知状	陸奥飯野文書	⑭一一〇三三	政村・時宗連署。
109	文永九年五月二十六日	将軍(源惟康)家政所下文案	薩摩二階堂文書	⑭一一〇四二	政所別当。
110	文永九年六月二十三日	関東下知状	陸奥中尊寺経蔵文書	⑭一一〇五二	政村・時宗連署。
111	文永九年八月二十五日	将軍(源惟康)家政所下文	出羽安田文書	⑮一一〇九一	政所別当。
112	文永九年八月二十五日	関東下知状	光西寺松井家文書		政村・時宗連署。『新編埼玉県史資料編5 中世1 古文書1』八八号。
113	文永九年九月五日	得宗家公文所奉書	摂津多田神社文書	⑮一一〇九七	「鎌遺」は「得宗公文所奉行人連署奉書」とする。
114	文永九年十月十六日	関東下知状	紀伊金剛三昧院文書	⑮一一一二一	政村・時宗連署。
115	文永九年十月十六日	関東御教書案	紀伊金剛三昧院文書	⑮一一一二二	政村・時宗連署。
116	文永九年十月二十日	関東御教書写	萩藩閥閲録五八内藤次郎左衛門	⑮一一一二六	政村・時宗連署。「鎌遺」は「関東御教書案」とする。
117	文永九年十月二十五日	関東下知状	大隅台明寺文書	⑮一一一三〇	後欠文書。署判を欠く。
118	文永九年十月二十九日	関東下知状	陸奥相馬文書	⑮一一一三四	政村・時宗連署。
119	文永九年十月二十九日	関東下知状	陸奥相馬文書	⑮一一一三五	政村・時宗連署。
120	文永九年十月二十九日	関東下知状	陸奥相馬文書	⑮一一一三六	政村・時宗連署。
121	文永九年十一月三日	北条時宗袖判執事奉書案	東寺百合文書ア	⑮一一一四二	袖に時宗の証判あり。「鎌遺」は「内管領平頼綱奉書案」とする。

122	文永九年十一月二十七日	関東御教書	益田實氏所蔵文書		政村・時宗連署。田中大喜・中島圭一・中司健一・西田友広・渡邊浩貴「［資料紹介］益田實氏所蔵新出中世文書の紹介」（『国立歴史民俗博物館研究報告』第二一二集、二〇一八年）一五号。」
123	文永九年十二月十二日	関東下知状	伊豆伊豆山神社文書	⑮一一一五六	政村・時宗連署。
124	文永九年十二月十二日	関東下知状案	備中平川家文書	⑮一一一五七	政村・時宗連署。「鎌遺」は「将軍（源惟康）家政所下知状案」とする。
125	文永九年十二月十三日	関東御教書	内閣文庫所蔵美濃国文書	⑮一一一五八	政村・時宗連署。
126	文永九年十二月十八日	関東下知	香取旧大禰宜家文書	⑮一一一六一	政村・時宗連署。
127	文永九年十二月十八日	関東下知状案	肥前武雄鍋島家文書	⑮一一一六二	政村・時宗連署。
128	年欠（文永元年～九年）十二月二十日	北条政村・同時宗連署書状	久我家文書		川添昭二「北条時宗文書の考察」（『鎌倉遺文研究』二号、一九九八年）。
129	文永九年十二月二十六日	北条政村・同時宗連署書状写	東大寺要録二	⑮一一一六六	政村・時宗連署。「鎌遺」は「関東御教書案」とする。
130	文永九年十二月二十六日	関東下知状写	正閏史料外編河野六郎所蔵	⑮一一一六七	政村・時宗連署。「鎌遺」は「関東下知状案」とする。
131	文永九年十二月二十七日	関東下知状案	金沢文庫文書	⑮一一一六九	政村・時宗連署。前欠文書。事書の一部を欠く。
132	〈文永九年〉十二月二十八日	北条政村・同時宗連署書状案	東大寺文書四ノ九	⑮一一一七〇	政村・時宗連署。「鎌遺」は「関東御教書案」とする。No.124と同文書（日付だけ異なる）。
133	文永十年四月二十四日	得宗家公文所下知状	摂津多田神社文書	⑮一一二五二	「鎌遺」は得宗公文所奉行人連署下知状とする。
134	文永十年（一二七三）五月二十六日	関東御教書	出雲日御碕神社文書	⑮一一二七三	相模守（時宗）・武蔵守（宣時）連署。検討を要す。文永十年五月十八日政村連署辞任、同二十七日死去。同年七月一日宣時武蔵守辞任、義政武蔵守補任。
135	文永十年六月二十五日	関東御教書案	書陵部所蔵八幡宮関係文書三五	⑮一一三五二	時宗・義政連署。
136	文永十年七月二日	関東御教書案	東寺百合文書ホ	⑮一一三五七	時宗・義政連署。
137	文永十年七月三十日	関東御教書案	久我家文書	⑮一一三六七	時宗・義政連署。
138	文永十年八月五日	関東御教書写	筑前宗像神社文書	⑮一一三七八	時宗・義政連署。『宗像神社文書』第二巻によれば、近代に書写された「近藤清石写本宗像文書」に所収される。
139	文永十年八月十日	関東下知状案	高野山文書又続寶簡集五八	⑮一一三八三	時宗・義政連署。
140	文永十年八月二十日	関東御教書	壬生家文書主殿寮所領	⑮一一三九八	時宗・義政連署。
141	文永十年九月一日	関東御教書案	肥前青方文書	⑮一一四〇五	時宗・義政連署。

142	文永十年十月十九日	北条時宗書状	塙不二丸氏文書	⑮一一四三八	
143	文永十年十一月十四日	関東下知状案	高野山文書又続寶簡集一〇四	⑮一一四六三	時宗・義政連署。「鎌遺」は「関東御教書案」とする。
144	文永十年十二月十七日	関東御教書	長府毛利家文書	⑮一一五〇三	時宗・義政連署。
145	文永十年十二月十七日	得宗家公文所奉書	摂津多田神社文書	⑮一一五〇二	「鎌遺」は「得宗公文所奉行人連署奉書」とする。
146	文永十年十二月二十二日	関東下知状写	内閣文庫本鶴岡神主大伴氏蔵文書	⑮一一五〇四	時宗・義政連署。「鎌遺」は「関東御教書写」とする。
147	文永十一年(一二七四)正月二十七日	関東御教書	長門熊谷家文書	⑮一一五二三	時宗・義政連署。
148	文永十一年二月二十日	将軍(源惟康)家政所下文	出羽市河文書	⑮一一五四七	政所別当。
149	文永十一年三月四日	関東御教書	保坂潤治氏所蔵文書	⑮一一五六七	時宗・義政連署。
150	文永十一年五月六日	関東下知状案	山城醍醐寺文書	⑮一一六五二	時宗・義政連署。
151	文永十一年五月二十一日	関東下知状	肥前後藤家文書	⑮一一六六〇	時宗・義政連署。
152	文永十一年六月十五日	関東御教書	出羽市河文書	⑮一一六七一	時宗・義政連署。
153	文永十一年六月十九日	関東下知状	尊経閣文書 尊経閣古文書纂石清水文書	⑮一一六七七 尊経九二	時宗・義政連署。「鎌遺」初版は出典を「石清水八幡宮文書」とする。
154	文永十一年十一月一日	関東御教書案	東寺百合文書ヨ	⑮一一七四一	時宗・義政連署。
155	文永十一年十一月一日	関東御教書案	大友文書	⑮一一七四二	時宗・義政連署。立花家蔵大友文書。
156	文永十一年十一月三日	関東御教書	長府毛利家文書	⑮一一七四三	時宗・義政連署。
157	文永十一年十一月三日	関東御教書写	諸家文書纂一一	⑮一一七四四	時宗・義政連署。「鎌遺」⑮一一七四三号とほぼ同じ。「鎌遺」は「関東御教書案」とする。
158	文永十一年十一月二十一日	関東下知状	筑後草野文書	⑮一一七五五	時宗・義政連署。
159	文永十一年十二月三日	関東御教書	前田家所蔵古蹟文徴 尊経閣古文書纂編年文書	⑮一一七六七 尊経九四	時宗・義政連署。
160	文永十二年(一二七五)二月十日	関東御教書写	宮寺縁事抄筥崎造営事	⑮一一八一二	時宗・義政連署。「鎌遺」は「関東御教書案」とする。
161	文永十二年四月二十三日	関東御教書	長府毛利家文書	⑯一一八七二	時宗・義政連署。

162	建治元年五月十二日	関東御教書案	東寺百合文書ヨ 白河本東寺文書五	⑯一一九一〇 ⑯一一九一一	時宗・義政連署。「鎌遺」⑯一一九一一は「関東御教書案」とする。
163	建治元年五月二十日	関東御教書案	東寺百合文書ゐ	⑯一一九一三	時宗・義政連署。
164	建治元年六月十八日	関東御教書案	東寺百合文書ゐ	⑯一一九二九	時宗・義政連署。
165	建治元年六月二十日	関東御教書案	近江菅浦文書	⑯一一九三〇	時宗・義政連署。
166	建治元年七月五日	関東下知状	長門熊谷家文書	⑯一一九四五	時宗・義政連署。「鎌遺」は「関東御教書」とする。
167	建治元年七月十七日	関東御教書案	大友文書	⑯一一九六二	時宗・義政連署。立花家蔵大友文書。
168	建治元年八月十四日	関東御教書写	児玉□採集文書五津川七左衛門所持	⑯一一九九四	時宗・義政連署。「鎌遺」は「関東御教書案」とする。
169	建治元年九月十四日	関東御教書案	近江胡宮神社文書	⑯一二〇二一	時宗・義政連署。
170	建治元年九月二十七日	関東御教書案	近江菅浦文書	⑯一二〇二六	時宗・義政連署。
171	建治元年十月十一日	北条時宗袖判寄進状	近江貴船神社文書	⑯一二〇五三	
172	建治元年十月十五日	得宗家公文所奉書	摂津多田神社文書	⑯一二〇五五	「鎌遺」は「得宗公文所奉行人連署奉書」とする。
173	建治元年十月二十一日	北条時宗書状案	兼仲卿記正応元年九月巻裏文書	⑯一二〇六五	「鎌遺」は「関東寄進状案」とする。
174	建治元年十月二十一日	関東寄進状案	豊前宮成家文書	⑯一二〇六六	時宗単署。
175	建治元年十月二十一日	関東御教書案	豊前宮成家文書	⑯一二〇六七	時宗単署。
176	建治元年十月二十九日	将軍(源惟康)家政所下文	肥前武雄鍋島家文書	⑯一二〇七七	政所別当。
177	建治元年十月二十九日	将軍(源惟康)家政所下文案	筑後高良神社文書	⑯一二〇七八	政所別当。「鎌遺」は「本文書、梢疑うべし。」と注記する。
178	〈建治元年〉十一月四日	北条時宗書状案	九条家文書	⑯一二一〇三	「鎌遺」は「北条時宗請文案」とする。
179	〈建治元年〉十一月二十一日	北条時宗書状写	兼仲卿記弘安元年十一月巻裏文書	⑯一二一二九	「鎌遺」は「北条時宗巻数請取」とする。
180	建治元年十二月八日	関東御教書案	東寺百合文書ア	⑯一二一七〇	時宗・義政連署。
181	建治元年十二月十日	将軍(源惟康)家政所下文案	出羽中条家文書	⑯一二一七一	政所別当。
182	建治二年(一二七六)閏三月十一日	将軍(源惟康)家政所下文	陸奥留守文書	⑯一二三〇〇	政所別当。
183	建治二年閏三月十一日	得宗家公文所奉書	肥後阿蘇文書	⑯一二三〇一	「鎌遺」は「得宗家(?)奉行人連署奉書」とする。

184	建治二年六月五日	関東御教書写	阿波徴古雑抄名西郡城内村幸蔵所蔵	⑯一二三五三	時宗・義政連署。「鎌遺」は「関東御教書」とする。
185	建治二年八月二日	関東下知状案	紀伊金剛三昧院文書	⑯一二四三七	時宗・義政連署。
186	建治二年八月二十四日	関東御教書案	東寺百合文書り	⑯一二四四九	時宗・義政連署。義政署名せず。
187	建治二年八月二十四日	関東御教書案	東寺百合文書ア	⑯一二四五〇	時宗・義政連署。義政署名せず。
188	建治二年八月二十五日	関東下知状	和泉田代文書	⑯一二四五一	時宗・義政連署。義政署名せず。
189	建治二年八月二十七日	将軍(源惟康)家政所下文	島津家文書	⑯一二四五四	政所別当。義政署名せず。
190	建治二年十二月二十六日	関東下知状写	諸家文書纂四三刀屋文書	⑯一二六一〇	時宗・義政連署。義政署名せず。
191	建治三年(一二七七)正月日	関東下知状	近江朽木文書	⑰一二六六〇	時宗・義政連署。義政署名せず。
192	〈建治三年〉七月二十六日	北条時宗書状	大和春日神社文書	⑯一二四二九	「鎌遺」は「関東御教書」とし、建治二年に収めるが、誤記。『春日大社文書』第一巻(二五七号)は「建治三年」とし、「北条時宗奉書」とする。なお、川添昭二「北条時宗文書の考察」(『鎌倉遺文研究』二号、一九九八年)も参照。
193	建治三年九月七日	関東御教書案	薩摩比志島文書	⑰一二八四五	時宗単署。
194	建治三年九月十一日	関東下知状案	筑前宗像神社文書	⑰一二八五四	時宗単署。
195	建治三年九月十九日	北条時宗書下案	薩摩八田家文書	⑰一二八六六	時宗単署。「鎌遺」は「関東御教書」とする。五味克夫「新田宮執引道教具書案その他」(『日本歴史』三一〇、一九七四年)参照。
196	建治三年九月二十日	北条時宗書状	雨森善四郎蒐集文書	⑰一二八六七	「鎌遺」は「北条時宗請文」とする。
197	建治三年十二月十五日	関東御教書案	高野山文書又続寶簡集58	⑰一二九三五	時宗単署。
198	建治三年十二月十八日	関東御教書	山内首藤文書	⑰一二九三八	時宗単署。
199	弘安元年(一二七八)二月三十日	関東御教書写	新編追加	⑰一二九九九	時宗・義政連署。建治三年四月四日義政出家。「鎌遺」は文書名を「関東御教書」、「本文書錯簡あるべし。」と注記する。『中世法制史料集』第一巻(鎌倉幕府法)では、弘長の誤記とする。よって北条長時の発給文書として扱う。
200	弘安元年五月十八日	将軍(源惟康)家政所下文	出羽中条家文書	⑰一三〇四七	政所別当。
201	弘安元年五月十八日	将軍(源惟康)家政所下文案	越後三浦和田文書	⑰一三〇四八	政所別当。
202	弘安元年五月十八日	将軍(源惟康)家政所下文案	出羽伊佐早文書	⑰一三〇四九	政所別当。

203	弘安元年六月三日	将軍(源惟康)家政所下文案	薩摩入来院文書	⑰一三〇六九	政所別当。
204	弘安元年六月三日	関東下知状案	薩摩入来院文書	⑰一三〇七〇	時宗単署。
205	年欠(弘安元年カ)六月二十五日	北条時宗書状	出羽鰐淵寺文書	⑰一三〇九〇	
206	弘安元年七月八日	将軍(源惟康)家政所下文案	豊後曾根崎文書	⑰一三一〇七	政所別当。
207	弘安元年七月三十日	関東御教書写	山田家譜	⑰一三一三六	時宗単署。『鎌遺』は「関東御教書案」とする。また、出典を「山田家譜」「山田文書」「山田家文書」「薩藩旧記前編六山田文書」などの名称で収録される。
208	弘安元年八月十四日	関東御教書案	薩摩入来院文書	⑰一三一五〇	時宗単署。
209	弘安元年九月七日	関東下知状	出羽市河文書	⑰一三一七〇	時宗単署。
210	弘安元年十月十八日	関東御教書	磐城飯野文書	⑰一三二〇六	時宗単署。
211	弘安元年閏十月二十六日	関東下知状	弘文荘善本目録	⑰一三二三七	時宗単署。『鎌遺』は「北条時宗下知状」とする。
212	弘安元年十一月三日	関東下知状案	常陸烟田文書	⑱一三二四五	時宗単署。
213	弘安元年十一月二十九日	将軍(源惟康)家寄進状写	集古文書二六鶴岡八幡宮蔵	⑱一三二九八	時村・時宗連署は疑問。「弘安元年」は「弘安九年」の誤写で、『鎌遺』は「相模鶴岡八幡宮文書」として㉑一六〇四六に収める。時宗文書から除外する。
214	弘安元年十二月十六日	関東御教書案	書陵部本参軍要略抄下裏文書	⑱一三三二四	時宗単署。
215	弘安元年十二月二十三日	北条時宗書状	相模円覚寺文書	⑱一三三三四	川添昭二「北条時宗文書の考察」(『鎌倉遺文研究』二号、一九九八年)参照。
216	弘安元年十二月二十七日	関東下知状案	高野山文書寶簡集二四	⑱一三三四〇	時宗単署。
217	弘安二年(一二七九)三月二十六日	関東御教書	薩摩禰寝文書	⑱一三五二五	時宗単署。
218	弘安二年五月九日	関東御教書写	薩藩旧記前編六山田文書	⑱一三五八六	時宗・義政連署。『鎌遺』は「六波羅御教書案」とする。北条義政は建治三年四月四日出家により疑問。この文書は弘安十一年、北条貞時・同宣時連署の可能性が高い。
219	弘安二年八月二十日	関東御教書	相模円覚寺文書	⑱一三六七二	時宗単署。
220	弘安二年十月八日	関東下知状案	肥前有浦文書	⑱一三七三〇	時宗単署。
221	弘安二年十月八日	関東下知状案	肥前有浦文書	⑱一三七三一	時宗単署。『鎌遺』は「関東下知状」とする。
222	弘安二年十月十三日	関東下知状	神田喜一郎氏所蔵文書	⑱一三七三五	時宗単署。

223	弘安二年十月十五日	得宗家公文所奉書	摂津広峰神社文書	⑱一三七三八	「鎌遺」は「沙弥等連署奉書」とする。
224	弘安二年十月二十六日	関東下知状写	色部文書古案記録草案	⑱一三七四八	時宗単署。「鎌遺」は「関東下知状」とする。
225	弘安二年十月二十八日	関東下知状案	金剛三昧院文書	⑱一三七五一	時宗単署。「鎌遺」は「関東下知状」とする。
226	弘安二年十一月三十日	北条氏公文所下知状写	新編追加	⑱一三七七三	「鎌遺」は「将軍(惟康親王)家政所下知状」とするも疑問。得宗家公文所の発給文書と判断した。
227	弘安二年十二月十三日	関東下知状写	内閣文庫本鶴岡神主大伴氏蔵文書	⑱一三七九五	時宗単署。
228	弘安二年十二月十七日	関東御教書	雑輯東大寺文書	⑱一三七九八	時宗単署。
229	弘安二年十二月十九日	関東御教書写	薩摩山田家譜	⑱一三八〇二	時宗単署。「鎌遺」は「関東御教書案」とする。
230	弘安二年十二月二十三日	関東下知状案	入来院家文書	⑱一三八〇八	時宗単署。「鎌遺」は「関東下文」とする。
231	弘安二年十二月二十八日	将軍(源惟康)家政所下文案	豊後川瀬氏所蔵文書	⑱一三八一六	政所別当。「鎌遺」は「将軍(惟康親王)家政所下文案」とする。
232	弘安二年十二月二十八日	将軍(源惟康)家政所下文写	児玉採集文書五津川七左衛門所持	⑱一三八一七	政所別当。「鎌遺」は「将軍(惟康親王)家政所下文」とする。
233	弘安三年(一二八〇)七月二十三日	関東御教書写	新編追加	⑱一四〇二二	時宗単署。「鎌遺」は「関東御教書」とする。
234	弘安三年九月五日	関東御教書	前田家所蔵文書 尊経閣古文書纂東福寺文書	⑲一四〇七九 尊経一〇一	時宗単署。
235	弘安三年九月五日	関東下知状	前田家所蔵文書 尊経閣古文書纂東福寺文書	⑲一四〇八〇 尊経一〇〇	時宗単署。
236	年欠(弘安三年)十月九日	北条時宗書状	山城東福寺文書 尊経閣古文書纂東福寺文書	⑲一四一二七 尊経一〇四	時宗単署。
237	弘安三年十月十八日	将軍(源惟康)家政所下文案	丹波片山文書	⑲一四一四〇	政所別当。「鎌遺」は「将軍(惟康親王)家政所下文」とする。
238	弘安三年十月十八日	将軍(源惟康)家政所下文案	丹波片山文書	⑲一四一四一	政所別当。「鎌遺」⑲一四一四〇の写。仮名交じりの読み下し。
239	弘安三年十月十八日	関東下知状案	丹波片山文書	⑲一四一四二	時宗単署。事実書の後半を欠く。
240	弘安三年十月十八日	関東下知状案	丹波片山文書	⑲一四一四三	時宗単署。「鎌遺」⑲一四一四二の写。仮名交じりの読み下し。欠文を補える。
241	弘安三年十二月八日	関東御教書案	立花大友文書	⑲一四二〇七	時宗単署。「鎌遺」は「関東御教書」とする。

242	弘安三年十二月十九日	関東御教書写	薩藩旧記雑録所収山田譜	⑲一四二一九	時宗単署。「鎌遺」は「関東御教書案」とする。
243	弘安四年二月八日	得宗家公文所奉書	摂津多田神社文書	⑲一四二四八	「鎌遺」は「得宗家公文所奉行人連署奉書」とする。
244	弘安四年二月二十日	得宗家公文所奉書案	摂津多田神社文書	⑲一四二五二	「鎌遺」は「得宗家公文所奉行人連署奉書案」とする。
245	弘安四年三月二十一日	関東下知状案	紀伊金剛三昧院文書	⑲一四二六九	時宗単署。「鎌遺」は「関東御教書」とする。
246	弘安四年四月十七日	関東御教書写	相模明王院文書異国降伏祈禱記	⑲一四二九七	時宗単署。「鎌遺」は「関東御教書」とする。
247	弘安四年四月十八日	得宗置文案	摂津多田神社文書	⑲一四三〇二	「鎌遺」に「紙背中央部に、嘉元四年五月十日得宗公文所奉行人連署奉書の筆頭人の藤原某の裏花押がある。」と注記する。
248	弘安四年四月二十四日	関東御教書写	式目追加	⑲一四三〇八	時宗単署。「鎌遺」は「関東御教書」とする。
249	弘安四年五月十七日	得宗家公文所奉書	武田健三氏所蔵文書	⑲一四三一九	「鎌遺」は「得宗公文所連署奉書」とする。
250	弘安四年六月二日	関東下知状	薩摩禰寝文書	⑲一四三三九	時宗単署。
251	年欠(弘安四年カ)六月十九日	北条時宗書状	関戸守彦所蔵文書		川添昭二「北条時宗文書の考察」(『鎌倉遺文研究』二号、一九九八年)。
252	弘安四年六月二十八日	関東御教書写	壬生官務家日記抄弘安四年七月六日条	⑲一四三五五	時宗単署。「鎌遺」は「関東御教書案」とする。
253	弘安四年七月十六日	関東下文案	金剛三昧院文書	⑲一四三六八	「鎌遺」は「関東過書案」とする。冒頭は「下　(宛所)」、書止は「下知如件、」である。
254	弘安四年閏七月三日	関東御教書案	肥前青方文書	⑲一四三八四	時宗単署。
255	弘安四年閏七月十一日	関東御教書	東寺文書五常	⑲一四三八八	時宗単署。
256	弘安四年閏七月十一日	関東御教書	毛利家児玉文書	⑲一四三八九	時宗単署。
257	弘安四年閏七月十一日	関東御教書写	萩藩閥閲録一九児玉四郎兵衛所持	⑲一四三九〇	時宗単署。「鎌遺」は「関東御教書案」とする。
258	年欠(弘安四年)閏七月二十七日	北条時宗書下	伊豆三島神社文書	⑲一四四一〇	時宗単署。「鎌遺」は「北条時宗寄進状」とする。「鎌遺」□二七一八一の重複文書。
259	弘安四年十一月二十五日	関東御教書	香取旧大禰宜家文書	⑲一四五〇九	時宗単署。
260	弘安四年十二月二十八日	将軍(源惟康)家政所下文案	竹内文平氏所蔵御領目録裏文書	⑲一四五二七	政所別当。「鎌遺」は「将軍(惟康親王)家政所下文案」とする。
261	弘安四年十二月二十八日	関東下知状	和泉田代文書	⑲一四五二八	時宗単署。
262	弘安四年月欠二十?日	関東御教書案	備中平川文書	⑲一四五三三	時宗単署。
263	弘安五年二月十二日	得宗家公文所奉書	摂津多田神社文書	⑲一四五六四	「鎌遺」は「得宗家公文所奉行人連署奉書」とする。

264	弘安五年三月二十五日	関東御教書	鹿島大禰宜家文書	⑲一四五九九	時宗単署。
265	弘安五年四月二十九日	関東御教書案	金剛三昧院文書	⑲一四六一七	時宗単署。
266	弘安五年六月二十九日	関東御教書	尊経閣文庫所蔵武家手鑑	⑲一四六三六	時宗単署。
			尊経閣文庫蔵武家手鑑	尊経一〇九	
267	弘安五年七月十六日	将軍(源惟康)家政所下文	伊予金子家美氏所蔵文書	⑲一四六四四	政所別当。「鎌遺」は「将軍(惟康親王)家政所下文」とする。
268	〈弘安五年〉九月六日	北条時宗書状案	久我家文書	⑲一四六九五	仮名書状。
269	弘安五年十一月九日	関東御教書案	肥前武雄神社文書	⑲一四七三五	差出「平御判」を(北条時宗カ)とする。
270	弘安五年十一月二十五日	関東下知状案	相模海老名文書	⑲一四七四三	時宗単署。
271	弘安五年十二月二十八日	将軍(源惟康)家寄進状写	鹿島大禰宜家文書	⑲一四七五七	時宗単署。「鎌遺」は「将軍(惟康親王)家寄進状写」とする。
272	年月日欠	関東下知状	竹内文平文書	⑲一四七六一	時宗単署。後欠文書。書下年号と署判を欠く。
273	弘安六年(一二八三)正月二十二日	将軍(源惟康)家政所下文	出雲小野文書	⑳一四七七七	政所別当。「鎌遺」は「将軍(惟康親王)家政所下文」とする。
274	弘安六年二月三十日	関東御教書	山城万寿寺文書	⑳一四八〇〇	時宗単署。
275	弘安六年三月二十五日	北条時宗袖判執事奉書	相模円覚寺文書	⑳一四八二四	「鎌遺」は「北条時宗加判執事奉書」とする。
276	弘安六年四月日	北条時宗書下写	貞応弘安式目	⑳一四八四六	「鎌遺」は「関東評定事書」とする。袖に御判がある。
277	弘安六年五月一日	北条時宗書状写	鹿島大禰宜家文書	⑳一四八五二	「鎌遺」は「北条時宗巻数請取写」とする。
278	弘安六年五月十日	関東御教書	豊後稙田文書	⑳一四八五七	時宗・業時連署。
279	弘安六年六月八日	関東下知状写	興正菩薩行実年譜下	⑳一四八七一	時宗・業時連署。「鎌遺」は「関東下知状」とする。
280	弘安六年六月十三日	関東下知状	長府毛利家文書	⑳一四八七四	時宗・業時連署。
281	弘安六年七月三日	関東下知状案	肥後平川文書	⑳一四八九八	時宗・業時連署。「相模守平朝臣」脱カ。
282	年欠(弘安六年)七月十八日	北条時宗書状	相模円覚寺文書	⑳一四九一〇	
283	弘安六年七月二十三日	将軍(源惟康)家政所下文	二階堂文書	⑳一四九一四	政所別当。「鎌遺」は「将軍(惟康親王)家政所下文」とする。
284	弘安六年七月日	北条時宗申文	相模円覚寺文書	⑳一四九一九	
285	弘安六年九月二十七日	相模円覚寺米銭納下帳	相模円覚寺文書	⑳一四九五六	前欠文書。時宗と円覚寺の都寺等三人が連署する。

286	弘安六年九月二十七日	相模円覚寺年中寺用米注進状	相模円覚寺文書	⑳一四九五七	時宗と円覚寺の都寺等三人が連署する。
287	弘安六年九月日	関東下知状案	丹波片山文書	⑳一四九五八	時宗・業時連署。
288	弘安六年十二月十一日	関東下知状	相模文書	⑳一五〇二五	時宗・業時連署。
289	弘安六年十二月二十日	将軍（源惟康）家政所下文写	萩藩閥閲録五八内藤次郎左衛門尉	⑳一五〇三一	政所別当。「鎌遺」は「将軍（惟康親王）家政所下文案」とする。
290	弘安六年十二月二十一日	関東御教書案	八田文書		時宗・業時連署。五味克夫「新田宮執引道教具書案その他」（『日本歴史』三一〇、一九七四年）所収。
291	弘安七年正月四日	得宗家公文所奉書案	東寺百合文書な	⑳一五〇五一	「鎌遺」は「得宗家奉行人奉書案」とする。
292	弘安七年（一二八四）二月二十八日	関東寄進状写	薩藩旧記六写在国分正八幡宮社司澤氏	⑳一五〇八〇	時宗・業時連署。「鎌遺」は「関東寄進状案」とする。
293	弘安七年二月二十八日	関東御教書案	島津家文書	⑳一五〇八一	時宗・業時連署。
294	弘安七年二月二十八日	関東寄進状案	豊後宮成家文書	⑳一五〇八二	時宗・業時連署。
295	弘安七年二月二十八日	関東御教書案	豊後宮成家文書	⑳一五〇八三	時宗・業時連署。
296	弘安七年三月四日	関東下知状案	山城北野神社文書	⑳一五一〇四	時宗・業時連署。「鎌遺」は「関東下知状」とする。
297	弘安七年三月五日	関東寄進状写	福岡市立歴史資料館所蔵青柳資料	⑳一五一〇五	時宗・業時連署。「鎌遺」は「関東御教書写」とする。
298	弘安七年三月五日	関東御教書写	福岡市立歴史資料館所蔵青柳資料	⑳一五一〇六	後欠文書。「鎌遺」は「某書状」とする。同⑳一五一〇七号の後半部分と接続するか。とすれば時宗・業時連署。
299	弘安七年三月五日	関東御教書写	福岡市立歴史資料館所蔵青柳資料	⑳一五一〇七	時宗・業時連署。二紙からなる。「鎌遺」⑳一五一〇六号と錯簡あり、本文書の後半（二枚目）は一五一〇六に接続するか。
300	弘安七年三月十一日	北条時宗袖判下文写	陸奥中尊寺文書	⑳一五一一二	袖の「御判」は時宗か。「鎌遺」は「関東下文写」とする。
301	弘安七年三月十一日	関東御教書案	肥前青方文書	⑳一五一一三	時宗・業時連署。
302	年欠〈弘安七年〉三月二十五日	北条時宗書状	温故古文抄	⑳一五一二三	「鎌遺」は「北条時宗書状案」とする。「温故古文抄」は写し。
			尊経閣古文書纂東福寺文書	尊経一一一	
303	弘安七年三月二十六日	北条時宗袖判執事奉書	相模円覚寺文書	⑳一五一二五	「鎌遺」は「北条氏執事奉書」とする。弘安七年四月四日時宗死去。
304	年欠十月二十四日	北条時宗書状	中野忠太郎氏手鑑	⑳一五一四三	
305	年月日欠	道隆筆北条時宗願文	建長寺・田中光顕・益田孝氏所蔵	⑳一五一四四	
306	弘安七年七月八日	将軍（源惟康）家政所下文写	能勢文書	⑳一五二四五	政所別当。時宗死去後。検討を要する。

附録Ⅰ　北条時氏発給文書目録

例　言

一、年月日欄の〈　〉内は付年号を示す。年欠、年月日未詳の場合、（　）内に推定年次を記載した。
二、文書名は、原則として文書様式を基準に、例会で検討した文書名とした。
三、出典は、原則として『鎌倉遺文』記載のそれによった。
四、巻号欄には、『鎌倉遺文』の巻数（○数字）、文書番号を記載した。補遺編は「補遺」、尊経閣文庫編は「尊経」の略称を用いた。
五、備考欄には、北条時氏の官途、幕府の役職の他、関東下知状・関東御教書等の場合は単署・連署の区別、『鎌倉遺文』に記される注記や『鎌倉遺文』と本目録との相違などを適宜記載した。なお、『鎌倉遺文』は「鎌遺」の略称を用いた。
六、本目録は、山野井功夫・菊池紳一が作成した。

番号	年月日	文書名	出典	巻号	備考
1	年欠九月二十三日	北条時氏書状写	薩藩旧記二国分寺文書	⑤二九一〇	時氏在京中、任修理亮以前カ。時氏は元仁元年（一二二四）六月二十九日上洛、閏七月六波羅探題北方に就任。「鎌遺」は「北条時氏書状案」とする。
2	嘉禄三年二月十四日（一二二七）	六波羅書下	河内金剛寺文書	⑥三五七四	時盛・時氏連署。「鎌遺」は「六波羅下知状」とする。
3	嘉禄三年八月二十四日	六波羅書下案	大和春日神社文書	⑥三六五四	時盛・時氏連署。「鎌遺」は「六波羅御教書案」とする。嘉禄三年四月二十日従五位下修理亮に叙任。
4	〈嘉禄三年〉九月九日	北条時氏書状案	高野山文書又続宝簡集八七	⑥三六六四	「鎌遺」は「北条時氏請文案」とする。
5	年欠（嘉禄元年カ同二年）九月十九日	北条時盛・同時氏連署書状	山城大橋文書	補遺②補八七二	「鎌遺」は「六波羅御教書」とする。
6	年欠（嘉禄）三年十月二日	六波羅御教書	大和春日神社文書	⑥三六六八	時盛・時氏連署。「鎌遺」は「六波羅下知状」とする。
7	嘉禄三年十月二十日	六波羅御教書案	和泉井手文書	⑥三六七九	時盛・時氏連署。
8	嘉禄三年十一月六日	六波羅書下案	河内金剛寺文書	⑥三六八三	時盛・時氏連署。「鎌遺」は「六波羅下知状案」とする。
9	年欠（嘉禄三年）十一月十三日	六波羅施行状案	大和春日神社文書	⑥三六八八	時盛・時氏連署。「鎌遺」は「六波羅御教書案」とする。
10	嘉禄三年十二月二十三日	六波羅御教書			『根来要書――覚鑁基礎史料集成』一〇四号
11	〈安貞二年〉十一月二十八日（一二二八）	六波羅御教書	高野山文書宝簡集四四	⑥三七九〇	時盛・時氏連署。

12	寛喜元年三月二十日（一二二九）	六波羅書下案	山城疋田家文書	補遺②補九七五	時盛・時氏連署。「鎌遺」は「六波羅御教書案」とする。
13	寛喜元年七月十九日	六波羅施行状案	土御門文書	⑥三八四九	時盛・時氏連署。
14	寛喜元年十月六日	六波羅施行状写	新編伴姓肝属氏系譜	⑥三八七五	時盛・時氏連署。「鎌遺」は「六波羅下文案」とする。
15	〈寛喜元年〉十一月六日	六波羅書下案	但馬進美寺文書	⑥三八八七	時盛・時氏連署。「鎌遺」は「関東御教書案」とする。
16	寛喜元年十二月二十八日	六波羅書下案	山城疋田家文書	補遺②補九九五	時盛・時氏連署。「鎌遺」は「六波羅御教書案」とする。
17	寛喜元年十二月二十九日	北条時氏書状案	山城疋田家文書	補遺②補九九六	「鎌遺」は「北条時氏請文案」とする。寛喜二年六月十八日死去

（文書名）書止「執達如件、」は六波羅御教書。
書止「…状如件、」は六波羅書下、署名は日下。
書止「…恐惶謹言、」は時盛・時氏連署書状。
関東下知状等を施行している場合は、六波羅施行状とした。

附録II　北条政村発給文書目録

例　言

一、年月日欄の〈　〉内は付年号を示す。年欠、年月日未詳の場合、（　）内に推定年次を記載した。
二、文書名は、原則として文書様式を基準に、例会で検討した文書名とした。
三、出典は、原則として『鎌倉遺文』記載のそれによった。
四、巻号欄には、『鎌倉遺文』の巻数（○数字）、文書番号を記載した。補遺編は「補」、尊経閣文庫編は「尊経」の略称を用いた。
五、備考欄には、北条時氏の官途、幕府の役職の他、関東下知状・関東御教書等の場合は単署・連署の区別、『鎌倉遺文』に記される注記や『鎌倉遺文』と本目録との相違などを適宜記載した。なお、『鎌倉遺文』は「鎌遺」の略称を用いた。
六、本目録は、山野井功夫・菊池紳一が作成した。

号番	年月日	文書名	出典	巻号	備考
1	建長八年六月二日（一二五六）	関東御教書写	新編追加	⑪八〇〇二	政村・時頼連署。「鎌遺」は「関東御教書」とする。連署（建長八年三月三十日）。建長八年四月五日任陸奥守。
2	建長八年六月五日	関東御教書案	山城八坂神社文書	⑪八〇〇三	政村・時頼連署。
3	建長八年六月十二日	北条政村・同時頼連署書状案	山城八坂神社文書	⑪八〇〇四	「鎌遺」は「関東請文案」とする。
4	建長八年七月三日	将軍（宗尊親王）家政所下文	尊経閣武家手鑑	⑪八〇〇八	政所別当
			尊経閣文庫蔵武家手鑑	尊経七〇	
5	建長八年七月九日	将軍（宗尊親王）家政所下文	伊予忽那家文書	⑪八〇一〇	政所別当。
6	建長八年八月十一日	関東下知状案	筑後大友文書	⑪八〇二〇	政村・時頼連署。
7	建長八年八月十七日	関東御教書写	常陸吉田神社文書	⑪八〇二三	政村・時頼連署。
8	〈建長八年〉九月二日	関東御教書	東寺百合文書せ	⑪八〇三〇	政村・時頼連署。
9	建長八年十月三日	将軍（宗尊親王）家政所下文案	肥後詫摩文書	⑪八〇四三	政所別当。
10	康元元年十二月五日	関東御教書案	書陵部本参軍要略抄下裏文書	⑪八〇五六	政村・長時連署。
11	康元元年十二月十六日	関東御教書案	豊前益永家文書	⑪八〇六二	政村・長時連署。「鎌遺」は「六波羅御教書」とする。
12	康元元年十二月十八日	関東御教書案	豊前益永家文書	⑪八〇六三	政村・長時連署。

13	康元元年十二月二十日	関東御教書案	豊前樋田家文書	⑪八〇六六	政村・長時連署。
14	正嘉元年三月五日（一二五七）	関東御教書案	筑前宗像神社文書	⑪八〇八五	政村・長時連署。
15	正嘉元年閏三月二十日	関東御教書案	筑前宗像神社文書	⑪八〇九三	政村・長時連署。
16	正嘉元年閏三月二十日	関東御教書案	筑前宗像神社文書	⑪八〇九四	政村・長時連署。
17	正嘉元年閏三月二十四日	関東御教書	野上文書	⑪八〇九五	政村・長時連署。
18	正嘉元年閏三月三十日	関東御教書	肥前深堀家文書	⑪八〇九六	政村・長時連署。
19	正嘉元年閏三月三十日	関東御教書	肥前深堀家文書	⑪八〇九七	政村・長時連署。花押部分両名とも欠損。
20	正嘉元年七月六日	関東下知状	小早川家文書	⑪八一二六	政村・長時連署。
21	正嘉元年八月二十二日	関東下知状案	山城醍醐寺文書	⑪八一三四	政村・長時連署。
22	正嘉元年九月十四日	将軍（宗尊親王）家政所下文	肥後相良家文書	⑪八一四五	政所別当。
23	正嘉元年九月十四日	将軍（宗尊親王）家政所下文案	肥後相良家文書	⑪八一四六	政所別当。
24	正嘉元年九月十四日	将軍（宗尊親王）家政所下文	肥後相良家文書	⑪八一四七	政所別当。
25	正嘉元年九月十四日	将軍（宗尊親王）家政所下文	肥後相良家文書	⑪八一四八	政所別当。
26	正嘉元年九月二十七日	関東御教書案	高野山文書又続宝簡集二〇	⑪八一五一	政村・長時連署。
27	正嘉元年十二月二日	将軍（宗尊親王）家政所下文案	相州文書所収相承院文書	⑪八一六八	政所別当。
28	正嘉二年二月十六日（一二五八）	関東御教書案	豊前末久文書	⑪八一九〇	政村・長時連署。
29	正嘉二年三月十八日	関東御教書	長府毛利文書	⑪八一九九	政村・長時連署。
30	正嘉二年三月二十日	和泉国御家人着到注文（奥判）	和泉和田文書	⑪八二〇一	政村・長時連署。花押は両名とも欠損。
31	正嘉二年三月二十八日	関東御教書案写	吾妻鏡同年同月二十日条	⑪八二〇三	政村・長時連署。『鎌遺』は「関東御教書」とする。
32	年月日欠	関東下知状	大友家文書録	⑪八二六三	後欠文書。『大友文書録』は正嘉二年六月に掲出する（『鎌遺』注記参照）。
33	正嘉二年八月二十日	関東御教書写	新編追加	⑪八二七四	政村・長時連署。『鎌遺』は「関東御教書」とする。
34	正嘉二年九月二十一日	関東御教書写	新編追加	⑪八二八一	政村・長時連署。『鎌遺』は「関東御教書」とする。
35	正嘉二年十二月二日	将軍（宗尊親王）家政所下文	下野茂木文書	⑪八三一八	政所別当。松本一夫『下野中世史の世界』（岩田書院、二〇一〇年）
36	正嘉二年十二月五日	関東御教書	肥前山代文書	⑪八三一九	政村・長時連署。
37	正嘉二年十二月十三日	関東御教書案	山城醍醐寺文書	⑪八三二四	政村・長時連署。
38	正嘉二年十二月二十三日	将軍（宗尊親王）家政所下文	山内首藤家文書	⑪八三二八	政所別当。

39	正嘉二年十二月二十四日	北条政村・同長時連署書状案	大和春日神社文書	⑪八三三〇	「鎌遺」は「関東請文案」とする。⑪八三三一号は本文書の礼紙書。
40	正嘉二年十二月二十五日	関東下知状案	大和春日神社文書	⑪八三三四	政村・長時連署。
41	正嘉三年二月九日（一二五九）	関東御教書案写	新式目	⑪八三四六	政村・長時連署。「鎌遺」は「関東御教書案」とする。
42	正嘉三年二月十日	関東御教書案写	式目追加	⑪八三四七	政村・長時連署。「鎌遺」は「関東御教書案」とする。
43	正嘉三年二月二十日	関東御教書	肥前深堀家文書	⑪八三四九	政村・長時連署。
44	正元元年六月十八日	関東御教書写	新編追加	⑪八三八八	政村・長時連署。「鎌遺」は「関東御教書」とする。
45	正元元年七月十六日	関東下知状案	肥前青方文書	⑪八三九三	政村・長時連署。「鎌遺」は「関東裁許状案」とする。事実書の最後を省略する。
46	正元元年七月二十七日	関東下知状案	摂津多田院文書	⑪八三九七	政村・長時連署。
47	正元元年九月十一日	将軍（宗尊親王）家政所下文	近江佐々木文書	⑪八四〇六	政所別当。
48	正元元年十月二十七日	関東御教書	保坂潤治氏所蔵文書	⑪八四一九	政村・長時連署。
49	正元元年閏十月十八日	関東御教書	廣嶺胤忠氏所蔵文書	⑪八四二八	政村・長時連署。「鎌遺」は「将軍（宗尊親王）御教書」とする。
50	正元元年十二月九日	将軍（宗尊親王）家政所下文写	諸家文書纂野上文書	⑪八四四六	政所別当。「鎌遺」は「将軍（宗尊親王）家政所下文」とする。
51	正元元年十二月二十三日	関東下知状	上野長楽寺文書	⑪八四五二	政村・長時連署。
52	正元元年十二月二十六日	将軍（宗尊親王）家政所下文	筑後河原文書	⑪八四五四	政所別当。
53	文応元年三月二十九日（一二六〇）	将軍（宗尊親王）家政所下文案	肥前石志文書	⑪八四九三	政所別当。
54	文応元年六月十二日	関東御教書写	吾妻鏡同日条	⑫八五二六	政村・長時連署。「鎌遺」は「関東御教書」とする。
55	文応元年八月十二日	関東御教書写	吾妻鏡同日条	⑫八五四七	政村・長時連署。「鎌遺」は「関東御教書」とする。
56	文応元年九月十九日	関東下知状	相模仏日庵文書	⑫八五五七	政村・長時連署。
57	文応元年十月五日	関東御教書写	薩藩旧記前編四国分寺文書	⑫八五六二	政村・長時連署。「鎌遺」は「関東御教書案」とする。
58	文応元年十二月二十五日	関東御教書案	豊前香春神社文書	⑫八五九五	政村・長時連署。
59	文応二年二月五日（一二六一）	関東御教書案	豊後詫摩文書	⑫八六〇八	政村・長時連署。
60	文応二年二月二十五日	関東御教書写	吾妻鏡同日条	⑫八六一一	政村・長時連署。「鎌遺」は「関東御教書」とする。
61	文応二年二月二十五日	関東御教書写	吾妻鏡同日条	⑫八六一二	政村・長時連署。「鎌遺」は「関東御教書」とする。
62	年月日欠	関東御教書カ案	薩摩新田神社文書	⑫八六二二	後欠の断簡。「鎌遺」は「関東御教書案」とする。
63	弘長元年二月二十日	関東新制事書写	式目追加条々	⑫八六二八	政村・長時連署。「鎌遺」は「関東新制事書」とする。
64	弘長元年二月三十日	関東御教書写	新編追加	⑫八六二九	政村・長時連署。「鎌遺」は「関東御教書」とする。

65	弘長元年三月二十二日	関東御教書案	肥後武雄神社文書	⑫八六三八	政村・長時連署。
66	弘長元年六月二十五日	関東御教書写	吾妻鏡同日条	⑫八六七二	政村・長時連署。「鎌遺」は「関東御教書」とする。
67	弘長元年七月二十九日	関東下知状	肥前河上神社文書	⑫八六九四	政村・長時連署。
68	弘長元年八月八日	関東御教書案	東大寺文書四ノ一〇	⑫八七〇四	政村・長時連署。
69	弘長元年八月二十九日	関東下知状写	諸家文書纂萬澤家文書	⑫八七一三	政村・長時連署。「鎌遺」は「関東下知状案」とする。
70	弘長元年九月三日	将軍(宗尊親王)家政所下文	池田文書	⑫八七一四	政所別当。
71	弘長元年十月十八日	関東御教書	下総神崎神社文書	⑫八七二五	政村・長時連署。奥判の上に「別当」とある。
72	弘長元年十二月二十二日	関東御教書案	常陸鹿島神宮文書	⑫八七五一	政村単署。
73	弘長元年十二月二十七日	関東御教書写	新編追加	⑫八七五六	政村単署。「鎌遺」は「関東御教書」とする。
74	弘長二年二月九日（一二六二）	関東御教書	下総神崎神社文書	⑫八七六七	政村・長時連署。
75	弘長二年三月一日	関東下知状	尊経閣所蔵文書 尊経閣古文書纂仁和寺心蓮院文書	⑫八七七五 尊経七四	政村・長時連署。
76	弘長二年三月十七日	関東御教書案	長府毛利家文書	⑫八七八一	政村・長時連署。
77	弘長二年三月十八日	関東御教書	肥前深堀家文書	⑫八七八三	政村・長時連署。文書下部及び花押部分欠損。
78	弘長二年三月十九日	将軍(宗尊親王)家政所下文案	常陸烟田文書	⑫八七八四	政所別当。
79	弘長二年四月十七日	北条政村・同長時連署書状案	豊前香春神社文書	⑫八八〇〇	「鎌遺」は「関東御教書案」とする。
80	弘長二年四月十八日	関東御教書案	豊前香春神社文書	⑫八八〇一	政村・長時連署。
81	弘長二年五月六日	将軍(宗尊親王)家政所下文	肥前深堀家文書	⑫八八〇七	政所別当。
82	弘長二年五月二十三日	関東御教書写	新編追加	⑫八八二一	政村・長時連署。「鎌遺」は「関東御教書」とする。
83	弘長二年七月十日	関東御教書案	薩摩八田家文書	⑫八八二八	政村・長時連署。
84	弘長二年七月□	関東御教書写	比志島氏架蔵文書		『九州史料叢書　薩藩旧記（6）』四七五号。「関東御教書案」とする。
85	弘長二年閏七月二十五日	関東御教書案	豊後詫摩文書	⑫八八四六	政村・長時連署。
86	弘長二年十月十八日	関東下知状案	甲斐大善寺文書	⑫八八八二	政村・長時連署。
87	弘長二年十二月十日	関東下知状	尊経閣所蔵文書 尊経閣古文書纂編年文書	⑫八九〇四 尊経七五	政村・長時連署。「鎌遺」は「関東下知状案」とする。
88	弘長二年十二月日	関東下知状案	紀伊神光寺文書	⑫八九〇五	政村・長時連署。
89	弘長三年三月十三日（一二六三）	関東下知状	常陸塙不二丸氏文書	⑫八九三九	政村・長時連署。前欠文書。

番号	年月日	文書名	出典	鎌遺	備考
90	弘長三年六月二十三日	関東御教書写	吾妻鏡同日条	⑫八九六四	政村・長時連署。「鎌遺」は「関東御教書」とする。
91	弘長三年六月二十五日	関東御教書案	豊後眞玉氏系譜	⑫八九六五	政村・長時連署。
92	弘長三年七月二十日	関東下知状	長門熊谷家文書	⑫八九七一	政村・長時連署。
93	弘長三年八月五日	関東下知状	出雲鰐淵寺文書	⑫八九七四	政村・長時連署。
94	弘長三年八月二十五日	関東御教書写	吾妻鏡同年八月二十日条	⑫八九七九	政村・長時連署。「鎌遺」は「関東御教書」とする。
95	弘長三年八月二十五日	関東御教書写	吾妻鏡同日条	⑫八九八〇	政村・長時連署。「鎌遺」は「関東御教書」とする。
96	弘長三年九月三日	関東御教書案	薩摩新田神社文書	⑫八九八六	政村・長時連署。
97	弘長三年九月十日	関東御教書写	吾妻鏡同日条	⑫八九九三	政村・長時連署。「鎌遺」は「関東御教書」とする。
98	文永元年三月十二日（一二六四）	将軍（宗尊親王）家政所下文	小早川文書	⑫九〇六一	政所別当。
99	文永元年三月二十日	関東御教書案	書陵部所蔵八幡宮関係文書二九	⑫九〇六二	政村・長時連署。
100	文永元年三月二十二日	将軍（宗尊親王）家政所下文	肥後志賀文書	⑫九〇六三	政所別当。
101	文永元年四月十二日	関東御教書写	新編追加	⑫九〇七三	政村・長時連署。「鎌遺」は「関東御教書」とする。
102	文永元年四月二十日	関東御教書案	小早川文書	⑫九〇七八	政村・長時連署。「鎌遺」は「関東御教書案写」とする。
103	文永元年四月二十六日	関東御教書写	新編追加	⑫九〇八〇	政村・長時連署。「鎌遺」は「関東御教書」とする。
104	文永元年五月十日	関東下知状案	筑前宗像神社文書	⑫九〇九三	政村・長時連署。
105	文永元年五月二十七日	関東下知状	長門熊谷家文書	⑫九〇九九	政村・長時連署。
106	文永元年五月日	北条政村袖判書下	陸奥齋藤文書	⑫九一〇一	
107	文永元年六月十三日	将軍（宗尊親王）家政所下文写	薩藩旧記五入来本田文書	⑫九一一二	政所別当。「鎌遺」は「将軍（宗尊親王）家政所下文案」とする。
108	文永元年十月十日	関東下知状	陸奥結城文書	⑫九一六六	政村・時宗連署。文永元年八月十一日執権。
109	文永元年十月二十五日	関東下知状	山城住心院文書	⑫九一六九	政村・時宗連署。前欠（事書の一部）文書。
110	文永元年十一月一日	関東御教書案	東京大学法学部資料室所蔵文書	⑫九一七七	政村・時宗連署。
111	文永元年十一月二十二日	関東御教書写	榊葉集	⑫九一八四	政村・時宗連署。「鎌遺」は「関東御教書」とする。
112	文永元年十一月二十二日	関東下知状	和泉田代文書	⑫九一八五	政村・時宗連署。
113	文永二年四月十二日（一二六五）	関東下知状	出雲日御碕神社文書	⑬九二六九	政村・時宗連署。
114	文永二年閏四月十八日	関東下知状	出羽市河文書	⑬九二八五	政村・時宗連署。
115	〈文永二年〉閏四月二十九日	北条政村・同時宗連署書状案	久我家文書	⑬九二八九	「鎌遺」は「関東御教書案」とする。
116	文永二年五月七日	関東御教書写	薩摩山田文書	⑬九二九〇	政村・時宗連署。「鎌遺」は「関東御教書案」とする。付年号。

No.	年月日	文書名	出典	鎌遺	備考
117	文永二年五月十日	関東御教書	長門熊谷家文書	⑬九二九二	政村・時宗連署。
118	文永二年五月二十五日	将軍（宗尊親王）家政所下文	出羽市河文書	⑬九二九三	政所別当。
119	文永二年七月一日	関東下知状写	新編相模風土記稿所収鎌倉郡大伴主膳文書	⑬九三〇八	政村・時宗連署。『鎌遺』は「関東下知状」「内閣文庫本大伴氏文書」とする。
120	文永二年七月三日	関東御教書写	新編相模風土記稿所収鎌倉郡大伴主膳文書	⑬九三一二	政村・時宗連署。『鎌遺』は「関東御教書」「内閣文庫本大伴氏文書」とする。
121	文永二年八月二十二日	関東下知状	出雲北島家文書	⑬九三三六	政村・時宗連署。『鎌遺』は「将軍（宗尊親王）家御教書」とする。
122	文永二年九月三日	関東下知状写	萩藩閥閲録九三井上右衛門	⑬九三四四	政村・時宗連署。『鎌遺』は「関東下知状案」とする。
123	〈文永二年〉九月（二十日カ）	北条政村・同時宗連署書状	九条家文書	⑬九三五二	『鎌遺』は「関東御教書」とする。紙損のため欠字が多く、判読難解。特に署名部分は欠ける。書止が「恐惶謹言」、宛所が九条家と推定されるので、政村・時宗の連署書状とした。
124	文永二年九月二十八日	関東下知状写	萩藩閥閲録一二一ノ四周布吉兵衛	⑬九三五九	政村・時宗連署。『鎌遺』は「関東下知状案」とする。
125	文永二年十月十二日	関東御教書	禰寝文書	⑬九三六八	政村・時宗連署。
126	文永二年十二月七日	将軍（宗尊親王）家政所下文案写	乾坤院文書	⑬九四三〇	政所別当カ。署判部分を欠く。『鎌遺』は「将軍（宗尊親王）家政所下文案」とし、出典を「塩尻七」とするが掲載されず。出典は『愛知県史　資料編八中世1』に拠った。
127	文永二年十二月十七日	将軍（宗尊親王）家政所下文案	金剛三昧院文書	⑬九四六九	政所別当。『鎌遺』は「将軍（宗尊親王）家政所下文」とする。
128	文永二年十二月二十六日	関東御教書案	書陵部所蔵八幡宮関係文書二九	⑬九四七四	政村・時宗連署。
129	文永二年十二月二十六日	関東御教書案	書陵部所蔵八幡宮関係文書二九	⑬九四七五	政村・時宗連署。
130	文永二年十二月二十七日	関東下知状案	薩摩桑幡文書	⑬九四七七	政村・時宗連署。『鎌遺』は「関東御教書案」、出典を「薩摩曾木文書」とするが誤り。『薩藩旧記雑録前編二』は「加治木桑波田文書」とする。『九州史料叢書 薩藩旧記（五）』は「正本在加治木桑波田氏」とする。日付が異なる（廿九日）のみ。誤記か。
131	文永二年十二月二十八日	将軍家政所下文写	綾部家文書写		『佐賀県史料集成』第二一。事実書及び令・別当の署名部分を略す。
132	文永三年三月二十八日（一二六六）	関東御教書写	吾妻鏡同日条	⑬九五一六	政村・時宗連署。『鎌遺』は「関東御教書」とする。
133	文永三年四月九日	関東下知状	小早川家文書椋梨家什書	⑬九五二一	政村・時宗連署。
134	文永三年八月二十六日	関東御教書写	薩藩旧記四権執印文書	⑬九五六一	政村・時宗連署。事実書の書止を略す。『鎌遺』は「関東下知状案」とするが、連署の様式から御教書と判断した。
135	文永三年十月二十八日	関東御教書	保坂潤治氏所蔵手鑑	⑬九五八五	政村・時宗連署。
136	文永三年十二月十一日	関東下知状	常陸税所文書	⑬九六〇九	政村・時宗連署。

137	文永四年三月二十六日(一二六七)	関東御教書	書陵部所蔵壬生家法光寺并氏神雄琴社事	⑬九六八一	政村・時宗連署。
138	文永四年四月二十四日	関東下知状	二階堂文書	⑬九七〇二	政村・時宗連署。
139	文永四年六月一日	関東下知状写	高洲文書	⑬九七一八	政村・時宗連署。『鎌遺』は「関東下知状案写」とする。
140	文永四年六月十六日	関東下知状	薩摩入来院文書	⑬九七二四	政村・時宗連署。『鎌遺』は「関東安堵下知状」とする。
141	文永四年六月十六日	関東下知状写	薩藩旧記所収入来院岡元文書	⑬九七二五	政村・時宗連署。『鎌遺』は「関東下知状」とする。
142	文永四年十月二十五日	関東下知状案	筑前宗像神社文書	⑬九七八六	政村・時宗連署。
143	文永四年十月二十七日	関東下知状	山内首藤文書	⑬九七八八	政村・時宗連署。
144	文永四年十一月二十三日	関東御教書	豊後詫摩文書	⑬九八〇六	政村・時宗連署。
145	文永四年十二月十九日	関東下知状案	薩摩比志島文書	⑬九八二三	政村・時宗連署。『鎌遺』は「欠字傍注は、薩藩旧記による。」と注記する。
146	文永五年二月二日(一二六八)	関東御教書写	新編追加	⑬九八五七	政村・時宗連署。『鎌遺』は「関東御教書」とする。
147	文永五年二月二十六日	関東御教書	肥前深堀家文書	⑬九八六四	政村・時宗連署。
148	文永五年二月二十七日	関東御教書写	新式目	⑬九八八三	政村・時宗連署。『鎌遺』は「関東御教書」とする。
149	文永五年四月二十五日	関東御教書案	高野山正智院文書	⑬一〇二三六	政村・時宗連署。
150	文永五年六月二十日	関東下知状案	東京大学法学部資料室所蔵文書	⑬一〇二六〇	政村・時宗連署。
151	〈文永五年〉六月二十三日	北条政村・同時宗連署書状	久我家文書	⑬一〇二六三	『鎌遺』は「関東御教書」とする。
152	文永五年七月十八日	関東下知状案	吉川家文書	⑬一〇二八〇	政村・時宗連署。
153	文永五年九月十日	関東下知状	近江朽木文書	⑬一〇三〇一	政村・時宗連署。
154	文永六年正月三十日(一二六九)	関東御教書	禰寝文書	⑭一〇三七〇	政村・時宗連署。
155	文永六年二月十六日	関東御教書	神田孝平氏所蔵文書	⑭一〇三七八	政村・時宗連署。宛所、「謹上」とする。
156	文永六年三月二十三日	関東御教書案	豊前香春神社文書	⑭一〇四〇一	政村・時宗連署。
157	文永六年三月二十三日	関東御教書案	豊前香春神社文書	⑭一〇四〇二	政村・時宗連署。
158	文永六年六月二十四日	関東御教書写	禰寝文書	⑭一〇四五〇	政村・時宗連署。『鎌遺』は「関東御教書」、『鹿児島県史料』旧記雑録拾遺家わけ一は写とする。
159	文永六年八月十二日	関東御教書	肥前深堀家文書	⑭一〇四七四	政村・時宗連署。
160	文永六年十月二十三日	関東下知状	島津家文書	⑭一〇五一四	政村・時宗連署。
161	文永六年十一月二十五日	関東御教書案	下総香取神宮文書	⑭一〇五三〇	政村・時宗連署。書下年号の「文永」を欠く。
162	文永六年十二月十二日	関東下知状	陸奥飯野文書	⑭一〇五四四	政村・時宗連署。前欠文書。事書を欠く。

163	文永六年十二月十九日	関東下知状	美濃池田文書	⑭一〇五四九	政村・時宗連署。
164	文永七年三月二十五日（一二七〇）	関東御教書写	大友家文書録	⑭一〇六〇九	政村・時宗連署。「鎌遺」は「関東御教書案」とする。
165	文永七年四月二十六日	関東下知状写	諸家文書纂野上文書	⑭一〇六一七	政村・時宗連署。「鎌遺」は「関東下知状」とする。
166	文永七年五月六日	関東御教書写	諸家文書纂野上文書	⑭一〇六二三	政村・時宗連署。「鎌遺」は「関東御教書」とする。
167	文永七年五月九日	関東御教書写	新編追加	⑭一〇六二五	政村・時宗連署。「鎌遺」は「関東御教書」とする。
168	文永七年五月十日	北条政村・同時宗連署書状案	山城大通寺文書	⑭一〇六二六	政村・時宗連署。「鎌遺」は「関東御教書案」とする。
169	文永七年五月二十六日	関東御教書写	禰寝文書	⑭一〇六二九	政村・時宗連署。「鎌遺」は「関東御教書」、『鹿児島県史料』旧記雑録拾遺家わけ一は「関東御教書写」とする。
170	文永七年六月十三日	関東下知状	山内首藤家文書	⑭一〇六三六	政村・時宗連署。
171	文永七年八月二十八日	関東下知状案	長門三浦家文書	⑭一〇六八二	政村・時宗連署。
172	文永七年八月二十九日	関東御教書写	新編追加	⑭一〇六八四	政村・時宗連署。「鎌遺」は「関東御教書」とする。
173	文永七年閏九月十日	関東下知状	相模相承院文書	⑭一〇六九八	政村・時宗連署。
174	文永七年十二月三日	関東下知状	相模相承院文書	⑭一〇七四五	政村・時宗連署。
175	文永七年十二月八日	関東下知状	常陸真壁文書	⑭一〇七四九	政村・時宗連署。
176	文永七年十二月十三日	関東下知状案	出羽中条家文書	⑭一〇七五〇	政村・時宗連署。
177	文永七年十二月十四日	関東下知状案	出羽色部文書	⑭一〇七五一	政村・時宗連署。
178	文永七年十二月十四日	関東下知状案	出羽色部文書	⑭一〇七五二	政村・時宗連署。
179	文永七年十二月十四日	関東下知状案	出羽色部文書	⑭一〇七五三	政村・時宗連署。
180	文永七年十二月十四日	関東下知状案	出羽色部文書古案記録草案	⑭一〇七五四	政村・時宗連署。
181	文永七年十二月二十五日	関東下知状案	出羽色部文書	⑭一〇七六二	政村・時宗連署。「鎌遺」⑭一〇七五三号と同文。「鎌遺」は「関東御教書案」とする。
182	文永七年十二月二十五日	関東御教書	禰寝文書	⑭一〇七六三	政村・時宗連署。
183	文永八年二月十日（一二七一）	関東下知状案	肥後詫摩文書	⑭一〇七七七	政村・時宗連署。
184	文永八年三月十日	関東下知状案	信濃守矢家文書	⑭一〇七九七	連署は相模守平朝臣・武蔵守平朝臣であり、「鎌遺」は「本文書検討を要す。」と注記する。
185	文永八年四月五日	将軍（源惟康）家政所下文案	竹内文平氏所蔵御領目録裏文書	⑭一〇八一四	政所別当。事書を欠く。
186	文永八年六月二十日	関東御教書	肥後小代文書	⑭一〇八四二	政村・時宗連署。
187	文永八年九月十三日	関東御教書	肥後小代文書	⑭一〇八七三	政村・時宗連署。
188	文永八年九月十三日	関東御教書	薩摩二階堂文書	⑭一〇八七四	政村・時宗連署。

189	文永八年十月十六日	関東御教書案	禰寝文書	⑭一〇九〇一	政村・時宗連署。
190	文永八年十月十六日	関東御教書案	禰寝文書	⑭一〇九〇二	政村・時宗連署。
191	文永八年十一月十九日	関東下知状案	筑前宗像神社文書	⑭一〇九一八	政村・時宗連署。「鎌遺」は「関東下知状」とする。
192	文永八年十一月二十五日	将軍（源惟康）家政所下文案	肥前青方文書	⑭一〇九二〇	政所別当。
193	文永八年十一月（日カ）	関東下知状	出雲千家文書	⑭一〇九二二	政村・時宗連署。前欠文書。「鎌遺」は「関東御教書」とする。
194	文永八年十二月二十二日	関東御教書写	尾張文書通覧	⑭一〇九四一	政村・時宗連署。「鎌遺」は「関東御教書」とする。
195	文永八年十二月二十二日	関東下知状写	碩田叢史平林家古文書	⑭一〇九四二	政村・時宗連署。「鎌遺」は「関東下知状案」とする。
196	文永八年十二月二十二日	将軍（源惟康）家政所下文写	碩田叢史平林家古文書	⑭一〇九四三	政所別当。「鎌遺」は「将軍源惟康家政所下文」とする。
197	文永八年十二月二十三日	関東下知	越後大見水原文書	補遺③補一六二六	政村・時宗連署。
198	文永八年十二月二十四日	関東下知状案	島津家文書	⑭一〇九四五	政村・時宗連署。
199	文永八年十二月二十四日	関東下知状	島津家文書	⑭一〇九四六	政村・時宗連署。
200	文永八年十二月二十九日	将軍（源惟康）家政所下文	上杉家文書	⑭一〇九四八	政所別当。
201	文永九年正月二十日 （一二七二）	関東御教書案	紀伊興山寺文書	⑭一〇九五五	政村・時宗連署。
202	文永九年正月二十日	関東下知状	高野山文書寶簡集七	⑭一〇九五六	政村・時宗連署。
203	文永九年二月十一日	関東御教書写	新編追加	⑭一〇九七二	政村単署（時宗宛）。「鎌遺」は「関東御教書」とする。
204	文永九年四月五日	関東下知状写	秋田藩採集文書小泉藤左衛門昌堅蔵	⑭一一〇〇五	政村・時宗連署。「鎌遺」は「関東下知状」とする。
205	文永九年四月十二日	関東御教書	出雲千家文書	⑭一一〇〇九	政村・時宗連署。
206	文永九年五月十日	関東下知状案	肥前青方文書	⑭一一〇二九	政村・時宗連署。
207	文永九年五月十七日	関東下知状	陸奥飯野文書	⑭一一〇三三	政村・時宗連署。
208	文永九年五月二十六日	将軍（源惟康）家政所下文案	薩摩二階堂文書	⑭一一〇四二	政所別当。
209	文永九年六月二十三日	関東下知状	陸奥中尊寺経蔵文書	⑭一一〇五二	政村・時宗連署。
210	文永九年八月二十五日	将軍（源惟康）家政所下文	出羽安田文書	⑮一一〇九一	政所別当。
211	文永九年十月十六日	関東下知状	紀伊金剛三昧院文書	⑮一一一二一	政村・時宗連署。
212	文永九年十月十六日	関東御教書案	紀伊金剛三昧院文書	⑮一一一二二	政村・時宗連署。
213	文永九年十月二十日	関東御教書案	東寺百合文書ア	⑮一一一二五	政村単署（時宗宛）。
214	文永九年十月二十日	関東御教書写	萩藩閥閲録五八内藤次郎左衛門	⑮一一一二六	政村・時宗連署。「鎌遺」は「関東御教書案」とする。
215	文永九年十月二十五日	関東下知状	大隅台明寺文書	⑮一一一三〇	後欠文書。署判を欠く。

216	文永九年十月二十九日	関東下知状	陸奥相馬文書	⑮一一一三四	政村・時宗連署。
217	文永九年十月二十九日	関東下知状	陸奥相馬文書	⑮一一一三五	政村・時宗連署。
218	文永九年十月二十九日	関東下知状	陸奥相馬文書	⑮一一一三六	政村・時宗連署。
219	文永九年十二月十二日	関東下知状	伊豆伊豆山神社文書	⑮一一一五六	政村・時宗連署。
220	文永九年十二月十二日	関東下知状案	備中平川家文書	⑮一一一五七	政村・時宗連署。『鎌遺』は「将軍（源惟康）家政所下知状案」とする。
221	文永九年十二月十三日	関東御教書	内閣文庫所蔵美濃国文書	⑮一一一五八	政村・時宗連署。
222	文永九年十二月十八日	関東下知状	香取旧大禰宜家文書	⑮一一一六一	政村・時宗連署。
223	文永九年十二月十八日	関東下知状案	肥前武雄鍋島家文書	⑮一一一六二	政村・時宗連署。
224	年欠（文永元年～九年）十二月二十日	北条政村・同時宗連署書状	久我家文書		川添昭二「北条時宗文書の考察」（『鎌倉遺文研究』二号、一九九八年）。
225	文永九年十二月二十六日	北条政村・同時宗連署書状写	東大寺要録二	⑮一一一六六	政村・時宗連署。『鎌遺』は「関東御教書案」とする。
226	文永九年十二月二十六日	関東下知状写	正閏史料外編河野六郎所蔵	⑮一一一六七	政村・時宗連署。『鎌遺』は「関東下知状案」とする。
227	文永九年十二月二十七日	関東下知状案	金沢文庫文書	⑮一一一六九	政村・時宗連署。前欠文書。事書の一部を欠く。
228	〈文永九年〉十二月二十八日	北条政村・同時宗連署書状案	東大寺文書四ノ九	⑮一一一七〇	政村・時宗連署。政村、文永十年五月十八日連署辞任。

◉コラム◉

北条政村単署の発給文書小考

山野井功夫

北条政村（元久二年（一二〇五）～文永十年（一二七三））は北条義時の五男（または四男）で、母は義時の後室伊賀氏である。父義時の死後に起きた伊賀氏の変の経験から、以後の政村は慎重かつ重厚な性格と多数の子女の婚姻関係をもって、一門の実力者として幕府と得宗家を支え続けた。(1)評定衆・一番引付頭人を経て執権北条時頼・北条長時のもとで連署を務めた後に第七代執権に昇り、若き得宗北条時宗の成長を待って執権職を時宗に譲ると再び連署に転じた。

『鎌倉遺文』にみる政村単署の発給文書

五十二歳の連署就任から六十九歳で亡くなるまで、政村が署判を加えた発給文書は二〇〇通以上が確認される。そのうち、政村単署による発給文書は五通を数えるのみである。

※数字は『鎌倉遺文』（以下、『遺文』と略す）の巻数・文書番号

①弘長元年（一二六一）十二月二十二日関東御教書案

（一二―八七五一・「常陸鹿島神宮文書」）

常陸国中郡荘礒部郷（現、茨城県桜川市）の預所職をめぐる訴訟について、地頭安達泰盛に調査を命じたもの。執権長時は病気がちであったため、政村単署となったとも推測される。(2)

②弘長元年（一二六一）十二月二十七日関東御教書写

（一二―八七五六・「新編追加」）

河内国橘島荘（現、大阪市平野区）に関する訴えについて、事実の究明と処置を六波羅探題の北条時茂に申し伝えたもの。これも長時病気のためか、「写」なので書き落としの可能性もあり得る。もしくは、長時が河内国守護であった可能性があり、(3)案件に関わる立場なので署判しなかったとも考えられる。

③文永元年（一二六四）五月日北条政村袖判書下

（一二―九一〇一・「陸奥斎藤文書」）

得宗被官（御内人）である曽我大次郎の後家尼に、陸奥国平賀郡岩楯村地頭代職を安堵する。『遺文』は北条政村袖判下文と載せるが、書下形式である。この文書については次項で検討を加えてみたい。

④文永九年（一二七二）二月十一日関東御教書写

（一四―一〇九七二・「新編追加」）

数少ない二月騒動関連文書である。この日、鎌倉で名越家の当主北条時章と弟教時が、謀叛の咎で得宗被官らによって討たれた。ところが、時章に咎はなかったとして討手五人は即刻斬首され、(4)教時の討手については賞も罰もなかった。さらに、十五日には鎌倉からの早馬を受けて、京都で六波羅探

題北方の北条義宗が同南方の北条時輔（時宗庶兄）を誅殺した。

この文書は、連署の政村が執権北条時宗に宛てて、今後は将軍の勘当を蒙った輩がある時は、追討使の仰せを蒙りながら相向かわない以外に、命令なく馳せ向かう輩についても重科に処すべきことを、御家人らに伝達することを命じている。時章の討手らの処分に関わる措置とみてよい。政村単署で宛所が時宗なのは得宗分国宛で、その他の守護宛のものは時宗・政村連署で発給されたのであろう。

蒙古襲来の危機を目前に控え、二月騒動で時宗は得宗権力の強化を成し遂げた。事件は時宗主導で進められたとみて間違いないが、政村や安達泰盛ら寄合メンバーの動向については諸説ある。両者は時宗と一体であったとする見方がある一方、事件は時宗個人もしくは得宗被官主導で引き起こされたとする見解もある。その上で、政村がこの御教書で時宗の独走に戒飭を加えたとする解釈や、時章討手の斬首は泰盛の処置であり、泰盛対得宗被官の対立抗争史の一環に位置づける評価もある。(5)

誅殺は十一日に鎌倉で、十五日に京都で決行された。時宗を中心に政村・泰盛らも加わって周到に準備がなされたからこそ、迅速かつ手際よく実行できたのであろう。ただし、時章誤殺は得宗被官らの先走り（功を焦ったか、忖度が過ぎたための状況判断ミス）が招いた結果だったのではなかろうか。五人ははなから捨て駒に使われたと、時宗の冷徹さを指摘する見解もあるが、誤殺の罪科があればこその処刑とみるべきであろう。この御教書からは、今回のような先走った行動の再発防止とともに、軍事行動の正当性が「将軍の仰せ（を奉じる執権時宗と連署政村の命令）」にあることを改めて強調する狙いも読み取れよう。

⑤文永九年（一二七二）十月二十日関東御教書案

（一五─一一一二五・「東寺百合文書ア」）

北条時宗宛。駿河・伊豆・武蔵・若狭・美作国等の大田文調進を命じる。いずれも時宗の管国で、(6)若狭国の現地に宛てた内管領平頼綱奉書案など関連文書が残る。(7)蒙古襲来の危機を目前に、御家人らに軍役を課すためなどの措置といえる。同様の御教書は各国守護に出されたようで、安芸国守護武田信時宛のものが残る。(8)

「陸奥斎藤文書」所収政村単署の発給文書について

前項③の文書（以下、当該文書とする）について検討を加えてみたい。曽我大次郎の後家尼に、陸奥国平賀郡岩楯村地頭代職を安堵したもので、袖判書下の形式をとる。

（花押）
陸奥国平賀郡岩楯村地頭代職事
右、曽我大次郎後家尼、如元可令領知之状如件、
文永元年五月　日

岩楯村は現在の青森県平川市のうち旧南津軽郡平賀町に位置する。得宗領として伝領され、曽我氏は得宗被官で同村地頭代職であった。(9)ところで、『遺文』は同じ「陸奥斎藤文書」

を出典として、同年五月十日北条長時袖判書下（一二―九〇九二）を載せる。「岩楯村」が「吉楯村」とあることと、日付が若干異なる以外は政村発給文書と同じ内容である。「陸奥斎藤文書」は原本所在不明で、東京大学史料編纂所に影写本として残るのみである。(10)『遺文』以外の刊本や影写本については、当該文書の扱いは以下のとおりである。

①**『南部家文書』**（吉野朝史蹟調査会・一九三九年）

文書名は「北条長時下知状」（文書番号二六四号）、岩楯村で日付は五月十日、花押は長時、出典は「南部家文書参考諸家文書」。

②**『岩手県中世文書　上巻』**（岩手史学会・一九六〇年）

文書名は「曽我大次郎領知状」（文書番号二四号）、岩楯村で日付は五月日、花押は政村、出典は「斎藤文書」。

③**『青森県史　資料編　中世1　南部氏関係資料』**（二〇〇四年）（以下『青森県史』と略す）

文書名は「某袖判書下」（文書番号四二八号）、岩楯村で日付は五月十日、出典は「原本所在不明文書（新渡戸・宮崎・斎藤文書）」。注記で以下のように指摘する。

・影写本「斎藤文書」一。本来、津軽曽我氏の文書。

・（花押）北条長時あるいは政村に比定する説もあるが、両者と形が大きく異なっている。北条義政の花押に似ている（『花押かがみ』参照）。本冊七号・八号の花押と同形。

④**史料編纂所影写本「斎藤文書」一**

村名は岩楯村、日付は五月十日で間違いない。同所の花押カードデータベースは「文永元年五月十日北条長時下知状袖判」と載せ、「南部文書ニナシ」のメモがある。

〈当該文書（影写本）〉

（花押）

陸奥国平賀郡岩楯村
地頭代職事
右、曽我大次郎後家尼如元可令
領知之状如件
文永元年五月十日

これらを勘案すれば、『遺文』が北条政村と北条長時の名でほぼ同内容の袖判書下を載せるのは、同一の文書を別経路で重複して採録してしまった結果である。

それでは、袖判の真の署判者は誰なのか。岩楯村は得宗領であるから、政村であっても長時であっても、時宗が若年のために「得宗眼代」として花押を据えたとみることができる。

しかしながら、問題は『青森県史』が指摘するとおり、当該文書の花押は政村の花押にも長時の花押にも似ていない。得宗領の地頭代職補任の袖判書下であるから、署判者は得宗かそれに代わる立場の者でなければならない。もしくは、岩楯村地頭職が一時的に北条一門の誰かに給与され、その者が花押を据えた可能性も排除できない[11]。そこで、文永元年（一二六四）五月段階で可能性のある人物とその花押（当該文書とできるだけ近い時期のもの）を列挙すると次のとおりである。

①北条時頼：弘長三年（一二六三）十一月二十二日に死去。
花押もまったく別物。

②北条政村：六十歳。連署。同年八月執権。
〈政村花押・文永元年三月二十二日「志賀文書」〉

③北条長時：三十五歳。重時次男（嫡男）。執権。同年七月三日出家、八月二十一日死去。
〈長時花押・前項政村に同じ〉

④北条義政：二十二ないし二十三歳。重時五男、長時弟。
翌年六月引付衆。
〈義政花押・文永十一年正月二十七日「熊谷家文書」〉

『青森県史』が指摘するように、当該文書の花押に似ていなくもないが、庶流で若年の義政が一門の実力者を差し置いて、得宗領の地頭代職補任状に袖判を据える理由はない。ただし、岩楯村が義時⇒泰時⇒重時（泰時弟）⇒義政と伝えられ、建治三年（一二七七）の義政の突然の出家遁世により没収されて得宗領に戻った可能性は否定できない。

⑤北条時宗：十四歳。同年八月連署。
〈時宗花押・文永元年十月十日「結城文書」〉

〈時宗花押・文永元年十一月二十二日「田代文書」〉

得宗として得宗領の地頭代職安堵は当然だが、花押は似ていない。

⑥北条時輔：十七歳。時宗の庶兄。同年十月六波羅探題南方。
〈時輔花押・文永二年三月一日「橘中村文書」〉

〈時輔花押・文永三年五月二十四日「北島文書」〉

当該文書の花押に似ていなくもないが、庶子で若年・無官の時輔が袖判を据える理由は乏しい。もし、時輔だとすれば、冷遇されていたと指摘されることが多い時輔が、得宗の庶長子として重んじられていたことになり興味深い。

ところで、『青森県史』は年欠二月三十日某袖判泰綱奉書（「南部光徹氏所蔵遠野南部家文書」七号）と年欠四月二十四日某袖判泰茂奉書（「同」八号）の花押と、当該文書の花押が同形であることを指摘する。前者は仏事料の染物、後者は鱒と鳫（雁）進上に対する返書で、いずれも曽我弥次郎入道宛である。(12)『遺文』は「宝治年間か」とするが、その根拠は不明である。宝治年間ならば執権時頼の袖判であるべきだが、時頼の花押にはまったく似ておらず、当該文書の花押の説明もつかない。奉者の泰綱と泰茂は得宗被官と思われるが、詳細は不詳である。

泰茂奉書の袖判

おわりに

『遺文』所収の岩楯（吉楯）村に関する文永元年の二通の袖判書下は、同一の文書が重複して採録された結果であった。しかし、当該文書の花押が誰のものであるのか、結論を下すには至らなかった。史料編纂所の花押データベースで北条一門のすべての花押にあたってもみたが、同形のものは見当たらなかった。「陸奥斎藤文書」が原本所在不明のため、これ以上は断念せざるを得ない。

註

（1）政村の系譜や政治的立場、姻戚関係については、拙稿「北条政村及び政村流の研究――姻戚関係から見た政村の政治的立場を中心に――」（北条氏研究会編『北条時宗の時代』八木書店、二〇〇八年）参照。先行研究についても載せる。

（2）「吾妻鏡」文応元年（一二六〇）十二月十六日条。文永元年（一二六四）八月、長時は三十五歳で死去。

（3）『大阪府史　第三巻』（一九七九年）一五六頁、伊藤邦彦『鎌倉幕府守護の基礎的研究【国別考証編】』（岩田書院、二〇一〇年）。

（4）斬首された五人のうち四人は得宗被官、あと一人は政村の被官であった（細川重男「「相模式部大夫殿」――文永九年二月騒動と北条時宗政権――」（同『鎌倉北条氏の神話と歴史――権威と権力――』日本史史料研究会選書・二〇〇七年）註（41）参照）。

（5）二月騒動を取り上げた比較的新しい論考に細川前掲書や福島金治『北条時宗と安達泰盛――新しい幕府への胎動と抵抗――』（山川出版社、二〇一〇年）などがある。前者は二月騒動に関する研究史の詳細な検討も行っているので参照されたい。

（6）佐藤進一『増訂　鎌倉幕府守護制度の研究――諸国守

護沿革考証編――」（東京大学出版会、一九七一年）、伊藤前掲書。

（7）『遺文』一五―一一四二、一一一九二、一一二〇五、一一二一四（いずれも「東寺百合文書」）。

（8）『遺文』一五―一一一二六（「萩藩閥閲録五十八内藤次郎左衛門」）。

（9）建保七年（一二一九）四月二十七日北条義時袖判下文（『遺文』四―二四九四・「陸奥新渡戸文書」）で平（曽我）広忠が地頭代職に補任される。

（10）「陸奥斎藤文書」は『岩手県中世文書』編纂時にはすでに所在不明で、影写本によっている。『青森県史』の解題によれば、その由緒は次のとおりである。

明治二十二年（一八八九）の東京帝国大学史料編纂掛による採訪で、岩手県西閉伊郡遠野町（現、遠野市）の遠野南部家当主南部行義氏所蔵文書が翌年に影写本「南部文書」（一～三）として、同じく宮城県牡鹿郡石巻村（現、石巻市）の斎藤連太郎氏所蔵文書が影写本「斎藤文書」（三冊）として作成された。大正六年（一九一七）、再度、遠野南部家所蔵文書（当主は南部義信氏）の調査が行われ、影写本「南部文書」四～七が作成され、昭和十四年（一九三九）に文書三点が追加されて影写本「南部文書」が完成した。影写本「南部文書」四～七所収文書の相当数が、影写本「斎藤文書」所収文書と重複している。これは、明治二十二年の第一回採訪の際には斎藤連太郎氏の手もとにあった文書が、大正六年の再度の調査の段階では遠野南部家に移っており、史料編纂掛がこれらをあらためて「南部文書」として影写したためである。ただし、影写本「斎藤文書」のうち遠野南部家所蔵となったのは五十四点にとどまり、残り六十五点は斎藤氏の子孫にも伝わらず、長らく原本不明となっていた。そのうち、南部信直・利直発給文書四十七点は、近年になって盛岡南部家の現当主南部利昭氏の所蔵文書中から発見された。しかし、残り十八点は依然として所在不明である（当該文書はそのうちの一点―筆者注）。

なお、「陸奥斎藤文書」と「遠野南部文書」の関係については、鈴木茂男「文書がはがされた話――南部文書と斎藤文書――」（『古文書研究』六、一九七三年）がすでに指摘している。

（11）岩楯村に関する得宗発給文書は以下のとおりで、経時・時頼・時宗のものはない。

義時：『遺文』四―二四九四。
泰時：『遺文』五―三二八五、七―五一一六、八―五四〇一・五七八一・五七八二。
貞時：『遺文』二八―二一八三一。

（12）東京大学史料編纂所写真帳「南部文書」中巻四七・四八。『遺文』一〇―七〇六四・七〇六五。

※図版は全て東京大学史料編纂所所蔵影写本より掲載した。

源頼朝発給文書概論

菊池紳一

はじめに

源頼朝は、治承四年に伊豆国で挙兵し、鎌倉幕府の基礎を築いた人物として知られる。その発給文書については、拙稿「鎌倉幕府の発給文書について――源頼朝発給文書を中心に――」（北条氏研究会編『北条時宗の時代』所収）(1)でも触れたことがある。そこでは、鎌倉幕府内における北条氏の発給文書の変遷を見るための基礎作業として、鎌倉殿源頼朝の発給文書（以下「源頼朝文書」と略称を用いる）の文書様式・用途等を概観した。本稿では、源頼朝の身分や立場・権限等の変遷と共に、その発給する文書様式の変化とその意味を時系列を追って考えてみたい。

なお、源頼朝文書については、黒川高明氏による先論（『源頼朝文書の研究』史料編(2)、『源頼朝文書の研究』研究編等）(3)や林譲氏の「源頼朝の花押について――その形体変化と治承・寿永年号の使用をめぐって――」等があり(4)、これらを参照しつつ考えてみたい。

相田二郎『日本の古文書』(5)では、下文を公式様文書の符や牒から発展した官宣旨の系統を引く公文書に位置づけ、御教書を本来私文書である書札様文書のひとつ奉書の中に位置づけている。しかし、「源頼朝文書」からは、前者を公文書、後者を私文書とすることは適当ではない。後者の場合も、前記の留意点を考慮すると、多かれ少なかれ公的な意味を含んで用いられていたと考えられる。前者は書下年号であるのに対し、後者には、年号のないものの外、年号を具備するか、付け年号のものも存在する。その各々が、どのような用途に用いられたのか、差出者である源頼朝あるいは奉者の立場はどのようなものであったか、それによって文書様式はどのように規定されていたかという点に注目してみたい。

ちなみに、佐藤進一『［新版］古文書学入門』第三章第三節武家様文書では、鎌倉幕府の発給文書について次のように説明している。(6)「東国に樹立された武家政権（鎌倉幕府）は、朝廷・公家の間で行われていた下文と御教書の二大系統の文書を継承することから出発し、その後下文と御教書との折衷ともいうべき下知状という新様式を生み、下文・下知状・御教書の三系統が武家文書の中心を形づくった。そして、私状様式（直接的な意思伝達法）の普遍化現象は中世にますます進み、書止めを「…状如件」、「仍如件」のような文言で結び、日付に年次（年付）を入れる「書下」という新文書様式（直接に出すという意味で直状・直札ともいわれた）が生まれた」（要約）と、武家政権の発給文書の様式は、源頼朝の時代に使用された下文と御教書の二系統を継承したことから出発したと指摘している。

しかし、留意しなくてはならない点がある。佐藤氏が述べているのは、鎌倉武家政権管轄内の上意下達の文書のことで、それ以外の後白河院を中心とする朝廷や公家、その他寺社権門等に対して出された文書は含まれていないという点である。この点も検討してみたい。

一　「源頼朝文書」の分類について

源頼朝文書については、『源頼朝文書の研究』史料編(7)では、図版の部分を下文、寄進状、政所下文、下知状・外題安堵、鎌倉殿御使下文、御教書、書状の七種に分けて掲載する。これを、源頼朝の身分や立場・権限等の変遷を加味して考えると、左記のような段階を考えることができよう。(8)但し、これは源頼朝の政治的・身分的な画期であり、発給文書様式の画期ではないことに留意したい。文書様式の変遷はこの画期と平行して進行したと考えている。

Ⅰ　治承四年（一一八〇）八月の挙兵から寿永二年（一一八三）十月宣旨まで
Ⅱ　寿永二年十月から文治元年（一一八五）四月に従二位になるまで
Ⅲ　文治元年四月から建久二年（一一九一）正月の政所始めまで
Ⅳ　建久二年正月から正治元年（一一九九）正月の源頼朝死去まで

Ⅰは、治承四年八月の挙兵から寿永二年十月宣旨を受けて京都朝廷と和解するまでの、頼朝が朝敵であった時期で、源頼朝は以仁王を奉じて平家討伐をかかげる反乱軍の首魁であった。この間の「源頼朝文書」は、「養和」・「寿永」の年号は用いられず、頼朝は「治承」の年号を使用し続けた。同年十月七日頼朝は本位（従五位下）に復している。

Ⅱは、寿永二年十月から文治元年四月に源頼朝が従二位に叙されるまでの期間で、この間木曽義仲討伐から平家滅亡（文治元年三月）があった。この間源頼朝の位階は元暦元年（一一八四）三月二十七日に正四位下、翌文治元年四月二十七日に従二位に叙され、三十九歳で公卿となった。しかし、『公卿補任』には前者に「元従五位下、追討前伊予守源義仲賞、其身不上洛、猶在相模国鎌倉」、後者に「召進前内大臣平朝臣賞、其身在相模国、」とあり、在京せずに昇叙したことを注記している。

Ⅲは、源頼朝が従二位に叙された文治元年四月から建久二年（一一九一）正月の政所始を行うまでである。この間、源義経が没落、その後奥州藤原氏が滅亡した。源頼朝は建久元年十月に上洛、同十一月権大納言、右近衛大将に任官、それを辞任して鎌倉に帰っている。

Ⅳは、建久二年正月の政所始から、正治元年（一一九九）正月の源頼朝死去までの時期である。この間頼朝は建久六年二月に東大寺供養のため上洛し、後鳥羽天皇に妻の政子や子の大姫、頼家を引き合わせている。次代への準備といってよいであろう。

次の論点として、源頼朝の発給文書の宛所（発給対象）に着目してみると、（1）鎌倉武家政権管轄内の地域や人物（主に御家人）宛、（2）後白河院を中心とする朝廷や公家、その他寺社権門宛、（3）その他（主に寺社等の寄進先）宛に分類できる。

（1）は鎌倉殿（頼朝）の支配下、進止下にある地域や武士（御家人）等を対象としたもので、基本的には上意下達文書である。その具体的内容を見ると、ア、所領・所職の安堵（本領安堵、譲与安堵など、すなわち親子その他の間で行なわれた所領・所職の譲与を鎌倉殿が承認することも含む）・知行宛行（論功行賞等による地頭職等の職の補任・所領給与）、イ、鎌倉殿からの、奉公や役職に関する指示・催促等、ウ、課役免除・守護不入以下の特権付与・訴訟の判決（裁許）等がある。ア・イは鎌倉殿と御家人の主従制の根幹に関わる案件で、一方、ウは鎌倉殿の統治に関わる案件である。特にア・ウはある程度恒久的効力の期待される案件で、年月日（書下年号）を具備する場合が多い。

（2）は治天の君である後白河院を中心とする朝廷との交渉、または報告、摂関家等の公家への連絡、延暦寺・東大寺・興福寺・高野山・東寺等の寺院や伊勢神宮・石清水八幡宮・賀茂社等の神社を対象としたもので、鎌倉武家政権からすればいわば他権門との外交交渉に関わる文書である。

（3）はその他の宛先で、後述する源頼朝の第Ⅰ期に多く見られる仏や神を対象とした寄進状が多い。

以下、（1）～（3）の順に、Ⅰ～Ⅳの時期に分けて考察してみたい。

二　鎌倉武家政権内宛

本章では、右記（1）について用途と実例を挙げながら、源頼朝のⅠ～Ⅳの推移を確認し、その先の展望を考えてみたい。

（1）Ⅰの時期

①上意下達文書（ア・ウ）

Ⅰの時期は、治承四年（一一八〇）八月の挙兵から寿永二年（一一八三）十月宣旨までである。『吾妻鏡』によれば、治承四年十月二十三日源頼朝は初めての論功行賞を相模の国府で行い、北条時政以下の武士たちに対し、本領を安堵し、また新恩を給している(9)。ただ『吾妻鏡』には、文書が発給されたかの記述は無い(10)。ここで対象となった武士は、交名によれば、冒頭に北条時政が、次に武田義信、安田義定らの甲斐源氏が記されるなど、編者による潤色の跡が見られるが、左記の【表Ⅰ】のように、千葉常胤以下は、伊豆・相模・上総・下総等の武士団であり、ある程度信頼に足る記事と思われる。ただここには武蔵武士の名は見えない(11)。

【表Ⅰ】

伊勢国	（加藤）景員入道
甲斐国	（武田）信義　（安田）義定
伊豆国	北条殿（時政）　（狩野）親光　（工藤）景光　（天野）遠景 （宇佐美）祐茂　（宇佐美）実政　（大見）家秀
相模国	（三浦）義澄　（和田）義盛　（土肥）実平　（土屋）宗遠 （岡崎）義実　（大庭）景義　（飯田）家義
上総国	（上総）広常
下総国	（千葉）常胤
近江国	（佐々木）定綱　（佐々木）経高　（佐々木）盛綱　（佐々木）高綱
信濃国	（市河）行房
その他	（頼朝側近）（藤原）盛長

同年十二月十四日には、武蔵国の住人に対し本知行の地主職を安堵している。『吾妻鏡』同日条には「武蔵国住人、多以本知行地主職、如本可執行之由、蒙下知、北条殿并土肥次郎実平為奉行、邦通書下之云々、」とあり奉行人（北条時政、土肥実平）と文書の執筆者（藤原邦通）の記載があるが、これに対応する所領安堵の文書は残っていない。『吾妻鏡』養和元年四月二十日条に「去年東国御家人安堵本領之時、同賜御下文訖、」とあり、原則として安堵には下文が用いられていたと記載がある。但し、下文の様式には、日下に署判のあるものの他に、奥上署判、袖判、政所下文などがある。このI期の特徴を見ると、左記の奥上署判の源頼朝下文が一般的であったと考えられる。

○史料一（治承五年十一月十一日の源頼朝下文）(12)

下　武蔵国加治郷（入間郡）百姓等

定補　郷司職事

新田入道殿（義重）

右人、補任彼職如件、百姓等宜承知、敢不可違失、故下、

治承五年十一月十一日

源朝臣（頼朝）（花押）

その他この奥上署判の源頼朝下文を使用した例には、走湯山の聞養房（文陽房覚淵）に給田を与えた治承四年十一月一日源頼朝下文を初見として(13)、柳下郷の公事を免除した治承四年十二月二十八日源頼朝下文(14)、三島社に川原谷郷を社領として安堵した治承五年七月二十九日源頼朝下文などがあり(15)、伝来する文書のうちこの形式の終見はII期の元暦二年（一一八五）三月十三日源頼朝下文である(16)。

では、なぜ初期の源頼朝がこの様式の下文を用いたのか、検討してみたい。頼朝は清和源氏の河内源氏の系統に属する。源頼信は上野介、河内守等を歴任、その子義家は出羽守、陸奥守を歴任、その子義忠の跡を継いだ為義は受領に補任されなかったが、その子義朝は下野守、播磨守となっており(17)、この系統は受領層に属していた。院政期における受領層の任国に対する上意下達文書は、国司庁宣または国司下文である(18)。参考例として、丹波国大山荘に関する二通の文書を掲出する。

○史料二（康和四年四月十九日の丹波国司庁宣）(19)

庁宣　留守所

可早任宣旨状、立券進大山庄四至事

四至　東限公田　西限判山峯
　　　南限川　　北限大山岑

使平季康

右、件庄、任宣旨状、如旧可立券進之状、所宣如件、留守所宜承知、令下知在郡、依件行之、以宣、

康和四年四月十九日

大介高階朝臣（為章）（花押）

○史料三（康和四年八月十二日の丹波国司下文）(20)

下　東寺庄下司

可令免負米光保作田肆町事（丹波国大山庄）

右、件作田、依有公験之限、雖令立券庄領、於米光保者、所申請別名也者、宜承知、可免負之状、所仰如件、

康和四年八月十二日

丹波守高階朝臣（為章）（花押）

二通とも、丹波守高階為章の発給文書で奥上署判である。国司庁宣と国司下文との関係については、国司庁宣を国司の公式文書であるに対し、国司下文が国守家の家政処理のための文書とする見解がある。(21)確かに治承四年十月日の東大寺黒田荘文書目録(22)を見ても、庁宣は散見するが国司下文は全く記載がない。しかし、国司下文が受領層の家政処理（上意下達）に用いられたことは確認できる。(23)

河内源氏一族はこの文書様式を継承していた可能性が高い。源頼朝一族の発給文書について見てみよう。

○**史料四**（治承四年十一月十三日の源某下文）[24]

（端裏）「これはきそとの丶御下文」

下　資弘所知等

　可早如旧令安堵事

右、件所、如元可致沙汰之状、如件、

　治承四年十一月十三日

源（木曾義仲）（花押）

（付箋）「きそとの丶あんとの御はん御下文」

この文書は端裏書等から木曾義仲の発給文書とされるもので、奥上署判の様式をとっている。この他にも、源頼朝の弟悪禅師全成の発給文書と推定される寿永二年十二月七日の某下文と寿永三年三月六日の某下文[25]がある。同じく頼朝の弟義経の元暦元年五月二十四日の源義経下文案[26]や元暦元年五月日の源義経下文案と元暦二年六月日の源義経下文案[27]がある。また、同じく頼朝の弟範頼の元暦元年十月三十日の源範頼下文や元暦元年十一月二十五日の源範頼下文案等[28]がある。河内源氏一族の発給文書は、国司下文を土台にした奥上署判の下文様式が一般的であったことがわかる。[29]

（2）Ⅱの時期

①**上意下達文書**（ア・ウ）

源頼朝が寿永二年十月宣旨を受けると、鎌倉には様々な吏僚が集まってきた。[30]その中でも中原広元の下向は、以降の彼の動向から見ても大きな意味があったといえよう。[31]

この時期上意下達文書の様式は、左記の史料七[32]のような、文書の袖に頼朝が花押を据えた袖判下文が主流となってくる。[33]

○**史料五**（寿永三年五月十八日の源頼朝袖判下文）

（源頼朝）（花押）

下　武庫庄小松并供御所等沙汰人所
　補任下司并公文職事
　　源光清
右人、於彼職、任先例無相違可令知行之、随又給田十町、如本可引慕(募)之状、所仰如件、沙汰人等宜承知、不可遺失、故下、
　　寿永三年五月十八日

源頼朝の袖判下文の様式は、袖の中央より下に頼朝の花押が据えられ、「下」の下に宛所に当たる「地名」や「人名」、あるいは「〇〇在庁官人等」「〇〇住僧等」「〇〇沙汰人所」が記されるか、空白の文書もある。書止文言は、多くが「…状如件」「不可〇〇、故下」である。

この袖判は奥上・奥下・日下よりも尊大な署判の形式であり、院政期から見られる文書様式である。その中でも、源頼朝の場合は奥上署判の国司下文から始まっており、その位階の上昇（従五位下から正四位下へ）に伴って、国司（受領層の河内源氏一族）よりもさらに上位者であるという権威を示すため、知行国主（あるいは国務沙汰人）が袖に署判する様式を用いている点を模倣したものと推定される。

この背景には、吏僚層の鎌倉への下向が大きく影響していたとみられる。中原広元の関東下向は、兄中原親能の誘いによるものと考えられ、その時期は寿永二年末頃から翌年初めにかけてと推定されている[34]。史料五はちょうどその時期に出現した文書様式である。

『吾妻鏡』によると、元暦元年十月六日公文所の吉書始が行われている。鎌倉に公文所が設置されたのはこれ以前であり[35]、構成員（寄人）は中原広元以下の京下りの吏僚が中心であった。更に十月二十日には問注所（別当は三善康信）が設置されている。

一方、元暦元年二月、畿内近国に派遣されたのが鎌倉殿御使（中原久経・近藤国平）である[36]。御使の二人は、「指したる大名」ではなく、久経は父源義朝の時に功のあった吏僚（文官）、国平は武士（勇者）であった。木村茂光氏はこの鎌倉殿御使について、興味深い指摘をしている[37]。少し論旨から脱線するが見解を紹介しつつ展開してみたい。

指摘の一つは、①この二人が派遣された背景には源頼朝の政策変更があったとする点、もう一つは、②この二人が発給した鎌倉殿御使下文の文書様式の点である。おそらく東国武士の発言より、京都周辺、畿内近国の事情をよく知る、鎌倉に下向した吏

僚層の発言が影響を与えたと考えられる。

元暦元年正月に木曽義仲が没落し、源範頼・同義経が入洛し京都を支配下に置いた。同年二月には一谷合戦があり平家は敗れている。その後源義経が京都周辺の治安維持にあたっていた。このような状況で、兵粮米徴収等に関わる鎌倉軍に対する訴えが増加している。(38) これは、基本的に鎌倉軍は占領軍（暴力装置）であり、その駐留のための兵粮を必要としていたためである。鎌倉軍の意識は、上から支配するものであった。一方源義経の治安維持は後白河院の意向に叶うものであったと考えられる。土肥実平・梶原景時に代表される東国豪族の率いる鎌倉軍の沙汰は高圧的なもので、西国住民の意識と異なった存在であった。

鎌倉殿御使の派遣は、これまで京都周辺の治安維持に当たっていた源義経が平家追討のため西海に下向し、その代わりに治安維持にあたるためであった。鎌倉殿御使の発給文書は文治元年四月から確認できる。その沙汰の内容は武士の狼藉を停止することが主である。下文の様式から見てみると、冒頭の一行目に「鎌倉殿御使下　（宛所）」があり、次行に事書がある。本文は「右…」で始まり、書止が「依　院宣并鎌倉殿仰、下知如件、故下」「依　院宣并鎌倉殿仰、下知如件」等で結ぶ。中には事書や本文中に「任　院宣并鎌倉殿御下文状」等の文言が記載される場合もある。承久の乱後の畿内近国に対する六波羅の発給文書に通じるものがある。なお、木村氏は触れていないが、二人の連署は日下ではなく奥下にあり、関東下知状と同じである。

②指示・伝達に関する文書（イ）

次に、Ⅱの時期の鎌倉管轄下にある人物や場所に関する指示・伝達は、どの様な文書様式が使用されていたか確認したい。

元暦元年二月四日の源頼朝書状案は、(39) 九郎（源義経）に宛てられた書状で、紀伊国の湯浅入道（宗重）は文覚に就いて頼朝に通じる者であるので、使者を遣わし京都に召し、安堵するよう伝えている。また、（文治二年）正月六日の源頼朝書状は二通あり、(40) 前者は平家追討のため西国で苦戦する蒲殿（源範頼）に宛てられた返書（書状）で、安徳天皇や平家に対する処置を細々と指示している。後者は参河守（源範頼）宛の返書で、帰順した西国の武士や配下の東国武士に対する指示を細々記載している。鎌倉殿代官である弟二人には書状様式を用いていた。

元暦元年三月二十七日正四位下に叙されると左記の源頼朝御教書（史料八）が初見する。

○**史料六**〈元暦元年〉四月二十三日の源頼朝御教書(41)

常陸国務之間事、三郎先生(志太義広)謀叛之時、当国住人除小栗十郎重成之外、併被勧誘彼反逆、奉射御方、或逃入奥州、如此之間、以当国南郡充給下河辺四郎政義畢、此一両年上洛、度々合戦、竭忠節畢、而南郡国役責勘之間、云地頭得分、云代官経廻、於事不合期之由、所歎申也、彼政義者、殊糸惜思食者也、有限所当官物、恒例課役之外、可令施芳意給候、於所当官物、無懈怠可令勤仕之旨、被仰含候畢、定令致其沙汰候歟、地頭職所当官物、無対捍儀者、雖何輩何共煩候哉、以此旨可令申触之旨、鎌倉殿所仰也、仍執達如件、

(元暦元年)四月廿三日　(藤原)俊兼奉

謹上　常陸御目代殿

本文の冒頭に事書が含まれ、末尾が「鎌倉殿所仰也、仍執達如件、」で結ばれ、無年号で、日下に署名、「奉」が付してある。典型的な御教書の様式である。奉者は源頼朝の近習藤原俊兼である。常陸国は、関東にあっても関東知行国ではないため(42)、宛所は「謹上　常陸御目代殿」と敬意を表す上所が付され、下河辺政義についても丁寧に説明している点が目につく。

③平頼盛への発給文書

次に、同時期に発給された左記の文書（史料七・史料八）(43)について触れておきたい。

○**史料七**（寿永三年四月五日の源頼朝袖判平頼盛所領注文案）

□□□(在御判脱カ)(源頼朝)

池大納言(平頼盛)家沙汰

走井庄河内　長田庄伊賀

野俣道庄伊勢　木造庄同

在田庄播磨　這田庄同

由良庄淡路　弓削庄美作

佐伯庄備前　　山口庄但馬
矢野庄（領）伊予　　小島庄阿波
大岡庄駿河　　香椎庄筑前
安富領同　　三原庄筑後
球磨臼間野庄肥後

右庄園拾漆箇所、載没官注文、自　院（後白河院）所給預也、然而如元為彼家沙汰、為有知行、勅状如件、

寿永三年四月五日

○史料八（寿永三年四月六日の源頼朝袖判平頼盛所領注文案）

在御判（源頼朝）

池大納言（平頼盛）家沙汰

布施庄播磨　　竜門庄近江
安摩庄安芸　　稲木庄尾張

已上有由緒云々、

野辺長原庄大和　　兵庫三箇庄摂津
石作庄播磨　　六人部庄丹波
熊坂庄加賀　　宗像社筑前
三箇庄同　　真清田社尾張
服織庄駿河　　国富庄日向

已上八条院御領

麻生大和田領河内　　諏方社信濃

已上女房御領

右、庄園拾陸箇所、注文如此、任本所之沙汰、彼家如元為有知行、勅状如件、

寿永三年四月六日

この二通の内容についての分析は石井進氏の論考に詳しいので参照されたい(44)。本稿は文書様式とその機能について検討したい。まず『源頼朝文書の研究』史料編は二通とも「源頼朝袖判下文案」、『平安遺文』は「源頼朝下文案」と、下文様式とする。しかし、冒頭に「下」が記載されず、書止も「以下」や「故下」ではなく、下文とするには疑問がある。石井進氏は文書名を付さず、「寿永三年四月五・六両日、頼朝が当時、関東に下向していた平頼盛に対して、平家没官領中のその旧領を安堵・返還した二通の文書」と説明する。

まず文書様式を確認する。二通とも冒頭の一行に源頼朝の袖判があり、次行に「池大納言家沙汰」とある。その次行から荘園の目録が始まり、その次に「右、庄園〇〇箇所…」で本文があり、書止が「勅状如件、」で本文を結ぶ。『吾妻鏡』の地の文によれば、この文書は、源頼朝が鎌倉に下向していた前大納言平頼盛に与えたものである。史料七は源頼朝が後白河院から賜った平家没官領注文記載の荘園のうち十七箇所（平頼盛旧領）を返還した文書、史料八は源頼朝が平家領として没収していた所領の内、本所の沙汰権の下で頼盛が得分権を持つ所領を返還した文書と理解する。

問題は頼朝と頼盛二人の人間関係である。平頼盛は、源頼朝の恩人池禅尼の子で、平家一族が西海に下向するのに従わず、鎌倉の頼朝を頼ってきた平家一門の公家である。保護者と被保護者の関係はあるが、頼朝との主従関係はない。冒頭に「下」を記さなかったのはこの所以であろう。

次に書止文言を確認する。「勅状如件」という文言は、平安時代の用例は少なく、永暦元年十月五日の平守遠宛行状(45)の書止に「為後代勅状如件」、元暦二年六月日の某荘百姓等解(46)に「仍大略勅状如件」等と見える程度である。鎌倉時代では承久の乱後に増加する文言である。建久三年正月日の院庁定文案(47)は冒頭の一行目に「在御判」と袖判があり、書止が「勅状如件」とあり、近似した様式を持つ。正治三年正月十一日の紀利包草庭売券(48)の書止文言は「仍為後日沙汰、勅状如件」である。下文様式の書止文言ではないことは確認できよう。この時期の数少ない例からわかることは、定文や売券のように後日法令や証拠として確認される文書に記載されている。この二通の文書も平頼盛への所領の保障として作成された文書である。文書名が難しいが、本稿では源頼朝袖判平頼盛所領注文案とした。

なお、寿永三年四月二十二日の源頼朝奥上署判下文案(49)は、尾張国海東三箇荘宛に下された文書で、Ⅰの時期にみられる下文の様式を残している。[50] 海東荘は、本家が京都の蓮華王院、領家が平頼盛であった。下文様式が用いられており、頼朝の進止下に置かれていたか、地頭が補任されていたと推定される。

(3) Ⅲの時期

①上意下達文書(ア・ウ)

源頼朝は、文治元年(一一八五)四月二十七日従二位に叙され[51]、政所を開く権利を得た。[52] しかし、この時期の上意下達を内容とする、残存する源頼朝文書を見ても袖判の下文が主流で、政所下文は『吾妻鏡』所載の一通だけである。[53] これは、なぜなのであろうか。

【表Ⅱ】 源頼朝の袖判下文の宛所と内容[54]

番号	宛所	内容
①	(記載なし)	院宣に任せ、久平が玉井次郎と語らい濫妨するを停止する。
②	伊勢国波出御厨	地頭職の補任
③	伊勢国須可御庄	地頭職の補任
④	島津御庄官	領家の下文に任せ惟宗忠久を下司職に補任する。
⑤	常陸国鹿嶋社司并在庁官人等	地頭の妨を停止し中臣親広の沙汰として神事を勤仕すべき橘郷の事
⑥	信濃国塩田庄	地頭職補任
⑦	上総国佐是郡内矢田・池和田両村	権介女に有限の所当を加々美小次郎に弁じるよう命じる。
⑧	嶋津御庄	惟宗(嶋津)忠久に嶋津庄地頭職を安堵する。
⑨	宗重法師所	湯浅宗重に甲乙の輩の煩を承引せず宮仕の忠を致すよう命じる。
⑩	紀伊国住人湯浅宗重法師	湯浅宗重の処分状に任せ、子息輩に知行を安堵する。
⑪	肥前国々分寺住人	法勝寺領国分寺に対して武士等の宛て課す種々の課役を停止し、恒例臨時の所役を勤仕すべし。
⑫	播磨国矢野別符住人所	歓喜光院領矢野別符に対する海老名能季の押領を停止し、下司矢野盛重の進止としなさい。
⑬	近江国建部庄住人	日吉社領建部庄に対する、往還の武士の寄宿の間の狼藉を停止する。
⑭	嶋津御庄官等	嶋津庄寄郡五箇郡の郡司職千葉常胤の代官紀太清遠の非道狼藉を停止する。
⑮	周防国伊保庄竈戸関・矢嶋・柱島等住人	後白河院の仲介により、賀茂別雷社領伊保庄に対する、土肥実平の妨と大野遠正の不当の停止を命じる。
⑯	丹波国由良庄	後白河院の仲介により、賀茂別雷社領由良庄に対する、北条義時の知行を停止する。

⑰	播磨国安志庄・林田庄・室御厨	後白河院の仲介により、賀茂別雷社領安志庄等に対する、武士の狼藉を停止する。
⑱	加賀国額田庄住人	額田庄加納八田・額田両郷に対する、板津成景・宗親法師、比企朝宗代官平太実俊、加藤成次の妨を停止せよ。
⑲	大秦元光	小城重道の郡司弁済使知行を停止し、大秦元光に牛屎院を安堵する。
⑳	平通隆	備後権守高経の非論を停止し、平通隆に肥前国基肄郡内曾禰崎并堺別符行武名地頭職を安堵する。
㉑	下野国寒河郡并安志土郷	地頭職補任
㉒	嶋津庄地頭忠久	軍勢催促
㉓	長門国阿武郡前地頭遠平代官	後白河院の命により、郡内退出を命じる。
㉔	伊賀国鞆田庄住人	紀遠兼の地頭職を停止する。
㉕	伊賀国山田郡内有丸并広瀬阿波杣山	後白河院の命により、地頭職を停止する。

最初に、【表Ⅱ】から袖判下文の宛所、内容等について簡単に確認する。

宛所には、(ア)地名(「伊勢国波出御厨」・「信濃国塩田庄」等の荘・御厨・郷名等、②③⑥⑦⑧⑯⑰㉑㉕)、(イ)「肥前国々分寺住人」・「播磨国矢野別符住人所」等の「地名+住人」(⑪⑫⑬⑮⑱㉔)、(ウ)「島津御庄官」・「常陸国鹿嶋社司并在庁官人等」等の官職(荘官・社司・在庁官人等、④⑤⑭)、(エ)「紀伊国住人湯浅宗重法師」・「大秦元光」等の個人名(⑨⑩⑲⑳㉒㉓)がある。

内容には、(Ⅰ)武士等の妨や狼藉の停止(①⑤⑪⑫⑬⑭⑮⑰⑱)、(Ⅱ)地頭職等の補任と安堵・停止(②③④⑥⑧⑲⑳㉑㉔㉕)、(Ⅲ)その他、嶋津荘地頭忠久に軍勢催促、阿武郡前地頭代官に郡内退出を命じた文書(㉒㉓)などがある。

典型例を示そう。左記の史料九は(ア)と(Ⅱ)、史料十は(イ)と(Ⅰ)の例、史料十一は(エ)と(Ⅲ)の例である。

○史料九(文治二年正月八日の源頼朝袖判下文(55))

(源頼朝)
(花押)

下　信濃国塩田庄

補任　地頭職事

左兵衛尉惟宗忠久(島津)

右人、為地頭職、従行庄務、御年貢以下、任先例可致其勤之状如件、以下、

文治二年正月八日

○史料十（文治二年六月一日の源頼朝袖判下文(56)）

（源頼朝）
（花押）

下　肥前国々分寺住人

可令早停止武士等切充種々課役為法勝寺御領勤仕恒例・臨時所役事

右件寺者、法勝寺之御領也、而彼武士等之課役繁多之間、土民不安堵、寺用闕如之由、所被下　院宣也、於今者、早停止武士等之催、一事以上為寺家可令進退領掌之状如件、敢不可遺失、以下、

文治二年六月一日

○史料十一（文治五年二月九日の源頼朝袖判下文(57)）

（源頼朝）
（花押）

下　嶋津庄地頭忠久（島津）

可令早召進庄官等事

右件庄官之中、足武器之輩、帯兵仗、来七月十日以前、可参着関東也、且為入見参、各可存忠節之状如件、

文治五年二月九日

さて、こうした源頼朝袖判下文は、それ以降の文書にどの様に記載されていたのか。そしてそれがどの様に施行されたのか。例を挙げて考えてみたい。左記の守覚法親王庁下文(58)（史料十二）を見ると、これは守覚法親王庁が寺領（無量寿院領）美作国布施社住人(59)に宛て領家の進止に従い、年貢の勤めをするよう命じた文書である。頼朝の下文は副進文書として「二位卿下文」と呼ばれている。時期から判断すると袖判下文であろう。

この訴訟の流れを見てみると、守覚法親王から父後白河院に奏聞され、訴えが院から源頼朝に通知された。頼朝はこの訴えを

受けて下文を作成し、院に送付した。院はこの下文を守覚に下付したことになろう。

○史料十二（文治二年十一月十二日の守覚法親王庁下文）

（守覚法親王）二品法親王庁下　（美作国）布施社司住人等
可早任（源頼朝）二位卿下文停止旁濫妨、従領家進止、致年貢勤事
副下　二位卿下文
右当社者、寄進無量寿院領以来、全無相違、而彼依清・貞村・守忠等相語武士、追補社家、寃陵民戸、猥張行社務、依不従寺役、経　院奏之処、被召下二位卿下文如此、早任状、停止旁濫妨、可勤寺役之状、所仰如件、宜承知不可遺失、以下、
文治二年十一月十二日　公文散位中原（花押）
院司威儀師（花押）
別当権律師（花押）
法　橋（花押）
大法師（花押）

この時期、こうした後白河院の要請によって発給された源頼朝袖判下文は、数多く見られる。(60)これ以外に源頼朝の下文を指しているものに建久五年十一月日の豊受大神宮文書目録がある。(61)この文書目録には、「同（寿永）三年四月廿四日源二位家下文」とある。豊受太神宮権禰宜度会光親から注進された文書目録に記載されており、豊受太神宮に所在した文書である。(62)それ以外、Ⅲの時期に「鎌倉二位家裁下」(63)、「源二位書状」(64)という表現は見られるが袖判下文を指した表現は管見では未詳である。

②指示・伝達に関する文書（イ）

次に、Ⅲの時期、鎌倉殿（源頼朝）から御家人や吏僚への指示・催促等、いわば事務連絡に関わる文書を見てみたい。(65)

【表Ⅲ】 Ⅲの事務連絡発給文書(66)

番号	宛所	奉者	内容	備考
①	大内惟義	中原広元	多田行綱奇怪の件	袖判御教書、仮名
②	大内惟義	中原親能	多田行綱奇怪の件	袖判御教書、仮名
③	北条時政	中原広元	紀伊国阿弖川庄押領の件	袖判御教書、仮名
④	一条能保		湯浅宗重の件	書状
⑤	近藤国平	中原広元	文覚訴える国平使者武士押妨の件	袖判御教書
⑥	大内惟義	中原広元	義経・行家の追捕を命ず	袖判御教書、仮名
⑦	平　清綱	平　盛時	清綱地頭所、未済・対捍の件(院の指示)	御教書、吾妻鏡
⑧	天野遠景	平　盛時	薩摩国住人基光等、参上・見参の件	袖判御教書
⑨		平　盛時	摂津国庄公下職等国在庁の関東役の件	御教書、吾妻鏡
⑩	中原広元	平　盛時	閑院殿作事等の件	御教書、吾妻鏡
⑪	大江久兼		斎宮寮東国納物注文の件	書状
⑫	藤原重頼		隠岐守仲国訴える重頼押領の件	書状、吾妻鏡、妻は源頼政女
⑬	中原広元	平　盛時	(前欠)東大寺訴える紀兼遠の件	御教書、前欠文書
⑭	畠山重忠	平　盛時	先陣の畠山重忠に対する指示	袖判御教書、仮名
⑮			奥州合戦の将兵に対する指示	書状、仮名
⑯	島津忠久	平　盛時	薩摩の北郷兼秀訴える弁済使の件	袖判御教書、仮名
⑰	出羽留守所	中原広元	出羽国検注に門田を除外する件	御教書、吾妻鏡
⑱	天野遠景	平　盛時	薩摩国鹿児島康友、郡司職安堵の件	袖判御教書、仮名
⑲	津幡隆家	平　盛時	加賀国井家庄津幡方不当の件(院の指示)	御教書、吾妻鏡
⑳	北条時定	平　盛時	河内国の国衙領押領の件	御教書、吾妻鏡、仮名
㉑	大江公朝	平　盛時	河内国山田郷地頭の件	御教書、吾妻鏡、仮名
㉒	中原広元	平　盛時	山田重隆・高田重家の謀叛の件	御教書、吾妻鏡、仮名

まず、文書様式には袖判御教書、御教書、書状がある。備考欄を見ると、御教書は『吾妻鏡』記載の文書(⑦⑨⑩⑰⑲⑳㉑㉒)か前欠で袖判の有無が分からない文書(⑬)だけである。『吾妻鏡』文治四年五月十七日条に「今日被定云、御忩劇之時、御教書不可被載御判、可為掃部頭判、若故障之時者、可為盛時判之由云々、」という記事がある。この日、源頼朝が「御忩劇」の時、

すなわち多忙な時は、御教書に頼朝の「御判」（花押）を載せないこと、「掃部頭判」（中原親能カ）を据えること、もし故障時は平盛時の花押を据えるよう定められている。すなわち源頼朝の御教書には、一部を除き必ず頼朝の袖判が据えられていたと考えられる。とすれば、この【表Ⅲ】の『吾妻鏡』記載の御教書（⑦⑨⑩⑰⑲⑳㉑㉒）には源頼朝の袖判があった可能性が高い。

御教書の奉者は、中原広元（①③⑤⑥⑰）・同親能（②）・平盛時（⑦⑧⑨⑩⑬⑭⑯⑱⑲⑳㉑㉒）の三人で、文治二年までは中原広元、同三年以降は平盛時が奉者であった。

宛所は、大内惟義・北条時政・一条能保・近藤国平・平清綱・天野遠景・中原広元・大江久兼・藤原重頼・畠山重忠・島津忠久・津幡隆家・北条時定・大江公朝等で、御家人と吏僚が多くを占める。大内惟義・中原広元等、この時鎌倉不在の人物宛がほとんどである。[67] なお、⑭⑮⑰は奥州合戦の最中であり、⑮のように源頼朝が書状で指示している。なお、④⑪⑫の義理の弟で公卿の一条能保、舞人大江久兼、宮内大輔藤原重頼は、京都朝廷に仕える人物であるからか、書状を遣わしている。次章で扱う京都朝廷との交流に通じる可能性が高い。

③幕府政所の検討

次に幕府政所の存在について検討する。源頼朝が従二位に叙されて以降、『吾妻鏡』に政所を開設したという記事は見られない。しかし、『吾妻鏡』には数か所「政所」が所見する。左記の史料十三は、『吾妻鏡』から、Ⅲの時期の幕府の「政所」の見える記事を抽出したものである。

○史料十三（『吾妻鏡』に見える幕府政所）

①文治元年九月五日条

五日乙酉、小山太郎有高押妨威光寺（武蔵国）領之由、寺僧捧解状、仍令停止其妨、任例可経寺用、若有由緒者、令参上政所、可言上子細之旨被仰下、惟宗孝尚・橘判官代以広・藤判官代邦通等奉行之、前因幡守広元（中原）・主計允行政（二階堂）・大中臣秋家・右馬允遠元（足立）等加署判、新藤次俊長（藤原）・小中太光家（中原）等為使節相触有高云々。

②文治三年二月二十八日条

廿八日庚子、右近将監家景(伊沢)、昨日自京都参着、携文筆者也、仍北条殿(時政)慇懃被挙申之、在京之時、試示付所々地頭事之処、始終无誤云々、二品(源頼朝)御許容之間、今日召御前、則可賜月俸等之由、被仰下政所、其上雖非指貴人、於京都之輩者、聊可恥思之旨、被仰含昵近之士云々、是元者九条入道大納言光頼侍也、

③文治三年四月十四日条

十四日乙酉、雨降雷鳴、政所霹靂、雷落于因幡前司広元(中原)厩之上、馬三疋斃、尾上并柱多以焼訖、而以一巻心経安棟上之処、聊雖焦、字形鮮也、因州随喜之余、持参彼経於営中、申仏法之未落地事、拭感涙云々、

④文治三年十月二十九日条

廿九日丙申。常陸国鹿嶋社者。御帰敬異他社。而毎月御膳料事。被充于当国奥郡。今日令加下知給云々。

政所下　　常陸国奥郡

可令早下行鹿嶋毎月御上日料籾佰二拾石事

多賀郡　十二石五斗　　佐都東　十四石
佐都西　九石八斗　　久慈東　三十六石一斗
久慈西　十四石三斗　　那珂東　十三石九斗
那珂西　十九石四斗

右件籾。毎年無懈怠可下行之状如件、

文治三年十月廿九日

中原(光家)
藤原(足立遠元)
大中臣(秋家)
主計允(二階堂行政)

前因幡守中原(広元)

(下略)

この『吾妻鏡』の記事①〜④は、幕府に政所があったことを示しており、源頼朝は政所を開設していたと見てよいであろう。

①によれば、威光寺が小山有高が寺領を押妨したと訴えたのに対し、幕府は「令停止其妨、任例可経寺用、若有由緒者、令参上政所、可言上子細、」と命じている。裁許にあたる案件である。この時奉行したのが惟宗孝尚・橘以広・藤原邦通、裁許した文書に加署判したのは中原広元・二階堂行政・大中臣秋家・足立遠元であり、藤井俊長・中原光家が使節として小山有高に遣わされている。この時、署判した四人の人々と、『吾妻鏡』元暦元年十月六日条の新造公文所の吉書始に列席した別当中原広元、寄人二階堂行政・大中臣秋家・足立遠元が一致し、①で奉行を担当した藤原邦通も公文所の寄人であった。①で奉行・署判、あるいは使節となっている人物は幕府政所の職員と考えてよいであろう。

この時発給された政所の文書様式は④が参考になろう。「政所下」の下に宛所(常陸国奥郡)、次行に事書が記される。書留は「…之状如件」、奥下に下位の者から政所の職員が連署している。この署名者は、『吾妻鏡』元暦元年十月六日条や①を勘案すると、前因幡守中原(広元)・主計允(二階堂行政)・大中臣(秋家)・藤原(足立遠元)・中原(光家)と推定される。①の場合も同じ様式の政所下文であったと推定される。

②は、元九条光頼の侍であった伊沢家景(携文筆者)が、北条時政の推挙で、京都から鎌倉に下向したという記事である。源頼朝は対面の上(初参)、家景を採用し、政所に月俸を与えるよう指示している。京都から下向した吏僚には俸禄が与えられていたことを示している。興味深い記事である。

③は、政所に落雷し、その場所が中原広元の厩で、馬三疋が死ぬなどの被害があったという。政所があり、そこに広元の厩があったことを示している。

④の政所下文の様式は、建久二年(一一九一)以降幕府から発給された政所下文の様式とは異なり、上記の佐藤進一『[新版]古文書学入門』では取り上げられていない。(68) 杉橋隆夫氏は、後世三代将軍の源実朝の時代に出された同様の様式の政所下文を、略式政所下文と命名している。院政期の摂関家、藤原忠実の事例を示して、忠実が出家した後も政所は存在しており、その政所から発給された下文がこの略式政所下文と同様の様式を持っていると指摘している。また、摂関家の子弟の場合も、従三位に叙

される以前から政所が設置されており、そこから発給される下文も略式政所下文と同様の様式を持っていると指摘している(69)。

平家でも、出家した平清盛が新様式の文書を用いた例もあり(70)、鎌倉政権に新様式の文書が作成される可能性はあった。この時期の鎌倉政権は、摂関家をはじめ三位以上の公家の発給する政所下文を使用せず、朝廷に対する配慮もあって略式の政所下文の様式を採用したと考えられる。しかし、これがこの時期の源頼朝の発給文書様式として定着しなかった。この場合は、宛所が御家人ではなく、「常陸国奥郡」であり、鹿島社の毎月御膳料についての指示であったことがあろう。

源頼朝は、治承四年の挙兵以降上洛しておらず、無官で在鎌倉のまま従二位に叙された。『公卿補任』文治元年の注記に「其身在相模国」とあることや(71)、後白河院が頼朝を任官させようとしても辞退していたこと(72)、さらにこれ以前に在国の公卿（散位）が政所を開いた例はないことにも留意したい。この時期、基本的には袖判下文が用いられていた。さらに御家人の間には、源頼朝の花押を載せた（袖判）文書が重視されていたことも重要な点であろう(73)。

（4）Ⅳの時期

①上意下達文書（ア・ウ）

建久元年（一一九〇）十月、頼朝は鎌倉を発って上洛した。頼朝は、在京中十一月に権中納言・右近衛大将に任官し、翌月両職を辞任して鎌倉への帰途についている。そしてその翌年正月十五日に幕府政所で吉書始を行い、組織の整備を進めた(74)。

この時期の上意下達文書に関して、『吾妻鏡』同日条に「前々諸家人浴恩沢之時、或被載御判、或被用奉書、而今令備羽林上将給之間、有沙汰、召返彼状、可被成改于家御下文之旨被定云々」と記されている。この記事から、これ以前鎌倉殿（源頼朝）の恩沢（安堵、給与などの御恩）については、あるいは頼朝の花押を載せた文書、あるいは頼朝の意を受けた奉書で行っていたと説明する。源頼朝が上洛して羽林上将（右近衛大将）に任じられたのを契機にそれらの文書を召し返し、代わりに左記（史料十四）の様式を持つ「家御下文」（前右大将家政所下文）(75)を付与すると定めたことが記されている。

○**史料十四**（建久二年二月二十一日の前右大将家政所下文(76)）

（源頼朝）前右大将家政所下　捧紀五近永

可早弁済諏方下宮新領塩尻西条所当物事

副下御下文
右所当、称作田不作之由、乍耕作田数、近年不弁済所当之由、祝四郎大夫盛次（諏訪）所訴申也、事実者、甚不当也、慥可弁済也、兼又令追補（マヽ）百姓等、捜取資材物、居住郷内盛次所従男女十七人、寄事於左右搦取之由訴申、事実者、早可糺返之状如件、以下、

建久二年二月廿一日　　案主藤井（俊長）（花押）
令主計允藤原（行政）（花押）　　知家事中原（光長）（花押）
別当前□□□□（因幡守中）原朝□（臣）（広元）　　掃部允惟宗（花押）
藤原

この文書の改めは、「吾妻鏡」建久三年六月三日条に「或被加新恩、或被成改以前御下文」とあるように、新恩の宛行状や以前の頼朝の花押の据えてある下文を改めるなど、徐々に進められていった。同八月五日条によれば、この日征夷大将軍補任後の政所始が行われた。千葉常胤が最初に下文を給わった際、常胤は「而御上階以前者、被載御判於下文訖、被始置政所之後者、被召返之、被成政所下文之処、常胤頗確執、謂政所下文者、家司等署名也、難備後鑑、於常胤分者、別被副置御判、可為子孫末代亀鏡之由申請之」と述べたという。すねわち上階（三位以上の位階）以前は花押（御判）を下文に載せてあったが、政所を設置した後はその下文を召し返し、政所下文を作成して給わった。しかし、常胤はこれにとても抵抗があった。いわゆる政所下文は家司等の署名であり、後々の手本にならない。常胤の分は別に御判（頼朝の花押）を据えた文書を添えてほしい。子孫末代の手本にしたいと要求した。頼朝は所望の通り袖判を据えた下文を与えたという。常胤の指摘した「上階以前」とは、文治元年四月二十七日源頼朝が従二位に叙された時ではなく、最初の上洛（建久元年）、任官、辞任、鎌倉に帰着後、翌年行われた政所始以降、前述した羽林上将（右近衛大将）に任じられたのを契機にしたことを指すと考えられる。すなわちⅣ時期に該当する。

御家人にとって頼朝の御判のある下文を下されることが重要であった。常胤の回収された下文は奥上書判と推定され、それを政所下文に差し替えるとともに、袖判下文も添えて下付された。Ⅳ時期の頼朝の上意下達文書の様式変更は御家人社会に大きな影響を与えたと考えられる。以下、具体的に見てみよう。

○史料十五（源頼朝袖判下文）[77]

（源頼朝）
（御判）

下　下総国住人常胤（千葉）

可早領掌相伝所領新給所々地頭職事

右、去治承比、平家擅世者、忽緒　王化、剰図逆節、爰欲追討件賊徒、運籌策之処、常胤奉仰朝威、参向最前之後、云合戦之功績、云奉公之忠節、勝傍輩致勤厚、仍相伝所領、又依軍賞充給所々等地頭職、所成給政所下文也、任其状、至于子孫、不可有相違之状如件、

建久三年八月五日

本文では、治承以来の千葉常胤の軍功や忠節を賞し、相伝・新給の所領を宛行う政所下文を給わることを述べて、所領を領掌するよう命じている。この時期発給された政所下文の中には「去文治二年十月八日下文云、[78]」・「治承四年十一月廿七日御下文□[79]」・「寿永二年八月　日下文云、[80]」という文言が記載されるものがある。Ⅰ時期～Ⅲ時期の地頭職の宛行には下文（奥上署判か袖判）が用いられていたことを示している。なお、【表Ⅳ】の①に事書の次行記載の「副下御下文」は源頼朝の下文であろう。内容は未詳であるが同様な意味を持っていた可能性がある。

次に政所下文の様式・機能等について確認する。

【表Ⅳ】Ⅳ時期の政所下文[81]

番号	書出	宛所	内容	備考
①	前右大将政所下	捧紀五近永	諏訪下宮領塩尻西条の所当の件	副下御下文
②	前右大将政所下	肥前国宇野御厨内山代浦住人等	源九郎囲を地頭職に補任	
③	前右大将政所下	周防国大島三箇庄并公領住人	中原広元を地頭職に補任	
④	前右大将政所下	美濃国家人等	大内惟義の催促に従え	
⑤	将軍家政所下	下野国本木郡住人	八田知家を地頭職に補任[79]	治承四年の下文を差替
⑥	将軍家政所下	下野国日向野郷住人	小山朝政を地頭職に補任[80]	寿永二年の下文を差替
⑦	将軍家政所下	常陸国村田下庄〈下妻宮等〉	小山朝政を地頭職に補任	寿永二年の補任を確認

⑧	将軍家政所下	鎮西住人等	造宇佐宮課役を勤仕せよ	
⑨	将軍家政所下	相模国南深沢住人	平宗実を地頭職に補任	
⑩	(将軍家政所下)	越後国奥山庄官等	平宗実を地頭職に補任	
⑪	将軍家政所下	筑前国粥田庄・羽生庄内貞清所領	貞清等を停止し時員を地頭職に補任	
⑫	将軍家政所下	信濃国高井郡内西条并橲山住人	藤原助広を地頭職に補任	
⑬	将軍家政所下	陸奥国竹城保	塩竈社臨時祭料を引き募れ	
⑭	将軍家政所下	肥前国基肄郡内曽禰崎并堺別符行武名	平通友を地頭職に補任	
⑮	将軍家政所下	周防国安田保住人	藤原為貞を下司職に補任	
⑯	将軍家政所下	土左国香美郡内宗我部并深淵□	中原秋家を地頭職に補任	
⑰	将軍家政所下	筑後国上妻庄官等	藤原家宗を地頭職に補任	
⑱	将軍家政所下	薩摩国山門院住人	平秀忠に山門院所帯職を譲与安堵	
⑲	将軍家政所下	肥前国小津東郷内龍造寺田畠住人	藤原(龍造寺)季家を地頭職に補任	
⑳	将軍家政所下	河内国山田御庄住人等	藤原盛髙を地頭職に補任	
㉑	前右大将政所下	肥前国宇野御厨内小値賀嶋住人	僧尋覚を地頭職に補任	
㉒	前右大将政所下	備後国大田庄官等	三善善信を地頭職に補任	
㉓	前右大将政所下	和泉国御家人等	三浦義連の催促に従い大内大番を勤仕せよ	
㉔	前右大将政所下	周防国恒富保并仁保庄住人	平重経を地頭職に補任	
㉕	前右大将政所下	左兵衛尉惟宗忠久	大隅・薩摩両国の家人奉行人とする	

○史料十六（建久三年十二月十日の将軍家政所下文⑫）

将軍家政所下　信濃国高井郡内中野西条并橲山住人

補任地頭職事

藤原助広

右人、補任彼職之状、所仰如件、住人宜承知、勿違失、以下、

建久三年十二月十日　　案主

令民部少丞藤原（二階堂行政）（花押）　　知家事中原（光家）（花押）

別当前因幡守中原朝臣（広元）（花押）

まず書出を確認する。最初の上洛の翌年、建久二年正月の政所始以降、「前右大将政所下」で始まる政所下文を発給し始める（①～④）。ついで、建久三年三年七月十二日に征夷大将軍になると、史料十八のように「将軍家政所下」で始まる政所下文に変化し（⑤～⑳）、建久六年の再度の上洛を契機に再び「前右大将政所下」で始まる政所下文を発給し始める（㉑～㉕）。(82) 後述するが、この背景には源頼朝の官位昇進や政治的背景の変化に伴う意識の変化があることを読み取る必要があろう。二度の上洛が契機となっている。

次に宛所を確認する。宛所を見ると、Ⅲの時期と同じく（ア）地名（⑦⑬⑭⑯）、（イ）「地名＋住人」（②③⑤⑥⑧⑨⑫⑮⑱⑲⑳㉑㉔）、（ウ）官職（荘官・社司・在庁官人・地頭等、④⑩⑰㉒㉓）、（エ）個人名（①⑪㉕）がある。

内容は、Ⅲの時期と比較すると、（Ⅰ）武士等の妨や狼藉の停止が見られなくなり、（Ⅱ）地頭職等の補任と安堵・停止（②③⑤⑥⑦⑨⑩⑪⑫⑭⑮⑯⑰⑱⑲⑳㉑㉒㉔㉕）が大部分を占めている。（Ⅲ）その他は所当を収めよとか、催促に従え等の指示命令である（①④⑧⑬㉓）。

次にこの政所下文に署名する政所職員を確認する。左記の【表Ⅴ】が政所下文に署名している人物である。(83)

【表Ⅴ】　Ⅳの政所職員(84)

役職	名前	官職・姓等	署名文書
別当	中原広元	前因幡守中原朝臣	①②③④⑤⑥⑦⑧⑨⑩⑪⑫⑬⑭⑮⑯⑰⑱⑲⑳㉕
		兵庫頭中原朝臣	㉑㉒㉓㉔
別当	源　邦業	前下総守源朝臣	①③④⑤⑥⑦⑧⑨⑩⑪
別当		散位中原朝臣	①③④
別当	二階堂行政	散位藤原朝臣	⑬⑭⑮⑯⑰⑱⑲⑳㉑㉒㉓㉔㉕
令	二階堂行政	民部少丞藤原	①②③④⑤⑥⑦⑧⑨⑩⑪⑫
令	藤原頼平	大蔵丞藤原	⑬⑭⑮⑯⑰⑱⑲⑳㉑㉒㉓㉔㉕
知家事	中原光家	中原	①②③④⑤⑥⑦⑧⑨⑩⑪⑫⑬⑭⑮⑯⑰⑱⑲⑳㉑㉒㉓㉔㉕
案主	藤井俊長	藤井	①②③④⑤⑥⑦⑧⑨⑩⑪
案主	某		⑬
案主	清原実成	清原	⑭⑮⑯⑰⑱⑲⑳㉑㉒㉓㉔㉕

※①には、上記以外に、知家事中原光家の左に掃部允惟宗・藤原の二名が記される。

全体的には、中原広元と二階堂行政が政所を主導したことが確認できる。人的な変遷をみると⑪〜⑬の間に画期がある。最初、別当の署名は中原広元・源邦業・中原某の三人であった。中原広元は①〜㉕まで署名するが、中原某は頼朝が征夷大将軍になると別当を辞めている。その後、⑬以降源邦業に代わって、⑫まで令であった二階堂行政が別当に就任する。令は二階堂行政が別当に昇進すると代わって藤原（武藤）頼平が就任する。知家事は最初から最後（①〜㉕）まで中原光家が勤める。案主は、⑪まで藤井（鎌田）俊長が勤めるが、⑭以降は清原実成がこれに代わっている。

それではなぜ、源頼朝は、これ以前の文書を回収し、政所下文による安堵・新恩給与等に切り替えたのであろうか。[85]振り返ってみると、東国の武士が鎌倉殿（源頼朝）と主従関係を結んだのは、ほとんどがⅠ期であったと考えられる。実際には見参を行って口頭の安堵を受けた例もあれば、文書の下付による恩沢の例もあったであろう。後者の多くは奥上署判の下文であった可能性が高い。現在残るⅠ期の源頼朝の奥上署判下文は、ほとんどが写しとされており、正文は見あたらない。おそらく地方のことで紙の質も悪く文字や頼朝の花押も稚拙で貧弱に感じるものが多いようである。

次のⅡ期・Ⅲ期の残存する「源頼朝文書」[86]を一覧しても所領安堵など御恩に関わる文書は源頼朝袖判下文であったと推定される。ただ元暦二年六月十五日の源頼朝袖判下文のような新恩給与の源頼朝袖判下文の例もあり、文書改めの対象ではなかったと思われる。

それに比べて、文書改め以降に出された袖判下文を見ると、例えば建久三年九月十二日の源頼朝袖判下文[87]などを見ても分かるように、紙の質も上がり、文字は大きく楷書でしっかりと記され、袖に署される頼朝の花押もりっぱである。[88]源頼朝は、上洛して任官したことを画期に、鎌倉政権の組織を改編するとともに、主従制の根幹となる各家に代々伝えられる文書の企画化を目指したのではなかろうか。[89]

しかし、右記のような文書改めが進められたが、それ以降袖判下文ほぼ無くなっている。Ⅳの時期の袖判下文は若干残るが、疑問が残る場合が多い。[90]

②指示・伝達に関する文書

Ⅳの時期における源頼朝から御家人等への指示・伝達に関する発給文書の様式は、【表Ⅵ】[91]から前期（Ⅲの時期）と同様に、引き続いて多くの場合袖判御教書あるいは御教書が用いられたことが確認できる。宛所はほとんどが御家人宛で、鎌倉殿の管轄内の人物宛である。奉者は前期（Ⅲの時期）から引き続いて基本的には平盛時が担当している。⑦⑨⑫の奉者も政所の職員でと推定できる。[92]

【表Ⅵ】Ⅳの事務連絡発給文書

番号	宛所	奉者	内容	備考
①	天野遠景	平盛時	宇佐宮の件	袖判御教書
②	天野遠景	平盛時	宗像社領の地頭職の件	袖判？御教書
③	多好方	平盛時	鶴岡八幡宮神事の件	袖判？御教書、吾妻鏡
④	佐々木定綱	平盛時	佐々木定重の件	御教書、仮名文書
⑤	（欠く）	平盛時	大江久家の件	袖判？御教書、吾妻鏡、③参照
⑥	天野遠景	平盛時	宗像社領の宇佐宮造営用途の件	袖判御教書
⑦	（欠く）	藤原範高	砂金献上の件	御教書
⑧	中原親能	平盛時	宇佐・筥崎両宮等神人の件	袖判御教書
⑨	（欠く）	藤原行政 藤原頼平 中原仲業	高野山領の内裏大番役の件	御教書
⑩	嶋津忠久	平盛時	嶋津庄内郡司・弁済使等名田の件	御教書
⑪	加藤景廉	平盛時	甲斐国柏尾寺の件	御教書
⑫	加藤光員	中原広元	塩谷高光の件	御教書

三　他権門との交渉文書

源頼朝が、治天の君である後白河院を中心とする朝廷との交渉（申請・報告等）や摂関家等の公家との交渉・連絡の他、延暦寺・東大寺・興福寺・高野山・東寺等の寺院や伊勢神宮・石清水八幡宮・賀茂社等の神社を対象とした連絡に用いられた文書様式のことで、鎌倉幕府からすればいわば他権門との外交交渉に関わる文書様式を指す。

鎌倉時代の朝幕関係については、関東申次を軸に研究が進められてきた。源頼朝の時期については、その前の交渉形態として論じられている。[93] 甲斐玄洋氏は、源頼朝の時期の朝幕交渉について、「頼朝は朝廷との交渉において、時に応じて院伝奏を介して院と、あるいは直接摂関と政治折衝を行った。このため、院や摂関との連携が取れれば交渉は実を結んだが、取れなければ朝政に介入することが極めて難しくなった。鎌倉初期の朝幕交渉は朝廷の政治動向に依存して展開したのである。」と指摘する。(94)この時期の朝幕交渉は、源頼朝と後白河院及び藤原（九条）兼実との政治交渉が軸になって進められていた。この三者の交渉に関与した人物とそれに用いられた文書様式を確認しておきたい。

また、一連の研究では、摂関（藤原兼実）以外の公家や寺社との連絡・交渉について、あるいは文書様式についてはほとんど触れられていない。本稿では、これに用いられた文書様式についても検討してみたい。

（1）Ⅰの時期

まず、朝廷との交渉について考えてみたい。寿永二年十月宣旨が下される以前に、朝廷と源頼朝の間で政治的交渉が行われたことは想像に難くない。寿永二年七月木曾義仲・源行家が入京すると、朝廷では頼朝・義仲・行家三人への勧賞が議されるようになる。(95)また、前権中納言源雅頼の家人中原親能が「与頼朝甚深之知音」で、親能の飛脚が頼朝の動向を伝えている。(96)『玉葉』にはこの頃から頼朝の上洛を期待する記事が散見する。同書十月四日条には、頼朝が院庁官に託した合戦注文と折紙（三か条を後白河院に奏上）を大夫史小槻隆職が持参し、その折紙が同日条に記載される。(97)『玉葉』からはその後も頼朝からの飛脚（使者）が上洛したことが確認され、同十月九日頼朝は本位に復した。但し、この間源頼朝が用いた文書様式は、前述の合戦注文と折紙が確認できるが、添状があった可能性がある。

その他の権門宛の文書は、伊勢神宮に関係する、『吾妻鏡』所載の（寿永元年）十二月二日の二郎大夫（会賀生倫）宛の源頼朝書状があるだけである。(98)

（2）Ⅱの時期

寿永二年十月宣旨によって源頼朝は京都朝廷の傘下に入り、軍事権門として朝廷に対しての奏聞(99)や交渉を行うようになった。新興勢力である武士の濫妨狼藉は西国に数多く見られ、源頼朝は京都朝廷や畿内の大寺社勢力との調整を行う立場になっている。

この時期京都朝廷や他の権門宛に、源頼朝から発給される文書は、朝廷への上申文書や院宣等に対する請文が見られ、これらは書状の様式で出される場合がほとんどであった。(100)

【表VII】　IIの時期の源頼朝書状等(101)

番号	宛所	内容	備考
①	なし(高階泰経カ、後白河院宛)	社寺に勧賞すべき件等三箇条	奏状。院御使庁官持参、合戦注文も副進する。
②	なし(藤原兼実家司カ)	木曾義仲の謀叛等	書状(請文)。「以此旨可令披露給候」とあり。
③	なし(高階泰経、後白河院宛)	朝務の事等四箇条	言上状。宛所は『吾妻鏡』地の文による
④	神護寺文覚上人	神護寺領について	書状。宛所は包紙による。
⑤	なし(高階泰経カ、後白河院宛)	賀茂社領狼藉について	書状。「以此旨可令披露給候」とあり。
⑥	なし(東大寺年預五師カ)	北陸道狼藉等三箇条	御教書。宛所は端裏書による。
⑦	なし(仲資王カ)	淡路国広田社領の件	書状。宛所は『吾妻鏡』元暦元年十月二十七日条による。
⑧	高階泰経(後白河院宛)	石清水八幡宮成清法印の訴えた件について	書状。『吾妻鏡』元暦元年十月二十八日条参照。
⑨	平頼盛	僧観覚の訴えた通法寺敷地浮免等について	書状
⑩	藤原経房(後白河院宛)	武士の上洛とその狼藉について	書状。『吾妻鏡』文治元年三月四日条参照。
⑪	なし(南都衆徒)	東大寺修造の件	書状。『吾妻鏡』文治元年三月七日条参照。

寿永三年二月日の源頼朝言上状(③)が記載される『吾妻鏡』元暦元年二月二十五日条の地の文には「朝務事、武衛注御所存、条々被遣泰経朝臣之許云々、其詞云、」とあり、院近臣高階泰経宛に出されている。文書様式は、冒頭の一行目に「言上」、次行に「条々」とあり、四箇の一つ書きの次に、書止を「以前条々事、言上如件、」とする。日下に頼朝の署名がある。この文書に高階泰経宛の書状が添えられていたと推定される。内容は、朝務等事、平家追討事、諸社事、仏事間事の四箇条である。

【表VII】の①③⑤⑧⑩は、後白河院への奏聞である。このうち①③⑤⑧は申次役の高階泰経宛に出されている。⑩は藤原(吉田)経房宛である。院近臣高階泰経、藤原経房や平頼盛(⑨)に対してはほぼ対等な様式の書状を送っているが、後白河院へ取り次ぐ近臣宛てであったためか「進上　大蔵卿殿」(⑧)、「謹上　藤中納言殿」(⑩)とある。

『玉葉』元暦元年三月二十三日条に、「光長告送云、広季只今入来云、頼朝奏条々事於院、其中下官可為摂政藤氏長者之由、令挙了之由、自広元之許(広季之男也、)所告送也云々、即其正文可経御覧之由、広季令申云々、(中略)件状加一見返遣了、件脚力去十九日到来、頼朝奏院之状、即広元執筆付泰経卿云々、(後略)」とある。右大臣藤原兼実は家司藤原光長からの知らせで、中原広元の父広季が来て、源頼朝が後白河院に奏上した条々の内に、兼実を摂政、氏長者に推挙するという件が含まれていたと報告を受けたという。末尾に記されているように、源頼朝が後白河院に奏上した文書は、中原広元が執筆し、院近臣高階泰経に付されている。源頼朝から後白河院への奏聞も同じルートで行われていた。鎌倉の広元から京都の父広季へも別途書状が送られるなど、様々な方途で奏上が伝えられていたことを示している。

次に、右大臣藤原兼実との交渉はどの様に行われていたか確認する。藤原兼実宛と推定される書状②を見ると、宛所は記されていないが、書留文言が「以此旨可令披露給候、頼朝恐々謹言、」とあり、兼実の家司宛に出された書状である。冒頭に「謹請右大臣殿仰事」とあり兼実の書状に対する返書(請文)である。当時本位に復して従五位下だった頼朝は、右大臣藤原兼実に直接に返事することをせず、兼実の家司宛に送った。当時の公家社会における文書伝達ルートにならっていたことが確認できる。

次に、他の有力寺社への発給文書を見てみる。源頼朝は元暦元年三月二十七日に正四位下に叙される。東大寺に宛てた(寿永三年)七月二日の中原広元奉源頼朝御教書がある[102]。この文書は冒頭に「解状之趣令経御覧畢、」とあり、東大寺からの解状を源頼朝が見た返書である。書止は「以前条々、鎌倉殿仰如此、仍以執達如件、」で、月日の下に「散位広元奉」とある、頼朝の命を受けて中原広元が奉じた文書であることがわかる。内容は「一、北陸道狼藉事」「一、伊賀国鞆田庄事」「一、減金事」の三箇条が記される。後の関東御教書の書止文言「依仰執達如件」に近い文言であり、その先行様式といえよう。

(3)　Ⅲの時期

源頼朝は、文治元年四月二十七日、平宗盛を召し進めた賞として従二位に叙され、公卿となった。しかし、在鎌倉であり、官職は辞退したままであった。この時期は、Ⅱの時期から引き続いて、朝廷(後白河院)や藤原兼実をはじめとする公卿、寺社権門等へは書状が用いられていた[103]。

【表Ⅷ】　Ⅲの時期の源頼朝書状[104]

番号	宛所	内容	備考
①	なし(平頼盛カ)	返書、問題はないの安心せよ。	仮名書状。
②	藤原隆頼	返書、昇進のこと高階泰経に伝える。肥前国晴気領事。	仮名書状。
③	なし(平頼盛カ)	返書、今後のことは沙汰する。	仮名書状。
④	藤原光長(藤原兼実宛)	平家追討の件、武士狼藉の件等。	言上状。「以此旨可令洩申右大臣殿給之状」とある。
⑤	なし(藤原経房)	議奏公卿、摂籙事、蔵人頭事、院御厩別当事、大蔵卿事等。	奏状。宛所は『吾妻鏡』同日条による。

⑥	なし（藤原経房）	解官のこと。	奏状。宛所は『吾妻鏡』同条による。
⑦	藤原経房	日吉塔下彼岸衆申文の件。	書状。
⑧	藤原経房	仏師成朝申南都大仏師の件。	書状。
⑨	なし（藤原光長カ・藤原兼実宛）	御庄々事、問宮荘事。	書状。九条家文書に写あり。
⑩	藤原経房	諸国済物の件。源頼朝知行の国々への沙汰。	書状。
⑪	藤原経房	諸国并荘園の件。武士の狼藉制止の事。	書状。
⑫	藤原光長（藤原兼実宛）	前摂政（藤原基通）家領の件。後白河院の意向を領掌する。。	書状。九条家文書に写あり。
⑬	藤原経房	摂籙家領の件。	書状。
⑭	なし（藤原光長カ・藤原兼実宛）	武士の狼藉停止、院に上奏等、十三箇条の子細。	事書。九条家文書に写あり。
⑮	藤原兼光	天下政道の件。	書状。『吾妻鏡』同日状に同文の文書あり。
⑯	（藤原経房カ・後白河院宛）	諸国武士の濫行停止、謀反人跡の地頭停止等を依頼する	奏状。大江公朝の帰洛に託し、吉田経房をもって奏聞。
⑰	藤原経房	成勝寺修造事。	書状。
⑱	藤原光長（藤原兼実宛カ）	伊勢太神宮領林崎御厨の件、下文を作成し進上する。	書状。奏聞のため。
⑲	なし（藤原経房カ・後白河院宛）	高野山領備後国大田荘の件。宣下に任せ土肥実平知行を停止した。	書状。
⑳	藤原経房	筑後国草野永平に同国在国司・押領使領職の安堵を要請。	書状。経房は太宰権帥。
㉑	しやくわういん	山城国紀伊郡内知行の田地を「ひよしてん（日吉田）」に寄進する。	仮名書状。
㉒	なし（藤原経房カ・後白河院宛）	閏七月九日の御教書に対する請文。備後国大田庄の件。	書状。御教書は、㉓に見える「六月一日御教書（帥中納言奉書）」と同じか。
㉓	なし（藤原経房）	六月一日の御教書に対する請文。新日吉社領武蔵国河越庄の件。	書状。
㉔	なし（賀茂社カ）	賀茂社領に関する訴訟。	書状。前欠カ。『吾妻鏡』文治二年十月一日条に関連記事。
㉕	藤原経房	院宮以下諸家への下文を進上する。	書状。
㉖	なし（藤原経房カ・後白河院宛）	宣旨・院宣に対する請文。地頭の濫妨停止の件。	書状。
㉗	なし（藤原経房）	藤原経房奉書に対する請文。越中国吉岡庄の件。	書状。
㉘	藤原経房	東大寺之件。	仮名書状。東大寺図書館に案文。
㉙	なし	宗像社の件。氏実に安堵を希望。	書状。
㉚	藤原経房	洛中群盗、武士狼藉の件。千葉常胤・下河辺行平上洛させる。	書状。
㉛	なし（藤原経房）	重源の下向等について助成する旨返事する。	仮名書状。
㉜	重源	東大寺材木を引く件の助成を伝える。	仮名書状。
㉝	なし（藤原経房カ・後白河院宛）	群盗事、北面人々任廷尉事等。	奏状。下河辺行平使節として上洛。

㉞	なし(重源カ)	返書。佐々木高綱の推挙、東海道・北陸道へ勧進聖の派遣を勧める。	書状。
㉟	なし(重源)	返書。大般若経の巻数、毎月の使者は辞退する。	書状。『吾妻鏡』文治三年十月九日条にも記載。
㊱	なし(藤原経房)	(藤原経房)御教書に対する請文。藤原重頼の件。	仮名書状。
㊲	藤原経房	信濃国伴野荘年貢の件、小笠原長清に沙汰した。	書状。
㊳	藤原定経	藤原定経の奉書に対する請文。備前国福岡庄事。	書状。
㊴	なし(藤原経房)	藤原経房奉書に対する請文。隠岐守仲経の訴えの件。	書状。
㊵	なし(重源カ)	東大寺の件。	仮名書状。
㊶	なし(藤原経房カ・後白河院)	二月十七日の院宣に対する請文。大内殿舎門廻廊及び築垣、熊野領播磨国浦上荘の件。	書状。『吾妻鏡』文治五年三月十一日条に「去月十七日之院宣、今日到来、是帥中納言所労之間、于今遅引云々、」とあり
㊷	なし(重源カ)	東大寺大仏材木の件。伊賀国鞆田庄の件。	仮名書状。
㊸	なし(藤原経房カ・後白河院)	院宣への請文。出雲目代政綱の件。	仮名書状。源頼朝自筆。
㊹	なし(藤原経房カ・後白河院)	奥州源義経誅殺の件。	書状。
㊺	なし(藤原経房カ・後白河院)	院宣への請文。駿河国大津御厨地頭板垣兼信不当の件。	書状。
㊻	なし(重源カ)	伊賀国鞆田庄の件。	書状。平家没官領注文、高階泰経の奉行として後白河院より給う。
㊼	藤原経房	藤原泰衡追討の件。	書状。
㊽	藤原経房	藤原泰衡追討の件。	仮名書状。
㊾	なし	二月二十六日の書状への請文。興善院の件。	仮名書状。
㊿	なし(藤原経房カ・後白河院)	院宣(去月廿二日御教書)への請文。大内修理の勧賞の件。	書状。
51	藤原経房	院宣(去年十二月御教書)への請文。伊勢役夫工米、地頭未済の件。	仮名書状。
52	なし(藤原経房)	美濃国菊松公文末友・犬丸公文延末濫妨の件。	仮名書状。宛所は『吾妻鏡』地の文による。
53	(京都に注進)	伊勢内宮役夫工米の未済所々の件。	注進状。
54	藤原経房カ	東大寺衆徒訴える阿波・広瀬両庄地頭職の件。	書状。差出「右大将」、宛所「中納言」とあり、検討を要す。
55	なし(藤原経房)	院宣への請文。宮人と称する女性の件。	仮名書状。
56	なし(藤原経房カ)	去四月十一日の御教書(藤原親経の奉書)への請文。	仮名書状。
57	藤原経房	京都宿所の件。	仮名書状。
58	なし(藤原経房カ)	院宣への請文。河内国務の件。	仮名書状。
59	なし(藤原経房カ)	院宣への請文。円勝寺領遠江国質侶荘地頭板垣兼信、備後国在庁訴えの件。	仮名書状。
60	なし(藤原経房カ)	遠江国質侶庄地頭板垣兼信流罪の件。	書状。

(61)	なし（藤原経房カ）	院宣への請文。近江国田根庄務の件。	書状。岡部宿より藤原朝方の使者に託す。
(62)	なし（藤原経房）	藤原経房奉の院宣に対する請文。勲功賞により権大納言補任の件。	仮名書状。六波羅より、昌寛執筆。
(63)	高階泰経	石清水八幡宮宝塔院領の件。	書状。

文治元年十二月に源義経の連座で高階泰経が失脚するあたりから、藤原経房宛の書状が見られるようになる（右記【表Ⅶ】参照）[105]。経房は後白河院側の窓口（関東申次）として、院の側近藤原定長（経房の弟）を通して後白河院の指示を受け、鎌倉の頼朝との交渉に当たっている[106]。その初見はⅡの時期の末期、（文治元年）三月四日の源頼朝書状[107]で、京都近国の治安維持のため、鎌倉殿御使（近藤国平・中原久経）を派遣することを伝えた書状である。

Ⅲの時期の『吾妻鏡』の記事を見ると、数多くの藤原経房宛の源頼朝書状が引用されている。朝幕交渉の大きな流れを見ると、文治元年末には源義経問題があり、源頼朝は後白河院に圧力をかけ、議奏公卿や人事に関して奏状を送っている（⑤⑥）。その後兵粮米徴収に関連して武士の狼藉が多発すると、後白河院側からその停止についての指示が増えている（⑪⑭⑯⑱⑲㉕㉖㉚等）。この間、源頼朝は知行国を与えられた廷臣として、六条殿や閑院内裏等の修造を請け負い、奉公に励んでいる[108]。これに関する書状も散見する（㊶㊿）。また、東大寺修造に関する書状もある（㉘㉛㉜㊵㊶㊷等）。

興味深いのは、文治五年～建久元年にかけて源頼朝書状が多いことである。二十四通ある（㊵～(63)）。文治五年は奥州合戦があり奥州藤原氏が滅亡、建久元年は源頼朝が最初の上洛をしている。㊹が奥州藤原泰衡によって源義経が誅殺された件の報告、㊼㊽が藤原泰衡追討に関わる報告である。建久元年七月二十七日から京都における源頼朝の宿所の件が申請され（(57)）、八月三日の院宣で藤原邦綱の東山家を用いよとの返事があった[109]。極めて早い対応である。この間の特徴としては、院宣に対する請文が多いことであろう（㊶㊸㊺㊿(51)(55)(56)(58)(59)(60)(61)(62)）。後白河院はこの時期立て続けに源頼朝に要求を突きつけて返事を求めていた。

ところが、建久元年末になると、高階泰経が復帰し、再び院の申次として活動するようになる。おそらく、後白河院と上洛した源頼朝との交渉で復帰が決まったのであろう。（建久元年）十二月十四日の源頼朝書状[110]（(63)）は、「三位殿」（高階泰経）宛に石清水八幡宮別当成清法印の申請した宝塔院領について返事をしたものである。この件については、（元暦元年）十月二十八日の源頼朝書状[111]から、成清から後白河院に申請し、「任道理、可有御沙汰之由、被仰下候畢、」と命じられており、頼朝も高階泰経に「神社事、殊可被行善政候也、自然黙止不便事候、以此旨可令披露給候、」と院に奏聞するよう申し入れていた。約六年後の建久元年になって、ほぼ同じ案件について「以前、被下　宣旨・院宣之由申候、其理候者、可令申達給候歟、」と、申次に復活した高階泰経に申し入れていることは興味深い。

藤原兼実に対する文書は、Ⅱ時期と同じく、家司の藤原光長宛に出されている（④⑨⑫⑭⑱）。

Ⅲ時期の文書様式を確認する。六十三通の内、七通（言上状、奏状、事書、注進状）以外は皆書状である。この七通は書下年号で、書状は月日だけを記載する。

最も多い藤原経房宛の書状の様式は、冒頭に事書にあたる案件が記載され、末尾は「頼朝恐々謹言」「恐々謹言」で結んでいる。差出は日下に「頼朝（裏花押）」「頼朝（花押）」あるいは「頼朝」と記されるが、二通「源頼朝請文」（㉖）「頼朝請文」（㊶）と記載するものがある。宛所はほとんどが「進上　帥中納言殿」と上所に「進上」を付す。

○史料十七（文治二年正月二十四日の源頼朝書状）

日吉塔下彼岸衆申文一通、謹以進上之候、為法性寺領小橋庄（摂津国）被押領三ケ村候云々、而重家自近衛殿（基通）賜小橋庄預所職候畢、仍衆徒可停止重家之結構之旨、雖触遣候、云彼云是、共以庄領候、依不能私成敗候、所令執申候也、任道理可被計仰下候歟、

頼朝裏御判

（源）頼朝恐々謹言。

（文治二年）正月廿四日

進上　（藤原経房）帥中納言殿

史料十七（⑦）は『吾妻鏡』文治二年正月二十四日条掲載の源頼朝書状で、地の文に「廿四日癸卯、日吉塔下彼岸衆訴訟事、有其沙汰、非二品一方御成敗之間、今日所被執申京都也、」とある。日吉塔下彼岸衆の訴えた、近衛基通が法性寺領小橋庄預所職に補任した重家（姓未詳）件について、源頼朝は「共以庄領候、依不能私成敗候、」として管轄範囲外であることを明示し、朝廷（後白河院）に沙汰を委ねている。

次に藤原光長宛（九条兼実宛）の書状は、冒頭は同じく案件を記載する。末尾は「恐々謹言」「恐惶謹言」である。差出は日下に「頼朝」「頼朝（花押）」であるが、「（花押）」だけの書状もある。

興味深いのは、東大寺勧進上人重源宛の書状である。源頼朝は東大寺造営に積極的に加わり「大檀越」と称された。重源宛

の書状は㉜㉞㉟㊵㊷㊻の六通が知られる。末尾は「然而庄々訴不可負之様の道を能々可被作候也、」(㉜)、「□(仍)執達如件、」(㉞)、「可令存知候之状如件、」(㉟)、「自今以後も更々不可有候者也、」(㊵)、「只可有重　勅定之状如件、」(㊷)、「可令申　院給之状如件、」(㊻)と結んでおり、「謹言」「恐々謹言」等の書状の文言は用いられていない。公卿である源頼朝から重源宛に出された書状は、「高い地位の差出者が低い地位の者に出す場合(例えば大臣から参議に、中納言から五位の殿上人に)には、書止めを「状如件」とすることになっていた(弘安礼節)[112]」に従ったものであろうか。差出は「(花押)」だけで、宛所は「東大寺上人御房」である。これは、①②③⑱㉔等とも共通する。

(4) Ⅳの時期

源頼朝は、建久元年十二月に鎌倉に帰ると、翌年正月に政所始を行った。以降正治元年正月に没するまでの朝幕関係の文書[113]を確認していきたい。

【表Ⅸ】 Ⅳ時期の源頼朝書状等[114]

番号	宛所	内容	備考
①	高階泰経	佐々木定綱濫行の件。	言上状。
②	なし(後白河院)	院宣の請文。越前国鮎川庄訴えの件。	仮名書状。
③	なし(後白河院)	源頼朝の甥僧任憲を推挙。	書状。
④	藤原宗頼	高野山菩提心院訴える備前国香登庄の件。	書状。
⑤	唐橋通資	天野谷の件。石川義兼の去文と起請を召し進める。	書状。
⑥	なし(後鳥羽天皇カ)	松尾社司訴訟の件。	書状。
⑦	なし(後鳥羽天皇カ)	河内金剛寺の訴えについて、天野遠景の文と下文二通を送る。	仮名書状。
⑧	なし(後鳥羽院カ)	院宣に対する請文カ。興福寺の訴えた和泉国司配流の件。	書状。後欠カ。[115]

Ⅲ時期に比べると、点数が極端に減少する。この背景には、建久三年に後白河院が亡くなり、朝廷は藤原兼実が掌握して行ったことに起因するかもしれない。

この時期の特徴は、後白河院没後、関東中次となる人物が介在せず、特定の人物宛の書状がないという点にある。末尾は「頼朝恐惶謹言」「頼朝恐々謹言」「謹言」「恐々謹言」とⅢ時期と同じである。これに対し、（建久四年）九月五日の源頼朝書状（④）が、宛所が「謹上　頭弁殿」、差出が「在判」と花押だけである点にある。Ⅲ時期の重源に対する書状と共通する。

四　その他神仏への寄進状等

本章では、今までの範疇に属さない神仏関係の寄進状と寺社関係の補任状を検討する。

（1）Ⅰの時期

この時期の源頼朝の寄進状は、治承四年十月十六日の文書が初見である。[116] この寄進状は前欠であるが、奥上署判である。左記の『吾妻鏡』治承四年十月二十一日条所載の同日付寄進状（史料十八）[117] と同じ様式（奥上署判）であったと考えられる。それが寿永二年二月頃になると様式も整い、冒頭に「奉寄」とあり奥上署判という様式の寿永二年二月二十七日の源頼朝寄進状（史料十九）[118] のようになる。

○**史料十八**（治承四年十月二十一日の源頼朝寄進状写）

伊豆国御園　河原谷　長崎

可早奉免敷地三島大明神

右件御園者、為御祈禱安堵公平、所寄進如件、

治承四年十月廿一日

源朝臣（頼朝）

○**史料十九**（寿永二年二月二十七日の源頼朝寄進状）

奉寄

相模国鎌倉郡内鶴岡八幡新若□（宮）御領事

在当国弐箇□(処)
高田郷
田嶋郷
右、為神威増益、為所願成就、□(所)奉寄也、方来更不可有牢籠之状如件、
寿永二年二月廿七日
前右兵衛佐源朝臣頼朝(花押)

補任状としては、鶴岡若宮の長日大般若経供僧職を補任した治承五年十月六日の源頼朝補任状[119]、鶴岡若宮の長日最勝講供僧職を補任した同日の補任状[120]がある。両通とも『吾妻鏡』引用の文書で、差出が記されていない。書出は「定補」、次行に補任する供僧職とその次行に補任される僧の名が記載される。

その後、治承七年五月三日の源頼朝補任状[121]では、金目観音堂別当職に大法師源信を補任している。この補任状は、冒頭が「補任」、次行に「金目観音堂別当職事」、その次行に「大法師源信」とあり、前期二通の補任状とほぼ同じ様式で、奥上署判(「前佐兵衛佐源朝臣」)である。いずれも頼朝管轄下の寺社であり、この時期の上意下達文書と同じ様式をとっている。

(2) Ⅱの時期

前期の様式の源頼朝寄進状の様式は、伊勢神宮へ寄進した寿永三年正月日まで[122]、同様に奥上署判であったことが確認できる。その後、源頼朝は元暦元年三月二十七日に正四位下に叙された。この後書下年号の日下の署判に変化する。神護寺に寄進した寿永三年四月八日の源頼朝寄進状[123]は、冒頭に「寄進　神護寺領事」とあり、奥下署判である。官途書きが長いため日下に書けず、奥下になった可能性がある。広田社に寄進した寿永三年四月二十八日の源頼朝寄進状[124]、伊勢神宮に寄進した寿永三年五月三日の源頼朝寄進状二通[125]は日下に「正四位下源朝臣」「正四位下前右兵衛佐源朝臣」と署名する。[126]差出を日下に書く例が多い。

(3) Ⅲ・Ⅳの時期

この時期になると、源頼朝の寄進状は減少するので、Ⅲ・Ⅳの時期をまとめて記述する。

Ⅲの時期の寄進状としては、石清水八幡宮に寄進した元暦二年六月五日の源頼朝寄進状[127]と高雄山に寄進した文治二年八月十一日の源頼朝袖判寄進状写[128]の二通がある。前者は日下に「前右兵衛佐源朝臣頼朝」と署名があり、後者は袖判である。

Ⅳの時期は、鶴岡八幡宮に寄進した建久二年十一月二十二日の源頼朝寄進状[129]一通のみが知られる。日下に花押のみを据える。

これらの寄進状は、冒頭に「奉寄」とあり、次に寄進先を記載、次行に寄進地を記載する。末尾は「奉寄如件、」「所寄進之状如件、」で結ぶ。差出の書き方は三通りあるが、日下二通、袖判一通である。

補任状については、Ⅱの時期は残されていない。Ⅲの時期では、文治元年十二月三十日の源頼朝袖判補任状案[130]がある。これは袖判の次行に「補任　六条若宮別当職事」とあり、次行に「阿闍梨季厳」と補任する僧を記載する。袖判以外はほぼ同じ様式である。

Ⅳの時期では、建久三年七月二十日の源頼朝袖判補任状[131]がある。袖判の次行に「鶴岡八幡宮供僧職事」とあり、次行に「権律師良喜」と補任する僧の名が記される。右記と同じ様式である。

その後、建久八年十一月一日の源頼朝補任状写[132]がある。様式は右記とほぼ同じであるが、日下に花押を据えるだけである。

おわりに

源頼朝発給文書を、宛所を（1）鎌倉武家政権管轄内の地域や人物（主に御家人）宛、（2）後白河院を中心とする朝廷や公家、その他寺社権門宛、（3）その他（主に寺社等の寄進先）宛に分け、時期を四期に分けてその変遷を追ってみた[133]。

（1）では、源頼朝の官位昇進によって上意下達の発給文書の様式は変化している。Ⅰの時期は河内源氏（受領層）の文書に合わせて奥上署判の下文であったが、Ⅱ〜Ⅲの時期は袖判下文に移行する。その背景には、中原広元等吏僚層の鎌倉下向が作用していた可能性がある。Ⅱの時期は他の河内源氏の上位に位置するため、差別化を謀り袖判下文に変化した。Ⅲの時期は、頼朝は従二位に叙され、政所を開設をしたが、まだ頼朝も奥州藤原氏の存在を意識し、御家人が源頼朝花押を据えた文書を欲することもあり、御家人との接点を重視して袖判下文を使い続けた。

Ⅳの時期になると、源頼朝は奥州藤原氏滅亡後最初の上洛を果たし、権大納言、右大将に任官し、これを辞任して鎌倉に帰着する。源頼朝は、翌年（建久二年）正月の政所始以降、古い形式の文書を回収し「前右大将家政所下文」に差し替えることを意図した。しかし、御家人は頼朝の花押のない文書を忌避したため、一部有力御家人には袖判下文を添えている。これは、奥州の脅威もなくなり、頼朝が侍身分の御家人と一線を画するため、政所を介した文書に移行したと考えてよいであろう。後白河院没後、征夷大将軍に補任されると「将軍家政所下文」に移行する。将軍家に変更したのは、武家の棟梁として威儀を整えるためであった可能性がある。しかし、東大寺造営の大壇越として臨んだ二度目の上洛以後、再び「前右大将家政所下文」に戻る。これは、娘大姫を入内させ、在洛して天皇家の外戚として政治的力を発揮しようとする意図が背景にあったと考えられる。(134)

指示・伝達に関する文書は、Ⅱの時期から藤原俊兼が奉じる源頼朝御教書が見られるようになる。Ⅲ～Ⅳの時期には、袖判下文の使用と相まって袖判御教書が多用されるようになる。奉者は最初は中原広元、次第に平盛時が多くなる。両者とも政所の吏僚である。但し、一条能保や舞人の大江久兼等朝廷に仕える者や奥州合戦など緊急の場合は書状を用いている。

（2）では、Ⅰの時期からⅣの時期まで、一貫して源頼朝書状が大きな役割を果たした。一時後白河院に人事等の政治的圧力をかける場合は、言上状や奏状を用いている。一方、Ⅲの時期、東大寺勧進上人重源に対しては、同じ書状でも「恐々謹言」「謹言」などを用いず、差出も「花押」だけの書状を送付している。この様式は、Ⅳの時期には頭弁藤原宗頼にも送られている。

（3）では、Ⅰの時期には（1）と同じく奥上署判の寄進状・補任状が用いられたが、Ⅱの時期になると源頼朝の署名は日下に記載する様式に移行する。Ⅲ～Ⅳの時期は源頼朝袖判の寄進状・補任状に移行している。

以上が源頼朝発給文書の様式の大まかな変遷である。本稿の目的のひとつは、この様式が、北条氏の発給文書にどの様に受け継がれ、代替の文書様式はどの様になったのかを検証する基準を確認するという点にある。政治の環境が変化していく中で、北条氏がどの様に対応したのか、本書を一読しある程度理解していただければ幸甚である。

註

（1）八木書店、二〇〇八年。

（2）吉川弘文館、一九八八年。同書では、図版の部分を下文、寄進状、政所下文、下知状・外題安堵、鎌倉殿御使下文、御教書、書状の七種に分けて掲載している。

（3）吉川弘文館、二〇一四年。その他に、黒川高明「源頼朝文書について——花押を中心として——」（『神奈川県史研究』七、一九七〇年）及び同「源頼朝文書について——頼朝文書の拾遺及び偽・疑文書を中心に——」（『神奈川県史研究』四三・四四、両号とも一九八一年）等がある。

（4）『東京大学史料編纂所研究紀要』六号（一九九六年）。源頼朝文書の筆跡の比較を行い、その右筆について、研究を進めている。
（5）相田二郎『日本の古文書』上・下二冊（岩波書店、一九四九、一九五四年）。
（6）法政大学出版局、初版一九九七年。
（7）基本的に『源頼朝文書の研究』史料編で疑文書とするものは除外し、同書の編年文書の文書番号や『平安遺文』『鎌倉遺文』の巻数（①②等）と文書番号を示した。
（8）源頼朝の官位昇進は、左記のようになる。（『公卿補任』による）

保元三年二月三日　任皇后宮権少進（上西門院立后日、歳十二）
平治元年正月二十九日　兼右近将監
同　二月十三日　止少進、補上西門院蔵人（本宮院号日）
同　三月一日　服解（母）
同　六月二十八日　補蔵人
同　十二月十四日　任右兵衛権佐
同　二十八日　解官
永暦元年三月十一日　配流伊豆国
寿永二年十月九日　復本位（従五位下）
元暦元年三月二十七日　正四位下（元従五位下、追討前伊予守源義仲賞、其身不上洛、猶在相模国鎌倉）
文治元年四月二十七日　叙従二位（歳三十九、召進前内大臣平朝臣賞、其身在相模国）
同五年正月五日　叙正二位
建久元年十一月九日　任権大納言（歳四十四）、同日聴勅受（勲功賞）
同　二十四日　兼右大将
同　十二月四日　辞両職
同三年七月十二日　為征夷大将軍
正治元年正月十一日　依病出家
同　十三日　薨于相模国鎌倉館（五十三歳）

（9）『吾妻鏡』同日条。
（10）『源頼朝文書の研究』史料編の一〇号に同年十月十三日の武田信義宛源頼朝書下写、同一七号に源頼朝下文写（天野遠景宛）を収めるが、両者とも「本文書、偽文書ナルベシ」と注記がある。
（11）拙稿「武蔵武士概論」（北条氏研究会編『武蔵武士の諸相』所収、勉誠出版、二〇一七年）。
（12）由良文書（東京大学文学部所蔵、『源頼朝文書の研究』史料編三三号、『平安遺文』⑧三九七二号）。同年十一月日の源頼朝下文（園田文書、『源頼朝文書の研究』史料編三四号、『平安遺文』⑧三九七三号）も同じく新田義重を埼西郡糯田郷司に補任した文書である。

（13）前田育徳会所蔵「尊経閣古文書纂」編年文書（『源頼朝文書の研究』史料編一八号、『平安遺文』⑩五〇六七号）。
（14）前田育徳会所蔵「尊経閣古文書纂」編年文書（『源頼朝文書の研究』史料編二一号、『平安遺文』⑩五〇六八号）。
（15）三島神社文書（『源頼朝文書の研究』史料編二五号、『平安遺文』⑨四八八五号）。
（16）『吾妻鏡』同日条（『源頼朝文書の研究』史料編一一五号）。なお、これらの位署は、原則として「源朝臣（花押）」であるが、治承七年三月十日の源頼朝下文案（鹿島大禰宜家文書、『源頼朝文書の研究』史料編四八号、『平安遺文』⑨四八八五号）、寿永二年十月十日の源頼朝下文（光明寺文書、『源頼朝文書の研究』史料編五〇号、『平安遺文』⑨四八八五号）、治承七年五月三日の源頼朝下文案（賀茂別雷神社文書、『源頼朝文書の研究』史料編五四号、『平安遺文』⑨四八八五号）などは「前左兵衛佐源朝臣（花押）」とあり、源頼朝が「左兵衛佐」ではなく「右兵衛佐」に任官していることから偽文書と判断する考えもある。
（17）宮崎康充『国司補任』一～五（続群書類従完成会）による。
（18）久保田和彦「平安時代における「国司下文」の三形態」（『学習院史学』二二号、一九八四年）に掲載の表Ⅰ（『平安遺文』所載「国司発給文書」の時期別分布表）によれば、十二世紀に入ると、国司発給文書は国司庁宣と国司下文がほとんどを占めるようになる。久保田氏は、十一世紀になると大きな転換期を迎え、公式令に規定されない新様式の国司庁宣や国司下文が登場すると指摘する。
（19）東寺百合文書ホ（『平安遺文』④一四七九号）。
（20）東寺百合文書タ（『平安遺文』④一四九五号）。
（21）富田正弘「平安時代における国司文書について――その位署形態と国司庁宣の成立――」（『京都府立総合資料館紀要』四、一九七五年）。
（22）薬師院文書（『平安遺文』⑧三九三三号）。
（23）註（18）久保田氏論文では、国司下文の用法を三つに分けて説明する。参照されたい。
（24）市河文書（『平安遺文』⑧三九三七号）。文書名は『平安遺文』のママとした。
（25）二通ともに市河文書（『平安遺文』⑧四一二〇号と同⑧四一四三号）。文書名は『平安遺文』のママとした。
（26）根来要書下（『源頼朝文書の研究』史料編四一五号、『平安遺文』⑧四一七四号）。
（27）益田家文書（『源頼朝文書の研究』史料編四一六号、『平安遺文』⑧四一七七号と『源頼朝文書の研究』史料編四二一号、『平安遺文』⑧四二六二号）。
（28）前者は東京大学史料編纂所所蔵文書（『源頼朝文書の研究』史料編四〇四号）、後者は益田家什書（『源頼朝文書の研究』史料編四〇五号、『平安遺文』⑧四二一八号）。
（29）黒川高明『源頼朝文書の研究』史料編（註（2）（3）参照）に掲載の当該時期の文書には、袖判下文や日下署判の下文等が掲載されているが、これらは後世に作成された可能性が高い。
（30）目崎徳衛「鎌倉幕府草創期の吏僚について」（『三浦古文化』一五号、一九七四年）では、この時期源頼朝の周囲にいた吏僚として「中四郎惟重、中八惟平、新藤次俊長、小中太光家」に注目し、この時期中原氏が多く側近にいたことを指摘している。
（31）米谷豊之祐「中原広元・親能の関東来附の経緯について」（『大阪城南女子短大紀要』六、一九七一年）や上杉和彦『大江広元』

（吉川弘文館、人物叢書、二〇〇五年）等を参照のこと。

(32) 寿永三年五月十八日の源頼朝袖判下文（末吉文書、『源頼朝文書の研究』史料編八一号、『平安遺文』⑩補二四五号）。これ以前に、寿永二年十月十一日の源頼朝袖判下文案（東大寺文書三ノ三、『源頼朝文書の研究』史料編五五号、『平安遺文』⑧四一一〇号）がある。しかし、「伊賀国御家人等」と「家人」に「御」を冠した下文案であり、疑問が残る。

(33) Ⅱの期間の源頼朝袖判下文を列挙する。

①相模国中坂間郷に宛てた寿永三年六月三日の源頼朝袖判下文（金子文書、『源頼朝文書の研究』史料編八三号、『平安遺文』⑧四一五七号）

②紀伊国神野真国荘に宛てた元暦元年六月日の源頼朝袖判下文（神護寺文書、『源頼朝文書の研究』史料編八四号、『平安遺文』⑧四一八二号）

③紀伊国阿弖川荘に宛てた元暦元年七月二日の源頼朝袖判下文（高野山文書、『源頼朝文書の研究』史料編八五号、『平安遺文』⑧四一八三号）

④元暦元年七月二十九日の源頼朝袖判下文（香宗我部家伝証文、『源頼朝文書の研究』史料編八八号、『平安遺文』⑧四一八三号）

⑤品川三郎宛の元暦元年八月七日の源頼朝袖判下文（田代文書、『源頼朝文書の研究』史料編九〇号、『平安遺文』⑧四一九〇号）

⑥常陸国奥郡世谷・大窪・塩浜宛の元暦元年八月十三日の源頼朝袖判下文（塙不二丸氏所蔵文書、『源頼朝文書の研究』史料編九二号、『平安遺文』⑧四一九五号）

⑦讃岐御家人等宛の元暦元年九月十九日の源頼朝袖判下文（『吾妻鏡』同日条、『源頼朝文書の研究』史料編九四号）

⑧出雲国杵築社神主并神官等に宛てた元暦元年十月二十八日の源頼朝袖判下文（北島文書、『源頼朝文書の研究』史料編九六号）

⑨常陸国鹿嶋社司并在庁官人に宛てた元暦元年十二月二十五日の源頼朝袖判下文（鹿島大禰宜家文書、『源頼朝文書の研究』史料編一〇一号、『平安遺文』⑧四二二三号）

⑩常陸国鹿嶋社司并在庁官人に宛てた元暦元年十二月二十五日の源頼朝袖判下文（塙不二丸氏所蔵文書、『源頼朝文書の研究』史料編一〇二号、『平安遺文』⑧四二二二号）

⑪（冒頭の「下　（宛所）」を欠く、石清水八幡宮宛か）の元暦二年正月九日の源頼朝袖判下文案（石清水田中家文書、『源頼朝文書の研究』史料編一〇八号、『平安遺文』⑧四二二七号）

⑫天野寺住僧等に宛てた元暦二年三月十三日の源頼朝袖判下文案（金剛寺文書、『源頼朝文書の研究』史料編一一四号、『平安遺文』⑧四二三八号）

以上の他、『吾妻鏡』掲載の左記の源頼朝下文も袖判の可能性が高い。

①西海・山陽道諸国御家人に宛てた元暦二年三月十三日の源頼朝下文（『吾妻鏡』同日条、『源頼朝文書の研究』史料編一一五号）

②当国侍内任官輩中に宛てた元暦二年四月十五日の源頼朝下文（『吾妻鏡』同日条、『源頼朝文書の研究』史料編一一六号）

③畿内近国実平押領所々に宛てた元暦二年四月二十六日の源頼朝下文（『吾妻鏡』同日条、『源頼朝文書の研究』史料編一一八号）

④畿内近国景時押領所々に宛てた元暦二年四月二十六日の源頼朝下文（『吾妻鏡』同日条、『源頼朝文書の研究』史料編一一九号）

(34) 註（30）（31）参照。

(35) 註（31）上杉和彦『大江広元』参照。

(36) 鎌倉殿御使に関する論考に、田中稔「鎌倉殿御使考」（『鎌倉幕府御家人制度の研究』第一編第一章、一九九一年、吉川弘文館、初出一九六二年）、上横手雅敬『日本中世政治史研究』第三章第二節「東国と西国」（塙書房、一九七〇年）、松井茂「鎌倉幕府初期の権力構成――源義経の地位と役割を中心に――」（『歴史』第五一輯、一九七八年）、藤本元啓「京都守護」（『芸林』第三〇巻二号、一九八一年）、木村茂光「鎌倉殿御使の政治的位置」（『初期鎌倉政権の政治史』第五章、二〇一一年、同成社、初出一九九六年）等がある。

(37) 註（36）木村氏論文。

(38) 『吾妻鏡』文治元年四月二十六日条には、理由の無い、畿内近国の実平押領所々と景時押領所々について、院宣に任せ停止するよう源頼朝下文が掲載されている。

(39) 崎山文書（『源頼朝文書の研究』史料編六〇号、『平安遺文』⑧四一六一号）。

(40) 『吾妻鏡』文治二年正月六日条（『源頼朝文書の研究』史料編一〇六号・一〇七号）。なお、寿永三年四月十一日の源頼朝書状（島津家文書、『源頼朝文書の研究』史料編七一号）があり、宛所の記載がないが、内容から在京する源義経か吏僚宛に発給された文書と推定される。

(41) 『吾妻鏡』元暦元年四月二十三日条（『源頼朝文書の研究』史料編七四号）。後述するように源頼朝の袖判があった可能性が高い。

(42) この時の常陸介は藤原俊長、知行国主は藤原季能である（『日本史総覧』Ⅱ所収国司一覧、新人物往来社、一九八四年）。

(43) 久我家文書（『源頼朝文書の研究』史料編六七号・六八号、『平安遺文』⑧四一五一号・四一五二号）。なお、この二通は『吾妻鏡』寿永三年四月六日条にも収められる。『吾妻鏡』同日条の地の文を参考のため左記に記す。

池前大納言并室家之領等者、載平氏没官領注文、自公家被下云々、而為酬故池禅尼恩徳、申宥彼亜相勅勘給之上、以件家領卅四箇所、如元可為彼家管領之旨、昨日有其沙汰、令辞之給、此内、於信濃国諏方社者、被相博伊賀国六ケ山云々、

(44) 石井進氏「平家没官領と鎌倉幕府」（『石井進著作集』第二巻（鎌倉幕府論）所収、岩波書店、二〇〇四年、初出一九七七年）。

(45) 東寺百合文書ツ（『平安遺文』⑦三一〇八号）。

(46) 島田文書（『平安遺文』⑧四二六一号）。

(47) 京都新熊野神社文書（『鎌倉遺文』②五七九号）。

(48) 摂津勝尾寺文書（『鎌倉遺文』②一一八〇号）。

(49) 久我家文書（『源頼朝文書の研究』史料編七三号、『平安遺文』⑧四一五三号）。

(50) 奥上署判の様式を持つ下文は、元暦二年三月十三日の源頼朝奥上署判下文（『吾妻鏡』同日条所載、『源頼朝文書の研究』史料編一一五号）が終見であろう。この頃には袖判下文が多くを占めている。

(51) 源頼朝が従二位に叙されたことは『吾妻鏡』文治元年五月十一日条、『公卿補任』文治元年条参照。なお、註（7）でも触れたが源頼朝は、元暦元年三月二十七日、木曾義仲追討の賞で従五位下から正四位下に叙された。『公卿補任』には、「其身不上洛、猶在相模国鎌倉」と注記がある。次に文治元年四月二十七日、平宗盛を召し進めた賞で、三位を経ずに従二位に叙されている。ここにも『公卿補任』には、「其身在相模国」と注記がある。

(52) 政所の設置については、石井良助「鎌倉幕府政所設置の年代」（『国家学会雑誌』五一巻六号、一九三七年、のち石井良助『大化の改新と鎌倉幕府の成立』に収録、一九七二年）で文治元年説を述べるが、煩をいとわず確認しておくことにしたい。石井良助氏は史料十五③については指摘していない。

(53) Ⅲの時期の源頼朝袖判下文を列挙する。なお、この時期袖判のない源頼朝下文の案や写が『吾妻鏡』等に数多く残る。これらの下文には袖判があった可能性が高いが、本目録からは除外した。『源頼朝文書の研究』史料編を参照されたい。

また、文治元年十二月三十日の源頼朝袖判下文（醍醐寺文書、『源頼朝文書の研究』史料編一四五号、『鎌倉遺文』①三二号）は、袖判の次行が「補任　六条若宮別当職事」で始まっており、下文様式ではなく袖判補任状であるので、除外した。

①元暦二年六月六日の源頼朝袖判下文（賀茂別雷神社文書、『源頼朝文書の研究』史料編一二六号、『平安遺文』⑧四二五九号）
②元暦二年六月十五日の源頼朝袖判下文（東京大学史料編纂所所蔵島津家文書「歴代亀鑑」、『源頼朝文書の研究』史料編一三一号、『平安遺文』⑧四二五九号）
③元暦二年六月十五日の源頼朝袖判下文（東京大学史料編纂所所蔵島津家文書「歴代亀鑑」、『源頼朝文書の研究』史料編一三二号、『平安遺文』⑧四二六〇号）
④元暦二年八月十七日の源頼朝袖判下文（東京大学史料編纂所所蔵島津家文書「歴代亀鑑」、『源頼朝文書の研究』史料編一三八号、『平安遺文』⑧四二七二号）
⑤元暦二年八月二十一日の源頼朝袖判下文（鹿島神宮文書、『源頼朝文書の研究』史料編一三九号、『平安遺文』⑧四二七三号）
⑥文治二年正月八日の源頼朝袖判下文（東京大学史料編纂所所蔵島津家文書「歴代亀鑑」、『源頼朝文書の研究』史料編一四六号、『鎌倉遺文』①三六号）
⑦文治二年正月二十一日の源頼朝袖判下文（烟田文書、『源頼朝文書の研究』史料編一四七号、『鎌倉遺文』①三八号）
⑧文治二年四月三日の源頼朝袖判下文（東京大学史料編纂所所蔵島津家文書「歴代亀鑑」、『源頼朝文書の研究』史料編一五七号、『鎌倉遺文』①八二号）
⑨文治二年五月五日の源頼朝袖判下文案（崎山文書、『源頼朝文書の研究』史料編一六三号、『鎌倉遺文』①九五号）
⑩文治二年五月七日の源頼朝袖判下文案（崎山文書、『源頼朝文書の研究』史料編一六六号、『鎌倉遺文』①九九号）

をはじめ袖判下文が主流である。『源頼朝文書の研究』史料編を参照されたい。

⑪文治二年六月一日の源頼朝袖判下文（法勝寺文書、『源頼朝文書の研究』史料編一六八号、『鎌倉遺文』①一〇九号）
⑫文治二年六月日の源頼朝袖判下文案（海老名文書、『源頼朝文書の研究』史料編一七三号、『鎌倉遺文』①一一八号）

⑬文治二年閏七月二十九日の源頼朝袖判下文（前田育徳会所蔵「武家手鑑」、『源頼朝文の研究』史料編一八一号、『鎌倉遺文』①一四六号、同補遺尊経閣文庫編一号）
⑭文治二年八月三日の源頼朝袖判下文（東京大学史料編纂所所蔵島津家文書「歴代亀鑑」、『源頼朝文書の研究』史料編一八三号、『鎌倉遺文』①一五〇号）
⑮文治二年九月五日の源頼朝袖判下文（賀茂別雷神社文書、『源頼朝文書の研究』史料編一九〇号、『鎌倉遺文』①一六九号）
⑯文治二年九月五日の源頼朝袖判下文（賀茂別雷神社文書、『源頼朝文書の研究』史料編一九一号、『鎌倉遺文』①一七〇号）
⑰文治二年九月五日の源頼朝袖判下文（京都国立博物館所蔵鳥居大路文書、『源頼朝文書の研究』史料編一九二号、『鎌倉遺文』①一六八号）
⑱文治二年九月五日の源頼朝袖判下文案（平松文書、『源頼朝文書の研究』史料編一九五号、『鎌倉遺文』①一七一号）
⑲文治三年五月三日の源頼朝袖判下文（東京大学史料編纂所所蔵島津家文書「歴代亀鑑」、『源頼朝文書の研究』史料編二〇九号、『鎌倉遺文』①二三三号）
⑳文治三年五月九日の源頼朝袖判下文（曾根崎元一氏所蔵文書、『源頼朝文書の研究』史料編二一一号、『鎌倉遺文』①二三五号）
㉑文治三年十二月一日の源頼朝袖判下文（皆川文書、『源頼朝文書の研究』史料編二三一号、『鎌倉遺文』①二八七号）
㉒文治五年二月九日の源頼朝袖判下文（東京大学史料編纂所所蔵島津家文書「歴代亀鑑」、『源頼朝文書の研究』史料編二四一号、『鎌倉遺文』①三六四号）
㉓文治五年二月三十日の源頼朝袖判下文（東京大学史料編纂所所蔵文書、『源頼朝文書の研究』史料編二四四号、『鎌倉遺文』①三六四号）、『吾妻鏡』同日条にも掲載する。
㉔文治五年四月七日の源頼朝袖判下文（保阪潤治氏旧蔵文書、『源頼朝文書の研究』史料編二四七号、『鎌倉遺文』①三八〇号）
㉕建久元年十二月十二日の源頼朝袖判下文写（松雲公採集遺編類纂百十六所収、『鎌倉遺文』①四九七号）、同文の文書を『源頼朝文書の研究』史料編二九二号にも源頼朝下文写（「東大寺要録」二）として収めるが、袖判がない。

建久二年正月の政所始以降では、建久三年二月二十八日の源頼朝袖判下文写（佐田文書、『源頼朝文書の研究』史料編三〇八号）の他は、千葉介常胤宛の建久三年八月五日の源頼朝袖判下文写（『吾妻鏡』同日条、『源頼朝文書の研究』史料編三一五号）と小山朝政宛の源頼朝袖判下文写（久米春男氏所蔵文書、『源頼朝文書の研究』史料編三一八号）があるだけである。

(54)【表Ⅱ】は、註（53）の袖判下文の各文書の宛所、内容等を一覧にした。①②③〜㉕は註（53）の番号を示す（以下同じ）。

(55)註（53）⑥文書。

(56)註（53）⑪文書。

(57)註（53）㉒文書。

(58)慶應義塾大学所蔵文書（『鎌倉遺文』①一九〇号）。

(59)美作国布施社は、貞治四年閏九月三十日の後光厳天皇綸旨綸旨（仁和寺文書、『大日本史料』六編の二）には「無量寿院領美作国布施庄沙汰人禅惟年貢抑留事」と荘園名として見える。

(60) 註(53)の①⑮⑯⑰㉓㉕等がある。

(61) 壬生家文書(『鎌倉遺文』②七五九号)。

(62) これはⅡの時期の下文であるからおそらく奥上署判の下文か袖判下文であろうという予測がつく。この時期を検索すると、賀茂別雷神社神社文書の中に同日付の源頼朝発給文書がある。寿永三年四月二十四日の源頼朝奥上署判下文で、これには源頼朝の書状が添付されていた(『源頼朝文書の研究』史料編七五号・七六号)。これは後白河院庁下文を受けて、賀茂別雷社領四十三箇所に対する武士の狼藉を停止し、神事用途を備進するよう命じたものである。豊受大神宮に対しても同様の源頼朝奥上署判下文が発給されていた可能性が高い。

(63) 文治三年十一月日の大隅正八幡宮神官解(禰寝文書、『鎌倉遺文』①二八六号)。

(64) 『吾妻鏡』文治二年二月七日条所収年欠正月二十五日の源兼忠書状(『鎌倉遺文』①四一)。

(65) Ⅲの時期、源頼朝から、京都や西国、その他の地域にいた御家人や吏僚に対して出された文書を列挙する。様式は、源頼朝書状、源頼朝袖判御教書(仮名文書もある)、源頼朝御教書等である。

①(元暦二年)六月八日の源頼朝袖判御教書案(多田院文書、『源頼朝文書の研究』史料編一二八号)

②(元暦二年)六月十日の源頼朝袖判御教書案(多田院文書、『源頼朝文書の研究』史料編一三〇号)

③(文治二年)二月二十四日の源頼朝袖判御教書案(高野山文書、『源頼朝文書の研究』史料編一四九号)

④(文治二年)五月六日の源頼朝書状案(崎山文書、『源頼朝文書の研究』史料編一六五号)

⑤(文治二年カ)七月二十二日の源頼朝袖判御教書(東京国立博物館所蔵文書、『源頼朝文書の研究』史料編一七七号)

⑥(文治二年)十一月二十五日の源頼朝袖判御教書案(多田院文書、『源頼朝文書の研究』史料編二〇二号)

⑦年欠四月十八日の源頼朝御教書(『吾妻鏡』文治三年四月十八日条、『源頼朝文書の研究』史料編二〇八号)

⑧(文治三年カ)五月三日の源頼朝袖判御教書(「薩藩旧記雑録」前編二所収「加治木桑波田文書」、『源頼朝文書の研究』史料編二一〇号)

⑨文治三年九月十三日の源頼朝御教書(『吾妻鏡』文治三年九月十三日条、『源頼朝文書の研究』史料編二二四号)

⑩年欠十月二十五日の源頼朝御教書(『吾妻鏡』文治三年十月二十五日条、『源頼朝文書の研究』史料編二二六号)

⑪(文治三年)十一月九日の源頼朝書状(遠山記念館所蔵文書、『源頼朝文書の研究』史料編二二九号)

⑫(文治四年)七月十三日の源頼朝書状(『吾妻鏡』文治四年七月十三日条、『源頼朝文書の研究』史料編二三二号)

⑬(文治五年)二月二十一日の源頼朝御教書案(東大寺文書宝生院所蔵、『源頼朝文書の研究』史料編二四三号)

⑭(文治五年)八月十五日の源頼朝袖判御教書(東京大学史料編纂所所蔵島津家文書、『源頼朝文書の研究』史料編二五四号)

⑮(文治五年)八月二十日の源頼朝書状写(「薩藩旧記雑録」前編二、『源頼朝文書の研究』史料編二五五号)

⑯(文治五年)十月三日の源頼朝袖判御教書写(「薩藩旧記雑録」前編二所収市来北山文書、『源頼朝文書の研究』史料編二六〇号)

⑰(文治五年)十月二十四日の源頼朝御教書(『吾妻鏡』文治五年十月二十四日条、『源頼朝文書の研究』史料編二六一号)

⑱(文治五年)十一月二十四日の源頼朝袖判御教書写(「薩藩旧記雑録」前編二所収国分文書、『源頼朝文書の研究』史料編二

六三号）
⑲（建久元年）五月十三日の源頼朝御教書（『吾妻鏡』建久元年五月十三日条、『源頼朝文書の研究』史料編二七四号）
⑳（建久元年）八月三日の源頼朝御教書（『吾妻鏡』建久元年八月三日条、『源頼朝文書の研究』史料編二八〇号）　※二七九号
㉑（建久元年）八月三日の源頼朝御教書（『吾妻鏡』建久元年八月三日条、『源頼朝文書の研究』史料編二八一号）
㉒（建久元年）十一月二日の源頼朝御教書（『吾妻鏡』建久元年十一月二日条、『源頼朝文書の研究』史料編二八八号）

（66）【表Ⅲ】は、註（65）の各文書の宛所、奉者、内容等を一覧にしたものである。なお、備考欄に文書様式や、仮名交じり文に「仮名」と記載した。

（67）大内惟義は、源頼朝の指示を受けた時期、『吾妻鏡』で確認すると、鎌倉の行事に参加していない。中原広元は、文治二年六月二十一日上洛、同年七月二十九日鎌倉に下向、文治三年六月二十一日上洛（下向日時は不明、⑩⑬）、文治五年十一月八日上洛、建久元年三月二十日鎌倉着、同年九月二十一日上洛（㉒）、翌二年三月後半鎌倉に解着（上杉和彦『大江広元』による）で、在京時と推定できる。

（68）佐藤氏は（八）政所下文の冒頭に「頼朝は建久元年十一月上洛して権大納言・右近衛大将に任ぜられ、十二月両官を辞したが、これを機会に翌年から政所下文を発した。」と述べるのみである。

（69）杉橋隆夫「鎌倉執権政治の成立過程」（御家人制研究会編『御家人制の研究』所収、一九八一年）のなかで、三代将軍実朝期に見える下文（形式は下文、書留に「依鎌倉殿仰、下知如件」と下知状の文言があり、日下に政所職員が連署する）を「略式政所下文」と命名した。「鎌倉殿下文」（五味文彦）、「関東下文」（湯山賢一）などともいわれる。杉橋氏は「兵範記」久安五年（一一四九）十月十九日条を引いて、「少なくとも摂関家一門では、（一）当人が三位に至らなくても政所を置き、別当・令・知家事・案主等の職制も整えたこと、（二）出家などによって政所が「停止」されても、その実質的機能は維持されていたこと、（三）しかし（二）の情況下では、文書署名（もちろん正規の政所下文は発給されない。ここでは略式政所下文・奉書形式文書等を念頭においている）などの場合、家司は別当以下の職名を付さない場合のあったこと、である。確実なのは右の三点に留まるが、（四）、（二）・（三）の事実を参照するに、（一）の状態でも正規の政所下文は発せられず、それに替って用いられる文書に家司の職名は多くの場合付記されない、と推定されよう。もっとも（一）と（二）・（三）とでは、三位に満たないとはいえ一応政所が「設置」されていたのと、出家後「停止」状態にあったのとの違いがあるが、ともに正規の政所設置資格を欠いている点では共通しているのである。」と述べている。

（70）『玉葉』治承四年二月二十日条に次のような記事がある。この日、五位蔵人藤原行隆から九条兼実に対して諮問があった。平清盛入道が大輪田泊の修築を延喜例のより、宣下して欲しいと高倉天皇に申し入れたことに関して、天皇から宣下するようにとの指示があったが、平清盛の解状の様式が先例にない様式であったため、「入道前太政大臣家ト書之、奥ニ前筑前守貞能加署、而尤可有令字之由存之処、出家之人解状、家令加署之例、又以不覚悟、為之如何、」と尋ねられている。この文書様式は、冒頭に「入道前太政大臣家」と書き、奥に「前筑前守貞能」が加書した文書で、左記の前太政大臣〈平清盛〉家政所下文（厳島神社文書、『平安遺文』⑧三八九一号）を解状にした様式であったと推定される。

入道前太政大臣（平清盛）家政所下　安芸国壬生郷□

可早任御下知旨、致沙汰当御領勧農収納□

右、当御領者、公家厳重御祈祷、長日仏神事□□(等カ)、而庄号以後既経数年畢、四至内田畠不幾□□(之カ)処、迫年非令荒廃、適見作之所当官物年□□(貢カ)不可勝計、然間所被割宛、云仏神事云本家□□(役カ)及闕如、是偏地頭等依張行種々非法、土民□浪人者、恐名主等之妨、無寄作之輩故也之由、□(事若カ)実者、地頭等之所行、甚以不当也、於于今者□妨、云常荒云年荒、不嫌土浪人、任申請可令□、就中限壬生郷者、可令停止地頭職之旨、御沙汰□可令進止哉、兼又有限所当官物、年々未済、於□召籠其身、任法可加譴責也、有限負累物、任員□間、各地頭可令停止進止領掌也、若猶致所渋之時、□子細、召上於京都、可有御沙汰之状、所仰如件、□不可違失、故下、

治承三年十一月　日　　　　　○朱印(文不明)四アリ

前越中守平朝臣(貞能)(花押)

藤原兼実の回答は、「抑解状署所事、実尤有疑、理須為自解也如何」と解状の署名について疑問を差し挟み、「自解」(本人の署名した解状)であるべきと述べている。藤原行隆は、福原に問い合わせる時間がないことを理由に、官務が主張する口宣でよいのではないかと主張するが、藤原兼実は「口宣猶無其謂、尤可有解状事也、自解之条、又勿論、於今者、只家令可加署、何事之有哉」と、先例がないにもかかわらず、家令(前筑前守貞能)が加署してあるとして承認してしまうのである。

この前太政大臣〈平清盛〉家政所下文も、『玉葉』で問題にしている解状も、藤原兼実は先例のない様式と認識していたようであり、この様式は出家した平清盛が創作し用いた文書様式であった。

(71)　註(8)参照。

(72)　『吾妻鏡』建久元年十一月九日条所収の源頼朝書状では、「拝任権大納言事、恐悦存候、但候関東之時、任官事雖被仰下候、存旨候天申辞退候畢。」と在鎌倉のため任官を辞退した旨を述べる。

(73)　『吾妻鏡』建久二年八月五日条。

(74)　『吾妻鏡』建久二年正月十五日条では、政所の別当以下の職員を始め、問注所・侍所等の職員も改めて定められた。註(30)目崎徳衛論文も参照されたい。

(75)　左記に、以降発給された政所下文を列記する。

①建久二年二月二十一日の前右大将〈源頼朝〉家政所下文(下諏訪神社文書、『源頼朝文書の研究』史料編二九四号、『鎌倉遺文』①五一一号)

②建久三年六月二日の前右大将〈源頼朝〉家政所下文(松浦山代文書、『源頼朝文書の研究』史料編三一一号、『鎌倉遺文』②五九三号)

③建久三年六月三日の前右大将〈源頼朝〉家政所下文写(『正閏史料外編』一、『源頼朝文書の研究』史料編三一二号、『鎌倉遺文』②五九四号)

④建久三年六月二十日の前右大将〈源頼朝〉家政所下文写(『吾妻鏡』建久三年六月二十日条、『源頼朝文書の研究』史料編三

一三号、『鎌倉遺文』②五九六号）

⑤建久三年八月二十二日の将軍〈源頼朝〉家政所下文写（茂木文書、『源頼朝文書の研究』史料編三一六号、『鎌倉遺文』②六〇八号）

⑥建久三年九月十二日の将軍〈源頼朝〉家政所下文写（山川光国氏所蔵文書、『源頼朝文書の研究』史料編三一七号、『鎌倉遺文』②六一八号）

⑦建久三年九月十二日の将軍〈源頼朝〉家政所下文写（『吾妻鏡』建久三年九月十二日条、『源頼朝文書の研究』史料編三一九号、『鎌倉遺文』②六一七号）

⑧建久三年九月十八日の将軍〈源頼朝〉家政所下文案（宮内庁書陵部所蔵「八幡宮関係文書」、『源頼朝文書の研究』史料編三二〇号、『鎌倉遺文』②六二〇号）

⑨建久三年十月二十一日の将軍〈源頼朝〉家政所下文（中条文書、『源頼朝文書の研究』史料編三二一号、『鎌倉遺文』②六三〇号）

⑩建久三年十月二十一日の将軍〈源頼朝〉家政所下文（中条文書、『源頼朝文書の研究』史料編三二二号、『鎌倉遺文』②六三一号）

⑪建久三年十一月十一日の将軍〈源頼朝〉家政所下文写（「太宰府管内誌」所収「宇佐宮基記」、『源頼朝文書の研究』史料編三二四号、『鎌倉遺文』②六三七号）

⑫建久三年十二月十日の将軍〈源頼朝〉家政所下文（市河文書、『源頼朝文書の研究』史料編三二五号、『鎌倉遺文』②六四五号）

⑬建久四年三月七日の将軍〈源頼朝〉家政所下文案（塩竈神社文書、『源頼朝文書の研究』史料編三二七号、『鎌倉遺文』②六六一号）

⑭建久四年四月三日の将軍〈源頼朝〉家政所下文案（曾根崎元一氏所蔵文書、『源頼朝文書の研究』史料編三二八号、『鎌倉遺文』②六六五号）

⑮建久四年四月十六日の将軍〈源頼朝〉家政所下文（毛利家文書、『源頼朝文書の研究』史料編三二九号、『鎌倉遺文』②六六八号）

⑯建久四年六月九日の将軍〈源頼朝〉家政所下文（「香宗我部家伝証文」、『源頼朝文書の研究』史料編三三〇号、『鎌倉遺文』②六七一号）

⑰建久四年六月十九日の将軍〈源頼朝〉家政所下文案（上妻文書、『源頼朝文書の研究』史料編三三一号、『鎌倉遺文』②六七三号）

⑱建久四年九月四日の将軍〈源頼朝〉家政所下文写（「薩藩旧記雑録」前編二所収入来本田文書、『源頼朝文書の研究』史料編三三二号、『鎌倉遺文』②六八三号）

⑲建久五年二月二十五日の将軍〈源頼朝〉家政所下文案（龍造寺文書、『源頼朝文書の研究』史料編三三六号、『鎌倉遺文』②七一五号）

⑳建久五年八月十九日の将軍〈源頼朝〉家政所下文写（「大倉氏採集文書」所収「豊田家文書」、『源頼朝文書の研究』史料編三四一号、『鎌倉遺文』②七三八号）

㉑建久七年七月十二日の前右大将〈源頼朝〉家政所下文案（青方文書、『源頼朝文書の研究』史料編三五二号、『鎌倉遺文』②八五六号）

㉒建久七年十月二十二日の前右大将〈源頼朝〉家政所下文案（高野山文書、『源頼朝文書の研究』史料編三五三号、『鎌倉遺文』②八六七号）

㉓建久七年十一月七日の前右大将〈源頼朝〉家政所下文案（和田文書、『源頼朝文書の研究』史料編三五四号、『鎌倉遺文』②八八一号）

㉔建久八年二月二十四日の前右大将〈源頼朝〉家政所下文案（三浦家文書、『源頼朝文書の研究』史料編三五六号、『鎌倉遺文』②八九七号）

㉕建久八年十二月三日の前右大将〈源頼朝〉家政所下文（島津家文書「歴代亀鑑」、『源頼朝文書の研究』史料編三六一号、『鎌倉遺文』②九五〇号）

(76)　註（75）①参照。

(77)　『吾妻鏡』建久三年八月五日条（『源頼朝文書の研究』史料編三一五号、『鎌倉遺文』②六〇五号）。

(78)　註（75）③文書。中原広元宛。

(79)　註（75）⑤文書。八田知家宛。「右、治承四年十一月廿七日御下文□」で始まる文書。八田朝家は治承四年の時点で地頭職補任の下文を与えられていた。

(80)　註（75）⑥文書。小山朝政宛。「右、寿永二年八月　日御下文云、」で始まる文書。小山朝政は寿永二年の時点で地頭職補任の下文を与えられていた。また、同日付の袖判下文（久米春男氏所蔵文書、『源頼朝文書の研究』史料編三一八号、『鎌倉遺文』②六一八号）が残り、この文書に添えられていたことがわかる。

(81)　【表Ⅳ】は、註（75）記載の政所下文の各文書の書出、宛所、内容等を一覧にしたものである。

(82)　『尊卑分脈』第三巻、清和源氏・源頼朝の条に「同（建久）五十ヽ辞将軍、」とある。校訂は頭注に「恐有誤」と記載する。征夷大将軍については、頼朝が何時辞めたのか、それとも辞めずに「前右大将」に呼称を変更したのか、両説あるが、どちらにしても頼朝の意図を考える必要があろう。参考として下記の論文や一般書を提示する。石井良助『大化改新と鎌倉幕府の成立』（創文社、一九五八年）・高橋富雄『征夷大将軍もう一つの国家主権』（中央公論新社、中公新書八三三、一九八七年）・網野善彦『日本社会の歴史〈中〉』（岩波書店、岩波新書八三三、一九九七年）・櫻井陽子「頼朝の征夷大将軍任官をめぐって――『三槐荒涼抜書要』の翻刻と紹介――」（『明月記研究』、二〇〇四年）・北村拓「鎌倉幕府征夷大将軍の補任について」（今江廣道編『中世の史料と制度』、続群書類従完成会、二〇〇五年）・川合康『源平の内乱と公武政権』（吉川弘文館、日本中世の歴史3、二〇〇九年）・西田友広「本巻の政治情勢」（『現代語訳吾妻鏡5、征夷大将軍、建久元年（一一九〇）～建久三年（一一九二）』（五味文彦・本郷和人編、吉川弘文館、二〇〇九年）・下村周太郎「そもそも、源頼朝は征夷大将軍を望んでいなかった？」（『征夷大将軍の研究最前線』、日本史史料研究会（監修）、関口崇史（編集）、洋泉社〈歴史新書〉、二〇一八年）。

（83）『吾妻鏡』建久二年正月十五日条（政所吉書始）に見える政所職員は、

政所　別当前因幡守平朝臣広元
　令主計允藤原朝臣行政
　案主藤井俊長（鎌田新藤次）
　知家事中原光家（岩手小中太）

であり、公事奉行人に前掃部頭藤原朝臣親能・筑後権守同朝臣俊兼・前隼人佐三善朝臣康清・文章生同朝臣宣衡・民部丞平朝臣盛時・左京進中原朝臣仲業・前豊前介清原真人実俊がいる。

（84）註（75）の①～㉕を一覧表にした。

（85）林譲氏の教示によれば、この時源頼朝が文書を回収した理由として、治承年号の使用を抹消する意図があったのではないかという。

（86）註（53）②③文書。

（87）「久米春男氏所蔵文書」（松平基則氏旧蔵、『源頼朝文書の研究』史料編三一八号、『鎌倉遺文』①六一九号）。

（88）註（4）林謙論文を参照。

（89）杉橋隆夫「鎌倉右大将家と征夷大将軍」（『立命館史学』四号、一九八三年）では、「吾妻鏡」の記事に疑問を呈し、源頼朝が袖判下文から政所下文に更改した時期を、建久三年（一一九二）六月まで下り、同年七月の征夷大将軍任官以降に多数の政所下文が発給されていることを指摘し、頼朝が御家人たちに強調したかったのは前右大将の肩書きよりも征夷大将軍の官職だったと指摘する。ただし、下文更改の方針が決定してから実行されるまで、御家人からの申請やそれに対する調査等の準備期間が必要であろう。源頼朝が京都から鎌倉に戻った翌年である建久二年正月頃には下文更改の方針が決定していたと考えられよう。なお、川合康『鎌倉幕府成立史の研究』（校倉書房、二〇〇四年）の第一章第一節（建久年間の諸政策）も参照されたい。

（90）Ⅳ時期の袖判下文を列記する。なお、④⑤は、前者が千葉常胤、後者が小山朝政宛の袖判下文で、文書改めに際して要望に応じて発給された文書である。

①建久二年十二月十一日の源頼朝袖判下文案（東寺百合文書、『源頼朝文書の研究』史料編三〇四号、『鎌倉遺文』②五六七号）
②（建久二年）十二月十一日の源頼朝袖判下文案（島津家文書、『源頼朝文書の研究』史料編三〇五号、『鎌倉遺文』②五六四号）
③建久三年二月二十八日の源頼朝袖判下文（佐田文書、『源頼朝文書の研究』史料編三〇八号、『鎌倉遺文』②五八一号）
④建久三年八月五日の源頼朝袖判下文写（『吾妻鏡』同年月日条、『源頼朝文書の研究』史料編三一五号、『鎌倉遺文』②六〇五号）
⑤建久三年九月十二日の源頼朝袖判下文（久米春男氏所蔵文書、『源頼朝文書の研究』史料編三一八号、『鎌倉遺文』②六一九号）
⑥建久五年二月十四日の源頼朝？下文（山中文書、『源頼朝文書の研究』史料編三三四号、『鎌倉遺文』②七一一号）
⑦建久五年五月十五日の源頼朝袖判下文（進美寺文書、『源頼朝文書の研究』史料編三三九号、『鎌倉遺文』②七二五号）
⑧建久八年九月二十一日の源頼朝袖判下文案（高野山文書、『源頼朝文書の研究』史料編三五九号、『鎌倉遺文』②九三五号）

（91）Ⅳ時期の源頼朝袖判御教書を一覧にした。項目は【表Ⅲ】に準じた。なお、『源頼朝文書の研究』史料編三六八号以下の年欠文書は含まない。但し、源頼朝袖判御教書が多数あることは確認できる。

①建久二年二月二十三日の源頼朝袖判御教書案（到津文書、『源頼朝文書の研究』史料編二九五号、『鎌倉遺文』②五一二号）
②建久二年八月一日の源頼朝袖判御教書（宗像神社文書、『源頼朝文書の研究』史料編二九九号、『鎌倉遺文』②五四五号）
③年欠十二月十九日の源頼朝袖判？御教書写（『吾妻鏡』建久二年十二月十九日条、『源頼朝文書の研究』史料編三〇六号、『鎌倉遺文』②五六八号）
④年欠閏十二月二十八日の源頼朝御教書写（『群書類従』所収「渋柿」、『源頼朝文書の研究』史料編三〇七号、『鎌倉遺文』補遺①一二一号）
⑤年欠三月四日の源頼朝袖判？御教書写（『吾妻鏡』建久三年三月四日条、『源頼朝文書の研究』史料編三〇九号、『鎌倉遺文』②五八二号）
⑥年欠四月十日の源頼朝袖判御教書案（宗像神社文書、『源頼朝文書の研究』史料編三一〇号、『鎌倉遺文』②五九〇号）
⑦年欠七月十日の源頼朝御教書写（「神宮雑書」、『源頼朝文書の研究』史料編三五一号、『鎌倉遺文』②八二九号）
⑧建久七年十一月十四日の源頼朝袖判御教書案（大友文書、『源頼朝文書の研究』史料編三五五号、『鎌倉遺文』②八八三号）
⑨建久八年九月十九日の源頼朝御教書案（高野山文書、『源頼朝文書の研究』史料編三五八号、『鎌倉遺文』②九三四号）
⑩建久九年二月二十二日の源頼朝御教書案（島津家文書、『源頼朝文書の研究』史料編三六二号、『鎌倉遺文』②九六五号）
⑪（建久九年カ）九月八日の源頼朝御教書案（大善寺文書、『源頼朝文書の研究』史料編三六四号、『鎌倉遺文』②九九八号）
⑫（建久九年）十二月二十六日の源頼朝御教書案（小代文書、『源頼朝文書の研究』史料編三六七号、『鎌倉遺文』②一〇二二号）

(92) 藤原範高は、『吾妻鏡』で確認すると、三代実朝の時期にその側近のひとりとして見える人物で、建保元年二月二日条で学問所番の三番に結番されている。熱田大宮司藤原範雅の子である。この頃政所職員であったのであろう。藤原行光、藤原頼平、中原仲業、中原広元は政所の職員である。『吾妻鏡』建久二年正月十五日条参照。

(93) 関東申次に関する論文には、山本博也「関東申次と鎌倉幕府」（『史学雑誌』八六―八、一九七七年）、美川圭「関東申次と院伝奏の成立と展開」（同氏『院政の研究』所収、臨川書店、一九九六年、初出一九八四年）、森茂暁「西園寺実氏「関東申次」指名以前の朝幕交渉」（同氏『鎌倉時代の朝幕関係』、思文閣出版、一九九一年）、白根靖大「関東申次の成立と展開」（同氏『中世の王朝国家と院政』、吉川弘文館、二〇〇〇年）、甲斐玄洋「鎌倉期における朝幕交渉の形態的特質」（小原仁編『『玉葉』を読む――九条兼実とその時代――』、勉誠出版、二〇一三年）等がある。

(94) 註（93）甲斐玄洋氏論文。

(95) 『玉葉』同年月三十日条。

(96) 『玉葉』同年九月四日条。

(97) 『源頼朝文書の研究』史料編五三号。

(98) 『源頼朝文書の研究』史料編四二号。

(99) 『玉葉』寿永二年十月四日条に所載の源頼朝奏状（『源頼朝文書の研究』史料編五三号）や『吾妻鏡』元暦元年二月二十五日条所載の寿永三年二月日の源頼朝言上状（『源頼朝文書の研究』史料編六二号）等がある。

(100) Ⅱの時期の源頼朝書状等を列記する。

①（寿永二年二月日）の源頼朝奏状（『玉葉』寿永二年十月四日条、『源頼朝文書の研究』史料編五三号）
②（寿永二年）十月十三日の源頼朝書状案（九条家文書、『源頼朝文書の研究』史料編五六号）
③寿永三年十月日の源頼朝言上状（『吾妻鏡』元暦元年二月二十五日条、『源頼朝文書の研究』史料編六二号）
④（寿永三年）四月八日の源頼朝書状（神護寺文書、『源頼朝文書の研究』史料編七〇号）
⑤（寿永三年カ）四月二十四日の源頼朝書状案（賀茂別雷社文書、『源頼朝文書の研究』史料編七六号）
⑥（寿永三年）七月二日の源頼朝御教書（東大寺文書、『源頼朝文書の研究』史料編八六号）
⑦（元暦元年カ）十月二十七日の源頼朝書状案（広田神社文書、『源頼朝文書の研究』史料編九五号）
⑧（元暦元年）十月二十八日の源頼朝書状（「石清水八幡宮記録」、『源頼朝文書の研究』史料編九七号）
⑨（元暦元年）十一月三日の源頼朝書状（島津家文書、『源頼朝文書の研究』史料編九八号）
⑩（文治元年）三月四日の源頼朝書状写（『吾妻鏡』文治元年三月四日条、『源頼朝文書の研究』史料編一一二号）
⑪（元暦二年）三月七日の源頼朝書状案（「右大将家御書案文」、『源頼朝文書の研究』史料編一一三号）

（101）註（100）のⅡ時期の源頼朝書状を一覧にした。

（102）註（100）及び【表Ⅵ】の⑥。

（103）Ⅲの時期の源頼朝書状等を列記する。但し、註（65）及び【表Ⅲ】の書状（④⑪⑫⑮）を除いた。
①（文治元年カ）六月七日の源頼朝書状案（久我家文書、『源頼朝文書の研究』史料編一二七号）
②（文治元年カ）八月五日の源頼朝書状（宗像神社所蔵文書、『源頼朝文書の研究』史料編一三七号）
③（文治元年）八月二十一日の源頼朝書状案（久我家文書、『源頼朝文書の研究』史料編一四〇号、『鎌倉遺文』①一二号）
④文治元年十二月六日の源頼朝言上状（『玉葉』文治元年十二月二十七日条、『源頼朝文書の研究』史料編一四二号、『鎌倉遺文』①二六号）
⑤文治元年十二月六日の源頼朝奏状（『吾妻鏡』文治元年十二月六日条、『源頼朝文書の研究』史料編一四三号、『鎌倉遺文』①二四号）
⑥文治元年十二月六日の源頼朝奏状（『吾妻鏡』文治元年十二月六日条、『源頼朝文書の研究』史料編一四四号、『鎌倉遺文』①二四号）
⑦（文治二年）正月二十四日の源頼朝書状（『吾妻鏡』文治二年正月二十四日条、『源頼朝文書の研究』史料編一四八号、『鎌倉遺文』①四〇号）
⑧（文治二年）三月二日の源頼朝書状（『吾妻鏡』文治二年三月二日条、『源頼朝文書の研究』史料編一五一号、『鎌倉遺文』①六六号）
⑨（文治二年カ）三月十一日の源頼朝書状（保阪潤治氏旧蔵文書、『源頼朝文書の研究』史料編一五四号、『鎌倉遺文』補遺①三号）
⑩（文治二年）三月十三日の源頼朝書状（『吾妻鏡』文治二年三月十三日条、『源頼朝文書の研究』史料編一五五号、『鎌倉遺文』①七一号）

⑪（文治二年）三月十六日の源頼朝書状（『吾妻鏡』文治二年三月十六日条、『源頼朝文書の研究』史料編一五六号、『鎌倉遺文』①七二号）
⑫（文治二年）四月十九日の源頼朝書状（本紙：松浦厚氏旧蔵文書、礼紙：保阪潤治氏旧蔵文書、『源頼朝文書の研究』史料編一五八号、『鎌倉遺文』①八六号）
⑬（文治二年）四月二十日の源頼朝書状案（九条家文書、『源頼朝文書の研究』史料編一五九号、『鎌倉遺文』補遺①一八・一九号）
⑭年月日欠の源頼朝事書（保阪潤治氏旧蔵文書、『源頼朝文書の研究』史料編一六〇号、『鎌倉遺文』①一五八号）
⑮（文治二年）四月三十日の源頼朝書状（反町英作氏所蔵文書、『源頼朝文書の研究』史料編一六一号、『鎌倉遺文』①九二号）
⑯（文治二年）六月二十一日の源頼朝奏状（『吾妻鏡』文治二年六月二十一日条、『源頼朝文書の研究』史料編一六九号、『鎌倉遺文』①一一六号）
⑰（文治二年）六月二十九日の源頼朝書状（『吾妻鏡』文治二年六月二十九日条、『源頼朝文書の研究』史料編一七二号、『鎌倉遺文』①一二一号）
⑱（文治二年）七月二日の源頼朝書状（『吾妻鏡』文治二年七月一日条、『源頼朝文書の研究』史料編一七五号、『鎌倉遺文』①一二三号）
⑲（文治二年）七月二十四日の源頼朝書状（高野山文書、『源頼朝文書の研究』史料編一七八号、『鎌倉遺文』①一三一号）
⑳（文治二年）閏七月二日の源頼朝書状（『吾妻鏡』文治二年閏七月二日条、『源頼朝文書の研究』史料編一七九号、『鎌倉遺文』①一三五号）
㉑（文治二年）閏七月二十五日の源頼朝書状案（東寺百合書ミ、『源頼朝文書の研究』史料編一八〇号、『鎌倉遺文』①一三九号）
㉒（文治二年）八月一日の源頼朝書状（高野山文書、『源頼朝文書の研究』史料編一八二号、『鎌倉遺文』①一四九号）
㉓（文治二年）八月五日の源頼朝書状（『吾妻鏡』文治二年八月五日条、『源頼朝文書の研究』史料編一八五号、『鎌倉遺文』①一五二号）
㉔（文治二年）十月一日の源頼朝書状（「尊経閣古文書纂」賀茂社文書、『源頼朝文書の研究』史料編一九七号、『鎌倉遺文』①一九七号）
㉕（文治二年）十月一日の源頼朝書状（『吾妻鏡』文治二年十月一日条、『源頼朝文書の研究』史料編一九八号、『鎌倉遺文』①一八一号）
㉖（文治二年）十一月二十四日の源頼朝書状（『吾妻鏡』文治二年十一月二十四日条、『源頼朝文書の研究』史料編二〇一号、『鎌倉遺文』①一九四号）
㉗（文治三年）三月二日の源頼朝書状（『吾妻鏡』文治三年三月二日条、『源頼朝文書の研究』史料編二〇三号、『鎌倉遺文』①二一一号）
㉘（文治三年カ）三月十六日の源頼朝書状（赤星鉄馬氏所蔵文書、『源頼朝文書の研究』史料編二〇四号、『鎌倉遺文』①二一

九号）

㉙（文治三年）八月七日の源頼朝書状案（宗像神社文書、『源頼朝文書の研究』史料編二一七号、『鎌倉遺文』①二五六号）

㉚（文治三年）八月十九日の源頼朝書状（『吾妻鏡』文治三年八月十九日条、『源頼朝文書の研究』史料編二一八号、『鎌倉遺文』①二五八号）

㉛（文治三年カ）八月二十三日の源頼朝書状案（東大寺図書館所蔵「右大将家御書案文」、『源頼朝文書の研究』史料編二一九号、『鎌倉遺文』補遺①三二号）

㉜（文治三年カ）八月二十三日の源頼朝書状案（東大寺図書館所蔵「右大将家御書案文」、『源頼朝文書の研究』史料編二二〇号、『鎌倉遺文』補遺①五七号）

㉝（文治三年）八月二十七日の源頼朝奏状（『吾妻鏡』文治三年八月二十七日条、『源頼朝文書の研究』史料編二二一号、『鎌倉遺文』①二五九号）

㉞（文治三年カ）九月八日の源頼朝書状（東大寺文書、『源頼朝文書の研究』史料編二二二号、『鎌倉遺文』①二六一号）

㉟文治三年十月九日の源頼朝書状（東大寺文書、『源頼朝文書の研究』史料編二二五号、『鎌倉遺文』①二七四号）

㊱（文治四年）九月三日の源頼朝書状（『吾妻鏡』文治四年九月三日条、『源頼朝文書の研究』史料編二三三号、『鎌倉遺文』①三四一号）

㊲（文治四年）九月二十二日の源頼朝書状（『吾妻鏡』文治四年九月二十二日条、『源頼朝文書の研究』史料編二三六号、『鎌倉遺文』①三四四号）

㊳（文治四年）十月四日の源頼朝書状（『吾妻鏡』文治四年十月四日条、『源頼朝文書の研究』史料編二三七号、『鎌倉遺文』①三四六号）

㊴（文治四年）十一月二十二日の源頼朝書状（『吾妻鏡』文治四年十一月二十二日条、『源頼朝文書の研究』史料編二三八号、『鎌倉遺文』①三五〇号）

㊵（文治五年カ）二月二十一日の源頼朝書状（柏木貨一郎氏所蔵文書、『源頼朝文書の研究』史料編二四二号、前半部分は『鎌倉遺文』①三六七号と同じ）

㊶（文治五年）三月十三日の源頼朝書状（『吾妻鏡』文治五年三月十三日条、『源頼朝文書の研究』史料編二四六号、『鎌倉遺文』①三七二号）

㊷（文治五年）四月七日の源頼朝書状（保阪潤治氏旧蔵文書、『源頼朝文書の研究』史料編二四八号、『鎌倉遺文』①三八一号）

㊸（文治五年）四月二十一日の源頼朝書状（『吾妻鏡』文治五年四月二十一日条、『源頼朝文書の研究』史料編二五〇号、『鎌倉遺文』①三八五号）

㊹（文治五年五月二十二日カ）の源頼朝書状（『吾妻鏡』文治五年五月二十二日条、『源頼朝文書の研究』史料編二五一号、『鎌倉遺文』①三九〇号）

㊺（文治五年）五月二十二日の源頼朝書状（『吾妻鏡』文治五年五月二十二日条、『源頼朝文書の研究』史料編二五二号、『鎌倉遺文』①三九一号）

㊻（文治五年）七月十一日の源頼朝書状（保阪潤治氏旧蔵文書、『源頼朝文書の研究』史料編二五三号、『鎌倉遺文』①三九七号）
㊼（文治五年）九月八日の源頼朝書状（『吾妻鏡』文治五年九月八日条、『源頼朝文書の研究』史料編二五七号、『鎌倉遺文』①四〇四号）
㊽（文治五年）九月十八日の源頼朝書状（『吾妻鏡』文治五年九月十八日条、『源頼朝文書の研究』史料編二五八号、『鎌倉遺文』①四〇六号）
㊾（文治）三月二十一日の源頼朝書状案（白川本東寺百合古文書、『源頼朝文書の研究』史料編二六五号）
㊿（建久元年）二月十一日の源頼朝書状（『吾妻鏡』建久元年二月十一日条、『源頼朝文書の研究』史料編二六七号、『鎌倉遺文』①四二四号）
51（建久元年）二月二十二日の源頼朝書状（『吾妻鏡』建久元年二月二十二日条、『源頼朝文書の研究』史料編二六八号、『鎌倉遺文』①四二六号）
52（建久元年四月四日）の源頼朝書状（『吾妻鏡』建久元年四月四日条、『源頼朝文書の研究』史料編二七〇号、『鎌倉遺文』①四二六号）
53（建久元年）四月十九日の源頼朝注進状（『吾妻鏡』建久元年四月十九日条、『源頼朝文書の研究』史料編二七三号、『鎌倉遺文』①四三九号）
54（建久元年）五月二十日の源頼朝書状案（松雲公採集遺編類纂百十六、『鎌倉遺文』①四四九号）
55（建久元年）六月二十三日の源頼朝書状（『吾妻鏡』建久元年六月二十三日条、『源頼朝文書の研究』史料編二七五号、『鎌倉遺文』①四五六号）
56（建久元年）六月二十九日の源頼朝書状（『吾妻鏡』建久元年六月二十九日条、『源頼朝文書の研究』史料編二七七号、『鎌倉遺文』①四五九号）
57（建久元年）七月二十七日の源頼朝書状（『吾妻鏡』建久元年七月二十七日条、『源頼朝文書の研究』史料編二七八号、『鎌倉遺文』①四六七号）
58（建久元年）八月三日の源頼朝書状（『吾妻鏡』建久元年八月三日条、『源頼朝文書の研究』史料編二七九号、『鎌倉遺文』①四七二号）
59（建久元年）八月十九日の源頼朝書状（『吾妻鏡』建久元年八月十九日条、『源頼朝文書の研究』史料編二八二号、『鎌倉遺文』①四七五号）
60（建久元年）九月十七日の源頼朝書状（『吾妻鏡』建久元年九月十七日条、『源頼朝文書の研究』史料編二八三号、『鎌倉遺文』①四八〇号）
61（建久元年）十月十二日の源頼朝書状（『吾妻鏡』建久元年十月十二日条、『源頼朝文書の研究』史料編二八六号、『鎌倉遺文』①四八七号）
62（建久元年）十一月日の源頼朝書状（『吾妻鏡』建久元年十一月九日条、『源頼朝文書の研究』史料編二八九号、『鎌倉遺文』

①四九三号）
⑬（建久元年）十二月十四日の源頼朝書状写（「石清水八幡宮記録」所収石清水文書、『源頼朝文書の研究』史料編二九三号、『鎌倉遺文』①四九八号）

(104) 註（103）Ⅲの時期の源頼朝書状等を、宛所・内容等に注目して表にした。

(105) 註（103）の⑤〜⑧⑩⑪⑬⑯⑰⑲⑳㉒㉓㉕〜㉘㉚㉛㉝㊱㊲㊴㊶〜㊺㊼㊽㊿〜52 54〜62などが藤原経房宛と推定される。

(106) 註（93）の諸論考参照。

(107) Ⅲの時期の註（100）の⑩。

(108) 拙稿「鎌倉幕府の政所と武蔵国務」（『埼玉地方史』六五号、二〇一五年）参照。

(109) 藤原家実奉の院宣が右大弁宰相藤原定長に届けられ、定長から鎌倉に送付されている（『吾妻鏡』建久元年八月九日条）。

(110) その他、Ⅳの時期に、建久二年五月三日の源頼朝言上状（『吾妻鏡』同日条所収、『源頼朝文書の研究』史料編二九七号文書）がある。

(111) 註（100）の⑧。

(112) 佐藤進一『［新版］古文書学入門』一六七頁。

(113) Ⅳの時期の源頼朝書状等を列記する。
①建久二年五月三日の源頼朝言上状（『吾妻鏡』建久二年五月三日条、『源頼朝文書の研究』史料編二九七号、『鎌倉遺文』①五三二号）
②（建久二年）六月二十二日の源頼朝書状（『吾妻鏡』建久二年六月二十三日条、『源頼朝文書の研究』史料編二九八号、『鎌倉遺文』①五三九号）
③（建久二年）八月七日の源頼朝書状（『吾妻鏡』建久二年八月七日条、『源頼朝文書の研究』史料編三〇〇号、『鎌倉遺文』①五四八号）
④（建久四年）九月五日の源頼朝書状（「根来要書」上、『源頼朝文書の研究』史料編三三三号、『鎌倉遺文』②六八四号）
⑤（建久六年カ）六月十五日の源頼朝書状（金剛寺文書、『源頼朝文書の研究』史料編三四七号、『鎌倉遺文』②八〇一号）
⑥（建久七年）六月十七日の源頼朝書状（松尾神社文書、『源頼朝文書の研究』史料編三四九号、『鎌倉遺文』②八四九号）
⑦（建久七年カ）六月二十六日の源頼朝書状案（金剛寺文書、『源頼朝文書の研究』史料編三五〇号、『鎌倉遺文』②八五二号）
⑧（建久九年十月十七日）の源頼朝書状案（後欠、「興福寺牒状」、『源頼朝文書の研究』史料編三六六号、『鎌倉遺文』②一〇一〇号・補遺①三〇七号）

(114) 註（113）Ⅳの時期の源頼朝書状等を、宛所・内容等に注目して表にした。

(115) 上横手雅敬「最後の源頼朝書状」（『鎌倉遺文』第二巻月報二、一九七二年）。

(116) 『源頼朝文書の研究』史料編一一号。同一二号も同日付の寄進状である。

(117) 『源頼朝文書の研究』史料編一六号。

(118) 『源頼朝文書の研究』史料編四五号。この様式の寄進状は、他に同日付で二通（『源頼朝文書の研究』史料編四六号・四七号）

ある。

（119）『吾妻鏡』養和元年十月六日条（『源頼朝文書の研究』史料編二八号）。
（120）『吾妻鏡』養和元年十月六日条（『源頼朝文書の研究』史料編二九号）。
（121）光明寺文書（『源頼朝文書の研究』史料編五〇号）。『源頼朝文書の研究』では源頼朝下文とするが補任状と理解し訂正した。
（122）『吾妻鏡』元暦元年正月三日条（『源頼朝文書の研究』史料編五九号）。
（123）神護寺文書（『源頼朝文書の研究』史料編六九号）。
（124）『吾妻鏡』元暦元年四月二十八日条（『源頼朝文書の研究』史料編七七号）。
（125）『吾妻鏡』元暦元年五月三日条（『源頼朝文書の研究』史料編七八号・七九号）。
（126）これ以外に、年欠十二月一日の源頼朝寄進状（『吾妻鏡』元暦元年十二月一日条、『源頼朝文書の研究』史料編一〇〇号）があり、日下に「前兵衛佐」とある。
（127）『吾妻鏡』文治元年六月五日条（『源頼朝文書の研究』史料編一二四号）。
（128）「手鑑」〈模写〉竹僊堂所蔵（『源頼朝文書の研究』史料編一八七号）。
（129）「相州文書」所収「香象院文書」（『源頼朝文書の研究』史料編三〇二号）。
（130）醍醐寺文書（『源頼朝文書の研究』史料編一四五号）。『源頼朝文書の研究』では源頼朝袖判下文とするが補任状と理解し訂正した。
（131）相承院文書（佐野惣太郎氏所蔵、『源頼朝文書の研究』史料編三一四号）。
（132）「相州文書」（『源頼朝文書の研究』史料編三六〇号）。
（133）重複するが、時期区分は下記の通りである。
　Ⅰ　治承四年（一一八〇）八月の挙兵から寿永二年（一一八三）十月宣旨まで
　Ⅱ　寿永二年十月から文治元年（一一八五）四月に従二位になるまで
　Ⅲ　文治元年四月から建久二年（一一九一）正月の政所始めまで
　Ⅳ　建久二年正月から正治元年（一一九九）正月の源頼朝死去まで
（134）拙著「源頼朝の構想――子供たちと武蔵武士――」（北条氏研究会編『武蔵武士の諸相』所収、勉誠出版、二〇一七年）。

◉コラム◉

「旧武家手鑑」治承四年十月十六日付源頼朝寄進状について

森　幸夫

小稿で考察するのは、前田育徳会所蔵「旧武家手鑑」の源頼朝寄進状である。まずその全文を掲げる（改行は原文に従う）。

（前欠）
右、為神威増益・所願□（成）就、
所奉寄也、方来更不可有
牢籠之状如件、
　治承四年十月十六日
前右兵衛佐源朝臣（花押）

一見して明らかなように、この文書は前半部分を欠いている。ただし文中に「所奉寄也」とあり、寄進状であることは明白である。しかし前欠であるため、肝心の寄進先の寺社や所領についてはわからない。本文書は前田家の「天保十年新撰御手鑑目録」(1)に「源頼朝公書」としてみえていて、その「発端」つまり書き出しを「右為神威」としているので、天保十年（一八三九）時点ですでに前半部分が失われていたことが知られる。

本文書は源頼朝の文書でありながら、前欠のためか、『平安遺文』や『神奈川県史』資料編1古代・中世（1）にも収載されなかった。黒川高明氏編『源頼朝文書の研究　史料編』（吉川弘文館、一九八八年）に41源頼朝寄進状として図版とともに掲載され、ようやく周知されるようになった。

ただし黒川氏はこの文書について「本文書、検討ノ要アリ」とされた。同氏の『源頼朝文書の研究　研究編』（吉川弘文館、二〇一四年）では、本文書について一切触れるところがなく、「検討ノ要アリ」とされた理由が明白でないが、恐らくは黒川氏は、頼朝の花押の形状からこのような判断を下されたものと推測される。本文書の頼朝花押は大形であり、また治承年号を用いたころの頼朝花押(2)と比べ、その形状がかなり異なっていることは明らかである。本文書の花押は建久ころのものに相似していると考えられる(3)。治承四年（一一八〇）という文書の年代と、頼朝花押の形状とが齟齬しており、この点から黒川氏は「検討ノ要アリ」と判断されたと思われる(4)。

さて以上のように、本寄進状は前欠で、しかも要検討文書である。源頼朝文書とはいえ、このような文書の何を考察するのかと疑問を持たれる方もいるだろう。しかし本文書は『吾妻鏡』の記事を援用することによって、被寄進者の寺社や所領名について明らかにすることが可能である。また、なぜ建久ころの頼朝花押が据えられたかも推定できる。以下、若干の考察を試みたい。

この文書は前欠であり、あまり知られていなかったためか、考察の対象とされたことはほとんどない。だが、本文書の日付と同日の『吾妻鏡』の記事から、この頼朝寄進状は鶴岡八幡宮への所領寄進に際し出されたものであることが推定できる。『吾妻鏡』治承四年十月十六日条の関係記事を次に掲げる。

十六日乙未、為武衛（源頼朝）御願、於鶴岡若宮、被始長日勤行、所謂法華・仁王・最勝王等鎮護国家三部妙典、其外大般若経・観世音経・薬師経・寿命経等也、供僧奉仕之、以相模国桑原郷為御供料所（後略）

この日、源頼朝の御願として、鶴岡若宮の供僧らに長日勤行を行わせるため、相模国桑原郷を料所として寄進したことがわかる。頼朝は、石橋山合戦での敗戦、房総半島での再起を経て、この月の六日に鎌倉入りし、同月十五日ようやく「鎌倉御亭」に入御していた。鶴岡八幡宮も十月十二日に、由比郷から小林郷へと遷座したばかりであった（『吾妻鏡』）。このような鎌倉政権の草創期に、頼朝により初めて鶴岡八幡宮に寄進された所領が桑原郷なのであった(5)。

『吾妻鏡』によれば、この日、相模国早河本庄も箱根権現に寄進されている。実は十月十六日は、頼朝が、平維盛ら平家軍と戦うため鎌倉を出陣した日でもあった。桑原郷の寄進記事に続けて、頼朝の駿河出陣が書かれており、同郷寄進は「武衛御願」として出陣前になされたことがわかる。一方、早河本庄は、出陣後の止宿地である相模国府の六所宮において寄進されたと、『吾妻鏡』に記されている(6)。同書には早河本庄の頼朝寄進状も載せられている。早河本庄の寄進状は、その文言などから判断すると、検討の余地のある文書と思われるが、「仍為後日沙汰、注文書、以申」と文末にあり、同日付であるものの、「旧武家手鑑」の源頼朝寄進状とは明らかに異なっている。とすれば、前欠の頼朝寄進状は鶴岡八幡宮へ桑原郷を寄進したものである可能性が極めて高いといえるだろう。ただし、先にみたように、本文書の頼朝花押は建久ころのものと考えられる。本文書が桑原郷の寄進状であったにしろ、建久ころに、日付を遡って書かれたものとなる。この点について次に考えてみたい。

鶴岡八幡宮には源頼朝寄進状として寿永二年（一一八三）二月二十七日付のものが二通伝存している。そのうちの一通を次に示す(7)（改行は原文に従う）。

奉寄

相模国鎌倉郡内鶴岡八幡宮新宮若□（宮）

御領事

在当国弐箇□（處）

高田郷

田嶋郷

右、為神威増益・所願成就、□（所）
奉寄也、方来更不可有牢籠
之状如件、
寿永二年二月廿七日
前右兵衛佐源朝臣頼朝（花押）

この文書は頼朝が、相模国高田・田嶋両郷を鶴岡八幡宮に寄進したものである。同日付・同形式の寄進状で、頼朝は武蔵国瓺尻郷と同国師岡保内大山郷も寄進している(8)。これら三通の頼朝寄進状の花押も大形で、治承四年十月十六日の寄進状と同じく建久ころのものと判断される。またこれらの文書は、頼朝が寿永年号を使用するようになる寿永二年十月宣旨以前のものであるのに、治承ではなく寿永年号を使用している点で疑問ありとされる。黒川高明氏はやはり、これら文書三通について「本文書、検討ノ要アリ」としているのである。

ただし高田・田嶋郷は、鎌倉期に鶴岡八幡宮領であったことは他にも所見がある(9)。建久ころに、これらの文書が作成されたものであるとしても、頼朝から寄進された鶴岡八幡宮領としての実態があったことは疑いないとみられる。『（解明）鶴岡八幡宮古文書集　釈文・解説篇』（鶴岡叢書第三輯、一九八〇年）一で、寿永二年二月二十七日付寄進状につき「この文書は日付をさかのぼったものと考えられよう」としているのは納得しやすいところである。

この点に関してはさらに、その花押形から頼朝文書について検討された林譲氏の見解(10)が注目される。林氏はこれら寿永二年の三通の寄進状作成につき、建久二年（一一九一）三月四日の、鶴岡八幡宮が焼亡した鎌倉大火と関連付けて解釈している。すなわち、大火の後、「かつての寄進の事実に任せ日付を遡らせて作成された」ものと推測されている。治承年号ではなく寿永年号が使用されたのも、建久初年ころの公武の融和関係を背景に理解されているのである。

治承四年十月十六日付と寿永二年二月二十七日付の寄進状は「本文書、検討ノ要アリ」とされるものであるが、頼朝花押からみて、疑文書とは考え難い(11)。これら四通の寄進状本文には、「右、為神威増益・所願成就、所奉寄也、方来更不可有牢籠之状如件」という、まったく同じ文言がある。この文言が元の寄進状にあったかは不明だが、この一致は、治承四年十月十六日付と寿永二年二月二十七日付の寄進状がほぼ同時に作成されたことを、頼朝花押の形状とともに、物語っていると考えられる。また図版をみても、これら四通の筆跡は同一のものと判断できる。従って、建久二年三月の鎌倉大火によって、治承四年十月十六日付の寄進状も焼失し、寿永二年二月二十七日付のものとともに、建久初年ころ、日付を遡らせて再作成されたと考えるのが妥当であると思う。筆者も、寿永二年の三通の寄進状作成についての、林氏の見解に同意したい。焼失した鶴岡八幡宮は、石清水八幡宮からの正式な勧請を経て、建久二年十一月二十一日に遷宮を果たしている（『吾妻鏡』）。おそらくこのころ、治承四年と寿永二年の四通の頼朝寄進状が再作成されたと考えてよいだろう。こう考えることにより、年号と頼朝花押の形状との齟齬も解消できる。

最後に治承四年十月十六日という元の寄進状の日付が記された理由について考えておきたい。それは、頼朝にとってこの日が、生涯忘れがたい一日であったためだと思われる。先に述べたように、頼朝はこの日、平維盛ら率いる平家の大軍と戦うため鎌倉を出陣したのである。治承四年十月十六日は、その後の頼朝、すなわち鎌倉幕府の運命を決する日でもあったのだから。

以上のように、前田育徳会所蔵「旧武家手鑑」の源頼朝寄進状は元来、鶴岡八幡宮文書であったものと考えられる。またこの文書は、鎌倉大火による鶴岡八幡宮の焼失により、寿永二年二月二十七日付の三通の頼朝寄進状と同時期に、日付を遡らせて作成されたものと推定できる。本文書は前欠ではあるが、武家政権を立ち上げた頼朝にとっても、重要な意味を持った文書であったと位置付けられるのである。

註

（1）太田晶二郎氏編『尊経閣文庫蔵武家手鑑釈文　付解題』所収、一九七八年。

（2）例えば、三嶋神社文書、治承五年七月二十九日付源頼朝下文（『源頼朝文書の研究　史料編』図版6）。

（3）久米春男氏所蔵文書、建久三年九月十二日付源頼朝袖判下文（『源頼朝文書の研究　史料編』図版40）の花押が相似している。

（4）なお黒川氏は、一九八一年の「源頼朝文書について（上）」（『神奈川県史研究』四三）では、本文書を「案文ナルベシ」とされていた。

（5）ただし、鶴岡八幡宮文書、建長元年六月三日付関東御教書（『神奈川県史』資料編1古代・中世（1）四〇二）および、『鶴岡事書日記』（『神道大系』神社編二十　鶴岡）応永七年六月条から、このとき源頼朝によって寄進されたのは桑原郷全体ではなく、西桑原郷であったことがわかる。

（6）醍醐寺文書、年月日未詳、密厳院寺領注文（『神奈川県史』資料編3古代・中世（3上）五二一四）によれば、相模国金江郷も治承四年十月十六日に、源頼朝によって伊豆山権現に寄進されたことがわかる。箱根権現と同様、相模国府の六所宮においてであろうか。この寄進状は伝存していないが、頼朝花押の形状について説明可能（後述）なのは、「旧武家手鑑」寄進状が鶴岡八幡宮宛であった場合のみである。従って、「旧武家手鑑」寄進状が伊豆山権現宛であったとは考えられない。

（7）『源頼朝文書の研究　史料編』図版43。

（8）鶴岡八幡宮文書、大手鑑（『源頼朝文書の研究　史料編』図版44・45）。

（9）佐藤進一氏・池内義資氏編『中世法制史料集』第一巻鎌倉幕府法、参考資料八六。本史料は建治・弘安ころのものである。

（10）林氏「源頼朝の花押について」（『東京大学史料編纂所研究紀要』六、一九九六年）。

（11）黒川氏は寿永二年二月二十七日付寄進状について、①二月時点での寿永年号の使用、②奥上署判の朝臣の下に実名（頼朝）を書く例がない、③大形の花押であること、の三点によって疑問視していた（「源頼朝文書における疑偽文書について」『源頼朝文書の研究　研究編』所収）。①③については上記の林氏の見解によって疑問を解消できると思う（ただし黒川氏は林氏の見解についてなぜか触れていない）。②のみにより「疑偽文書」とするのはいかがなものであろうか。

北条政子発給文書について

菊池紳一

はじめに

北条政子といえば、初代鎌倉殿源頼朝の御台所である。政子については、渡辺保氏の『北条政子』をはじめとして、数多くの伝記があり、(1)私も一度触れたことがある。(2)北条政子は、「御成敗式目」の七条目に「一、右大将家以後代々将軍并二位殿御時所充給所領等依本主訴訟被改補否事」と源頼朝以来、頼家・実朝と並ぶ時期として「二位殿御時」と表現されている。また後世編纂された「鎌倉年代記」承久元年条の将軍の欄に「二位家」が記載されるなど、(3)北条政子は源家三代将軍と並ぶ存在として認識されていた。

北条政子は、正治元年正月夫源頼朝が没すると出家して尼になり、次の将軍に長男頼家が補任され二代目の鎌倉殿となった。これ以降、政子は頼朝の後家・家長として、源家を統括する役割を担うことになった。

本稿では、最初に北条政子の発給した文書を検出して編年に配列し、一、源頼家期（二代将軍源頼家の時期）、二、源実朝期（三代将軍実朝の時期）、三、北条政子期（実朝没後から政子没まで）に分けて考察し、その実態を検討してみたい。

この政子が発給した文書については、「三、北条政子期」に関して、近藤成一「文書様式にみる鎌倉幕府権力の転回」で、将軍家政所下文に代わって関東下知状（北条義時単署）が発給されていたことを指摘している。(4)野村育世『北条政子』は、「二位殿御時」と「仮名の御文」の項目を設定し、前者で「二位家の御下知」とは、実朝の死から政子自身の死までの期間の鎌倉幕府の命令や発行文書を指していることがわかる。」と、後者で「政子は、御家人に仮名の書状を与えることもあったようで、それは、将軍の下文・下知状と同様の効力を持つものとして扱われた。」と述べている。この両者の指摘は対立するものではなく、相互に補完する関係にあったと考えられる。この時期だけではなく、「一、源頼家期」・「二、源実朝期」を通して、「三、北条政子期」に至る過程を考察してみたい。

また、二〇一六年七月に行われた鎌倉遺文研究会例会報告、田辺旬「北条政子発給文書の基礎的考察」を聴講し、そのレジュメを参照した。この報告では、北条政子の「和字御文」に着目し検討している。(5)

一　北条政子発給文書の検出

北条政子の発給文書については、『鎌倉遺文』を検索してみると、貞応二年三月十六日北条政子消息案(6)と、年月日未詳〈貞応三年カ〉北条政子消息案(7)が確認できるだけである。それ以外に、黒川高明『源頼朝文書の研究（史料編）』には、年欠七月二十九日の北条政子書状(8)と年月日未詳の伝北条政子書状(9)が掲載されている。その他管見に入ったものをまとめると【表Ⅰ】のようになる。すべて仮名消息である。ただ、年記や宛所が記載されないものが多く、年代は推定の域を出ない。また、政治的な役割を示す消息も少ない。

【表Ⅰ】　北条政子発給文書(10)

年月日	文書名	典拠	備考
①貞応二年三月十六日	北条政子消息案	「三箇御願料所等雑事」	『鎌遺』⑤三〇六七号
②年月日未詳〈貞応三年カ〉	北条政子消息案	「東大寺要録」二	『鎌遺』⑤三二三六号
③年未詳七月二十九日	北条政子消息	神護寺文書	『源頼朝文書の研究(史料編)』図版の二二七号
④年月日未詳	北条政子消息	六孫王神社所蔵文書	『源頼朝文書の研究(史料編)』図版の二二八号
⑤年欠十一月十二日	北条政子カ消息写	「旧記雑録」	
⑥年月日未詳	北条政子消息	高野山金剛三昧院文書	『高野山文書』第五巻一号(11)
⑦年月日未詳	北条政子消息案	瑞巌寺文書	『仙台市史資料編Ⅰ古代中世』五七号(12)

但し、北条政子の発給文書は、史料上他にも見られる。例えば、後世の文書目録の類を見てみよう。

【表Ⅱ】目録類に見える北条政子発給文書

年月日・文書名	政子発給文書	備考
①寛元四年五月日の金剛峯寺調度文書目録	一、神野・真国庄事（中略）二位殿仮名書消息〈一通〉	『鎌遺』⑨六七〇六（高野山文書）
②文永十一年六月十八日の宗像長氏証文注進状	「一通　関東右大将家御判御消息〈八月七日、付文治三年、但如右大臣家并二位家御成敗者、為御下知之由被載之〉…一通　二位家御教書〈九月四日　付承久三年〉…一通　同安堵下文〈貞応元年七月廿七日〉…」「一通　氏国譲状〈承久三年七月十八日〉…仍氏国遂上洛、参関東、承久三年給二位家御教書、貞応元年所預二位家御下文也、」	『鎌遺』⑮一一六七二（宗像神社文書）
③文永十一年六月十八日の浄恵〈宗像氏業〉文書注進状案	「一通　二位家御下文〈貞応二年九月十三日〉」	『鎌遺』⑮一一六七三（宗像神社文書）
④正中二年八月三日の初若丸美濃大井庄下司職文書渡状案	「一巻　二位家御時広元奉書并行俊請文正文〈建暦元年〉」	『鎌遺』㊲二九一七三（東大寺文書）
⑤年月日欠の島津氏重書目録	「一、二位殿〈御書〉十一月十三日」	『南北遺九州』⑥六九一二（島津家文書）
⑥年月日欠の若狭国名田荘文書目録	「当時将軍停止地頭状一通〈副尼二位殿消息一通、□□承久三年〉」	『福井県史資料編2』中世（真珠庵文書14）

【表Ⅱ】を見ると、①に「二位殿仮名書消息」、②に九月四日の「二位家御教書」、③に貞応二年九月十三日の「二位家御下文」、④に（建暦元年カ）「二位家御時広元奉書」、⑤に十一月十三日の「二位殿〈御書〉」、⑥に（承久三年カ）「尼二位伝消息」が記載されている。上記①⑤⑥は北条政子消息（仮名）と考えられる。②④は政子の意を受けた奉書（④の奉者は中原広元）と考えられ、③は年月日の記載がある「下文」で、検討する必要があろう。宗像神社文書の中に、貞応二年九月十三日の関東下知状があり、[13]「三、北条政子期」に該当する。「下文」はこの文書を指している可能性が高い。また、承久三年八月十九日の関東下知状案[14]の右肩の部分に「二位家御下文」と注記があり、この時期、執権北条義時単署の関東下知状を「二位家御下文」と称したことを示している。

二　北条政子の表記（通称）と発給文書

ここで北条政子の通称を確認しておく。まず北条政子をどの様な表記で表しているか。『吾妻鏡』から見てみよう。北条政子は、夫源頼朝が生きている間、治承四年八月十八日条に登場してから建久六年八月十七日条まで、一貫して「御台所」と表記される。夫頼朝没後、政子が出家すると、正治元年三月五日条から建保六年四月二十九日まで「尼御台所」と表記される。建保六年四月十四日政子が従三位に叙されると「三品」「禅定三品」と、同年十一月十三日従二位に叙されると「二位家」「禅定二位家」「二品」「禅定二品」「二品禅尼」などと表記さる。政子は嘉禄元年七月十一日に六十九歳で没するが、その後は「故」が付される場合が多いが、基本的には生前の表記を継承している。

(一) 九条家関連の文書

それでは、古文書の上ではどうであろうか。『鎌倉遺文』を紐解いて確認してみたい。北条政子をどのように表記しているかは、それぞれ政子との関係が大きく影響してくると推定される。そこで最初に四代将軍藤原頼経の実家である九条家関連の文書から確認してみたい。

【表Ⅲ】文書にみる北条政子の表記(九条家関連)

年月日・文書名	表記	備考
①年欠(承久二カ)の慈円書状	関東武士義時以下尼二品等	「鎌遺」④二六九八
②年欠の慈円願文	二品禅尼御同心・二品御沙汰	「鎌遺」⑤三〇三八
③年欠の慈円願文	母堂禅尼時政女・母堂禅尼	「鎌遺」⑤三二〇二
④年月日欠の慈円願文案	母堂禅尼時政娘	「鎌遺」補②八四二
⑤寛元四年七月十六日の九条道家願文	母堂二品禅尼	「鎌遺」⑨六七二三
⑥建長二年十一月―日の九条道家惣処分状	尼二品	「鎌遺」⑩七二五〇
⑦年月日欠の九条忠家遺誡草案	二品禅尼之計	「鎌遺」⑯一一九二五

①~④は慈円による書状や願文で、過去の歴史を記述する中に見える。⑤~⑦も同様の記述の中に見える表記である。表記は『吾妻鏡』の範囲を超えない部分もあるが、「二位家」という表記はなく、「母堂禅尼」「母堂二品禅尼」という表記が見られる。この点、後述する他の文書とは異なる点であろう。

なお、(貞応二年)二月十九日の一条実雅請文案(15)には「抑一切経御塔等間事、態々令申二品候畢、」とある。この実雅は、源頼朝の妹婿の一条能保の庶子で、北条義時の娘聟である。九条家との関係は、義姉妹に九条良経に嫁し道家の母となっている女子がおり、西園寺公経に嫁した女子もいる。この「一切経御塔等間事」とは、同年二月二十一日の後高倉上皇院宣案[16]に「春日東御塔検校、同社長日一切経転読執行河口庄年貢事」とあり、春日社の長日一切経に関わる費用について、政子の意を受けて、在鎌倉の実雅から返事したものと推定される。この時期、京都周辺との交渉は実雅が担当していた可能性がある。なお、河口庄に関連して、(貞応二年)三月十六日の北条政子消息案[17]があるが、「三、北条政子期」で触れることにしたい。

(2) 金剛三昧院文書から見た北条政子

つぎに、北条政子が関わった寺院である高野山金剛三昧院に関する文書を確認する。

【表Ⅳ】文書にみる北条政子の表記（金剛三昧院）

年月日・文書名	表記	備考
①嘉禎二年四月四日の関東下知状案	可奉訪故二品聖霊并右大臣家御菩提、	紀伊国由良庄地頭職寄進関連、「鎌遺」⑦四九五六
②嘉禎二年四月五日の葛山願生書状案	被故二品禅尼仰	①に同じ、「鎌遺」⑦四九六〇
③嘉禎四年三月二十五日の足利義氏寄進状案	相当故二品禅定比丘尼聖霊十三年忌辰所被建立也、	「鎌遺」⑦五二二〇
④嘉禎四年五月十一日の関東御教書案	相当故二品禅定比丘尼十三年忌辰所被建立也、	「鎌遺」⑦五二四〇
⑤仁治元年十月一日の虚仮阿弥陀仏〈佐々木信綱〉寄進状	奉為故禅定二位御料、	和泉国八田郷地頭得分之内を寄進、「鎌遺」⑧五六三四
⑥仁治元年閏十月二十三日の関東御教書案	奉為二品禅尼御菩提、	⑤に同じ、「鎌遺」⑧五六六一
⑦(仁治元年カ)十二月三日の虚仮阿弥陀仏〈佐々木信綱〉書状案	可奉寄進金剛三昧院二位御料御月忌念仏用途候之由、奉始自故大将殿・二位御料并君達、	⑤⑥に同じ、「鎌遺」⑧五六八三
⑧仁治二年二月三日の関東御教書案	奉為二品禅尼御菩提、	和泉国横山庄地頭得分、「鎌遺」⑧五七五三
⑨寛元元年八月二十二日の前但馬守定員奉書	故二位殿任被仰置之旨、可令計沙汰、	金剛三昧院別当の人選、「鎌遺」⑨六二二七
⑩寛元四年六月七日の静尊地譲状案	自故二位殿所志給也、	摂津国小真上領、「鎌遺」⑨六七一一
⑪宝治元年八月十七日の関東下知状案	(引用の寺解に)故二位家御時、以当庄預所・地頭両職寄進院家、所被宛寺用也、	筑前国粥田庄、「鎌遺」⑨六八七〇
⑫宝治二年四月六日の大井朝光寄進状	奉為故右大臣殿御教養、大弐尼依私宿願建立高野山御塔一基、	伊賀国虎武保地頭職の寄進、「鎌遺」⑩六九五六
⑬弘長三年七月四日の信成譲状案	一通　二位家仮名御書　一通　同時御下文〈貞応二年七月九日〉、件所者、松殿法印御房〈静尊〉自二位家令宛給之後、	摂津国小真上領の文書、「鎌遺」⑫八九七二
⑭文永元年八月九日の願性〈葛山景倫〉寄進状案	件庄者、鎌倉禅定二位家御時、願性所拝領仕也、	紀伊国由良庄を金剛三昧院に寄進、「鎌遺」⑫九一四二
⑮建治二年八月二日の関東下知状案	奉為右大将家并二位家御菩提、	「鎌遺」⑯一二四三七

⑯弘安四年三月二十一日の関東下知状案	当院本願大蓮上人、申関東二位家、早建当伽藍、奉訪三代将軍之菩提、是則二位家雖為先亡出離之資糧、泉州横山庄〈二位家月忌領〉二位家我且深為訪諸人菩提、	本願大蓮上人は、法名覚智、俗名安達景盛。「鎌遺」⑲一四二六九
⑰（徳治二年）五月二十六日の道舜保務職証文寄進状案	且依為　右大将家・二位家御菩提料所、	「鎌遺」㉚二二九七二

金剛三昧院は、本尊は愛染明王、源頼朝以降源家三代将軍の菩提所として知られる。発端は、北条政子の発願で荘厳房行勇を開山にして、源頼朝の菩提のため禅定院を建立したことに始まる。承久元年（一二一九）に院号を金剛三昧院と改称し、源実朝暗殺後、実朝に近侍した葛山景倫（法名願性）の活動によって同院は確立した。[18]

北条政子の通称は、亡くなった後のことでもあり、『吾妻鏡』と同様に「故二位殿」「故二位家」ともあるが、「故二品聖霊」「故二品禅尼」「故二品禅定比丘尼聖霊」「故禅定二位」「二品禅尼」「大弐尼」「鎌倉禅定二位家」などと記載されている。なお、①⑫からは政子と実朝の菩提、③～⑥⑧からは政子の菩提、⑦⑮⑰からは頼朝と政子の菩提、⑯からは三代将軍の菩提を訪ぶらうためと述べられており、時代が下るに従って訪ぶらう対象が広がっていたことがわかる。なお、⑪「故二位家御時」、⑭「鎌倉禅定二位家御時」というのは、「三、北条政子期」に該当すると考えられる。

ここに見える北条政子の発給文書に関しては、⑬に「一通　二位家仮名御書　一通　同時御下文〈貞応二年七月九日〉」とある。前者は北条政子消息（年月日欠カ）、後者は貞応二年七月九日の関東下知状（奉者は北条義時）[19]に比定できよう。前者は後者の関東下知状の添状であった可能性が高い。

その他、②「被故二品禅尼仰」、⑨「故二位殿任被仰置之旨、可令計沙汰」、⑩「自故二位殿所志給也」、⑪「故二位家御時、以当庄預所・地頭両職寄進院家、所被宛寺用也」、⑭「件庄者、鎌倉禅定二位家御時、願性所拝領仕也」、⑯「当院本願大蓮上人、申関東二位家、早建当伽藍、奉訪三代将軍之菩提、是則二位家雖為先亡出離之資糧、」「大蓮上人雖被諫申広博之由、二位家我且深為訪諸人菩提」等にも北条政子の発給文書が介在していた可能性があるが未詳である。なかでも⑨は北条政子の置文があった可能性は大きい。

（3）その他の文書

最後にその他の文書、基本的に鎌倉幕府管轄下宛に発給された文書を中心に確認する。

【表Ⅴ】文書にみる北条政子の表記（その他）

年月日・文書名	表記	備考
①(建暦元―)の中原広元書状	あまこせんよりおほせくたされて候	「鎌遺」④一九〇五
②寛喜三年五月十一日の中原章行勘文	二位殿御教書一通 二位殿御教書仮名状案	美濃国大井庄、一部引用する、「鎌遺」⑥四一四一
③延応元年五月二十六日の鎌倉南法花堂置文	二品禅定聖霊	「鎌遺」⑧五四三六
④延応元年七月十五日の北条泰時寄進状	二品禅尼	信濃小泉庄、「鎌遺」⑧五四五二
⑤延応元年十一月五日の関東下知状案	貞応元年十二月廿三日言上二位殿之間、不可相違之由、給御返事、 寛喜三年四月所給御下文也、 二位殿御時被定置事、不可改之由、有御沙汰歟、 代々将軍・二位殿御成敗事、本領主与当給人事也、	小鹿島公業の譲与の件、「鎌遺」⑧五四九六
⑥仁治元年十一月二日の関東下知状	且二位家御時明遍僧都給御下知状了、	「鎌遺」⑧五六六九
⑦建長三年二月十四日の宗像氏業所職譲状案	養父氏国帯　右大臣家御下知并二位家御下文	「鎌遺」⑩七二七五
⑧建長八年正月日の大宮院(藤原姞子)庁下文	鎌倉右大臣家并二位家御下知状	「鎌遺」⑪七九五八
⑨正嘉二年十二月十日の北条長時書状案	於自今以後者、准三代将軍并二位家御成敗、不可有改沙汰云々、	不易法、「鎌遺」⑪八三二一
⑩文永三年四月九日の関東下知状	且任遠平・景平譲状、可致沙汰之由、右大臣家御下文并二位家和字御文被載之畢、	「鎌遺」⑬九五二一
⑪文永八年八月十日の関東評定事書	於自今以後者、准三代将軍并二位家御成敗、不可有改沙汰矣、	不易法、「鎌遺」⑭一〇八五九
⑫文永九年八月日の源実朝室〈坊門信清女〉置文	鎌倉の二位家の自筆御文并関東より此庄、遍照心院へよせられたる御教書	伊予国新居庄の件、「鎌遺」⑮一一〇九三
⑬(年欠)十二月八日の信仏〈結城朝広〉書状	(備中国吉備津宮領)依為能登守秀康跡、亡父日阿(結城朝光)賜二位家両通之御下文、 凡二位家御下知者、不及改御沙汰の由、	「鎌遺」⑮一一五九五
⑭弘安十年四月十九日の関東下知状	且如二位家貞応三年十月廿四日御下知状者、於庄務者、領家沙汰之旨被載之、	「鎌遺」㉑一六二四一
⑮弘安十年四月十九日の関東下知状	且如二位家貞応三年十月廿四日御下知状者、	「鎌遺」㉑一六二四二
⑯正応□年月日欠の関東下知状案	二位家御時、任先例、為請所、可停止□	相模国二宮、「鎌遺」㉔一八三一〇
⑰徳治二年五月日の平経幹申状案	二位家并代々御下知明鏡上者、 二位家御代、	「鎌遺」㉚二二九七七
⑱年月日未詳の近江園城寺学頭宿老等申状	唐院霊場者、被納右大将家御鬢髪之上、武州禅儀奉為　二位家御菩提、一切経論五千余巻、毎巻軸加署判、被納経蔵畢、	「鎌遺」㉟二七〇一二

【表Ⅴ】は、鎌倉時代末までの文書に見える「北条政子」である。通称としては「二位家」「二位殿」が多く見られ、供養に関する文書では金剛三昧院と同様に「二品禅定聖霊」「二品禅尼」が見られる。[20]

この中で北条政子の発給文書と考えられるのは①②⑤⑥⑦⑧⑩⑫⑬⑭⑮である。⑦⑧⑩は各々「右大臣家御下知并二位家御下文」、「鎌倉右大臣家并二位家御下知状」、「右大臣家御下文并二位家和字御文」とあり、二、源実朝期に該当する。⑫は実朝没後の「鎌倉の二位家の自筆御文」であり、⑬は承久の乱後、⑭⑮は「二位家貞応三年十月廿四日御下知状」とあり、三、北条政子期に該当する。但し、その他の②⑤⑥は検討する必要があろう。次章では【表Ⅰ】～【表Ⅴ】を検討した結果を踏まえて、北条政子の発給文書を編年にしてみたい。

三　北条政子発給文書の検討

（1）　北条政子発給文書一覧

【表Ⅰ】～【表Ⅴ】を踏まえて、左記に一覧（【表Ⅵ】）を作成した。年代の記載されている文書は、前述のように、一、源頼家期（二代源頼家の時期）[21]、二、源実朝期（三代実朝の時期）、三、北条政子期（実朝没後から政子没まで）に分けた。但し、一部年代を推定したものがあるが、年未詳の文書は四、その他に分類した。なお、同一文書と推定した場合は境界を破線で示した。

【表Ⅵ】　北条政子発給文書一覧

年月日・文書名	発給文書の内容	備考
一、源頼家期		
※なし		
二、源実朝期		
1、（建暦元―）の中原広元書状（奉書カ）	美濃国大井庄下司職の件、別当僧正（成宝）より書状の返書、東大寺の成敗に任せる。比企能員の時地頭は東大寺に避り進めたとの政子の仰せがあった。	表Ⅴ①、「鎌遺」④一九〇五（「東大寺要録」二）
2、建暦元年「二位家御時広元奉書」	「一巻　二位家御時広元奉書并行俊正文〈建暦元年〉」とある。右記1と同文書のことか。	表Ⅱ④、正中二年八月三日の初若丸美濃大井庄下司職文書渡状案・「鎌遺」㊲二九一七三（東大寺文書）
3、 ①二位殿御教書一通 ②不知年号月日の二位殿御教書仮名状案	美濃国大井庄の件、大中臣奉則の折紙を見参に入れる。利に従って沙汰するようにと伝える。（一部を引用）	表Ⅴ②、寛喜三年五月十一日の中原章行勘文・「鎌遺」⑥四一四一（京都大学文学部所蔵・書陵部所蔵谷森文書）

4、①「右大臣家御下文并二位家和字御文」②「二位家和字御書」	小地頭得分は遠平・景平の譲状により沙汰するよう命じる。(文中に建暦三年九月三日の将軍家政所下文、建永二年四月五日の将軍家政所下文及び二位家和字御書を引用)	表Ⅴ⑩、文永三年四月九日の関東下知状・「鎌遺」⑬九五二一(小早川家文書椋梨家什書)
5、「右大臣家御下知并二位家御下文」	祖父氏実、「右大将家御判御書」を給い、養父氏国、「右大臣家御下知并二位家御下文」を帯び、代々地頭・検断を社家に付される。	表Ⅴ⑦、建長三年二月十四日の宗像氏業所職譲状案・「鎌遺」⑩七二七五(宗像神社文書)
6、「鎌倉右大臣家并二位家御下知状」	源頼朝の時、平氏家人平盛俊の所職を没官して、宗像氏実に安堵。宗像大宮司職を宗像長氏に、八条院庁下文と「鎌倉右大臣家并二位家御下知状」によって安堵。	表Ⅴ⑧、建長八年正月日の大宮院(藤原姞子)庁下文・「鎌遺」⑪七九五八(宗像神社文書)
7、「右大臣家并二位家御成敗」	(右に同じ。)	表Ⅱ②、文永十一年六月十八日の宗像長氏証文注進状・「鎌遺」⑮一一六七二(宗像神社文書)
三、北条政子期		
8、(承久三年)九月四日の「二位家御教書」	宗像社は将軍家領である。	表Ⅱ②、文永十一年六月十八日の宗像長氏証文注進状・「鎌遺」⑮一一六七二(宗像神社文書)
9、承久三年十二月十一日の「同(二位家)御下文」	宗像社領高向・無留木・宮田地頭職事、	表Ⅱ②、文永十一年六月十八日の宗像長氏証文注進状・「鎌遺」⑮一一六七二(宗像神社文書)
10、承久三年の「当時将軍停止地頭状一通〈副尼二位殿消息一通〉」	「当時将軍停止地頭状一通〈副尼二位殿消息一通□/承久三年〉」とある。	表Ⅱ⑥、年月日欠の若狭国名田庄文書目録・『福井県史資料編2』中世(真珠庵文書14)
11、貞応元年七月二十七日の「同(二位家)安堵下文」	先度の成敗に任せ、宗像氏国に安堵する。	表Ⅱ②、文永十一年六月十八日の宗像長氏証文注進状・「鎌遺」⑮一一六七二(宗像神社文書)
12、貞応元年の二位殿「御返事」	貞応元年小賀島公蓮娘に譲状、十二月二十三日に政子に言上し、相違あるべからざるの仰せを受けた。その後「寛喜三年四月所給御下文」を賜る。	表Ⅴ⑤、小鹿島公業の譲与之件、延応元年十一月五日の関東下知状案・「鎌遺」⑧五四九六(小鹿島文書)
13、貞応二年三月十六日の北条政子消息案	越前国川口庄の件、若君幼稚の間は、菩提山僧正(信円)の沙汰とする院宣を確認した。	表Ⅰ①、貞応二年三月十六日の北条政子消息案・「鎌遺」⑤三〇六七号(「三箇御願料所等雑事」)
14、①「一通　二位家仮名御書」②貞応二年七月九日の「一通　同時御下文」	摂津国小真上領関連の次第証文。松殿法印静尊が政子から宛給わった。	表Ⅳ⑬、弘長三年七月四日の信成譲状案・「鎌遺」⑫八九七二(金剛三昧院文書)
15、貞応二年九月十三日の「一通　二位家御下文」	吉田乙丸地頭職を宗像氏経に安堵する。	表Ⅱ③、文永十一年六月十八日の浄恵〈宗像氏業〉文書注進状案・「鎌遺」⑮一一六七三(宗像神社文書)
16、貞応三年十月二十四日の「二位家」の「御下知状」	最勝光院領備前国長田庄の庄務は領家の沙汰とする。	表Ⅴ⑭、弘安十年四月十九日の関東下知状・「鎌遺」㉑一六二四一(神田孝平氏所蔵文書)
17、貞応三年十月二十四日の「二位家」の「御下知状」	(右に同じ。)	表Ⅴ⑮、弘安十年四月十九日の関東下知状・「鎌遺」㉑一六二四二(神田孝平氏所蔵文書)
18、年月日未詳〈貞応三年カ〉の北条政子消息案	大和国大仏供庄を東大寺鎮守八幡宮に寄進を了承していただいたことはよろこばしい。(寄進状は「鎌遺」⑤三二三五号)	表Ⅰ②、「鎌遺」⑤三二三六号(「東大寺要録」二)
19、年月日未詳(元仁元年カ)の北条政子消息	「廿六日やすときくたりつきて、さふらひけれとん、ひからのわろく候て」「廿八日ことなくくたりつきて」「昨日のほりて候へは」とある。	表Ⅰ④、『源頼朝文書の研究(史料編)』一二六号(10)(六孫王神社所蔵文書)
20、(嘉禄三年)五月十三日の「同(二位家)御教書」	宗像社領無留木・宮田・与里二郎丸名等を、社家に付した。追ってその替えを大和入道に給わる。	表Ⅱ②、文永十一年六月十八日の宗像長氏証文注進状・「鎌遺」⑮一一六七二(宗像神社文書)

21、「鎌倉の二位家の自筆御文」	遍照心院に伊予国新居庄を寄進する。別途「関東より此庄、遍照心院へよせられたる御教書」がある。	表Ⅴ⑫、伊予国新居庄の件、文永九年八月日の源実朝室〈坊門信清女〉置文・「鎌遺」⑮一一〇九三（大通寺文書）
22、「亡父日阿（結城朝光）賜二位家両通之御下文、」	備中国吉備津宮領は、藤原秀康跡として、結城朝光に宛行われる。朝広の時まで当知行相違なし。（不易の法の言及あり）	表Ⅴ⑬、（年欠）十二月八日の信仏〈結城朝広〉書状・「鎌遺」⑮一一五九五（蓬左文庫所蔵金沢文庫本斉民要術第九・十裏文書）
23、「二位家御時明遍僧都給御下知状」	引用する和与状に見える。伴寺別当職・同寺領池庄は、藤原秀康子息として没取されたが返付された。（承久の乱後）	表Ⅴ⑥、仁治元年十一月二日の関東下知状・「鎌遺」⑧五六六九（大東家文書）
（四、その他：年未詳）		
24、「二位家并代々御下知」	常陸国佐谷郷の件、常陸大掾氏代々相伝の地。「二位家御代、資幹預不易御下知畢、」とある。（不易の法の言及あり）	表Ⅴ⑫、徳治二年五月日の平経幹申状案・「鎌遺」㉚二二九七七（金沢文庫文書）
25、年未詳七月二十九日の北条政子消息	御文への返書（私信）。仏道と母の歎きについて記載する。	表Ⅰ③、『源頼朝文書の研究（史料編）』一二七号（9）（神護寺文書）
26、年欠十一月十三日の北条政子カ消息写	島津忠義が勲功賞で賜った所領を没取された件について、今後機会があれば所領を宛行う。（比企能員の乱に縁座して没取されたことを指すか）	表Ⅰ⑤、「旧記雑録」
27、年欠十一月十三日の「二位殿〈御書〉」	「一、二位殿〈御書〉十一月十三日」とある。	表Ⅱ⑤、年月日欠の島津氏重書目録・「南北遺九州」⑥六九一二（島津家文書）
28、二位殿仮名書消息〈一通〉	「一、神野・真国庄事・・・二位殿仮名書消息〈一通〉」（神野・真国庄は承久没官地であり、これに関わる文書カ）	表Ⅱ①、寛元四年五月日の金剛峯寺調度文書目録・「鎌遺」⑨六七〇六
29、年月日未詳の北条政子消息	筑前国粥田庄は金剛三昧院領である。	表Ⅰ⑥、高野山金剛三昧院文書・『高野山文書』第五巻一号。
30、年月日未詳の北条政子消息案	松島の見仏房に仏舎利二粒を寄進する。	表Ⅰ⑦、『仙台市史資料編Ⅰ古代中世』五七号（11）（瑞巌寺文書）

（2）源頼家期

この時期、北条政子の発給文書は見いだせない。そこで、本章では、『吾妻鏡』から、源頼家期に政子がどのような行動をとり、鎌倉政権や源家の中でどのような役割を担っていたのか確認したい。その結果を踏まえて、文書発給の有無を考えてみたい。

【表Ⅶ】 源頼家時代の北条政子の動向

年・月・日	政子の動向
①建久十・二・六	源頼朝の後家、二代頼家の母として、十三人の合議制を設置する。
②建久十・三・五	病気の娘乙姫のため諸社諸寺に祈願する。
③正治元・六・三十	乙姫病気没し、政子落胆する。この日、乳母中原親能出家。

④正治元・七・六	乙姫葬儀。母政子渡御(源家家長、頼家の記述なし)。
⑤正治元・七・二十五	後鳥羽上皇の弔問使者信季帰洛に際し、頼家とともに餞別を贈る(使者二階堂行光、源家家長)。
⑥正治元・八・十九	源頼家の安達景盛を討たんとする暴挙を阻止、盛長宅に渡る(源家家長)。
⑦正治元・八・二十	盛長宅に滞在し、頼家の暴挙を阻止し、諫める(源家家長)。
⑧正治二・閏二・二	政子御願にて、故源頼朝法華堂で彼岸の仏事を催す(奉行行光、源家家長)。
⑨正治二・閏二・十二	政子御願として義朝の旧跡に寺院を建立(行光・三善善信下見、源家家長)。
⑩正治二・三・十四	岡崎義実の申請により、頼家に義実に所領を宛行うよう進言(使者行光)。
⑪正治二・五・二十五	弟義時の子平産につき、頼家馬を、政子加持した産衣を給う。
⑫正治二・六・二十九	小野成綱女(故梶原景高妻、政子官女)に領所を安堵する。
⑬正治二・七・六	寿福寺の栄西に、京都で描かせた十六羅漢像を送る。
⑭正治二・七・十五	寿福寺において新図十六羅漢像の開眼供養を行う。
⑮正治二・十一・三	鶴岡臨時祭の神楽に頼家とともに参宮。
⑯建仁元・十一・十三	故源頼朝の月忌に、佐々木経蓮が法華堂にて京都で書写した法華経を供養する。政子結縁のため参会。
⑰建仁二・正・二十九	頼家の企画する中原親能亀谷宅にての蹴鞠会を、仁田入道没後近々を理由に諫止する(使者行光)。
⑱建仁二・二・二十九	夢想により、沼浜の故義朝の旧宅を寿福寺に移築する(奉行行光)。
⑲建仁二・三・十四	平賀義信亡妻追福の永福寺多宝塔供養に、政子・頼家結縁のため参会。
⑳建仁二・三・十五	頼家御所にて、舞女微妙の芸を見、還御に伴う。
㉑建仁二・六・二十五	頼家御所にて、上足の蹴鞠を見る。
㉒建仁二・六・二十六	頼家の知康重用を誡める。
㉓建仁二・八・十五	夢想により出家した微妙を深沢付近住まわせる。
㉔建仁二・八・二十四	微妙の出家を嘆く古郡保忠を宥める(使者伊賀朝光)。
㉕建仁二・八・二十七	古郡保忠の理不尽の所行により、奇怪の旨を伝える(使者和田義盛・朝光)。
㉖建仁三・二・五	彼岸の初日、政子、鶴岡神宮寺において法華経を供養する(三善善信の沙汰、源家の家長)。
㉗建仁三・五・二十	頼家、政子に全成の生虜を告げ、阿波局の拘束を申し入れる。
㉘建仁三・九・二	比企能員、娘若狭局をもって、源頼家に北条時政討つべしを申し入れる。政子密議を聞く(比企の乱)。
㉙建仁三・九・六	仁田忠常、打たれる(政子・義時、大倉御所に居住)。
㉚建仁三・九・七	頼家、病気により出家。政子が沙汰する。頼朝の後家として沙汰。

正治元年正月、源頼朝が没した。北条政子は出家し尼になった。後家として源家の家長として沙汰することになった。野村育世氏は「後家」について「中世の後家は、夫亡き家の家長であり、家屋敷や所領などの財産すべてを管領し、子供たちを監督し、譲与を行う、強い存在であった。子供に対しては絶対的な母権をもって臨み、実質的にも精神的にも支配者であった。」と指摘する。(22)

こうした状況を考慮すると、①のいわゆる十三人の合議制は、後家政子が、若年であった子頼家を補佐させるために設置した機関と考えられる。源頼朝の後家として、周囲の意見を聞きながら行ったと考えてよいであろう。一方、政治的には、頼家の乳母である比企能員の周辺の勢力に対する圧力とも考えられる。また、㉚の頼家出家の沙汰も家長としての政子の判断で行われたと見られる。

A、仏事に関連して

こうした家長としての動向は、②~④の乙姫の葬儀に関する件や、⑥⑦や⑰㉒の子頼家の乱暴等に対する仲裁や行動の誡めなどが見られる。なお、⑤では、幕府を代表する鎌倉殿頼家も院使に餞別を贈っている。その他、源家の供養に関しては、⑧⑨⑬⑭のように寿福寺建立と供養や、⑧⑯㉖のように故頼朝に関わる供養に参列している。なお、政子が、故頼朝が造営した鶴岡八幡宮、勝長寿院、永福寺等の行事に参列しているのは、⑮（鶴岡八幡宮臨時祭）、⑲（永福寺多宝塔供養）だけであり、この三ヶ所は鎌倉殿の沙汰し参列する場所であったと考えられる。(23)

北条政子が、家長として源家の仏事を行っていたとすれば、【表Ⅵ】の「四、その他：年未詳」のうち、25・30の時期は確定できないが、この時期の消息である可能性もあろう。

B、所領の安堵と宛行

次に、主従制の根幹である所領の安堵・宛行について⑩⑫を対象に確認しておきたい。⑩は、『吾妻鏡』正治二年三月十四日条で、左記のように記載されている。

十四日己巳、朝雨降、日中雖晴天、余寒甚於冬、今日、岡崎四郎義実入道懸鳩杖、参尼御台所御亭、八旬衰老、迫病与愁計会、余命在旦暮、加之、於事貧乏、生涯無所憑、不幾恩地、為訪義忠冠者夢後、有施入仏寺之志、所残僅立針、是更難覃子孫安堵計之由、泣愁申、亭主殊令憐愍給、石橋合戦之比、専致大功者也、雖老後、尤被賞翫、早可充賜一所給之由、被申羽林云々、行光為御使、

これは、八十過ぎの老人岡崎義実が政子亭を訪ね、故子息義忠の供養のため所領を寺院に寄進したいがその所領がないと訴えた。政子は石橋合戦の頃に大功を挙げた義実に頼家が所領を宛行うよう進言（使者二階堂行光）した記事である。この経緯をみると、御家人に対する所領の宛行は鎌倉殿である頼家が行っていたことが確認できる。政子は何か消息に認めて進言した可能性がある。

一方、⑫の記事は左記の『吾妻鏡』正治二年六月二十九日条である。

廿九日甲寅、故梶原平次左衛門尉景高妻野三刑部丞成綱女者尼御台所宮女、御寵愛無比類、且雖為女姓、依為其仁、故将軍御時、雖領尾張国野間内海以下所々訖、而夫誅戮之後、一切隠居、頗成恐怖之思云々、仍有其沙汰、領所等不可有相違之旨、今日蒙仰、令安堵云々、

これは、尼御台所政子に仕える宮女（故梶原景高の妻、武蔵武士の小野成綱女）のことで、夫景高が討たれた後、隠居していた。政子はこれを不憫に思い、尾張国野間内海以下の領所を還付、安堵したという記事である。この場合は、政子に仕える女房に対し政子みずからの沙汰で所領を宛行っている。御家人の場合は鎌倉殿源頼家の宛行が必要であったが、この場合は政子が宛行っている。この時期政子の進止する所領があり、何らかの文書を発給した可能性が高い。

こうした先例としては、『吾妻鏡』建久三年十二月十日条に女房大進局が伊勢国三ヶ山を拝領した例がある。この時は大進局が「依被申子細」（証明となる宛行状の交付を求めたか）に対し、鎌倉殿である源頼朝は政所下文を与えている。

ちなみに「源実朝期」のことではあるが、元久二年の畠山重忠の乱後、『吾妻鏡』同年七月二十日条に「尼御台所御方女房五六輩浴新恩、是又亡卒遺領也云々、」とあり、政子の沙汰として、重忠等の遺領が没収され、それが政子の女房に宛行われている。これに関連して、『吾妻鏡』建保元年九月二十六日条によると、長沼宗政の言葉として「当代者、以歌鞠為業、武芸似廃、以女姓為宗、勇士如無之、又没収之地者、不被充勲功之族、多以賜青女等、所謂、榛谷四郎重朝遺跡給五条局、以中山四郎重政跡賜下総局云々、此外過言不可勝計、」と「源実朝期」を批判するが、後半の部分は右記の畠山重忠の乱での没収地を勲功もなく、「青女等」（政子に仕える五条局や下総局）に宛行ったことを示している。後述するように、この時点は、政子の仮名書状が政治的にも意味を持っていた時代であり、政子の口入があったと考えてよかろう。(24)

（3）源実朝期

源実朝は、同頼朝の次男である。建仁三年九月の比企能員の乱の結果、母北条政子は病気を理由に兄頼家を出家させ、伊豆国修禅寺に蟄居させた。これは、源頼朝の後家、源家の家長としての行為である。実朝は同九月七日に叙爵し、同日征夷大将軍に補任されている。時に十二歳であった。実朝という名は後鳥羽上皇の命名とされる。当初は祖父北条時政が政権を掌握しており、実朝は時政の名越亭で養育されていた[25]。この間、母政子の発給文書は確認できない。なお、実朝が成務の聴断を始めたのは、元久元年七月のことである。

翌元久二年閏七月十九日、牧方による陰謀事件が発覚し、実朝は母政子の命によって叔父北条義時亭に移された。祖父時政は出家し、伊豆国北条に蟄居させられた。『吾妻鏡』元久二年閏七月二十日条までは「今日相州令奉執権事給云々、」とするが、この時期の源実朝発給文書を確認すると、義時の発給文書はしばらく見られない[26]。

源実朝は、承元三年四月十日に従三位に叙され、政所を開設する資格を有した。その時以降、承久元年正月二十七日に公暁による暗殺によってその生涯を閉じるまでの間、将軍家政所下文が発給されている。また、北条義時が政所別当に就任し、義時単署の関東不知状等が発給されるのも、この時以降である。

この時期の北条政子発給文書は【表Ⅵ】の1～7である。政子の発給文書が確認できるのは、管見の範囲では、前述の政所開設以後の建暦元年以降に限られる。この時期の特徴は、「右大臣家御下文并二位家和字御文」（4）、「右大臣家御下知并二位家御下文」（5）、「鎌倉右大臣家并二位家御下知状」（6）、「右大臣家并二位家御成敗」（7）と源実朝及び北条政子がセットで記される点である。但し、1～3の東大寺との交渉には出てこない点を留意したい。この文書群から提起される課題は、美濃国大井庄の問題・小早川氏の譲与安堵の問題・宗像社の問題であり、以下順次検討してみたい。

A、東大寺領美濃国大井庄

大井庄に関する文書は1～3である。この荘園は、美濃国安八郡（岐阜県大垣市）の条里に設定された東大寺領荘園である。「東大寺要録」二の地の文に「去建暦之比、ミの丶国大井庄下司職相論之時、申子細於関東之処、二品家去進地頭職於東大寺之上、不可及口入之由、被返答了、」とあり、中原広元書状が引用される。

この書状は、本文末尾に「あまこせんよりおほせくたされて候、あなかしく、」とあり、政子の意を受けて発給した文書（奉書に近い形式、これを「二位殿御教書」と称された可能性がある）である。内容は、大井庄下司職の件、別当僧正（成宝）より書状が届いたが東大寺の成敗に任せる。地頭は比企能員の時に東大寺に去り進めたとの政子の仰せがあったとする。東大寺別当からの要請について、北条政子が広元に命じて返答したものである。

3は、寛喜三年五月十一日の中原章行勘文に引用された文言で、寛喜二年七月日の大中臣奉則の訴状の一節で、副進文書の中に見える鎌倉幕府発給の文書の中に「一通鎌倉殿御教書、一通同御教書、一通権大夫殿御教書于時相模守、一通二位殿御教書、」が見え、最後の「二位殿御教書」が政子の発給文書である。これらは各々文書の一部が引用されており、その中で政子の御教書から左記のように抜粋される。なお表音文の漢字を仮名に置き換え、傍注を付してみた。

同所進不知年号月日二位殿御教書仮名状案云、
とものりか（奉則）おりかみ（折紙）けむさむ（見参）にいれ（入）候ぬ、かれこれ（彼是）り（理）にしたかひ（従）て、こさた（御沙汰）すへきよし（由）、さまえおほせ（仰）られ候ぬ、いつれもり（理）のまかり（罷）候はむにこそは、りむうけもたひ候はむすらめと、おほせこと（仰事）候、

1とは文言が異なり別の御教書と考えられるが、本文末尾に「二位殿（＝政子）」の「おほせこと候、」とあり、広元か政子の側近の奉書であった可能性が高い。それを「二位殿御教書仮名状案」と表記している。内容は1と同様に東大寺の沙汰を尊重する旨を伝えている。

以上、政子が京都周辺の寺社権門との交渉にあたっていたことを示している。鎌倉殿源実朝は関与していなかった。そのため二人が対で出てくることはなかったのであろう。

B、小早川氏の譲与安堵

小早川氏の譲与安堵に関する文書は【表Ⅵ】の4である。この関東下知状は何箇条かの相論の論点が記載されるが、最初の「一、安芸国沼田新庄惣地頭職事」に政子の文書が引用される。内容は、小早川竹王丸（定平）と小早川本仏（茂平）代重兼の相論である。後者の主張の中に、「右大臣家并二位家和字御文」が見え、小地頭得分は遠平・景平の譲状により沙汰するよう命じているると主張する。ついで「建暦三年九月三日御下文」（将軍家政所下文）が一部引用され、また「同（建永）二年四月五日御下文」（将軍家政所下文）が一部、ついで「如同所進二位家和字御書」が一部引用される。おそらく政子の仮名書状は、建永二年に政所下文とともに発給されたものであろう。引用部分は左記の通りである。前文書同様、漢字の表音文字をかなに置き換えた。

故土肥か子供孫共に譲てあらん所とも、其まゝにこそは面々に沙汰し候はめ、何事にかとかくの儀は候へき、如何にも々々
土肥か沙汰し置きたらむまゝを可沙汰之由、各にも可被仰と仰事候云々、

結局、この訴訟の論点については、「惣地頭并公文検断事、不被載御下文之間、於彼譲状者、難被信用之由」と主張する定平が認められている。この年月日欠の政子の仮名書状は、年月日の記載のある政所下文にとともに発給された文書で、政所下文とともにその内容を保障する意味があったと考えられる。

C、筑前国宗像社

筑前国宗像社に関する文書は、【表Ⅵ】の5〜7と「政子時代」の8・9・11・15・20が該当する。宗像社は、故源頼朝の時、平家の家人平盛俊の所職を没収した平家没官領で、「将軍家領」である。(27) 宗像氏国の時「右大臣家御下知并二位家御下文」を給わって「如此代々云地頭、云検断、依被付社家、一事以上執行社務、」を安堵、また領家の八条院庁より下文をくだされ安堵されたという。5〜7に見える「右大臣家御下知并二位家御下文」・「鎌倉右大臣家并二位家御下知状」・「右大臣家并二位家御成敗」は同じ文書、すなわち右大臣家（源実朝）家政所下文と北条政子御教書（広元あるいは近臣の奉書）を指していると考えられ、一対の文書として認識されていたことがわかる。

源実朝没後の「北条政子期」になると、「二位家御教書」（8・20）、「二位家御下文」（9・15）、「二位家安堵下文」（11）と証文として記される文書は政子の発給文書だけになっている。ただ、「御教書」「下文」と文書名は一定しない。様式の異なる文書であったのであろうか。次項で検討したい。

（4）北条政子期

この時代に該当する文書は、【表Ⅵ】の8〜23である。筑前国宗像社で述べたように、この時代は安堵に関して、政子の発給文書（御教書や下文）だけが、証文として意識されていた。それではどのような文書が宛行や裁許、京都周辺の権門宛に用いられていたのか、確認してみたい。

A、京都朝廷周辺と寺社権門

最初に、【表Ⅵ】の13、藤原頼経の出た九条家・興福寺等周辺について検討してみたい。越前国河口庄に関連して、（貞応二年）三月十六日の北条政子消息案がある。時期は、九条家関連の文書で触れた二通の少し後にあたる。政子が二月晦日の書状を受けた返書で、河口庄の件で、若君（藤原頼経カ）幼稚の間は、菩提山僧正（信円）の沙汰とする院宣を確認したという内容である。宛所は、九条家関係者（信円カ）であろう。政子自身が仮名消息で返書を認めている例である。

また、【表Ⅵ】の18は、年月日未詳の北条政子消息とそれに付随する貞応三年五月十八日の関東寄進状である。前者は、「ふもとかくたりの御文」と「おはりのあさり（尾張阿闍梨）かくたりの御文」を拝見した。「山との大ふくの庄（大和国大仏供庄）」を「大仏のちむす（鎮守）のやはた（八幡）」に寄進すると記す。この「きしむの御文」（寄進状）にあたるのが、関東寄進状（北条義時の単署）である。この寄進状によると大仏供庄は、後白河院から源頼朝が賜った平家没官領のひとつで、故源頼朝の菩提を弔うため、東大寺鎮守八幡宮で行われる「長日転読大般若経用途領」として、毎年年貢米三十石を備進するために寄進されたという。領家職は定豪の知行とするとしている。書止は「仰旨如此、仍寄進如件、」と政子の意を受けた様式になっている。政子の消息（年月日なし）だけでは寄進の将来にわたる証明にはならず、幕府の責任者（執権）の奉じた寄進状でこれを保障したと考えられる。

B、所領宛行や譲与安堵

まず【表Ⅵ】の12である。この関東下知状は、小鹿島公業の後判の譲状に任せて、子公員に出羽国秋田郡湯河沢内湊地頭職の領知を認めた安堵状である。本文中に「貞応元年十二月廿三日言上二位殿之間、不可相違之由、給御返事、寛喜三年四月所給御下文也、」とあり、公業の譲状の内容を政子に言上し、相違あるべからざるの返事を給わった。そして政子没後の寛喜三年四月に安堵の下文（将軍藤原頼経袖判下文カ）を給わったという。(28)「不可相違之由、給御返事、」が口頭であったのか文書であったのか未詳だが、後者であれば政子の御教書であった可能性が高い。

【表Ⅵ】の22は、結城信仏（朝広）の書状であるが、その中に、備中国吉備津宮領は元藤原秀康の所領であったが、承久の乱後没収され、亡父結城朝光が「二位家両通之御下文」を給わって、地頭職も社務職も朝広の時まで当知行は相違なかったと記す。(29)これは新恩給与であるが、この「二位家両通之御下文」とはどのような様式の文書を指すのであろうか。地頭職と社務職に各々について発給された関東下知状の可能性があろう。

【表Ⅵ】の10は、若狭国名田庄文書目録であるが、承久三年の時点で「当時将軍停止地頭状一通」に「尼二位殿消息一通」が副えられていたとする。

【表Ⅵ】の14では、松殿法印静尊が北条政子から摂津国小真上領を宛行われている。この静尊は、松殿基房の子、貞応二年六月二十六日、勝長寿院五仏堂における千日講（故源実朝の菩提を祈り千日の間法華経を読誦する）結願の導師を勤めている。(30)その際の次第証文の中に「一通　二位家仮名御書」と「一通　同時御下文貞応二年七月九日」があり、政子の仮名消息と関東下知状が証文とされている。おそらく、政子の年月日欠の記載のない仮名消息あるいは御教書だけでは証文にならず、「源実朝期」と同様に、それとともに関東下知状（北条義時単署カ）が発給されていたのではなかろうか。

【表Ⅵ】の16・17は、最勝光院領備前国長田庄の雑掌と地頭との相論の裁許状であるが、庄官職について「如二位家貞応三年十月廿四日御下知者、於庄務者、領家沙汰之旨被載之、」とある。おそらくこれは「二位家の時の関東下知状」を意味すると考えられる。

C、関東御領と政子の進止

以上の点を踏まえ、ここで政子が管轄進止する関東御領について触れておきたい。【表Ⅵ】の21は文永九年八月日の源実朝室〈坊門信清女〉置文（大通寺文書）である。この文書が伝来した大通寺（遍照心院）は、源実朝の未亡人が帰洛後、夫を弔うため貞応元年に創建した寺院という。現在は京都市南区西九条比永城町にあるが、もとは六孫王神社の北側にあった。(31)この文書の「一、寺領の事」に政子が登場する。これよると、

①伊予国新居庄を遍照心院（大通寺）に寺用の料庄として寄進する。

②「鎌倉の二位家の自筆御文并関東より此庄、遍照心院へよせたる御教書」を寺家に渡す。

③関東御領のうち、四ヶ所を御息所（実朝未亡人カ）に与えた。

④寺領については、御息所の沙汰とはせず、預所以下庄官百姓は皆、寺家の進退とする。

①②から、同寺への寄進の際には、北条政子の自筆（仮名）消息とは別に寄進状があったことが確認できる。寄進状は前述したように北条義時の奉じた単署の関東寄進状であろう。また、③から、おそらく上洛に際し、未亡人には関東御領のうち、四ヶ所が与えられたことがわかる。「北条政子期」関東御領は政子の進止下にあったといえよう。

「源頼家期」で述べたように、この時期政子の進止する所領があり、自分に仕える女性に対し何らかの文書を発給して宛行った可能性が高い。また、「源実朝期」においても、同様のことを指摘した。

「北条政子期」においては、鎌倉殿の管理する関東御領においても政子の進止下におかれ、そのことを実現するため、また永続的な効力を保障するために、政子の消息と共に関東下知状(関東寄進状、北条義時単署)が発給されたのである。

ちなみに、【表Ⅵ】の19は、六孫王神社に伝来した北条政子の仮名消息であるが、文中に「廿六日やすとき(泰時)くたりつきて、さふらひけれとん、ひからのわろく候て」「廿八日ことなくくたりつきて」「昨日のほりて候へは」という文言がある。『吾妻鏡』によれば、これは元仁元年六月二十六日に北条泰時が鎌倉に下着し、由比浜に宿す。二十八日に軍営の後見を命じられる。二十九日に北条時盛・同時氏が上洛することに対応しており、元仁元年の仮名消息と考えられる。

おわりに

北条政子の発給文書を検討するにあたり、その発給文書の残存する量が少ないため、最初に『吾妻鏡』の政子の表記(通称)を検討、確認した。ついで後世の文書の文中における表記を抽出し、その過程で判明した政子の発給文書を検出、確認した。

その中で、「北条政子期」を示すと思われる言葉として、「二位家御時」(【表Ⅱ】④)、「故二位家御時」(【表Ⅳ】⑪)、「二位家御時」(【表Ⅴ】⑤)、「二位家御時」(【表Ⅴ】⑥)、「二位家御時」(【表Ⅴ】⑯)、「二位家御代」(【表Ⅴ】⑰)が挙げられる。当時あるいは後世の御家人等がこのように認識していたことを示している。

但し、「二位家御時」(【表Ⅱ】④)については、【表Ⅵ】の1・2から知られるように、建暦元年、すなわち「源実朝期」である。東大寺の認識は「源実朝期」を含めて「二位家御時」と認識していたことを示している。

つぎに、文書発給の元となる政子の沙汰(行為)を示す言葉としては、「二位家御成敗」(【表Ⅱ】②)、「故二品禅尼仰」(【表Ⅳ】②)、「故二位殿任被仰置之旨」(【表Ⅳ】⑨)、「自故二位殿所志給也」(【表Ⅳ】⑩)、「大弐尼依私宿願」(【表Ⅳ】⑫)、「自二位家令宛給」(【表Ⅳ】⑬)、「あまこせんよりおほせくたされて候」(【表Ⅴ】①)、「二位家御下知」(【表Ⅴ】⑬)等がある。

最後に北条政子の発給文書を示す言葉としては、「二位殿仮名消息」(【表Ⅱ】①)、「二位家御教書」「同安堵下文」「二位家御下文」(以上【表Ⅱ】②)、「二位家御下文」(【表Ⅱ】③)、「二位殿〈御書〉」(【表Ⅱ】⑤)、「尼二位殿消息」(【表Ⅱ】⑥)、「二位家仮名

御書」（【表Ⅵ】⑬）、「二位殿御教書」「二位殿御教書仮名状案」（以上【表Ⅴ】②）、「二位家御下文」（【表Ⅴ】⑦）、「二位家御下知状」（【表Ⅴ】⑧）、「二位家和字御文」（【表Ⅴ】⑩）、「鎌倉の二位家の自筆御文」（【表Ⅴ】⑫）、「二位家両通之御下文」（【表Ⅴ】⑬）、「二位家貞応三年十月廿四日御下知状」（【表Ⅴ】⑭⑮）等がある。

現存する北条政子発給文書は、【表Ⅰ】をみればわかるように、ほとんどが仮名消息である。「二位殿仮名消息」、「尼二位殿消息」、「二位家仮名御書」等はこれに該当すると考えられるが、その他の「二位家御教書」、「同安堵下文」、「二位家御下文」、「二位殿御教書」、「二位殿御教書仮名状案」、「二位家御下知状」はどのような文書様式なのか、検討する必要があろう。

そこで、摘出した北条政子発給文書を、源頼朝没後の時期を「源頼家期」、「源実朝期」、「北条政子期」に区分して検討した。

まず「源頼家期」においては、北条政子は故源頼朝の出家した未亡人（後家）として、源家の家長として仏事を取り仕切っていた。但し、鶴岡八幡宮、勝長寿院、永福寺については、鎌倉殿（頼家）の沙汰で行われている。

御家人に対する所領の安堵・宛行については、鎌倉殿（頼家）が文書を発給していた。政子は後見役として指示・進言する立場にあった。但し、政子に仕える女房については政子が宛行っている。この宛行は次の「源実朝期」も同様に行われていた。

次の「源実朝期」に入る。最初に京都周辺の寺社権門（東大寺・興福寺等）に関しては、政子が交渉に当たっていたと考えられる。この延長線上に、建保六年二月に、熊野参詣を口実に上洛し、後鳥羽院政下で勢力を持つ卿二位藤原兼子と会って、実朝の後継将軍について交渉した政子がいたのである。

一方、鎌倉幕府管轄下の御家人や僧侶・寺社を対象とした文書について、この時期の北条政子発給文書は、管見では源実朝が政所を開設してからの時期に限られる。その特徴は、将軍源実朝と二位尼政子の文書が一組として記載される点である。少なくとも政子が発議した案件はこのように実行されていた。これは同時代あるいは後世の御家人等から、二人の文書がセットとして捉えられていたことを示している。おそらく「右大臣家御下文」（【表Ⅵ】の4）・「右大臣家御下知」（【表Ⅵ】の5）とは、将軍家政所下文のことであろう。一方、対となる「二位家和字御文」（【表Ⅵ】の4）とは北条政子の仮名消息、「二位家御下文」（【表Ⅵ】の5）・「二位家御下知状」（【表Ⅵ】の6）とは北条政子御教書のことと推定する。政子の発給文書は基本的に仮名で記され、年月日あるいは月日も付されていない消息や御教書（側近の奉書）である。そのため、将来にわたって保障する将軍家政所下文も発給されていたのであろう。その用途は所領の譲渡安堵や所領の宛行であった。

最後に「北条政子期」についてまとめる。最初に京都周辺の寺社権門（九条家・興福寺・東大寺）について見ると、政子自身が仮名消息で交渉し、幕府の意思を伝えていた。寄進などの永久的効力を与える場合は、執権北条義時単署の関東寄進状を発給して保障していた。

一方、鎌倉幕府管轄下の御家人や僧侶・寺社を対象とした文書について見ると、この時期は関東御領を政子が管轄しており、譲与安堵や宛行等についての沙汰は「源実朝期」とほぼ同様に行われていた。相違していたのは、将軍家政所下文に代わって、関東下知状（義時単署）が用いられていた点にある。

女性で出家した二位尼北条政子の立場は、文書を検討した結果から考えると、「源実朝期」～「北条政子期」を通して、源頼朝の後家として、源家の家長であった。一方、鎌倉幕府という側面から見ると、「鎌倉殿」ではなく、これを指導し、補佐する立場であり、鎌倉殿の後見であったといえよう。

註

（1）龍粛「執権政治の建設者尼将軍政子」（『鎌倉時代』上（関東）所収、春秋社、一九六二年、初出一九四四年）、渡辺保『北条政子』（人物叢書、吉川弘文館、一九六一年）、三浦勝男「頼朝と政子」（『国分学解釈と鑑賞』三一巻六号、一九六六年）、上横手雅敬「女の争い――北条政子と藤原兼子――」（笠原一男・下出積与編『ライバル日本史2　中世日本二人の主役』所収、評論社、一九七七年）、永原慶二「北条政子」（『中世成立期の社会と思想』、吉川弘文館、一九七七年、初出一九五三年）、杉橋隆夫「北条時政と政子」（『歴史公論』五巻三号、一九七九年）、野村育世『北条政子』（歴史文化ライブラリー、吉川弘文館、二〇〇〇年）、田端泰子『北条政子』（人文書院、二〇〇三年）、関幸彦『北条政子』（ミネルヴァ書房、二〇〇四年）、関幸彦『北条時政と北条政子』（山川出版社、二〇〇九年）、黒嶋敏「北条政子」（平雅行編『公武権力の変容と仏教界』、清文堂、二〇一四年）。

（2）菊池紳一「尼将軍　北条政子」（日本史史料研究会監修・細川重男編『鎌倉将軍・執権・連署列伝』、吉川弘文館、二〇一五年）。

（3）『増補続史料大成』五一（臨川書店、一九七九年）。「武家年代記」「鎌倉大日記」等も同様に記載される。なお、政子の注記は「建保六・四・十四叙従三位、同年十一・十三叙従二位、嘉禄元・七・十一薨、六十九」と、「武家年代記」はその末尾に「法名如実」があり、「鎌倉大日記」は「正月廿七日実朝生涯、廿八歳、六月廿九日頼経下向、于時二歳幼少、為彼代官成敗、」とする。

（4）『古文書研究』一七・一八合併号（一九八一年）。なお、本書所収の下山忍「北条義時発給文書」も参照されたい。

（5）この報告は、田辺旬「北条政子発給文書に関する一考察――「和字御文」をめぐって――」（『ヒストリア』二七三号、二〇一九年四月）として掲載された。参照されたい。

（6）「三箇御願料所等雑事」（『鎌倉遺文』⑤三〇六七号）。

（7）「東大寺要録」二（『鎌倉遺文』⑤三二三六号）。

（8）神護寺文書（『源頼朝文書の研究（資料編）』図版の一二七号）。坂本亮太・末柄豊・村井祐樹『高尾山神護寺文書集成』（思文

閣出版、二〇一七年）も参照。同書は「北条政子書状」とするが、【表1】では北条政子消息とした。

（9）六孫王神社所蔵文書（『源頼朝文書の研究（資料編）』図版の一二八号）。同書は「伝北条政子書状」とするが、【表1】では北条政子消息とした。

（10）以下の表では『鎌倉遺文』を「鎌遺」、『南北朝遺文』九州編を「南北遺九州」と略記した。〈　〉は割書を示す。

（11）同書は平政子自筆書状とするが、【表1】では北条政子消息とした。なお、冒頭の「上さま」、文中の「はたけやま殿よりもないしょにて」等、文言に不審な点がある。

（12）同書は「北条政子舎利寄進状案」とするが、北条政子消息案とした。入間田宣夫「松島の見仏と北条政子」（『東北大学教養部紀要』四一号、一九八四年）。

（13）「鎌遺」⑤三一五四。

（14）東大寺文書（「鎌遺」⑤二八〇四）。奉者の記載はないが、北条義時と考えてよいと思う。

（15）「三箇御願料所等雑事」（「鎌遺」⑤三〇五五）。実雅は在鎌倉の廷臣で、元仁元年に義時の後家伊賀局の陰謀に連座して越前国に配流された。

（16）「三箇御願料所等雑事」（「鎌遺」⑤三〇五六）。なお、（承久三年）十月十四日の興福寺別当雅縁譲状案（「鎌遺」⑤二八四九）によれば、春日社長日一切経転読は白河上皇の御願により始められたもので、その用途料として越前国河口庄等が寄進されている。承久二年八月十六日の興福寺別当雅縁譲状案（「鎌遺」④二六四〇）も参照されたい。

（17）「三箇御願料所等雑事」（「鎌遺」⑤三〇六七）。

（18）『角川日本地名大辞典』30（和歌山県）の「高野山」より抜粋した。

（19）貞応二年七月九日の関東下知状案（金剛三昧院文書、「鎌遺」⑤三一三〇）。

（20）鎌倉幕府滅亡後の文書にも北条政子が登場する。その内容は、「鎌倉二位家、右大臣家両法華堂別当職」を管轄する醍醐寺関連の文書がほとんどであり、北条政子の発給文書を記載したものは管見では見られなかった。

（21）「一、源頼家時代」に該当する北条政子発給文書は確認できなかった。

（22）註（1）野村育世『北条政子』（後家として母として）。

（23）源頼家が、鶴岡八幡宮の祭礼等に参列しているのは正治二年二月二十六日（除服後初の参詣）、同年八月十五日（放生会、参宮如例）、同年十一月三日（臨時祭）、建仁元年三月三日（鶴岡一切経会）、同年九月十五日（放生会、廻廊顛倒で延引）、同十六日（流鏑馬以下）、同二年正月九日（御経供養）、同年八月十五日（放生会）、同年九月九日（鶴岡祭）、同九月十八日（狩猟に出る前の参宮）、同三年正月一日（年初の参宮）、同二月四日（舎弟千万と共に参宮）、同三月三日（鶴岡一切経会）、同五月五日（鶴岡臨時祭）、勝長寿院は正治二年六月十五日（勝長寿院一切経会）、永福寺は建仁三年三月十五日（永福寺一切経会）が知られる（『吾妻鏡』）。頼家は、鶴岡八幡宮の祭礼には自身が赴かなくとも奉幣使を派遣している。鎌倉殿としての行動とみてよい。また、伊豆国等への狩猟に出る時にも鶴岡八幡宮に祈禱を命じるなど、信仰していたことは確認できよう。

（24）関東御領は、鎌倉殿の管轄下にあったと考えられるが、政子の進退できる所領があったのか課題として提起したい。本稿の検討課題ではないので、ここでは触れないで、別稿で考えてみたい。

(25)　北条時政の発給文書については、本書所収の拙稿「北条時政の発給文書について」を参照されたい。
(26)　北条義時の発給文書については、本書所収の下山忍「北条義時の発給文書」及び久保田和彦「源実朝の発給文書」を参照されたい。
(27)　【表Ⅵ】の6、8参照。
(28)　文中に「二位殿御時被定置事、不可改之由、有御沙汰歟、」と不易法の記述がある。
(29)　文中に「凡於二位家御下知者、不及改御沙汰之由、雖承及候、」と不易法の記述がある。
(30)　静尊については、平雅行「鎌倉真言派と松殿法印――良基と静尊――」(京都学園大学人間科学紀要『人間文化研究』三五号、二〇一五年十二月)を参照した。
(31)　『角川日本地名大辞典』京都府上巻。

◉コラム◉

島津家文書の北条政子書状案

山野龍太郎

はじめに

本稿は、島津家文書の北条政子書状案を再発見して、その史料的な意義について検討する試みである[1]。

島津家文書は、薩摩藩主の島津家に相伝された武家文書で、家祖の島津忠久に始まる島津氏歴代の文書を中核とした膨大な資料群である。平安末期から近世に至る文書や家譜などで構成されており、武家文書の筆頭として多くの研究に活用されて、現在では東京大学史料編纂所に所蔵されている[2]。鎌倉期の島津家文書には、島津氏が武家として発展した軌跡が如実に示されており、鎌倉幕府の御家人として獲得した文書も数多く含まれている。そうした文書の一通として、貞応元年（一二二二）十一月十三日に北条泰時が発給したとされる書状案を取り上げてみたい。この文書は、初代の六波羅探題として在京していた泰時が、島津家の二代目に当たる島津忠時（当初は忠義）に対して発給した文書と考えられてきた。しかし、そうした通説は、十分な根拠に立脚したものではなく、再考の余地があるように思われる。結論から言えば、本稿の主要な目的は、この島津家文書の書状案について、貞応三年（一二二四）十一月十三日に北条政子が発給したという仮説を提示することにある。

以下では、従来の通説が抱える問題点を指摘した上で、発給主体や発給年代について再検討を加えて、北条政子書状案としての政治的な意義などを考察していきたい。

一　島津家文書の十一月十三日付の書状案

島津家文書には、年未詳の十一月十三日付の書状案が存在している。自筆の正文は確認できないが、現在では案文として伝来しており、近世に薩摩藩が編纂した『薩藩旧記雑録』にも収録されている。ここでは、島津家文書に伝わる案文から、書状の全体を掲出してみたい。

しまつ（島津）の三郎さゑもん（左衛門）たゝよし（忠義）かくんこう（勲功）にたまはり（給）た
る所とも、め（召）されてさふら（候）ふらむ事、かへす（返）〳〵ふひん（不憫）
にさふらふ（候）、ことし（今年）となり候てハ、あき（空）たるところ（所）とも、
おほろけにハ見え候ハす、おのつから（自）さふらふ（候）も、あさま（浅）
しくせう（少）所ともにて候つる也、これよりのち（後）にも、おの
つから（自）あき（空）たる所候ハヽ、かならす（必）〳〵たふ（給）へく候とそ、
おほせ（仰）事候、この御ふミ（文）をおなし（同）心に御らん（覧）候へし、

十一月十三日[3]

某年十一月十三日、「しまつ（島津）の三郎さゑもん（左衛門）たゝよし（忠義）」と称した島津忠時に宛てた書状案である[4]。忠時が勲功に与えら

れた所領を没収されたのは返す返すも不憫だが、今年となっては闕所地が格別には見当たらず、たまたま存在しているものも、驚くほど狭少の地ばかりである。これより以後に闕所地が生じることがあれば、必ず給与するという仰せを伝えており、この文書を同じ心境の人々にも披露すべきことを言い添えて、書状を結んでいる。

このように、島津氏が恩賞地を没収された件に関連して、代わりの所領を与えることを約束した内容なので、幕府の関係者によって発給されたことは明らかである。ただし、年号を欠いた簡略な様式で、署判や充所も省略されている。したがって、永続的な効力を保証したものではなく、一時的な連絡に用いられた限時的な書状だったと推定される。

さて、この書状の年代だが、『薩藩旧記雑録』には「貞応元歟」という朱筆の注記があるので、従来は貞応元年（一二二二）の文書とされてきた(5)。また、島津家文書には、京都に滞在していた泰時が、島津家に送った書状が多く含まれているため、これも六波羅探題の泰時による文書と考えられてきた。たとえば、『大日本古文書』は、年未詳の北条泰時書状案としており、『鎌倉遺文』は、貞応元年の北条泰時書状案と解している。このように、この十一月十三日付の書状案は、基本的に貞応元年（一二二二）に発給された北条泰時書状案とするのが通説となっていた。

しかし、この文書は、もともと月日のみの書状なので、貞応元年という年号は、『薩藩旧記雑録』の注記に由来する推定とみられる。また、署判は存在していないため、発給者を泰時とする点についても、特別な確証があるわけではない。要するに、この十一月十三日付の書状案は、発給された年代や主体を確定する決定的な決め手がなく、後世の注記や状況証拠に依存しているのが現状といってよい。とすれば、本当に貞応元年（一二二二）の北条泰時書状案と判断してよいのかという根本的な疑問が起こるのは当然だろう。

こうした問題点を踏まえると、この十一月十三日付の書状案については、あらためて発給主体や発給年代などを吟味していく必要があると思われる。

二　書状案の発給主体の再検討

まずは、十一月十三日付の書状案について、発給主体を検討していきたい。この文書は、署判などが存在しないので、それだけでは人名を特定する手がかりは得られない。そこで、島津家文書における伝存形態を確認することから、発給者に結びつく情報を探っていくことにする。

この書状は、複数の文書が書き継がれた案文の一通として伝来している。そこで、本論に関係する文書に（A）～（E）という記号を付けて、それぞれの日付・署判・充所に当たる部分を引用してみる。

（A）　承久三年七月十二日　　武蔵守（北条泰時）在判(6)

藤内左衛門尉殿

（B）　（承久三年）七月十二日　（北条泰時）武蔵守在判(7)
島津左（忠久）衛門尉殿

（C）　（承久三年）七月十五日　（北条泰時）武蔵守在判(8)
島津左（忠久）衛門尉殿

（D）　（文暦二年）閏六月廿九日　在判
（島津忠時）豊後修理亮殿(9)　泰時

（E）　十一月十三日(10)

こうした一連の案文のうち、（A）～（C）は、承久三年（一二二一）に武蔵守の泰時が発給した文書で、京都に滞在していた泰時が、島津忠久や関係者に対して、承久の乱における忠時の活躍などを報告したものである。また、（D）は、文暦二年（一二三五）に鎌倉で執権を務めていた泰時が、在京活動で苦慮する忠時に対して激励した書状である。(11) そして、（E）が、これまで泰時の文書と考えられてきた十一月十三日付の書状案となる。問題の書状は、泰時による発給文書が続いた末尾に連なって配置されていた。こうした案文の並びをみると、泰時の関連文書を筆写した一続きの文書群と判断してきたのも無理はないだろう。

ところで、島津家文書には、これらの文書を理解する際の参考となる史料が存在する。それは、島津家に伝来する文書を列挙した島津氏重書目録である。(12) これは、島津家が所蔵していた中世文書を一覧にしたリストで、現状では四十七条の項目で構成されている。この目録の五～九条が、（A）～（E）の文書に関係するとみられるので、便宜的に（a）～（e）という記号を付けて引用してみたい。

（a）一　（北条泰時）武蔵守殿かんなかきの御書　承久三　七月十二日
（b）一二枚同かんなかきの御書　七月十二日
（c）□（一）　同御書　七月十五日
（d）一二枚同御書　閏六月廿九日
（e）一　（北条政子）二位殿御書　十一月十三日

島津家の所蔵文書が、差出者と日付で示されているが、（a）～（d）は武蔵守の泰時が発給した文書であり、（e）は二位殿と呼ばれた政子が発給した文書である。この五通が、先ほどの（A）～（E）の案文に該当することは、一見して明らかだろう。両者を見比べると、目録（a）～（d）の「武蔵守」による「御書」は、日付の一致からも、（A）～（D）の北条泰時書状案に対応していると判断できる。とすれば、目録（e）の「二位殿御書　十一月十三日」については、（E）の十一月十三日付の書状案を指していると考えてよいだろう。

このように、署名を欠く（E）の書状案であるが、目録（e）との照合によって、「二位殿」と呼ばれた政子の発給文書であることが判明するのである。なお、この書状を政子の文書とする説は、すでに『薩藩旧記雑録』にも記されており、島津家では周知の事実だったとみられるが、その後の中世史研究では看過されて、正当に評価されてこなかったようである。[13]

こうして、北条泰時書状案とする通説には訂正の必要があることが明らかになった。すなわち、この十一月十三日付の書状案は、二位殿と称された政子の文書で、正しくは北条政子書状案と名付けなければならないだろう。島津家文書に現存するのは案文だが、島津家の忠時に宛てられた書状なので、かつては自筆の書状が存在していたと推測される。政子の筆と伝えられる文書はいくつか残っているが、確実に本人が発給したと断定できる点数は限られるので、案文であるとはいえ、貴重な史料を追加できたことになる。

三　書状案の発給年代の再検討

続いて、十一月十三日付の書状案について、発給年代を検討していきたい。具体的な手順としては、文書の発給者と受給者の立場に注目しながら、発給年代を特定するための情報を探っていくことにする。

まずは、発給者である政子の立場である。北条政子は、嘉禄元年（一二二五）七月十一日に死去しているので、[14]この書状案は、それ以前に発給された文書とみなければならない。なお、政子が「二位殿」と呼ばれたのは、建保六年（一二一八）十一月に従二位に叙されたことに由来する。[15]政子の書状が、二位殿と称した時期の文書だったと仮定すると、それ以降に発給された文書だったことになる。ただし、目録に記載された人名が、発給した時点での呼称を示すとは断言できないので、発給年代を考えるための指標とするには、いささか心許ない。ひとまずは、政子が死去した嘉禄元年（一二二五）七月以前に発給された書状だったと考えておく。

次に、受給者である忠時の立場である。この書状には充所がないが、「しまつ（島津）の三郎さゑもん（左衛門）たゝよし（忠義）」を対象にしていたことは確実だろう。この人物は、島津家の二代目として知られる忠時である。忠時は、通称が「三郎」で、当初は忠義と称していた。また、「さゑもん（左衛門）」とあるので、忠時が左衛門尉に任じられて以降に発給された文書とみられる。そこで、忠時の官途を調べると、貞応二年（一二二三）四月には「島津三郎兵衛忠義」とあり、この段階では左兵衛尉から昇進していなかったが、[16]貞応二年（一二二三）六月には「左衛門尉藤原忠義」と記されており、左衛門尉に任じられたことが確認できる。[17]したがって、忠時が左衛門尉になったのは、貞応二年（一二二三）の四月から六月までの期間となる。忠時が左衛門尉になって以降に、政子の書状が発給されたとすれば、少なくとも貞応二年（一二二三）四月以降と考えなければならない。[18]貞応元年（一二二二）の文書とする従来の通説が成り立たないことは、この一点からも明白だろう。

こうして、発給者と受給者から限定された条件を踏まえると、北条政子書状案は、貞応二年（一二二三）四月から嘉禄元年（一二二五）七月までの期間に発給されたと推定される。さらに、十一月十三日という日付を考慮すれば、貞応二年（一二二三）か同三年（一二二四）のいずれかに発給された文書となるだろう。

その上で、文書の発給年代を限定する手がかりとなるのは、「ことし（今年）となり候てハ、あき（空）たるところ（所）とも、おほろけにハ見え候ハす」という一節である。この表現によれば、この年には給与できる闕所地が尽きていたことを読みとれる。そこで、『吾妻鏡』を参照すると、貞応二年（一二二三）四月、承久の乱で恩賞に漏れていた武士に対して、論功行賞が実施されたことがわかる。(19) つまり、武士に対する闕所地の再分配が、この年にあらためて行われたのである。とすると、書状の発給年代を貞応二年（一二二三）と仮定した場合、今年には闕所地がないという記述と矛盾することになる。戦功を挙げた武士に恩賞を給与できたのは、今年にも「あき（空）たるところ（所）」が残っていたからにほかならない。闕所地の欠乏という事態が生じたのは、翌年の貞応三年（一二二四）以降と考えるべきだろう。こうした書状の内容を加味すれば、貞応二年（一二二三）よりは、貞応三年（一二二四）とみる方が、より当時の政治的な実態に即していると思われる。

このように、政子から忠時に宛てられた書状は、承久の乱に関する恩賞の給与が完了して、闕所地に余裕がない状態となった貞応三年（一二二四）以降に発給された可能性が高いだろう。したがって、島津家文書の北条政子書状案は、貞応三年（一二二四）の十一月十三日に発給された文書だったと結論づけられる。ちなみに、政子は、健保七年（一二一九）から嘉禄元年（一二二五）まで、幕府の実質的な将軍として認識されていた。とすれば、この書状は、尼将軍と称された政子の発給文書として位置づけることができるだろう。(20)

四　北条政子書状案の政治的意義

十一月十三日付の書状案が、政子によって貞応三年（一二二四）に発給された文書だったと考えると、どのような政治的な意義が見出せるだろうか。この史料が提供する論点について、発給者と受給者という両面から指摘してみたい。

まずは、発給者である政子の立場である。政子が、御家人に憐憫をかけて、新たな所領を約束したのは、その立場や人物像を知る上でも注目すべき点だろう。政子が、政変などで没落した御家人に対して、特別な配慮をしていた事例としては、畠山重忠の乱によって苦境に陥っていた稲毛重成の縁者に対する対応が挙げられる。重成は、無実の重忠を陥れた首謀者として誅殺された人物だが、その孫娘に当たる綾小路の姫君が、縁座を恐れて隠れ住んでいたのに対して、元久二年（一二〇五）十一月、政子が内々に憐れみをかけて、重成の遺領である武蔵国小沢郷を与えたという。(21) このように、政子は、政変に巻き込まれた御家人の関係者に対して、闕所地を融通するなどの手を尽くしていた。こうした政子の対応は、恩賞地を没収された忠時を憐れんで、新たな闕所地の給与を約束した姿勢とも通底するものだろう。さらに、政子は書状において「この御ふミ（文）をおなし（同）心に御らん（覧）候へし」と追記しており、同様の境遇に陥った人々にも配慮することを表明している。このように、この政子の書状は、政治的敗者に向けた温かい眼差しや、御家人社会に対する多大な影響力などが端的に示された文書といえるだろう。

次に、受給者である忠時の立場である。忠時が、恩賞として獲得した所領を没収されたのは、島津氏の政治的な展開を知る上でも重大な問題といってよい。貞応三年(一二二四)十一月の時点で、忠時が勲功の所領を没収された原因は何だったのだろうか。島津氏が、この時期に政治的な事件で失脚した事実はなく、忠時が所領を喪失した理由は不明といわざるを得ない。たとえば、忠時は、同年十月に三寅(九条頼経)に祗候する近習番として組織されており[22]、父の忠久も、翌年十月に鎌倉で天変の御祈を奉行している[23]。この前後の島津氏は、幕府に出仕する御家人の一員として活動を続けていた。とすれば、忠時が恩賞の所領を奪われたのは、幕府の政変に巻き込まれたからではなく、あくまでも島津家の内部で起きた問題と解するべきではないだろうか。この一件に関連して気になるのは、忠時が、この前後に惟宗姓から藤原姓へ改姓していたと思われる点である。すなわち、忠時は、承久三年(一二二一)閏十月には「左兵衛尉惟宗忠義」と記されており[24]、惟宗姓の御家人として活動していたが、貞応二年(一二二三)六月には「左衛門尉藤原忠義」に変化しており[25]、貞応三年(一二二四)九月にも「左衛門少尉藤原忠義」と記されていた[26]。忠時は、恩賞地を没収された貞応三年(一二二四)十一月には、藤原姓の御家人として活動していたのである。そして嘉禄元年(一二二五)七月になると「左衛門尉惟宗忠義」と記されており[27]、再び惟宗姓に復したことが確認できる。こうした姓の一時的な変化には、どのような事情が潜在したのだろうか。あるいは、惟宗氏の一族から追放されたことを意味するのかもしれない。忠時は、惟宗姓に戻って以降に、父の忠久から嫡子として認められて、島津氏の政治的基盤である薩摩国の守護職などを譲られている[28]。とすれば、忠時が惟宗姓を喪失したという事態が、恩賞地の没収という処分と連動していた可能性も否定できないだろう。忠時は、島津家の二代目として、将来を約束された存在と目されてきたが、この政子による書状は、当主としての地位を確立するまでの歩みが、必ずしも順風満帆でなかったことを暗示しているのである[29]。

このように、島津家文書の北条政子書状案は、幕府や島津氏の動向を考える上でも、貴重な史料だったと評価できるだろう。

おわりに

以上、島津家文書の北条政子書状案について考察してきた。この文書は、通説では貞応元年(一二二二)十一月十三日の北条泰時書状案とされてきたが、正しくは貞応三年(一二二四)十一月十三日の北条政子書状案だったと考えられる。

この書状は、恩賞地を没収された忠時に対して、闕所地を優先的に割り当てることを伝えた内容である。ただし、年号や差出書を欠く簡略な様式なので、永続的な効力が期待された文書ではなく、一時的な連絡に用いた書状だったと思われる。幕府が御家人に恩賞を給与する場合には、後日の保証となる将軍家政所下文や関東下知状が用いられた(30)。これらの安堵状は、執権・連署が署判して発給されたので、表面的には政子の影響力が読みとれない文書様式である。しかし、そうした政治的な手続きの水面下では、尼将軍と称された政子が、御家人社会に生じた様々な矛盾を解消するため、積極的に利害調整や救済事業に動いていたと推察される。政子から忠時に宛てられた書状は、そうした政子の知られざる活動が垣間みられる史料といえるだろう。

　このように、文書の発給主体と発給年代について一つの仮説を提示してみたが、『吾妻鏡』にも現れない島津家の事情を物語る史料なので、さらに傍証を積み重ねて背景を明らかにすることが求められる。今後、この書状も含めた島津家文書の再検討を通じて、政子や島津氏の実態が解明されることを期待して、島津家文書の北条政子書状案の検討を終えることにしたい。

註

（1）島津家文書の北条政子書状案については、すでに拙稿で存在を指摘したことがあり、本稿はそれを前提にして修正・発展させたものである。拙稿「畠山重忠の政治的遺産」（北条氏研究会編『武蔵武士の諸相』勉誠出版、二〇一七年）参照。

（2）東京大学史料編纂所編『大日本古文書』家わけ第十六 島津家文書之一（東京大学出版会、一九七一年）。島津家文書の概要については、山本博文・石上英一「東京大学史料編纂所所蔵島津家文書の情報化」（文部省科学研究費補助金重点領域研究「沖縄の歴史情報研究」総括班研究成果報告書、課題番号六二〇八一〇二、一九九八年）を参照した。

（3）（貞応元年（一二二二）カ）十一月十三日北条泰時書状案（「島津家文書」『大日本古文書』家わけ第十六 島津家文書之一、三〇一号、『鎌倉遺文』五巻三〇一六号）。

（4）島津忠時が「たゝよし（忠義）」と表記されており、忠時と改名する以前の文書だが、以下では一般に知られる「忠時」という実名を用いて説明する。

（5）『薩藩旧記雑録』巻四（鹿児島県維新史料編さん所編『鹿児島県史料』旧記雑録前編1、鹿児島県、一九七八年）一三三頁。

（6）承久三年（一二二一）七月十二日北条泰時書状案（「島津家文書」『大日本古文書』家わけ第十六 島津家文書之一、三〇一号、『鎌倉遺文』五巻二七六六号）。

（7）（承久三年（一二二一））七月十二日北条泰時書状案（「島津家文書」『大日本古文書』家わけ第十六 島津家文書之一、三〇一号、『鎌倉遺文』五巻二七六五号）。この書状案には正文が現存しており、『大日本古文書』一八号に収録されている。

（8）（承久三年（一二二一））七月十五日北条泰時書状案（「島津家文書」『大日本古文書』家わけ第十六 島津家文書之一、三〇一号、『鎌倉遺文』五巻二七七六号）。

（9）（文暦二年（一二三五））閏六月二十九日北条泰時書状案（「島津家文書」『大日本古文書』家わけ第十六 島津家文書之一、三〇一号、『鎌倉遺文』七巻四七八五号）。

（10）註（3）前掲史料。

（11）この書状を読解する試みについては、註（1）前掲論文を参照。
（12）（年未詳）島津氏重書目録（「島津家文書」、『大日本古文書』家わけ第十六 島津家文書之一、一六三号）。
（13）『薩藩旧記雑録』には「目録ニ位殿御書トアリ、二位ノ禅尼忠義公ニ報スル書ナルヘシ」と記されており、北条政子の発給文書とする見解が示されていた。註（5）前掲史料。
（14）『吾妻鏡』嘉禄元年（一二二五）七月十一日条。
（15）『鎌倉年代記』・『武家年代記』承久元年（一二一九）条。
（16）『吾妻鏡』貞応二年（一二二三）四月十三日条。なお、忠時の官職が左兵衛尉だった点については、承久三年（一二二一）閏十月十五日関東下知状（「島津家文書」、『大日本古文書』家わけ第十六 島津家文書之一、二一号、『鎌倉遺文』五巻二八七六号）を参照した。
（17）貞応二年（一二二三）六月六日関東下知状（「島津家文書」『大日本古文書』家わけ第十六 島津家文書之一、二二号、『鎌倉遺文』五巻三一一六号）。
（18）ただし、『吾妻鏡』には、貞応二年（一二二三）十月に「島津三郎兵衛尉」と記されており、再び左衛門尉になる前の官職に戻っている。こうした表記の矛盾を整合的に説明するのは難しいが、鎌倉後期に編纂された『吾妻鏡』よりも、同時代の古文書の記載を優先するのが、史料解釈における基本だろう。本稿では、島津家文書の表記を尊重して、貞応二年（一二二三）六月には、忠時はすでに左衛門尉に任じられていたと考えておく。
（19）『吾妻鏡』貞応二年（一二二三）四月八日条。
（20）『吾妻鏡』『鎌倉年代記』『武家年代記』『鎌倉大日記』などに掲げられた補任次第は、いずれも政子を四代将軍として数えており、政子を将軍とする認識は鎌倉期から形成されていたと考えられる。また貞永元年（一二三二）の『御成敗式目』でも、政子の治世が「二位殿御時」として表現されている。野村育世『北条政子 尼将軍の時代』（吉川弘文館、二〇〇〇年）参照。
（21）『吾妻鏡』元久二年（一二〇五）十一月三・四日条。
（22）『吾妻鏡』貞応二年（一二二三）十月十三日条。
（23）『吾妻鏡』元仁元年（一二二四）十月十六日条。
（24）承久三年（一二二一）閏十月十五日関東下知状（「島津家文書」『大日本古文書』家わけ第十六 島津家文書之一、二一号、『鎌倉遺文』五巻二八七六号）。
（25）註（17）前掲史料。
（26）貞応三年（一二二四）九月七日関東下知状（「島津家文書」『大日本古文書』家わけ第十六 島津家文書之一、二五号、『鎌倉遺文』五巻三二八一号）。
（27）嘉禄元年（一二二五）七月三日信濃太田荘津野郷地頭代職補任状案（「島津家文書」『大日本古文書』家わけ第十六 島津家文書之一、三〇五号、『鎌倉遺文』五巻三三八六号）。
（28）嘉禄三年（一二二七）六月十八日島津忠久譲状（「島津家文書」『大日本古文書』家わけ第十六 島津家文書之一、二六号、『鎌倉遺文』六巻三六二一号）。この譲状では「左衛門尉惟宗忠義」と記されており、忠時が惟宗姓の一族として、父の財産を継承したことがわかる。
（29）ただし、島津家の初代である忠久も、一時的に惟宗姓から藤原姓に改姓していた時期があり、姓の変更を政治的な動向と結びつける解釈には問題もある。こうした島津家の事情については、今後も検討を重ねていく必要があるだろう。
（30）承久の乱における恩賞の給与には、基本的に関東下知状が用いられた。これは、建保七年（一二一九）正月から嘉禄二年（一二二六）正月までの期間、幕府の将軍が空位だったので、将軍家政所下文が発給されなかったという事情に起因している。

源頼家発給文書の考察

森　幸夫

はじめに

源頼家といえば、父頼朝の後を継ぎ、若くして鎌倉幕府二代将軍となったものの、政治の実権を北条氏ら有力御家人に握られ、悲劇的な最期を遂げた存在として知られている。後述するように、近年、このような無力な頼家像に対する見直しが進んでいるが、その治世は五年に満たず、鎌倉殿・将軍としての発給文書は、現在十数点が確認されるにすぎない。従って、素材としての僅少さも手伝ってか、一部の頼家文書について言及されることはあるものの、その発給文書全体を主題とした考察は見受けられない。

本稿では、頼家の発給文書を概観したうえで、その様式分類に基づき、基礎的考察を行う。次いで検討結果を踏まえて、頼家時代の幕府政治につき少し考えてみたいと思う。

なお、考察のための予備知識として、頼家に関する主要な経歴を記しておく。(1)

・寿永元年（一一八二）八月十二日　誕生
・建久八年（一一九七）十二月十五日　叙従五位上・任右近権少将（十六歳）
・正治元年（一一九九）正月十三日　源頼朝死去
・正治元年（一一九九）正月二十日　任左近衛権中将（十八歳）

・正治二年（一二〇〇）十月二十六日　叙従三位・任左衛門督（十九歳）
・建仁二年（一二〇二）七月二十三日　叙従二位・任征夷大将軍（二十一歳）
・建仁三年（一二〇三）七月二十日　重病となる
・建仁三年（一二〇三）九月二日　比企氏の乱
・建仁三年（一二〇三）九月七日　出家（二十二歳）
・元久元年（一二〇四）七月十八日　伊豆修善寺で暗殺（二十三歳）

一　源頼家発給文書の基礎的考察

源頼家が鎌倉殿・将軍として発給した文書は現在、【表1】に示したように十四通が伝存している。(2) 建久十年（一一九九）三月二十三日付関東御教書写（①、以下【表1】の番号を示す）がその初見で、終見は建仁三年（一二〇三）七月三日付の同じく関東御教書写（⑭）である。一見して明らかなように、正治年間（一一九九〜一二〇一）発給のものが大半を占め、建仁年間（一二〇一〜〇四）以降は三点を数えるに過ぎない。その治世後半の発給文書の減少傾向が窺われるところである。

【表1】　源頼家発給文書一覧

番号	年月日	文書名	内容	出典	備考
①	建久十・三・二十三	関東御教書写	大中臣能隆に、遠江国蒲御厨等の地頭職停止を伝える	吾妻鏡(遺一〇四四)	奉者は兵庫頭(大江広元)
②	(正治元ヵ)五・十九	源頼家書状	法華堂領美濃国富永庄の中条ヵ家長の地頭職停止を伝える	湖山集(遺補三二一)	宛所を欠くヵ
③	正治元・六・十	源頼家下文案	大宮局を河内国氷野領の預所・地頭職に補任する	菊亭文書(遺一〇五五)	差出は兵庫頭中原朝臣(大江広元)ら三名
④	(正治元ヵ)七・四	源頼家書状案	越前国石田庄等の三ケ所地頭職について伝える	仁和寺文書(源頼朝文書の研究　史料編九八)	
⑤	(正治元)九・八	関東御教書写	鑁阿に、備後国大田庄地頭を改易しないことを伝える	高野山御影堂文書(遺一〇七八)	奉者は兵庫頭(大江広元)
⑥	正治二・正・二十五	源頼家袖判下文	小山朝政を播磨国五箇庄地頭職に補任する	松平基則氏所蔵文書(遺一一〇三)	現在は神奈川県立歴史博物館所蔵
⑦	正治二・正・二十五	源頼家袖判下文案	吉川経兼を播磨国福井庄地頭職に補任する	吉川家文書(遺一一〇四)	

⑧	正治二・閏二・二十九	関東御教書案	季厳に六条若宮別当職の教厳への譲与を認める	醍醐寺文書（遺一一二一）	頼家袖判。奉者は平盛時。三・二七季厳、教厳に同別当職を譲与（遺一一二七）
⑨	正治二・六・十四	源頼家下文案	筑後国河北庄の家兼の地頭職を停止する	北野神社文書（遺補三六三）	差出は大膳大夫中原朝臣（大江広元）ら三名
⑩	正治二・八	源頼家下文写	熱田社講衆尾張廉忠を本所に安堵する	粟田家文書（愛知県史資料編八中世一－一〇〇）	日にちを欠く。差出は略記し、「前」と「散位」の二名を記す
⑪	正治二・十一・九	源頼家袖判下文	長沼宗政に美濃国大榑庄地頭職を安堵する	長沼文書（遺一一六六）	遺補三六八は重複
⑫	建仁三・四・十	関東御教書案	上妻家宗に、兄弟家基と相論の亡父家秀未処分田畠の知行を認める	上妻文書（遺一三五四）	奉者は左兵衛尉（二階堂行光ヵ）
⑬	建仁三・五・十七	将軍源頼家家政所下文案	播磨国大部庄・魚住泊住人に対し、守護人使乱入を停止する	内閣文庫所蔵雑古文書（遺一三五八）	別当前大膳大夫中原朝臣（大江広元）ら五名署判
⑭	建仁三・七・三	関東御教書写	禰寝清重を大隅国禰寝南俣院地頭職に補任する	禰寝文書（遺一三六七）	後欠ヵ。頼家袖判

また文書の様式としては、A下文（③⑥⑦⑨⑩⑪）、B政所下文（⑬）、C御教書（①⑤⑧⑫⑭）、D書状（②④）が知られる。これらの文書について検討していくが、頼家の発給文書は、建久年間（一一九〇～九九）の頼朝期の様式とほぼ連続するもので、実朝期にも引き継がれるものとみてよい。大江広元ら政所職員の活動状況も知られるところである。なお頼家期には、外祖父の北条時政は、未だ政所別当に就任しておらず、執権として文書を発給するようになるのは、次代の将軍実朝期以降のことである。以下、実例を挙げながら、頼家の発給文書について考えてみよう。

A　下文

頼家発給の下文は、表の③⑥⑦⑨⑩⑪の六通が知られる。何れも正治年間のものである。ただし、鹿島大祢宜家文書、安貞二年（一二二八）五月十九日付関東下知状[3]には、源（国井）政景を常陸国橘郷地頭職に補任した、頼家発給の建仁二年五月三十日付下文が引用されている。頼家が建仁年間にも下文を発給していたことがわかるが、これが袖判下文であったかどうかは不明である。以下、具体的にみていく。

まず③を次に掲げる。

（押紙）「右大将家御妾大宮局

二品母□　左衛門督殿頼家御下文」

下　河内国氷野領住人

可以女房大宮局為預所并地頭職事

右、件領所当年貢者、故大将家(源頼朝)御時、被宛天王寺西門持経十二口供料之用、残可為同寺三个院小人等養料之由、被定仰了、然者彼局執行預所地頭両職、云十二口持経者供料、云三个院小人等養料、殊抽信心之沙汰、可致合期之勤済、然則、且叶太子聖霊之照鑑、且為先閤菩提之御資歟者、依鎌倉中将殿(源頼家)仰、補任彼職如件、住人承知、敢勿違失、以下、

正治元年六月十日

前掃部允惟宗在判

散位藤原朝臣(行政)在判

兵庫頭中原朝臣(広元)在判

本文書は、大宮局を河内国氷野領の預所・地頭両職に補任した頼家下文案である。氷野領は幕府直轄の関東御領であり、源頼朝期に四天王寺に寄進されていた。頼朝の死から約五ヶ月を経て出されたこの下文により、預所・地頭職を創出し、大宮局を補任したのである。(4)

頼家の袖判下文ではなく、中原(大江)広元ら三名が奉じた形式となっているのが注目される。大江広元は政所別当、藤原(二階堂)行政は政所令であり、三名の奉者は政所職員と考えられる。このような政所職員連署による下文が出された背景として、関東御領が政所の管轄下にあったことが関係していよう。そして押紙に記されているように、大宮局が源頼朝の妾であったことも大きな理由として考えられる。大宮局は幕府に仕えた女房とみられるが、「仁和寺姫御前」と呼ばれた頼朝の娘を産んでいた。(5)「仁和寺姫御前」は頼家の姉妹であり、その生母の大宮局は恐らく、頼朝の側室と見做されたであろう。鎌倉殿頼家とは主従関係の成り立ち難い存在であり、大宮局がかような存在であったからこそ、袖判下文ではなく、政所職員連署の下文が発給されたのだと考えられる。(6)

ところで、執権北条泰時の時代以降、所務沙汰に関する鎌倉幕府の裁許は関東下知状でなされたが、源氏将軍期には下文(政所下文)による裁許が多くみられる。⑨源頼家下文案もその一通である。

下　筑後国河北庄官等
　可早停止家（北野）兼地頭職事
右、件家兼依社家挙達、補任彼職、尤可致報賽之処、還掠（ママ）所所当、闕怠神用、仍可改易地頭之由、有其訴、然者、於家兼者、可従停止者、依鎌倉殿（源頼家）仰、下知如件、以下、
　正治二年六月十四日
　　　　　　　　前掃部允惟宗判
　　　　　　　　散位藤原（行政）朝臣判
　　　　　　　　大膳大夫中原（広元）朝臣判

この文書は、北野社の訴えにより、筑後国河北庄所当を掠め取った北野家兼の地頭職を停止したものである。③文書と同じように、大江広元らの政所職員三名が奉じた形式である。また「依鎌倉殿（源頼家）仰、下知如件」との文言があり、下文でありながら、裁許を指令する、後の関東下知状と同様に機能していることがわかる。文書の果たす役割は、関東下知状と同じであり、当該文書は過渡的な文書として位置付けられるであろう。このような「依鎌倉殿仰、下知如件、以下」という書止文言の下文を、関東下知状とすべきとする意見もあるが、(7)「下」から始まる書出と、「以下」という書止を重視し、ここでは下文に分類しておく。

さて、頼家下文としては正治二年二月二十五日付のものがよく知られている。⑥⑦がそれで、頼家の袖判下文である。梶原景時追討の恩賞として、小山朝政や吉川経兼を播磨国内の地頭職に任じたものである。ここではそれらとは別な、藤原（長沼）宗政に美濃国大榑庄地頭職を安堵した⑪袖判下文についてみておきたい。

　（源頼家）
　（花押）
下　美濃国大榑庄住人
　可早以藤原（長沼）宗政如元為地□（頭）職事
右人、可為彼職之状如件、
　正治二年十一月九日

この下文で注目されるのはその日付である。正治二年十一月九日というのは、実は、頼家が同年十月二十六日左衛門督に任じ、従三位に叙されたことを報じる使者が鎌倉に到着した、十一月七日(8)の翌々日にあたる。つまり十一月九日の時点では、頼家は政所下文を発給することが可能であった。しかし⑪の袖判下文が出されたのである。政所下文が出されず、袖判下文が発給された背景には、頼家の公卿昇進に伴う、政所吉書始などの儀礼がいまだ行われていなかったことが考えられる。だが、⑪文書の発給時点で、頼家はすでに公卿の一員であるから、本来なら、わざわざ袖判下文を出す必要はなく、少し遅れたとしても政所下文を出せばよかったはずである。従って、この袖判下文が発給された背景として、受給者である長沼宗政側の要望を想定すべきであろう。

かつて源頼朝が政所下文を出しはじめたころ、千葉常胤が政所職員連署のそれを嫌い、従来と同様な頼朝署判の下文を求めた(9)ことはよく知られている。千葉氏ら有力御家人は、政所下文よりも、鎌倉殿頼朝が花押を据えた下文に、公験としての高い価値を見出していたのである。この事例を考慮すれば、⑪の長沼宗政にも同様な事情を想定することが可能であろう。周知のように、宗政は、朝政の弟で、下野小山一族の有力御家人である。彼も政所職員連署の政所下文よりも、頼家署判の下文を要望したのである。この事例から判断すれば、当該期（正治ころ）に有力御家人は、頼家を鎌倉殿として、頼朝と同様に重んじていたことが明らかだろう。

B　政所下文

頼家は正治二年十月二十六日、従三位に叙され左衛門督に任じた。公卿に昇進したことによって家政機関である政所開設の資格を得た。頼家はその後約三年間、鎌倉殿（将軍）であったものの、頼家が発給した政所下文は建仁三年の一通が知られるのみである。A下文の項でみたように、頼家は、政所開設後も袖判下文を出しており、政所下文よりも袖判下文を多用していた可能性もある。とすれば、頼家は、御家人たちとの直接的な主従関係を重視しようとしていたといえるだろう。さて、現在伝わる頼家期唯一の将軍家政所下文案を次に掲げる⑬。

（端裏書）（家下）
「将軍□□文案大部庄不可入部守護使由事」

将軍家政所下　播磨国大部庄幷魚住泊住人□

可早停止守護人使乱入事

右、件両所彼使乱入、令煩土民之間、不安堵□、犯人出来之時者、自庄家可召出也、可□(停)止使乱入之由、東大寺南無阿弥陀仏(重源)□(所カ)令申給也、然者可停止守護人使乱□(入)状、所仰如件、以下、

建仁三年五月十七日　　　　　案主清［　］

知家事［　］

令右兵衛少尉藤原(行光カ)在判

別当前大膳大夫中原朝臣(広元)在判

散位藤原朝臣(行政)在判

この文書は東大寺勧進上人南無阿弥陀仏すなわち重源の申請を承け、東大寺領の播磨国大部庄と魚住泊への守護使の乱入を停止したものである。当時の播磨守護は小山朝政であろうか。なお『鎌倉遺文』をはじめとして、署判者の「令右兵衛少尉藤原」を藤原（二階堂）行光に比定している。これは正治二年以後、行光が政所令になったと記す『鎌倉年代記』や『関東開闢皇代并年代記』(10)に拠るものと考えられるが、『吾妻鏡』の正治・建仁年間の記事では、行光は民部丞の官途のみで現れ、兵衛尉としての所見はない。また実のところ、行光が民部丞（少丞）に補任されるのは、元久元年（一二〇四）正月二十九日のことである。(11)行光の官途につき『吾妻鏡』の記事は数ヶ所にわたり誤りを犯していることがわかる。恐らくこれは、鎌倉末期の『吾妻鏡』編纂に際し、二階堂行光の官職が、当時帯びていた兵衛尉よりも、のちに任官する民部丞の方が文官たるに相応しいので、意図的に書き換えられたのではなかろうか。将軍頼家家の政所令の人名比定にあたり、当該期『吾妻鏡』所見の行光の官途に誤りがあることを指摘しておきたい。

C　御教書

頼家期の御教書（関東御教書）は五通が知られる（①⑤⑧⑫⑭）。その初見は、『吾妻鏡』に載せる建久十年三月二十三日付のものである（①）。奉者は政所別当大江広元で、伊勢祭主大中臣能隆に遠江国蒲御厨など五ヶ所の地頭職停止を伝えたものである。

次に掲げる⑫は政所令の二階堂行光が奉じたものである。

家宗（上妻）・家基（上妻）相論申親父家秀（上妻）未処分田畠事、如勘状者、家宗所給故殿（源頼朝）御下文内歟、然者無相違可令知行之由、依前左衛門督殿（源頼家）仰、執達如件、

建仁三年四月十日　　　　　左兵衛尉藤原（行光ヵ）在判奉

上妻次郎（家宗）大夫殿

この文書は上妻家宗に対し、兄弟家基と争った、亡父家秀の未処分田畠の知行を認めたものである。「勘状」（問注所勘状ヵ）に任せて、家宗の勝訴としているように、本文書は裁許状としての役割を果たしている。この政所令が奉じた⑪関東御教書案が、上述の政所職員連署の⑨源頼家下文案と同様に、判決文書として機能しているのであり、当該期幕府訴訟制度における政所の重要な役割が理解されるのである。(12)

次の⑦は安堵（譲与安堵）の役割を果たした、頼家袖判の関東御教書案である。

在御判（源頼家）

「安堵御下知」

六条若宮別当職事

右、可令譲与弟子阿闍梨教厳之由、披露候畢、早可被譲与者、依鎌倉中将殿（源頼家）御消息、執達如件、

正治二年閏二月廿九日　　　　平盛時奉

謹上　　土佐法眼（季厳）御房

頼家が季厳に、六条若宮別当職を教厳へ譲与することを認めたものである。季厳は大江広元の弟、また六条若宮は幕府が崇敬した洛中六条左女牛所在の八幡宮である。奉者の平盛時は公事奉行人として著名な、頼朝期以来の幕府の実務官僚。「安堵御下知」とあるように、この御教書は安堵状の機能を果たし、約一ヶ月後の三月二十七日に、季厳から教厳へと六条若宮別当職が譲与されている。(13)正治二年閏二月時点での安堵の場合、⑪のような頼家下文（袖判下文）が出されるのが本来の在り方かと思われるが、季厳は僧侶であって、頼家とは直接的な主従関係にないため、袖判御教書が発給されたものとみられる。

D　書状

頼家の書状は二通が伝存している。まず②を最初に示す。

法華堂御領美濃国富永庄地頭家長事、被仰下候之旨、謹承候了、先雖可尋子細於家長候、領家被申次第其謂候、仍所停止地頭職候也、以此旨可令披露給、頼家恐々謹言、

「正治元年」
五月十九日　　頼家

五月十九日付で、法華堂領美濃国富永庄の家長の地頭職停止を伝えたものである。本文書は正文とみられるが、「正治元年」との書き入れがある。この年代に対して特に反証は見出せないので、鎌倉殿頼家のごく初期の文書となる。地頭家長は武蔵御家人の中条家長か。また、富永庄の所在国美濃は後白河から後鳥羽に継承された院分国であり、しかも「法華堂御領」とその所領に敬称が付されているから、この法華堂とは、法住寺の後白河法皇法華堂ではなかろうか。また家長の言い分を聞くことなく、領家のみの主張によって地頭職が止められていること、さらに「以此旨可令披露給、頼家恐々謹言」とあり、この書状が披露状であることから判断して、宛所を欠くものの、真の宛先は恐らく後鳥羽上皇であろう。

次に④を掲げる。

御領三ヶ所地頭事

越前国石田庄地頭ハ友実（斎藤）所帯也、仍故入道令補其職候之処、以専覚闍梨被仰下之間、令停逐（ママ）候了、雖然、文覚日来知行之由、今春承候之間、地頭停止事非御本意、只専覚闍梨結構歟之由、依相存候補任候了、

同国川北御品田・越中国山田郷事、地頭令補任之由、当時披露存外候、更不可補候也、

条々、以此旨可令披露給之状如件、

七月四日　　頼家

「左衛門督書状案」

本文書は末尾に異筆で「左衛門督書状案」とある。写真版（出典に掲載）でみるかぎり、正文の可能性もあるが、ここではこの注記に従い、案文（写）とみておく。その内容は、越前国石田庄・同国川北御品田・越中国山田郷の「御領三ヶ所地頭事」について伝えたものである。本文書の伝来が示すように、これらは仁和寺領である。石田庄の地頭を再補任したこと、川北御品田・山田郷両所には地頭を補任していないことを述べている。この書状は仁和寺御室に対する披露状であることから、文末に「以此旨可令披露給」とあり、さらに続けて「之状如件」という、書下形式となっている。これは、この案文では宛所を欠いているが、宛先とされた人物の地位が高くはなかったためであろう。

本文書は書状であるため年代を欠く。異筆に「左衛門督書状案」とあり、頼家が左衛門督に任じた正治二年十月の翌年、つまり建仁元以降のものとも思われる。だが、先にみた③の押紙のように、正治元年の文書でも頼家は「左衛門督殿」と書かれていたから、この異筆部分のみからの年代推定では誤りを生じる可能性がある。ここでは内容から考えてみたい。そのヒントとなるのが石田庄の記述である。

石田庄は斎藤友実の所領であったが、彼の没落後幕府は「故入道」を地頭に補任したらしい。友実は幼少より仁和寺宮守覚法親王に仕え、平家にも従い、さらに源義仲や義経に与して滅んでいたのである(14)。ところが、専覚阿闍梨からの申し入れによって地頭職を停廃した。専覚は仁和寺の僧侶であろう。けれども石田庄は「今春」文覚が知行していたことが明らかとなり、地頭職停止については御室の意思から出たものではなく、専覚の「結構」と判明した。そこで再び地頭職を補任したというものである。やや意味が取りにくいが、大要は以上のごとくであろう。

再任された地頭が誰であったかは不明である。しかしそれまでは専覚の「結構」があって、文覚が地頭職と同様な所職に就いていたということであろう。それが「今春」明らかになったのである。周知のように文覚は、神護寺の再興を果たしたことで有名だが、伊豆の流人時代以来、源頼朝と強いつながりを持っていた。だが頼朝死後の正治元年二月、三左衛門事件に連座して検非違使に逮捕され、三月に佐渡流罪とされた(15)。文覚が石田庄を「日来知行」していたのは、逮捕される正治元年二月までのことであろう。彼の所領が調査され、仁和寺領越前石田庄の知行が判明したのだと考えられる。とすれば、「今春」とは正治元年の二、三月ころとみてよい。従って本文書は、正治元年に年代推定が可能であろう。この年の書状ならば、御室は守覚法親王である。

本書状案を②と比べると、同じ年の文書ながら、地頭職の再設置を伝えたり、「地頭令補任之由、当時披露存外候」との抗議的な文言を含んでいたりと、頼家の強い意志を読み取ることが可能である。正治元年は頼朝が死去し、頼家が鎌倉殿となった代替わりの年であり、地頭職などをめぐり、王朝側から幕府への要求が少なからずなされたものと考えられる。②④をみるかぎり、頼家はこれらの要望に対し硬軟織り交ぜて対応したように思われる。二通の書状には、鎌倉殿となった頼家の政治的意思の発露が見出されよう。

二　源頼家政権について

『吾妻鏡』をみると、源頼家は、比企・小笠原・中野氏ら近習五人の鎌倉内でのいかなる行動をも許可し、また安達景盛の鎌倉不在中にその愛妾を奪うなど、悪行を重ねた、暗愚な将軍として描かれている。(16)蹴鞠に熱中するあまり、「抛政務、連日被専此芸」れたことも、(17)彼についてのよく知られたエピソードであろう。このような『吾妻鏡』の描く頼家像については、早く龍粛氏「源頼家伝の批判」(18)において、『吾妻鏡』が「北条氏の手によって編纂されたものであるため、その記述に対しては大いに省察を加えることは論を俟たない」と注意を促し、その治世や人物について再評価を行っていた。

近年では『吾妻鏡』の記述を鵜呑みにすることはほぼなくなり、また将軍頼家期の治世評価のカギとみられる、同書正治元年（一一九九）四月十二日条に記された、いわゆる「十三人の合議制」についても見直しが進んだ。従来この記事は、頼家の親裁を停止し、北条時政・大江広元・三善康信ら十三人の有力御家人の合議に委ねるものと解釈されることが多かったが、あくまでも頼家は最終決定権を保持しており、十三人の宿老たちは、案件を審議し意見を上呈したり、訴訟を取り次ぐメンバーにすぎなかったことが明らかにされている。(19)このような「十三人の合議制」についての理解に基づき、最近では、頼家期を含めた鎌倉前期の幕府訴訟制度や政務運営について、文書史料を重視した研究が進められている。藤本頼人氏の論考(20)がその到達点とみられるが、氏は頼家が「訴訟においては頼朝時代の決定を重視するとともに、守護の職務の確定や御家人役の整備など、基本的には頼朝が晩年に進めた路線を継承し、かなり意欲的に幕府の基盤強化に努め、（中略）その取り組みのうちには、実朝期以後も否定されることなく受け継がれ、定着していくものも含まれていた」と結論している。

本稿でもこれらの研究成果に学びながら、前章で頼家発給文書について基礎的考察を行った。本章では頼家発給文書の総括と、そこからみえる頼家の政治姿勢や政務運営の特徴について『吾妻鏡』や他の史料を交えて考えてみたい。また北条時政が政務を握る段階についても明確にしたいと思う。

前章でみたように、源頼家の発給文書は下文・政所下文・御教書・書状の四種に分類できた。この四分類は、頼朝や実朝の発給文書とほぼ同様といってよい。それぞれの具体的な機能・役割については前章で述べたところであるが、下文で恩賞充行や安堵を行い、御教書では裁許・安堵がなされ、また書状には頼家の強い意志が発露していることなどを確認・指摘した。これらの検討結果からみても、頼家が鎌倉殿・将軍として固有の権限を有していたことは疑いない。

なお【表1】をみると、建仁年間（一二〇一～四）における、頼家の発給文書数の減少が認められる。これには、先に触れたような、建仁元年ころから頼家が蹴鞠に夢中になり、「抛政務」ったことが関係しているかもしれない。しかし頼家は建仁元年十一月、鎌倉周辺での「怪異・凶事等」により左衛門督を辞せんとして、(21)治者たる自身の不徳を顧みているし、また同三年八月には、藤原定家からの伊勢小阿射賀御厨地頭の非法に関する訴えに対し、「返事」をしていることが知られる。(22)建仁年間以降、頼家の政治意欲が薄れたのかもしれないが、病に倒れる直前まで、政務は行っていたとみてよい。

頼家の時代から政所が訴訟機構として整備されたことが指摘されているが、(23)頼家の政務を補佐したのも、主に政所職員たちであったと考えられる。それは、下文・政所下文・御教書など頼家の主要な文書の発給に、政所が少なからず関わっている点からも明らかであろう。正治元年十一月、梶原景時を弾劾する御家人の連署状を受け取り、それを頼家に披露したのも政所別当大江広元であり、(24)広元を中心とする政所職員が頼家の政務を補佐したとみてよい。

大江広元が頼家を補佐したことは、当該期の朝幕関係にも影響を及ぼした。

正治元年二月京都で、御家人後藤基清・中原政経・小野義成らが権臣源通親を襲撃せんとした、いわゆる三左衛門事件が起こるが、三名の武士は関東に下されたものの、彼らの身柄を幕府は受け取らず、朝廷にその処分を委ねた。(25)このような処分方針は、頼家を補佐していた広元が、後鳥羽上皇の執事別当に任じていた源通親と親密であったことに基づくものと考えられる。(26)また正治二年十一月、「帝命」に背いた近江の柏原弥三郎を追討する命が下されたが、幕府は、在京御家人に加え、鎌倉から両使渋谷高重・土肥惟光を派遣している。(27)さほど強大な勢力を持っていたとも思われない柏原弥三郎追罰のため、わざわざ両使を西上させたのも、広元から頼家に対し助言があったものかと推測される。広元が仲介者的位置にあったことにより、頼家政権は朝廷と良好な関係を築いていたとみてよい。

また源頼家の周辺には、建仁元年九月に鎌倉に下向した蹴鞠の師範紀内行景のごとき京下りの人物がいたことが知られるが、(28)このような京都所縁の人々が少なからず存在していた。

建仁元年九月十五日、鶴岡八幡宮で放生会が行われ、出御した頼家に、北条義時・大江広元・比企能員・三浦義村ら十四名が供奉したが、このうち（安藤）右馬大夫右宗・（中原）左衛門尉章清・後藤信康の少なくとも三名は京都と関係が深い人々である。(29)頼家の時代、東国御家人と京下りの輩との対立を物語るエピソードが『吾妻鏡』にみえており、(30)政所職員をも含めて考えると、頼家は京下りの人々に囲繞されていたといってよいであろう。(31)頼家の舅の一族比企氏も元来、流人時代の源頼朝を援助するため東国に下ってきたのであり、京都とつながりを有していたことはいうまでもない。将軍頼家を廃したのは外祖父北条時政であるが、その廃立理由のひとつとして、京都所縁の人々を登用しすぎた頼家への、東国御家人の不満が背景に存したものとも考えられる。

北条時政は頼家を廃し、弟の実朝を将軍に擁立する。建仁三年九月七日頼家は出家させられ、同じ日実朝は将軍宣下を受けた。北条時政の発給文書を検討された菊池紳一氏は、源頼朝の死去から比企氏の乱に至る、将軍頼家の時代の時政につき、「関東御教書にも、将軍家政所下文にも時政の名は見えず、幕府機構内の役職に就くなど、安定した地位を得てはいなかった。つまり、将軍頼家の外祖父として、政務を補佐していたのである」とされている。(32)これは当該期に時政が、土佐守護豊島朝経や同守護三浦義村に書状を、また【表1】⑫関東御教書に添状を出していることに基づく評価であり、(33)妥当なものと思われる。ただし時政は、建仁三年の八月十五日に、自身が奉じた形の関東御教書を発給していることが知られる。全文を次に掲げる。(34)

二月卅日御文八月三日到来、委以承候了、
抑宇佐大宮司職事、令譲擬大宮司（宇佐）公方候之由、令申上　左衛門督殿（源頼家）候処、委聞食之由、所被仰下候也、仍執達如件、
八月十五日　遠江守（北条時政）（花押）
（宇佐公房）大宮司殿御返事

宇佐大宮司公房に対し、宇佐大宮司職を擬大宮司公方に譲与することを承認したものである。なお『鎌倉遺文』は年代を（建仁二年ヵ）とするが、関連文書から建仁三年に確定できる。(35)

本文書で注目すべきは、文言に「令申上　左衛門督殿（源頼家）候処、委聞食之由、所被仰下候也」とみえることである。冒頭に「二月卅日御文八月三日到来」とあるから、頼家が宇佐公房の「御文」をみたのは、八月三日以後である。だが頼家は七月二十日以来、

病気となり、重篤状態が続いていた。頼家が病から回復するのは、比企氏の乱後の九月五日であり、八月中にかような文書をみて、自身で判断を下せたかどうかは疑問である。この関東御教書に「令申上　左衛門督殿（源頼家）候処、委聞食之由、所被仰下候也」と書かれていたのは、将軍頼家が裁可したことを、形式上示す必要があったためであったと思われる。そしてそれは、奉者となった北条時政の判断に基づくものと考えられる。ここから、頼家が重病となった建仁三年七月二十日以後、外祖父時政が幕府政治を主導していたことが明らかとなる。注（33）で触れた、【表1】⑫の添状が（建仁三年）七月二十七日付であることもそれを示しているであろう。また（同年）八月四日付の三浦義村宛時政書状が書下形式である点も注意されるところである。ただしこの八月十五日付関東御教書が年号を欠き、日付のみである点で、私信のようにも受け取れ、幕府内にいまだ公式な地位を得ていない時政の微妙な立場を物語っていると思われる。

将軍頼家が重病となって以来、時政が幕政を主導した。当時大江広元をはじめとする政所の重臣たちも存在したが、彼らは頼家自身が直に発する政治意思の実現を支えていたのであって、病気により意志表示できない頼家に代わり政務を行うことは不可能であった。ここに北条時政が外祖父として政務を代行する理由が存した。そしてそれは、京下りの人々に代わり、東国武士が本格的に政治を主導していく始まりとなったといえるのである。時政はこのような上意不在という政治的好機を逃さず、頼家の重病中に、頼家長子一幡や外戚比企能員一族を滅ぼし、幕府権力の掌握を志していくこととなる。

おわりに

本稿では源頼家発給文書の基礎的考察を行った。そして頼家政権について若干考えてみた。

ここでその内容をまとめることはしないが、頼家政権期のキーパーソンが大江広元と北条時政であったという、ある意味常識に属する事柄であるが、このことを改めて強調しておきたい。広元は鎌倉幕府の政治拠点である政所の別当として頼家の政治意思の実現を支えた。だが、頼家が重病となり鎌倉殿としての意思を直に発し得ない時には、時政が外祖父としてその政務を代行したのである。

侍所別当和田義盛や頼家の外戚比企能員も頼家を支えた存在といえるが、義盛は梶原景時弾劾状を広元を通じてしか上申できず、能員も外祖父として権力を握ることが可能だったのは頼家嫡子一幡が鎌倉殿となった場合である。両者ともに、広元・時政の地位・役割には及ばない。
頼家の「一ノ郎等」[36]といわれた梶原景時は正治元年（一一九九）末に失脚し、翌年正月駿河で滅ぼされていた。頼家時代の初期に、その景時の子とみられる「左衛門尉景高奉書」が出されていたという。それを受け取った藤原定家の父俊成は「其状奇特」と述べている。[37]文武を兼備した梶原一族が健在であったならば、頼家政権、さらには鎌倉幕府の様相もかなり異なるものとなっていたかもしれない。

註

（1）源頼家の経歴の詳細については、日本史研究会監修・細川重男氏編『鎌倉将軍・執権・連署列伝』（吉川弘文館、二〇一五年）の「鎌倉幕府将軍職　経歴表」（久保木圭一氏作成）の頼家項を参照。
（2）【表1】の出典・備考欄での「遺」は『鎌倉遺文』を、「遺補」は同補遺を示す。なお『鎌倉遺文』の文書名については私見により改めた場合がある。また第二章で考察する（建仁三年）八月十五日付北条時政奉関東御教書については、やや特殊な性格の文書であり、行論の都合からも表には載せていない。
（3）『鎌倉遺文』三七四五。
（4）本文書については、河内国氷野領の関東御領としての側面を中心に、筧雅博氏が「続・関東御領考」（石井進氏編『中世の人と政治』所収、吉川弘文館、一九八八年）で考察されている。
（5）菊亭文書、貞永元年十一月十三日付関東下知状案（『鎌倉遺文』四四〇四）。
（6）⑩の熱田社講衆尾張廉忠も源頼家縁者とみられるものの、頼家とは主従の関係にはなかったため、政所職員連署の下文が発給されたと考えられる。
（7）仁平義孝氏「鎌倉前期幕府政治の特質」（『古文書研究』三一、一九八九年）。
（8）『吾妻鏡』（新訂増補国史大系）同日条。
（9）『吾妻鏡』建久三年八月五日条。
（10）続国史大系第五巻『吾妻鏡』附録。
（11）『明月記』（冷泉家時雨亭叢書別巻）元久二年正月三十日条。なお『師守記』（史料纂集）康永三年五月二十二日条も参照。
（12）五味文彦氏「鎌倉前期の幕府法廷」（『吾妻鏡の方法』所収、吉川弘文館、一九九〇年）は⑫文書を例に、頼家時代から政所が訴訟機構として整備されたことを指摘している。
（13）醍醐寺文書、正治二年三月二十七日付法眼季厳譲状案（『鎌倉遺文』一一二七）。
（14）『吾妻鏡』文治元年十一月二日条。
（15）文覚の動向については山田昭全氏『文覚』（吉川弘文館人物叢書、二〇一〇年）を参照。

(16)『吾妻鏡』正治元年四月二十日、同年七月十六日・二十日・二十六日・八月十九日条。
(17)『吾妻鏡』建仁元年九月二十日条。
(18)龍氏『鎌倉時代　上』所収（春秋社、一九五七年）。
(19)仁平氏註（7）論文、五味氏註（12）論文など。
(20)藤本氏「源頼家像の再検討」（『鎌倉遺文研究』三三、二〇一四年）。引用も本論文に拠る。なお氏には「源頼家」（野口実氏編『治承～文治の内乱と鎌倉幕府の成立』所収、清文堂出版、二〇一四年）もある。
(21)『明月記』建仁元年十一月九日条。
(22)『明月記』建仁三年八月二十一日条。
(23)五味氏註（12）論文・藤本氏註（20）論文など。
(24)『吾妻鏡』正治元年十月二十八日・十一月八日・十日条。
(25)『明月記』正治元年二月十四日・三月四日・二十二日条。
(26)『愚管抄』（日本古典文学大系）巻第六に、三左衛門事件に際し、源通親の「方人」広元が頼家に対して、三左衛門の処分につき意見したことがみえている。広元の嫡男大江（源）親広は通親の猶子となり、源姓を称したとされる（杉橋隆夫氏「鎌倉初期の公武関係」『史林』五四―六、一九七一年）。なお三左衛門事件については塩原浩氏「三左衛門事件と一条家」（『立命館文学』六二四、二〇一二年）が詳しい。
(27)『吾妻鏡』正治二年十一月一日・四日・十二月二十七日条。ただし『明月記』に拠ると柏原弥三郎の追討が命じられたのは正治二年十一月二十六日のことであり、『吾妻鏡』の記事には一ヶ月ほどの時間的誤りが認められる。
(28)『吾妻鏡』建仁元年九月七日条。
(29)『吾妻鏡』建仁元年九月十五日条。安藤右宗は、承安三年四月、後白河上皇御所に参じ、神護寺再興を強請した文覚を捕えた人物（同書正治二年二月六日条）。もと後白河院の北面か。中原章清は、治承四年の源頼朝挙兵時に相模目代であった中原清業の子。清業は平頼盛の家人でもあった（拙稿「頼朝挙兵時の相模目代について」『ぶい&ぶい』九、二〇〇九年）。後藤信康はもと平宗盛家人（『吾妻鏡』文治元年五月十六日条）。なお雅楽允景光なる供奉人も、その官途や他に所見がないことから判断して、東国武士ではなかろう。
(30)建仁二年十月二十九日条。三浦一族の山口有綱が頼家御所に進上した松木に対し、紀内行景が不服な態度をみせたため、有綱は「京下輩多有如此事」りと激怒して不満を爆発させた。
(31)このほか鼓判官こと平知康も頼家期に鎌倉に下っている。なお紀内行景と知康は、頼家が将軍を廃されたのちの建仁三年九月十二日に上洛させられている（『吾妻鏡』同日条）。
(32)菊池氏「北条時政発給文書について」（『学習院史学』一九、一九八二年）。
(33)香宗我部伝家証文、（建仁元年）七月十日付北条時政書状（『鎌倉遺文』一二三三）、同、（建仁三年）八月四日付北条時政書状（同一二三三）、禰寝文書、（建仁三年）七月二十七日付北条時政書状案（同一三六八）。
(34)皇學館大学所蔵文書。『皇學館大学所蔵の中世文書』（古文書の料紙と様式の有機的関連性についての史料学的アプローチ　研究成果報告書、二〇一七年、研究代表者岡野友彦氏）に、二号文書として写真版を掲載している。

（35）宇佐公方は、建仁三年八月六日付で、幕府（鎌倉殿政所）に対し大宮司補任を望む解状を書いている（宮成家文書、『鎌倉遺文』一三七四）ので、宇佐公房から公方への大宮司譲与を承認する内容のこの関東御教書が建仁二年のものとは考えられない。建仁三年八月六日時点で宇佐公方解状が書かれたのは、関東御教書が八月十五日に出されたものであったため、いまだ公房・公方の許に届いていなかったためであろう。

（36）『愚管抄』巻第六。「鎌倉ノ本體ノ武士カヂワラ」ともみえる。景時一族を滅ぼしたことを「頼家ガフカクニ人思ヒタリケル」との記述もよく知られているところである。

（37）『明月記』正治元年九月二十五日条。

源実朝の発給文書

久保田和彦

はじめに

第二部「鎌倉殿発給文書」は、鎌倉殿の袖判下文・書状を中心に検討することが目的である。小論は、第三代鎌倉殿である源実朝の袖判下文・書状を中心に検討する。当該文書は、『鎌倉遺文』(1)に十二通が採録され、未収録文書が一通ある(【表1】)(2)。十三通の内訳は、下文(奥上署判二、袖判二)が四通、書状が九通である。考察のための予備知識として、実朝に関する主要な経歴を年表にしておく(【表2】)(3)。

【表1】 源実朝発給文書目録

例言

一、年月日欄の〈 〉内は付年号を示す。( )内に推定年次を記載した。
二、文書名は、原則として文書様式を基準に、統一的な文書名を付した。
三、出典は、原則として『鎌倉遺文』記載のそれによった。
四、巻号欄には、『鎌倉遺文』の巻数(〇数字)、補遺編は「補」、尊経閣文書編は「尊」の略称を用い、文書番号を記載した。
五、備考欄には、『鎌倉遺文』は「鎌遺」の略称を用い、『鎌倉遺文』の文書名と本一覧との相違などを適宜記載した。

番号	年月日	文書名	署判	出典	巻号	備考
1	元久二年八月二十三日(一二〇五)	源実朝奥上署判下文	左近衛中将源朝臣(花押)	常陸鹿島神宮文書	③一五七四	「鎌遺」は「源実朝下文」とする。黒川論集・史料編105号文書。

2	元久二年十一月十二日	源実朝袖判下文案	御判〈右大臣家〉	伊豫長隆寺文書	③一五八八	『鎌遺』は「将軍源実朝家下文案」とする。
3	年欠(元久三年)正月二十日(一二〇六)	源実朝書状案	左中将実朝	出雲蒲生文書	③一五四六	『鎌遺』は「源実朝書状」とする。
4	建永元年十二月二十九日(一二〇六)	源実朝書状案	左中将	高野山文書又続宝簡集百四十二	③一六五五	『鎌遺』は「源実朝請文案」とする。
5	承元四年正月三十日(一二一〇)	源実朝奥上署判下文写	右大臣源判	高洲文書	③一八二六	『鎌遺』は「将軍源実朝下文写」とする。
6	建暦三年五月九日(一二一三)	源実朝袖判下文	(花押)	二階堂文書・二階堂氏正統家譜五	④二〇〇七補①六〇六	黒川論集・史料編108号文書。
7	(建保二年)七月八日(一二一四)	源実朝書状	右近中将(花押)	尊経閣所蔵文書・尊経閣古文書纂編年文書	③一五五四尊一五	『尊経』は建保二年と推定。
8	(建保四年)三月十七日(一二一六)	源実朝書状	右近中将実朝	三浦周行旧蔵文書	補②七〇五	『鎌遺』は「源実朝自筆書状」とする。
9	(建保四年)三月十七日(一二一六)	源実朝書状写	右近中将実朝	國學院大學図蔵古筆写	④一九九三	『鎌遺』は「源実朝書状案」とする。
10	(建保四年)三月十八日	源実朝書状	実朝	尊経閣所蔵文書・尊経閣古文書纂編年文書	尊一六	黒川論集・史料編113号文書。
11	(建保六年)五月四日(一二一八)	源実朝書状写	左衛門中将	豫陽河野家譜	④二三七二	『鎌遺』は「源実朝書状」とする。
12	〈建保六年〉七月十三日	源実朝書状	左大将実朝	関戸守彦氏所蔵文書		『鎌遺』未収録。黒川論集・史料編114号文書。
13	(建保六年)十二月二十八日	源実朝書状	右大臣(花押)	高野山文書宝簡集九	④二四一五	黒川論集・史料編115号文書。

【表2】 源実朝の経歴

年号	月日	西暦	事項	年齢
建久2年	8月 9日	1192	誕生	1
建仁3年	9月 7日	1203	従五位下・征夷大将軍	12
	10月 8日		元服	
	10月24日		右兵衛佐	
元久元年	1月 5日	1204	従五位上	13
	3月 6日		右近衛少将	
元久2年	1月 5日	1205	正五位下	14
	1月29日		左近衛権中将・加賀介	
	4月 2日		左中将	
建永元年	2月22日	1206	従四位下	15
承元元年	1月 5日	1207	従四位上	16
承元2年	12月 9日	1208	正四位下	17
承元3年	4月10日	1209	従三位	18
	5月26日		更任右近衛中将	
建暦元年	1月 5日	1211	正三位	20
	1月18日		兼美作権守	
建暦2年	12月10日	1212	従二位	21
建暦3年	2月27日	1213	正二位	22
建保4年	6月20日	1216	権中納言	25
	7月20日		兼左近衛中将	
建保6年	1月13日	1218	権大納言	27
	3月 6日		左近衛大将	
	10月 9日		内大臣	
	12月 2日		右大臣	
承久元年	1月27日	1219	鶴岡八幡宮で暗殺	28

一　源実朝の下文

【表1】から、源実朝下文は四通が確認できる。四通の実朝下文を検討するため、署判・署判位置・書出文言・書止文言・文書内容などの情報をまとめて【表3】を作成した。【表3】を見ると、源実朝下文には花押の位置が奥上と袖判の二種類あることがわかる。

【表3】　源実朝下文の情報

番号	年月日	文書名	署判	署判位置	書出文言	書止文言	内容
1	元久二年八月二十三日（一二〇五）	源実朝奥上署判下文	左近衛中将源朝臣（花押）	奥上	下　鹿嶋社領常陸国■■■（橘郷事カ）	之状如件	国井正景の常陸国橘郷地頭職の停止
2	元久二年十一月十二日	源実朝袖判下文案	御判〈右大臣家〉	袖	下　伊予国忽那嶋住人	之状如件、以下	藤原兼平を伊予国忽那嶋地頭職に補任
5	承元四年正月三十日（一二一〇）	源実朝奥上署判下文写	右大臣源判	奥上	陸奥国遠田郡地頭職	之状、下知如件	山鹿遠綱に陸奥国遠田郡地頭職の沙汰を下知
6	建暦三年五月九日（一二一三）	源実朝袖判下文	（花押）	袖	下　相模国懐嶋殿原住人	之状如件	藤原元行を相模国懐嶋地頭職に補任

佐藤進一氏は、源頼朝が使用した下文について、「源頼朝はまず個人の下文の型を用い、ついで摂関家・公卿家等の政所下文の型を用いた」と述べ、前者の下文を三様式に分類した(4)。

A型：奥上署判の下文…「下　某」で書出し、次に事書・本文を記し、日付の次行上方に頼朝が「前左兵衛佐源朝臣（花押）」と署判したもの。

B型：袖判下文…頼朝が文書の袖に花押だけを署したもの。

C型：変型下文…頼朝の袖判があり、冒頭の「下　某」が書かれないが、書止めに「状如件、以下」と記され、B型下文の変型と認められるもの。

佐藤氏は、A・B・Cの三型の相互関係について、「A型が賀茂社と池大納言家、C型が石清水八幡宮寺と賀茂社の末社である四条坊門別宮とにあてて所領の安堵や濫妨の停止を令したものであるから、B型がこの時期の下文の基本型で、頼朝がとくに謙譲の意を表すべき相手に出す場合にA型もしくはC型を用いたのではなかろうか」と述べている。

源実朝下文は、父頼朝下文を継承しているのだろうか。残存数が少ないので断定は難しいが、正文二通を検討してみよう。

【史料1】（No.1）(5)

下　鹿嶋社領常陸國■■■（橘郷事カ）

可令早停止國井八郎正景地頭職事

右、當郷者、去治承五年爲故大将殿御沙汰、被寄進鹿嶋社之地也、其後停止地頭之妨、一向爲中臣親廣沙汰、可令勤仕神事之由、同以被成度々下文了、就中爲神領之条、非新儀、去安元年中停□（止カ）地頭廣幹沙汰、可爲鹿嶋社領之由、被成國司廳宣了、而左衛門督家□（之）時、正景横申補地頭職、妨神事用途云々者、為神領之上、任證文旨、停止正景地頭職、一向□□□□（禰宜政親カ）沙汰、可令勤仕職事之状如件、

元久二年八月廿三日

左近衛中将源朝臣（花押）

【史料2】（No.6）

（花押）

下　相模國懐嶋殿原郷住人

補任地頭職事

左兵衛尉藤原元行

右人、依勲功之勧賞、補任彼職之状如件、

建暦三年五月九日

【史料1】は、常陸国鹿嶋社にあてられた下文で、国井正景の橘郷地頭職を停止し、禰宜政親の沙汰を安堵している。また、【史料2】は御家人藤原元行を相模國懐嶋殿原郷地頭職に補任した下文である。両通ともに、書止文言に「以下」が省かれているが、【史料1】は常陸國鹿嶋社にA型の袖判下文、【史料2】は御家人藤原元行にB型の袖判下文が発給されている。また、【表3】No.2も、伊予国御家人藤原兼平には袖判下文が発給されており、源実朝下文は父頼朝下文を継承しているといえる。

しかし、【史料2】の日付は、建暦三年（一二一三）五月九日であるが、実朝はすでに承元三年（一二〇九）四月十日に従三位

に任じられ、同年七月二十八日には政所下文を発給している。【史料2】がなぜ、政所下文ではなく袖判下文で発給されたのか、説明することは難しい。黒川氏が【史料2】の解説で、「本文書、検討ノ要アリ、」とした[6]のは以上の理由からと思われる。

また、№5の源実朝下文であるが、冒頭の「下　某」が省略され、書止文言も「之状、下知如件」で結ばれ、奥上に「右大臣源判」と記されている。承元四年正月三十日に実朝は右大臣に補任されておらず、№5は明らかに偽文書である。

以上、源実朝下文に関する検討をまとめると、実朝下文は三通が現存しており、A型：奥上署判の下文とB型：袖判下文の二種類に分類できる。また、B型がこの時期の下文の基本型で、謙譲の意を表すべき相手に出す場合にA型が発給された、という源頼朝下文を継承しているといえる。

源実朝下文の文書名であるが、『鎌倉遺文』は、【表1】の備考に示したように、「源実朝下文」「将軍源実朝家下文」「将軍源実朝下文」のように、微妙に表現が異なる。政所ではなく実朝個人の発給の場合は、「実朝家」のように「家」を付けず、また実朝の花押が署された位置を考慮して、筆者は「源実朝奥上署下文」「源実朝袖判下文」の文書名を提案したい。

二　源実朝の書状

【表1】から、源実朝書状は九通が確認できる。九通の実朝書状を検討するため、署判・署判位置・宛所・書止文言・文書内容などの情報をまとめて【表4】を作成した。実朝書状は、№4以外はすべて無年号であり、最初に年代比定をおこなう。年号が記される№4の書状を次に示す。

【表4】　源実朝書状の情報

番号	年月日	文書名	署判	署判位置	宛所	書止文言	内容
3	年欠(元久三年)正月二十日(一二〇六)	源実朝書状案	左中将実朝	日下		所下知候也、謹言	近江国住人藤原俊光を優免せよ。
4	建永元年十二月二十九日(一二〇六)	源実朝書状案	左中将	日下		可令披露給候、恐々謹言	備後国大田荘地頭職に三善康信を補任したことを披露してほしい。
7	(建保二年)七月八日(一二一四)	源実朝書状	右近中将(花押)	日下		直令下知候者也、謹言	越前国小山・泉荘の地頭代を改替せよ。
8	(建保四年)三月十七日(一二一六)	源実朝書状	右近中将実朝	日下		令下知候了、謹言	越前国小山・泉荘地頭代を派遣するように義時に下知した。

9	(建保四年)三月十七日(一二一六)	源実朝書状写	右近中将実朝	日下		令下知候了、謹言	越前国小山・泉荘地頭代を派遣するように義時に下知した。
10	(建保四年)三月十八日	源実朝書状	実朝	日下		定致沙汰候歟、恐々謹言	越前国小山・泉荘解状について、義時に尋ね沙汰せよ。
11	(建保六年)五月四日(一二一八)	源実朝書状写	左衛門中将	日下	河野四郎殿(通信)	宜為御斗候歟、恐々謹言	河野通信に伊与国道後の管領を承認。
12	(建保六年)七月十三日	源実朝書状	左大将実朝	日下		令尋沙汰候也、恐々謹言	興福寺領越前国木田荘の訴えにより、狼藉人朝助等を尋沙汰せよ。
13	(建保六年)十二月二十八日	源実朝書状	右大臣(花押)	日下	春宮大夫殿(大宮公経)	可被糺済否候者也、謹言	備後国大田荘に関する高野山の訴えに関して、領家の年貢勤否を京都に於いて糾明せよ。

【史料3】(No.4)

備後國大田庄地頭職、本地頭依陰謀事、没収其跡、今補康信法師候畢、
故大将之時、此如(マヽ)令成敗候、當時无指其咎候之間、難改易候也、可然之様、可令披露給候、恐〻謹言、
建永元年十二月廿九日　　左中将

【史料3】は、問注所執事の要職にある三善康信の備後国大田荘地頭職改易を拒否する旨を荘園領主高野山に披露することを求めた書状である。高野山側は、三善康信の地頭職改廃を求めており、その要求に対する鎌倉殿実朝の正式回答であるため、年号を記したと思われる。この問題の幕府の回答は前年閏七月に執権北条時政単署の関東御教書(7)でも行われており、再度の要求拒否であった。

『鎌倉遺文』の年代比定と私見とが異なる書状について、順次検討していきたい。まずはNo.3の実朝書状である。『鎌倉遺文』は元久二年正月二十日に比定しているが、この書状に記された官職「左中将」に実朝が補任されるのは同年四月二日、左近衛権中将の補任も同年一月二十九日であるので(表2参照)、No.3の実朝書状は元久三年以降の発給となる。

次に、No.7〜10の四通の実朝書状を検討する。この四通はいずれも興福寺領越前国小山・泉両荘に関する史料である。越前国小山荘は鳥羽上皇建立の安楽寿院領に寄進された荘園で、この時期の地頭は北条義時である。(8)No.7と8を次に示す。

【史料4】（No.7）

「鎌倉右大臣実朝」(付箋)

越前國小山・泉庄解給候了、於地頭代者、以他人可改替之由、直令下知候者也、謹言、

七月八日　　右近中将（花押）

「□□二年七月廿七日到来、」

【史料5】（No.8）

越前國小山・泉庄事、地頭義時朝臣可遣代官之由、令下知候了、謹言、

「建保四年四月四日到来、」

三月十七日　　右近中将実朝

【史料4】は、越前国小山・泉両荘の解状を受けて、地頭北条義時に地頭代改替の下知を約束した書状である。また、【史料5】は、両荘の新しい地頭代を現地に派遣することを地頭北条義時に下知することを約束した書状である。【史料4】は地頭代改替、【史料5】は旧地頭代改替後の新地頭代の派遣を内容としているので、【史料4】が【史料5】より以前に発給されたことは明らかである。【史料5】の日付の付箋に「建保四年四月四日到来」と記されているので、【史料5】の年代は建保四年（一二一六）に比定できる。よって、【史料4】の付箋「□□二年七月廿七日到来」の□□二年は建保二年とするのが妥当であろう(9)。

No.9は、【史料5】（No.8）の写しである。【史料5】の出典は「三浦周行旧蔵文書」で、『鎌倉遺文』は文書名を「源実朝自筆書状」とする。No.9の出典は「國學院大學図蔵古筆写」とあるので、No.9は【史料5】（No.8）を國學院大學が写した文書と思われる。しかし、No.9の付箋に「建暦三年四月四日到来」と記されているため、No.9の年代を建暦三年（一二一三）に比定した。國學院大學が【史料5】を筆写する際に、付箋「建保四年四月四日到来」を「建暦三年四月四日到来」と読み誤ったためである。【史料5】を実見することはできなかったが、「自筆書状」であるならば正文であり、「建保四年」が正しい。よって、No.10の実朝書状は、菊池紳一編『鎌倉遺文』補遺編・尊経閣文書（東京堂出版、二〇一六年四月）の比定が正しい。以上、長々と源実朝書状の無年号文書の年代を検討した。

最後に、【表４】を参考にして、源実朝書状の検討を行いたい。第一に、署判位置であるが、例外なく日下に署されている。書状は私用に用いられることが基本なので、日付に年を記入しない、日下に署判することが基本であり、源実朝書状も基本通りの書式で発給されている。

第二に、【表４】の書止文言をみると、「恐々謹言」と「謹言」の二種類あることがわかる。前者は後者より丁寧な文言であるから、実朝にとって謙譲の意を表すべき相手に出す場合は「恐々謹言」、謙譲の意を表す必要がない相手に出す場合は「謹言」が使用された。このように考えると、No.11の伊予国御家人河野通信宛の書状に「恐々謹言」の書止文言が使用されていることは、No.11の信憑性を疑う根拠となる。

おわりに

以上、第三代鎌倉殿である源実朝の袖判下文・書状を中心に検討を行った。「源実朝の発給文書」を分析・検討する場合、実朝の意を請けて発給された文書（幕府文書）も含めて検討する必要があると筆者は考える。源実朝に関する文書を『鎌倉遺文』から検索して思うことは、文書様式と文書名の基準が統一されていないことである。同じ様式の文書に別の文書名が付されている場合があり、また、同じ文書名が付されていても明らかに様式が異なる文書が多く見られる。

例えば、建仁三年（一二〇三）九月七日に源実朝は従五位下・征夷大将軍に任命されるが[10]、これ以降、北条時政が元久二年（一二〇五）閏七月十九日に牧の方の事件により失脚[11]するまでの期間、幕府発給文書は、北条時政単署で「依鎌倉殿仰、下知如件」の書止文言を有する文書が主要となる。この時期約二年間の実朝発給文書二十七通の中、二十一通がこの様式の文書なので、この間の幕府政治はこの様式の文書によって実施されていたといえる。

しかし、北条時政単署、書止文言が「依鎌倉殿仰、下知如件」という共通する様式の文書について、『鎌倉遺文』では「関東下文」と「関東下知状」の異なる文書名が付され、時政単署の位置も日下と奥下の二様が見られる。また、書出が「下　某」ではじまる文書、書止文言も「依鎌倉殿仰、下知如件」が基本形であるが、「依仰下知如件」「依鎌倉殿仰、下知如件、以下」「所仰如件、以下」など、微妙に異なっている。これまで、源実朝時代の幕府発給文書に関する研究は数多く見られるが[12]、源実朝発給文書を網羅的に検討した研究はまだない。この課題は、小論の目的を超えるため、別稿を期したいと思う。

註

（1）竹内理三編『鎌倉遺文』（東京堂出版）を利用。

（2）黒川論集・史料編とは、黒川高明編著『源頼朝文書の研究・史料編』（吉川弘文館、一九八八年七月）のことである。源実朝発給文書の写真版が十四通採録されている。源実朝書状には無年号が多く、年代比定は難しいが、「三、源実朝書状」で検討する。

（3）【表2】は、日本史研究会監修・細川重男氏編『鎌倉将軍・執権・連署列伝』（吉川弘文館、二〇一五年十一月）の「鎌倉幕府将軍職　経歴表」（久保木圭一氏作成）の源実朝項を参照した。経歴表の18：「建保一・二・二七」を「建暦三年」に訂正した（建保改元は十二月六日のため）。

（4）佐藤進一「中世史料論」（『岩波講座日本歴史』二五・別巻2〈日本史研究の方法〉、岩波書店、一九七六年九月）。

（5）№は【表1】の文書番号。

（6）前註（1）黒川高明編著。

（7）「元久二年」後七月十二日関東御教書。竹内理三編『鎌倉遺文』第三巻一五六八号文書。以後は、『鎌』三―一五六八と表記する。

（8）松浦義則「越前国」『講座日本荘園史』6・北陸地方の荘園、近畿地方の荘園Ⅰ（吉川弘文館、一九九三年二月）。

（9）『鎌倉遺文』は、【史料4】の注記に「源実朝の右中将は、元久二年正月廿九日のことなり、仍て姑くその年に収む。」と年代比定を保留している。

（10）『吾妻鏡』建仁三年九月十五日条。『吾妻鏡』は、『新訂増補・国史大系』（吉川弘文館、一九七四年）を利用した。

（11）『吾妻鏡』元久二年閏七月十九日条。

（12）ジェフリー・P・マス「鎌倉幕府初期の訴訟制度――問注所と政所を中心に――」（『古文書研究』一二、一九七八年）、五味文彦「源実朝――将軍独裁の崩壊――」（『歴史公論』五―三、一九七九年）、湯山賢一「北条義時執権時代の下知状と御教書」（『國學院雑誌』八〇―一一、一九七九年）、同「北条時政執権時代の幕府文書――関東下知状成立小考――」（小川信編『中世古文書の世界』、吉川弘文館、一九九一年）、杉橋隆夫「執権・連署制の起源――鎌倉執権政治の成立過程・続論――」（『立命館文学』四二四～四二六合併号、一九八〇年）、同「鎌倉執権政治の成立過程――十三人合議制と北条時政の『執権』職就任――」（御家人制研究会編『御家人制の研究』、吉川弘文館、一九八一年）、近藤成一「文書様式にみる鎌倉幕府権力の転回――下文の変質――」（『古文書研究』一七・一八合併号、一九八一年）、菊池紳一「北条時政発給文書について――その立場と権限――」（『学習院史学』一九、一九八二年）、折田悦郎「鎌倉幕府前期将軍制についての一考察――実朝将軍期を中心に――」（上）（下）（『九州史学』七六・七七、一九八三年）、青山幹哉「『御恩』受給文書様式にみる鎌倉幕府権力――下文と下知状――」（『古文書研究』二五、一九八六年）、仁平義孝「鎌倉前期幕府政治の特質」（『古文書研究』三一、一九八九年）、下山忍「北条義時発給文書について」（安田元久先生退任記念論集刊行委員会編『中世日本の諸相』下巻、吉川弘文館、一九八九年）など多数ある。

藤原頼経・頼嗣発給文書

川島優美子

はじめに

藤原（九条）頼経とその息子頼嗣は、三代将軍実朝が横死して源氏将軍が絶えたことにより、摂関家である九条家から迎えられた、鎌倉幕府の四代・五代将軍である。当初傀儡であった二人も、成長とともに反北条執権勢力の拠点となったことから、鎌倉から追われ京都に送還されたわけだが、その間の政治的な意義等については、すでに多くの研究で明らかにされている（［上横手一九九一］［永井二〇〇〇・二〇〇二］［村井二〇〇五］［岩田二〇一四］他）。同時にこの時期は、執権北条泰時のもとで評定衆が設置され、御成敗式目が制定されるなど、鎌倉幕府が制度的に確立し、将軍独裁制から執権制へと移行する時期とも重なる。そのような時代に二人の摂家将軍が発給した文書の検討を通じて、その様式・機能を確認し、どのような背景のもとに発給されたのかを考察したい。藤原頼経・頼嗣の発給文書として本稿が対象としたのは、頼経・頼嗣本人の署判のあるもの（推定を含む）で、将軍家袖判下文に書状や願文なども加えた。(1)【表1】【表2】の通り、頼経発給文書が三十一通、頼嗣発給文書が二十四通検出された。先ず将軍家下文、次に書状を検討する。

【表1】 藤原頼経発給文書

番号	和暦年月日	西暦	文書名	出典	号	用途	鎌倉遺文文書名	備考
1	嘉禄二年二月二十六日	一二二六	将軍藤原頼経下文写	神主大伴氏文書	⑤三四六六	神主職補任（安堵）	将軍藤原頼経下文案	「下」無し
2	嘉禄二年三月二十七日	一二二六	将軍藤原頼経下文	山城随心院文書	⑤三四七八	地頭職停止		充所 在地庄官
3	嘉禄二年三月二十八日	一二二六	将軍藤原頼経下文	醍醐寺文書	（未収録）	地頭職停止		充所 在地庄官 『兵庫県史史料編8』所収
4	嘉禄二年七月二十三日	一二二六	将軍藤原頼経下文	三木鼎氏所蔵文書	（未収録）	地頭職補任	将軍藤原頼経（?）下文案	充所 在地住人 同文の⑤三五〇三（出雲秋鹿村大垣内神社文書）は写
5	嘉禄二年九月十五日	一二二六	将軍藤原頼経下文	正木文書	⑤三五二四	地頭職譲与安堵		充所 在地
6	（嘉禄二年）九月二十日	一二二六	将軍藤原頼経書状	高野山文書宝簡集五十一	⑤三五二九	高野山衆徒離散について朝廷からの要請への奉答		宛所「人々御中」は西園寺公経側近か
7	嘉禄三年二月十二日	一二二七	将軍藤原頼経下文	尊経閣文庫所蔵「武家手鑑」	⑥三五七一	所職・所帯譲与の安堵	藤原頼経袖判下文	充所 受給者
8	嘉禄三年四月九日	一二二七	将軍藤原頼経下文	出羽色部文書	⑥三六〇四	地頭職譲与安堵	将軍藤原頼経袖判下文	充所 受給者
9	嘉禄三年八月二十一日	一二二七	将軍藤原頼経（?）下文写	山城北野神社文書	⑥三六五二	地頭職停止	某下文案	充所 在地住人
10	嘉禄三年十月十日	一二二七	将軍藤原頼経下文	島津家文書	⑥三六七〇	守護職・地頭職譲与の安堵	将軍家藤原頼経安堵下文	充所 受給者
11	嘉禄三年十月十日	一二二七	将軍藤原頼経下文案	島津家文書	⑥三六七一	地頭職譲与安堵	将軍藤原頼経下文案	充所 受給者 袖判無し
12	安貞二年三月七日	一二二八	将軍藤原頼経下文	尊経閣文庫所蔵「武家手鑑」	⑥三七二六	地頭職補任（新恩給与）	将軍藤原頼経袖判下文	充所 在地住人
13	安貞二年六月十九日	一二二八	将軍藤原頼経下文案	豊後託摩文書	⑥三七六一	地頭代職安堵	某下文案	充所 在地住人
14	安貞三年三月六日	一二二九	将軍藤原頼経下文	楓軒文書纂五十三進藤文書	⑥三八一七	地頭職安堵（紛失下知）	将軍藤原頼経袖判下文	充所 受給者
15	安貞三年三月二十二日	一二二九	将軍藤原頼経下文写	長門三浦家文書	⑥三八二〇	地頭職安堵	将軍藤原頼経袖判下文案	充所 在地住人
16	寛喜元年七月十九日	一二二九	将軍藤原頼経下文	常陸真壁文書	⑥三八四七	地頭職譲与安堵	将軍藤原頼経袖判下文	充所 受給者
17	寛喜元年七月十九日	一二二九	将軍藤原頼経下文	常陸真壁文書	⑥三八四八	地頭職譲与安堵	将軍藤原頼経袖判下文	充所 受給者
18	寛喜元年九月五日	一二二九	将軍藤原頼経下文案	新編伴姓肝属氏系譜	⑥三八六七	弁済使・下司職等の安堵	関東下文案	充所 受給者 後欠 日付は⑥三八七五による
19	寛喜元年九月八日	一二二九	将軍藤原頼経下文写	肥前深堀文書	⑥三八六六	地頭職譲与安堵	将軍藤原頼経袖判下文案	充所 受給者
20	寛喜元年十一月二十六日	一二二九	将軍藤原頼経下文	相模円覚寺文書	⑥三九〇三	預所地頭職寄附	将軍藤原頼経袖判安堵下文	「下」無し
21	寛喜二年二月八日	一二三〇	将軍藤原頼経（?）下文写	筑後上妻文書	⑥三九五六	所領の領知を認める	関東下文案	充所 受給者

号番	和暦年月日	西暦	文書名	出典	号	用途	鎌倉遺文文書名	備考
22	寛喜三年二月二十四日	一二三一	将軍藤原頼経下文	筑後田代文書（広橋家旧蔵・古状真蹟）	⑥四一〇六	地頭職譲与安堵	将軍藤原頼経袖判堵状下文	充所　受給者
23	寛喜三年三月二十七日	一二三一	将軍藤原頼経下文案	肥前小鹿島文書	⑥四一一九	地頭職譲与安堵	将軍家頼経政所下文案	充所　受給者
24	寛喜三年八月二十一日	一二三一	将軍藤原頼経下文写	山城八坂神社文書	⑥四一八一	地頭職安堵	将軍藤原頼経御判下文案	充所　受給者
25	寛喜三年十月十八日	一二三一	将軍藤原頼経下文写	書上古文書十一	⑥四二三三	地頭職譲与安堵	将軍藤原頼経下文案	充所　在地住人
26	（天福二年カ）三月二十三日	一二三四	藤原頼経書状案	東大寺文書	⑦四六三五	幕府護持僧の寺務職補任について	将軍頼経書状案	宛所は西園寺公経
27	文暦二年三月日	一二三五	将軍藤原頼経（?）下文	弘文荘待賈文書	⑦四七四五	荒蕪名田の勧農、所当米賦課	将軍藤原頼経袖判下文	政所設置後。内容的にも疑問あり
28	延応元年八月日	一二三九	将軍藤原頼経願文	『吾妻鏡』延応元年八月十日条	⑧五四六五	持仏堂での百部金光明経供養	将軍藤原頼経願文	⑦五四六五では延応元年八月八日条
29	仁治元年十一月二日	一二四二	将軍藤原頼経奉献状	安芸厳島神社御判物帖	⑧五六六八	厳島神社に御剣奉納	将軍藤原頼経奉献状	
30	寛元三年六月一日	一二四五	藤原頼経祭文	金沢文庫文書	⑨六四九〇		『鎌』金沢蠹餘残篇	
31	（年未詳）五月五日		藤原頼経書状	燈心文庫	（未収録）	綱所に仲介の労をとった返事		宛所不明

【表2】　藤原頼嗣発給文書

号番	和暦年月日	西暦	文書名	出典	号	用途	鎌倉遺文文書名	備考
1	寛元二年八月十八日	一二四四	将軍藤原頼嗣（?）下文写	日向河上文書	⑨六三六二	郡司職譲与安堵	将軍藤原頼嗣袖判下文	充所　在地住人
2	寛元二年十二月四日	一二四四	将軍藤原頼嗣下文写	肥後志賀文書	⑨六四一四	地頭職譲与安堵	将軍藤原頼嗣袖判下文案	充所　受給者
3	寛元二年十二月三十日	一二四四	将軍藤原頼嗣下文案	常陸臼田文書	⑨六四三〇	地頭職譲与安堵	将軍藤原頼嗣袖判下文案	充所　在地住人
4	寛元四年十一月三日	一二四六	将軍藤原頼嗣下文	小早川家文書	⑨六七五七	地頭職譲与安堵	将軍藤原頼嗣袖判下文	充所　受給者
5	寛元四年十一月三日	一二四六	将軍藤原頼嗣下文	長府毛利家文書	⑨六七五八	（不明）	将軍藤原頼嗣袖判下文	充所　受給者　後欠
6	寛元四年十一月三日	一二四六	将軍藤原頼嗣下文	吉川家文書	（未収録）	地頭職譲与安堵		充所　受給者『大日本古文書』家わけ九―二所収一一二二号文書
7	寛元四年十一月七日	一二四六	将軍藤原頼嗣下文	信濃守矢文書	⑨六七五九	地頭職安堵	将軍藤原頼嗣袖判下文	充所　在地住人
8	寛元四年十一月十三日	一二四六	将軍藤原頼嗣下文	尊経閣所蔵文書	⑨六七六二	地頭職譲与安堵	将軍藤原頼嗣袖判下文	充所　在地住人
9	寛元四年十二月九日	一二四六	将軍藤原頼嗣下文写	薩摩入来院文書	⑨六七七〇	地頭職補任	将軍藤原頼嗣下文	充所　在地住人
10	寛元五年二月十四日	一二四七	将軍藤原頼嗣下文	肥前後藤家文書	⑨六八〇〇	地頭職譲与安堵	将軍藤原頼嗣袖判下文	充所　在地住人
11	宝治元年五月六日	一二四七	将軍藤原頼嗣下文	大内文書	⑨六八二六	地頭職譲与安堵	将軍藤原頼嗣袖判下文	充所　受給者

12	宝治元年六月二十日	一二四七	将軍藤原頼嗣寄進状	鶴岡八幡宮文書	⑨六八四一	宝治合戦没収地の寄進	将軍藤原頼嗣家寄進状	
13	宝治元年六月二十三日	一二四七	将軍藤原頼嗣下文	肥後小代文書	⑨六八四五	地頭職補任	将軍藤原頼嗣袖判下文	充所　在地
14	宝治元年六月二十三日	一二四七	将軍藤原頼嗣下文写	二階堂文書	⑨六八四六	地頭職補任	将軍藤原頼嗣袖判下文案	充所　在地
15	宝治元年十月一日	一二四七	将軍藤原頼嗣下文写	報恩寺年譜二	(未収録)	地頭職譲与安堵		充所　受給者 『埼玉県史資料編5』所収
16	宝治元年十二月四日	一二四七	将軍藤原頼嗣下文	常陸山口幸一氏所蔵文書	⑨六九一三	地頭職譲与安堵	将軍藤原頼嗣袖判下文	充所　受給者
17	宝治二年十二月二十九日	一二四八	将軍藤原頼嗣下文	結城小峯文書	⑩七〇二三	地頭職譲与安堵	将軍藤原頼嗣袖判下文	充所　受給者
18	宝治三年三月二十七日	一二四九	将軍藤原頼嗣下文	肥後相良家文書	⑩七〇五九	地頭職補任	将軍藤原頼嗣袖判下文	充所　在地住人
19	建長元年十月三十日	一二四九	将軍藤原頼嗣下文	萬代亀四郎氏所蔵手鑑	⑩七一二八	相博	将軍藤原頼嗣袖判下文	充所　受給者
20	建長元年十一月二十九日	一二四九	将軍藤原頼嗣下文	出雲北島家文書	⑩七一四三	地頭職安堵	将軍藤原頼嗣袖判下文	充所　受給者　「下」無し
21	建長二年三月二十八日	一二五〇	将軍藤原頼嗣下文	相模覚園寺文書	⑩七一八九	譲与安堵	将軍藤原頼嗣袖判下文	充所　受給者　「下」無し
22	建長二年十月二十三日	一二五〇	将軍藤原頼嗣下文	肥前深堀家文書	⑩七二三七	替地充行	将軍藤原頼嗣袖判下文	充所　在地住人
23	建長二年十二月二十七日	一二五〇	将軍藤原頼嗣(?)下文写	紀伊金剛三昧院文書	⑩七二六〇	地頭職譲与安堵	将軍藤原頼嗣袖判下文案	充所　在地住人
24	建長三年十月二十三日	一二五一	藤原頼嗣願文	鞍馬寺文書	(未収録)	鞍馬寺再建の願文	『雲珠桜帖』所収　九条頼嗣敬白文	

一　将軍家下文

まず鎌倉幕府発給の将軍家下文と関東下知状との関係の推移を確認する。いうまでもなく将軍家下文は鎌倉幕府発給文書のなかで最も重きをなした文書様式だが、下文自体は平安時代以来存在し、太政官の弁官局が発給した弁官下文に始まり、上皇(院)や上級貴族・寺社の家政機関の政所の発給文書として広まり、次第に政所を開設できない階級の、貴族やさらには武士個人も発給するようになった。その中でも特に鎌倉幕府発給の下文は、冒頭の「下」という文字が「鎌倉殿」と御家人の主従関係を象徴し、受給者側にとっては「鎌倉殿」からの御恩授給を可視化するもの、御家人身分を証明するものとして、最も重要な文書とされた。

但し初期においてその機能は幅広く、地頭職をはじめとする所職の補任、所領の給与・安堵、課役免除・守護不入その他の特権付与、訴訟判決など恒久的な効力が期待される事項一般について用いられた。そこに新たな文書様式として関東下知状が登場し、その役割が確立すると、将軍家下文の機能のうち、課役免除以下の事項には関東下知状が用いられるようになった。

その過程をたどると、頼朝将軍期は数量的にごくわずかであった関東下知状だが、頼家・実朝将軍期までの時期は、将軍が幼少などで将軍家下文が発給できない期間に、下文の代用として関東下知状が発給されていた。従って将軍家下文の発給が開始されると、それとともに関東下知状の使用は停止されていた。

承久元年（一二一九）一月二十七日の将軍実朝暗殺後は、北条義時による単独署判の関東下知状が発給されており、元仁元年（一二二四）に義時が死去してからは北条泰時がそれを継承している。そして嘉禄元年（一二二五）七月十一日、尼将軍政子の死去によって実質的に将軍不在の状態となり、早急に将軍を立てる必要が生じた。承久元年（一二一九）七月に鎌倉に迎えられていた九条道家の三男三寅は、嘉禄元年十二月二十九日に元服し頼経を名乗ることとなり、年が明けて嘉禄二年（一二二六）一月二十七日、将軍宣下を受けた。これにより実朝暗殺以降発給されていなかった将軍家下文が、将軍頼経の袖判下文の形で発給され始めた。従ってそれまでの例にならえば、将軍家下文の代用だった関東下知状の発給は停止されるはずであったが、これ以降も発給されつづけた。つまり将軍家下文と関東下知状が併用されるようになったこと、これが摂家将軍頼経・頼嗣期の将軍家下文と関東下知状の関係を特徴づける最も大きな変化である。

将軍家下文と関東下知状が併用されるということは、関東下知状が将軍家下文の代用ではなく、独自の機能を担うようになったことを意味する。先に述べたように、将軍家下文の機能は、所職の補任、所領の給与・安堵のみを残して、その他の機能が関東下知状に移行し、以後、裁許状の機能を中心として関東下知状は、武家文書の代表的な様式として発展していった。この背景には、頼経が元服する直前の嘉禄元年十二月二十一日、評定衆が設置されたことが関係していると考えられる。つまり頼朝将軍期からのいわば「将軍独裁制」（将軍の後見人である北条時政・義時によるその権力の代行時期を含む）から、執権を中心とする「合議制」に移行するのに伴い、将軍から御恩などを「下し賜わる」将軍家下文に加えて、御家人集団の代表（執権）による紛争の調停や権利の明文化、指揮命令、非御家人への対応などを「知らしめる」文書としての関東下知状が確立したということができる。特に最も重要な関東下知状の機能である訴訟の裁許には、この様式が必要だったのである。

ところが、この将軍家下文と関東下知状の関係に再び変化が生じる。寛喜四年（一二三二）二月二十七日、頼経は従三位に叙せられ政所開設の資格を得、それに伴い将軍家下文も袖判下文から政所下文に切り替わり、これ以後頼経署判の将軍家下文は発給されなくなる。同年五月十四日には御成敗式目が制定されているが、この時期から、本来将軍家下文で行われるべき譲与安堵の一部に、関東下知状が使用され、所職補任・譲与安堵文書は将軍家下文と関東下知状の併用となる。この状態は仁治三年（一二四二）六月の北条泰時の死去まで続く。そして仁治三年以降、再び所職補任・譲与安堵文書に下知状が使われなくなり、将軍家下文のみが使用される状態が、頼経（政所下文発給期）・頼嗣将軍期にわたり、宗尊親王将軍期の康元元年（一二五六）まで続く。

（1）「下」の字の無い「将軍家下文」

この寛喜四年から仁治三年までの期間に限って、譲与安堵に使用された関東下知状の受給者をみると、貴族・僧侶・女性・児童といった将軍と主従関係が結びにくい人々であることが明らかにされている［青山 一九八六］。冒頭の「下」の文字が、将軍との主従関係を象徴するものであるために、主従関係を結んでいない対象には将軍家下文ではなく関東下知状で対応したと考えられるわけだが、所職補任・譲与安堵を全て将軍家下文で行っていた寛喜四年以前は、そのような人々に対してどのように対応したのであろうか。

【表1】　No.1

（花押）（藤原頼経）

鶴岡八幡新宮若宮神主職事

右、任養父忠国朝臣之附属状、以散位伴忠茂朝臣可為彼職之状如件、

嘉禄二年二月廿六日（一二二六）

（「神主大伴氏文書」）

【表1】　No.20

（花押）（藤原頼経）

可早任坊城女房申請、為有須河堂領、伊勢国原御厨・越前国山本庄各預所地頭職、河内

国大窪庄地頭職事、

右、件所々、為当知行之間、奉為故右大臣家（源実朝）追孝、令寄附所建立之堂云々、
向後更不可有違乱之状如件、
寛喜元年（一二二九）十一月廿六日

（「相模円覚寺文書」）

これら二通は、No.1が鶴岡八幡若宮神主職を散位伴忠茂に安堵したもの、No.20が坊城女房による円覚寺の有須河堂への寄進を安堵したもので、ともに将軍藤原頼経の袖判はあるが、冒頭に「下　何某」という一行が無い。

「下」の字の無い下文について、青山幹哉氏は「下文誕生期から「下」字をもたない下文は存在していたのである。（中略）発給者と受給者との上下・統属・被管関係が不確定あるいは存在していない場合（中略）「下」字を省く方法が採用されるようになったのである。（中略）高位者・非俗者に対する文書には「下」字を敬遠・忌避する観念はむろん、武家にも存在していた」としてこの二通も例としてあげつつ、このような忌避観念は常に働いていたわけではなく、「幕府と文書受給者との親疎関係が作用していたようである」とされている［青山一九八六：二八―三〇］。

しかし、僧侶・神官・女性・児童などに対しても「下　何某」の様式がとられているものが複数存在する。【表1】のNo.7伊豆国走湯山密厳院の越後房覚意に師匠法眼覚与の譲状に任せて所職・所帯の安堵、No.14進藤盛定法師孫娘字彦熊に「承久二年十月十四日紛失下知」に任せて地頭職を安堵、No.16藤原氏字に夫の譲状に任せて常陸国真壁郡山田郷地頭職を一期安堵、以上三通である。同様に所職補任・譲与安堵を全て将軍家下文で行っていた頼嗣将軍期でも、【表2】のNo.17亡夫の譲状に任せて後家尼に地頭職を安堵しているものがある。振り返ってNo.1とNo.20をもう一度見てみると、No.1は神主職の補任であり、No.20は所職の寄進である。それに対して、「下」の字が使われている他の事例は所職の補任・安堵である。これらを比較すると、事例が少ないので断言することはできないが、「下」の字が使われていない事例は、発給者と受給者の親疎関係、あるいは受給者が僧侶・女性・児童など高位者・非俗者であるからというよりも、その内容（神官の補任の安堵・所領の寄進の安堵）によって「下」の字が省かれていたではないだろうか（高位者（貴族）を充所とするものは、事例が検出できなかった）。将軍家発給の文書によって安堵されることが、受給者にとってその権利を確保する上で有効な場合、安堵文書の発給を申請することがあったということだろうが、それが将軍との主従関係の枠の中の事柄であれば、将軍家下文の形をとれるが、枠外の事柄に対しては、「下」の字を省く形をとったと考えられる。

結論としては、寛喜四年以前および北条泰時死去後の仁治三年以降の所職補任・譲与安堵を全て将軍家下文で行っていた期間は、受給者が僧侶・神官・女性・児童など非俗者に対しても全て冒頭に「下」字のある下文で対応していたということができる。

（2）関東下知状での安堵の再確認のための将軍家下文

もう一つ将軍家下文と関東下知状の関係の問題として、関東下知状でなされた安堵を、将軍家下文で再確認することを要求する事例のあることが、青山幹哉氏［青山 一九八六］、工藤勝彦氏［工藤 一九九一］によって指摘されている。工藤氏は【表1】のNo.14とNo.15の二通を、青山氏はNo.15をその例とされている。

【表1】 No.14

（藤原頼経）（花押）

下　盛定法師孫娘字彦熊

可早領知伊勢国乙部御厨内乙部郷并越中国小針原庄内静林寺地頭職事

右人、且守祖父時之例、且承久二年十月十四日紛失下知之旨、可安堵之状、如件、

安貞三年（一二二九）三月六日

（「楓軒文書纂五十三進藤文書」）

【表1】 No.15

（藤原頼経）（花押）

下　周防国仁保庄住人

可早以平重資為地頭職事

右人、去貞応三年十一月卅日下文、可安堵之状如件、

安貞三年（一二二九）三月廿二日

（「長門三浦家文書」）

No.14で再確認されたとする北条義時署判の承久二年（一二二〇）十月十四日の関東下知状[2]は、将軍家下文が発給できない期間

にその代用として発給された関東下知状ではなく、盛定孫娘彦熊が盗難によって紛失した証文類の無効と、新文書の効力付与を申請したことに対する幕府からの証明文書で、いわゆる紛失安堵状とよばれるものであり、地頭職の譲与安堵の関東下知状ではない。No.15は、貞応三年（一二二四）十一月三十日の北条義時の関東下知状を再確認する形で発給された将軍家下文であるとされている。この文書を含む文書群に関しては、服部英雄氏によって詳細な研究がある［服部 一九九五］。それによるとNo.15と文書中に示されている「貞応三年十一月卅日下文」（北条義時の関東下知状）は、十四通の手継証文のうちの二通で、十四通全てが、南北朝期に一族内の惣領をめぐる争いの過程で作成された写しである。この中には明らかな偽文書も三通含まれている。ここで問題とする貞応三年十一月卅日の関東下知状とNo.15の将軍家下文は、偽文書であると断定することはできないが、文書群全体がかなり恣意的に作成されたものであることは明らかである。

青山氏は、No.15を、執権の花押のみが据えられている下知状での安堵に不安を持った御家人が、将軍家下文を申請したと推定されている。(4) 工藤氏は「御家人側からすると下知状で安堵を受けても、下文によって改めて安堵し直してもらおうとする意志が存在したこと、（中略）幕府側も御家人の下文再発給の要求を正統な行為と認めざるをえなかったということ（中略）、こういった御家人側・幕府側両者の意識の存在が、将軍の下文こそが正式な御恩受給文書であり、将軍宣下当時数えで九歳という幼児であった将軍の主従制的支配権を下知状によって執権が代行することができないという、将軍＝頼経固有の主従制的支配権を支えていたといえるだろう」［工藤 一九九一：六一―六二］と述べておられる。しかし、No.14はそれに該当せず、No.15も、両氏の指摘されるような、関東下知状と将軍家下文との位置付けの問題や、将軍の主従制的支配権という重要な問題を論ずる上での、唯一の事例とするには、聊か危うい史料と言わざるをえないだろう。

（3）充所

将軍家下文をめぐる議論のうち、最も多くの研究のある問題が、充所の表記についてであろう。「下」の字の下の充所が空白の将軍家下文が存在することについて、佐藤進一氏によると、鎌倉時代初期においては、将軍家下文の充所には在地の「住人等」と記されるが、それは職の補任を在地の者に告知するという形式がとられたことによる。しかし、鎌倉幕府による地頭設置や所職恩給制の発達により、実際には職の補任は所領の給与を意味するという傾向が促進される。それにより充所に在地住人を記すことは形式的なものとなり、それが充所空白型となってあらわれ、さらにその職を給与される人の名が書かれることになる。

つまり、職の観念の変化に従い、充所は在地住人型から空白型、そして受給者の名と転換するが、その過程は「武家が公家文書を模倣しつつも次第に自分独自のものを形成してゆく」ことを示すものだという〔佐藤進一一九七一〕。

これに対して、近藤成一氏は詳細な検討の結果、佐藤進一氏の説明は順番が違っており、在地住人充所型から受給者充所型を経て充所空白型に変化するもので、「充所のない下文」は、充所を持たない下知状の様式に引きずられた結果で、将軍家政所下文も執権・連署のみの署判となって、下知状と同質化した結果成立した「鎌倉幕府下文の完成形態」とされた。しかし、受給者充所型の将軍家下文の登場については検討されていない。

このような研究状況に、異なる視点から新たな考察をされたのが、佐藤秀成氏である。佐藤（秀）氏は、『鎌倉遺文』から将軍家政所下文、頼朝から頼嗣までの各将軍の御判下文を網羅的に収集し、分析を加えられた結果、実朝将軍期までは、複数の国に及ぶ散在所領の譲与安堵申請に対しては、国ごとに政所下文が複数発給されていたことを明らかにされた。そこから、受給者充所型下文は、事書に所領・在地を書き入れることで、一通の下文で全てを安堵することが可能になったとし、複数の所領・在地に関する安堵文書として登場し、用いられたものであるとの結論を明解に導かれた。ところが、一ヶ所の所領を安堵する場合でも、受給者を充所とする将軍家下文が複数見いだせる。【表1】のNo.16・No.22、【表2】のNo.2・No.11がそれにあたる。さらに佐藤（秀）氏は、受給者充所型の将軍家下文が「執権側の現実的対応」であるから、一ヶ所の所領を対象とするものには従前どおりの在地住人充所型が用いられたことは、「将軍を完全には凌駕できなかったこの時期の執権を端的に表現しているように思われる」と述べておられる。しかし、この二つの充所の書き方を、将軍側と執権側の権限に結びつける考え方は少々飛躍があるのではないだろうか。

佐藤（秀）氏の説を、本稿で対象とする頼経・頼嗣発給文書の中で、もう一度検証してみたい。まず充所が在地（住人）となっているものを示す。

【表1】　No.3

（藤原頼経）
（花押）

下　摂津国野鞍庄官等

可令停止掃部助時盛地頭職事

右、早可停止彼職之状、所仰如件、以下、
嘉禄二年(一二二六)三月廿八日
（「醍醐寺文書」）

【表1】No.12
(藤原頼経)(花押)
下　摂津国善法寺住人
可早以源時光為地頭職事
右人、勲功之賞、可為彼職之状、所仰如件、以下、
安貞二年(一二二八)三月七日
（「尊経閣文庫所蔵武家手鑑」）

【表1】No.5
(藤原頼経)(花押)
下　上野国新田庄内岩松郷
補任地頭職事
源時兼
右人、任祖母尼貞応三年改元元仁正月廿九日譲、補任彼之状、所仰如件、以下、
嘉禄二年(一二二六)九月十五日
（「正木文書」）

【表2】No.13
(藤原頼嗣)(花押)
下　肥後国野原庄
補任地頭職事
小代平内右衛門尉重俊

右人、依子息重康之忠、補任彼職之状如件、
宝治元年（一二四七）六月廿三日
（「肥後小代文書」）

【表1】No.3は、北条時盛の野鞍荘の地頭職の停止を命じたものだが、野鞍荘の荘官を充所として彼らに命じる形をとっている。次の【表1】No.12は、在地住人充で、事書に受給者名が含まれる形の地頭職の新恩給与である。そして【表1】No.5と【表2】No.13の二通は、充所は在地で、受給者名が事書きの後に行を改めて単独で記されており、内容的には、前者は譲与安堵、後者は新恩給与だが、ともに形式的には地頭職の補任状である。つまり、在地住人充所型にも二通りあって、一つは事書きの中に受給者名が含まれるもの、もう一つは事書きと別に単独で受給者名が記されるものがあることがわかる。しかし、【表1】・【表2】全体をみると、充所が在地（住人）のものは、譲与安堵であっても、全て地頭職補任の形をとっている。(5) 在地住人充所型のものを地頭職の補任状とする根拠は、充所ではなく、事書が、「可令早（受給者名）為地頭職事」または、右にあげた【表1】No.5や【表2】No.13のように、「補任地頭職事」となっていることによる。
次に充所が受給者名になっているものを検討したい。

【表1】No.7
（藤原頼経）（花押）
下　越後房覚意
可早安堵所職所帯等事
御祈祷事、密厳院下御所地安坊堂本尊・聖教・道具、相模国柳下郷・櫛橋郷・得延郷・千葉郷、武蔵国吉田郷、越後国国分寺但当寺事、良善法眼譲中納言律師、而又悔返譲覚与法眼、覚与譲覚意、可任其状矣
右人、且任師匠法眼覚与之譲状、且守代代将軍寄進之證文、可領知之状、所仰如件、以下、
嘉禄三年（一二二七）二月十二日
（「尊経閣文庫所蔵武家手鑑」）

【表1】No.16

（藤原頼経）
（花押）

下　藤原氏字

可早領知常陸国真壁郡山田郷地頭職事

右人、任夫友幹法師今月十四日譲状、可安堵也、兼又氏子一期之後者、守彼状、薬王丸相

加丹後国五箇保、可知行之状、如件、

寛喜元年七月十九日（一二二九）

（「常陸真壁文書」）

【表1】No.17

（藤原頼経）
（花押）

下　平時幹

可早領知常陸国真壁郡内本木・安部田・大曽禰・伊々田・北小幡・南小幡・大国玉・

竹来已上八ヶ郷庄領　山乃宇・田村・伊佐々・窪・源法寺・亀隈已上六ヶ郷公領　地頭職事、

右人、任親父友幹法師今月十四日譲状、可安堵之状如件、

寛喜元年七月十九日（一二二九）

（「常陸真壁文書」）

右の史料、【表1】No.7は、受給者名を充所とする将軍家下文の初見史料とされている。実に様々な所職・所帯を安堵していることがわかる。これが地頭職の補任状の形では安堵しきれないことは明白であろう。次の【表1】No.16と【表1】No.17は、同じ譲状をもとにして妻と子にそれぞれ同日付で安堵したもので、No.16は譲与対象地が一ヶ所であるのに受給者名が充所になっている。そして在地住人充所型の将軍家下文と異なる点は、事書が「可早領知（地名）地頭職事」となっていることで、地頭職補任状の場合の事書とは、命じている事柄が異なっている。

それでは、譲与安堵において在地住人充所型（地頭職補任状）と受給者充所型は、どのように使い分けられていたのだろうか。

次にあげる史料は、非常に近接した時期に発給された在地住人充所型（地頭職補任状）と受給者充所型の将軍家下文で、幸運な

ことに二通ともこの下文のもととなる譲状が存在する。(6)

【表2】No.2

（藤原頼嗣）
御判

下　藤原能郷法師法名信寂

可令早領知豊後国大野庄内志賀村田畠山野半分地頭職事

右、任母尼深妙延応二年四月六日譲状公事子細、載之、為彼職守先例可致沙汰之状、所仰如件、以下、

（一二四四）
寛元二年十二月四日

（「肥後志賀文書」）

【表2】No.3

「同前」

（藤原頼嗣）
御判

下　信濃国海野庄加納田中郷除親類等分住人

可令早滋野経氏為地頭職事

右、任親父光氏（田中）去年十月六日譲状子細、云々、為彼職、守先例可致沙汰之状如件、

寛元二年十二月廿日

（「常陸臼田文書」）

右の二つの事例を比較すると、まずほぼ同時期に発給されたものであることから、幕府側の政治的事情によって様式が変化したというものではないと考えられる。とすると受給者側の何らかの違いが、様式の違いとなって現れたとみられる。【表2】No.2は亡夫大友能直から尼深妙に譲与された所領が、男女の子息ら九名に分割譲与されている（「尼深妙大間帳」『鎌倉遺文』⑧五五五三号文書）。この将軍家下文の受給者藤原（大友）能郷は八男で、次男詫磨能秀と二人で大野庄内の志賀村を中分し（「尼深妙所領配分状」『鎌倉遺文』⑧五五五四号文書）、「志賀村半分地頭職」として譲与されている。細かく分割され、しかも「半分地頭職」とまでなった所領の譲与安堵なので、幕府が改めて一つ一つ地頭職補任の形での将軍家下文を発給する対象にはならなかったのであろう。

これに対して【表2】No.3の受給者滋野経氏は、代々の鎌倉幕府からの下文や譲状などの手継の證文を受け継いでおり、田中

郷から除かれている「親族等分」は、「屋敷」や「在家」などで（「田中光氏譲状案」『鎌倉遺文』⑨六二四一号文書）、田中郷は基本的には経氏に譲与されている。これらのことから、経氏は嫡子として父からその所領の大部分を引き継いだとみてよいだろう。父の代から大きな変化のない場合は、充所が在地住人となっている従来型の将軍家下文で対応したとみられる(7)。

ここまで検討してきた充所の二つの様式の違いが、受給者側の事情に対応するものであるならば、使い分けの基準を明らかにするためには、個々のケースをより詳細に在地レベルで検討する必要があるだろう。しかし、恐らく鎌倉幕府が当初から行ってきた、御家人に御恩を授与する基本型である将軍家下文による地頭職の補任という形での安堵が、適当かどうかが、判断の基準であったと考えられる。佐藤（秀）氏の説による、複数の国にわたって獲得した地頭職の安堵も、適当ではないケースの一つなのだろう。逆に一つの地頭職が分割され細分化された場合も、同様であろう(8)。嫡庶については、使い分けられていたか否かは明確にし得ないが、嫡子か庶子かが問題なのではなく、どちらであっても地頭職補任による安堵という形が、適当か否かで使い分けが判断されたと推定する(9)。

将軍家下文の充所が、在地（住人）のものと、受給者名のものについて検討してきたが、最後にこの様式の出現の意味について触れたい。当該期が、北条泰時によって鎌倉幕府の諸制度が整備された時期であったことから、それまで包括的に重要事項は将軍家下文でという扱いから、所職の補任・所領の安堵以外の機能が、関東下知状に移管され、さらに将軍家下文も、内容により地頭職に補任する形と、所領の領知を命じる形とに分化した。この将軍家下文の変化は、幕府側というよりも、安堵を申請する御家人側の変化に起因するものであると考えられる。このことは、当該期、つまり一二二〇年代後半以降、鎌倉幕府の御家人としては、およそ第二世代から第三世代への交替期にあたるこの時期に、遠隔地所領の獲得や分割相続、或いは領域的支配の進展に伴う所領経営の多様化・複雑化などによって、御家人社会が大きく変化したことと対応する。幕府側にとっては、これら下文の様式の違いは、御家人社会の変化に対応しながら、いかに主従関係を維持し、再確認してゆくかという課題への取り組みの跡ともいえよう。それは即ち、御家人をどのように把握するかの問題、つまり、御家人役の賦課方法の問題とも、密接に関わったであろうことが推測される。

二　書状など

将軍藤原頼経の書状としては、三通見いだせる。

【表1】No.6

高野山僧徒分散事、先日被　仰下候之時、子細粗令言上候了、彼輩未令帰住候哉、其問事、以左衛門尉基綱（後藤）、所令申候也、召問子細、可令披露給、恐々謹言

（嘉禄二年）九月廿日　　右少将頼経

進上　人々御中

（「高野山文書宝簡集五十一」）

右の史料は、元仁二年（一二二五）正月十日に、金峰山の蔵王堂が焼失したこと（『武家年代記』他）に端を発する、金峰山の衆徒と高野山の衆徒の争いに関するものである。これより先、貞応二年（一二二三）、幕府は金峰山の衆徒が高野山に乱入することを禁じていることから（同年六月二十八日付関東御教書〈「高野山文書　宝簡集五十一」『鎌倉遺文』⑤三一二二号文書〉）、両者の関係は険悪だったことが分かるが、このため金峰山は、この火災は高野山の衆徒によるものと考えた。復興ははかどらず、嘉禄元年（一二二五）五月には金峰山の衆徒が高野山の焼打ちを企て（『明月記』同年五月廿七日条）、翌嘉禄二年（一二二六）八月、さらに勝手・子森両社の神輿を奉じて嗷訴を企て宇治に赴くが、朝廷が武士を遣して未然に防いだ（『明月記』同年八月四日条）。しかし、高野山側も朝廷に不満で、衆徒が堂塔を封鎖して離散してしまった（「高野山文書　宝簡集五十一」『鎌倉遺文』⑤三五一二・三五一三号文書）。このような前提のもとでこの書状を読むと、恐らく朝廷はやむを得ず幕府に決着させることを求め、幕府は衆徒たちに帰住するよう命じたが、依然帰住していないようなので、後藤基綱を使いとして朝廷側に事情を答えさせるという内容である。充所は西園寺公経の側近と考えられる（『書の日本史』・『日本書蹟大鑑』）。朝廷からの要請で、寺社同士の争いの調停に幕府が介入せざるをえなくなった状況の中での頼経の役割を示す書状といえよう。頼経の自筆書状として知られているもので、ちなみに頼経はこの時満八歳で、二年前の貞応三年（一二二四）四月二十八日に手習い始めの儀を行っている（『吾妻鏡』同日条）。

【表1】No.26

定親僧都転任事、御計次第尤承悦不少候、抑件僧〇聊か令言上事候、可有御計候
（都）
哉、如此旨、可令申歟、頼経恐惶謹言、

（天福二年カ）三月廿三日　　権中納言頼経上

進上　西園寺殿

（「東大寺文書」）

定親は、源通親の子で、鎌倉幕府の開府当時から鎌倉の仏教界で重要な役割を果たした定豪の弟子で、寛喜元年（一二二九）に鶴岡八幡宮別当に補せられて以降、妹が三浦泰村に嫁していたために、宝治元年（一二四七）に宝治合戦に連座して帰京するまで、鎌倉の仏教界で重要な役割を果たした僧である。右の書状は写しだが、頼経は、まず前年に定親が権大僧都に転任したことを謝した上で、定親の東大寺東南院の院主職をめぐる申状を、西園寺公経に付け、取り計らうように要請している［海老名二〇一二］。定親の東大寺東南院院主の座をめぐる訴訟については、東大寺側からは「定親又下向関東、廻種々経略」らすとされ（「東大寺三論宗僧綱解案」『鎌倉遺文』⑦四六六六号文書）、結局院主の座には着けなかった［上田一九九五］。ともかく、この書状は、将軍頼経から東大寺東南院の院主職補任に対する、一種の介入があったことを示している。

【表1】No.31

内々御気色謹以奉候、相尋綱所候之処、如此令申候、此上者有御計、可被仰下候乎、殊可得御意候、恐々謹言、

五月五日　　頼経

（「燈心文庫」）

年未詳で、充所も不明だが、内容は、依頼を受けて頼経が綱所に仲介の労をとった返事である（『寄託品特別展　燈心文庫の史料Ⅱ　公家・武家・寺家』解説）。詳細は不明だが、頼経が僧綱の補任に関して仲介することがあったことを示している。

頼嗣による書状は検出できなかったが、鞍馬寺に願文が残っている。『鎌倉遺文』に収録されていないので、紹介する。

【表2】No.24

敬白重立願事、陳守府将軍頼嗣寿命長延、増長福寿、又無並肩ノ仁、子孫繁昌、心中所願成就セバ、大伽藍為檀那、此所可為依怙状如件、敬白

建長三年(一二五一)十月廿三日　　頼嗣

（「鞍馬寺文書」）

鞍馬寺に納められているもので、嘉禎四年（一二三八）に鞍馬寺が火災に遭っている（『吾妻鏡』同年閏二月十六日条）ことと関係があると思われる。「重立願」とあることから、これ以前にも同様の立願をしていたと推測される。自らを征夷大将軍ではなく、「陳守府将軍」と表現している点は興味深いが、理由は分からない。

そもそも宗教の面からみると、三寅を迎えた鎌倉は、その様相を一変させたと言っても過言ではない。前将軍が非業の最後を遂げた場所に子息を送る道家は、三寅を出来うる限りの「守り」で固めた。三寅の鎌倉入りの際の行列をみると、養育係の女房たちをはじめ、医師・陰陽師・護持僧ら、九条家に仕える人々が囲繞した［永井 二〇〇二］。特に仏教界では、鎌倉に多くの高僧が止住するようになるとともに、御成敗式目四十条において、幕府僧の自由昇進を禁じている。これは幕府が幕府僧の昇進に関与するようになり、さらに官位叙任権を掌握したことを明示したことを意味する［平 二〇〇二］。しかし、多くの高僧によって質的に充実をみせた鎌倉仏教界も、頼経の京都送還とともに、その多くが京都に帰還することとなり、その後は停滞期を迎えることになるが、その原因は、九条家の後ろ楯のもと、将軍頼経の主導によって鎌倉仏教界の充実がはかられたということにある［平 二〇〇二］。数は少ないが、【表1】No.26とNo.31の二通の書状は、その一端を示すものであろう。

おわりに

以上、将軍藤原頼経と頼嗣の発給文書を一覧表にして、将軍家下文と書状類を紹介しながら、先学の研究に導かれつつ若干の考察を試みた。摂家将軍期の発給文書については、従来、鎌倉幕府政治の中の将軍や執権権力との関わりで、文書の機能や様式を研究する傾向、つまり発給者の側からの考察が中心だったように思われる。しかし、今回、受給者の側の事情に目を向けたことで、幕府発給文書の変化が、御家人社会の側の変化に対応したという側面があることが見えてきた。具体的には、非御家人に

対する授給の拡大、承久の乱後の遠隔地所領の獲得と一族の分散、相続の際の所職の分割、また補任当初の地頭職の権限を越えた領域支配の進展といった状況に対応するため、充所を受給者名にして、事書を「領知せしむべき事」とすることで、様々な事情に対応できる将軍家下文の形をつくったと考えられる。

将軍家下文による譲与安堵の方式は、先述の通り幕府と御家人の主従関係、つまり御家人をどのように把握し、御家人役を賦課するかという問題と、密接に関わるだろう。幕府政治と在地における御家人社会をつなぐ紐帯として、幕府発給文書を改めて読み直すことで、鎌倉幕府の抱える矛盾、特に財政問題や、幕府の滅亡に到る過程なども、より明らかになるものと思う。

註

（1）『鎌倉遺文』では藤原頼経・頼嗣の署判とされていても、そうではない可能性がきわめて高いものは、削除した（⑤三五〇六・⑩七一五〇）。また、写真等の参照により、適宜訂正した。

（2）関東下知状

新藤内盛定法師孫娘彦熊申伊勢国乙部御厨内乙部郷并越中国小針原庄内静林寺地頭職、代々御下文及手継譲状紛失事、如申状者、今月三日夜、於鎌倉住宅、為窃盗被取資財物之刻、件證文等被盗取畢云々、而彼両所故右大将殿恩時以後、相伝知行無異儀、縦雖紛失之書、不可有相違之状、依仰下知如件、

承久二年十月十四日　陸奥守平（北条義時）（花押）

（『鎌倉遺文』④二六五七「楓軒文書纂五十三進藤文書」）

（3）関東下知状案

可令早平重資為周防国仁保庄地頭職事

右人、任親父重経法師之譲状、可為彼職也、兼又重綱分深野村、不可有異論之状、依仰下知如件、

貞応三年十一月卅日　武蔵守平（北条泰時）在御判

（『鎌倉遺文』⑤三三一六「長門三浦家文書」）

（4）青山氏は、「藤原頼経の下文が発給され始めると、周防国御家人平子重資は、すでに貞応三年（一二二四）十一月三十日に下知状によって安堵されている所領について、再度、安堵を申請し、安貞三年（一二二九）三月廿二日、藤原頼経の袖判下文を与えられた。おそらく、「御恩」が将軍の花押を据えていない文書、それも政所下文ではなく、執権の花押だけしか据えられていない下知状によって授給されることに不安をもった御家人は少なくなかったのではないか。平子重資もそうであったから、再度、安堵を申請したと憶測してみたい。この憶測が正しいならば、この再安堵は下知状が下文の代用以上のものでなかったことをより明確にしてくれるだろう。」と述べておられる［青山 一九八六：三八―三九］。

（5）薩摩国島津荘のものだけには郡司職が見える（【表2】№1）が、この地域の特殊事情によるので、他の地域の地頭職と同様にみなすこととする。

（6）【表2】№2のもととなる譲状は次の通りだが、この他に「尼深妙大間帳」（『鎌倉遺文』⑧五五五三号文書）、「尼深妙所領配分状」（『鎌倉遺文』⑧五五五四号文書）がある。

「尼深妙譲状」
譲与　相伝所領田畠山野等事
在豊後国大野庄内志賀村半分地頭職
副渡　各々田畠在家注文并(惣カ)□譲状目録
右、当庄者、尼深妙得亡夫故豊前々司能直(大友)朝臣之譲、任彼状、賜　将軍家御下文、無相違所令領掌也、而分譲当庄於男女子息等之内、於志賀村半分地頭職者、所譲与八男信寂(志賀能郷)也、任注文之旨、更無後代之妨、可令領知、但於　関東御公事者、随所領田数、守嫡子大炊助入道(大友親秀)之支配、可致沙汰也、仍為後日證文、譲状如件、
延応弐(一二四〇)年四月六日　　尼深妙（花押）
（『鎌倉遺文』⑧五五五五号文書）

【表2】№3のもととなる譲状は、次の通り。

「田中光氏譲状案」
「校正了、」
滋野経氏所
譲渡　信濃国海野庄加納田中郷事
副　代々御下文弐通　親父光直譲状壹通
祖母西妙譲状壹通并手継譲状壹通
右件田中郷并代々御下文・親父光直譲状者、所譲与滋野経氏実也、但此郷内ニ小太郎屋敷并田壹丁ハ、譲与子息景光畢、又女子浦野女房ニ、譲与宮三入道屋敷并在家付田陸段畢、同孫増御前ニ、譲与藤入道在家同田陸段畢、又親父光直屋敷堀内并内作弐町参段ハ、譲与妻女小野氏畢、於子息并小野氏者、経氏不可致妨、但至小野氏并女子分者、各一期之後者、可為経氏知行也、又於親父屋敷并内作田者、相具光直譲状、西妙(経氏祖母)譲与光(マヽ)畢、件屋敷并田四至見本文書、仍所譲与如件、
寛元〻年(歳次癸卯)十月六日　　滋野光氏在判
（『鎌倉遺文』⑨六二四一号文書）
※『茨城県史料　中世編Ⅰ』で訂正

（7）滋野経氏に対しては、建長六年（一二五四）十一月五日に将軍（宗尊親王）家政所下文（『鎌倉遺文』⑪七八一八号文書）によって、再び同じ所領が安堵されている。こちらも充所は在地住人になっている。

（8）地頭となった御家人が、当初認められていた地頭の所職の範囲を超えて、様々な方法で在地そのものを領域的に支配するようになったことが、地頭職補任による安堵から、所領の「領知」の安堵に変化した要因といえるかもしれない。それは、佐藤進一氏による「職の観念の変化」が充所の変化となったという説と、同じ方向性を持つだろう。

（9）【表2】№16は充所が受給者名だが、譲与を安堵された平幹泰を、もととなった譲状（『鎌倉遺文』⑨六九〇三号文書）では「嫡男幹泰所」としている。但し、この場合譲与の対象をなっている土地は「重代相伝私領」であり、幕府から地頭職に補任されて恩賞として入部した土地ではない。このような場合も地頭職に安堵するという形での譲与安堵が行われなかった可能性がある。

参考文献

青山幹哉 一九八六「「御恩」授給文書様式にみる鎌倉幕府権力――下文と下知状――」『古文書学研究』二五号
青山幹哉 一九八三「鎌倉幕府将軍権力試論――将軍九条頼経～宗尊親王期を中心として――」『年報中世史研究』八号
今井庄次等編 一九七五『書の日本史』第三巻「藤原頼経」（貫達人氏執筆分）、平凡社
岩田慎平 二〇一四「九条頼経・頼嗣――棟梁にして棟梁にあらざる摂家将軍の蹉跌――」『中世の人物 京・鎌倉の時代編 第三巻 公武権力の変容と仏教界』清文堂出版
上田叙代 一九九五「鎌倉止住僧定豪について――その系譜と寺職獲得の経緯の検討――」『学習院史学』三三号
上横手雅敬 一九九一『鎌倉時代政治史研究』、吉川弘文館
海老名尚 二〇一一「鎌倉幕府の顕密寺院政策」、『北海道教育大学紀要 人文科学・社会科学編』第六一巻第二号
京都市歴史資料館編 一九九一『寄託品特別展 燈心文庫の史料Ⅱ 公家・武家・寺家』京都市歴史資料館
工藤勝彦 一九九一「九条頼経・頼嗣将軍期における将軍権力と執権権力」『日本歴史』五一三号
熊谷隆之 二〇一二「鎌倉幕府の裁許状と安堵状――安堵と裁許のあいだ――」『立命館文学』六二四号
小松茂美編 一九七九『日本書蹟大鑑』第四巻、講談社
近藤成一 一九八六「文書様式にみる鎌倉幕府権力の転向――下文の変質――」日本古文書学会編『日本古文書学論集5 中世1』、吉川弘文館
佐藤進一 一九七一『古文書学入門』法政大学出版局
佐藤秀成 一九九九「将軍家下文に関する一考察」、鎌倉遺文研究会編『鎌倉遺文研究Ⅰ 鎌倉時代の政治と経済』東京堂出版
信楽眞純編 一九二四『雲珠桜帖』、橋川正解説、鞍馬寺
平雅行 二〇〇二「鎌倉における顕密仏教の展開」、伊藤唯真編『日本仏教の形成と展開』法藏館
永井晋 二〇〇〇『鎌倉幕府の転換点『吾妻鏡』を読みなおす』、NHKブックス
永井晋 二〇〇二「鎌倉幕府将軍家試論――源家将軍と摂家将軍の関係を中心に――」『國史學』一七六号
服部英雄 一九九五「周防国仁保庄の荘園地名――現地景観が語る真実と文献史料が語る虚実――」『景観にさぐる中世――変貌する村の姿と荘園史研究』、新人物往来社
村井章介 二〇〇五「執権政治の変質」『中世の国家と在地社会』校倉書房（初出は一九八四『日本史研究』二六一号）

第三部　北条氏発給文書の世界

豊嶋有経宛て、三浦義村宛て北条時政書状二通を考える

伊藤一美

一　新任守護宛ての北条時政書状

東京国立博物館所蔵「香宗我部文書」にある二通の「北条時政書状」に注目したい。

①（建仁元年）七月十日北条時政書状（竪紙、三二・三×五〇・六㎝）

土佐国御家人中太秋道折紙これを献ず。状の如くは、当国内深淵並びに香宗我部両郷地頭職、故殿御下文を給り知行の處、彼の内村々事、区（マヽ）御下文に載せられずと称え、地頭の職を用いずと云々。事もし実たらば尤ももって不便に候。御下文の状に任せ、沙汰付せらるべく候か。はたまた由緒候はば、子細を尋ねきかしめ、左右申させしめ給うべく候。貴殿守護国たるの間、とり申さしめ候ところなり。謹言。

「北条時政」（押紙）

「建仁元年」七月十日　　遠江守（花押影）

豊嶋　馬允殿

②（建仁三年）八月四日北条時政書状（竪紙、三二・五×五九・七㎝）

土佐中太明道申す二ヶ條事、

申状具にもって見給ひ候おはんぬ、

一、当国深渕香宗我部両郷地頭職の事、前司の時、御庁宣おはんぬ、しからば新司何をか違乱あるべく候や、

一、須留田別符菟田保は香宗我部郷最中たるの由、在庁勘状一見加へ候おはんぬ、しからば且は故殿御下文を守り、且は在庁勘状に任せ明道知行せしむべし、限りあるの所に至っては、仰せ含ましめたもうべきの状、件の如し、

八月四日　　遠江守（花押影）

平六兵衛尉殿

「建仁三年」

①は建仁元年（一二〇一）土佐国守護豊島馬允有経宛て、②は建仁三年（一二〇三）土佐国守護三浦義村宛ての北条時政書状である。ともに鎌倉幕府創設に一役買った武蔵・相模の武士であり、二通の文書日付が幕府公式記録『吾妻鏡』に使われている。つまり豊島右馬允はこの文書が出された七月十日に土佐国守護に補任され、三浦義村は建仁三年八月四日土佐国新守護となったと『吾妻鏡』は簡単に記載する。

しかし①では本文に既に時政から「貴殿の守護国であるから、このように取り計らうように」とみえ、守護として扱われている。②でも三浦義村を「新司はどうして違法行為を行うことがあろうか」と言われているのでやはり新任である。『吾妻鏡』の記事が先か、①②文書からその記事が作成されたか、先学も何れかだと見た。

①②の文書は、現存する確実な時政筆跡（『大日本史料第四編の一』高野山文書「文治元年」十二月十五日条折込み所載、『早稲田大学蔵古文書集一』二三七号、元久元年六月二十七日時政書状、早稲田大学出版部、一九八五年）と比べても時政の筆跡とは全く異なる。①②の筆跡を国立博物館展示室で実見したところ、運筆は二通同じ者が書いたもので、ともに付け年号である。後に写されたか、作られたかの何れかだ。文書記載が詳しいので、整理調製された可能性もあるが、今一つ明確ではない。

二　文書の内容から考える

①北条時政書状が出された訳は中原秋道（通）が時政に「折紙」を献上したことによる。それは「略式の用法」で「自分の備忘（メモ）」であった。その言い分は、地頭職補任の当否ではなく、両郷内の村（具体的には不明）が「故殿（源頼朝）御下文」に載せられていない、ということであった。現実のトラブルでは、土佐国深渕と香宗我部の両郷を廻って得分獲得に走り出した中原氏と現地在庁官人との対立という構図を想定できるだろう。

ところでこの建仁年間（一二〇一～〇四）は、将軍源頼家政権は十三人合議体制化であり、時政は要職には付いていない。将軍の外祖父という立場で文書を発給しているとみてよい。時政がわざわざ「貴殿守護国たるの間」と本書に記載したことも、こうした指示連絡が公文書としてのルートを経たものでないことを物語る。事実この時期の北条時政発給文書がすべて書状形式であり、関東下知状など将軍の意を奉じた文書に時政の名が見出されていないこともこれを裏付ける。

しかも北条時政が現実に内容を調査決済したこともない。書状には「訴えとして書かれてあることが本当ならば、それは不便（ふびん）であって、「故殿御下文」に任せて当人に沙汰付させるように、由緒があるようならば具体的に現地に尋ねよ」と管轄国の最高責任者＝守護に手続き指令を出しただけなのである。

この「折紙」にはかなり具体的に訴えの事情や内容が細かく記載されていたらしい。例えば地頭職については「故殿御下文」が出されていたこと、香宗我部・深淵両郷の様子と村々のことなど、恐らく関連文書も一緒に添付して北条時政のもとへ送られたのだろう。

ここに見られる中原家は、「秋」を通字とする在地武士層であり、その出自は古代の蘇我氏の後裔とも言われている（『姓氏家系大辞典』香宗我部氏の項目。角川書店、一九七九年）。同氏が平安時代以来、国の在庁官人としての何らかの関わりをもってきたことが、両郷に対する一定の権利関係を主張できた大きな理由といえる。

②史料の場合、北条氏とも強い結び付きを持つ、関東の有力御家人三浦氏が守護として入部し、国衙認定の別符地区を確保したいとする意思行為が顕れており、それに対応するべく中原氏が時政に申状を献上したとみてよい。

中原氏は、ある時期から土佐国深淵・香宗我部両郷の地頭職に関する一定の権利を土佐国司「庁宣」により認められていたらしい。また「須留田別府苑田保」認定の基準となったのが、やはり「在庁勘状」であるので、国衙在庁官人による調査認定がここでは先例となっていたことが知られる。

北条時政はこうした手続きを確認した上で土佐国守護である三浦義村に「故殿御下文」＝源頼朝下文に任せて中原明道（秋道）の知行地認可と所当の賦課徴収をするように伝達した。その後の中原氏は秋道、宗道、重通（道）、秀頼と相伝していく（香宗我部文書）。

なお安堵の対象地である「深淵」は現在の高知県香南市野市町深淵地区に相当し、古代式内社深淵神社が鎮座する。『和名抄』郷の一つとして、古代より開発が行われた地域であった。

三　時政の役割

①②文書は同時期に作られたことはまちがいない。当該文書の研究史的位置付けでは、「故殿御下文」＝元暦元年七月十九日付け源頼朝袖判下文写（香宗我部文書・疑偽文書）に基づき作られたとされ、特に①文書は『吾妻鏡』同日条の土佐国守護職補任記事から作成されたとみられている。もう一度内容をみると、ともに時政の下に嘆願の①「折紙」、「故殿御下文」、②「申状」、「在庁勘状」などが届けられていた。

建仁元年当時、『吾妻鏡』によれば時政は四月初めに評定に出仕、五月に佐々木経蓮の「欵状」（嘆願書）を請け取り、将軍頼家の厚免御教書を出させている。時政が表だっているわけではないが、嘆願などが持ち込まれていたことは明らかだ。孫泰時による近習中野能成を通じての諫めによる頼家との不協和音、一時的な伊豆北条への帰還などあり、時政は鎌倉にとどまっていたとみてよい。建仁元年から四年までの間、確実な時政文書である出羽市河文書所収建仁三年九月四日中野能成充て（『鎌倉遺文』三の一三七八号）、建仁四年二月二十一日同（同三の一四三四号）の二通の時政下文（『吾妻鏡』では中野氏は処罰されたが、当文書で中野氏へ土地給与している）など勘案すると、時政が鎌倉にいてわが子や孫たちの動きを側面で支えていた可能性も見えてくる。

むすび

香宗我部文書①②の時政書状は内容としてはほぼ問題点はなく、建仁年間当時の状況を示しているとみる。中原氏の所領相論の過程で土佐国守護豊嶋有経、三浦義村に送られた本書を写したものと考える。また中原氏は本書を紛失しないため、さらに「案」としたものとも思われるのである。そうした意味では生きて機能する文書、つまり「写」ではなく「案文」というべきである。

参考文献

佐藤進一『増訂鎌倉幕府守護制度の研究』（東京大学出版会、一九七一年）
佐藤進一『古文書学入門』（法政大学出版局、一九七一年）
杉山博編『豊嶋氏の研究』（名著出版、一九七四年）
菊池紳一「北条時政発給文書について」（『学習院史学』一九号、一九八二年）
『北区史資料編古代中世1・2・同通史編』（北区、一九九四・一九九五・一九九七年）
今野慶信「武蔵豊島氏と鎌倉葛西氏」（『板橋区立郷土資料館紀要』第一二号、一九九八年）
伊藤一美「豊嶋馬允宛て北条時政書状をめぐって」（『練馬郷土史研究』第二六二～二六四号、一九九九年）
池田寿「文化財調査における筆跡」（湯山賢一編『文化財と古文書学』勉誠出版、二〇〇九年）
真鍋淳哉「三浦氏と京都政界」（藤原良章編『中世人の軌跡を歩く』高志書院、二〇一四年）
東京国立博物館編『東京博物館図版目録・中世古文書編』（二〇一四年）

保田宗光の流罪について

牡丹健一

史料A二五四三　北条時政書状写（山城神護寺文書）

（端裏書）「大宮大納言殿へ令進御文案」

湯浅兵衛尉宗光子息男宗元当時伺候関東、驚神人訴訟、不堪不審、所上洛候也、宗光定罷入見参候歟、不誤之次第、殊可被糺断候、以云神人、背理非預御裁許者、非宗光一人之歎、以之為例、弥狼藉之基候歟、若又宗光縦難逃其咎、配流なとに被処候者、於所帯事者、不可相違候歟、内々為得御心、兼以申入此子細候也、義時恐惶謹言、

（承久元年）八月廿三日　　右京権大夫（北条義時）

進上　主税頭殿

史料B二五四四　北条義時下知状案（高野山文書又続宝簡集七八）

一左衛門尉宗成親父可知行宗光所知所帯事

右、宗光依神人訴、雖被配流其身配流、於所知所職、以子息宗成、無相違致沙汰之状、依仰下知如件、

承久元年九月十六日　　右京権大夫御判（北条義時）

史料Aは承久元年（一二一九）八月二十三日付の北条義時書状写である。鎌倉遺文では「北条時政書状写」となっているが、

時政は建保三年（一二一五）に死没しているので誤りであり、日下の署名から北条義時書状写とするのが妥当であろう。差出は右京権大夫である北条義時、宛先の主税頭は不明である。端裏書にある大宮大納言は不明であるが、当時大納言であったのは源通光・西園寺公経・大炊御門師経であり、このうちの誰かであろう（『公卿補任』）。

史料Aの内容は以下のようにまとめることができる。

①湯浅宗光は神人の訴えに依り配流の可能性があったこと、②宗光の子息宗元は当時関東に伺候していたこと、③宗元が急遽上洛したとあるので裁許は京＝朝廷で行われたこと、④義時は神人の訴えを「狼藉之基」と認識していたこと、⑤宗光が配流となった場合、所帯についてうまく処理するように「御心」を得るために義時が奔走していたことが確認できる。

高橋修氏の先行研究によると、湯浅氏とは紀伊を本拠とする武士であり、元々平氏家人であったが、治承寿永の内乱後に惣領宗重（宗光の父）が源頼朝に従い、御家人となった一族であり、宗元（基）とは宗光の長男でのちに石垣氏を称する一族の祖である［高橋二〇〇〇］。

『仁和寺日次記』（承久元年八月十六日条）に「前左兵衛尉紀（ママ）宗光、配流対馬嶋〈依熊野山訴也、三山神輿参洛之由、飛脚参上之間、所被急行也〉」という記事がある。

ここから、宗光は熊野山からの訴えにより対馬に配流となったことが確認できる。ではなぜ宗光は熊野山から訴えられたのだろうか。

さきの高橋氏は熊野三山に影響力をもっていた後鳥羽上皇に味方する一派が、勢力範囲を接する宗光との間に紛争を起こしたと指摘する［高橋二〇一六］。

つまり、宗光と競合関係にあった熊野山が後鳥羽の支持を得て訴えを起こし、有利に事を進めたのである。

この当時、幕府は同年正月二十七日に三代将軍実朝が暗殺されたことにより将軍職が空白となり、後鳥羽の皇子を新将軍に迎える計画を進めていた時期であるため、後鳥羽の支持を得た熊野山に対して強い態度に出ることが難しかったのであろう。その後の経過をみるために関連する史料Bを紹介したい。

史料Bは承久元年九月十六日付の関東下知状案である。鎌倉遺文では「北条義時下知状案」となっているが、こちらの方が良いであろう。

差出は史料Aと同じく右京権大夫である北条義時、宛先はない。

内容は宗光が神人の訴えにより配流となったので、その所知・所職は子息の宗成に継承させることを認めたものである。宗成（業）とは宗光の次男であり、宗光流湯浅氏の嫡系となる保田氏を継承する人物である［高橋二〇〇〇］。

史料A・Bにより八月二十三日から九月十六日までの間に宗光の配流が決定・実行されたことがわかる。ここで特に注目したいことは北条義時の行動である。史料Aでは義時は熊野山の訴えを「狼藉之基」と断罪している。また、宗光が配流となった場合の所帯については「内々為得御心、兼以申入此子細候也」と奔走していることが確認できる。

ではなぜ、義時は宗光に対してここまでの行動をとったのであろうか。宗光と義時、ひいては湯浅氏と北条氏との間に何らかの私的な関係があったのだろうか、それとも、鎌倉幕府の御家人である宗光を北条氏が公的な立場から擁護しようとしているのか現時点では明らかではない。また、宗光の子息宗元が当時関東に伺候していたことも影響している可能性があるだろう。当該期の幕府内における湯浅氏の置かれた政治的立場や、北条氏と西国の御家人との関係を考えることは重要であるが今後の課題としたい。

最後に注目したいことは湯浅一族についてである。史料Aの前半部では宗元が書状の中心に置かれているが、史料Bでは宗元の名は無く、宗成（業）の名前が登場する。宗元が関東に伺候した経緯や、宗元ではなく宗成（業）が宗光の所帯を継承することになった背景など、その後の湯浅党内部の勢力関係を考える上で重要な問題を多く見出せるがこれも今後の課題としたい。

参考文献

『仁和寺日次記』、『続群書類従』第二十九輯下（続群書類従完成会、一九二六年）

『鎌倉遺文』古文書編第四巻（一九七三年）

『公卿補任』第二編（吉川弘文館、二〇〇七年）

高橋修『中世武士団と地域社会』（清文堂、二〇〇〇年）

高橋修『信仰の中世武士団　湯浅一族と明恵』（清文堂、二〇一六年）

播磨国矢野荘「開発相承文書等案」における北条時政・義時書状案

久保田和彦

大名田堵のような在地有力層のあいだに「私領」の形成が進めば、そこにあらたな社会層としての開発領主が成立することは自然の勢いであった。開発領主こそは中世領主の原型をなすものであり、その登場は中世社会の一つの主体の形成を意味する。

戦後の日本中世史研究を代表する、永原慶二『日本の中世社会』[1]の一節である。その開発領主の典型とされたのが、播磨国久富保（矢野荘の前身）の秦為辰である。秦為辰が開発領主の典型とされた理由は、『東寺百合文書』ヰ函五号文書として伝来した七通の「開発相承文書等案」である[2]。この史料には、十一世紀末に播磨国大掾兼赤穂郡司である秦為辰が、開発資財の投下や労働力の編成を通じて久富保を大規模開発してゆく様子が生き生きと描かれている[3]。七通の年代と文書名を以下に示す。

① 延久三年（一〇七一）六月二十五日 播磨国大掾秦為辰辞案
② 承保二年（一〇七五）三月十六日 播磨国赤穂郡司秦為辰解案
③ 承保二年四月二十八日 播磨国赤穂郡司秦為辰解案
④ 承暦三年（一〇七九）十一月三日 播磨国大掾秦為辰辞案
⑤ 承徳二年（一〇九八）二月十日 播磨国大掾秦為辰譲状案
⑥ 〈建仁三〉（一二〇三）八月五日 北条時政書状案
⑦ 〈承元四〉（一二一〇）九月十一日 北条義時書状案

七通の文書案は成巻され東寺に伝来したが、欠年寺田範長申状案[4]によると、

祖父法念与前領家範親朝臣令申談之、令備進法念所持開発相承公験文書并北条遠州時政吹挙状等、被経御沙汰、被折中当庄以降、下地一円進止之間、乃貢日比超過莫太也、豈非希代之忠勤哉、

と述べている。「開発相承文書等案」は傍線部のことで、範長の祖父法念が前領家藤原範親と謀って案文を作成して鎌倉幕府に提出、下地中分が実現したと述べている。【史料①～⑤】が「開発相承公験文書」、【史料⑥⑦】が「北条遠州時政吹挙状等」に相当する。【史料①～⑤】については、真文書とみる見解(5)とは別に、疑問点はあるが十一世紀の実情を伝えているとする説(6)、史料の一部に案文作成時の加筆があるとする説(7)、案文作成時には筆写の対象となった原文書が存在したとする説(8)、歴史的な事実をそのまま示すものではないとする説(9)などさまざまである。

「開発相承文書等案」は、【史料①～④】と【史料⑤～⑦】がそれぞれ別筆で、前者は五枚の料紙に四通の文書が記され、後者はそれぞれ一枚の料紙に一通ずつ文書が記されている。前者料紙の紙継目の裏側、後者日付裏側、【史料⑥】の訂正箇所の裏側の三ヵ所に同一人物の花押が据えられており、これらは、永仁の下地中分の際の前領家藤原範親の花押と判断できる(10)。「開発相承文書等案」は、永仁の下地中分の際に寺田法念と領家藤原範親の両者によって作成された案文であることは間違いない。問題は、永仁の下地中分にあたって、なぜ【史料⑥⑦】が「開発相承文書等案」の中に含まれたかである。

【史料⑥】『鎌』三―一三七二(11)

播州矢野庄公文以下所職名田畠等者、
牛窓庄司六郎範国年来賜領家御
下文、令知行候云々、而範国孫子左兵衛
尉親家、依有子細蟄居、於今者、祇候無
其恐候、仍範国跡親家、如本不可有
相違由、被仰合候者宜候歟、恐々
謹言、
　建仁三
　八月五日　　　　遠江守在判
謹上　左京権大夫殿

【史料⑦】『鎌』三―一八四三

矢野定主常光申、播州矢野
庄所職名田等事、被尋聞食、可
有御計候哉、恐々謹言、
　承元四
　九月十一日　相模守義時判
謹上　左京権大夫殿

史料⑥

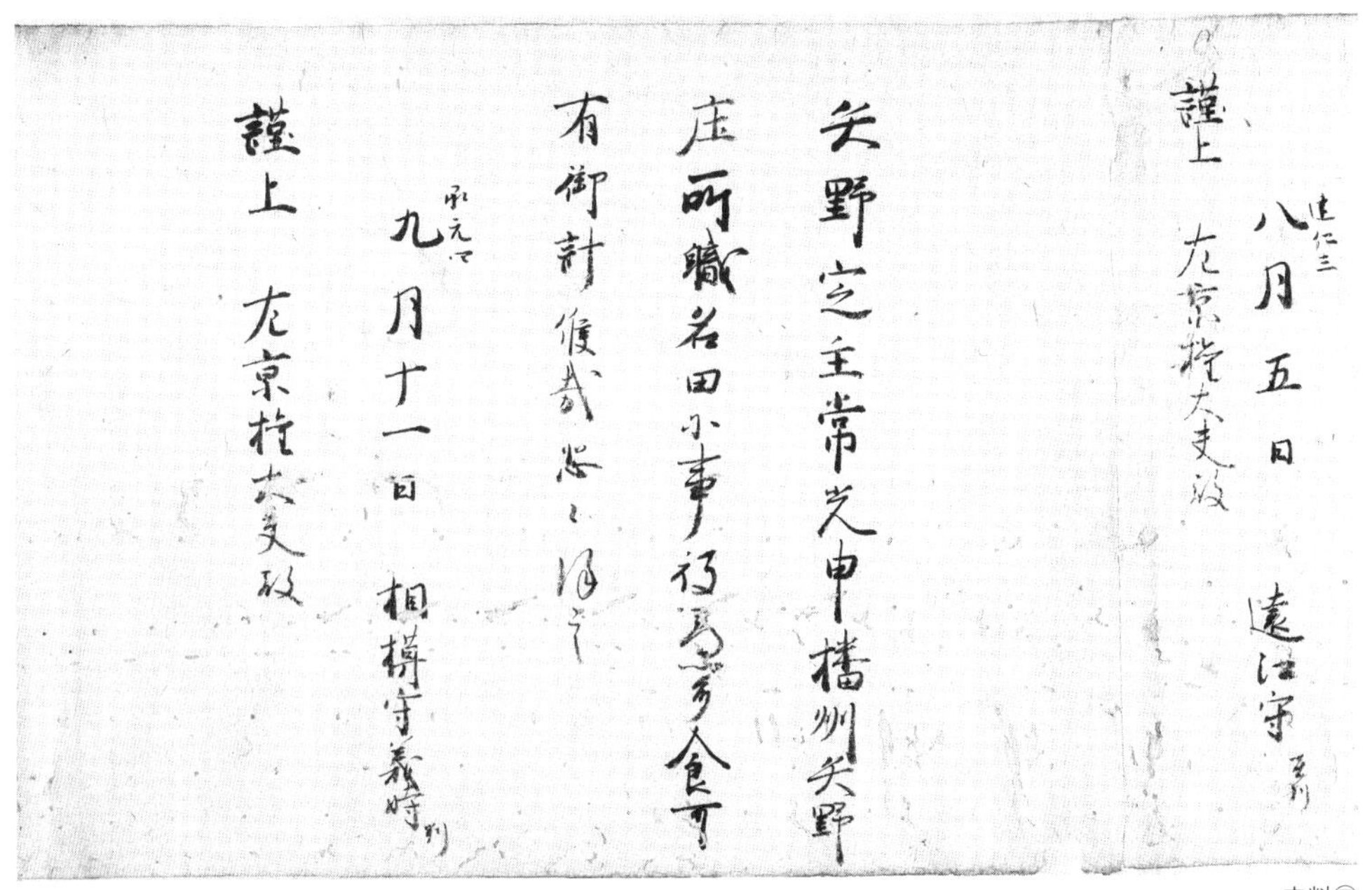

史料⑦

「開発相承文書等案」（京都府立京都学・歴彩館「東寺百合文書」WEBより）

高橋典幸氏[12]は、

　中世前期の荘園における支配体系は本家・領家・預所・下司や地頭などによって重層的に構成されていた（「職の体系」）のに対し、十四世紀を境にこうした重層的な関係が崩れ、領主が荘園現地と直接対峙する一円領が進んでいくという流れが、荘園制の大きな枠組みとして提示されてきた。一円領の支配にはその由緒・根拠が必要で、「開発領主」以来の相伝が根拠となる。

鎌倉佐保氏[13]は、

　実際に「開発領主」の言葉が頻繁に史料上にあらわれるようになるのは、鎌倉時代後期の主として下地進止権をめぐる相論の中であり、少なくともこの記事は、鎌倉時代末期の荘園公領制の変質という歴史段階における認識として捉えなければならない。「開発私領」の形成を軸として論じられてきた荘園制成立史論には根本的な見直しが必要となっている。

と述べている。確かに、『平安遺文』[14]を検索しても、「開発領主」という言葉は一件もないのである。鎌倉時代末期に、「開発領主」のイメージを強く規定したのは、この時期に成立した幕府訴訟関係の解説書である『沙汰未練書』[15]の次の記事である。

　御家人トハ　往昔以来、為開発領主、賜武家御下文人事也、（開発領主トハ、根本私領也、又本領トモ云）

　本領トハ　為開発領主、賜武家御下文所領田畠等事也、（又私領トモ云、）

御家人は「開発領主」の子孫であり、「武家御下文」を賜う人をいう。【史料⑥⑦】は、ともに矢野荘領家藤原隆信に宛てた書状（下文ではない）であり、特に【史料⑥】は、文治年間（一一八五～九〇）以来、播磨国御家人であった寺田氏の先祖と推定される「牛窓庄司六郎範国」が「矢野庄公文以下所職名田畠等」の知行を領家下文によって安堵されたことを伝え、範国孫子左兵衛尉親家の相伝安堵を依頼している。得宗の権力が大きく増大する鎌倉時代後期には、得宗家先祖の時政・義時の書状が、「武家御下文」と同等の価値がある文書として認識されていたのではないかと思うのである。

註

（1）永原慶二『日本の中世社会』（岩波書店、一九六八年）。
（2）京都府立京都学・歴彩館「東寺百合文書」WEB上で写真を見ることができる。
（3）「開発相承文書等案」に関する専論は、前田徹「播磨国赤穂郡久富保の基本史料について」（『待兼山論叢』三〇史学篇、一九九六年）がある。
（4）「東寺百合文書」ト函二二六。馬田綾子「矢野荘」（網野善彦・石井進他編『近畿地方の荘園』Ⅲ、講座日本荘園史8、吉川弘文館、二〇〇一年）は、この文書の年代を建武二年（一三三五）頃と考えている。
（5）上島有「鎌倉時代の播磨国矢野庄について」（『古文書研究』七・八合併号、一九七五年）。
（6）宮川満「播磨国矢野荘の成立事情について」（『兵庫県の歴史』一八、一九八一年）、木村茂光「播磨国赤穂郡久富保の開発について」（『地方史研究』一七八、一九八二年）。
（7）拙稿「十一～十二世紀における国司・国衙権力の国衙領支配――保司に関する一考察――」（『日本歴史』三八七、一九八〇年）。
（8）前掲註（3）前田徹論文。
（9）前掲註（4）馬田綾子論文。
（10）前掲註（3）前田徹論文。
（11）竹内理三編『鎌倉遺文』（東京堂出版）を利用。以下、『鎌倉遺文』第三巻一三七二号文書は、『鎌』三―一三七二と表記する。
（12）高橋典幸「荘園制と悪党」（『国立歴史民俗博物館研究報告』一〇四、二〇〇三年）。
（13）鎌倉佐保「私領の形成と展開――中世荘園成立の前提――」（『日本中世荘園制成立史論』、塙書房、二〇〇九年）。
（14）竹内理三・東京大学史料編纂所編『CD―ROM版・平安遺文』（東京堂出版、一九九八年）を利用した。
（15）『沙汰未練書』は、佐藤進一・池内義資編『中世法制史料集』第二巻（岩波書店、一九五七年）を利用した。

発給文書から見る鎌倉期北条氏による陸奥国の統治機構について

――陸奥国平賀郡を事例として――

今井大輔

はじめに

本論においては、鎌倉期の陸奥国に向けて発給された北条氏発給文書の一端に触れてみたい。北条氏による陸奥国支配については入間田宣夫氏(1)や遠藤巌氏(2)、七海雅人氏(3)などの先行研究が蓄積されている。郡地頭とそれによって現地で任に当たる郡政所、さらにその下にあって、実質的に地域支配を行う郡地頭代の関係性など、その体制は整然と理解されている。その中で、拙稿では陸奥国の北端地域に所在する津軽に位置する平賀郡に焦点を当て、北条氏による地域統制を改めて確認するものである。

一　陸奥国平賀郡の所在と曾我一族

平賀郡は陸奥国に位置する郡であり、その郡域は現在の平川市域に位置し、岩木川上流に広がる地域である。平賀郡の初見は次の文書である。

【史料1】

（北条義時）
（花押）

下　平廣忠（曾我）
可令早致沙汰平賀郡内岩楯村地頭代職事
右人、爲彼職可令知行之状如件、以下、
　　建保四月廿七日
（鎌倉遺文二四九四）

北条義時が曾我廣忠にあてた下文であると同時に、青森県域に関する現存最古の古文書でもあり(4)、「陸奥新渡戸文書」(5)に収録されている。奥州藤原氏の支配や鎌倉初期における支配については不明瞭であるが、建保四年（一二一六）の段階で平賀郡岩楯村の地頭を北条氏が握っていたことが本文書から理解できよう。この時期に前後して、北条氏は鎌倉政権内における確固たる地位を、他氏排斥という手段を以て達成しているが、その一つである和田合戦において曾我一族が北条方に加担した旨が『吾妻鏡』に見える(6)。『吾妻鏡』には廣忠の名は見えないが、本文書との関連性は高いといえる。

ともあれ、当村の現地レベルの支配者は曾我廣忠となり、この支配は子孫に継続される。次に平賀郡が登場する文書が以下のものである。

【史料2】

（花押）（北条泰時）
陸奥国平賀郡内岩楯村地頭職事、任故陸奥入道前司殿御時之例、無相違可令行給之由、所候也、仍執達如件、
　　貞應三年九月廿一日　　　左兵衛尉盛綱奉
曾我次郎殿（惟重カ）
（鎌倉遺文三二八五）

【史料2】では曾我次郎なる人物が、北条泰時から奉書形式の文書を受け取っている。本文書の持つ性格として、この貞応三年（一二二四）六月十三日に北条義時が死去したことによる代替わり安堵という側面がある。また、本文書は『鎌倉遺文』では「北條泰時御教書」として掲載されているが、袖判に花押がある「袖判奉書」であり、御教書よりも強い上意下達の意思を宛所

に対して伝達していると考えられ、被官である曾我氏との主従関係の強化を図ったものと思われる。これ以後、曾我一族は平賀郡内の沼楯村、大平賀郷新屋淵村・長峯村など、(7)いくつかの地頭代を務めていくことになる。

以降に発給される曾我氏に対する北条氏の発給文書は、奉書形式の有無を問わず、その悉くに花押が記されている。北条氏の家政機関という非人格的機関による統制ではなく、あくまでも北条氏による直接的な主従関係の構築と維持を目指したものと思われる。

次に所当などの扱いについて見てみたい。【史料3】は【史料1】と【史料2】の中間期に発給された文書である。

【史料3】

（北条義時）（花押）

津軽平賀本郷内曾我五郎二郎惟重知行分村ゝ事、任親父曾我五郎之時例、令停止検非違使下部等亂入、可令安堵百姓等之状如件、

貞應二年八月六日

（鎌倉遺文三一四四）

検非違使の入部を禁止するよう通達する内容である。すでに、惟重の父・五郎の時から入部を停止させていたことが理解できよう。(8)さらに延應元年（一二三九）三月廿八日付の「北條泰時下知状（鎌倉遺文五四〇二）」において、「平賀郡大平賀村ゝ」について「停ゝ諸方使入部、毎年無懈怠、可令究濟」という内容の請文を惟重が提出していることがわかり、これに対し泰時は「任申請」せるとしている。つまり曾我氏が地頭代を務める平賀郡の村々において、郡政所や国衙などに対する不入権を得ていることがわかる。こうしてみれば、平賀郡内で曾我氏が地頭代を務める所々において徴収された所当はそのほとんどが、一切の仲介を経ずに得宗家に収められ、その収益に転じていたといえる。(9)先行研究において、陸奥国が得宗家、ひいては幕府運営の費用に宛がわれていたことが指摘されているが、このようなシステムを見れば首肯できよう。ただ、他地域においては郡政所や検非違使所の活動がなされていたことは、【史料3】や延應元年（一二三九）三月廿八日付の「北條泰時下知状（鎌倉遺文五四〇二）」の史料から逆説的に理解することも可能である。また、郡内の村が指定されていた上で不入権を獲得しているところから、曾我氏以外が

地頭代を務める村が、平賀郡内にあったといえる。しかし、これに関しては、史料の残存状況から、具体例を挙げるのは難しい。

次に所当の内容であるが、これに関する史料として先に挙げた延應元年（一二三九）の下知状と、同時に発給されたもう一つの「北條泰時下知状（鎌倉遺文五四〇二）」がある。両者と政所使の不入を認めると同時に、各村に課せられた所当の額について記載している。ともに布と紫（染料）が納入の対象である。大平賀郷に関しては文保元年（一三一七）十二月日付「大平賀郷年貢結解状（鎌倉遺文二六四九八）」によれば、布に関しては一四三端四丈六寸四分の代銭として一四三貫八一四文が支払われているが、所済の合計数はこれより十三貫七五六文多い。さらに、これに「未進」分が四六貫九五一文、公文所による追加の未進分である五貫七〇七文の支払いが命じられている。合計すれば二〇九貫二二八文となる。これは二年分となるので、一年分では約一〇五貫となる。白布に換算すれば二〇〇端を越えるものとなり、延應元年（一二三九）の頃の一六五端余より増額となる。これは北条氏の支配が強制力を伴ったうえで徴税を行う立場にあったと言えよう。(10)

二　鎌倉期以後の岩楯村

このような統治システムは建武政権に継承されている。陸奥国司として、東北に下向した北畠顕家は国宣を山辺郡政所に下している（南北朝遺文東北編一三七）。また、曾我貞光は、平賀郡への検非違使の入部停止を、【史料３】を根拠として、顕家に訴えでている（南北朝遺文東北編一四一）。これは平賀郡でも郡政所が機能している証左である。

このような中で、平賀郡内の村々は相伝所領として曾我氏に継承されているが、北条氏残党蜂起に伴う出兵、国宣による沼楯村の闕所化(11)、一族内での内紛(12)など多くの問題に直面していた時期でもあった。南北朝期の曾我氏当主と考えられる貞光は足利尊氏の離反に同調して津軽で蜂起し(13)、南朝方の南部師行らと合戦を繰り返したが、結果として南朝方の南部氏に屈したと考えられる。(14)南北朝期を境に曾我氏が登場する平賀郡に関連する文書は姿を消す。

三　北条氏支配が曾我氏に与えた影響

曾我氏が鎌倉政権の瓦解以降、津軽に勢力を広げられなかった理由として、南部氏の伸長という側面もあるが、鎌倉期において郡域全体を一人の地頭代に補任しなかった北条氏の影響もあると思われる。これは、郡域全体におけるパワーバランスを一極化させず、北条氏が確実にコントロール下に置きたいための方策であった。そんな制約下にあって曾我氏が地頭代を務める平賀郡内の村々に対して郡政所の入部を拒否していたことは、領主制的支配を構築せんとしていたと考えられ、だからこそ北条氏側は袖判奉書の発給などを行って常に主従の関係性を保たせ、その収益を確実に鎌倉に移送させることを望んだ。また、北畠顕家下向後においてもこれを権利として維持しようとしていた点からも、実地支配をより強固なものにしようとする意志が見て取れよう。建武政権を離反[15]したのも、南部氏など拡張する勢力に対する独立的指向の表れだと言える。[16]しかし、以降に続く一円的領主支配の潮流に曾我一族が舵をきることは、これまでの歴史的経緯や現状では望むべくもなかったのである。

註

（1）入間田宣夫「郡地頭職と公田支配——東国における領主制研究のための一視点——」（『日本文化研究所研究報告』別巻、一九六八年三月）五九—九四頁、『北日本中世史論』（吉川弘文館、二〇〇五年八月）一六九—二一二頁。

（2）豊田武・遠藤巌・入間田宣夫「東北地方における北条氏の所領」（『日本文化研究所研究報告』別巻、一九七〇年三月）一—五七頁。

（3）七海雅人「鎌倉幕府の陸奥国掌握過程」（『鎌倉幕府御家人制の展開過程』吉川弘文館、二〇〇一年十一月、一〇四—一四〇頁、初出は『中世の杜——羽下徳彦先生退官記念論集——』一九九七年三月）。

（4）浪岡町史編集委員会『浪岡町史　通史編第一巻』（浪岡町、二〇〇〇年三月）七〇九頁。

（5）新渡戸仙岳氏は、明治〜昭和期の岩手県の教育者である。この文書がどのような形で氏に伝来したかは不明である。氏の所蔵を受けて現在では岩手大学に所蔵されているが、六十五点のうち、二十九点が所在不明である。青森県史編さん中世部会編集『青森県史　資料編中世二』（青森県、二〇〇四年三月）三六二頁。

（6）『吾妻鏡』建暦三年五月小三日条には「曾我、中村、二宮、河村之輩如雲騒（中略）無左右不能参上、欲被遣御教書之比（中略）軍兵令拝見之、悉以参御方」とあり、北条方に味方したとある。

（7）仁治三年十月廿五日付「北条時頼下文」（鎌倉遺文六一三〇）に見える。他に建武元年六月日付「曾我光高申状案」（南北朝遺文東北編七六）に「沼楯村」、元弘四年二月日付「曾我光高申状案」（鎌倉遺文三二八五六）に見える「奥州名取郡四郎丸郷内若四郎名」が確認される。これらが曾我氏のいうところの「相傳所領」であるといえる。

（8）惟重の父は【史料1】にみえる「平廣忠」と考えられる。小口雅史「津軽曾我氏の基礎的研究」（『弘前大学國史研究』八十九巻、一九九〇年十月）二一—四九頁。

（9）金沢氏が郡地頭を務めた玉造郡における所当、砂金五十両、色々代銭八六四貫三七三文のうち、国司に納められたのは五十三貫六〇〇文のみである。平賀郡も同様に、郡地頭が一括してその収益を確保・管理していたと考えられる。入間田宣夫「金沢氏と陸奥國玉造郡地頭職」(『金沢文庫研究』十六巻、一九七〇年三月)八―一五頁。

(10) 岡田清一『鎌倉幕府と東国』(八木書店、二〇〇六年一月)三九五頁。

(11) 註(7)で示した建武元年六月日付の申状案と似た内容を持つ年月日欠「曾我光高申状案」(南北朝遺文東北編七七)によれば、安保弥五郎入道が沼楯村を闕所と表記する国宣を携えて押領しようとした、とある。

(12) 建武元年三月日「曾我光高申状」(南北朝遺文東北編五九)によれば、光高の所領である大平賀村に曾我余二経光が侵入し、年貢百余貫などを強奪した、とある。

(13) 建武三年正月六日には足利方に参与して、津軽各地で合戦に及んでいる。(南部光徹氏所蔵遠野南部家文書「曾我大郎貞光軍忠状案」)。

(14) 曾我氏関係文書は、現在その多くが南部氏の所蔵となっているが、その経緯は不明である。正当な立場でこれを継承したとは考えにくく、戦利品として獲得したという推測を建てるにとどまる。前掲青森県史、三六〇―三六一頁。

(15) 岡田清一氏は前掲著書にて、建武元年(一三三四)八月十三日付「曾我光高知行分田数注進状案」(南北朝遺文東北編九二)にある岩楯村の定田が、延應元年(一二三九)三月廿八日付の「北條泰時下知状(鎌倉遺文五四〇一)」に見える貞和二年の検注のものと比べる三倍に増加しているとしているが、本文書には見せ消ちがみられる。建武元年の段階での定田は「捌町伍段三百四十五歩」とあり、むしろ以前より減少している。これを見ると、陸奥国府の増徴が曾我氏の建武政権離反の原因とは考えにくい。

(16) 南部氏は糠部郡に対する奉行の権を陸奥国府から与えられており、さらに「津軽降人交名注進状」(南北朝遺文東北編一一九)を発給するなど、積極的に軍事活動を率いる立場にいた。

延応元年五月一日付、北条泰時・時房連署「関東御教書」について

遠山久也

延応元年（一二三九）五月一日、執権北条泰時が連署北条時房との連署により、六波羅探題へ次のような文書を発給している。

一　人倫売買事、禁制重之、而飢饉之比、或沽却妻子眷属、助身命、或容置身於富徳之家、渡世路之間、就寛宥之儀、自然無沙汰之処、近年甲乙人等面々訴訟、有煩于成敗、所詮於寛喜以後、延応元年四月以前事者、訴論人共以京都之輩者、不能武士口入、至関東御家人与京都族相論事者、任被定置当家之旨、可被下知、凡自今以後、一向可被停止売買之状、依仰執達如件、

延応元年五月一日　　前武蔵守　判
　　　　　　　　　　修理権大夫　判

相模守殿
越後守殿

この文書については、飢饉に対する幕府の政策、人身売買についての為政者の対応と実情、鎌倉幕府法が成立する過程、幕府法の及ぶ範囲、訴訟に関する朝廷と幕府との関係など様々な観点から研究がなされている。以下、これらについての概要を紙面の範囲でまとめてみたい。

これは鎌倉幕府（泰時・時房）から、六波羅探題の北条重時（北方）と北条時盛（南方）に発給されたもので『中世法制史料集』

第一巻では「追加法」一一四条と規定されている。(1)

これによると、人倫売買は(2)禁制が重ねて発せられてきたが、嘉禄三年（一二二七）ころ発生し寛喜四（改元して貞永元）年（一二三二）まで続いた寛喜の飢饉の際には、妻子眷属を沽却することや、「富徳之家」に身を預けることで命を守ることが許されていた（実際に許可した文書は残っていない）。それが飢饉の落ち着いてきた近年（寛喜四年から七年後）、売った者・買った者・売買の対象となった者らの間で、訴訟が多発してきたため、寛喜の飢饉以後延応元年四月以前の訴訟については、訴人・論人ともに京都の者（御家人以外）の場合には六波羅探題は関与せず、御家人と京都の者（御家人以外）との相論の場合には幕府が定めた通りに下知すること、さらに今後は改めて人倫売買を禁止することを命じている。これが主な内容であるが、幕府がこの法令を発令するまでにいくつかの段階を経ているようである。

この条文の中にみられる「被定置当家之旨」に当たるのが、次の幕府奉行人連署による「追加法」一一二条である。

一　寛喜三年餓死之比、為飢人於出来之輩者、養育之功労、可為主人計之由、被定置畢、凡人倫売買事、禁制殊重、然而飢饉之年計者、被免許歟、而就其時減直之法、可被糺返之旨、沙汰出来之条、甚無其謂歟、但両方令和与、以当時之直法、至糺返者、非沙汰之歟

延応元年四月十七日

平　判
散位　判
前甲斐守　判
前山城守　判
前大和守　判
沙弥　判

この史料は、沙弥（二階堂行盛）・前大和守（宇佐美祐時）・前山城守（不明）・前甲斐守（大江泰秀）・散位（太田康連か）・平（不明）らにより署判されていて、文末が「歟」で終わっている。したがって、この条文は決定の前段階で、この六名の協議等によって作成され、後に法令として発令されるものである。

これを見ると訴訟の内容が少し見えてくる。ここでも人倫売買は、飢饉に直面している人々が死から逃れるためにやむを得ないこととして、幕府がこれを許可したという文言が見える。そして、飢饉の中で売買の対象となった者について、飢饉後その者を買い戻す際に訴訟が生じていると見られる。飢饉当時、売られた者の値は低く、飢饉後に当時の低いままの値で買い戻したいということについて、道理が通らないという判断である。（ただし両者の和与がなされれば沙汰の限りではないとする。）

これが次の『吾妻鏡』延応元年四月十四日条では次のような形で記載されている

為信濃民部大夫入道、大和前司、山城前司、甲斐前司、太田民部大夫、内記太郎等奉行、被下条々制符、

（中略）

一可令搦禁勾引人幷売買人倫輩事

守嘉禄元年十月廿九日　宣旨、可有其沙汰者、

一奴婢雑人事（付、所生男女事）

寛喜三年餓死之比、為飢人於出来之輩者、養育之功労、可為主人計之由、被定置畢、就其時減直之法、可被糺返之旨、沙汰出来之条、甚無其謂、但両方令和与、以当時之直法、至糺返者、非沙汰之限者、

この史料の中略した部分が、「追加法」の一〇六から一〇九条、その後ろの二ヶ条が「追加法」の一一〇・一一一条である。(3) ここで奉行となっている人物のうち太田民部大夫と内記太郎以外は、「追加法」一一二条に署判している人物と一致する（太田民部大夫と散位も同一人物の可能性あり）。内容については、事書の有無、「凡人倫売買事、禁制殊重、然而飢饉之年計者、被免許歟」という文言の有無、書留の違いなどはあるが、いずれにしても、一一一・一一二条の内容を受けて六波羅探題へ西国御家人を対象として発令したものが、延応元年五月一日付の関東御教書（「追加法」一一四条）となる。『吾妻鏡』では、この関東御教書と同日の記事として次のように記述されている。

人倫売買事、向後被停止、以撫民之儀、無沙汰之処、近年甲乙人面々訴訟、依有御成敗煩也

ここに「撫民之儀」と見える通り、幕府としては禁令の許可を救済措置であっと述べている。それとともに、ここから改めて禁令を徹底するため、たびたびこれに関連する法令が発令される。続いて発せられたのが次の奉書（「追加法」一一五条）である。

一　人倫売買事、禁制重畳、而寛喜飢饉之時、被相宥歟、於今者、任　綸旨可令停止之由、重可被下知之由、被仰下也、

延応元年五月六日　　基綱　判

師員　判

信濃民部大夫殿

これは奉者の後藤基綱と中原師員が連署して政所執事の二階堂行盛に宛てたものであろうと推定されるが、「追加法」一一四条とのつながりが不明瞭である。(4) しかしながら、この条文で「於今者」と断っているように、今後幕府として改めて人倫売買を禁ずることを宣言したものといえる。このことが和泉国守護所に向けて発令された関東御教書が次の「追加法」一四二条である。

一　人倫売買停止事、云代々新制、云関東施行、已以重畳、而寛喜飢饉之境節、或沽却子孫、或放券所従、充活命計之間、被禁制者、還依可為人之愁嘆、無沙汰、依之、今世間復本之後、甲乙之輩、鎮令違犯云々、甚以無其謂、於自今以後者、早可令停止之、如延応元年六月廿日仰、当市庭立札、可令触廻国中、若猶不拘御制者、可令注申在所幷交名之状、依仰執達如件、

延応二年五月十二日　　前武蔵守　判

修理権大夫　判

和泉国守護所

この条文中「延応元年六月廿日仰」とある。それに該当する具体的な史料はないが、「追加法」一一四・一一五の後に人倫売買訴訟に関する発令があり、それを受けて和泉国守護所に発せられたものということになる。そして、この条文の内容は、延応元年六月二十日、もしくは、この文書と同日の延応二年五月十二日に各国守護宛（和泉国以外にも）に発せられた可能性があり、このころには、改めて幕府から発令された人倫売買の禁令が各方面へ伝達されたといえる。

以上、延応元年五月一日の発令からその前後を概観した。救済という名目で、鎌倉幕府が人倫売買を許可することにより、従来の原則を破った結果、新たに浮上した問題の具体的な解明が今後の課題といえよう。

註

（1）以下、「追加法」の番号は『中世法制史料集』による。

（2）ここでいう人倫売買は奴婢以外の身分を対象とする売買のこととする。譜代の所従・下人（古代の法では奴婢）の売買は認められていたというのが、一般的な考え方である。

（3）「追加法」一一〇条に見える「勾引」については、人をかどわかして売ることであるので、親族や譜代の所従・下人の身を売ることとは区別されている。

（4）鎌倉市政を与える政所に、五月六日付で施行を命じたとする説もある。

参考文献

石井良助「中世人身法制雑考」（『法学協会雑誌』五六―八、一九三八年）

牧英正『日本法史における人身売買の研究』（有斐閣、一九六一年三月）

牧英正『人身売買』（岩波新書、一九七一年十月）

笠松宏至『日本中世法史論』（東京大学出版会、一九七九年）

入間田宣夫「泰時の徳政」（『百姓申状と起請文の世界』東大出版会、一九八六年）

上横手雅敬『北条泰時』（吉川弘文館、一九八八年）

岡邦信「鎌倉幕府法の制定過程について」（『中世武家の法と支配』信山社、二〇〇五年）

長又高夫「『御成敗式目』成立の背景」（『國學院大學日本文化研究所紀要』九五、二〇〇五年）

磯貝富士男「寛喜の飢饉と公武の人身売買政策」（『日本中世奴隷制論』校倉書房、二〇〇七年）

藤木久志「飢饉出挙の伝承――北条泰時伝・断章」（『鎌倉遺文研究』二四、二〇〇九年）

西谷地晴美「中世前期の災害と立法」（『日本中世の気候変動と土地所有』校倉書房、二〇一二年）

長又高男「寛喜飢饉時の北条泰時の撫民政策」（『御成敗式目編纂の基礎的考察』汲古書院、二〇一七年）

承久三年の六波羅
——北条時房・同泰時発給文書を通して——

菊池紳一

はじめに

承久三年（一二二一）五月十四日、後鳥羽上皇は挙兵し、北条義時追討の宣旨・院宣が五畿七道諸国に下され、承久の乱が勃発した。戦いの推移は省略するが、各地で官軍は敗れ、同年六月十五日鎌倉軍は京都に進駐した。後鳥羽上皇は、北条泰時に使者を遣わし、北条義時追討の宣旨を召し返し、兵士の狼藉を停止させるよう伝えている。翌十六日北条泰時・同時房は、京都六波羅館に入り、戦後処理を進めた。「鎌倉年代記」によれば、この日両六波羅が創立された(1)。

その後、後鳥羽上皇は高陽院から四辻殿に移され、土御門上皇、順徳上皇等は各々本所に還御。仲恭天皇は六月二十日に高陽院から閑院内裏に還幸している。

鎌倉に勝利の報が伝えられたのは六月二十三日で、早速官軍に属した公家や武士の処分が議され、翌日（二十四日）安東光成が使者として上洛、二十九日六波羅に着いている。この指示に基づき、七月一日には、首謀の公家等を断罪に処すよう宣旨が下され、以降粛々と処分が進められた。

後鳥羽上皇は、七月六日に四辻殿から鳥羽殿に移り、同八日に出家、同十三日配流地隠岐島に向かって下向した。順徳上皇は、七月二十日に岡崎第に移され、翌日配流地佐渡に向かって下向している。この間、七月八日摂政九条道家が罷免されて近衛家実が摂政に就任、翌九日に後堀河天皇が践祚、八月十六日に天皇の父入道行助親王（守貞）に太上天皇の尊号が贈られ、同二十三日後高倉法皇が大炊殿に移り院政を始めている。

本稿では、承久の乱以降、承久三年末までの推移の中で、占領軍の本拠六波羅に設置されたこの両六波羅（北条時房・同泰時）から発給された文書を、様式や宛所を中心に検討してみたい。承久の乱は、京都朝廷と鎌倉幕府の関係を大きく変えた戦乱であり、この時期承久三年は戦時から平時への移行時期であった。六波羅探題から発給された文書の様式も、その中で変化し、模索しつつ、大凡の固定化に向かったと推定する。その試行錯誤を垣間見てみたい。

一　北条時房及び同泰時の発給文書

最初に、この時期の文書目録を提示する(2)。「鎌遺」は『鎌倉遺文』の略称、○数字は巻数、漢数字は文書番号を示す。【表一】の文書名については、北条時房・同泰時連署の文書は六波羅を付し、各々単署の文書は文書名にその個人名を付した。なお、17（偽文書か）は考察から省いた。

【表一】　北条泰時と同時房の発給文書（承久三年）

No.	年月日	文書名	家分け	「鎌遺」	備考
1	承久三年六月二十二日	北条泰時書下案	肥前龍造寺文書	⑤二七五八	肥前国、「鎌遺」は「北条泰時禁制案」とする。
2	承久三年六月二十八日	北条泰時下知状写	予陽河野家譜	⑤二七六二	伊予国。「鎌遺」は「六波羅下知状」とする。
3	承久三年七月四日	北条泰時消息			美濃国守護所下文写（美濃長善寺文書、「鎌遺」⑤二七八八）に引用。
4	承久三年七月八日	六波羅書下案	河内金剛寺文書	⑤二七六三	河内国、「鎌遺」は「六波羅下知状案」とする。
5	（承久三年）七月十二日	北条泰時書状	島津家文書	⑤二七六五	島津氏。
6	（承久三年）七月十二日	北条泰時書状案	島津家文書	⑤二七六六	島津氏。
7	（承久三年）七月十三日	北条時房書状	大和春日大社文書	⑤二七六八	興福寺。
8	（承久三年）七月十五日	北条泰時書状案	島津家文書	⑤二七七六	島津氏。
9	承久三年七月二十四日	六波羅下知状	播磨後藤文書	⑤二七八二	後藤氏。
10	承久三年八月一日	六波羅下文	香宗我部家伝記文	⑤二七九一	土佐国、「下」なし。
11	承久三年八月十二日	六波羅下知状	高野山文書	⑤二七九六	紀伊国。

12	承久三年八月十三日	六波羅御教書	高野山文書	⑤二七九七	三浦氏。
13	承久三年八月十四日	北条泰時下知状	前田家蔵古蹟文徴	⑤二七九九	播磨国。「鎌遺（尊経閣文庫編）」に尊経閣古文書纂東福寺文書として再録。
14	承久三年八月十六日	六波羅下知状	山城鞍馬寺文書	⑤二八〇一	山城国。
15	承久三年八月十七日	六波羅下文写	根来要書	⑤二八〇二	紀伊国、「下」なし。「鎌遺」は「六波羅下文」とする。
16	承久三年八月二十一日	六波羅下知状写	豊前益永家文書	⑤二八〇六	豊前国、「任関東御下文旨」とあり。
17	承久三年八月二十三日	六波羅下知状写	後藤文書	⑤二八〇八	越後国、「鎌遺」は「本書擬うべし、」とする。
18	〈承久三年〉八月二十四日	北条時房書状	氷室文書	⑤二八一〇	丹波国。
19	承久三年八月二十五日	六波羅書下写	根来要書	⑤二八一五	紀伊国、「鎌遺」は「六波羅下知状」とする。⑤二八二〇参照。
20	承久三年八月二十五日	六波羅下文案	大隅桑幡家文書	⑤二八一六	大隅国、「鎌遺」は「六波羅下知状案」とする。
21	承久三年八月二十八日	六波羅下文案	薩藩旧記前編二国分寺文書	⑤二八一八	薩摩国、「鎌遺」は「六波羅下文」とする。
22	承久三年八月日	北条泰時書下写	黄薇古簡集一二	⑤二八二三	備前国、「鎌遺」は「北条泰時制札案」とする。
23	承久三年九月十二日	六波羅書下	紀伊興山寺文書	⑤二八三〇	紀伊国、「鎌遺」は「六波羅御教書案」とする。
24	承久三年九月十四日	北条泰時書状	久我家文書	⑤二八三一	播磨国、「鎌遺」は「六波羅御教書」とする。
25	承久三年九月十七日	六波羅下知状案	大隅桑幡文書	⑤二八三五	薩摩国、事書あり。連署は日下。
26	承久三年九月二十二日	六波羅下知状案	高野山文書	⑤二八三九	紀伊国、院宣。
27	承久三年九月二十二日	六波羅下知状案	高野山文書	⑤二八四〇	紀伊国、院宣。
28	承久三年九月二十四日	六波羅下知状写	芸藩通志一四〇鋳工甚太郎所蔵	⑤二八四一	東大寺鋳物師、院宣と関東御下文。
29	（年欠）九月二十九日	北条泰時書状写	薩藩旧記二国分寺文書	⑤二九一一	薩摩国、「鎌遺」は「北条泰時書状案」とする。内容から承久三年と推定した。
30	承久三年十月八日	六波羅下知状写	薩藩旧記二国分寺文書	⑤二八四六	薩摩国、「鎌遺」は「六波羅下知状」とする。
31	承久三年十月十八日	六波羅下知状案	京都大学所蔵東大寺文書	⑤二八五〇	周防国、院宣。
32	承久三年後十月七日	北条泰時施行状	久我家文書	⑤二八六六	播磨国、「鎌遺」は「関東御下知状案」とする。「鎌遺」⑤二八〇九参照。
33	承久三年閏十月十二日	六波羅書下	東寺文書千字文	⑤二八七一	備中国、「鎌遺」は「六波羅御教書」とする。
34	承久三年十一月六日	六波羅書下案	高野山文書	⑤二八八四	紀伊国、「鎌遺」は「六波羅下文案」とする。
35	承久三年十二月二十九日	六波羅書下	山城八坂神社文書	⑤二九〇四	丹波国、「鎌遺」は「六波羅下知状」とする。

北条時房・同泰時連署の発給文書には、①六波羅下知状、②六波羅下文（略式）、③六波羅書下（施行状を含む）、④六波羅御教書の四種がある。①は書止が「…之状、下知如件、」で二人の署判が奥下にあるもの（但し、正文で書下様式でも奥下に署判のあるものも便宜六波羅下知状とした）、②は冒頭に「下　（宛所）」が省略された文書で、最初に事書があり、本文末尾が「之状、所仰如件、以下、」で結ばれ、連署（署判）が奥下にあるもの、③は書止が「…之状如件、」で連署（署判）が日下（正文でないものは奥下にあるものも含む）にあるもの、④は本文末尾が「仍執達如件、」で奥下に連署（署名）のあるものとした。

単署の文書には、北条泰時単署の⑤北条泰時下知状、⑥北条泰時書下、⑦北条泰時施行状、⑧北条泰時書状（消息）、⑨北条時房書状の五種がある。北条時房単署の下知状、書下等はみられない。⑤は書止が「…之状、下知如件、」で署判が奥下にあるもの、⑥は書止が「…之状如件、」ので署判が日下にあるものである。⑧⑨の書状は、書止が「謹言、」あるいは「恐々謹言、」で署判が日下にあるものである。

時房・泰時連署の文書は、①が、9、11、14、16、25、26、27、28、30、31の十通と最も多く、時期も平均的に分布する。②は10、15、20、21の四通、③は4、19、23、33、34、35の五通で二番目に多い。④は12の一通である。

一方、泰時単署の文書は、⑤が2、13の二通、⑥が1、22の一通、⑦は32の一通で、書状様式では、⑧は、3、5、6、8、24、29の六通である。時房単署の⑨は、7、18の二通である。

二　北条時房・同泰時連署の文書

まず最初に、前述の①～④について具体的に検討してみよう。

①六波羅下知状（9、11、14、16、25、26、27、28、30、31）

前述したように、この時期最も多い文書様式である。

【表Ⅱ】　六波羅下知状（承久三年）

No.	承久三年月日	宛所	内容	分類	備考
9	七月二十四日	なし	故後藤基重の勲功賞の宛行	新恩給与	後藤基重後家宛カ
11	八月十二日	なし	高野山領南部庄より訴えられた武士の行動の件、先例通りに勤めよと命じる。	乱暴狼藉停止	紀伊国高野山

14	八月十六日	なし	鞍馬山住僧の訴える寺内の狼藉の件、住人等に搦め進めるよう命じる。	乱暴狼藉停止	山城国鞍馬山
16	八月二十一日	なし	宇佐宮領への甲乙人の濫妨を停止し、関東下文に任せて沙汰せよと命じる。	乱暴狼藉停止	高札の写、豊前国宇佐宮、「任関東御下文旨」
25	九月十七日	なし	宣旨に任せ正八幡宮領に対する武士の狼藉を停止せよ。	乱暴狼藉停止	薩摩国正八幡宮、事書あり。「任宣旨状」
26	九月二十二日	なし	高野山領相楽・南部庄について、僧徒が賜った院宣に任せて沙汰せよ。	乱暴狼藉停止カ	紀伊国高野山、「高野山僧徒申賜院宣」に任せて。
27	九月二十二日	なし	高野山領大田庄について、供僧が給わった院宣に任せて沙汰せよ。	乱暴狼藉停止カ	紀伊国高野山、「供僧等申給　院宣」に任せて。
28	九月二十四日	なし	東大寺鋳物師草部助延の通行税を院宣や関東下文に任せて免除する。	先例通り通行税免除	大和国東大寺、「任院宣并関東御下文旨」。
30	十月八日	なし	薩摩国の安楽寺領について、宣旨に任せて武士の狼藉を停止せよ。	乱暴狼藉停止	薩摩国、「任宣旨状」。
31	十月十八日	なし	周防国玉祖社領敷地について、院宣に任せ、旧跡通り牓示を打つべし。	社領の安堵	周防国、「(院宣)任宣下状」。

最初に様式等を確認するため、【表Ⅱ】の9・11を掲出する。

○史料一（承久三年七月二十四日の六波羅下知状、播磨後藤文書）

後藤六郎兵衛尉基重宇治河合戦之時、為御方致忠了、然者、後家住播磨国安田庄云々、早可令安堵、下知如件、

承久三年七月廿四日

武蔵守平（北条泰時）（花押）

相模守平（北条時房）（花押）

○史料二（承久三年八月十二日の六波羅下知状、高野山文書）

高野山領紀伊国南部庄事、近日事寄於武士、不随本所之所堪云々、事実者太不便次第也、早守先例、可致沙汰之状、下知如件、

承久三年八月十二日

武蔵守平（北条泰時）（花押）

相模守平（北条時房）（花押）

史料一は、承久の乱の時、御家人後藤基重の後家に対して、基重の宇治川合戦の軍忠に対する安堵状である。関東下知状と

比較すると、「依鎌倉殿仰」「依仰」という文言がない。また、史料二は、高野山領紀伊国南部庄から、近日理由を武士に寄せ本所の所堪に従わないとの訴えに対し、先例に任せ沙汰するよう命じた文書である。本文冒頭に事書が含まれる。この下知状も、「依鎌倉殿仰」「依仰」という文言がない。

他の14・16・25・26・27・28・30・31の八通について見てみると、「依鎌倉殿仰」「依仰」という文言がないことは共通する。内容では、新恩給与、乱暴狼藉停止、先例通りの所務沙汰、社領の安堵である。特徴は、16が豊前国宇佐宮領の案件で「任関東御下文旨、可致沙汰之状、下知状件、」と関東からの指示を受けたことを示す。一方、26・27・31各々は「高野山僧徒所申賜院宣也、任彼状、可致沙汰之状、下知状件、」、「供僧等申給　院宣、仍任彼状、可致沙汰状、下知状件、」、「任旧跡可打定牓示由、所被成下院宣也、」と院宣を受けたことを示す。28は冒頭の事書に「可早任　院宣并関東御下文旨」、本文に「彼鋳物師助延任院宣以下証状」と、院と関東両方からの指示があったことを示す。

しかし、ここに見える院宣や関東御下文は、具体的な年月日が示されておらず、訴人が提出した過去の証拠文書であった可能性が高い。文治元年、北条時政が上洛した時と同様に(3)、戦時の判断は、先例を参考に、北条泰時・同時房が裁決していた可能性が高い。

確認してみると、16の場合、承久二年九月三日と同年十二月二十七日に関東下知状(4)が出されているが、関係があるかは未詳である。25の大隅国正八幡宮領桑原郡及び弥勒寺領については、承久三年七月二十七日に官宣旨(5)が出されており、25の本文中に見える「任宣旨状」はこれを指すものとみられる。訴人はこの官宣旨を訴状と共に提出し、六波羅下知状が発給されたのである。11、26、27は紀伊国高野山領に関するものである。相楽・南部両庄については、承久三年九月二十日に後高倉上皇院宣が出されて高野山蓮華乗院領として認められ、翌日に東寺長者宣によってこの旨が検校法橋御房（覚海）に伝えられている(6)。26に見える「高野山僧徒申賜院宣」とはこれを指すのであろう。この場合も訴人はこの院宣を添えて訴状を提出し、六波羅下知状が発給されたのである。27の場合も同様で、承久三年九月十七日の後高倉上皇院宣(7)を添えて訴状を提出したのである。

②六波羅下文（10、15、20、21）

【表Ⅲ】　六波羅下文（承久三年）

No.	承久三年月日	宛所	内容	分類	備考
10	八月一日	なし	大炊寮便補土佐国香宗我部保の兵粮米以下の狼藉を停止せよ。	兵粮米停止	土佐国
15	八月十七日	なし（守護所カ）	紀伊国高野山伝法院領への守護所の沙汰を停止せよ。	兵粮米停止	紀伊国
20	八月二十五日	なし	弥勒寺領大隅正八幡宮領等への武士の狼藉を停止する。	武士の乱暴狼藉停止	大隅国
21	八月二十八日	なし	安楽寺領天満宮并寺領への武士の狼藉を停止する。	武士の乱暴狼藉停止	薩摩国

冒頭の「下　（宛所）」が省略され、事書があり、書止めが「所仰如件、以下、」（20・21）あるいは「…之状如件、以下、」（10、15）で結ばれる文書である。10を掲出する。

○史料三（承久三年八月一日の六波羅下文、香宗我部家伝記文）

　可早停止兵粮米催大炊寮便補土左国香宗我部保事

右、件保重色異他、早可令停止兵粮米催已下狼藉之状、所仰如件、以下、

　　承久三年八月一日

　　　　武蔵守平（北条泰時）（花押）
　　　　相模守平（北条時房）（花押）

②の特徴は、承久三年八月だけに見られる文書様式で、様式が下文から下知状に移行する途中の様式と考えられ、①と同様奥下に署名がある。用法としては、西海道と南海道に宛てたもので、①と比べて院宣等に任せてという文言がない点であろう。

③六波羅書下（4、19、23、33、34、35）

六波羅書下は、前述したように、二人連署の文書では二番目に多い。

【表Ⅳ】　六波羅書下（承久三年）

No.	承久三年月日	宛所	内　容	分類	備　考
4	七月八日	なし（金剛寺宛カ）	河内金剛寺への所務妨害は停止せよ。もし犯すものがいたら交名を注進せよ。	乱暴停止	河内国
19	八月二十五日	なし（紀伊国守護）	高野山伝法院領荘園について、紀伊国守護人の押領を停止せよ。	守護押領の停止	紀伊国、守護三浦氏の施行状（「鎌遺」⑤二八二〇）が残る。
23	九月十二日	なし（紀伊国守護代）	高野山領に対する守護使・守護代の乱暴を停止せよ。	乱暴停止	紀伊国
33	閏十月十二日	備中守護所	宣旨・関東下知状に任せ、兵粮米責及び守護所の非法を停止せよ。	乱暴停止	備中国
34	十一月六日	なし（湯浅宗光）	湯浅宗行に、紀伊国阿弖河庄等の地頭職を安堵する。	所領安堵	紀伊国。「任関東御下文」とあり。
35	十二月二十九日	なし	祇園社領丹波国波々伯部保について、関東下知状に任せて、社家の進止とせよ。	所務沙汰の安堵	丹波国。署判は奥下。

③は書止が「…之状如件、」「…之状、所仰如件、」で、連署（署判）が日下（正文でないものは奥下にあるものも含む）にある文書である。内容は、乱暴停止や所務沙汰の安堵、所領の安堵であり、①との用法とほぼ同じである。例として4と33を左記に示す。

○**史料四**（承久三年七月八日の六波羅書下、河内金剛寺文書）

自関東送金剛寺札云、
河内国金剛寺者、御室御領也、云有限御年貢已下庄務、云運上之路次、不可有其妨也、其上猶於不拘東制法者、勘所犯之主、搦取其身、見寄宿之所、可令注進交名之状如件、

承久三年七月八日

（北条泰時）武蔵守平（花押）

（北条時房）相模守平（花押）

○**史料五**（承久三年十一月六日の六波羅書下、高野山文書）

紀伊国　阿弖河庄　保田庄　田殿庄　石垣庄　地頭職事

前兵衛尉宗光（湯浅）、任関東御下文、如元可安堵之状如件、

承久三年十一月六日

武蔵守（北条泰時）御判

相模守（北条時房）御判

史料四は、冒頭や本文に事書にあたる部分はない。河内国金剛寺からの訴えに対し、発給された書下である。宛所は未詳であるが、河内国を管轄する武士を対象に発給された文書であろう。また、史料五は、冒頭に事書がある。御家人湯浅宗光に対し、「関東御下文」に任せて地頭職を安堵する旨を伝えた施行状である。この「関東御下文」は承久三年閏十月十二日の関東下知状案[8]が該当する。後述する⑧北条泰時施行状を始として、閏十月頃から、関東の指示を受けた施行状が現れてくる。

33は備中国の守護所宛である。事書に「任宣旨・関東御下知状」とあるが、「副下」されているのは「宣旨」である。この宣旨は承久三年十月二十九日の備中国宛の官宣旨[9]に該当する。関東下知状は確認できないが、おそらく、最勝光院から宣旨を添えて訴えが出され、六波羅の二人が判断して新見庄に対する乱暴を停止するよう命じたのであろう。

次に35について確認する。本文中に「任関東御下知状」[10]とある。おそらくこれに該当する関東からの指示を示す文書は、承久三年閏十月十四日の北条時房宛の関東御教書であろう。後述するように、丹波国が北条時房の管轄国だとすれば、鎌倉から時房宛に指示が出され、時房・泰時連署の書下が発給されたことになる。[11]

④六波羅御教書（12）

12の一通だけが残る。様式は、下知状同様「依仰」が無く、書止めが「仍執達如件、」であり、宛所（三浦又太郎殿）が記載される。

○史料六（承久三年八月十三日の六波羅御教書案、高野山文書）

（端裏書）
「関東御下知状案承久三八十三 兵粮米免除事」

高野山領政所・名手・荒河三ケ所者、任先例免除兵粮米了、而猶守護所使乱入、令殺害名手庄住民云々、事実者、太不当次第也、可令尋沙汰給也、又荒河庄兵粮米使、自守護所乱入追補庄庫云々、不便事也、早尋明両条、停止狼藉、可糺返追補候

也、仍執達如件、

承久三年八月十三日

武蔵守平（北条泰時）在判

相模守平（北条時房）在判

三浦又太郎殿

一般的に御教書は、平安時代以来、三位以上の公卿が、その家司を奉者にして、主人の命を出した奉書形式の文書で本来私的な性格を持っていた。鎌倉時代になると六波羅や鎮西両探題が差出になる直状形式の上意下達文書になっていったとされる。

本文書は、書止が「執達如件、」であるが、「依仰」等の文言はない。端裏書に「関東下知状案」とあるように、下知状と認識されていた可能性が高い。直状の原則である署名が日下になく、奥下にあることもそれを裏付ける。案文であるからだけではなさそうである。文書様式が定まっていない時期の所産であろう。

内容は、鎌倉時代には高野山領三か所には先例に任せ兵粮米が免除されていた。ところが、名手庄では守護所使が乱入し荘民を殺害した。荒河庄では守護所が乱入し荘庫を追補した。この二点について早く尋究するよう紀伊国守護三浦氏に命じた文書である。用法としては、守護に対する指示で、一時的なものである。この様式は本文書一点だけであり、②同様一時的なものと考える。

以上、北条時房・同泰時連署の文書のうち、①②③④は、上意下達文書文書で、内容は①②③は所領安堵、恩賞、武士の乱暴停止等、証拠文書となる文書で、④は事務的な指示・連絡に用いられた。①②③の用法の違いは、①は多くは訴人から提出されたと推定される関東下文、院宣に任せて沙汰する文言が付随する（十通のうち七通）。②の四通は承久三年八月だけに発給されており、対象に畿内近国はない。③は六通のうち三通に宣旨あるいは関東下知状に任せ沙汰する旨の文言がある。但し、①②③の用法に大きな違いは指摘できない。

また、発給対象を見ると、畿内近国は、①の14・28と③の4の三通、山陽道は①の31と③の33の二通、南海道は①の11・26・27、②の10・15、③の19・23・34と④の12の九通、西海道は①の16・25・30と②の20・21の五通である。南海道が多いのは高野山関係が九通のうち七通と多くを占めることによる。

三　北条泰時及び同時房単署の文書

次に、北条泰時、同時房の単署の文書を検討する。まず北条泰時単署の文書であるが、【表Ⅰ】の1～3、5、6、8、13、24、32と九通を数え、承久三年八月までに発給された文書が多く、その後減少する。その種類は⑤下知状（二通）、⑥書下（一通）、⑦施行状（一通）、⑧書状（五通）で、書状が半分を占める。

一方、北条時房単署の文書は7、18の二通だけで、両方共に⑨書状である。これらを宛所、内容、分類等でまとめたのが、【表Ⅴ】である。

【表Ⅴ】 北条泰時と同時房の発給文書（承久三年）

北条泰時単署

No.	承久三年月日	様式	内容	宛所	備考
1	六月二十二日	書下	肥前国佐嘉御領内末吉名の狼藉を停止せよ。	なし	肥前国
2	六月二十八日	下知状	伊予国住人河野通信を追補せよ。	なし	伊予国
3	七月四日	仮名カ消息	郡上三郎の奉公により、鷲見郷を安堵せよ。	美濃国守護所	美濃国守護所下文（「鎌遺」⑤二七八八）に引用。
5	七月十二日	仮名書状	嶋津忠時の勲功を関東に報告する旨を伝える。	嶋津忠久	
6	七月十二日	仮名書状	嶋津忠時の勲功を報告する。	藤内左衛門尉	宛所は鎌倉の吏僚か。
8	七月十五日	仮名書状	嶋津忠久への返書。嶋津忠時の奉公を賞す。	嶋津忠久	
13	八月十四日	下知状	播磨国河内・厚利郷に対する、兵粮米以外の非分の沙汰を停止する。	なし（播磨守護代カ）	播磨国
22	八月日	書下	鎌倉殿御祈祷所八塔寺への乱入狼藉を停止する。	なし	備前国
24	九月十四日	書状	播磨国這田庄・石作庄に対する守護所使の入部を停止する。	安保馬允（実員）	播磨国
29	九月二十九日	書状	上洛した賀児島馬丞の子二人をすぐに帰国させる。	壱岐前司	薩摩国
32	後十月七日	施行状	関東下知状案を示し、播磨国這田庄・石作庄に対する守護所使の入部を停止する。	安保主馬允（実員）	播磨国

北条時房単署

№.	承久三年月日	様式	内容	宛所	備考
7	七月十三日	書状	尊重法印を興福寺が満寺協力して捜索して欲しい旨を申し入れる。	興福寺別当僧正（雅縁）	大和国興福寺
18	八月二十四日	書状	丹波国氷室使司等の訴えについて、早く沙汰するよう指示する。	なし（丹波守護代カ）	丹波国

⑤北条泰時単署の下知状（2、13）

二通ある下知状のうち2を掲出する。

○史料七（承久三年六月二十八日の北条泰時下知状写、予陽河野家譜）

伊予国住人河野四郎通信称帯院宣、相率一族并当国之勇士等、致合戦之間、為一方張本、早合一揆之力、励忠戦之功、不日可令召進其身、随凶徒於図逆節之輩者、遣軍兵可令征伐之条、依鎌倉殿仰、下知如件、

承久三年八月十三日

武蔵守平（北条泰時）在判

この文書は、承久の乱後の戦後処理に関わる文書である。伊予国住人河野通信は、京方につき逃亡した。京都に進駐した北条泰時は、伊予国御家人に対して、すぐに通信を召進めるよう命じた文書である。河野氏は、源平合戦の際に源頼朝に呼応して平家を討った一族で、伊予国では御家人として大きな存在であった。戦時の謀反人追補に関する内容のためか、本文末の書止めが「依鎌倉殿仰、下知如件、」と「鎌倉殿の仰せ」を強調した表現となっている。

それに対し、13は播磨国に発給された文書で、書止めは「下知如件、」だけである。内容は、播磨国河内・厚利郷に対する「参升米」（兵粮米）を除く課役催徴を禁じた下知状である。播磨国は、承久の乱の直前まで後鳥羽院の知行国（院分国）であり、守護は在京人で院の西面であった後藤基清であった。(12) 京都に進駐した北条泰時は、この播磨国を没収し、兵粮米料所としたのではなかろうか。

播磨国については、24の書状と32の施行状があるが、両文書とも宛所は守護代安保実員宛である。実員は泰時の岳父にあたる。

なお、播磨国の守護は、遅くとも貞応二年には小山朝政が補任されている[13]。

播磨国と似た例に美濃国がある。3の北条泰時書状は、承久三年七月日の美濃国守護所下文写に「今月四日可賜武蔵守御消息云、郡上三郎今度自鎌倉奉付御共令上洛之上、件郷相伝之由云々、」と引用された消息である。美濃国も、承久の乱直前まで後鳥羽院の知行国であり、守護は京都守護で院方となった大内惟義であった[14]。この下文の発給者「守護所源　御書判」は美濃国にいた守護代と考えられる。

⑥北条泰時単署の書下（22、32）

22を掲出する。

○**史料八**（承久三年八月日の北条泰時書下写、黄薇古簡集十二）

八塔寺（備前国）者清浄結界地也、且為鎌倉殿御祈祷所云、因茲自三州堺外、悪党之狩猟人等、件於寺仲不可乱入狼藉之状如件、

承久三年八月　日

武蔵守（北条泰時）在判

史料八は、書止が「…状如件、」で、指出が日下にある。鎌倉殿御祈祷所を理由に備前国八塔寺の寺中への乱入狼藉の停止を命じたものである。

⑦北条泰時単署の施行状（32）

32北条を掲出する。

○**史料九**（承久三年後十月七日の北条泰時施行状、久我家文書）

播磨国這田庄（美嚢郡）并石作庄（宍粟郡）事、守護所使不可入部之由、関東御下知状案如件、令止使入部給之状如件、

承久三年後十月七日

武蔵守（北条泰時）（花押）

史料九は、関東下知状案を提示して、守護使の入部を禁じた施行状である。ここに記載される「関東御下知状案」は、承久三年八月二十四日の関東下知状[15]に該当する。事実書きに「関東御下知状案」とあり、書止が「…状如件、」、差出が奥下にあり、先述した施行状の様式を備えている。

⑧北条泰時書状（消息、3・5・6・8・24、29）

文書様式は、5・6・8は年号がなく、24は年号がある。書止については、3は引用なので不明であるが、5は「謹言」、6は「恐々謹言」、8は「恐々謹言」、24は「謹言」である。このうち署名は5・6・8が「武蔵守（花押）」、24が「（花押）」のみである。宛所は、3・24が守護代あるいは守護所宛、5・8が嶋津忠久、6が幕府の吏僚と推定する。内容は、3・24が守護代あるいは守護所への指示、5・8が嶋津氏の戦功を確認する手紙、24はその嶋津氏への勲功賞に関する報告と考えられる。

⑨北条時房書状（7・18）

7と18を掲出する。

○**史料十**（〈承久三年〉七月十三日の北条時房書状、大和春日神社文書）

尊長法印事、被捜尋之程、令猶予候之処、甲乙之輩寄事於左右、非啻致濫吹、剰不拘制法時者、満寺合力、可令搦取其身給、若猶梟悪余、於不堪禁遏者、注給交名、可令尋沙汰候、恐々謹言、

（承久三年）七月十三日　相模守（北条時房）（花押）上

興福寺（雅縁）別当僧正御房

○**史料十一**（〈承久三年〉八月二十四日の北条時房書状、氷室文書）

丹波国神吉氷室司等訴事、早可相尋子細候也、又件地未補地頭候、追可沙汰候也、謹言、

「承久三年」八月廿四日　相模守時房（北条）

文書様式は、二通とも年号を付けない。書止等は、7は「恐々謹言」に「上」の下付があり、署名も「相模守（花押）」である。これは丁寧な書式で、宛所が興福寺別当という京都周辺の寺社権門に該当するからであろう。それに対し18は「謹言」である。丹波国が時房の管轄国だとすれば、宛所は守護代と考えられる。(16)なお、丹波国は、前述した美濃国や播磨国と同様に、承久の乱直前まで後鳥羽院の知行国であった。(17)

まとめにかえて

本稿は、承久の乱後、承久三年の六波羅に駐留した北条時房・同泰時二人に関わる発給文書を、戦時の文書という前提で、検討してみた。

泰時・時房二人連署の文書のうち、六波羅下知状は承久三年十月頃まで、②六波羅下文は承久三年八月の一時期に見られる文書様式であることが確認できた。(18)④も②同様一時的な文書様式である。(19)③六波羅書下は、ほぼこの一年間に見られる文書様式である。(20)①は訴人の主張に従って、「院宣」「宣旨」等に任せて裁許している例が多いことが確認できた。すなわち案件ごとに鎌倉に注進し、あるいは朝廷に申請し、その沙汰を受けて裁許していたわけではない。これは、文治年間の源義経や北条時政の場合と共通する。③の場合は、承久三年閏十月頃から関東の指示を受けて発給されている。内容は①③ともに乱暴停止が多く、その他所務の安堵や所領の安堵がある。

泰時・時房各々単署の文書のうち、泰時発給文書は、西海道（九州）と南海道（四国）宛と管轄国である播磨・美濃両国宛のもので占められる。一方時房発給文書は、畿内近国の寺社権門、管轄国の丹波国宛のものが残る。上記が戦時である承久三年段階の二人の大凡の分担であろう。

この戦時から平時への移行は徐々に進められた。その発端が後高倉院の擁立と院政の再開であったと思う。この時皇室領荘園は後高倉院に返還される。国単位で考えると、当初後鳥羽院の知行国美濃国・丹波国・播磨国はおそらく兵粮米所として没収されるが、美濃国は嘉禄二年には藤原隆仲の知行国辞退が確認でき、(21)丹波国は承久三年七月二十八日に高倉院の知行国（御分国）になっており、(22)播磨国は嘉禄二年九月四日に平範輔の知行国であることが確認できる。(23)

一方武家側で平時に戻る時期を守護の補任から見てみよう。美濃国は北条泰時の在任は貞応二年まで確認できる。丹波国は時房の鎌倉下向後も守護であり、その子孫に相伝される。平時への画期は不明である。播磨国は貞応二年三月以前に小山朝政が復帰している(24)。平時以降の画期は様々考えられるが、徐々に進行したことは確実であろう。

註

（1）「鎌倉年代記」裏書と六波羅承久三年条（『大日本史料』第四編之十六、三四五頁）。「太平記」一にも「同（承久）三年ニ始テ洛中ニ両人ノ一族ヲ居テ、両六波羅ト号シテ、西国ノ沙汰ヲ執行ハセ、京都ノ警衛ニ備ラル、」と見える（同前）。なお、この時期の六波羅発給文書については、久保田和彦「六波羅探題発給文書の研究――北条泰時・時房探題期について――」（『日本史研究』四〇一）、北条時房、同泰時の守護については伊藤邦彦『鎌倉幕府守護の基礎的研究（国別考証編）』がある。参照されたい。

（2）「鎌遺」は⑤二八八五に後欠六波羅御教書案（高野山文書）を掲載するが、六波羅発給か未詳、年代も未詳であり、本表から除いた。関連文書⑤二八七三・二八八四を参照。

（3）拙稿「北条時政発給文書について」（本書所収）。

（4）前者は豊前益永家文書（「鎌遺」④二六四五）、後者は同じく豊前益永家文書（「鎌遺」⑤二六九四）。

（5）官宣旨案（大隅桑幡家文書、「鎌遺」⑤二七八六）。

（6）前者の院宣と後者の東寺長者御教書は、高野山文書宝簡集二三所収。「鎌遺」⑤二八三七・二八三八。

（7）高野山文書宝簡集二（「鎌遺」⑤二八三三）。

（8）高野山文書続宝簡集七八（「鎌遺」⑤二八七三）。

（9）東寺文書甲号外（「鎌遺」⑤二八五六）。

（10）山城八坂神社文書（「鎌遺」⑤二八七五）。

（11）35は、事実書の末尾が「…状如件、」という書下様式の特徴を持つ。但し、二人の署名を見ると奥下にある。書下（直状）は署名が日下にあるのが原則である。こうした例は、後述する⑧の32（北条泰時施行状）を始め、承久四年四月五日の六波羅施行状（久我家文書、「鎌遺」⑤二九四二）、貞応二年九月二十一日の六波羅施行状（淀稲葉文書、「鎌遺」⑤三一五八）、貞応二年九月二十二日の六波羅施行状（早稲田大学所蔵文書、「鎌遺」⑤三一五九）などがある。こうした様式（事実書の中に「任関東御下知状」「任関東御下文」等の文言が含まれ、事実書の末尾が「…状如件、」、署名が奥下にある）の文書を「六波羅施行状」と呼ぶことにしたい。なお、時代が下ると「任関東御下知状」の年月日が特定されるようになる。寛喜元年七月十九日の六波羅施行状案（土御門文書、「鎌遺」⑥三八四九）の「任去月廿四日関東御下知状」、天福元年八月廿三日の六波羅施行状（東大寺要録二、「鎌遺」⑦四五五一）の「任去七月九日関東御下知状」がそれにあたる。

（12）播磨国は、後白河院政の時から院の御分国（知行国）となっており、建暦元年正月二十六日（『公卿補任』承久元年藤原範基条）と建保元年十二月十五日（『明月記』同日条）が確認できる。なお、院分国＝院の知行国については、拙稿「「院分」の成立と変遷」（『国史学』一二八号、昭和六十一年）参照。守護については、伊藤邦彦『鎌倉幕府守護の基礎的研究（国別考証編）』を参照されたい。

（13）伊藤邦彦『鎌倉幕府守護の基礎的研究（国別考証編）』。

（14）美濃国は、後白河院政の時から院の御分国（知行国）となっており、建暦二年十二月十日（『公卿補任』承久元年高階経時条）が確認できる。守護については、伊藤邦彦『鎌倉幕府守護の基礎的研究（国別考証編）』を参照されたい。

（15）久我家文書（『鎌遺』⑤二八〇九）。

（16）伊藤邦彦『鎌倉幕府守護の基礎的研究（国別考証編）』を参照されたい。

（17）院分国については、建久九年四月二十一日（『伏見宮御記録仙洞移徙部類記』）と承元四年正月十四日（『公卿補任』承久元年藤原知家条）が確認できる。

（18）註（1）久保田氏論文の目録（表Ⅰ「北条泰時・時房発給文書一覧（六波羅探題時代）」でも、翌貞応元年以降も見られない。

（19）註（18）久保田目録では、貞応元年以降にこの様式はみられない。

（20）註（18）久保田目録では、下知状は減少し、書下が多くなる。

（21）『明月記』嘉禄二年十月一日条で藤原隆仲の知行辞退が確認できる。

（22）『承久三年四年日次記』同日条及び『公卿補任』元仁元年藤原光俊条参照。

（23）『明月記』嘉禄二年九月四日条参照。播磨守は平信広で、在任は嘉禄元年正月二十三日から寛喜三年八月二十九日まで確認できる（『国司一覧』、『日本史総覧』Ⅱ所収）。

（24）註（16）伊藤氏論攷参照。

北条実時と小侍所発給文書

永井　晋

はじめに

『吾妻鏡』の編纂に小侍所の資料が使われているのではないかという指摘は、石田祐一「放生会と弓始の記事について」(『中世の窓』八号、一九六一年)を嚆矢とする。これは、『吾妻鏡』編纂資料に関する重要な指摘であった。小侍所発給文書は、鎌倉幕府の組織内で完結するため、朝廷の算博士三善為康が編纂した文例集『朝野群載』のような史料の残っていない鎌倉幕府には政務運営の途中経過を示す貴重な内部文書の資料群になる。現状は『吾妻鏡』に収録された文書や書状等に残るわずかな記載にすぎないが、それでも石田氏の考察を逆の流れで検討していくと、小侍所の仕事を運営していくために作成された文書の流れを復元することができる。

筆者は、既に拙稿「鎌倉幕府垸飯の成立と展開」(『日本中世政治社会の研究』続群書従完成会、一九九一年)、「鎌倉幕府の的始」(『金沢文庫研究』二九六号、一九九六年)、「『吾妻鏡』にみえる鶴岡八幡宮放生会」(『神道宗教』一七二号、一九九八年)で鎌倉幕府の年中行事について整理をしている。また、「鎌倉幕府将軍家論——源家将軍と摂家将軍の関係を中心に——」(『国史学』一七六号、二〇〇二年)では、鎌倉時代前期の将軍権力について儀礼から考察をしている。北条実時についても、拙著『金沢北条氏の研究』(八木書店、二〇〇六年)で「北条実時論」を書き下ろしている。(1) これらの研究成果を前提に、小侍所の政務とそのために作成した文書を整理したいと考える。

一　金沢家と小侍所関連資料

小侍所は、承久元年正月に将軍源実朝が暗殺された後、七月二十八日に鎌倉幕府が侍所の中から将軍御所に出仕して将軍家を親衛する御家人を選抜し、その人々を管理する役所として新設したことに始まる。初代別当には、北条重時が就任した。(2)北条重時は、貞応二年十月十三日に、将軍家の側に出仕して祇候する近習番を定めた。(3)これが小侍所作成文書が『吾妻鏡』に収録された初例で、この番帳の三番筆頭に「陸奥五郎（実泰）」がみえる。重時の時代であるが、実泰が番帳に入っていることから、金沢家が書写した番帳と考えることもできる。金沢家が写本を保存していたと考えれば、『吾妻鏡』編纂のために金沢家が提供した小侍所関連の最初の史料となる。

寛喜二年三月二日、北条重時は六波羅探題に補任されて上洛することになり、後任に北条実泰が就任した。(4)北条泰泰を初代とする金沢家は、元仁元年に北条泰時が家督を継承した時に成立した分家なので、鎌倉幕府の中に重代の職とよばれる先例によって裏打ちされる実績をもつ役職を持たない。小侍所別当就任は、金沢家が鎌倉幕府の中に足場を築いていく最初の足がかりとなった。金沢家には、小侍所関連資料を収集・保存し、継承していく必要性があったことになる。また、北条実泰から実時への家督継承の時、執権北条泰時が実時を後見するといって周囲の反対を押し切り、実泰から実時への小侍所別当譲任を承認させている。これによって、金沢家は、小侍所別当を重代とする家として、鎌倉幕府の中に地位を築くことができた。(5)

二　小侍所の職務と作成した文書

小侍所の職務を大きくわけると、（1）将軍御所に出仕する人々の管理、（2）将軍家出御の行列編成、（3）小侍所が主管する年中行事の運営、（4）鎌倉幕府年中行事の中で割り振られた役の運営、（5）非常時における将軍家護衛及び将軍御所の守備ということになる。以下、この五項目に関する職務の運営と文書発給をみていこう。

鎌倉幕府は、組織を運営していくためにいくつもの番帳を整備していたが、その中で小侍所が担当となって管理した番帳が、小侍所番帳である。『吾妻鏡』に小侍所番帳を掲載した条文はないが、番帳作成に関する条文はいくつかある。(6)小侍所番帳に記載された御家人を、小侍所簡衆とよぶ。朝廷が官人の出勤・欠勤を示す「日給簡」に類するものを鎌倉幕府も作成し、小侍所職員は将軍御所の掲示板にかけれた「簡」を見て御家人の出勤・欠勤や在・不在を確認していたのであろう。出退勤の管理については、出勤した御家人は着到状を二通用意し、一通は勤務場所である小侍所に提出し、もう一通は執権北条時頼に提出することになっていた。(7)小侍所は、着到状をもとに、勤務記録をつくっていたことになる。その上で、清書されたものが小侍所に渡され、管理台帳となる。(8)番帳の改編や新たな編成は幕府上層部の判断で行われ、担当に指名された人物が素案を作ることになる。

（2）の行列編成について次に述べる。鎌倉幕府草創期は、将軍家出御の行列はその都度編成されていた。大倉幕府と鶴岡八幡宮は隣接しているので、近隣に移動するだけであれば外出用の護衛ですんだ。鎌倉時代中期になって、鎌倉が大都市になると、鎌倉で若宮小路を通る行列は、沿道に集まった人々の鑑賞の対象となった。行列が鎌倉幕府の中における地位を示す表象となることで、行列に連なる人々は並ぶ位置を意識するようになった。行列の編成が複雑なパズルをくみ上げるような作業になってくると、それを専管する役所と行列編成の基準の明確化が必要になってくる。その業務を分掌したのが小侍所である。

寛元元年七月十七日は、小侍所別当北条実時が担当となって、将軍家の臨時出御に供奉をする御家人の結番を定めた。(9)臨時の行列編成は突然な話なので、まず編成表をつくった上で該当する人物が鎌倉に居るか否か、参列できるか否かを確認していると、準備が遅れることがあるというのが新たな番帳作成の理由である。この番帳は全文が載せられているので、上旬五十人、中旬四十九人、下旬四十九人と編制の規模がわかる。この中から、小侍所は必要な人数に声をかけることになる。この交名は、二階堂行方が小侍で清書をして張り出したというので、小侍所簡衆は出仕した時に確認する前提になっている。

（3）小侍所が主管した年中行事に、正月的始がある。正月的始の詳細な解説は拙論にゆずり、本稿では的始の運営と文書発給のみを述べる。

北条実時が的始奉行として見える初見は『吾妻鏡』暦仁元年正月二十日条には「射手事、昨夕俄於御前被仰合于如始義村（ママ）、為催促被下日記於陸奥太郎云々」と記されている。将軍家は三浦義村を御前に招いて人選を行った結果「日記」を、小侍所別当北条実時に渡した。これを受けて、小侍所は射手への連絡と諾否の確認、当日使用する書類の作成にかかることになる。鎌倉幕府の的始は、国立公文書館所蔵「御的日記」や『吾妻鏡』に記録されている。そこには、勤めた射手と的中か否かが記録されている。これらの元になる記録を毎年作成したのが、小侍所である。

的始の準備は、前年末に第一次の人選を行い、その中で射手をつとめることを承諾した者を集めて、的調（試射）を行う。(10)的調に招く射手の選考は、まず小侍所が素案を作成し、将軍・執権に上申して承認を得る。それらを受けて、小侍所が廻状を作成し、朝夕雑色に射手候補を廻らせて伝達する。正月的始の的調の廻状に対する辞退の理由と、本番となる正月十一日の射手に対して廻された廻状が、『吾妻鏡』建長五年正月九日条に収録されている。

『吾妻鏡』建長五年正月九日条

九日、戊子、於前濱被撰御的射手、雖令参向、多以有申障之輩、

武田五郎七郎雖参弓場、加灸治之由申

二宮弥次郎有難治故障云々

桑原平内雖参弓場、所労之後、不歴幾日数之間、故障申

右近三郎子細同前

薩摩十郎所労之由申

佐々宇左衛門三郎在国

横溝七郎五郎在国

平井八郎在国、但今明之間、可参之由申

以所残之人数、有其試云々、一五度射之

早河次郎太郎　　山城次郎左衛門尉

佐々宇左衛門三郎　　海野矢四郎

佐貫弥四郎　　真板五郎次郎

佐貫七郎　　周枳兵衛四郎

多賀谷弥五郎

射訖之、撰定散状、奥書之様、

右明後日十一日、可有御弓場始、卯剋以前、可致参勤之状、依仰所廻如件

建長五年正月九日

小侍所の朝夕雑色は的調の射手に廻状を持参して趣旨を伝達し即答できる回答を確認すると、次の射手に向かう。(11) 後日の場合、連絡を受けた的調の射手は諾否の回答を小侍所に伝える。即答の必要はないが、辞退する場合は正当な理由が必要になった。小侍所が作成した廻状は朝夕雑色が持ち帰るので、原本は小侍所が保管する。的調廻状の回答を受けて小侍所は的調を実施し、その結果を受けて将軍家の裁可を得た後、本番となる正月十一日の射手に伝えるための廻状を作成し、朝夕雑色に持たせて伝達する。

当日は、射手の名前と射る回数分の〇をつけた記録用紙を用意しておいて、的中した場合に塗りつぶすことで記録を取っていく。(12)

（4）小侍所は、年中行事における将軍家出御の行列や人の配置を管理する。（2）は臨時の御出の事例であるが、（4）は年中行事の場合である。（2）は単独の行事であるが、（4）は大きな儀式の中の一部門である。同じ人に複数の役を重ねて割り振ったり、特定の人に重ねて役を割り振ったりという配分の上での配慮、儀式は鎌倉幕府の秩序を表象するので身分相応の役を割り振る配慮、鶴岡八幡宮を会場とした神事が多くなるので服忌令に該当する人物を外すことなど、さまざまな配慮をした上で人の配置表をつくっていくことになる。役を割り振られた人物からの辞退の回答や配分された役に対する不満をよせられることも多く、再調整が繰り返される作業となる。本稿では、鶴岡放生会の行列編成を中心にみていこう。以前執筆した拙論から、(13) 行列編成の手順を列記すると、まず第一に、小侍所は供奉人全体を記したリスト「放生会参宮供奉人惣記（以下惣記）」を作成し、執権に提出する。(14)「惣記」は執権から将軍に進覧され、将軍の御前で検討された結果が小侍所に戻される。(15) これをもとに、小侍所は廻状を作成して役を割り振られた御家人に伝達する。この文書は残っていないが、文例としての雛形が『吾妻鏡』には収録されている。

『吾妻鏡』建長五年七月九日条

九日、乙酉、随兵事、今日被廻散状、書様

右、来八月放生会可有御社参、各帯布衣可致供奉之状、依仰所廻如件、

右、来八月放生会可有御社参、各為随兵可致供奉之状、依仰所廻如件、

右、来八月放生会可有御社参、各兼可致参向廻廊之状、依仰所廻如件、

『吾妻鏡』建長五年七月十日条

十日、丙戌、直垂着供奉人催促、同昨日云々、

将軍家が鶴岡放生会に出御するための行列の、先陣・後陣の随兵役、狩衣を着て将軍家の御後に並ぶ布衣、将軍家の左右を帯剣して護衛する直垂、鶴岡上宮回廊で将軍家の御成を待ち、将軍家と共に舞楽を観る廻廊祗候、この割り振り案を作成し、将軍家の裁可を得た後に該当者に伝達をすることになる。これらの役は御家人の巡役と鎌倉幕府法で定められているので、該当者は小侍所簡衆に限定されていなかった。(16) そのため、即答の難しい場合もあり、回答も遅れた。

法橋長専書状（『秘書』紙背文書、『鎌倉遺文』七六八六号）

御放生会随兵役事、以廻文被相催候之上、掃部助殿御奉行にて、如此被仰下て候也、忩可令申御返事給候之由、被御使申候也、以此趣可有御披露候、恐々謹言、

七月六日　　　　　　法橋長専（花押）

進上　富木入道殿

千葉氏が鎌倉に常駐させた代官法橋長専は、在国する富木常忍に対し、小侍所別当北条実時が廻状でこの年の鶴岡放生会の随兵役を千葉介頼胤に割り振ってきたので、急ぎ回答しなければならないため、頼胤にこの話を伝えて返答を貰って欲しいと伝えている。紙背文書なので年代は確定できないが、鎌倉に館を構えていても、御家人が所領に戻っている場合は留守居では返答しかねるであろう。小侍所簡衆のように将軍御所から呼び出しをかけるので番の時期は鎌倉に居るようにと縛りをかけられないのであるから、放生会の行列編成の大変さの一端を示す書類である。『中山法華経寺』所蔵聖教紙背文書には、同じような内容で小侍所司平岡実俊が放生会随兵役を千葉頼胤に割り振った書状がみえる。(17)

放生会の役の配分を伝える廻状を朝夕雑色が持って該当者に伝えてくると、それに対する様々な回答が寄せられてくる。辞退を承認するか、再度参列を求めるかの判断をまとめた後、将軍家・執権に報告するのが小侍所別当の役割である。また、将軍御所の運営を行う御所奉行も仕事が密接に関わってくるので、御所奉行との事前の意見調整も必要になってくる。

『吾妻鏡』康元元年七月二十九日条

廿九日、丁巳、放生会御参宮供奉人事、廻散状之、其状両様也、所謂、一通方、各著布衣可供奉之由云々、一通方、著直垂可供奉之由云々、其躰雖為両様、於散状者、数通書分之、被相觸云々、日来又所催促也、其中申障之輩相交、所謂

随兵

畠山上野前司　　三浦介

小田左衛門尉　　土肥三郎左衛門尉

遠江十郎左衛門尉 軽服

直垂

出羽七郎左衛門尉 所労之間、鹿食之由申

足立左衛門四郎 依所労、七月十日帰国

周防三郎左衛門尉 父周防守著布衣可供奉由、進奉畢、弟六郎又為流鏑馬射手、旁依令了見沙汰、難参之由申

神馬役事

上野太郎左衛門尉 進奉

弥次郎左衛門尉 稱内々仰、差進子息新左衛門尉云々

小侍所が廻状を廻しても、様々な人が様々な事情から出席できない旨を伝えてくる。特に、鶴岡放生会は神事であり、鶴岡八幡宮の禁忌は石清水八幡宮に準拠している。[18] 服喪（服仮）は、陰陽師の行う祓えによる強制解除で禁忌の期間を短縮することはできるものの、喪があけて復任するまでは辞退が正当とされる期間であった。所労は認められる場合と認められない場合があり、辞退の申請時に内容の説明が行われていたと思われる。帰国・在国については、認める場合と鎌倉に戻るよう指示の出される場合があり、所労と同様に将軍・執権以下の重臣の判断となった。鹿食は、武士である以上、狩りをすれば獲物を食する。神社の場合、鹿食（肉食禁忌）は血を忌むことから重い禁忌であり、服忌令によって変動はあるものの八十日から百日を鳥居以内に入ることを禁ずる期間とする。[19] 鶴岡放生会の人の手配が始まるのが二ヶ月前なので、将軍・執権・連署以下必ず出席すると決まっている人々は肉食禁忌を守ることを求められるが、小侍所から廻状が来るまで出席するかどうかわからない人々から、鹿食を理

由とした辞退は出てくる。参列を求めることは陰陽師に強制解除の祓えを行うことを求めることになるので、幕府首脳部の判断によった。小侍所は、その判断を受けて辞退の申請者に対応していくことになる。幕府首脳部が辞退を認めなかった場合、小侍所は重ねて供奉を命ずる。次の史料は、その過程を伝える。

『吾妻鏡』康元元年八月十三日条

十三日、辛未、明後日、御参宮供奉人等之中、帯釼者依有故障之輩重相催之、

近江孫四郎左衛門尉　　山内三郎左衛門尉

平賀新三郎

以上三人進奉

阿曽沼五郎　　大曽禰左衛門太郎

已上二人申障云々

七月二十九日段階で辞退を求めたのは三人、幕府首脳部はこの三人の辞退を承認し、新たに廻状を廻らして五人に声をかけた。小侍所はその後の調整に手間取り、開催の二日前にようやく欠員三人の補充ができた。鎌倉幕府最大の年中行事だけに多くの人に役を割り振るので、人手の確保は結構厳しいということであろう。小侍所の大きな仕事のひとつである。

(5)の非常時における将軍家直衛は、小侍所の重要な職務である。といっても、小侍所簡衆に名を連ねる御家人は武者としても実力のある人々なので、それぞれに出陣してしまう。北条実時が率いる金沢家の手勢と小侍所職員が率いる手勢が中核となり、実時に寄騎として付けられた御家人を合わせた軍勢で将軍を直衛することになった。北条実時は、寛元四年の宮騒動でも、宝治元年の宝治合戦でも鎌倉に軍勢は入れるが前線に出てはいない。宝治合戦における実時の既述は、「先以陸奥守実時、令警衛幕府」[20]である。非常時には将軍家を直衛すること、これも小侍所の重要な仕事となる。この件に関する発給文書は、確認されていない。

おわりに

最後に、小侍所発給文書の特徴を整理しておこう。小侍所の仕事は将軍御所に出仕する御家人を清撰し、管理することにある。作成される文書には、小侍所が業務のために必要とする書類、将軍・執権以下の鎌倉幕府首脳部が組織としての意思決定を行うために作成する会議資料、小侍所が小侍所簡衆以下の出仕する御家人に対して伝達のために作成する文書、小侍所が管轄する事業に参加を求める御家人に対して参加の諾否を確認するための文書などがある。小侍所が相手に渡す書類もあるが、業務上の伝達文書は小侍に掲示し、会議資料は出席者の意見を付記した手控えを手元に残し、行事のために個々の該当者に伝達する文書は廻状の形式で順次伝えて最後は小侍所に戻るようにしている。小侍所が相手に渡すことを前提とした書類は廻状や掲示よりも少ないので、多くの書類が最終的には小侍所に戻って保管されることになる。この書類が将軍家の周囲で起きたことを伝える良質な資料群として『吾妻鏡』編纂資料として収集されたことで、「宗尊親王紀」のような詳細な記述を持つところでは原資料ごと条文に収録されることになる。

『吾妻鏡』編者は、小侍所関連資料を一括で収集し、それを編纂に活かしていった。提供者が金沢家であることは当該期の小侍所別当であることから間違いないと考えられるが、資料を提供したことを伝える記録がないため、推測でとめておこう。今回は、『吾妻鏡』から小侍所関係資料を抽出する逸文研究に似た作業を行った。その結果、『吾妻鏡』から、小侍所運営の実態やそのために作成されていたさまざまな書類の存在を確認することができた。公家社会が業務のために作成する内部文書を整理した文例集が、鎌倉には残っていない。通常業務の内容を知ることのできる『吾妻鏡』に収録された小侍所関係資料群は、その意味で希有な存在である。

註

（1）このうち、鎌倉幕府の正月年中行事垸飯については、桃崎有一郎「鎌倉幕府垸飯の変容と執権政治――北条泰時の自己規定と傍輩・宿老・御家人――」（『日本史研究』六一三号、二〇一三年）、「鎌倉幕府垸飯儀礼の成立・挫折と〈御家人皆同輩幻想〉の行方――礼制・税制・貨幣経済の行方――」（『日本史研究』六五一号、二〇一六年）、「鎌倉幕府垸飯儀礼の完成と宗尊親王の将軍嗣立」（『年報中世史研究』四一号、二〇一六年）といった意欲的な研究があり、筆者が考えていた金沢北条氏が勤める幕府の職務と鎌倉の有職故実といった視点とは異なる鎌倉幕府政治史としての正月儀礼という新たな視点から切り込んでいる。筆者の考え方をよく吟味された上で詳論されており、併読をお勧めする。

(2)『吾妻鏡』承久元年七月二十八日条。

(3)『吾妻鏡』貞応二年十月十三日条。

(4)『吾妻鏡』寛喜二年三月二日条。

(5)『吾妻鏡』文暦元年六月三十日条。

(6)宝治元年七月一日、鎌倉幕府は小侍所番帳を更新している（『吾妻鏡』宝治元年七月一日条）。宝治合戦で三浦泰村と共に自害した人々の中に幕府番帳に記載された者が二百六十人いたと『吾妻鏡』宝治元年六月五日条は記している。多くの欠員が出たため、番帳の作り直しが必要になったためである。新加の事例は、『吾妻鏡』建長五年六月二十五日条に、御所奉行武藤景頼が狩野新左衛門尉が新たに加えられたことを奉行人に伝達した例など、数例が記載される。『吾妻鏡』仁治元年三月十二日条は、勤務状態のよくない簡衆の出仕を止めた事例である。番帳に記載されるための条件としては、将軍家に近侍することから一つ以上の芸能に通じていること（『吾妻鏡』仁治二年十二月八日条）、父祖三代の経歴を糺して問題のないこと（『吾妻鏡』康元元年十二月二十五日条）などが記載されている。弓馬の芸を例にとっても、戦闘の技術としての弓射ではなく、宮廷儀礼としての弓射の芸にひいでていることが求められた。父祖三代の経歴というと、治承寿永の内乱から鎌倉幕府の政変や承久の乱などの戦争での動向が問われる。現体制側に対して敵に回ったことのない家というのは、さほど多くはないであろう。源実朝暗殺が二代将軍源頼家の遺児と平氏の末裔である鶴岡供僧の共謀だったことを考えても（永井晋『平氏が語る源平争乱』吉川弘文館、二〇一九年）、このあたりは厳しくなるであろう。

(7)小侍所簡衆の出退勤の管理を伝える条文として、『吾妻鏡』建長四年十一月十二日条がある。着到状は二通作成し、一通は小侍所が管理する出勤の場所に提出し、一通は執権北条時頼のもとに提出することになっていた。

(8)小侍所番帳の清書については、『吾妻鏡』文応元年七月二十三日条に記載がある。廂番衆と勤務日が重なるように調整したこと、小侍所番帳が六番で編成されていたことが記されている。御所に一日詰めなければならない日を減らすように調整したのであろう。

(9)『吾妻鏡』寛元元年七月十七日条。

(10)『吾妻鏡』宝治二年閏十二月二十日条。この年、射手から的調の時期が寒いという不満が出たので、新年に入ってから行うことに時期の変更が行われた。

(11)小侍所が廻状を朝夕雑色を使って廻らしていたことは、建長二年正月二日に将軍家御成始供奉人の廻状を、小侍所司平岡実俊が朝夕雑色に廻らすよう指示した事例から確認できる。

(12)『吾妻鏡』文応元年正月十日条は的調、同十四日条は的始の結果が載せられている。黒丸が的中である。

(13)拙稿「『吾妻鏡』にみえる鶴岡八幡宮放生会」（『神道宗教』一七二号、一九九八年）。

(14)『吾妻鏡』文応元年六月十六日条。

(15)『吾妻鏡』正嘉二年六月十八日条。執権北条長時が小侍所提案の行列編成案にコメントをつけた事を記す史料。右御点を布衣、左長点を随兵、左短点を直垂帯剣と区別した。具体的な指示の出し方を記す史料。

(16)『中世法制史料集　鎌倉幕府法』追加法三四〇―三四三号。

(17)法橋長専書状（『天台肝要文』紙背文書、『鎌倉遺文』七六八七号）。

(18)註（13）拙稿。

(19)註（13）拙稿。

(20)『吾妻鏡』宝治元年六月五日条。

北条時定（為時）下文について

鎌田寛之

はじめに

北条（阿蘇）時定は、北条得宗家の傍流である阿蘇家の祖として知られている。生年は未詳。父は北条時氏、母は安達景盛の女（松下禅尼）であり、執権をつとめた北条経時・北条時頼は同母兄である。通称は北条六郎。後に改名し「為時」と名乗る。『吾妻鏡』では、寛元二年（一二四四）正月元日条の垸飯での馬引きが初見であり、建長八年（一二五六）七月十七日条での、将軍宗尊親王が最明寺へ参詣した際の随兵としての登場が最後になる。(1) その後、長い空白期間をはさみ、文永十一年（一二七四）十月に久し振りにその名が確認できるが、その内容から、鎮西へ下向していたことが伺える。(2) 弘安四年（一二八一）八月以降、肥前守護としての活動が確認でき、(3) 正応二年（一二八九）五月三十日に守護として覆勘状を発給したのを最後に、(4) 翌正応三年（一二九〇）に亡くなる。(5)

以上が北条時定についての概略である。その時定についての専論は少なく、(6) 専らモンゴル襲来における鎌倉幕府の対応の一端として、時定の鎮西派遣と肥前守護としての活動が述べられている。(7) ところで、阿蘇社に代々伝わる「阿蘇文書」には、時定が発給した下文や書状などが含まれており、得宗領として知られる阿蘇社領が時定によって支配されていたことが先行研究からも指摘されている。(8) 本稿では、「阿蘇文書」に伝わる北条時定が発給した下文を題材に、時定への阿蘇社領の相続の問題について論じる。また、時定の建長八年（一二五六）以降の空白期間と、その後の復帰に関して、その背景についても論じる。

一　得宗家内における阿蘇社領の相続

阿蘇社は、古代豪族の流れを組んでおり、平安時代末以降、南郷・矢部を拠点に武士団を形成した。(9) その所領がある阿蘇荘は、白河天皇の承暦年間（一〇七七―八一）に成立したとみられ、本所は皇室、(10) 領家は村上源氏中院流がつとめた。阿蘇社と北条氏の関係は、北条時政の代まで遡る。治承寿永の内乱後に、北条時政が阿蘇社領の預所職と地頭職を得たことをきっかけに、時政〜時頼といった代々の得宗が阿蘇社の所領所職に対する安堵を行なった。

北条時定が阿蘇社を管下するようになったのは、北条経時が亡くなった後すぐだと考えられる。次に史料を掲げる。

【史料1】　北条時定下文(11)

（北条時定）
（花押）

肥後国阿蘇社領勢多村南郷内久和波多二町・門田七段・屋敷赤池陳事

右、津屋三郎惟盛可令安堵領知状如件、

寛元四年十二月十九日

【史料2】　北条時定下文(12)

（北条時定）
（花押）

□（下）　□□□□□□□（津屋十郎惟経所）

□□□□□□□□□□□□□□□□□□□□□□□□□□□□□□□□□□□□（早可令領知肥後国阿蘇社領南郷内勢多村并久和波多田貳町門田柒段屋敷赤池陳事）

□（右、）□□□□□□□□□□□□□□、□□□□□□□□、□□□□□□□□□□□（親父健軍宮大宮司惟盛知行所也、而年来依官仕之忠、惟経可安堵領掌之状如件）

弘安元年六月廿四□（日）

二通とも、北条時定が健軍社領の預所職として発給した袖判下文である。【史料1】は津屋惟盛宛てであり、【史料2】は津屋惟盛の子息惟経に宛てたものである。内容は、ともに南郷内勢多村の所領の安堵であり、特に【史料2】は譲与安堵である。

建久六年（一一九五）、北条時政は、南郷を別納の地として認め、南郷内の十ヶ所の所領は阿蘇社大宮司の私領となった。[13]勢多（世田）村は、その阿蘇社大宮司領のひとつであり、当初は、阿蘇社大宮司職とともに、阿蘇氏の惣領が継承していたが、嘉禄二年（一二二六）に健軍社大宮司職とともに阿蘇惟継から庶子の阿蘇（津屋）惟盛に譲られた。[14]そのため、北条泰時から阿蘇社領を継承した経時は、健軍社大宮司職と勢多村の安堵を一緒に行なっている。[15]しかし、経時が、寛元四年（一二四六）閏四月一日に亡くなると、阿蘇社領は、北条時頼と時定との間で分割相続されたと考えられる。その結果、健軍社大宮司職の補任は時頼によって行われ、[16]勢多村の所領安堵は時定によって行われるようになる。[17]

このような北条氏内における分割相続それ自体は、珍しいことではなく、北条義時の死後、陸奥国津軽平賀郡の郡地頭職が、泰時・重時の兄弟間で分割相続されている。[18]また、泰時の死後には、経時・時頼の兄弟間で分割相続が行われ、阿蘇社領は経時、津軽平賀郡は時頼が相続している。[19]その際に、時定にも分割相続が行われたのかは不明である。経時の死去によって、時定に阿蘇社領全体の支配が委ねられたと考えられる。再び史料を掲げる。

【史料3】　北条為時（時定）下文[20]

（北条為時）
（花押）

下　宇治惟国

可早領知阿蘇社大宮司□（職）并社領村々事

大野　草部　中□（村）

下田　久木野　荒□（木）

下久木野　南坂梨子

右人任亡父惟景今年三月廿□□（三日）譲状、可令安堵知行之状如件、以□（下）

弘安十年十月十三日

【史料3】は、北条為時（時定）が阿蘇本社領の預所職として、宇治惟国に対して、阿蘇社大宮司職と阿蘇社領八ヶ所の譲与安堵を行なった袖判下文である。時定は、弘安八年（一二八五）～弘安九年（一二八六）の期間の間で「為時」に改名したと考えられる。(21)この八ヶ所の所領は、既に述べたように、北条時政の代に決められた阿蘇社大宮司領十ヶ所を中心とするものであったが、分割相続などの影響により、その所領内容には度々変更があった。(22)この文書以前にも、阿蘇本社領の預所職を継承してきた義時・泰時・経時らが、ほぼ同様の形式でもって阿蘇社大宮司職とそれに付随する所領の安堵を行なっており、(23)本文書から、北条時政以来継承されてきた阿蘇本社領の預所職が時定に継承され、阿蘇社領全体の支配を委ねられたことが伺える。

二　北条時定の空白期間と復帰に至る背景

北条時定については、近年、熊谷隆之氏によって興味深い指摘がなされている。(24)熊谷氏は、『吾妻鏡』建長八年（一二五六）七月十七日条以降、文永十一年（一二七四）十月二十九日までの約十八年もの間、時定が史料上から「失踪」していることに着目し、(25)その理由を康元元年（一二五六）十一月の執権北条時頼の出家に求めている。経時の後継が時頼になった事例は、兄から弟への家嫡の継承という先例を生み出し、時頼の後継を時定が継ぐ可能性ができてしまった。時頼は、当時まだ元服していなかった嫡子・正寿丸（のちの時宗）への家嫡の相続が恙なく行われるために、同母弟である時定を、自身の出家と前後して鎮西へ配流した。(26)

「阿蘇文書」を確認すると、時定の発給文書は、【史料1】を寛元元年（一二四六）に発給してから三十二年もの隔絶の後、【史料2】を弘安元年（一二七八）に発給している。時定の名だけであれば、文永十一年（一二七四）十月と建治元年（一二七五）九月の日蓮書状から確認できるが、(27)三十二年もの間に時定自身の発給文書は確認できない。史料の残存状況も関係するだろうが、肥前守護に就任して以降は多くの発給文書が残っていることから、ここまで長期にわたって確認できないのは正に「失踪」と言えよう。

では、空白期間の阿蘇社領はどのようになっていたのだろうか。時定が継承したであろう阿蘇社領の預所職や地頭職が時頼によって没収などされたのかは、わからない。ただ、時頼の継承した健軍社大宮司職の補任権と甲佐社領の祇用・小北の地頭職は、時頼の子である北条宗頼へ継承されており、(28)可能性として、阿蘇社領の管理は宗頼または得宗家公文所によって行われていたのかもしれない。

時定の復帰の時期についてはは、はっきりとしたことは分からないが、【史料3】から伺えるように、少なくとも弘安元年（一二七八）には鎮西にて阿蘇社領の経営に携わっていたと思われる。『満願寺歴代并諸記』によれば、時定が、文永十一年（一二七四）に阿蘇荘北部の小国郷に満願寺を建立したとの記述があり(29)、早ければ文永の役前後の段階で阿蘇社領での活動が再開した可能性もある(30)。

時定の肥前守護就任の背景には、当時、幕府によって推し進められた、高麗への出兵計画をはじめとした、対モンゴルにおける臨戦体制の確立があったことが指摘されている(31)。佐藤進一氏や村井章介氏によれば、高麗出兵計画を実施するに当たって、幕府は守護の一斉交代を建治年間（一二七五〜一二七七）に行なった(32)。その結果、建治二年（一二七六）には、北条宗頼が周防・長門守護として現地下向し、さらに、翌建治三年（一二七七）には、時宗の同母弟で、かつ宗頼の異母兄でもある北条宗政が筑前守護に就任した(33)。村井章介氏は、この守護の一斉交代について、高麗出兵計画のためであったとし、現地下向した一部の守護またはその名代が、管国の武士の軍事指揮にあたったと指摘する。また、細川重男氏によれば、時宗・貞時二代の得宗は、得宗家一門の地方への派遣を基本方針としていたと指摘されている(34)。時宗は、モンゴル襲来に対応するために、得宗家一門の西国派遣と守護の再編による、軍事体制の構築を目指していたと思われる。時定の阿蘇社領への下向もそのような背景のもとに行なわれた可能性がある。

さらに、特に時定に関していえば、時定の嫡子の定宗は養子であり、実父は時宗の弟である桜田時厳であった(35)。時宗の甥である定宗を嫡子として迎え入れたことによって、時定はより深く得宗家一門に組み込まれたことになったのではないだろうか。そして、弘安二年（一二七九）六月の宗頼死去と、弘安四年（一二八一）八月の宗政死去という、相次ぐ得宗家有力者の死によって、得宗家一門による軍事体制の構築という政策に危機が生じた(36)。そこで時宗は、代々北条氏が押さえてきた阿蘇社領を管下し、得宗家一門として鎮西に根を張ってきた時定を、肥前守護に抜擢する。その後、肥前守護は嫡子の定宗が受け継ぎ、三代目の随時は二番引付頭人・鎮西探題をつとめ、四代目の治時は北条高時の猶子となるなど、阿蘇北条氏は栄達を果たした(37)。

註

（1）以下、『吾妻鏡』は『新訂増補　国史大系』本を使用。
（2）『勘仲記』文永十一年十月二十九日条（高橋英樹「広橋家旧蔵「兼仲卿暦記　文永十一年」について」〈『国立歴史民俗博物館研究報告』七〇集、一九九七年〉）より。

廿九日辛未、陰、異国賊徒責来■■(之間)興勢之由風聞、関東武家辺騒動云々、或説云、北条六郎(時定)并式部大夫時輔等打上云々、是非未決、怖畏無極者也、

また『野津本北条系図』（田中稔「野津本『北条系図、大友系図』」〈『国立歴史民俗博物館研究報告』五集、一九八五年〉）の時定の項によれば、「号北条六郎、配流肥後国安曽郡配所、送年序」とあり、時定が何らかの理由によって阿蘇郡へ配流された可能性がある。
（3）弘安四年（一二八一）八月十日北条時定書下（『鎌倉遺文』一四四一八号）。
（4）正応二年（一二八九）五月三十日北条為時（時定）覆勘状（『鎌倉遺文』一七〇二一号）。
（5）時定の没年については諸説があり、詳しくは、瀬野誠一郎「鎮西探題と北条氏」（同『歴史の陥穽』吉川弘文館、一九八五年、初出は一九七九年）、菊池紳一「北条時定」（北条氏研究会編『北条氏系譜人名辞典』新人物往来社、二〇〇一年）を参照。
（6）川添昭二「肥前守護北条時定（為時）」（同『日蓮とその時代』山喜房佛書林、一九九九年、初出は一九九〇年）、熊谷隆之「ふたりの為時――得宗専制の陰翳――」（『日本史研究』六一一号、二〇一三年）。
（7）村井章介「蒙古襲来と鎮西探題の成立」（同『アジアのなかの中世日本』校倉書房、一九八八年）、南基鶴『蒙古襲来と鎌倉幕府』（臨川書店、一九九六年、初出一九九〇年）伊藤邦彦『鎌倉幕府守護の基礎的研究』論考編・国別考証編（岩田書院、二〇一〇年）など。
（8）杉本尚雄『中世の神社と社領』（吉川弘文館、一九五九年）、石井進「九州諸国における北条氏所領の研究」（同『石井進著作集』第四巻、岩波書店、二〇〇四年、初出は一九六九年）前掲註（6）川添昭二「肥前守護北条時定（為時）」、熊本大学・熊本県立美術館編『阿蘇家文書修復完成記念　阿蘇の文化遺産』（熊本大学・熊本県立美術館、二〇〇六年）。
（9）以下、阿蘇社と阿蘇荘については、前掲註（8）杉本尚雄『中世の神社と社領』、工藤敬一「阿蘇神社領」・「阿蘇荘」（ともに瀬野誠一郎編『日本荘園史大辞典』吉川弘文館、二〇〇三年）、工藤敬一「平安・鎌倉期の阿蘇文書」（前掲註（8）熊本大学・熊本県立美術館編『阿蘇家文書修復完成記念　阿蘇の文化遺産』）、柳田快明『中世の阿蘇社と阿蘇氏』（戎光祥出版、二〇一九年）を参照。
（10）鳥羽院→美福門院→案楽寿院→後宇多院領となった。
（11）『鎌倉遺文』六七七八号。
（12）『鎌倉遺文』一三〇八九号。なお、本文書を含めた「阿蘇文書」の一部は、江戸時代の天保七年（一八三六）の火災で焼失してしまったが、写本によって焼失した文書の内容が伝わっている。阿蘇品保夫「阿蘇文書の伝来と構成」（前掲註（8）熊本大学・熊本県立美術館編『阿蘇家文書修復完成記念　阿蘇の文化遺産』）参照。
（13）建久六年（一一九五）正月十一日北条時政下文（『鎌倉遺文』七六四号）。前掲註（9）工藤敬一「平安・鎌倉期の阿蘇文書」

参照。

(14) 安貞二年（一二二八）六月六日北条泰時下文（『鎌倉遺文』三七五五号）。

(15) 寛元元年（一二四三）五月十六日北条経時下文（『鎌倉遺文』六一八二号）。

(16) 寛元五年（一二四七）二月十六日北条時頼下文（『鎌倉遺文』六八〇一号）。

(17) 時頼はこの他に、阿蘇社の末社である甲佐社の所領の北小河・砥用・小北の三ヶ所の地頭職を相続した（建長元年（一二四九）九月二日北条時頼家雑掌奉書『鎌倉遺文』七一一九号）。

(18) 七海雅人「鎌倉時代の津軽平賀郡」（東北学院大学東北文化研究所編『古代中世の蝦夷世界』高志書院、二〇一一年）。

(19) 小口雅史「津軽曽我氏の基礎的研究」（『弘前大学国史研究』八九号、一九九〇年）。

(20) 『鎌倉遺文』一六三六八号。

(21) 「為時」への改名については、建治三年説（前掲註（6）熊谷隆之「ふたりの為時――得宗専制の陰翳――」）、弘安六年～七年説（佐藤進一『増訂　鎌倉幕府守護制度の研究』〈東京大学出版会、一九七一年、初出は一九四八年〉）、弘安八年～九年説（東京大学史料編纂所編『花押かがみ　三　鎌倉時代　二』〈吉川弘文館、一九八四年〉）の三説がある。弘安八年ころまで「時定」の名による覆勘状が多数確認できるため、弘安八年～九年説が妥当だと考える（弘安七年（一二八四）八月一日北条時定覆勘状〈『鎌倉遺文』一五二七〇号〉など）。

(22) 前掲註（9）工藤敬一「平安・鎌倉期の阿蘇文書」。

(23) 承久二年（一二二〇）九月十四日北条義時下文（『鎌倉遺文』二六四九号）、文暦二年（一二三五）八月二十七日北条泰時下文（『鎌倉遺文』四八一三号）、寛元元年（一二四三）十一月九日北条経時下文（『鎌倉遺文』六二四六号）など。

(24) 前掲註（6）熊谷隆之「ふたりの為時――得宗専制の陰翳――」。

(25) 前掲註（2）『勘仲記』文永十一年十月二十九日条。

(26) 前掲註（2）『野津本北条系図』時定の項目参照。川添昭二氏は、時定の鎮西下向の時期について、建治元年（一二七五）下向の可能性を指摘する（前掲註（6）川添昭二「肥前守護北条時定（為時）」）。

(27) 『蒙古使御書』（立正大学日蓮教学研究所『昭和定本　日蓮聖人遺文』第二巻、久遠寺、一九八八年）。「北条六郎殿のやうに筑紫にや御座なん」とあり、北条六郎が時定の可能性がある。

(28) 文永三年（一二六六）九月十六日北条宗頼下文（『鎌倉遺文』九五六八号）、文永九年（一二七二）五月二十三日北条宗頼書状（『鎌倉遺文』一一〇三九号）。

(29) 東京大学史料編纂所影写本。工藤敬一氏によれば、小国郷は肥後・筑後・豊後の接点で、博多にもつながる要衝であり、時定の阿蘇支配の要となった（前掲註（8）熊本大学・熊本県立美術館編『阿蘇家文書修復完成記念　阿蘇の文化遺産』一七〇頁）。

(30) 前掲註（2）『勘仲記』の記述から、文永十一年の時点で、都人は時定が鎮西にいると認識していたようだ。

(31) 前掲註（7）村井章介「蒙古襲来と鎮西探題の成立」、前掲註（7）南基鶴『蒙古襲来と鎌倉幕府』参照。

(32) 前掲註（21）佐藤進一『増訂　鎌倉幕府守護制度の研究』、前掲註（7）村井章介「蒙古襲来と鎮西探題の成立」参照。

(33) 北条宗政は、七月四日に筑前守護に就任したが、その後、八月二十九日に一番引付頭人に就任しているため、宗政は在鎌倉であったと考えられる。宗政の履歴に関しては、細川重男「鎌倉政権上級職員表（基礎表）」（同『鎌倉政権得宗専制論』吉川弘文館、二〇〇〇年）を参照。

（34）細川重男「相模式部大夫殿――文永九年二月騒動と北条時宗政権――」（同『鎌倉北条氏の神話と歴史――権威と権力――』日本史史料研究会、二〇〇七年、初出二〇〇二年）。

（35）菊池紳一「北条定宗」（前掲註（5）北条氏研究会編『北条氏系譜人名辞典』）。

（36）川添昭二『北条時宗』（吉川弘文館、二〇〇一年）。

（37）細川重男「北条氏の家格秩序」（同『鎌倉政権得宗専制論』吉川弘文館、二〇〇〇年）を参照。

非御家人の動員から見る関東御教書の意義

泉田崇之

はじめに

鎌倉時代の政治史を考えるにあたって北条氏が果した役割が重要であることは論を俟たない。そのため、同時代の政治史を解明するには、彼らの政治的立場や権限が投影されている発給文書の検討が有効である。これまでの北条氏の文書研究は北条時政(1)、北条義時(2)、北条時頼(3)、北条時宗(4)などの個々の人物別に、発給文書の考察が行われてきたが、特に北条時宗の時代は二度の蒙古襲来を経験する内政的、外交的に多難な時代であり、歴史上の結節点に当たると考えられる(5)。

本稿では、時宗が文永元年（一二六四）から弘安七年（一二八四）の二十一年間の間に発給した「関東御教書」（以下、「御教書」と略す）の中から、蒙古襲来時に発給された「非御家人の動員」について記された御教書を中心に、幕府の非御家人に対する扱いが変わっていった歴史的意義を考察したい。

【表1】　北条時宗発給文書「蒙古襲来関係、関東御教書」一覧

番号	年月日	西暦	出典	鎌倉遺文	備考
1	文永五年二月二十七日	一二六八年	新式目	（一三）九八八三	蒙古人が凶心を挿み、本朝に訪れるとのこと
2	文永八年九月十三日	一二七一年	肥後小代文書	（一四）一〇八七三	蒙古人が襲来するとのこと

3	文永八年九月十三日	一二七一年	薩摩二階堂文書	(一四)一〇八七四	蒙古人が襲来するとのこと
4	文永十一年十一月一日	一二七四年	東寺百合文書(ヨ)	(一五)一一七四一	蒙古人が対馬・壹伎に襲来す、既に合戦致すとのこと
5	文永十一年十一月一日	一二七四年	大友文書	(一五)一一七四二	蒙古人が対馬・壹岐に襲来す、既に合戦致すので、軍兵を差し遣わす
6	文永十一年十一月三日	一二七四年	長府毛利家文書	(一五)一一七四三	蒙古人対馬・壹岐に襲来す、既に合戦致すとのこと
7	文永十一年十一月三日	一二七四年	諸家文書纂(一一)	(一五)一一七四四	蒙古人対馬・壹岐に襲来す、既に合戦致すとのこと
8	建治元年五月十二日	一二七五年	東寺百合文書(ヨ)	(一六)一一九一〇	長門国警固事
9	建治元年五月十二日	一二七五年	白河本東寺文書(五)	(一六)一一九一一	長門国警固事
10	建治元年五月二十日	一二七五年	東寺百合文書(ゐ)	(一六)一一九一三	長門国警固事
11	建治元年六月十八日	一二七五年	東寺百合文書(ゐ)	(一六)一一九二九	蒙古牒使長門国に来着の時、地頭御家人所々を催促し護る事
12	建治元年七月十七日	一二七五年	大友文書	(一六)一一九六二	異賊去年襲来時、或は戦場に臨み進み闘わず、或は当境を守ると称して、馳せ向かわざる輩、多くその聞有り、甚だ不忠の科を招く
13	建治元年九月十四日	一二七五年	近江胡宮神社文書	(一六)一二〇二一	異国降伏の事
14	建治元年十二月八日	一二七五年	東大寺百合文書(ア)	(一六)一二一七〇	明年三月比、異国征伐を行う、梶取・水手等、鎮西がもし不足あらば、山陰・山陽・南海道等を充て省みるとのこと
15	建治二年八月二十四日	一二七六年	東大寺百合文書(り)	(一六)一二四四九	異国用心事
16	建治三年九月十九日	一二七七年	薩摩八田家文書	(一七)一二八六六	異国警固事
17	弘安三年十二月八日	一二八〇年	立花大友文書	(一九)一四二〇七	鎮西警固事
18	弘安四年四月十七日	一二八一年	相模明王院文書異国降伏祈祷記	(一九)一四二九七	異国降伏事
19	弘安四年六月二十八日	一二八一年	壬生官務家日記抄弘安四年七月六日条	(一九)一四三五五	異賊合戦の間、当時兵粮米事
20	弘安四年閏七月十一日	一二八一年	東寺文書五常	(一九)一四三八八	異賊事御用心厳密の間、相模七郎時業が播磨国に据えられる所である
21	弘安四年閏七月十一日	一二八一年	毛利家児玉文書	(一九)一四三八九	異賊事、御用心厳密によせ
22	弘安四年閏七月十一日	一二八一年	萩藩閥閲録(一九)児玉四郎兵衛所持	(一九)一四三九〇	異賊事、御用心厳密にせよ
23	弘安七年二月二十八日	一二八四年	豊前宮成家文書	(二〇)一五〇八三	日向国村角別府地頭職の御寄進状をこれ献ぜられ、建治元年異国降伏として御領に寄進した所、弘安四年賊船悉く漂倒した、今(賊船)襲来すとのこと、その聞有る間、彼の佳例に任せ、寄進奉る所である

一　関東御教書から見る非御家人の動員

一一七四二号　関東御教書案（大友文書）

（鎮西管領之時被成之）
蒙古人襲來對馬・壹岐、致合戰之間、所被差遣軍兵也、且九國住人等、其身縦雖不御家人、有致軍功之輩者、可被抽賞之由、普可令告知之狀、依仰執達如件、

文永十一年十一月一日　武藏守（北條長時）在判
相模守（北條時宗）在判

大友兵庫頭入道（賴泰）殿

文永十一年（一二七四）十一月一日に発給されたこの御教書は、「蒙古人が対馬・壱岐に襲来し、合戦となっているので、軍兵を差し遣わす所である、また九州の住人らに、たとえその身分が御家人であらずといえども、軍功をあげたものがいれば、多くの人の中から特に選び出して恩賞を与えるとのことを、広く告知するように」と鎮西管領である大友頼泰に対し、時宗が命令を発した文書である。

本文書は鎌倉幕府が非御家人であろうと蒙古合戦に動員しようとしている最初の御教書となるが、この頃、幕府が動員している軍勢の中には「本所一円地の住民」(6)や「悪徒」(7)などの非御家人の存在が確認できる。

では、蒙古合戦を通じて、幕府のいわゆる非御家人に対する扱いがどのように変わっていったのか検討したい。まず、時宗が蒙古襲来に関して発給した御教書は（「蒙古人」、「異国」、「異賊」、「長門国警固事」、「鎮西警固事」等…）、表1から文永五年（一二六八）に一通、文永八年（一二七一）に二通、文永十一年（一二七四）に四通、建治元年（一二七五）に七通、建治二年（一二七六）に一通、建治三年（一二七七）に一通、弘安三年（一二八〇）に一通、弘安四年（一二八一）に五通、弘安七年（一二八四）に一通と計二十三通、発給されたことが確認できる。その中で、文永八年九月十三日に発給された御教書には、幕府曰く「蒙古人が襲来するとの噂が立っているので、御家人らを鎮西に向かわせる所である、早く、優れた代官を薩摩国阿多北方に派遣し、守護人（島津久時）の指揮下に入って、異国に対する備えを行うとともに、領内の悪党を鎮圧せよ」と二階堂忍照に命じている。(8)この時点で

は、「幕府秩序を乱す非御家人」は、当初鎮圧対象であったと考える。しかし本稿で取り上げた文永十一年（一二七四）に発給された御教書には、「たとえその身分が御家人であらずといえども、軍功をあげたものには恩賞を与える」と変化している。続いて、弘安四年（一二八一）八月十六日に記された東大寺文書では、「高麗征伐を行うと、鎌倉幕府からの沙汰があった、少貳か大友を大将軍とし、三ヶ国の御家人を集め、また大和・山城国の悪徒五六人も、今月中に鎮西へ向かわせよ」と記している。(9)

纏めると蒙古襲来を通じて、幕府の非御家人に対する扱いは、初めは制圧すべき存在から、功を挙げれば恩賞を与える対象となり、最終的には軍兵の一員へと数えられるなど、初めから終わりを比較すると方針が逆転していることがわかる。

それでは、この幕府の方針変更の要因は何だったのか。

①　兵力不足と勇猛な御家人の減少

まず、非御家人の動員をはかった背景には、そもそも御家人だけでは「兵力不足」であったのではないかと考える。文永の役で、蒙古軍が対馬で合戦となった日は文永十一年十月三日であるとされ、そして同月二十日ごろに博多湾に姿を現し、同湾の海上から姿を消したのが同月の二十九日ごろであると言われている。(10) 本稿で紹介した文永十一年十一月一日に発給された御教書は、おそらく蒙古が対馬や博多に襲来した報せを受け、急いで幕府が発給した文書であると考えられる。ただ、この時、幕府にもたらされた情報は、幕府にとって蒙古軍が予想以上の大軍で押し寄せてきたという内容であったのではないか。そのため、御家人の人数だけでは蒙古の大軍に対抗するのは厳しいという幕府内の判断があったと考える。

この「兵力不足」という事例は、建治元年（一二七五）に安芸の守護である武田信時に発給された御教書によれば、「長門国の警固が、（長門の）御家人だけでは（防衛のための戦力が）不足しているので、周防や安芸（の御家人）は（長門に）移動しなさい」と記されている部分からも察することができる。(11) また、佐藤進一氏も、「壬生官務家日記抄」の中で、幕府は御家人の兵力不足を補う道として、王朝本所側にも兵力動員に協力して貰えるよう乞い願っていると述べている。(12)

次に、兵力不足という問題は、「勇猛な御家人の減少」という問題も重なったのではないかと考える。これは建治元年七月十七日に発給された御教書によれば、「異賊が去年襲来した時、戦場に出ても闘わず、或いは所轄を守ると言って（戦場に）馳せ向かわないという者たちの話を多く聞く、今後もし忠節を致さなければ、処罰を加えることを広く御家人らに伝えなさい」と幕府は大友頼泰に対して命じている。(13) 蒙古襲来において、鎌倉武士たちの苦戦はよく聞く話である。この苦戦理由として、「鎌倉武士の戦い方が一対一の戦い方であるのに対し、蒙古軍は集団戦であった」ことや「蒙古軍が使う「毒矢」や新兵器である「てつはう」に驚かされた」ことなどと言った話は有名である。しかし、新井孝重氏は、実際はそれだけではなく、鎌倉御家人たちが蒙古兵と合戦することに「恐れ」をいだいたのではないかと指摘している。(14)

この「勇猛な御家人の減少」という事例は、『吾妻鏡』の建長六年(一二五四)閏五月一日条に、北条時頼が酒等を携えて御所に参内し、将軍家(宗尊親王)や近習と酒宴に及ぶ中、時頼が「近習らに対し、将軍家に相撲を披露せよ」と促した時、近習たちの多くが「その場から素早く逃げ出したり、辞退したりする者が出始めた」と綴られている。また、『公衡公記』の弘安六年(一二八三)七月一日条には、六波羅や篝屋守護の武士たちが比叡山の僧徒の強訴を取り締まることができず、怒りを露わにする朝廷に対し、幕府の使者である二階堂行忠と安達長景らは「六波羅といい、篝屋守護の武士といい、その武士たちの咎はまぬがれないが、今は非常時であり「勇士」は一人でも大切なので、罪科は許していただきたい」などと述べている記録が残っている。(15)源平合戦で有名な治承・寿永の乱も時頼や時宗の時代と比べると約七〇～一〇〇年前の出来事である。一〇〇年もたてば、軍備は縮小され、御家人の中にも、戦いに命をかけることを忘れてしまったという武士たちが現れたとしても不思議ではない。

よって、これらのことから蒙古襲来時に、幕府の御家人だけでは「兵力不足」だったこと、そして「時代が下るにつれて勇猛な御家人の減少」という二つの要素が幕府の非御家人の動員につながったと考える。

②「夷を以て夷を制す」

続いて、幕府が非御家人の動員をはかったもう一つの理由は、幕府が蒙古軍に対し、「夷を以て夷を制す」という戦略を練ったのではないかと考える。元々、幕府にとって非御家人とは、幕府以外の勢力で武装を整えている邪魔な存在であったと言える。特にその中でも「悪党」と言われた者たちは、生業として「夜討、強盗、山賊、海賊」を企てる者であると言われている。(16)また後の記録となるが、悪党と呼ばれた者たちは、初期のころには「柿帷子に六方笠、烏帽子に袴を着て、数々の不揃いの竹矢筒を背負い、柄鞘の禿げた太刀を帯び、竹長柄、撮棒、杖」を装備したとされ、後期になると、「吉き馬に乗り列り、引馬・唐櫃・弓箭など、兵具の類には金銀をちりばめ、照り輝く鎧・腹巻まで所持している」と言われている。(17)それ故、幕府にとって悪党とは幕府の秩序を乱す危険分子であっても、断じて戦場の表舞台に引っ張り出したいと思えるような存在でなかった。しかし、蒙古軍は、文永の役でも総勢約三万二七〇〇人であったと推定され、万を超える人数で日本に渡って来たのではないかと言われている。(18) そのため、幕府は国内で内輪揉めをしている場合ではなく、むしろ荒事にたけている非御家人（特に悪党）の武力を上手く利用して蒙古を撃退してしまおうと考えたのではないか。

また、本所権門家にとっても悪党の武力を蒙古撃退に利用してしまうという考えは「渡りに船」であったと言える。東大寺文書によれば、「寺領である伊賀国諸庄から年貢や夫駄を運送している所、悪党が（東大寺の）荷物を路地に追い落として奪い取り、人夫を打ち殺して衣裳まではぎ取っていった」という記録も残っている。(19) そのため、本所権門家にとっても悪党とは荘園体制を脅かす「百害あって一利なし」な存在であり、幕府が「悪党召取り令」を発するならば、当然自領の悪党も追捕してほしいと幕府に要求するのは自然な流れであった。(20)

この「夷を以て夷を制す」という事例は、史料上で見つけることは中々難しい。しかし、『八幡愚童訓』に描かれた文永の役の初戦である対馬での戦いによれば、対馬の地頭である宗助国とともに戦い、討ち死にした武士の中に、「流人」肥後の御家人、口井藤三、源三郎兄弟という者たちを見つけることができる。(21) 加えて、先ほども紹介したが、東大寺文書によれば、三ヶ国の御家人と共に大和・山城国の悪徒五六人が高麗征伐の軍兵として鎮西に派遣されている。(22)

従って、非御家人の存在は、幕府にとって長年にわたる厄介な存在であったと言えるが、この際、「流人」を含めてこの厄介な者たちを蒙古軍に当たらせることで、「夷を以て夷を制す」という戦略を幕府が練ったのではないかと考える。

おわりに

蒙古襲来は、まさに鎌倉時代の緊急事態であった。それまでの鎌倉幕府は、中世の時代に発生した同業組合である「座」と同じように一部の武装集団の利権を守ることに、その意を用いてきた組織のように思える。それは執権政治と言う、最高の権力者であるべき将軍が指導力を持ちえないという変則的な政体が、拡大発展という路線を選ぶことを許さなかったためであると言える。だが、蒙古襲来という自らが望んでいなかった対外戦争に巻き込まれることで拡大基調をとることを余儀なくされ、それまで徐々に自己の勢力が浸透する程度に止めていた本所・荘園の領分に手を出さざるを得ず、その中でいわゆる非御家人への対応に大きな変換を行うことを迫られたのではないか。そして、身の丈に合わない拡大路線は、一時は全国に及ぶと思われた得宗専制にとって致命的な反動となり、建武の新政という次の時代への原動力となっていったのではないかと考える。

従って、文永十一年（一二七四）十一月一日に発給されたこの関東御教書は、幕府にとって蒙古襲来に対応するための勇気ある決断であったと言えるかもしれないが、同時に幕府滅亡への扉を開くきっかけとなった文書であったと言えるのかもしれない。

註

（1）菊池紳一「北条時政発給文書について――その立場と権限――」（『学習院史学』一九号、一九八二年）。
（2）下山忍「北条義時発給文書について」（安田元久先生退任記念論集刊行委員会編『中世日本の諸相　下巻』吉川弘文館、一九八九年）。
（3）川島孝一「北条時頼文書概論」（北条氏研究会編『北条時宗の時代』八木書店、二〇〇八年）。
（4）川添昭二「北条時宗文書の考察――請文・巻数請取・書状――」（『鎌倉遺文研究』二号、一九九八年）。
（5）石井清文「『関東御教書』等にみる北条時宗の執権就任時期について」（『政治経済史学』五七四号、二〇一四年）。
（6）『鎌倉遺文』一一七四一号文書（「東寺百合文書（ヨ）」）。
（7）『鎌倉遺文』一四四二三号文書（「東大寺文書」）。
（8）『鎌倉遺文』一〇八七四号文書（「薩摩二階堂文書」）。
（9）前掲註（7）。
（10）服部英雄『蒙古襲来と神風』（中央公論新社、二〇一七年）。
（11）『鎌倉遺文』一一九一〇号文書（「東寺百合文書（ヨ）」）。
（12）佐藤進一『日本の中世国家』（岩波書店、二〇〇七年）。
（13）『鎌倉遺文』一一九六二号文書（「大友文書」）。
（14）新井孝重『戦争の日本史（七）蒙古襲来』（吉川弘文館、二〇〇七年）。
（15）『史料纂集（第一期）公衡公記 第一』（続群書類従完成会、一九六八年）。
（16）『鎌倉遺文』八二八一号文書（「新編追加」）。
（17）「峯相記」（『続群書類従・第二十八輯上　釈家部』続群書類従完成会、一九二四年）。
（18）太田弘毅『蒙古襲来――その軍事史的研究――』（錦正社、一九九七年）。
（19）「六八　東大寺衆徒等重申状土代」（東京大学史料編纂所編『大日本古文書　家わけ十八　東大寺文書之十』東京大学出版会、一九七五年）。
（20）『中世法制史料集　第一巻』（岩波書店、一九五五年）。
（21）「八幡愚童訓甲」（『寺社縁起　日本思想大系（二〇）』岩波書店、一九七五年）。
（22）前掲註（7）。

河野氏の系図復元

――河野通義と河野通有――

磯川いづみ

はじめに――文永九年十二月二十六日付関東下知状について

文永九年(一二七二)十二月二十六日付関東下知状(以下、本文書と表記)は、「正閏史料外編河野六郎所蔵」(山口県文書館所蔵)を出典として『鎌倉遺文』一一一六七及び、瀬野精一郎編『増訂鎌倉幕府裁許状集』上一三二(吉川弘文館、一九八七年)で、また「譜録 河野六郎通古」(山口県文書館所蔵)を典拠に『愛媛県史』資料編古代・中世二二一四(一九八三年、以下『県史』と略記)で翻刻されているほか、「築山本河野家譜」(景浦勉編『河野家譜 築山本』伊予史料集成刊行会、改訂二版、一九八二年、以下「築山本」と略記)[1]にも掲載される。内容は河野通時と河野通義による相論の裁許である。

本文書については、石野弥栄氏・久葉裕可氏が触れている[2]。両者とも鎌倉期全体を検討の対象としているため、本文書に関わる点に限定すると、石野氏は、通久・通継・通有が在京し[3]、通信・通久・通時・行真・経通が鎌倉で御家人役を勤めていると指摘した。また、本文書の本文を校合した結果を掲載し、相論の内容を分析している。そして、本文書に見える通義は、通継の子で仮名が「六郎」、また「総領」とあるので、彼は蒙古襲来時に活躍した通有を指し、弘安の役までに改名したのだろうと述べ、さらに通時が御家人役を勤めていた時期は、「義絶」が許されていたか、とする。一方久葉氏は、鎌倉期の河野氏の事績を時系列でまとめている。とくに通久・通継・通有が在京していたことに注目し、河野氏は在鎌倉御家人から在京御家人に立場を変えたと述べる。本文書の相論は、両氏によって検討されているので事実関係については触れないこととし、系譜関係など[4]、本文書から見えてくるその他の事実関係に注目してみたい。

そこで、本文書の登場人物が、家譜類（二次史料）にどのように書かれているか確認することとする。このように一次史料の記述を二次史料で確認するという、一見通常と逆に思われそうな作業は、河野氏研究にとって必要なものである。というのは、地域権力河野氏には家伝文書が現存しないので、研究で用いる文書史料は、寺社の文書群のようにまとまったものを除くと、豊後臼杵藩稲葉氏が収集して作成した写が多く(5)、現存する同氏作成の写には、中世後期の当主の受給文書が多いという特徴がある。その上、中・近世において複数の河野氏の家譜が編纂されている(6)。これらの家譜には現存しない文書が写され、本文では文書に残らない事柄が多く記述されていることから、中世前後期を問わず研究に活用されている。しかし、家譜の収集・分類や本文の校訂、いつ誰が何のために編纂したのか、といった基本的作業はいまだ十分とは言い難く(7)、各家譜に関する研究も多くはない(8)。現在は、各研究者が記述内容を個別に検討しながら用いており、二次史料の史料批判は伊予中世史研究における課題といえる(9)。

今回は、これまで知られている家譜のほか、筆者が入手しえた家譜及び系図を用い、本文書に書かれた事実が二次史料にどのように反映されているのかを確認することで、二次史料に対する史料批判の一助としたい。

一　文書と家譜類に見える当事者

まず本文書には、親族の関係性が記されているので、それを基に系図を作成すると【系図1】のようになる（石野氏も筆者と同様に復元する）。石野氏は、通義から通有に改名したと述べている。また久葉氏は、改名の時期を特定し、「義」字を憚る対象が、文永八年十二月に上洛した六波羅探題北条義宗とする。この当時通有が在京しているとし、義宗上洛頃が改名の契機とした。しかし、飯沼賢治氏によると、鎌倉期で一字を憚る対象は一般的に公家であり、本文書の場合は二条道良と検証している(10)。また、通有に関する一次史料には、「河野六郎」「越智通有」「河野六郎通有」「河野対馬守」「河野対馬前司」などと表記されており(11)、通義が通有と改名したか否かは、現存する一次史料では確認できない。

次に本文書以外で、通義の名を確認してみると、本文書を写す「築山本」以外発見できなかった。「築山本」は近世の成立である。河野氏の系図を記し、各個人に対する注記

【系図1】

- 通信 ― 通久（九郎、敬蓮）
  - ＝ 妻
  - ＝ 妾
  - 通時（四郎）
  - 通継 ― 通義（六郎）
  - 尼観阿
  - 愛得

とともに文書の引用がなされる。[12] 通時の項では、「蒙古退治」に「甥通有」とともに出陣し、建長四年（一二五二）四月十九日の弓御覧の射手に選ばれたことを記す。[13] そして「文永年中通時通継因テ所領之事ニ聊及フ異論ニ依テ鎌倉之計ニ双方令ニ和與一其後通継卒テ再ヒ通時通義（通継子）相諍テ訴ニフ鎌倉ニ重テ下文ニ曰」と注記があり、その次に本文書を引用している。系図としては通義は存在しないことになっているものの、本文書の系譜関係を正確に読み取り、注記では通義を「通継子」とする。もちろん「築山本」に通有は登場するので、「築山本」の編纂者は、通義と通有は別人と認識していたことになろう。

これまで述べたように、通有は本文書に登場しないものの、前述の一次史料から実在していたのは明らかで、「八幡愚童訓」にその活躍が書かれるなど、河野氏でも著名人と思われる。家譜類には、通有の次の当主通治が通盛と改めたとする記述があり、もし通有が改名したのであれば、通治（通盛）のように、家譜類に記載があってもよさそうに思える。しかし筆者が参照した後掲の二次史料では、通有から通義への改名を確認することはできなかった。とすれば、通義が通有と改名したか否かは不明となる。現段階では、本文書に通有の名が見られないので、通有が相論に関与していなかった可能性を想定すべきだろう。

これまで述べたことが正しいとすれば、二次史料では通義は存在しないことになってしまったことになる。その理由を考えるためにも、本文書に見える当事者を家譜類がどのように記載しているか確認してみたい。本文書に見える人物の血縁に注目すると、大きく二つのグループに分けられる。

一つは「手向山神社本河野系図」[14]（以下「手向山本」）と「予章記」などである。「手向山本」は、南北朝期に成立した系図で、「予章記」は十五世紀前半に原型が成立し、十五世紀後半に増補されたものである。[15] 両者とも中世に成立したことが明らかなため、近世成立の家譜類よりは信憑性が高いと考えられている。関係部分を『予章記』[16] から引用する。これをもとに作成したのが後掲【系図2】である。

同（通信＝筆者註）四男通久（河野九郎左衛門尉、母北条四郎時政ノ女）。承久兵乱ノ時、関東方討手ノ大将トシテ上洛シ、宇治川先陣ヲ渡シ、阿波国富田庄ヲ賜フ。後ニ当国久米郡石井郷ニ中替ケル。（中略）又、通久ノ子、嫡子ハ通時（河野四郎ト云）。次男通継（河野弥九郎、母工藤祐経女）、蔵人ト云、後、上野介ニ任ズ。其子通有（河野六郎、任ニ対馬守一、母井門三郎長義女）。後宇多院御宇弘安四年、蒙古襲来。（中略）通有ハ（中略）伯父伯耆守通時ト一艘ニテ漕出テ、敵船ノ中ヘ分入ケル。（中略）伯耆守ハ長刀、通有ハ大太刀、百人ニ及ブ者ドモ、此ヲ専度ト切テマワル。（中略）伯耆守大事ノ手負テ、船中ニテ死ケリ。通有ハ処々ニ蒙レ疵伊与国ヘゾ帰也。（中略）通有ノ子七人アリ。嫡子ハ通忠（八郎ト云。童千宝丸。、母江戸太郎女）

十四歳ノ時、父ト同蒙古ノ合戦、（中略）通有次男通茂九郎。母通久女。（中略）三男通種四郎左衛門尉。母通久女。（中略）通有ノ四男通員五郎左衛門尉。母通久女。同五男通為七郎左衛門尉。母同レ上。同六男通里八郎左衛門尉。母同レ上。同七男通治九郎左衛門尉、母通久女。後通盛ト改。

通久は通信の四男で左衛門尉、母は北条時政女である。承久の乱の時に幕府方として戦う。その通久の「嫡子」は通時で四郎、次男の通継は弥九郎・蔵人・上野介、母は工藤祐経女である。通継の子通有は、六郎・対馬守、母は井門長義女である。弘安の役で「伯父」通時とともに戦うも、通時は戦死、通有も負傷して帰国する。通有の子は七人おり、「嫡子」は通忠で母は「江戸太郎女」(17)である。それ以外の子通茂・通種・通員・通為・通里・通治の母は通久女で、通治は後に通盛と実名を改めている。

この他「築山本」も系譜関係は同一である。善応寺所蔵「河野軍記」(18)では、「通久ノ嫡子、河埜四郎通時任伯耆守、同二男河野弥九郎通継、四十五代之家督也、通時同母、其子通有四十六代、河野六郎、又蔵人助、母井門三郎長義女也、後任対馬守」として、通時が「家督」を継承していないことが明示される。「豫州来由記」（東京大学史料編纂所架蔵謄写本）は「河野軍記」とほぼ同文である。今治市河野美術館所蔵「予陽河野盛衰記」(19)（国文学研究資料館マイクロフィルム、二種あり）は、通時を「嫡子」、通継を「五十一代ノ家督」、通有を「五十二代ノ家督」とし、河野通堯原蔵「河野氏系図」（東京大学史料編纂所架蔵謄写本）は、通継と通時を同母兄弟とする。九州大学附属図書館長沼文庫所蔵「築山本河野家譜」(20)（九州大学総合研究博物館データベース、二〇一九年八月十六日現在停止中）・早稲田大学図書館所蔵「河野氏系図」（早稲田大学図書館古典籍データベース、イ14A5293）は、通久の長男を通継、次男を通時とする以外は、ほぼ同じである。

二つめは「水里玄義」で、河野刑部大輔通直の命で土居通安が編纂したものである(21)。明応八年（一四九九）の序が付されているので、「予章記」の少し後に編纂されたことになろう。景浦勉氏執筆の解題によると、同書は伝承と推測される「秘伝」を基に編纂したもので、複数ある家の由緒を列記して異同を述べ、あえて断定しないことが特徴という。

同書は伊予史談会文庫に写本が四種所蔵されている（他機関所蔵本は未見）。請求記号順にス―8（田内逸有氏所蔵）、ス―9（阿沼美神社所蔵）、ス―10（町田重太郎氏所蔵）、ス―33（「遊行寺本」）(22)である。そのうち二種を底本に翻刻されており、「原本はいずれも阿沼美神社蔵本」（一一八頁）としているため、底本の一つはス―9である。もう一つは、阿沼美神社の現在の宮司が田内逸和氏であることから（愛媛県神社庁ホームページ、二〇一九年八月十日閲覧）、ス―8と推測される。

本文には、河野氏が源頼義の末裔とする説に則った「清和源氏系図」が書かれ、その後の説明が通久〜通有に関わる記述である。解題では、「清和源氏系図の通信以降、戦国末期までの部分はあとから追記した」（二一三〜二一四頁）という。これはス―9の「清和源氏系図」に「通朝以下イ本ニナシ、恐クハ追記ナラン」と注記があり、「天正十五年卒」の四郎通直まで書かれているためであろうか。ス―8も同様に、四郎通直まで記載がある。また、ス―8・9の原奥書は寛延四年（一七五一）である。(23)

一方、底本に使用されていないと思われるス―10では、「清和源氏系図」が通治（通朝の父）までの記載、原奥書は天文十年（一五四一）である。そこで、本稿ではス―10を用いた。同書には以下のようにある。(24)

嫡流之家譜如レ此、蓋通継者実非二通久ノ子一ニ通信ノ六男ニノ通久同腹ノ弟也、通久依二卒去一通継継二其跡一ヲ、是通久之男通時依二幼稚一也、且通継之跡通時雖レ可二相続一ス、通時蒙古合戦ニ討死ス、故ニ通継ノ子通有領二ス父之遺跡一ヲ、即是以二テ通久ノ娘一ヲ令レ嫁レ之ニ

通継は通信の六男で通久の同母弟であり、通久が没した際、子通時が幼少だったため相続したとする。そして、通時が「蒙古合戦」で討死したため、通継の子通有が父の跡を継ぎ、通有に通久女が嫁したとある。

土居通昌原蔵「河野土居系図」（東京大学史料編纂所架蔵謄写本）では、通久を同音の「通尚」と表記し、系図上通尚の子を通継・通時とするも、通継には通信六男で通尚の同母弟、通時の母を工藤祐経女と注記する。近世成立の「予陽河野家譜」(25)は、通継は通久の「早世」により「家」を継ぎ「惣領」となったとある。「水里玄義」の記述を系図にしたのが、後掲【系図3】である。

以上のように、家譜類では通久から通有に至る系譜関係には異なる点が見られるので、(26)次節でこれらを比較してみたい。

二　通義と通時、そして通有

本文書で作成した【系図1】、「予章記」等の【系図2】、「水里玄義」等の【系図3】の相違点は、【系図1・2】が通継の兄を通時とし、【系図3】は通継の兄を通久としていることである。本文書から復元した【系図1】が最も信頼できるので、【系図3】の通久と通継を兄弟とする点は誤りである。(27)しかし、「水里玄義」の作者土居通安は、河野家内部にこのような系図が伝わっていたため掲載したのだろう。「水里玄義」の本文を含めた史料批判は今後の課題であるが、このような系図を記載するこ

とには、何か意味があると思われる。そこで本稿では「水里玄義」の記述も検討の俎上に載せておきたい。

【系図1〜3】を通覧して生じる疑問として、①実在する通義が【系図2・3】には存在せず、②通時は「嫡子」と書かれるものの、家譜類で「惣領」「家督」とは表記されない、という二点が挙げられる。

最初に、なぜ通義が家譜類に記録されなかったのかは、端的に言ってしまえば、家譜類で最も古い成立の「予章記」に登場しなかったためと思われる。近世成立の家譜類は多かれ少なかれ「予章記」の影響を受けている。とすると、原「予章記」を編纂した人物の手元に、本文書（または写）が存在しなかった可能性があろう(28)。逆に「築山本」の編纂者は、本文書（または写）を所持していたことになり、「予章記」とは異なる史料を、編纂材料として用いたことを示していると思われる。各家譜によって相違する編纂材料については、さらに検討が必要であろう。

【系図2】

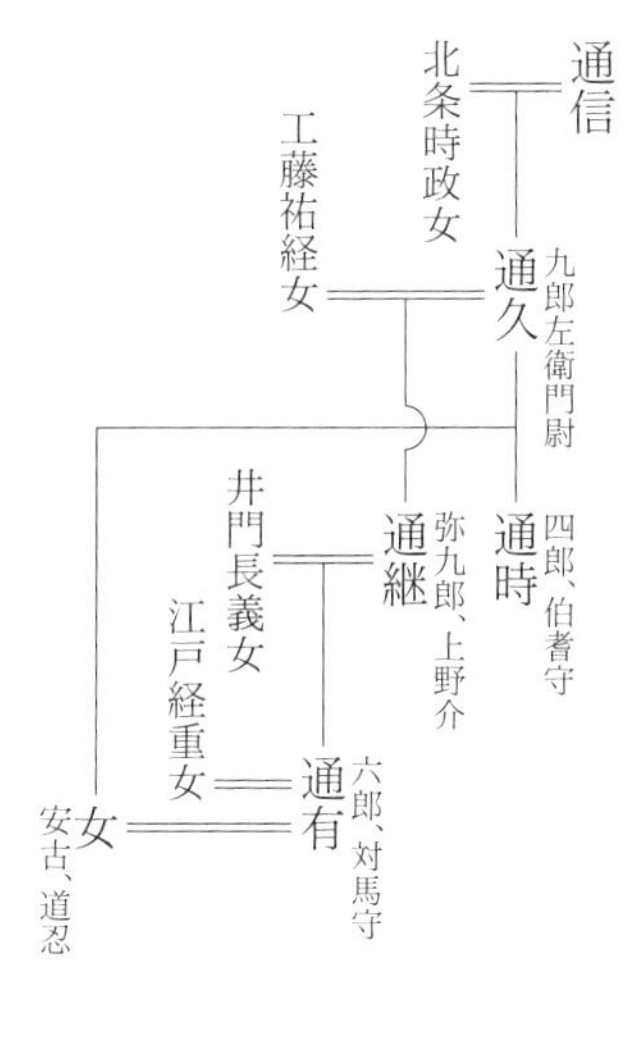

【系図3】

通信
北条時政女
通久 九郎左衛門尉
工藤祐経女
通時 伯耆守
女 通有妻、万松院
通継 弥九郎、上野介
井門長義女
通有 対馬守

次に、通時が当主になっていない理由については、「水里玄義」の記述を信用すれば、継承時期のタイミングが悪かったためということになる。しかし、通久の没年は、後述するように文永四〜五年であるので、通時が幼いというのは成立しないと思われるし(29)、通有が当主となったのは、弘安の役出陣より前であろうから、これも誤りである。同書の書き様は、通時が当主にならなかったのではなく、なれなかったことを示唆しているように思われる。そこで本文書を見直すと、通時が「義絶」されていた時期のあることがわかる。当主になれなかった理由はここにあるのではないだろうか。

石野・久葉両氏はこの義絶について、通時が御家人役を勤めた時期は赦免されていたと述べる（石野氏は断定していない）。しかし、義絶は御家人それぞれの「家」内部の問題であり、幕府は各御家人の家内部までは把握していない(30)。すなわち、幕府は河野氏の御家人役を勤めうる人物が鎌倉にいるかいないかの情報のみを必要としていたと考えられる(31)。石野氏が述べるように、鎌倉で御家人役を負担した人物は、通久以降当主ではない（通久も承久の乱があったために当主になった人物)。ということは、通時が「嫡子」のままであったことも、御家人役を勤めることの妨げにはならないと思われる。だからこそ、通時は幕府の推挙が必要な伯耆守にも任官できたのではないだろうか。

ところで、石野・久葉両氏及び本文書によって、文永四年八月十一日〜同五年七月二十四日に通久(敬蓮)が、同九年二月〜十二月二十六日に通継が、同九年十二月二十七日〜弘安四年(一二八一、弘安の役出陣)までに通義が没し、そして弘安の役で通時が戦死したことが明らかになっている。

石野氏は弘安の役により、通時と通有の対立は緩和されたとするが、久葉氏は確執が残っており、通時の戦いぶりを惣領家から独立するか、もしくは取って代わるためと述べている。しかし、幕府の軍勢催促に従って、御家人が一族を率いて戦うことは一般的であり、十四歳の嫡子通忠も出陣している(「蒙古襲来絵詞」)。伯父の通時がそれに従っていることに、特段疑問を覚えることはない。文永の役に河野氏出陣の形跡が認められず、弘安の役で通有と通時が奮戦したのは、すでに言われている承久の乱で失った所領を取り戻すためだけではなく、たった十四年間に一族三名が相次いで没したことも関係していたのではないだろうか。(32)

承久の乱によって通久が当主となり、その後を通時ではなく通継が継いだことで、河野氏は二度嫡流が代わったことになる。そして通継の子通有は、通義と同じ「六郎」を称し、叔母にあたる通久女と結婚した。これら通有の行動から、通有は本来当主になる予定(嫡子)ではなかった可能性も考えられよう。そのため非嫡流の通有は、弘安の役を必死に戦うことによって、一族や被官に対して、自らが嫡であることを認めさせようとしたのではないだろうか。

おわりに――系図の復元

以上、本文書や家譜類をもとに、河野通久から通有へ至る本文書の系譜と、家譜類に書かれる系図との相違点などについて検討してきた。まとめると、通義から通有への改名は考えにくく、通義と通有は別人と思われること、それにともない通有は本文書の相論に関与していないと考えられること、文永の役前後に一族が相次いで没していたため、通有はもともと当主になる予定ではなかった可能性があることが判明した。最後に系図を復元してみたい。通継の子通有は、文永九年の相論には登場せず、弘安の役では当主として戦っていることから、通義の死没にともない、当主になったと思われる。そう考えると、通義が兄で弟が通有とするのが自然だろう。これをまとめると【系図4】のようになる。

【系図4】

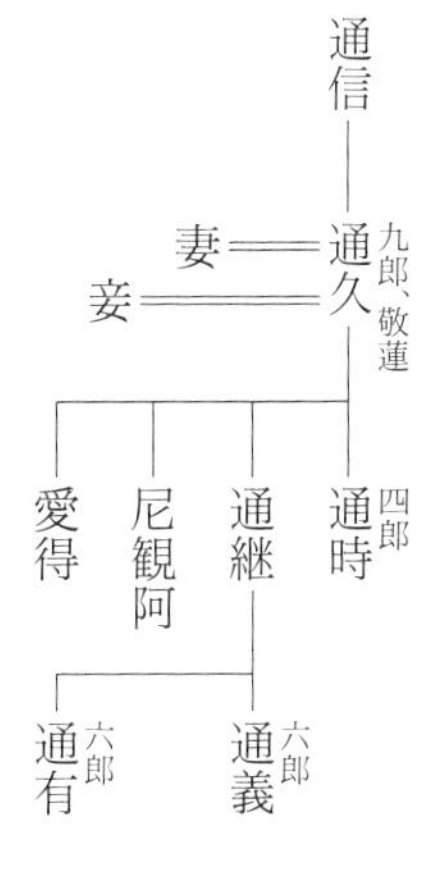

通久のあと、本来通時が当主となるはずであったが、義絶により弟通継が継いだ。そして通継の長子通義は、当主となって短期間で没したと思われ、通有がそれを引き継ぎ弘安の役に至ったと考える。中世前期の河野氏の史料のほとんどは写や編纂物であるが、それらを博捜し、史料批判を行いながら、鎌倉末期〜南北朝初期の河野氏についても今後検討していきたい。

註

（1）本稿では「改姓築山之事河野家之譜」（東京大学史料編纂所架蔵謄写本）を使用した。以下、同所架蔵本は、東京大学史料編纂所データベースを利用している。

（2）石野弥栄「鎌倉期河野氏の動向と鎌倉政権」（『中世河野氏権力の形成と展開』戎光祥研究叢書5、戎光祥出版、二〇一五年、初出一九八四年に補注・補説を加えている）、久葉裕可「河野通有論序説」（『瀬戸内海地域史研究』八、文献出版、二〇〇〇年）による。久葉「河野通有の実像」（山内譲編『古代・中世伊予の人と地域』関奉仕財団、二〇一〇年）も参照されたい。以下、石野氏・久葉氏の見解はこれらによる。以下、副題は省略する。

（3）下坂碧氏は、承久の乱以前の河野氏の在京活動について検討している（「承久の乱と河野氏」『紫苑』一五、二〇一八年）。

（4）山内譲氏は一遍と河野氏の系譜関係について分析している（「一遍とその一族」遊行寺宝物館監修・五味文彦編『国宝一遍聖絵の研究』高志書院、二〇一九年）。

（5）美濃出身の稲葉氏は河野氏の末裔を自称した。稲葉氏は、複製に近い精巧な写を含め多数の写を作成し、河野氏を祖とする系図まで作成している。美濃に河野氏が住したのは事実であるが（石野弥栄「鎌倉・南北朝期の河野氏と美濃国」『中世河野氏権力の形成と展開』初出一九九〇年に補説を加えている）、中世後期の河野氏と稲葉氏の関係及び、稲葉氏が家祖として河野氏を顕彰した理由は不明である。

（6）近世大名が、自家の家譜編纂・文書の収集を行っていることはよく知られている。近世に武家として存在しない河野氏の家譜編纂の契機は、近世における河野氏の評価とともに今後の検討課題であろう。

（7）本文研究の進んだ「予章記」でも、誰が編纂したのか、という点では意見が分かれている（西尾和実「『予章記』に探る中世河野氏の歴史構築」『四国中世史研究』一一、二〇一三年、山内譲「『予章記』の成立」佐伯真一・山内譲校注『予章記』伝承文学注釈叢書1、三弥井書店、二〇一六年、同「室町時代の伊予」『中世文学』六二、二〇一七年。山内「河野通久の時代」（『四国中世史研究』一五、二〇一九年）も参照されたい。

（8）西尾和美氏は「予陽河野家譜」の記述の仕方に着目した研究を行っている（「中世伊予河野氏の婚姻関係と権力の変遷」『戦国期の権力と婚姻』清文堂出版、二〇〇五年、初出一九九八年）。

（9）川岡勉氏は、筆者が「天文期河野氏の内訌」（『四国中世史研究』一四、二〇一七年）において、二次史料を用いなかったことなどを批判した（「天文伊予の乱と河野氏権力」『四国中世史研究』一五、二〇一九年）。筆者は本稿で取り上げた中世前期のように、一次史料の少ない時期はともかく、中世後期であれば、豊富な一次史料を優先的に用いる方がよいと考える。二次史料については、本文で述べたように、まず史料の収集・分類、本文の校訂、作者・作成目的などの検討が必要であろう。

（10）飯沼賢治「名を憚ること」（『鎌倉遺文月報』二八、一九八五年）。かつて九条兼実は、子良経の実名が、源義経と同じ「よしつね」であることを理由に改名させようとしたことがある（『玉葉』文治元年十一月十一日条）。

（11）（正応六年）六月二十八日付北条貞時書状（京都国立博物館所蔵「古文書手鑑（八十八通）」京都国立博物館館蔵品データベース）、弘安八年六月二十五日付源惟康家政所下文（「淀稲葉文書」『県史』二九二）、正安二年十月二十六日付鎮西御教書案（「肥前河上神社文書」『県史』三七一）、延慶二年六月二十九日付関東御教書（福岡市総合図書館所蔵「河野資料」一『新修福岡市史』資料編中世1市内所在文書）、正和五年二月二十四日付鎮西御教書案（「肥前実相院文書」『県史』四六五）など。

（12）『河野家譜　築山本』は読みやすさを重視し、編者が誤記を正し、注記の位置を変更するなどしているので、利用の際には注意が必要である。

（13）「吾妻鏡」建長四年四月十四日条と思われるが、「吾妻鏡」の文言とは若干異なる。

（14）山内譲「最古の河野系図」（『伊予史談』三六二、二〇一一年）。氏は典拠として東京大学史料編纂所架蔵影写本を使用しているが、同所架蔵写真帳にも掲載されている。

（15）前註（7）『予章記』。

（16）二―⑯～三―①（一一三～一二八頁）。煩雑になるため長福寺本で補った（　）は省いた。

（17）江戸（木田見）経重女カ。拙稿「南北朝初期における河野通盛の軍事統率権」（北条氏研究会編『武蔵武士の諸相』勉誠出版、二〇一七年）にて検討した。聖藩文庫所蔵「河野家譜」（黒田彰・岡田美穂編・解説『聖藩文庫本軍記物語集』4『軍記物語研究叢書』第八巻未完軍記物語資料集8、クレス出版、二〇〇五年）では、通忠の母を「江戸太郎重長女」とする。拙稿執筆段階では気づいていなかったため、ここに記しておく。

（18）東京大学史料編纂所架蔵写本を用い、読点は筆者が付した。国立公文書館所蔵「河野軍記」も善応寺所蔵本である。

（19）善応寺所蔵「河野軍記」と今治市河野美術館所蔵「予陽河野盛衰記」は、「日本古典籍総合目録データベース」で、統一書名「河野軍記」として同一書誌とされている。しかし、本文で述べたように記載内容が異なるので、別書誌の可能性がある。

（20）「築山本」との比較はしていないが、系図と注記のみで文書が写されておらず、築山家が作成した別本の可能性がある。

（21）伊予史談会編・発行『予章記　水里玄義・河野分限録』（改訂版、一九九四年）。

（22）他の「水里玄義」と内容が異なるため、異本と思われる。

（23）後半に付される「井家要語」に、宝暦十三年（一七六三）の識語がある。

（24）文字は常用漢字に改め、筆者が読点を付したが、送り仮名や返点は原文のままである。

（25）景浦勉校訂『予陽河野家譜』（歴史図書社、一九八〇年）。本稿では『県史』が底本とした東予郷土館所蔵本を用いた。

（26）このほか、伊予史談会文庫所蔵「水里玄義　遊行寺本」（ス―33）には、通継が通久の弟であることのみ書かれる。早稲田大学図書館所蔵「越智姓河野家譜」（早稲田大学図書館古典籍総合データベース）は通久のみ記述がある。前註（17）聖藩文庫所蔵「河野家譜」は、通久の長男が通継、次男を通時、弘安の役で通有と従軍したのは通継とし、通有の注記では「叔父伯耆守通時」とともに戦ったとする。九州大学附属図書館長沼文庫所蔵「河野歴代亀鏡」（九州大学総合研究博物館データベース）は、通有が「伯父伯耆守通時」と一緒に戦ったことのみを記す。同書には伊予史談会による奥書があり、その中で「誤書頗ル多ク讀ムニ堪エサルモノ」と評価されている。東京大学史料編纂所架蔵写本「諸家系図」巻之四十二越智氏河野は、当主となった人物のみを挙げ兄弟を載せない系図であり、通久の子は通継、そして通有と続く。そのため通時の記載はないものの、通有の注記に「伯父伯耆守通時」とともに戦っている旨が記される。

（27）石野氏は、「予陽河野家譜」を例に挙げて系譜関係の誤りを指摘している。

（28）「手向山本」の作者・作成意図等が不明であるため、本稿では検討の対象外とした。

（29）通有は建長二年生まれ（久葉氏論文）からの推測である。

（30）御家人役の賦課単位に「跡」が使われるのは、幕府が個別に御家人を把握していないからだろう。「跡」については、高橋典幸「御家人役「某跡」賦課方式に関する一考察」（『鎌倉幕府軍制と御家人制』吉川弘文館、二〇〇八年、初出二〇〇一年）を参照。

（31）宗尊親王将軍期は、将軍出御等の行列の供奉人を決める際、「廻状」を回し、その結果を元に交名を作成している（『吾妻鏡』）。

（32）大分県立先哲史料館所蔵稲葉文書所収「河野家譜」（臼杵藩稲葉家が編纂、天明四年［一七八四］成立）では、典拠は不明であるものの、通久は「建久四年癸丑生」「寛元元年癸卯二月二日卒、行年四十五歳」、通継は「正応二年八月廿三日逝去」とする。

建長寺・円覚寺の定額寺化と北条氏

甲斐玄洋

はじめに

鎌倉五山の建長寺と円覚寺は北条氏が創建した著名な禅宗寺院である。建長寺は北条時頼が、円覚寺は時頼の子時宗が創建し、いずれも鎌倉期を通じて北条得宗家の寺という性格を持っていた(1)。その一方で両寺は武家政権を代表する大寺院へと成長し、室町期には五山官寺の地位を得るに至る。こうした両者の性格とその変遷の背景には、当該期の北条氏の政治的意図や動向を読み取ることができるであろう。

このような観点から、本稿では延慶元年(一三〇八)の建長寺・円覚寺の定額寺化を取り上げる。この年、朝廷は北条氏の申請により円覚寺に勅額を下賜し、両寺を定額寺に認定した。定額寺は古代において官大寺、国分二寺に次ぐ格式を与えられた寺院である。官寺としての寺格を得て一定の保護を受けられることから、私的に創建した寺を朝廷へ申請して定額寺とすることが盛んに行われたが、十世紀末を最後にその申請・認可の事例は見られなくなるという(2)。すなわち、建長・円覚両寺の定額寺化は、北条氏の創建した寺院が当時としては珍しい伝統的格式を帯びる官寺に認定された希少かつ画期的な事実である。鎌倉後期の北条氏を考える上で恰好の素材となろう。

そこで以下、主に北条氏の発給文書からこの定額寺化の経過と同氏の関係をたどってゆく。その背後にある北条氏の思惑を見出し、その意義と問題の広がりを考えてみたい。

一　創建期の円覚寺と北条時宗

建長寺の創建から定額寺化に至る経緯については関係史料が乏しく、不明とせざるを得ない。これに対して円覚寺の場合はその間の伝来文書が残り、比較的明らかにできる。よって、ここでは円覚寺の動向を跡付けていく。

円覚寺は弘安五年（一二八二）に北条時宗が建立した。その翌年、創建間もない時期に次の文書が出されている。

【史料一】　(北条時宗)(花押)北条時宗加判執事奉書(3)

尾張国富田庄、可被寄進円覚寺候、差遣実検使、公私得分、委細可令注進之由所候也、仍執達如件、

弘安六年六年(マヽ)三月廿五日　　業連(佐藤)奉

□□(円覚)寺奉行人中

【史料二】　関東下知状(4)

円覚寺事、為

将軍家御祈禱所、任相摸(北条時宗)国司申請、所被寄進尾張国冨田庄幷冨吉加納・上総国畔蒜南庄内亀山郷也者、依仰下知如件、

弘安六年七月十六日

駿河守平朝臣業時(北条)（花押）

【史料三】　北条時宗書状(5)

以円覚禅寺、申成

将軍家御祈禱所候、仍御教書進之、食輪(金カ)已転、法輪常転、必及龍葩之期、感悦之至、不知所謝、委細期面拝、恐惶謹言、

(弘安六年)七月十八日　　時宗(北条)

円覚禅寺方丈侍者

【史料一】で時宗は円覚寺に尾張国富田荘を寄進することとし、得分の注進を命じている。同荘は承元五年（一二一一）に北条義時の地頭請となっているので、(6) 寄進対象は地頭職と考えられる。奉者の佐藤業連は得宗被官であり、(7) この寄進一件は北条得宗家が家政として行ったものといえる。時宗が袖判を加え、書下年号が書かれている点からは本文書が公験として機能するよう期待されていることがうかがえる。

【史料二】は幕府が円覚寺を将軍家祈禱所とし、時宗の申請によって富田荘ほかを同寺に寄進したものである。時宗が申請を行った申状も現存しており、そこでは円覚寺を御願とし、所領を寄進するように求めている。(8) 富田荘の寄進対象が地頭職なので、【史料一】のみでなく、【史料二】の下知状による許可が必要であったと考えられる。(9) 上総国畔蒜南荘内亀山郷についても事情は同じようである。正和四年（一三一五）十二月の円覚寺文書目録には【史料二】に先立つ弘安六年六月八日の亀山郷御寄進状がみえる。(10) この寄進対象については永和三年（一三七七）十二月に出された上総国宛ての官宣旨に円覚寺領として「当国畔蒜南庄内亀山郷地頭職」と記されるので、(11) 地頭職であることが明らかである。時宗は事前に円覚寺に亀山郷の地頭職を寄進する意向を伝え、【史料二】で正式に認められたのであろう。文書の差出が連署の北条業時のみなのは、執権時宗が当該案件の申請者のため署名しなかったものと考えられる。

【史料三】は【史料二】を時宗が円覚寺に伝えた文書であり、文中の「御教書」が【史料二】を指すのであろう。「感悦之至、不知所謝」という表現からは、円覚寺への時宗の強い思い入れが感じられる。

このように時宗は創建に引き続き、寺院の経営に不可欠な経済基盤と、いわば付加価値である寺の格式を一体的に円覚寺に付与している。このことは時宗が創建時から同寺を自身の菩提寺としてだけでなく、将軍家祈禱所としても整備するつもりだったとみてよいだろう。

更にこの年十月に時宗は「円覚寺額事」について、普門上人を通じて「内々」に治天の君である亀山上皇側に申し入れている。(12)「円覚寺額事」という呼称は後の延慶元年（一三〇八）に円覚寺に勅額が下賜された一件を指す表現と同じである。普門上人は東福寺住持の無関普門のことで、後に亀山上皇の後援で南禅寺を開山したように、上皇に近い京都禅院の長老である。時宗は禅院と禅僧の人脈から普門とつながり、同人を介して亀山に円覚寺への勅額の下賜を打診していたと考えられる。これは関東甲次や勅使を介した一般的な朝幕交渉ではないので、時宗が水面下で折衝していたものといえよう。ところが、翌弘安七年四月に時宗は急死し、以後この件の動静は伝わらない。時宗の死とともに中止されたと考えられる。

時宗は創建当初から円覚寺を北条氏の菩提寺を超える寺にすることを意図していたと思われる。具体的には将軍家祈禱所とし、更には寺号を書した勅額を得ることを目指していた。ところが、その計画は時宗の死により頓挫した。このことは一連の円覚寺の寺格上昇構想が幕府で共有された課題というよりも時宗個人の意向の下で進められていたため、引き継がれなかったものと考えられる。

二　円覚寺の定額寺認定

円覚寺への勅額申請が再び動き出したのは、北条時宗が朝廷に打診してから二十五年を経た徳治三・延慶元年（一三〇八）のことであった。関係史料を次に掲げる。

【史料四】　西園寺公衡書状(13)

円覚寺額事、申入持明院殿(伏見上皇)之処、即被染宸筆之由、被仰下候也、謹言、

九月廿九日(徳治三年)　　(西園寺公衡)(花押)

【史料五】　金沢貞顕書状(14)

円覚寺額事、任被仰下之旨、可令申入仙洞(伏見上皇)給由、内々伺申西園寺殿(公衡)候之処、悉被下震(宸)筆候、子細長崎三郎左衛門入道(思元)令言上候歟、以此旨、可有洩御披露候、恐惶謹言、

十一月七日(延慶元年)　　越後守貞顕(金沢)（花押）

進上　尾藤左衛門尉殿

【史料四】は「円覚寺額事」について治天の君の伏見上皇に申し入れたところ、額字の揮毫を得たと、関東申次西園寺公衡が伝えている。宛所はないが次の【史料五】から六波羅探題の金沢貞顕に伝達されたものとわかる。【史料五】はこの件について指示を受け、伏見に申し入れるよう「内々」に公衡に依頼した結果、首尾良くいった旨を貞顕が伝える。【史料四】の公衡の書

状とともに送付されたとみられ、長崎思元を通じて尾藤左衛門尉に伝えられた。長崎、尾藤のいずれも得宗被官であり、[15]特に尾藤はこの頃、得宗家執事を務める得宗側近とみられる。[16]尾藤がこの件を披露する相手は得宗すなわち北条貞時であろう。朝幕交渉では通常は御家人が使者を務める。得宗被官が使者となる場合は軍事関係や、弔問・見舞いなどで将軍とは別に得宗が私的に使者を派遣する事案に限定されるという。[17]つまり、勅額の一件は幕府というよりも得宗貞時の個人的意向の下で進められている様子がうかがえる。

　こうして勅額の下賜が行われたが、更にその翌月には円覚寺を定額寺とする太政官符が朝廷から与えられた。次に掲げる官符の文中からは勅額と定額寺認定を申請した貞時の意図がうかがえる。

【史料六】　太政官符[18]

太政官符相摸国司

　応以当国大円覚禅寺為定額寺事

右、太政官今日下治部省符称、得沙門崇演（北条貞時）今月日奏状称、茲伽藍者、先父正五位下行相摸守平朝臣時宗（北条）、弘安聖暦、大淵献歳、殊凝棘信、専所草創也、鏤檻文榱之鮮妍也、宛然香花閦之奇麗、金姿玉相之照耀也、孰与白毫水之厳餝、於是、不朽不退、修四禅三昧之妙行、于晨于夕、致天長地久之禱祈、料知王法籍仏法而鼎盛、仏法籍王法而紹興者乎、早以私寺、専為定額、憶厥先蹤、不可弾論、且率由願成熟寺之徃躅、所寄進大円覚寺之仁祠也、任彼貞応之佳謨、将賜官符、勤勅願而已、何況、忝振宸毫、幸下題額、誠是希代之嘉謨也、豈非万葉之美談哉、昔陳室高祖帝之操聖翰也、垂字点於大荘厳寺之露、今本朝太上皇之染天筆也、耀称謂於大円覚寺之月、在今思古、彼既璵焉、抑崇演、倩顧至愚之庸材、早謝衆務之繁機、雖帰仏陀之真乗、猶慕社稷之安全、奉君之道、報国為基之謂也、凡当寺者、奉進将軍家、所為御願寺也、然而高達鶴唳於九霄、宜飛鳳詔於千里、望請天恩、因准先例、被賜官符、以件寺、為定額寺、将誓護国家、令興隆教法、然則、金輪運遥、永仰粟陸之日、宝算徳久、鎮伴華封之年者、右大臣宣、奉勅、依請者、省宜承知、依宣行之者、国宜承知、符到奉行、

修理右宮城使従四位上行右中弁藤原朝臣（花押）　修理東大寺大仏長官正五位下行左大史小槻宿禰（花押）

　延慶元年十二月廿二日

官符は冒頭の事書に続けて貞時の奏状を引用する。奏状は、まず美辞麗句を並べて円覚寺を称揚する。次に王法仏法相依の理念に触れた上で、「私寺」を「定額」とし、「願成熟寺」の先例にならって円覚寺を寄進するので、「貞応之佳謨」のとおりに「官符」を賜りたいとする。これは承久四年（貞応元年・一二二二）に伊豆国願成就院が定額寺の認定を受けたことを指している。

願成就院は文治五年（一一八九）に北条時政が奥州合戦の戦勝祈願のため建立した寺院という。北条氏の氏寺という性格を持つとともに、幕府の存続を宗教的に支える寺として整備が進められ[19]、承久四年正月に朝廷から定額寺に認定する「宣旨」を下された[20]。先述のとおり定額寺認定は鎌倉初期の時点でも稀なものであった。つまり、既に願成就院の拡充においても北条氏は定額寺という伝統的な権威を求めていた。この事実を貞時は先例として意識し、踏襲したのである。

続いて奏状は「忝振宸毫、幸下題額」、「今本朝太上皇之染天筆也」と伏見上皇が寺額を揮毫したことを述べる。定額寺の申請を行う脈絡で勅額の下賜が語られているのであり、「円覚寺額事」としてみてきた勅額申請の延長線上に定額寺申請が位置しているといえる。このように考えると、同じく「円覚寺額事」と呼ばれた時宗期の勅額申請も定額寺申請を射程に収めていた可能性がある。円覚寺の勅額受給と定額寺化は時宗期に構想され、貞時期に実現したとみることもできるのではないか。少なくとも貞時の行動は時宗の事績を踏まえたものだったと考えられる。

さて、以上を要点とする奏状の趣旨を認めたこの官符は、同日付の伏見上皇院宣によって関東へ送付するよう西園寺公衡に命じられ[21]、公衡はただちに施行した[22]。院宣には「建長・円覚両寺」を定額寺とする官符二通を関東に送るように指示されており、建長寺も同様に定額寺として認められたことがわかる。なお、円覚寺には伏見上皇宸筆の寺額とともにその草稿も伝わっている[23]。高い寺格は勅額によっても広く示されたのである。

三　定額寺化の背景と意義

建長寺・円覚寺の定額寺化は北条時宗の勅額申請に始まり、北条貞時が実現したものと思われる。建長寺も定額寺となっていることから、同寺の開基北条時頼が発案した可能性も考えられるが、時頼期にそのような動きは確認されない。また、円覚寺の創建から矢継ぎ早に勅額の申請まで進んだ経過を見ると、時宗の意図を重視すべきであろう。

では、ここで問題となるのが、まずは円覚寺へ勅額下賜を求めた時宗のねらいである。この背景として幕府内における時宗の専制確立が挙げられる。細川重男氏によると、建治・弘安年間の幕府は時宗の独裁体制であったという。時宗は御家人に対する主従制的支配権を掌中に収め、将軍権力の代行者であったと指摘されている。(24) 円覚寺の創建と勅額申請はまさにこの時期に行われた。これらの事実を関連付けて捉えると、将軍権力をも獲得した時宗が自らの権威付けとして武家の本拠地にある北条得宗家ゆかりの寺の格式上昇を企図したものと理解できる。

次の問題は貞時が定額寺化を実現した時期と背景である。時宗に端を発した寺格上昇策を貞時が実行したのは時宗の死から二十年以上後のことであった。ここで貞時政権の展開過程を整理してみる。一般的に貞時は霜月騒動、平禅門の乱を経て専制体制を敷くと考えられている。それまでは恣意性を十分に発揮する状況ではなかったといえよう。では、専制の確立後はどうであろうか。嘉元三年（一三〇五）に起った嘉元の乱の評価をめぐっては見解が分かれるが、乱後に貞時が政治への関与と意欲を失うとする点では大方の見解が一致している。(25) 円覚寺が定額寺として認定されるのはこの嘉元の乱後のことである。徳治三年（延慶元年・一三〇八）八月に貞時を諫めた平政連によると、貞時は評定・寄合・奏事といった幕政の中枢の場に姿を現さず、連日酒宴に明け暮れていたという。(26) この政連の諫言を貞時がどう受け止め、行動したのかはわからない。ただ、この後に貞時が寄合に出席している事実も見られるので、(27) なお検討が必要と思われる。

ここで注意したいのは政連の諫草が出された八月が政治的画期に当たることである。この月、幕府では久明親王に替えて守邦王を将軍としている。他方、朝廷においては大覚寺統の後二条天皇が急逝し、持明院統の花園天皇が践祚した。これにより後宇多院政は終わり、二度目の伏見院政が始まった。更に九月には大覚寺統の尊治親王が皇太子となっている。将軍交代や尊治親王の立太子といったこの間の事情は不明である。しかし、政局の変動と得宗貞時が無関係なはずはない。この政治変動の最中の九月から十二月にかけて円覚寺額及び定額寺化の動きがみられるのであり、そこに貞時の主体性を見出すことも可能であろう。

次に目を向けたいのは貞時による円覚寺の復興と統制である。円覚寺の伽藍は弘安五年（一二八二）の創建以来造営・整備されたが、同十年十二月、次いで正応二年（一二八九）十二月と重ねて火災に遭った。(28) これを受けて貞時は復興に意欲的に取り組んでいく。同六年六月に尾張国篠木荘を円覚寺造営料所とし、(29) 永仁四年（一二九六）三月に復興供養を行っている。(30) しかし、同六年十月に貞時は造営終了後に越前国山本荘を有栖河清浄寿院に返付すると下知しているので、(31) その後も造営事業は継続したものとみられている。(32)

正安三年（一三〇一）八月に貞時は出家し、円覚寺では貞時を大檀那として洪鐘が鋳造された。(33) 次いで貞時は乾元二年（一三〇三）二月に円覚寺制符を定め、僧の規律と違反者の追放規定などを示し[34]、徳治二年（一三〇七）五月には自身の判を据えた毎月四日大斎番文を作成させている[35]。これは円覚寺における時宗の月命日供養の番を定めたもので、得宗被官の名を列挙する。円覚寺を拠点に得宗貞時が権力編成を行っている点が注目される。この翌年、建長寺・円覚寺は定額寺となる。

こうした経過をたどれば、定額寺化は円覚寺の復興と統制の到達点であったといえる。それは政局の転換と相まって、得宗の権威を武家政権の本拠地鎌倉で可視化し、荘厳化する意味を持っていたと考えられるのである。

おわりに

建長寺・円覚寺の定額寺化は異例の寺格上昇策であった。本稿ではこれを北条時宗の勅額申請に始まり、北条貞時が実現したものと考えた。その背景には得宗専制が確立し、深化していく過程における得宗権威の誇示があることを指摘した。

もっともこの問題は鎌倉後期の政治史や寺院史などさまざまな点からなお考察する必要があり、本稿はその端緒を示したものに過ぎない。史料の限られた当該期の研究においては事象を多角的に検討し、位置付けていくことが求められる。後考を期したい。

註

（1）特に円覚寺は北条氏の墳寺としての性格を持ち、家刹的傾向が強かったと指摘される（玉村竹二・井上禪定『圓覺寺史』春秋社、一九六四年九四頁）。

（2）『国史大辞典』第七巻「定額寺」項（中井真孝氏執筆、吉川弘文館、一九八六年）、『日本史大事典』第三巻「定額寺」項（西口順子氏執筆、平凡社、一九九三年）。

（3）「相模円覚寺文書」、『鎌倉遺文』古文書編第二十巻―一四八二四号。

（4）「相模円覚寺文書」、『鎌倉遺文』古文書編第二十巻―一四九〇八号。

（5）「相模円覚寺文書」、『鎌倉遺文』古文書編第二十巻―一四九一〇号。

（6）嘉暦二年五月十八日尾張富田荘領家雑掌契状（「相模円覚寺文書」、『鎌倉遺文』古文書編第三十八巻―二九八四六号）。

（7）細川重男「得宗家公文所と執事――得宗家公文所発給文書の分析を中心に――」（同『鎌倉政権得宗専制論』吉川弘文館、二〇〇〇年、初出一九九八年）。

（8）弘安六年七月日北条時宗申文（「相模円覚寺文書」、『鎌倉遺文』古文書編第二十巻―一四九一九号）。

（9）大三輪龍彦「尾張国内の円覚寺領について」（『学習院史学』第五号、一九六八年）。
（10）相模円覚寺文書目録（『鎌倉遺文』古文書編第三十六巻―二七六六七号）。
（11）永和三年十二月十一日官宣旨（「相模円覚寺文書」、『南北朝遺文』関東編第五巻―三八七六号）。
（12）『勘仲記』〈史料纂集〉弘安六年十月二十二日条。
（13）「相模円覚寺文書」、『鎌倉遺文』古文書編第三十巻―二三三九五号。
（14）「相模円覚寺文書」、『鎌倉遺文』古文書編第三十一巻―二三四四五号。
（15）前掲註（7）細川「得宗家公文所と執事――得宗家公文所発給文書の分析を中心に――」。
（16）細川重男「尾藤左衛門入道演心について」（同『鎌倉政権得宗専制論』吉川弘文館、二〇〇〇年、初出一九九六年）。
（17）森茂暁「「東使」とその役割」（同『鎌倉時代の朝幕関係』思文閣出版、一九九一年、初出一九八七年）。
（18）「相模円覚寺文書」、『鎌倉遺文』古文書編第三十一巻―二三四八六号。傍線は筆者による。
（19）『静岡県史』通史編2中世（静岡県、一九九七年）一九二～一九四頁（永村眞氏執筆）。
（20）「承久三年四年日次記」承久四年正月二十日条（『大日本史料』第五編之一―貞応元年正月二十日条）。
（21）（延慶元年）十二月二十二日伏見上皇院宣（「相模円覚寺文書」、『鎌倉遺文』古文書編第三十一巻―二三四八七号）。
（22）（延慶元年）十二月二十三日西園寺公衡家御教書（「相模円覚寺文書」、『鎌倉遺文』古文書編第三十一巻―二三四八九号）。
（23）伏見上皇宸筆額草（「相模円覚寺文書」、『鎌倉遺文』古文書編第三十一巻―二三四四六号）。
（24）細川重男「「弘安新御式目」と得宗専制の成立」（同『鎌倉政権得宗専制論』吉川弘文館、二〇〇〇年、初出一九九二・一九九三年）。
（25）嘉元の乱により貞時の独裁体制が強化されるという見解（網野善彦『蒙古襲来』〈日本の歴史第10巻〉小学館、一九七四年など）と、貞時は政権中枢の家業と家格の否定により専制を試みたが、嘉元の乱で挫折したとする立場（細川重男「嘉元の乱と北条貞時政権」同『鎌倉政権得宗専制論』吉川弘文館、二〇〇〇年、初出一九九一年）がある。
（26）徳治三年八月日平政連諫草（尊経閣所蔵、『鎌倉遺文』古文書編第三十巻―二三三六三号）。
（27）金沢貞顕書状（「金沢文庫文書」、『鎌倉遺文』古文書編第三十一巻―二三六六三号）。
（28）『鎌倉年代記』〈増補続史料大成、以下同様〉裏書弘安十年十二月二十四日条、正応二年十二月十二日条。
（29）正応六年六月二十五日北条貞時下文（「相模円覚寺文書」、『鎌倉遺文』古文書編第二十三巻―一八二二七号）。
（30）『鎌倉年代記』裏書永仁四年三月二十二日条。
（31）永仁六年十月十七日北条貞時下知状（「相模円覚寺文書」、『鎌倉遺文』古文書編第二十六巻―一九八五六号）。
（32）前掲註（1）玉村・井上『圓覺寺史』五七頁。
（33）正安三年八月七日相模円覚寺鋳鐘願文（鎌倉円覚寺所蔵、『鎌倉遺文』古文書編第二十七巻―二〇八三六号）。
（34）乾元二年二月十二日崇演北条貞時制符（「相模円覚寺文書」、『鎌倉遺文』古文書編第二十八巻―二一三六一号）。
（35）徳治二年五月日相模円覚寺毎月四日大斎番文（「相模円覚寺文書」、『鎌倉遺文』古文書編第三十巻―二二九七八号）。

『長楽寺文書』所収関東下知状について

齊藤直美

『鎌倉遺文』（以下『遺文』と記す）第十一巻所収関東下知状（八四五二）は、上野長楽寺文書所収である。(1)

上野長楽寺文書（世良田長楽寺文書とも称す。本稿では長楽寺文書と呼ぶ）は、二四五点に及ぶ文書群で、そのうち中世に属するものは一二六点であり、原本は現在群馬県立歴史博物館に寄託されている。

翻刻本としては、昭和五十二年に『尾島町誌資料編』が刊行されたのが最初で、その後『群馬県史資料編』、史料纂集本『長楽寺文書』（以下『史料纂集本』と記す）が刊行されている。(2)

『長楽寺文書』そのものに関する先行研究としては、小此木輝之氏の「世良田長楽寺文書史料について」「『世良田長楽寺文書』にみる整理・装幀の過程」があげられよう。(3)

当該文書は短い文書であるが、本小稿ではいくつかの疑問点について述べたい。

以下に全文を載せる。

可令小四郎藤原秀家領知上野国邑楽御厨飯塚郷(4)内名田参町
　在家貮宇坪付子細見家時去状事
右、亡父廣家未処分之間、兄弟令和与畢、守状、無相違可令
領掌之状、依仰下知如件、
　正元元年十二月廿三日

武蔵守平朝臣（花押）
相模守平朝臣（花押）

内容は、小四郎藤原秀家に上野国邑楽御厨飯塚郷内名田三町を領知せしめよ、というものである。

本文書において、①小四郎藤原秀家、家時、廣家とは誰か②「家時去状」とは何を指すか③「守状」の状とは何か、の三点について考えてみたい。

まず、①の人物比定である。小四郎藤原秀家、家時、廣家ともに、『長楽寺文書』では本文書にしか名前がなく、『吾妻鏡』にも見当たらない。三人の続柄について史料纂集本の頭注では、秀家は廣家の子息であるとしており、家時は秀家の兄弟と解釈している。

邑楽御厨内の領知を下知されていること、また藤原姓であることから、藤原秀郷流の藤原氏ではないかと推察した。

管見の限り『尊卑文脈』には名前がなかったが、『上野国志』邑楽郡古海村条に、「藤原秀衡六代裔、足利太郎兼家が二男成綱が子、成光、古海太郎と号す。始て此所に居す。其の子重光上野の守護たり、重光が子廣綱、その子廣家、並に胡海太郎と称。」とある。[5]『尊卑文脈』の藤原秀郷流系図と比較すると、廣綱は重光の子ではなく孫であり、廣家の名もないが、『上野国志』の記載を信ずるなら、当該文書の「廣家」とは古海（胡海）廣家であると考えられよう。また、秀家と家時が兄弟であれば、古海廣家の息子に比定できる。

次に、②に挙げた「家時去状」であるが、『遺文』にも記載はなく、古海氏もその祖たる佐貫氏も家文書が伝わっていないため、体系的に各家関連文書を調べることができず、これが指す去状はみつからなかった。

また、③の「守状」の「状」がさすものは、当該下知状か家時去状のどちらかであろうが、判断が難しい。『長楽寺文書』所収の下知状11通と比較しても、どの文書も「守状」という文言は出てこない。「鎌倉将軍久明親王家下知状」[6]でも「任亡夫時成（中略）譲状等、可令領掌之状……」という文言が使用されている。無論この二点のみで決定することはできないが、状の種類によって文言に違いがあるのであろうか。「守状」という言い回しには意図的なものを感じる。

これらとは別にもう一点気になった点がある。それは「小四郎藤原秀家」という名前の表記の仕方である。

通常鎌倉時代前～中盤にかけては、姓・字・名を文書に記載するのであれば、姓＋字＋名の順で表記されることが一般的に思うが、当該文書では字が先に来る。少なくとも当該文書群のなかではこの語順は見当たらない。

想像をたくましくすれば、後世、邑楽御厨飯塚郷内の所領の所有等に問題が生じたため、藤原秀家の領知についての証拠文書として作成された可能性もあるのではないだろうか。

ともあれ、これらの問題提起は未だ推察の域を出ない。今後、同時代の他家文書なども対象とし、古海氏や上野地域の実態や相続の様相について考察したい。

註

（1）『鎌倉遺文』第十一巻（東京堂出版）。

（2）『尾島町誌資料編　第一篇　長楽寺文書』（尾島町誌編集委員会編、尾島町、一九七六年）。『群馬県史　資料編5　中世1』（一九七八年）、『長楽寺文書』（続群書類従完成会、一九九七年）。

（3）「世良田長楽寺文書史料について」（『佛教史学研究』二一―一、一九七八年）、「『世良田長楽寺文書』にみる整理・装幀の過程」（『鴨台史学』一、二〇〇〇年、初収）。両論とも『中世寺院と関東寺院』（小此木輝之、青史出版、二〇〇二年）に再収されている。

（4）『史料纂集本』では飯墓郷となっているが、同じ意味であることから「墓」としただけで、飯塚郷と同義である。

（5）『尊卑文脈』（『上野国志』毛呂権蔵、吉川弘文館、一九一〇年）。

（6）「鎌倉将軍久明親王家下知状」（『長楽寺文書』Ⅰ―一巻四番（前掲註（2）））。

大隅正八幡宮の造営と関東御教書

北爪寛之

はじめに

北条氏発給文書の一つ、関東御教書は幕府が意思伝達を行なうために用いた形式で、一般政務や裁許など内容は多岐にわたる。そして、一通の関東御教書発給には、文書を発給する側、受け取る側双方の意図をうかがうことができる。

本稿では大隅正八幡宮の造営、大神宝役に関する文永年間の二通の関東御教書を中心に検討を行ない、幕府、朝廷、大隅正八幡宮の本家石清水八幡宮の立場と発給に至る過程を明らかにすることを目的としている。

まず九州の神社の造営、遷宮について、本稿に関わるものを簡単に整理したい。九州の神社の造営、遷宮については、石井進氏(1)によって先鞭がつけられている。石井氏は一国平均役に注目し、鎌倉幕府成立以後、宇佐八幡宮などの九州の有力神社の造営に、大宰府に設置された行事所の奉行人を天野遠景や武藤氏が勤め、本来は大宰府が負うべき役割を担当していたことを指摘し、幕府による国衙権限の吸収を指摘されている。こうした視点はその後の研究にも受け継がれ、宇佐八幡宮の造営について詳細な検討を加え、幕府が造営の主導権を握る過程を検討した田中健二氏(2)、大隅正八幡宮の文永年間の大神宝用途について検討を加えた藤田俊雄氏(3)、宇佐八幡宮造営奉行人を検討した柴坂直純氏(4)など、具体的な検討が行なわれている。

近年は宇佐八幡宮を事例に、前田英之氏(5)によって石井氏の提唱した一国平均役の見解に対して疑問が呈されるようになっている。こうした研究の積み重ねにより、鎌倉幕府と朝廷、大宰府、そして大隅正八幡宮との関係について明らかになっている。しかし、文永年間を中心とする造営について、どのような経緯があったのか、あまり整理されていないようである。大隅正八幡宮の造営と遷宮の歴史の中で、北条氏発給文書の位置付けを試みたいと思う。

一　文永年間の二通の関東御教書

【史料1】　文永元年三月二十日関東御教書案（『壬生家文書』九―二二九二）(6)

（端裏書）「関東御教書案　大神宝為沙汰」

正八幡宮所司神官等申遷宮大神宝并経論以下御装束事、院宣副具書等令披露返遣、早相尋子細、可令成敗之状、依仰執達如件、

文永元年三月廿日　　武蔵守（北条長時）在御判

相模守（北条政村）在御判

陸奥左近大夫将監殿（北条時茂）

先ず基本となる史料を示したい。【史料1】は文永元年（一二六四）、大隅正八幡宮の所司神官等の申しとして遷宮のため、大神宝并経論以下装束について子細を尋ね沙汰することを命じているもので、幕府から六波羅探題に対して発給している。また、院宣を受けてこの文書が発給されているため、朝廷からの要請を受けていることがわかる。ちなみに、神宝御装束の中には、「御輿御簀」「御脇息」「水精玉」「御袙」などがあり、(7)こうした用途の負担も遷宮に伴っていたと思われる。

そして同年六月七日六波羅御教書案(8)では、【史料1】を受け、少弐資能に対して大神宝并経論以下の沙汰を命じている。この時、【史料1】の他、院宣、富小路殿（西園寺実氏）御教書、具書、（大隅正八幡宮）在京所司神官等重申状を受けて発給している。

文書発給の過程を整理すると、正八幡宮から朝廷へ申状が出され、朝廷から院宣と西園寺実氏御教書が関東にもたらされ、鎌倉から六波羅、六波羅から大宰府へと伝わっていることになる。

出典の『壬生家文書』は、宮内庁書陵部の所蔵で、官務小槻氏の壬生家が保管し伝来してきた文書群である。壬生家に伝来する文書には官文書も含まれており、その中には神事関係文書も含まれている。【史料1】は、そうした神事関係文書の一つ、「八幡宮関係文書」と題する三十五点（二十七冊・八巻）の史料群の一通である。この中には中世から近世までの文書があり、中世の

文書については、宇佐八幡宮、正八幡宮の造営に関する文書が多い。また、『壬生家文書』には「八幡宮関係文書」と関連する「宇佐八幡宮正遷宮一会」もある。

基本となる史料について確認をしたところで、大隅正八幡宮について整理しておきたい。大隅正八幡宮は、大隅国の一宮で宇佐八幡宮の別宮（五社別宮の一つ）に位置付けられている。桑原郡桑西郷に所在し、八幡神を合祀する以前は鹿児島神宮という神社で、『延喜式』神名帳には大隅・薩摩・日向三ヶ国中唯一の大座であった。鹿児島神宮が八幡宮化した時期は、元命が大隅国内の八幡別宮支配権を大宰府より認められた長元七年（一〇三四）以前であると考えられ、次第に社領を広げていったとされている。(9)

大隅正八幡宮の造営については、いくつかの段階に分かれている。仮殿、正殿の造営、遷宮となる。仮殿造営に際しては大隅、薩摩、日向三国の国衙の沙汰として、正殿造営は先の三ヶ国の庄公に平均に役を課すことと決められている。(10)また、遷宮と大神宝については上記の三ヶ国を除く、六国二島に平均に課すことを定めている。(11)これは寛治五年（一〇九一）十二月に正八幡宮が炎上し、翌年朝議により大隅国役で修造を行うこと、一国でできない時は薩摩、日向両国にも負担させ、大神宝も六国二島に賦課すると決められたことが先例となっている。

いずれも朝廷、大宰府が主導するものであり、官宣旨によって先ず沙汰を下され、官使や大宰府行事所などが中心となり造営、遷宮は行われる。こうした中で【史料1】で幕府が大神宝役について関与しているため、藤田氏は幕府の介入が正八幡宮所司神官等の申請に基づくもので、大宰府現地、官使等の要請によるものではなかったとして、官使、大宰府と正八幡宮側との立場の違いに注目している。(12)

そして、【史料1】の翌年には、次のような関東御教書が発給されている。やや長くなるが、引用したい。

【史料2】　文永二年十二月二十六日関東御教書案（『壬生家文書』九―二二九五）

（端裏書）
「関東御下知案　正八幡宮御遷宮大神宝事」

正八幡宮所司神官等申条条

一、遷宮大神宝并経論以下御装束事

右、如解状者、六ヶ国二嶋所令勤仕其役也、寛治造替之後、康和遷宮之時、国司面々所令調進也、又建久造替之後、貞応遷宮之時、官使・府目代已下納置用途物於府庫、雖令調進、於事不法、今度者国衙力難及、任宇佐之例、仰守護人可令調進云々、如宰府申者、神宝以下国々勤仕之条、不及異儀、先例或為大府之沙汰、自京都被調進、或為宰府之沙汰、雖令進宮、於守護人者一切不相綺、府官為高孫為文、為宰府執事、当時致沙汰云々者、康和遷宮之時、国司面々致其沙汰歟、貞応遷宮之時、官使・府目代已下調進之処、於事不法、今度可被仰付守護人之由、所司等雖申之、無先例之旨、宰府称之、然者、於今者国衙之力難及、又官使・府目代調進之条、如貞応之時、猶為不法歟、仍所定其仁也、早任旧規、可令調進矣、

一、官使雑事事

右、如所司神官申者、寛治・建久両度造替之時、雑事支配不分明、任宇佐例、二百町別一度可致沙汰之由、欲仰下(被脱カ)云々、如宰府申者、依無先々文書、暗難令支配、而寄事於雑事、官使不及催促云々者、建長五年消失之後、官使帯宣旨下向之処、不及雑事沙汰之間、不致催促、空帰洛之条、神慮有憚、然者一国別官使一人、定其人馬員数、土民無煩之様、可令支配矣、

以前両条、大友式部大夫頼泰相共、可令致沙汰者、依仰執達如件、

文永二年十二月廿六日　　相模守(北条時宗)在御判
　　　　　　　　　　　　左京権大夫(北条政村)在御判

大宰少弐入道(資能)殿

【史料2】は少弐資能に対して発給されたもので、より具体的な記述が見られる。なお、この御教書と同内容のものが大友頼泰にも充てられている(13)。この両御教書については、鎮西奉行について考察した瀬野精一郎氏の研究がある(14)。

一条目では、遷宮の役を負担する対象は、六ヶ国二島であること、調進の主体が康和遷宮の時は国司が、貞応遷宮の時には官使や大宰府目代によってなされていた。今回は守護による調進を行なおうとしていたところ、大宰府から異論が出たため、旧規に任せて調進の者を定めるように命じている。また、二条目の官使雑事用途については、正八幡宮側は宇佐の例に任せ二百町別に沙汰すべき由を求め、大宰府側は先々の文書が無いため催促していないと称し、幕府は一国別に官使一人を充てることを定めている。先にも触れたが、このように見ていくと、大隅正八幡宮では、造営と遷宮は期間をおいて行なっていたということがわかる。

二通の関東御教書の間には一年半程あるが、実際の課役徴収にあたっての徴収の主体、方法が定まっておらず問題が起き、調

整が行なわれていたのであろう。【史料1】とは異なり、院宣を受けている様子はなく、鎌倉から直接少弐、大友両氏に対して充てられており、より具体的に正八幡宮側からの訴えがあり、幕府が対処したものと考えられる。

その後、【史料2】はどのように扱われたのであろうか。官使である清原国重は特に一国別に官使一人を充てるということに反対であった。（文永三年）十二月二十五日官使清原国重重申状[15]では、一国別に官使一人を充てることについて「難存知候」とし、大神宝の沙汰は「宰府小弐入道并豊後大友出羽殿、此両人の為沙汰可被調進候之由、被仰下候」として幕府の造営奉行が調進を主導することに警戒をしていた。このような官使側の懸念は残ったものの、文永四年三月二十六日某下知状案[16]では、官使清原国重に対して「官使事、同任関東御下知、国別一人早可被差遣也」とあり、朝廷の側でも結局【史料2】を合法的な決定として認めるのであった。[17]

最後に【史料2】発給の要因を探りたい。文永三年十二月二十五日官使清原国重重申状案[18]では、清原国重が【史料1】【史料2】の発給背景について論述している。文応元年（一二六〇）に大神宝沙汰の宣旨を下したものの、筑前国の対捍によって他の国々も無沙汰の状態となってしまった。このため正八幡宮に事の次第を述べたところ、正八幡宮の本家、石清水八幡宮から幕府へ働きかけ、「任先例可令致沙汰之由」という【史料1】の関東御教書が発給された。更に【史料2】の発給については、「以官使一人宛、可致国々別催之由事、是則神官等申状故歟」として、正八幡宮側からの強い要請が背景にあり、官使とは調整を行わずに幕府に申し出たため、官使側から反発を受けたようである。この結果、幕府は大神宝役の調進の一端を担うことになったのである。

二　鎌倉期の造営

前章では【史料1】【史料2】により、関東御教書発給の背景について考察を加えてきた。次にこの章では鎌倉期における正八幡宮の造営について整理したい。宇佐八幡宮の造営が三十三年の式年遷宮を基本としているのに対し、正八幡宮では特に年数は決められておらず、区切りが明白ではないためである。

・建久の造営

【史料2】に「建久造替之後、貞応遷宮之時」とあるように、鎌倉期最初の造営は建久年間に行われていた。正治元年九月五日官宣旨案[19]によると、仮殿の造営は建久六年（一一九五）に開始され、造営を終えて同九年二月には仮殿遷宮を遂げたことが記されている。正治元年の官宣旨案は正殿の造営を命じたもので、この年から正殿の造営が開始されたものと思われる。

しかし、そう簡単に造営は進まなかった。承元二年に官宣旨案[20]により大神宝の賦課を命じたものの、調進に応じない庄園もあった。建暦三年十月八日大宰府在庁官人等解[21]によると、筑前国怡土庄が調進に応じず、「造営已及十余年之緩怠」という事態となっていた。こうした事態も関係してか、幕府も遷宮用途と大神宝物について建保三年（一二一五）に将軍家政所下文によって調進を命じている[22]。その後の過程はほとんど分からないが、【史料2】に「貞応遷宮之時」とあることから、貞応年間（一二二二～一二二四）には遷宮を終えたものと思われる[23]。このように造営の開始から二十年以上にわたる期間を経て造営を遂げることができたのである。

・建長の造営

建長五年（一二五三）に正八幡宮で火災が発生したことにより、建長の造営が行われることになる。同年五月日大宰府政所牒案[24]には、「去三月十二日夜子剋御神殿已下舎屋等」が焼失したことが記され、正八幡宮の神官が参洛し奏聞を経たため、朝廷から大宰府行事官に対して仮殿造営の沙汰を行なうよう命じている。更に同年七月九日官宣旨案[25]では、大宰府路次の国々に対し、正八幡宮造営宣旨に従い使者の食馬供給を命じている。

このようにして始まった建長の造営であるが、実は文永年間の【史料1】や【史料2】もこの建長の造営に関連する一件なのである。先ず問題となるのは、正殿造営の負担である。火災翌年の建長六年八月二十三日正八幡宮神官等解状案[26]には、薩摩国在庁に対し仮殿造営については既に済んでいるものの、正殿造営が対捍により進まず綸旨を下すことを訴えている。この造営の問題がいつまで続くかというと、正応六年（一二九三）までは続いていたことが確認できる。正応六年二月七日関東御教書[27]には、「嶋津本庄役」により正八幡宮の所司神官等が神輿動座を行なおうとしたため、入洛の動きがあれば、薩摩守護や地頭御家人に対し、神輿動座を留めるよう命じている。「嶋津本庄役」は、正八幡宮の正殿造営のことと考えられ、懈怠が続いていたと推測される。なお、これ以降は史料が残っておらず、いつ造営が完了し、遷宮を遂げることができたか分からない。しかし、建久の造営でも二十年以上かかっていたこと、この後に述べる正和の造営が行われていることを考慮すると、建長の造営も完了したものと推測できる。

次に遷宮を行うための大神宝沙汰がいつから行われているか確認したい。文応元年（一二六〇）八月二十三日官宣旨案[28]は前欠の文書ではあるが、「正八幡宮遷宮神宝御装束等事」の沙汰を命じる宣旨である。

そして、幕府発給の【史料1】【史料2】のように鎌倉幕府が大神宝の調進に関与するようになるには文永に入ってからとなる。文永年間に関しては幕府も関与するためか、『壬生家文書』中でも造営と大神宝沙汰が重なっているため、造営関係か遷宮関係か区別が難しい文書もある。文永三年（一二六六）官使清原国重申状[29]では、「御造営之間事、既催寄参候、嶋津御庄役之外ハ、未□最□□候」とあり、島津庄での造営役について述べる一方、「今ハ大神宝沙汰之間事、国々未令落居仕候之間、不及催候」として、大神宝役と造営は分けて認識され、且つ官使は両方担当していたことが分かる。【史料1】【史料2】が発給された背景にも、地頭・地頭代による造営役と遷宮役の懈怠が重なり、先例を曲げてでも役の調進を優先させようとした正八幡宮の姿勢がうかがえる。石清水八幡宮を本家とする正八幡宮にとっては、宇佐八幡宮の嘉禄の造営（幕府が造営役の調進に関与した例）[30]も参考になったのではないか。幕府の関与の姿勢は【史料2】にも表れている通り、積極的に調進に関わるというよりは、正八幡宮の要請により、朝廷、大宰府と歩調を合わせながら進めているといえよう。

・正和の造営

正和の造営に関しては関係文書が少なく、造営の開始時期、遷宮完了の時期ははっきりしない。正和五年（一三一六）に正八幡宮造営の表葺用途の支配状、同年十月二十一日には正八幡宮の修理を命じる関東御教書、文保二年（一三一八）八月一日には、正殿遷宮のための御躰渡御の日時勘文などが見られる[31]。ただし、朝廷の官宣旨などは確認できず、造営の開始時期や規模などははっきりとしないため、仮に正和の造営としておきたい。

建長の造営の遷宮がいつ行われたのか判然としないため、文保年間まで遷宮が遅れた可能性もあるが、半世紀以上経っている点、正応年間から正和年間まで関連する文書が見当たらない点を考慮し、別の造営と考えておきたい。

以上、正八幡宮では鎌倉期に三度にわたる造営が行われてきた。ただ、建久、建長の造営とも、大神宝役の賦課については対捍によって長引くことが多かった。しかも、遷宮を遂げた年がはっきりとしないため、正確な年数が分からないという難点もあるが、開始から遷宮までは四十年以上かかることもあったと考えられる。

三　所役相論と関東御教書

『壬生家文書』の正八幡宮造営関係の史料には、地頭代との所役をめぐる相論文書も残されている。具体的には、豊後国石垣庄と高田庄において正八幡宮の大神宝用途を対捍し、派遣された官使に対して狼藉を加えられたとして相論に及ぶことになる。一連の相論については既に先行研究で検討されているが、(32)この章では相論の発給文書の中から関東御教書がどのように支証として用いられているか検討を加えていきたい。

まず、一連の相論の経過を簡単に整理してみたい。文永九年（一二七二）十二月二十五日、幕府側の造営奉行であり豊後守護の大友頼泰が豊後国郡郷庄園地頭代沙汰人に対し、正八幡宮大神宝役と官使豊後経府雑事を勤仕するよう命じている。(33)しかし、両庄とも応じなかったため、石垣庄は文永十年（一二七三）三月から、(34)高田庄は同年五月から、(35)官使、幕府から召文や訴状がそれぞれに出され、相論に及ぶことになる。

この時、両庄の相論の文書を書き出した目録が残されている。この内、高田庄の目録を示して、どのような文書が発給されているか次に示す。

【史料3】　文永十年十月日大隅国正八幡宮大神宝官使・豊後国高田庄地頭代文書目録案（『壬生家文書』八―二二四五）

目録

正八幡宮大神宝官使等与豊後国高田庄地頭代左衛門尉盛実相論当役并狼藉沙汰文書事

地頭代所進分

二通　訴状　文永十年五月十七日・到来文永十年後五月十三日

一通　狼藉注文　同年後五月十二日

二通　地頭代請文　五年十三日付文永十年・閏五月五日

一通　奉行所問状　同年五月十七日

官使所進分

二通　訴状　文永十年後五月十三日・同年八月十五日

四通　宣旨案　建久四年七月四日・承元二年六月十三日・文応元年八月廿三日・同月同日

五通　関東御教書案　建久三年九月十八日・建保三年七月十九日・嘉禄三年八月十五日・康元々年十二月十七日・文永二年十二月廿六日

四通　造宇佐宮例文案　建久四年二月十五日・承久三年十月日・建長七年九月一日・正嘉元年五月五日

一通　奉行所廻文案　文永九年十二月廿五日

五通　同催文案　文永十年五月十一日・同十四日・同廿二日・同十八日・同後五月二日・同十八日

此外

二通　官使陳状案　同年五月廿日・同閏五月十五日

一通　検見使申状　同年五月十六日

都合卅通

右、目録如件、

文永十年十月　日

地頭・官使ともに文永九年の奉行所廻文案以降、種々の文書を出していることが分かるが、ここでは官使が先例として用いている宣旨、関東御教書に注目したい。

「宣旨案」

①建久四年七月四日…官宣旨案（『壬生家文書』八―二二一三）

②承元二年六月十三日…官宣旨案（『壬生家文書』九―二二八五）

③文応元年八月二十三日…官宣旨案（『壬生家文書』八―二二一六）

④同月同日…未詳

「宣旨案」は、①は宇佐八幡宮での造営を命じる宣旨、②と③は正八幡での神宝装束を命じる宣旨を指している。②の承元二年の宣旨は建久の造営に関する宣旨、③は今回（建長）の造営に関する宣旨ということになる。④は未詳だが、③と対に出された宣旨と思われる。

「関東御教書案」

①建久三年九月十八日…将軍〈源頼朝〉家政所下文案（『壬生家文書』八―二二一二）

②建保三年七月十九日…将軍〈源実朝〉家政所下文案（『壬生家文書』九―二二八七）

③嘉禄三年八月十五日…未詳

④康元々年十二月十七日…関東御教書（「宇佐宮御造営新古例書」(36)）

⑤文永二年十二月二十六日…関東御教書（『壬生家文書』九―二二九五、九―二二九七）

「関東御教書案」は、①は宇佐八幡宮の造営を命じる下文、②は正八幡宮の遷宮大神宝の調進を命じた建久の造営に関する下文、③は未詳、④は宇佐宮に関する文書で、地頭代官等が正員地頭に寄せ所役を難渋することを戒めたもの、⑤は【史料2】の文書で、正八幡宮の遷宮大神宝、官使雑事について定めた関東御教書である。

「宣旨」「関東御教書」とも、先例として鎌倉期初度の宇佐八幡宮の造営と正八幡宮の造営を挙げ、今回（建長）の正八幡宮造営についても載せている。また、「関東御教書案」④は造宇佐宮のこととして発給されたものであるが、本家である石清水八幡宮では弥勒寺正八幡宮検校として両者を一体の職として相伝していたため、正八幡宮にも応用することができたと考えられる。また、「関東御教書案」⑤として【史料2】が用いられているが、この相論において幕府が前面に出るようになったという点については、この御教書が根拠となっているのであろう。地頭の懈怠に対しては官使、正八幡宮ともに幕府を前面に出して対応しようとしたのである。年月日未詳某申状案(37)には、「抑此大神宝役□□宣下之後十四ヶ年、関東御教書□経八ヶ年」という文言がある。この文書は文永十年の石垣庄の相論に際し書かれた文書と推測され、文永二年の関東御教書と文応元年と考えられる官宣旨を根拠としていることが裏付けされる。

また、この両相論では「造宇佐宮例」という文言が目立つ。目録の中で「奉行所廻文案」とされた文永九年十二月二十五日大友頼泰書下案(38)の中にも、正八幡宮大神宝調進について、「准造　宇佐宮例、守配符之旨、不日可令勤仕給」という文言が見られる。「造宇佐宮例」という文言は、元は正八幡宮の建久の造営の神宝装束を命じる「宣旨案」②の承元二年の官宣旨で用いられていたものである。官宣旨の文中に「任造宇佐宮例、庄公平均被支配畢」とあるように、正八幡宮が宇佐八幡宮に準じた扱いを受けていることを示すため用いられていた。

しかし、異なった「造宇佐宮例」も見られる。文永十年発給と考えられる石垣庄地頭代鬼鶴丸申状(39)には、鬼鶴丸の言い分として、石垣庄は宇佐若宮が破壊した時は石垣庄一庄で造営の沙汰をする代わり、宇佐宮造営の時は石垣庄は勤仕しないとして、正八幡宮造営用途は「然間被准于造　宇佐宮之例者、不可被懸煩於当庄之由」として、「造宇佐宮例」を根拠として所役の負担を退けようとしている。一方で官使側は、高田庄の相論文書の中で、「凡如先傍例者、造　宇佐宮之時、依相防官使之咎、或被没収所領、或被行過代畢(40)」として、宇佐宮造営の際に官使を妨げることで所領没収、もしくは過代が発生することを傍例としている。他の文書などからこの傍例は、「且康元々年造　宇佐宮之時、如　関東御教書者、寄事於正員令難渋者、追却其身可注申交名云々(41)」とあるように、「関東御教書案」④を指すと考えられる。(42)

このように正八幡宮にとって、宇佐八幡宮の造営は先例として意識され、宇佐八幡宮の造営に準じることが規範とされていた。文永の所役をめぐる相論では、地頭代側の主張や官使側の主張に「造宇佐宮例」が用いられるが、これも宇佐八幡宮を規範として造営を行うとする意識を朝廷、幕府、大宰府、石清水八幡宮から在地に至るまで共有していたことに他ならない。

おわりに

本稿では、大隅正八幡宮の造営、大神宝役に関する文書として、二つの関東御教書を中心に検討を加えてきた。ここでは本稿で述べてきたことをまとめていきたい。

一章では文永年間の二通の関東御教書と発給背景について検討した。【史料1】【史料2】ともに遷宮大神宝役に関するものでありながらも、朝廷側の官使の反応は異なっていた。【史料2】については一国別に官使一人を充てるという方針に不審を抱き、方針の変更を模索していた。しかし、実際には覆ることなく、以後少弐氏、大友氏を造営奉行とする幕府の調進関与が行われることになった。この背景には、二つの関東御教書の発給を求めた正八幡宮の強い姿勢が見て取ることができる。

二章では鎌倉期に三度確認できる正八幡宮の造営の整理を行った。【史料1】【史料2】は建長の造営の一環として発給された文書だったのである。正八幡宮の造営は対捍などの理由もあり、遷宮までに四十年以上かかることもあった。二通の関東御教書を正八幡宮が要請したのも、こうした長引く所役対捍への対策であり、官使や大宰府だけでは対応しきれない中、幕府を調進体制の一端に加えることでより実効性を持たせようと期待したためである。

三章では相論文書の中で、関東御教書がどのように用いられているか検討した。相論の支証では、先例として宇佐八幡宮に関する関東御教書も確認することができた。正八幡宮の造営は先例により、「造宇佐宮例」として意識されていたためであり、相論の場では「造宇佐宮例」を根拠に訴人、論人が正当性を主張するなど造営にあたっての規範となってことを示している。

また、二つの関東御教書のうち、【史料2】は先例として強く意識されていることが確認できた。関東御教書の決定は、当初は官使側に不審を抱かせていたものの、最終的には朝廷側も認め、正八幡宮、朝廷、幕府にとっての共通の規範となったため、所役対捍に対する一番新しい例（支証）となったのである。

文永年間の二つの関東御教書を通して、北条氏発給文書の発給背景や用いられ方について考察を加えてきた。文書発給の背景を軸に論を進めたため、正八幡宮や本家、石清水八幡宮の立場などについては論述することができなかった。今後の課題としたい。

註

（1）石井進「一国平均の役と社寺造営」（『日本中世国家史の研究』岩波書店、一九七〇年七月）。

（2）田中健二「鎌倉幕府の社寺造営——宇佐八幡宮を中心として——」（川添昭二編『九州中世史研究』第一輯、文献出版、一九七八年十一月）。

（3）藤田俊雄「鎌倉中期文永年間の大宰府機構——大隅国正八幡宮大神宝用途をめぐって——」（九州歴史資料館編『大宰府古文化論叢』（上巻）吉川弘文館、一九八三年十二月）。

（4）柴坂直純「鎮西における鎌倉幕府の寺社造営について——宇佐八幡宮造営奉行人の分析を中心として——」（『中央大学大学院論究』文学研究科編、第一九号、一九八七年三月）。この他に、造営関係では初期の正八幡宮造営について検討した日隈正守「諸国一宮制成立期に関する一考察——国衙と一宮との関係を中心に——」（『九州史学』第一〇四号、一九九二年五月）などの研究がある。

（5）前田英之「鎌倉期造宇佐宮役の研究」（『平家政権と荘園制』吉川弘文館、二〇一七年十一月）。

（6）本稿で引用する『壬生家文書』は、図書寮叢刊『壬生家文書』八巻、九巻より引用。

（7）年月日未詳大隅国正八幡宮神宝御装束色目案（『壬生家文書』九—二三一七）。

（8）『壬生家文書』九—二二九三。

（9）中世諸国一宮制研究会編『中世諸国一宮制の基礎的研究』（岩田書院、二〇〇〇年二月）、六三六〜六三八頁。

（10）正治元年九月五日官宣旨案（『壬生家文書』九—二二八四）。

（11）建保三年七月十九日将軍〈源実朝〉家政所下文（『壬生家文書』九—二二八七）。承元二年六月十三日官宣旨案（『壬生家文書』

九―一二二八五)。
(12)　註(3)藤田氏論文、七七六頁。
(13)　文永二年十二月二十六日関東御教書案(『壬生家文書』九―一二二九五)。
(14)　瀬野精一郎「鎮西統治における武藤氏の役割」(『鎮西御家人の研究』吉川弘文館、一九七五年二月)、一二二～一二六頁。
(15)　『壬生家文書』八―一二三二一。
(16)　『壬生家文書』八―一二三二六。
(17)　註(3)藤田氏論文、七八〇頁。
(18)　「宇佐八幡宮正遷宮一会」(『宇佐神宮史』史料篇巻五―五八五、五八六頁)。
(19)　『壬生家文書』九―一二二八四。
(20)　承元二年六月十三日官宣旨案(『壬生家文書』九―一二二八五)。
(21)　『壬生家文書』九―一二二七五。
(22)　建保三年七月十九日将軍〈源実朝〉家政所下文案(『壬生家文書』九―一二二八七)。
(23)　田中健二「宇佐彌勒寺領における荘園制的関係(一)――本家について――」(『九州史学』第七五号、一九八二年十月)九頁。貞応二年八月十三日には、石清水八幡宮の法橋成禅が正宮遷宮の功により法眼に転叙している。また、大日本古記録『民経記』(二)寛喜元年五月記裏文書には檀棟清の申状があり、成禅の法眼転叙について申請をしている。
(24)　『壬生家文書』九―一二二八九。
(25)　『壬生家文書』九―一二二七九。
(26)　「宇佐八幡宮正遷宮一会」(『宇佐神宮史』史料篇巻五―四六七―四七〇頁)。
(27)　『大日本古文書　島津家文書』一―三三。五味克夫「大隅の御家人について」(『南九州御家人の系譜と所領支配』戎光祥出版、二〇一七年四月、初出は一九五九年)二七九頁。
(28)　『壬生家文書』八―一二三一六。
(29)　『壬生家文書』九―一二二九九。
(30)　註(2)田中氏論文、一二二、一二三頁。
(31)　表葺用途については、正和五年三月二十五日大隅正八幡宮造営表葺用途支配状(「禰寝文書」『鎌倉遺文』三三―二五七九二)。正八幡宮の修理を命じる関東御教書は、正和六年二月十五日少弐盛経施行状(「大隅台明寺文書」『鎌倉遺文』三四―二六〇八四)。文中に「去年十月廿一日関東御教書・同御事書」とある。御躰渡御の日時勘文は文保二年八月一日大隅国正八幡宮御躰渡御日時勘文(『壬生家文書』九―一二三〇二)。その後も造営用途に関する、文保二年十一月日建部親純申状案(「禰寝文書」『鎌倉遺文』三四―二六八六九)も見られる。
(32)　註(3)藤田氏論文、七八四～七九〇頁。
(33)　大友頼泰書下案(『壬生家文書』八―一二二五八)。
(34)　文永十年十月七日大隅国正八幡宮大神宝官使並豊後国石垣庄地頭代等所進文書目録案(『壬生家文書』九―一二三三六)など。

(35) 文永十年十月日大隅国正八幡宮大神宝官使・豊後国高田庄地頭代文書目録案（『壬生家文書』八―二二四五）など。
(36) 『宇佐神宮史』史料篇巻五―四九七頁。
(37) 『壬生家文書』九―二三六二。
(38) 『壬生家文書』八―二二五八。
(39) 年月日未詳豊後国石垣庄弁分地頭代鬼鶴丸申状案（『壬生家文書』九―二三六三）。
(40) 文永十年五月八日正八幡宮大神宝官使等重申状案（『壬生家文書』九―二三三三）。
(41) 文永十年五月十四日大友頼泰書下案（『壬生家文書』八―二二六〇）。
(42) 註（2）田中氏論文、一二七頁。

附録Ⅲ「北条氏発給文書研究」編著書・論文一覧

久保田和彦編

例言

一、北条氏に関する参考文献は、前稿「北条氏関連論文目録」（九〇七件）（北条氏研究会編『北条氏系譜人名辞典』、新人物往来社、二〇〇一年六月）および「鎌倉北条氏関連論文目録」（一六二二件）（『鎌倉北条氏人名辞典』、勉誠出版、二〇一九年十月）を参照していただきたい。
二、「鎌倉北条氏関連論文目録」（一六二二件）の中から、北条氏発給文書に関する論文を選び、さらに関連する編著書を合わせて収録した。
三、九州大学人文科学研究院・坂上康俊研究室ホームページ「日本中世の文書に関する日本語の研究文献の目録」を利用した。
四、本目録は、原則として執筆者の五十音順に配列し、同じ執筆者の著作は発表年月日順とした。
五、各論文の出典は、初出の論文集名・雑誌名（号数）を掲載し、再録の編著書などの情報もできる限り記載した。
六、論文副題・発行年月日は、できる限り原典を参照したが、一部目を通すことはできなかったものもある。
七、発行年月日は、西暦と月を表記した。

相田二郎『日本の古文書』上・下、岩波書店、一九四九年、五四年
相田二郎「鎌倉時代に於ける武家古文書の筆蹟」（上）（下）『史学雑誌』五五―一、三、一九四四年一月、三月
青山幹哉「『御恩』授給文書様式にみる鎌倉幕府権力――下文と下知状――」『古文書研究』二五、一九八六年五月
網野善彦「『関東公方御教書』について」『信濃』二四―一、一九七二年一月。後に同著『悪党と海賊』（法政大学出版局、一九九五年五月）に再録。
石井清文「中世武家家訓にあらわれたる倫理思想――北条重時家訓の研究――」（Ⅰ）（Ⅱ）（Ⅲ）『政治経済史学』一〇八、一〇九、一一九、一九七五年五月、六月、一九七六年四月
石井清文「『関東御教書』等にみる北条時宗の執権就任時期について」『政治経済史学』五七四、二〇一四年十月

石井利雄「北条重時家訓試考」『日本歴史』三二二、一九七五年三月
石井良助「吾妻鏡文治三年九月十三日条所載のいわゆる北条時政奉書について——石井進氏の批判にこたえて——」『国家学会雑誌』八四—七・八合併号、一九七一年十月。同著『大化改新と鎌倉幕府の成立』（創文社、一九七二年十月）に再録。
石野弥栄「河野氏と北条氏——いわゆる元久二年閏七月日関東下知状の再検討——」『日本歴史』四九九、一九八九年十二月
市川浩史「北条重時『家訓』の一考察」『群馬県立女子大学紀要』一〇、一九九〇年三月
伊地知鉄男編『日本古文書学提要』上・下、新生社、一九六六年、六九年
伊藤一美「北条時宗の異国降伏祈祷について」『神奈川地域史研究』二〇、二〇〇二年三月
伊藤一義「鎌倉幕府裁許状の研究覚書」羽下徳彦代表『北日本中世史の総合的研究』〈昭和六一～六二年度科研費研究報告書〉、一九八八年三月
稲吉昭彦「肥後国野原荘関係新出史料の紹介——弘長二年六波羅施行状と野原荘下地中分——」『鎌倉遺文研究』二七、二〇一一年四月
井原今朝男「北条重時袖判奉書と訴陳状の裏花押」『日本歴史』六二二、二〇〇〇年三月
上島有「古文書の様式について」『史学雑誌』九七—一一、一九八八年十一月
内田澪子「『極楽寺殿御消息』再考」『国立歴史民俗博物館研究報告』一三六、二〇〇七年三月
上横手雅敬「連署制の成立」京都大学読史会創立五〇周年記念会編『国史論集』、一九五九年十一月
恵良宏「初期鎌倉幕府と宇佐八幡宮——北条時政奉関東御教書をめぐって——」『皇学館史学』三、一九八九年十二月
岡村吉彦「鎌倉後期の伯耆国守護と小鴨氏——六波羅探題発給文書からの検討——」『鳥取地域史研究』一、一九九九年二月
荻野三七彦「北条時宗の筆蹟をめぐりて」『美術史学』七四、一九四三年二月
太田晶二郎「北条宗兼の花押と謂うもの」『日本歴史』一三三、一九五九年七月
尾山至子「鎌倉幕府発給文書に関する一考察——執権政治と下知状——」『日本史学集録』一一—一二、一九九〇年十二月
折田悦郎「鎌倉幕府前期将軍制についての一考察——実朝将軍期を中心として——」（上）（下）『九州史学』七六、七七、一九八三年六月、九月
勝峯月溪『古文書学概論』、目黒書店、一九三〇年
加藤克「『六波羅奉行国』に関する一考察」『北大史学』三七、一九九七年十一月
金澤正大「丹波国和智庄をめぐる一文書に於ける北条時房の権能」『政治経済史学』二〇〇、一九八三年三月
川島孝一「北条時頼文書概論」北条氏研究会編『北条時宗の時代』、八木書店、二〇〇八年五月
川添昭二「覆勘状について」『史淵』一〇五・一〇六合併号、一九七一年八月。後に同著『中世九州地域史料の研究』（法政大学出版局、一九九六年五月）に再録。
川添昭二「北条時宗文書の考察——請文・巻数請取・書状——」『鎌倉遺文研究』二、一九九八年九月
菊池紳一「北条時政発給文書について——その立場と権限——」『学習院史学』一九、一九八二年四月
菊池紳一「鎌倉幕府の発給文書について——源頼朝発給文書を中心に——」北条氏研究会編『北条時宗の時代』、八木書店、二〇〇八年

五月
木下龍馬「鎌倉幕府による裁許の本所申入」『日本歴史』八三二、二〇一七年九月
木下龍馬「武家への挙状、武家の挙状――鎌倉幕府と裁判における口入的要素――」『史学雑誌』一二八―一、二〇一九年一月
木村茂光「鎌倉殿御使下文の政治史的意味」河音能平編『中世文書論の視座』、東京堂出版、一九九六年三月
工藤勝彦「鎌倉幕府初期の訴訟制度に関する一考察――訴訟機関を中心として――」『史叢』三五、一九八五年六月
工藤勝彦「鎌倉幕府による安堵の成立と整備」『古文書研究』二九、一九八八年八月
工藤勝彦「九条頼経・頼嗣将軍期における将軍権力と執権権力」『日本歴史』五一三、一九九一年二月
工藤勝彦「北条氏の安堵と主従制」『史叢』五〇、一九九三年三月
工藤祐一「六波羅探題の成立と『西国成敗』」『鎌倉遺文研究』三七、二〇一六年四月
工藤祐一「鎌倉時代の荘園紛争と六波羅探題の問注記――紀伊国名手荘・丹生屋村間の紛争を事例に――」『学習院史学』五七、二〇一九年三月
久保田和彦「六波羅探題発給文書の研究――北条泰時・時房探題期について――」『日本史研究』四〇一、一九九六年一月
久保田和彦「六波羅探題発給文書の研究――北条重時・時盛探題期について――」鎌倉遺文研究会編『鎌倉時代の政治と経済』（鎌倉遺文研究Ⅰ）、一九九九年四月
久保田和彦「六波羅探題発給文書の研究――北条時氏・時盛探題期について――」『年報三田中世史研究』七、二〇〇〇年十月
久保田和彦「六波羅探題北条長時発給文書の研究」『日本史攷究』二六、二〇〇一年十一月
久保田和彦「六波羅探題発給文書の研究――北条時茂・時輔・義宗探題期について――」北条氏研究会編『北条時宗の時代』、八木書店、二〇〇八年五月
久保田和彦「鎌倉幕府連署制の成立と展開」日本史史料研究会編『将軍・執権・連署――鎌倉幕府権力を考える――』、吉川弘文館、二〇一八年三月
久保田和彦「鎌倉幕府「連署」制の成立に関する一考察」『鎌倉遺文研究』四一、二〇一八年四月
熊谷隆之「六波羅探題発給文書に関する基礎的考察」『日本史研究』四六〇、二〇〇〇年十二月
熊谷隆之「六波羅施行状について」『鎌倉遺文研究』八、二〇〇一年十月
熊谷隆之「六波羅における裁許と評定」『史林』八五―六、二〇〇二年十一月
熊谷隆之「御教書・奉書・書下――鎌倉幕府における様式と呼称――」上横手雅敬編『鎌倉時代の権力と制度』、思文閣出版、二〇〇八年九月
熊谷隆之「鎌倉幕府の裁許状と安堵状――安堵と裁許のあいだ――」『立命館文学』六二四、二〇一二年一月
熊原政男「北条実時の遺訓」『金沢文庫研究』五〇、一九五九年十月
熊原政男「北条実時の遺訓」『金沢文庫研究紀要』一、一九六一年十一月
黒板勝美「日本古文書の分類法に就いて」『史学雑誌』四七―四、一九三六年四月

黒板勝美「日本古文書様式論」『虚心文集』五、吉川弘文館、一九四一年
黒須智之「「申」型裁許状の再検討」『日本歴史』八〇二、二〇一五年三月
黒須智之「論人からの意見聴取を経た上で発給される鎌倉幕府御教書――下知状との関係を中心に――」『古文書研究』八五、二〇一八年七月
五味文彦「源実朝――将軍独裁の崩壊――」『歴史公論』五―三、一九七九年三月。
五味文彦「執事・執権・得宗――安堵と理非――」石井進編『中世の人と政治』、吉川弘文館、一九八八年七月。以上の二論文ともに、後に同著『吾妻鏡の方法』(吉川弘文館、一九九〇年一月)に再録。
近藤成一「文書様式にみる鎌倉幕府権力の転回――下文の変質――」『古文書研究』一七・一八合併号、一九八一年十二月
近藤成一「鎌倉幕府裁許状の事書について」皆川完一編『古代中世史料学研究』下、吉川弘文館、一九九八年十月
近藤成一「鎌倉幕府裁許状の日付」『鎌倉遺文研究』四、一九九一年十月
近藤成一「安堵状の形態と機能」鶴島博和・春田直紀編『日英中世史料論』、日本経済評論社、二〇〇八年七月
近藤成一「鎌倉幕府裁許状再考」『東北中世史研究会会報』一九、二〇一〇年三月。以上の五論文ともに、後に同著『鎌倉時代政治構造の研究』(校倉書房、二〇一六年一月)に再録。
酒井紀美「申詞と申状」『歴史評論』六〇七、二〇〇〇年十一月
酒井紀美「申詞と言口」『東北中世史研究会会報』一七、二〇〇七年六月
酒井紀美「六波羅探題における『内問答』と『言口法師』」東寺文書研究会編『東寺文書と中世の諸相』、思文閣出版、二〇一一年五月
酒井智大「闕所と替地から観た所務沙汰――中世武家訴訟制度と恩賞給与――」『国家学会雑誌』一三二―五・六合併号、二〇一九年六月
佐藤和夫「『北条実時書状』の武家々訓としての評価」『弘前大学国史研究』四二、一九六五年
佐藤和夫「『北条実時書状』の武家々訓としての評価」(一)~(四)、『金沢文庫研究』一三一~一三四、一九六七年一月~四月
佐藤進一『古文書学入門』、法政大学出版局、一九七一年
佐藤進一「関東裁許状の紙継目裏判」竹内理三編『鎌倉遺文』月報二、一九七二年三月
佐藤進一「中世史料論」『岩波講座日本歴史』二五・別巻2〈日本史研究の方法〉、岩波書店、一九七六年九月
佐藤進一「凝然自筆仏書の紙背文書」『中央史学』二、一九七九年三月
佐藤進一「執権北条氏の花押について――花押を読む試みの一節――」『金沢文庫研究』二六四、一九八〇年十一月。後に同著『花押を読む』(平凡社選書、一九八八年十月)に再録。
佐藤進一『[新版]古文書学入門』、法政大学出版局、一九九七年四月
佐藤秀成「六波羅探題発給文書の伝達経路に関する若干の考察」『古文書研究』四一・四二合併号、一九九五年十二月
佐藤秀成「和与状裏封と譲状外題安堵に関する一考察」『史学』六六―二、一九九七年一月
佐藤秀成「将軍家下文に関する一考察」鎌倉遺文研究会編『鎌倉時代の政治と経済』(鎌倉遺文研究Ⅰ)、一九九九年四月
佐藤秀成「鎌倉時代軍事関係文書の整理」『古文書研究』七一、二〇一一年五月

佐藤秀成「防長守護小考」『史学』八二―一・二合併号、二〇一三年四月。以上の五論文ともに、後に同著『鎌倉幕府文書行政論』（吉川弘文館、二〇一九年二月）に再録。

佐藤雄基「中世前期の勘状と裁許――鎌倉幕府裁許状前史――」『日本史研究』五九二、二〇一一年十二月

佐藤雄基「日本中世前期の文書様式とその機能――下文・奉書の成立を中心に――」『史苑』一九三、二〇一五年三月

佐藤雄基「文書史からみた鎌倉幕府と北条氏――口入という機能からみた関東御教書と得宗書状――」『日本史研究』六六七、二〇一八年三月

ジェフリー・P・マス「鎌倉幕府初期の訴訟制度――問注所と政所を中心に――」『古文書研究』一二、一九七八年十月

下山忍「北条義時発給文書について」安田元久先生退任記念論集刊行委員会編『中世日本の諸相』下、吉川弘文館、一九八九年四月

神野潔「関東寄進状について」『法学政治学論究』五八、二〇〇三年九月

神野潔「鎌倉幕府の寄進安堵について」『古文書研究』六二、二〇〇六年九月

神野潔「寄進状の効力――鎌倉期御家人寄進状における担保文言の検出と分類――」『年報三田中世史研究』一三、二〇〇六年十月

杉橋隆夫「執権・連署制の起源――鎌倉執権政治の成立過程・続論――」『立命館文学』四二四・四二五・四二六合併号、一九八〇年十月

杉橋隆夫「鎌倉執権政治の成立過程――十三人合議制と北条時政の「執権」職就任――」御家人制研究会編『御家人制の研究』、吉川弘文館、一九八一年七月

瀬野精一郎「鎌倉幕府滅亡の歴史的前提――鎮西探題裁許状の分析――」『史淵』七五、一九五八年三月

瀬野精一郎「鎌倉幕府裁許状の分析」『史学雑誌』七七―一、一九六八年一月

瀬野精一郎「鎮西における六波羅探題の権限」竹内理三編『九州史研究』、御茶の水書房、一九六八年六月。以上の三論文ともに、後に同著『鎮西御家人の研究』（吉川弘文館、一九七五年二月）に再録。

瀬野精一郎「鎌倉幕府裁許状の蒐集」同編『鎌倉幕府裁許状集』上、吉川弘文館、一九七〇年九月

瀬野精一郎「九州地方における南北朝時代文書の数量的分析」『日本歴史』三一三、一九七四年六月

瀬野精一郎「鎌倉時代の推定文書数」竹内理三編『鎌倉遺文』月報八、一九七五年四月

瀬野精一郎「『シギョウ状』か『セギョウ状』か」『日本歴史』四三一、一九八四年四月。以上の四論文ともに、後に同著『歴史の陥穽』（吉川弘文館、一九八五年六月）に再録。

瀬野精一郎・村井章介編『鎌倉時代の政治関係文書』〈日本古文書学論集〉中世Ⅰ、吉川弘文館、一九八六年十二月

瀬野精一郎「青方文書正和四年六月二日鎮西探題裁許状案の復原」『日本歴史』五〇〇、一九九〇年一月

田井秀「金沢文庫古文書三二四金沢貞顕書状の年代について」『金沢文庫研究』一一八、一九六五年十二月、一九六七年二月

高梨みどり「金沢貞顕の書状について」(1)～(6)『金沢文庫研究』四九、五三、六〇、六五、八六、一三二、一九五九年九月、一九六〇年二月、九月、一九六一年三月、一九六三年一月

高梨みどり「村口氏寄贈の金沢貞将書状について」『金沢文庫研究』八二、一九六二年八月

高梨みどり「金沢文庫古文書五五四書状について――差出者と年代推定――」（上・下）『金沢文庫研究』九一、九二、一九六三年六月、

七月

高梨（立花）みどり遺稿集『金澤文庫古文書の書状に見られる諸人物像その他――金澤貞顕・卜部兼好・金澤貞将・女性たち――』、かまくら春秋社、二〇一三年八月

高橋一樹「鎌倉幕府の保管文書とその機能――裁許下知状の『原簿』――」河音能平編『中世文書論の視座』、東京堂出版、一九九六年三月

高橋一樹「関東御教書の様式について」『鎌倉遺文研究』八、二〇〇一年十月

高橋一樹「鎌倉幕府訴訟文書の機能論的考察――訴陳状を中心に――」『古文書研究』五四、二〇〇一年十一月

高橋一樹「鎌倉幕府における訴訟文書・記録の保管利用システム――幕府の文庫と奉行人の『家』――」『歴史学研究』七五八、二〇〇二年一月。以上の四論文ともに、同著『中世荘園制と鎌倉幕府』（塙書房、二〇〇四年一月）に再録。

高橋一樹「既知の鎌倉幕府裁許状にあらわれた未知の信濃国御家人」『古文書研究』五八、二〇〇四年二月

高橋一樹「鎌倉幕府の成立・展開と武家文書」鶴島博和・春田直紀編『日英中世史料論』、日本経済評論社、二〇〇八年七月

高橋一樹「鎌倉幕府における権門間訴訟の奉行人」『年報三田中世史研究』一六、二〇〇九年十月

高橋一樹「日本中世における『武家文書』の確立過程とその諸相」小島道裕編『武士と騎士――日欧比較中近世史の研究――』、思文閣出版、二〇一〇年三月

高橋正彦「鎌倉幕府文書」『日本古文書学講座』中世I、雄山閣、一九八〇年四月

竹内理三「金沢文庫古文書の価値」『三浦古文化』二八、一九八〇年十一月

田辺旬「北条政子発給文書に関する一考察――「和字御文」をめぐって――」『ヒストリア』二七三、二〇一九年四月

田良島哲「六波羅探題発給の二枚の制札」『日本歴史』五一一、一九九〇年十二月

築地貴久「鎮西探題の性格規定をめぐって――鎮西探題宛関東発給文書検討の視点から――」阿部猛編『中世政治史の研究』、日本史料研究会、二〇一〇年九月

勅使河原拓也「番役に見る鎌倉幕府の御家人制」『史林』一〇一―六、二〇一八年十一月

外岡慎一郎「鎌倉幕府指令伝達ルートの一考察――若狭国の守護と在地勢力――」『古文書研究』二二、一九八三年十二月

外岡慎一郎「鎌倉後期の公武交渉について――公武交渉文書の分析――」『敦賀論叢』一、一九八七年一月。後に同著『武家権力と使節遵行』（同成社、二〇一五年五月）に再録。

中新敬「金沢文庫古文書五五四書状の年次について――高梨みどり氏説への反論――」『金沢文庫研究』九八、一九九九年二月

永井晋「鎌倉時代後期における京都・鎌倉間の私的情報交換――六波羅探題金沢貞顕の書状と使者――」『歴史学研究』七二六、一九九九年八月

永井晋「元徳年間の新出金沢貞顕書状について」『金沢文庫研究』三〇七、二〇〇一年十月

永井晋「金沢貞顕書状概論」『鎌倉遺文研究』一三、二〇〇四年四月

永井晋「金沢貞顕書状の料紙について」『金沢文庫研究』三一三、二〇〇四年十月。以上の四論文ともに、同著『金沢北条氏の研究』

（八木書店、二〇〇六年十二月）に再録。
永井晋「金沢貞顕書状の編年的研究」『金沢文庫研究』三三一、二〇一三年十月
長又高夫「『和与』概念成立の歴史的意義――法曹至要抄にみる法創造の一断面――」『法制史研究』四七、一九九八年三月
中村直勝『日本古文書学』上・中・下、角川書店、一九七一年十二月～七七年四月
西田友広「鎌倉時代の朝廷の検断権と幕府――衾宣旨・衾御教書を材料として――」『日本史研究』四九三、二〇〇三年九月
西村安博「鎌倉幕府の裁判における和与状と和与認可裁許状について――対象史料の整理を中心に――」『法政理論』〈新潟大〉三二―一、一九九九年八月
西村安博「鎌倉幕府の和与認可裁許状における和与状の引用に関する覚え書き」（一）『法政理論』〈新潟大〉三二―二、一九九九年十一月
西村安博「鎌倉幕府の裁判における和与の認可申請手続について」『法政理論』〈新潟大〉三二―三・四、二〇〇〇年三月
西村安博「鎌倉幕府の裁判における和与について――和与の理解をめぐって――」（一）（二）『法政理論』〈新潟大〉三三―二、四、二〇〇〇年十一月、〇一年三月
西村安博「鎌倉幕府の裁判における和与関係文書に関する若干の検討――和与をめぐる裁判手続の理解のために――」（一）（二）（三・完結）『法政理論』〈新潟大〉三四―四、三五―一、二、二〇〇二年三月、九月、十二月
西村安博「鎌倉幕府の和与認可裁許状における和与状の引用について」『同志社法学』三〇三、二〇〇五年一月
西村安博「鎌倉幕府の裁判における和与と謀書について――近衛家領丹波国宮田荘をめぐる訴訟関係文書を主な素材として――」『同志社法学』三〇四、二〇〇五年一月
西村安博「鎌倉幕府の裁判における和与の成立手続過程に関する若干の検討」『同志社法学』三一一、二〇〇六年二月
西村安博「鎌倉幕府の裁判における和与と仲人について――和与の成立手続過程に関する理解のために――」『同志社法学』三一四、二〇〇六年五月
西村安博「鎌倉幕府の裁判における召文違背について――関東裁許状を主とする関係史料の整理――」『同志社法学』三九一、二〇一七年六月
西村安博「鎌倉幕府の裁判における私和与について――関係史料の基礎的な整理のために――」『同志社法学』三九六、二〇一八年二月
仁平義孝「鎌倉前期幕府政治の特質」『古文書研究』三一、一九八九年九月
仁平義孝「執権政治期の幕政運営について」『国立歴史民俗博物館研究報告』四五、一九九二年十二月
仁平義孝「鎌倉幕府発給文書にみえる年号裏書について」中野栄夫編『日本中世の政治と社会』、吉川弘文館、二〇〇三年十月
仁平義孝「執権時頼・長時期の幕政運営について」『法政史学』七九、二〇一三年三月
貫達人「北条実時の置文について」『三浦古文化』二八、一九八〇年十一月
橋本道範「鎌倉幕府裁許状の歴史的位置――対問・勘判を引用する裁許状の広がりに注目して――」大山喬平編『中世裁許状の研究』、塙書房、二〇〇八年十月
橋本道範「東寺の裁許と裁許状――権門における鎌倉幕府裁許状の構成の受容――」大山喬平編『中世裁許状の研究』、塙書房、二〇〇

八年十月
福島金治「新出金沢文庫文書について――翻刻と紹介――」『金沢文庫研究』二九三、一九九四年九月
福島金治「紙背文書論――金沢文庫文書の場合――」『九州史学』一一四、一九九六年六月。後に同著『金沢北条氏と称名寺』（吉川弘文館、一九九七年九月）に再録。
古澤直人「鎌倉幕府裁許状にみえる一族内相論について」『早稲田大学大学院文学研究科紀要』哲学・史学・別冊一二、一九八六年一月
古澤直人「鎌倉幕府法の変質――「下知違背の咎」の適用をめぐって――」『史学雑誌』九七―三、一九八八年三月。後に同著『鎌倉幕府と中世国家』（校倉書房、一九九一年十一月）に再録。
古澤直人「鎮西関係鎌倉幕府裁許状に関する二、三の論点――本所―地頭御家人間相論を中心に――」『西南地域史研究』六、一九八八年四月
細川重男「得宗家公文所と執事――得宗家公文所発給文書の分析を中心に――」『古文書研究』四七、一九九八年四月。後に同著『鎌倉政権得宗専制論』（吉川弘文館、二〇〇〇年一月）に再録。
三浦忠好「鎌倉時代、将軍家政所下文の家司の署判の変化について」川崎利夫先生還暦記念会編『野に生きる考古・歴史と教育』、山形大学教育学部日本史研究室、一九九三年二月
毛利一憲「鎌倉幕府将軍家下文について――貞永式目の研究――」（上）『北見大学論集』八、一九八二年十一月
百瀬今朝雄「北条（金沢）顕時寄進状・同書状案について」『郷土神奈川』二六、一九九〇年三月。後に同著『弘安書札礼の研究』（東京大学出版会、二〇〇〇年五月）に再録。
桃裕行『北条重時の家訓』（天理図書館古典覆刊二）、養徳社、一九四七年
森幸夫「鎌倉末期の六波羅探題――崇顕（金沢貞顕）書状から――」『年報三田中世史研究』二一、二〇一四年十月
山室（山中）恭子「書状の使い分け――金沢貞顕書状を素材として――」『金沢文庫研究』二七〇、一九八三年三月
山本幸司「裁許状・問状から見た鎌倉幕府初期訴訟制度」『史学雑誌』九四―四、一九八五年四月
山本弘「日本中世訴訟制度における《裁許前誓約》：鎌倉幕府による濫訴対策の一側面」『九大法学』九一、二〇〇五年九月
山本博也「六波羅殿御家訓にみる都市の風景」五味文彦編『中世の空間を読む』、吉川弘文館、一九九五年七月
山本博也「北条重時家訓考」『昭和女子大学・文化史研究』一、一九九八年三月
山本博也「北条重時家訓と仏教」『昭和女子大学・文化史研究』一一、二〇〇七年十二月
山家浩樹「端裏銘の日付」鎌倉遺文研究会編『鎌倉期社会と史料論』（鎌倉遺文研究Ⅲ）、東京堂出版、二〇〇二年五月
湯山賢一「北条義時執権時代の下知状と御教書」『國學院雑誌』八〇―一一、一九七九年十一月
湯山賢一「北条時政執権時代の幕府文書――関東下知状成立小考――」小川信編『中世古文書の世界』吉川弘文館、一九九一年七月
渡邊晴美『鎌倉幕府北条氏一門の研究』、汲古書院、二〇一五年二月
渡邉正男「関東御教書と得宗書状」稲葉伸道編『中世の寺社と国家・地域・史料』、法藏館、二〇一七年五月

北条氏発給文書研究の現状と課題

久保田和彦

はじめに

北条氏が鎌倉幕府の執権・連署、六波羅探題、鎮西探題などの要職を世襲したことから、北条氏発給文書は鎌倉幕府発給文書にほぼ等しいといえる。よって、北条氏発給文書の研究は、鎌倉幕府発給文書の研究、すなわち鎌倉幕府の政治や裁判、制度・組織の研究にも関連する、鎌倉幕府研究の中心といえる。この度、北条氏発給文書をテーマとする論文集を発行するにあたり、「北条氏発給文書研究」編著書・論文一覧」を作成した。この目録を参考にして、北条氏発給文書研究の現状と課題をまとめてみたい。

一　北条氏発給文書研究の定説の成立

日本で最初に古文書学の講義を行ったのは久米邦武(1)であり、古文書学の名称も同氏の命名と言われる。また、最初の古文書学の専門家である黒板勝美(2)は、一九〇三年東京帝国大学に学位論文「日本古文書様式論」を提出し、公式様・公家様・武家様の三様式が提案され、現在の古文書様式論の基礎が築かれた。古文書学の講義は他の大学でも実施され、古文書学の概説書や研究も(3)発表されるようになる。

相田二郎は大著『日本の古文書』(4)を著し、膨大な古文書を駆使して、古文書の様式を分類・解説した。特に武家文書に関しては、「第二部・平安時代以来の公文書」の第三類として下文を、第四類として下知状を、第五類として下文変形文書の三類型に、また「第三部　書札様文書」の「第二　書札様文書平安時代末期以後」では、第二類の奉書と第三類の直状の二類型に分類し、差出所の記入・非記入、署判の位置を基準として、詳細に事例を紹介した。関連部分の目次を示す。

第二部　平安時代以来の公文書

第三類　下文

甲式　差出所記入式下文

第六種　諸家下文

い．摂政関白家政所下文　ろ．勧学院政所下文　は．諸家政所下文　に．将軍家政所下文

乙式　差出所非記入式下文

第一式　奥上署判下文

第一種　諸国司下文　第二種　諸家下文　第三種　庄園預所下文　第四種　武家下文

第二式　奥下署判下文

第一種　庄園預所下文　第二種　武家下文

第三式　袖署判下文

第一種　大宰府諸国司庁宣　第二種　国領主下文　第三種　庄園領家下文　第四種　大宰府守護所下文

第五種　武家下文

第四類　下知状

第一種　武家下知状　第二種　寺院下知状

第五類　下文変形文書

第一式　袖署判下文変形文書

第一種　武家下文・御教書・下知状　第二種　判物　第三種　禁制

第二式　奥上署判下文変形文書

第一種　下知状・御教書　第二種　禁制　第三種　判物

第三式　奥下署判下文変形文書

第一種　施行状　第二種　下知状・御教書　第三種　禁制・過所

第四式　日下署判下文変形文書

第一種　安堵状・裁許状・御教書　第二種　禁制・掟書

第三部　書札様文書　第二　書札様文書平安時代末期以後

第二類　奉書

第一式　日下署判奉書

第五種　御教書・奉書　ち．武家御教書・奉書

関東御教書　奉行・公文所奉書　足利幕府執事・管領奉書　室町幕府奉行奉書　武家諸士奉書　鎌倉府執事・

管領・奉行奉書　守護大名年寄奉行奉書　豊臣氏奉行奉書

第二式　袖加判奉書　ほ．武家奉書

第三式　袖加無充所判奉書

第三類　直状

第一式　日下署判直状

第二種　鎌倉武家御教書　い．御教書　ろ．問状御教書　は．召文御教書

第三種　鎌倉武家書下　い．守護等補任状・安堵状　ろ．守護問状　は．守護施行状・書下　に．守護番役覆勘

状・課役請取状

以上、相田著書の北条氏発給文書に関する目次の様式分類だけで、これだけの種類の文書が存在し、この詳細な様式研究によって、北条氏発給文書研究の基礎が整えられたといえる。これら戦前の古文書研究の基礎の上に、戦後の佐藤進一による定説が成立する。

佐藤進一は、一九五〇年から法政大学文学部で古文書学の講義を受け持ったことが機縁となり、同大学通信教育部の委嘱により、古文書学の通信教育用のテキストとして一九五二年から分冊発行され、一九六八年に改訂合冊の一冊本として完成し、一九

七一年に法政大学出版局から発行された名著が旧版の『古文書学入門』(5)である。同書は一九九七年に新版が出版され、古文書学の最良のテキストとして、現在に至るまで同書を超える著作は見ることができない。佐藤は旧版著書の結びで、古文書学の課題と題し、日本中世史研究の中で最も有名な文章といえる、以下の数行の文章を執筆した。長くなるが、該当箇所を引用する。

日本の古文書学は、近代歴史学の輸入の機運のなかで、一つには史料批判のための技術的方法習得のために、また一つには史料編纂のための直接の必要に迫られて、急速に発達した学問であった。古文書学がそれ自身一つの独立した学問とはみなされず、歴史学研究の手段としてのみ意義を持つ学問、したがって歴史学に従属して存在する学問であると考え、そういう意味で、古文書学を歴史学の補助学とよぶ誤解や、また古文書の真偽を鑑定し、難読の古文書を読みこなすことが、古文書学の最も重要な目的であるかのように考える誤解が生まれ、かつ根強く生き続けているのは、以上のことと決して無関係ではない。古文書学が歴史学に対して史料批判の方法を提供するということは、決して古文書学が歴史学に従属することを意味しない。また古文書の真偽鑑定や読解の重要なことは何人も疑うことはできないけれども、それは、いわば古文書を素材とする古文書学にとって自明の前提なのであって、古文書学だけのもつ研究目的でもなければ、古文書学固有の研究領域でもないのである。

端的にいって、古文書学とは文書史である、といった方が、古文書学の性質を明確にいいあらわすことができると私は考える。(中略)

それでは文書史の目的は何か。文書が、特定者から特定者に対して文字を使用して行われる意思伝達の手段であり、しかも、単なる伝達ではなくして、相手方に種々さまざまの反応の起こることの期待を含んだ伝達であることを考えると、文書史の目的は文書の機能の歴史を明らかにすることにある、といわなければなるまい。より具体的にいえば、機能を軸にして、各時代の文書体系と、その史的展開を明らかにすることが、古文書学の骨格となるべきであろう。

筆者は一九七四年四月に早稲田大学教育学部社会科地理歴史専修に入学し、同年秋から第一文学部竹内理三教授の研究室で月一回開催されていた鎌倉遺文研究会に参加することを許され、鎌倉時代の古文書に初めて接し、その読解に四苦八苦しながら取り組み始めた時、先輩の永村眞氏から、佐藤進一著『古文書学入門』を理解できるまで何度でも読むように教えられた。著書の内容を理解できたかどうかは別にして、三回は通読した記憶がある。

佐藤は、同書「第三章　古文書の様式」の「第三節　武家様文書」を下文、下知状、御教書・奉書、直状・書下、印判状の五種類に分類し、武家文書の史的展開を、機能を軸にして、論理的かつ体系的に明らかにされた。同書に記された佐藤の見解が、武家文書の定説となり、その後、部分的な批判や異論は出されているが、現在においても定説の位置を占めているといってよい。佐藤著書の北条氏発給文書に関する解説をまとめてみる。

（1）将軍家政所下文

①頼朝は建久元年十一月上洛して権大納言・右近衛大将に任ぜられ、十二月両官を辞したが、これを機会に翌年から政所下文を発した。頼朝の後継者である歴代の将軍は、家を継いでも三位になるまでは、袖判下文を用い、三位になって政所開設の資格を得て、はじめて政所下文を用いた。これは頼家・実朝・頼経・頼嗣まで変わらなかったが、そのつぎの宗尊親王以下の宮将軍は最初から将軍家政所下文を出した。

②下文はどういう事柄に用いられたかというと、初めはだいたい公家様文書における下文と同様で、地頭職その他の補任、所領給与、安堵、課役免除、守護不入以下の特権付与や訴訟の判決など、恒久的効力の期待される事項について相当広範に用いられたが、下知状が発生すると、次第に多くの事項が下知状に譲られて、承久乱以後はもっぱら知行充行（恩給）と譲与安堵の二項に限られ、さらに嘉元元年（一三〇三）に譲与安堵に際していちいち下文を発行せず、被相続人から相続人に与える譲状の余白に幕府の執権らが安堵文言を書き加える（安堵の外題）という規定ができて以後は、下文は知行充行だけに限られた。

③幕府から出した下文でも初期のものは例外なしに「下」の下に…荘官等とか、…庄住人等といった充名があったが、これは多くは形式的な充名であって、地頭職補任にしても、この部分には実際に補任された人ではなくて、その地頭職の所在地の「住人等」が記されるのが通例であった。職の補任を古代の官職の任命とみなして、その任命を在地の者に告知するという古い形式を踏襲してきた。しかるに職の補任が所領給与を意味する傾向は著しく促進され、職補任の下文の宛所に在地の住人を書き入れることは全く形式的なものになってしまう。宛所を省いてこの部分を空白にするのは、そうした自覚の表れで、実際その職に補任される人、職を給与される人の名が書かれることになる。弘安前後からそういう形式が行われて、後には全くこれだけになってしまう。

④連署の部分を見ると、北条貞時の頃になると、下文には執権と連署の二人だけ花押を書くようになり、他の令、知家事、案

主などは形式的に官職名だけ書いて署判しないようになった。これは将軍の御教書や下知状が執権・連署二人だけ署判するようになったのと同じ傾向を示すもので、要するに幕府政治の実権が北条氏に帰したことが文書の様式のうえに反映したわけであって、承久乱後次第に強まった傾向の結末である。

（２）関東下知状

①頼朝は下文と御教書の中間的な様式の文書も用いた。これは書出し部分が下文の最初の一行を除いた形であり、書止めの「依前右大将殿仰」という奉書文言や日下に奉行が署判する形は御教書と同じである。これをその書止めが「下知如件」で結ばれる点に注目して下知状という。当時これを下文ともよんだ。

②下知状は源頼朝の後期文書に下文の略式文書として使用開始され、やがて裁許状として定着する。頼朝の死後次第に多く出されるようになり、とくに三代実朝の嗣立以後増加する。その奉者は、初めは何人かの奉行の連署することが多かったが、だんだん北条時政だけになり、時政の失脚（一二〇五）後は子義時だけになり、彼が死んで（一二二四）、泰時が跡をついで執権となり、叔父時房を連署に任じて以後は、執権と連署との二人が連署する形に固定した。下知状の発生と盛行は全く北条氏執権政治の発生発展と照応する。

③下知状の様式上の特徴は、

A．宛所…下文のように最初にくるか、形式上の宛所はなく事書の文中に含まれるかであって、書状・御教書のように日付の後に書くことは絶対にない。

B．差出書…奉者の署判は必ず日付の真下でなく日付と別行になる。初期のものは連署の場合日付下にくることもあるが、承久以後は連署でも必ず別行になる。

C．書止文言…「依鎌倉殿仰、下知如件」となるのが原則である。下知状の名称もここから出た。

④下知状の用途は、もともと明確ではなかったが、だんだんとその範囲が確定し、その幅を広げて逆に下文の用途を狭めるようになる。だいたい幕府政務上の裁決文書であって永続的効力の期待されるものに用いられるようになる。具体的には、諸種の特権免許状、一般に周知させるための制札、禁制、訴訟の判決などが主なものである。

（3）関東御教書

①源頼朝は早くから平盛時・大江広元らの右筆の奉じた奉書式文書を発給している。これらのうち、頼朝が従二位に叙せられて公卿の列に加わって以後の分は当然、御教書（鎌倉殿の御教書）とよばれた。

②執権北条氏の時代になると、一般の政務や裁判などに関する伝達文書は、執権と連署の両人が連署して、書止め文言を「依仰執達如件」「執達如件」で結ぶ奉書式文書を用いた。これを関東御教書・鎌倉殿御教書とよんだ。

③年月日完記の御教書が、永続的効力の期待される事柄で下文、下知状が取扱わないもの（荘園領主に対する守護不入其他の特権の承認）から、随時の連絡、通達までを広く取扱うことになる。公家社会の文書慣習として随時の連絡、通達用として、月日だけの御教書が使用されてきたことを考えると、幕府の用法は新しい変化と言わねばならぬ。年月日を完記して、永続的効力の期待される事柄を扱うことにしたのは第一の変化であって、年月日完記の御教書で随時の連絡、通達の用を弁ずるのは第二の変化である。この点は、随時の連絡、通達文書が当面の用を弁じた後にもなお効力を持つという武家文書の特殊性によるのではないか。

北条氏が執権・連署として発給される幕府文書である政所下文・関東下知状・関東御教書に関する佐藤進一の説明は以上であり、鎌倉幕府発給文書の史的展開を、機能を軸として説明した定説である。佐藤の研究以後の鎌倉幕府発給文書の研究は、佐藤の説明を部分的に修正・訂正したものであり、その大枠を変えるものではない。次節では佐藤の定説を部分的に修正・訂正した研究を年代を追って紹介する。

二　北条氏発給文書研究の定説への異論

（1）五味文彦の研究(6)

五味A論文は、将軍家の家政機関である政所の発給文書に注目し、政所下文の様式の変化から、実朝の時代を次の三つに時期区分する。

Ⅰ期　建永元年（一二〇六）～承元三年

Ⅱ期　承元三年（一二〇九）～建保四年

Ⅲ期　建保四年（一二一六）〜建保七年

第Ⅰ期は幕府から出される下文が、「依鎌倉殿仰、下知如件、以下」という書止文言をもち、家司五人が連署する、鎌倉殿下文の様式をとる時期。第Ⅱ期は下文が鎌倉殿下文から政所下文にかえられた時期で、それには令一人、別当四〜五人、案主・知家事一人ずつの家司が連署している。第Ⅲ期は同じく政所下文であるが、別当が九人に増やされた時期とする。三つの時期区分は、将軍権力がもっとも直截に表現されるのが下文であり、鎌倉殿（将軍）の権力が下文の形式に反映していることを根拠としている。そして、「下文は将軍権力の顔であり、下文の変化（別当の人数の増員）は将軍権力の拡大を意味する」と述べる。第Ⅲ期の源実朝は、傀儡将軍、権力なき無権の将軍ではなく、朝廷とのつながりを保ちつつ、将軍権力の拡大をはかったと評価している。

五味B論文は、鎌倉幕府発給文書に特徴的な鎌倉殿＝公方の「仰」に注目して、執事・執権・得宗の相違や得宗専制政治への展開を検討した。北条氏発給文書に関しては、源頼家失脚後に北条時政によって発給された多くの裁許下知状や「依陸奥守殿御奉行、執達如件」の書止文言で結ばれた北条義時発給文書に言及している。また、「仰之詞」に関して、以下の叙述がある。

泰時以後の関東御教書や関東下知状には常に「仰之詞」が付されている。その点、六波羅の下知状および御教書に全く付されていないのとは対照的である。京の六波羅探題であり、遠いゆえ鎌倉殿の仰がないのは当然とも言えようが、しかしはるか遠い鎮西の下知状には必ず仰の詞がある。それは、鎮西探題には確定判決権が与えられたため仰之詞が付されているのに対し、それが六波羅には与えられなかったゆえと解される。

鎮西探題の成立をめぐっては、確定判決権がいつ付与されたかが問題とされることが多いが、そのことを探題の要件と考えれば、六波羅にはついに確定判決権は与えられなかったのであるから、探題として成立をみなかったという議論も生まれてこよう。

（2）湯山賢一の研究(7)

湯山A論文は、源実朝歿後の北条義時執権時代の幕府文書を再検討する。従来関東御教書の範疇において一括されていた文書を、発給のあり方に添って厳密に文書名を規定する必要があるとする。

第一に、その書止文言が「依陸奥守殿御奉行、執達如件」と記され、日下に奉行人の署判があり、充所を有する奉書形式の文書に注目しこれを検討した。この形式の文書は『鎌倉遺文』の中に五通がみえ、いずれも関東御教書の名称が付されている。また相田著書でも取り上げており、(8)以下のように説明している。

実朝の歿後、未だ関東の主が定まってゐなかったから、鎌倉殿の仰に依って云々の奉書を出さず、義時が上意を受け、之をその下位にある者に命じて奉書を出さしめた形式をとることとなって、右の文書が現れるに至ったと考へられる。然しこの形式の文書は、充所にも依るもののやうである。即ち此形式の奉書の充名は、地頭御家人の如き地位の低い者計りである。地位の高い者には、義時が直接仰を奉って出した通例の奉書もある。之に依って見ると、當時義時の威権が強大であった爲め、義時が直接奉じて出すものと、奉行に更に奉書を作らしめて出す両様の区別を付けたものであらう。

湯山A論文は、相田著書の説明を否定し、この形式の五通がいずれも権利付与等の永続的効力を持つものでなく、奉書形式の文書として発給されるべきものであるが、実朝暗殺により鎌倉殿不在となったため、かかる形式で発給された。文書名も厳密に「鎌倉幕府奉行人奉書」と名付けるべきと主張された。

第二に、実朝が鎌倉殿となって以降の幕府文書を検討し、特に関東下文の文書名を提起し、将軍家政所下文を発給できない時──政所の組織はあるが、鎌倉殿の地位が政所開設の三位にない──に出されたものを云うのであり、署判を加える人物は当然政所の奉行人であり別当が奉者の場合は時政単独の形、寄人が奉者の場合は連署の形をとると関東下文の様式を定義している。

湯山B論文は、鎌倉幕府が発給した下文、下知状、御教書の三形式の文書のうち、特に北条時政執権時代に発給された下文と下知状の整理を中心に関東下知状の成立と当時の幕府政治との関連を詳細に分析している。

（3）杉橋隆夫の研究(9)

杉橋隆夫は、独裁と専制とに挟まれた執権政治の特質を、合議と道理による政治に求め、評定衆の設置や御成敗式目の制定というかたちで、それが二つながらに実現した泰時の時代こそ執権政治の典型であり、幕府政治がもっとも安定した時期だとする理解(10)を今日の常識と評価し、かかる理解に対して疑義を表した上横手雅敬の論文(11)を次のように要約する。

合議と道理の政治は、多数の御家人の支持を得るための手段であり、それは執権＝得宗の権力の弱さにも起因する。鎌倉幕府の政治は、おおむね独裁・専制の連続であり、泰時の時代にみられる合議政治は、得宗が鎌倉殿にとってかわる過渡期における例外的現象にすぎない。

執権政治（執権が主導する政治形態）は、その基調が合議制なのか、むしろ独裁・専制にあるのか、道理による政治をその歴史的目標と解すべきか、あるいは御家人の支持を取り付けるための手段にすぎないと評すべきか、という検討課題を提起し、杉橋A論文では十三人合議制と北条時政の「執権」職就任の検討から、また杉橋B論文では執権・連署制の起源の検討から執権政治の成立過程を再吟味した。

文書様式の分類・変遷から、この時期の政治史に提言を試みた論文に注目し、A論文では、承元三年（一二〇九）三月十七日発給文書に関して、以下のように主張する。[12]

同形式の文書名を『鎌倉遺文』は「関東下知状」「将軍家下知状」「将軍家下文」「将軍家政所下文」などと称して一定せず、五味文彦は「鎌倉殿下文」と言い、さらに湯山賢一は「関東下文」と呼ぶべきと唱えるなど、その文書名は、論者によってまちまちに付けられている。私は、発給主体を政所とする下文であることから「政所下文」とし、一方、正規の様式である政所下文を顧慮して「略式」の形容を付し、いまかりに「将軍家略式政所下文」と称しておきたい。

B論文では、別当九人制の政所下文の出現を将軍権力の拡大と評価する五味A論文を批判し、北条氏独裁の観点から、五味が実朝の意志の行動とみなした部分をすべて義時のそれと考えるべきとし、政所別当九人制も義時の考えた人事であり、侍所の改変も実質的には義時の意志であるとする。

（4）近藤成一の研究[13]

佐藤進一の定説である鎌倉幕府の下文と下知状に関して本格的な検討を加えたのが、近藤A論文である。近藤は、鎌倉幕府が文書史上に果たした新たな創造は下知状を開発したことであった。鎌倉幕府は、公家様文書の系譜を引く下文に加えて、新たに武家独自の下知状を用いるのである。従って、鎌倉幕府の下での武家文書の発達は、下文と下知状の関係を中心に展開している、と述べて、鎌倉幕府の全期間にわたり、下文と下知状の関係の変遷を詳細に跡付けている。その上で、特に佐藤論文のまとめ（一）将軍家政所下文の③について、次のように批判する。

佐藤進一氏は、下文の宛所について、在地住人宛所型↓宛所空白型↓受給者宛所型という変化を想定されていた。しかし、これは事実誤認と言わねばならない。事実は、在地住人宛所型↓受給者宛所型↓宛所空白型という変化を示す。鎌倉幕府の下文は、受給者宛所型からさらに進化して、宛所空白型で完成する。かかる異様な形態で下文が完成する事は、職の観念の変化によって説明される事ではなく、別の考察が必要である。「宛所のない下文」の成立は、宛所を持つという下文の様式上の特質が忘れられ、宛所を持たない下知状の様式に引きずられた結果といわなくてはならない。
また、近藤A論文は、将軍頼経時代の下文と下知状の用途を比較し、次のように述べる。

下文の用途が諸職の給与と譲与の安堵に限定され、訴訟の裁許には必ず下知状が用いられている事が明らかである。諸職の給与と譲与の安堵に下知状を用いた例が見当らない事は、下知状の用途もまた限定されているのではないかとの疑いを抱かせる。それにも拘らず、本文で、下文の用途が限定されているのに対し下知状の用途が限定されていない旨を述べたのは、一〇期（頼経政所）以降諸職の給与・譲与の安堵に下知状を用いた例がしばしば認められるからである。

さらに、近藤B～D論文は、鎌倉幕府裁許状に関して、様々な角度から検討している。A論文では鎌倉幕府裁許状の事書の分析から裁許状の様式の確立を、B論文では裁許状の日付から引付評定と裁許状の作成手続きとの関連を、D論文では鎌倉幕府裁許状に関する橋本道範・熊谷隆之両氏の新しい研究(14)に対して、近藤B・C論文を再考する。

（5） 菊池紳一・下山忍の研究(15)

北条氏研究会は、一九七八年に学習院大学と國學院大學の大学院生を中心に、北条氏発給文書の講読とその研究を目的として発足した。研究会は、月一回の例会で北条氏発給文書を一通ずつ読み、様式や意味を考え、関連する文書や論文を紹介し、出席者により議論を重ねてきた。研究会の成果として発表されたのが、菊池紳一・下山忍の北条時政・同義時の発給文書に関する論考である。

菊池紳一は、北条時政発給文書の様式・内容を検討するという基礎的作業を通して、北条時政の立場・権限を復元してみたいと述べ、六十八通の時政発給文書を様式・時期・内容の分析から、北条時政の鎌倉幕府における立場・権限を明らかにした。北条氏の発給文書を悉皆収集して様式・内容を検討するという研究は菊池論文を嚆矢とする。続いて下山忍は、北条義時の全発給文書の様式・機能を検討しながら分類するという基礎的な作業を通して、義時の執権としての発給文書と守護・得宗領主の発給文書との様式上の差異を指摘している。

（6） 青山幹哉の研究(16)

青山幹哉は、鎌倉幕府発給文書のうち、恒久的効力を有する文書様式である下文と下知状に関する二つの定説を再検討する。

第一は、下知状様式の発展は執権権力の伸長と密接な関係にあり、下知状は下文の代用文書として考えること、第二は、文書内容と時期を限定した上で、受給者（嫡子・庶子）によって下文・下知状が使い分けられたとする点である。青山は下知状の用途を検討し、次のように述べる。

①寛喜四年（一二三二）二月二十七日、将軍藤原頼経は従三位に叙せられ、政所開設権を公式に得た。それに伴い、「御恩」受給文書様式も袖判下文から政所下文へ移行するが、不思議なことに同年より下知状も「御恩」受給の為に使用されるようになった。この下文と下知状の併用という現象は仁治二年（一二四二）まで継続した。

②併用開始の年、貞永元年（一二三二）は藤原頼経の政所下文発給開始の年であるとともに、御成敗式目が制定された年でもあり、大きな幕政改革があった年である。そして、仁治三年五月に執権北条泰時は引退し翌月死亡する。下文と下知状の併用期間が右の二つの事件の年に挟まれていることは、単なる偶然ではあるまい。泰時の主導下に貞永元年、幕政改革の一環として「御恩」受給に関しても変革があり、彼の死とともにそれが中止されたのであろう。

青山①は、下知状が「御恩」受給の為に使用されるのは頼経政所開設以降であるとするが、これは本論集の拙稿「北条泰時の発給文書」表3の内容の項目から明らかに間違いで、泰時執権時代は「御恩」受給文書に下知状を一貫して使用しているのである。よって、青山①を前提に立論された青山②が成り立たないことも明らかとなる。下文は諸職恩給と譲与安堵に限定され、下知状は訴訟の裁許や特権付与のように両者は使い分けられる、という従来の理解は少なくとも泰時執権時代には見られない。

また青山は、文書冒頭部に「下　某」という下文の特徴を有しながら、書止文言中に、下知状の特徴である「下知如件」の語をもつ文書を、「下知／下文」と仮称し、書止文言が「下知如件、以下」で終わる文書を「下知／下文A型」、書止文言を「下知如件」のみで終わる文書を「下知／下文B型」とした。先行研究では、「下知／下文」を「鎌倉殿下文」「関東下文」「将軍家略式下文」と命名して下文の範疇に含めている。(17) 青山も「下知／下文A型」と「下知／下文B型」を区別する必要はなく、ともに下文の範疇に含めるべきと論じている。先行研究の議論に立ち入ることは本稿の課題を超えるが、文書名については、下文と下知状の両方の特徴を合わせ持つことから、青山の「下知／下文」の名称を使用し、この時期、年齢的にも源実朝の意志がこれらの文書には反映されていないことから、「鎌倉殿下文」という文書名はふさわしくない。また、政所奉行人連署の下文と区別するため、「将軍家略式下文」の文書名も使用せず、「関東下知／下文」の文書名を提案したい。

（7） 久保田和彦の研究[18]

久保田は、前記の北条氏研究会例会で北条泰時の六波羅探題時代の発給文書を読む中で、六波羅探題発給文書を正面から取り上げた研究が古文書学の概説書を除いて全くないこと、また古文書学の概説書でも、六波羅探題発給文書は鎌倉幕府発給文書に関連して若干触れられているにすぎず、その中心的な文書である六波羅下知状・御教書の様式に関しても、関東下知状・御教書と「同様の形式である」「様式は全く同じである」とする概説書と、六波羅下知状・御教書は直状様式である点が異なるとする概説書で正反対の評価がされており、さらに、こうした研究の現状からか、『鎌倉遺文』所載の六波羅探題発給文書は、様式の違いによって文書名が統一されていないことに気が付いた。

特定の政権・機構の研究をする場合、その発給文書を分析することは日本史研究の基本的方法の一つと考えるが、六波羅探題発給文書の研究は全くされてこなかった。このため、久保田は六波羅探題の基礎的研究として、北条泰時・時房探題期、北条時氏・時盛探題期、北条重時・時盛探題期、北条長時探題期、北条時茂・時輔・義宗探題期に区分して、六波羅探題発給文書を悉皆収集し、その様式・機能の分析により文書名を確定し、六波羅探題発給文書の特徴として、①「依仰」「依鎌倉殿仰」などの奉書文言がない、②裁許状などの書止文言が「…状如件」で結ばれ、関東下知状のように「下知如件」の書止文言が使用されないことを指摘した。

また、六波羅探題発給文書には奉書形式も見られ、奉書形式の場合は幕府以外に朝廷（宣旨・院宣・蔵人所）・公家・本所・国司などの意向を受けて文書が発給された。以上の発給文書の特徴から、六波羅探題は鎌倉幕府の出先機関であるとともに、朝廷・公家政権の西国支配機関でもあったという結論を述べた。

（8） 川添昭二[19]・永井晋[20]・川島孝一[21]の研究

川添昭二は、北条時宗の発給文書の整理・研究は時宗研究の基礎をなすが、書状研究を除いて、その全面的な整理・研究はまだ成されていないと述べ、時宗の書状形式文書についての整理・研究をおこなった。川添は「書状」をどのように理解するのか、従来の狭く私人間の意志を通じる文書と解すると、北条時宗書状と言えるのは、極めて限られると指摘し、形式的に書状形式文書特有の書止め文言と見られている「恐々謹言」「恐惶謹言」「あなかしこ」「あなかしく」等を基準に広く時宗文書を見てみると、時宗の書状形式文書は、おおむね政務にかかわる公的・実務的なものであり、いわゆる書状も、真情の点から見得る私的なものはほとんど見られない、と近年の得宗書状研究につながる重要な指摘をされている。

永井晋は、神奈川県立金沢文庫所蔵の金沢貞顕書状六四九通の研究を精力的に進め、文書様式と翻刻に重点を置いてきた従来の古文書研究が積み残してきた課題、金沢貞顕書状の料紙に関する研究、年号が記されない書状の編年的研究に大きな成果をあげた。また川島孝一は、一五九通の北条時頼文書の整理のため、時頼が署判を加えた文書を執権・政所別当として発給した幕府文書と北条氏一族の家督として、または個人的に発給した得宗文書と二つに大別して検討している。時頼文書の検討は精緻を極め、一、幕府文書として、A、将軍家政所下文、B、関東下知状、C、関東御教書と連署奉書、二、得宗文書として、A、下文、B、下知状、C、北条時頼袖判奉行人奉書、D、書状、に分類し、様式別に詳細な検討を行っている。永井・川島両氏の研究は、北条氏発給文書の研究を大きく前進させたと評価できる。なお、両氏ともに北条氏研究会の会員でもある。

(9) 高橋一樹の研究[23]

高橋一樹は、鎌倉幕府訴訟制度の研究の中で、幕府の発給した裁許下知状の原簿として機能する「評定事書」が文庫に納められた事実を川添昭二[24]・羽下徳彦[25]両氏が指摘されていることを紹介し、六波羅探題にも存在した文庫に保管された「評定事書」が裁許下知状の作成にどのように機能したかを明らかにした（高橋A・D論文）。また、訴陳状と関係文書の古文書学的検討（端裏銘・裏花押・筆跡）を行い、実際の訴訟過程におけるその動きと機能のあり方を幕府奉行人との関係で論じた（高橋C論文）。

高橋B論文では、関東御教書の様式についても詳細な検討を行った。高橋は、時限的な意思伝達文書という性格づけもあって、御教書・奉書の研究は軽視されてきたと述べ、『鎌倉遺文』を検索し、書止文言など書様を異にする事例を示し、「依仰執達如件」以外の書止文言で結ばれた関東御教書の様式を検討した。高橋B論文の内容を紹介すると、

①執権と連署を奉者として将軍の意を伝達する奉書形式で共通しているのに、書止や署判の書様に明らかな違いがみられる。これは鎌倉幕府が執権と連署を奉者とする奉書の様式を宛所によって使い分けていたことをしめしている。

②公家側に出される関東御教書の様式は、「恐惶謹言」の書止や無年号は書状の形式をとり、執権と連署が自署し裏花押を据える鄭重な様式で発給された。

③公家側に鎌倉幕府将軍の意を執権と連署が奉じて出す文書の様式が、宛所による使い分けだけでなく、将軍の官位や官職の変化にも対応していた。

④公家側に出された関東御教書は、殿下御教書・関東中次の御教書・院宣などと一緒に機能することがあり、その場合に公家社会において「関東請文」と称された。また、「関東御返事」「関東返報」などと表現する事例もみられる。

高橋の指摘通り、鎌倉幕府将軍の意を執権と連署が奉じて出す文書で、「依仰執達如件」以外の書止文言で結ばれた文書は少なからず存在する。「内々所候也、恐々謹言」「鎌倉前中納言殿御消息所候也、恐惶謹言」の書止文言で結ばれ、月日のみで、署判に裏花押を据える鄭重な様式である。かかる様式の文書を、高橋は公家側に出された関東御教書と呼んでいるが、関東御教書の様式とは全く異なっており、同じ文書名にすることはできない。六波羅探題時代にも両人はこの様式の文書を発給しており、以前、拙稿(26)では「連署書状」の文書名を付した。

(10) 熊谷隆之の研究(27)

熊谷隆之は、計三〇〇通におよぶ六波羅探題全期間の発給文書の正文を収集し、同一の視角から六波羅発給文書を分析した(熊谷A)。熊谷は、久保田の分類は様式・機能両面を基準としたため、異なる視角にもとづく分類が並立し、全体の整合性という面で問題があると批判し、同一の視角から全体を見渡すことのできる、なるべく体系的なものをめざす必要があり、六波羅探題発給文書の分類の成否は、できるだけ多くの文書に通底する分類基準をどのように設定するかという点にかかっているとし、久保田が考慮しなかった事書の有無と署判の位置の二点を主な分類基準として採用された。私も事書の有無と署判の位置を分類基準とすることには賛成で、拙稿(28)のベースとなった二〇〇〇年度日本史攷究会大会報告では、事書の有無や署判の位置も考慮して検討している。しかし、文書名を考える場合の方法論として、様式・機能両面を基準とすることに問題があるという指摘には疑問が残る。

熊谷はさらに、六波羅施行状(熊谷B論文)、御教書・奉書・書下(熊谷C論文)、裁許状と安堵状(熊谷D論文)など、精力的に鎌倉幕府の発給文書の研究を進めた。特に熊谷C論文は、鎌倉幕府発給の書札様文書に全面的な検討を行い、従来の古文書学の常識に見直しを迫る研究を発表された。熊谷C論文の要旨をまとめると、

①鎌倉幕府発給の書札様文書に対して、当時用いられた「御教書」「奉書」「書下」の三つの呼称は、『沙汰未練書』の説明の通り、「御教書」は執権・連署発給文書、「奉書」は引付方以下の各部局の長官と、安堵奉行以下の特殊奉行の単署発給文書、「書下」は他の一般奉行人をふくむ連署発給文書である。

②三位相当以上の主人の意をうけた奉書を「御教書」とよぶ、とする今日の古文書学の分類と、当時の三区分とのあいだに、明確なずれがある。三区分は、奉書・直状の区別と無関係で、「御教書」とは、鎌倉殿ではなく、署判者である執権・連署に対する尊称であり、これは直状形式の六波羅・鎮西御教書にも妥当する。

③直状を「御教書」とよんだ事例は、院政期から散見する。古文書学がいうごとき、三位相当以上の意をうけた奉書を「御教書」とよぶ、その確たる根拠は不明である。

「御教書は執権・連署発給文書」、「御教書とは、鎌倉殿ではなく、署判者である執権・連署に対する尊称であり、これは直状形式の六波羅・鎮西御教書にも妥当する。」とする熊谷C論文は、確かに従来の古文書学の常識に見直しをはかる重要な指摘といえる。

おわりに――新視点からの研究の展開――

明治時代、近代歴史学が日本で始まると同時に成立した古文書学において、北条氏発給文書＝鎌倉幕府発給文書の研究の歴史を紹介してきた。少し間延びした説明になってしまったが、この問題に関する研究史をていねいに説明・紹介したかったためである。これまでに紹介した研究においても、新しい視点による研究が登場していることは理解していただけたと思う。最後に、ここまでに紹介した研究以外の、新視点からの研究、注目される研究をいくつか紹介して結びとしたい。

最初に、石井清文の研究である。(29) 石井清文は、雑誌『政治経済史学』誌上に鎌倉幕府の政治史、特に北条氏歴代に関する詳細な研究を積み重ねてきた研究者である。

石井論文は、文永元年（一二六四）から同六年に至る関東御教書・関東下知状の署判者の検討から、文永元年七月に執権北条長時が病のため出家し、八月に連署政村が執権となり、同日時宗が連署に就任、四年後の文永五年正月に到来したモンゴルの国書を契機に、三月五日政村と時宗が執権連署を交代し、執権時宗・連署政村体制が出発するという通説の理解を修正したのである。これまで時宗が文永元年八月に執権でなく連署に就任したのは、時宗の十四歳という若い年齢を理由としていた。しかし、この時期の関東御教書・関東下知状の署判者一覧を見ると、北条時宗は文永元年に連署ではなく執権に就任したという石井論文は説得力がある。

次に、渡邉正男の研究である。(30) 渡邉正男は、これまで純私用の限次的文書と説明されてきた書状について、得宗書状の公的性格を論じ、

①得宗の単署で、書止文言が「恐惶謹言」等である場合、奉書文言の有無という明確な差異にもかかわらず、関東御教書と得宗書状が混同される傾向にある。書止文言は関東御教書と得宗書状とを区別する基準にはならない。

②鎌倉時代後期、得宗書状の一部は公的な性格を持つようになり、同じ書札様文書で、機能の面でも類似する関東御教書との間で区別が曖昧になった。しかし、両者は発給主体・発給手続が異なり、区別されるべきもの。

③「仰之詞」を、「仰」という文字や「依仰」という文言に限定せず、「可申之由候」や「由所候也」などを含む、鎌倉殿の意志を受けたことを意味する奉書文言全般と解釈する。

などの重要な論点を指摘された。これまで書状の特徴とされてきた「謹言」「恐々謹言」「恐惶謹言」「かしく」「あなかしく」などの書止文言で結ばれていても、③のような奉書文言があれば、関東御教書とするべきだと主張される。

最後に、佐藤雄基の研究である。(31) 佐藤雄基は、日本中世初期の文書史および訴訟・紛争解決の構造について再検討することを企図し、古代文書から中世文書への展開について、これまでの様式論・形態論を軸とした古文書学に対して、文書が機能した時点における機能論的研究の可能性を追求する。かかる視点から、これまで牒と御教書、院庁下文と国司庁宣、挙状・裁許状・勘状・起請文などの果たした機能的な役割を実証的に研究してきた。(32)

佐藤は、二〇一七年度の日本史研究会大会で、「文書史からみた鎌倉幕府と北条氏」というテーマで報告を行った。副題が「口入という機能からみた関東御教書と得宗書状」であり、武家内部で完結しがちだった幕府文書研究を、公家社会との関係から再検討する高橋一樹の視点を発展させ、(33) 自らの処分下にない公家・寺社の問題に幕府が関与する（口入）際に用いる文書として、御教書の一機能を捉える。また、口入という観点から、関東御教書とともに得宗書状の機能を検討した。

新視点からの研究として紹介したい論文は、まだ多数存在するが、本論文集に掲載した、「「北条氏発給文書研究」編著書・論文一覧」を参考にして、各自でご検討いただきたい。

註

（1）久米邦武『古文書学講義』（早稲田大学の講義録、一九〇一年完結。後に早稲田大学出版部）。『久米邦武歴史著作集』第四巻（吉川弘文館、一九八九年）。

（2）黒板勝美「日本古文書様式論」（『虚心文集』五、吉川弘文館、一九四一年）。

（3）伊木寿一『日本古文書学』（雄山閣、一九三〇年）、勝峯月溪『古文書学概論』（目黒書店、一九三〇年）などがある。

（4）相田二郎『日本の古文書』上・下（岩波書店、一九四九年、五四年）。

（5）佐藤進一『古文書学入門』（法政大出版局、一九七一年）。同著『［新版］古文書学入門』（法政大出版局、一九九七年四月）。佐藤氏の引用は新版による。その後、同「中世史料論」『岩波講座日本歴史』二五・別巻2〈日本史研究の方法〉（岩波書店、一九七六年九月）によって、新様式の開発として、関東下知状と関東御教書に関して、より詳細に様式・機能を検討された。

（6）五味文彦「源実朝――将軍独裁の崩壊――」（『歴史公論』五―三、一九七九年三月）、五味A論文。同「執事・執権・得宗――安堵と理非――」（石井進編『中世の人と政治』、吉川弘文館、一九八八年七月）、五味B論文。以上の二論文ともに、後に同著『吾妻鏡の方法』（吉川弘文館、一九九〇年一月）に再録。

（7）湯山賢一「北条義時執権時代の下知状と御教書」（『國學院雑誌』八〇―一一、一九七九年十一月）、湯山A論文。同「北条時政執権時代の幕府文書――関東下知状成立小考――」（小川信編『中世古文書の世界』、吉川弘文館、一九九一年七月）、湯山B論文。

（8）前註（4）相田二郎著書。

（9）杉橋隆夫「鎌倉執権政治の成立過程――十三人合議制と北条時政の「執権」職就任――」（御家人制研究会編『御家人制の研究』、吉川弘文館、一九八一年七月）、杉橋A論文。同「執権・連署制の起源――鎌倉執権政治の成立過程・続論――」（『立命館文学』四二四・四二五・四二六合併号、一九八〇年十月）、杉橋B論文。

（10）佐藤進一「鎌倉幕府政治の専制化について」（竹内理三編『日本封建制成立の研究』、吉川弘文館、一九五五年二月）。後に同著『日本中世史論集』（岩波書店、一九九〇年十二月）に再録。

（11）上横手雅敬「鎌倉幕府と公家政権」（『岩波講座日本歴史』五・中世1、一九七五年六月）。後に同著『鎌倉時代政治史研究』（吉川弘文館、一九九一年六月）に再録。

（12）竹内理三編『鎌倉遺文』（東京堂出版）第三巻一七八四号文書。以下、『鎌』三―一七八四と表記する。

（13）近藤成一「文書様式にみる鎌倉幕府権力の転回――下文の変質――」（『古文書研究』一七・一八合併号、一九八一年十二月）、近藤A論文。同「鎌倉幕府裁許状の事書について」（皆川完一編『古代中世史料学研究』下、吉川弘文館、一九九八年十月）、近藤B論文。同「鎌倉幕府裁許状の日付」（『鎌倉遺文研究』四、一九九九年十月）、近藤C論文。同「鎌倉幕府裁許状再考」（『東北中世史研究会会報』一九、二〇一〇年三月）、近藤D論文。以上の四論文ともに、後に同著『鎌倉時代政治構造の研究』（校倉書房、二〇一六年一月）に再録。

（14）熊谷隆之「六波羅における裁許と評定」（『史林』八五―六、二〇〇二年十一月）。橋本道範「鎌倉幕府裁許状の歴史的位置――対問・勘判を引用する裁許状の広がりに注目して――」（大山喬平編『中世裁許状の研究』、塙書房、二〇〇八年十月）。熊谷はその後、「鎌倉幕府の裁許状と安堵状――安堵と裁許のあいだ――」（『立命館文学』六二四、二〇一二年一月）も発表している。

(15) 菊池紳一「北条時政発給文書について――その立場と権限――」(『学習院史学』一九、一九八二年四月)。下山忍「北条義時発給文書について」(安田元久先生退任記念論集刊行委員会編『中世日本の諸相』下巻、吉川弘文館、一九八九年)。
(16) 青山幹哉「『御恩』授給文書様式にみる鎌倉幕府権力――下文と下知状――」(『古文書研究』二五、一九八六年五月)。
(17) 本稿(3)杉橋隆夫の研究を参照。
(18) 久保田和彦「六波羅探題発給文書の研究――北条泰時・時房探題期について――」(『日本史研究』四〇一、一九九六年一月)。同「六波羅探題発給文書の研究――北条重時・時盛探題期について――」(鎌倉遺文研究会編『鎌倉時代の政治と経済』鎌倉遺文研究Ⅰ、一九九九年四月)。同「六波羅探題発給文書の研究――北条時氏・時盛探題期について――」(『年報三田中世史研究』七、二〇〇〇年十月)。同「六波羅探題北条長時発給文書の研究」(『日本史攷究』二六、二〇〇一年十一月)。同「六波羅探題発給文書の研究――北条時茂・時輔・義宗探題期について――」(北条氏研究会編『北条時宗の時代』、八木書店、二〇〇八年五月)。
(19) 川添昭二「北条時宗文書の考察――請文・巻数請取・書状――」(『鎌倉遺文研究』一一、一九九八年九月)。
(20) 永井晋「鎌倉時代後期における京都・鎌倉間の私的情報交換――六波羅探題金沢貞顕の書状と使者――」(『歴史学研究』七二六、一九九九年八月)。同「元徳年間の新出金沢貞顕書状について」(『金沢文庫研究』三〇七、二〇〇一年十月)。同「金沢貞顕書状概論」(『鎌倉遺文研究』一三、二〇〇四年四月)。同「金沢貞顕書状の料紙について」(『金沢文庫研究』三一三、二〇〇四年十月)。以上の四論文ともに、同著『金沢北条氏の研究』(八木書店、二〇〇六年十二月)に再録。同「金沢貞顕書状の編年的研究」(『金沢文庫研究』三三一、二〇一三年十月)。
(21) 川島孝一「北条時頼文書概論」(北条氏研究会編『北条時宗の時代』、八木書店、二〇〇八年五月、本書所収)。
(22) 前註(19)川添論文では、北条時宗文書を、1. 関東下知状や関東御教書を中心に将軍家政所下文を含めた幕府文書、2. 下知状・下文・申文・願文などの得宗文書、3. 私人としての文書、と大きく三つに大別している。
(23) 高橋一樹「鎌倉幕府の保管文書とその機能――裁許下知状の『原簿』――」(河音能平編『中世文書論の視座』、東京堂出版、一九九六年三月)、高橋A論文。同「関東御教書の様式について」(『鎌倉遺文研究』八、二〇〇一年十月)、高橋B論文。同「鎌倉幕府訴訟文書の機能論的考察――訴陳状を中心に――」(『古文書研究』五四、二〇〇一年十一月)、高橋C論文。同「鎌倉幕府における訴訟文書・記録の保管利用システム――幕府の文庫と奉行人の『家』――」(『歴史学研究』七五八、二〇〇二年一月)、高橋D論文。以上の四論文ともに、同著『中世荘園制と鎌倉幕府』(塙書房、二〇〇四年一月)に再録。
(24) 川添昭二『鎌倉文化』(教育社歴史新書、一九七八年七月)。
(25) 羽下徳彦「訴訟文書」(『日本古文書学講座』第五巻中世Ⅱ、雄山閣出版、一九八一年二月)。
(26) 前註(18)拙稿を参照。
(27) 熊谷隆之「六波羅探題発給文書に関する基礎的考察」(『日本史研究』四六〇、二〇〇〇年十二月)、熊谷A論文。同「六波羅施行状について」(『鎌倉遺文研究』八、二〇〇一年十月)、熊谷B論文。同「御教書・奉書・書下――鎌倉幕府における様式と呼称――」(上横手雅敬編『鎌倉時代の権力と制度』、思文閣出版、二〇〇八年九月)、熊谷C論文。同「鎌倉幕府の裁許状と安堵状――安堵と裁許のあいだ――」(『立命館文学』六二四、二〇一二年一月)、熊谷D論文。
(28) 前註(18)拙稿『日本史攷究』論文。

（29）石井清文「『関東御教書』等にみる北条時宗の執権就任時期について」（『政治経済史学』五七四、二〇一四年十月）。
（30）渡邉正男「関東御教書と得宗書状」（稲葉伸道編『中世の寺社と国家・地域・史料』、法藏館、二〇一七年五月）。
（31）佐藤雄基「文書史からみた鎌倉幕府と北条氏――口入という機能からみた関東御教書と得宗書状――」（『日本史研究』六六七、二〇一八年三月）。
（32）佐藤雄基『日本中世初期の文書と訴訟』（山川出版社、二〇一二年十一月）。
（33）前註（23）高橋論文を参照。

あとがき――北条氏研究会の歩み――

北条氏研究会は、一九七八年に学習院大学と國學院大学の大学院生を中心に、北条氏発給文書の講読とその研究を目的として発足し、二〇一八年に四十周年を迎えた。この度、勉誠出版から刊行する『北条氏発給文書の研究』は、北条氏研究会の四十年の活動の集大成であるといえる。北条氏研究会の歩みは、これまで各編著のあとがきで、代表である菊池紳一氏によって語られているが、副代表であり、本論集の発案者でもある筆者の目線から、北条氏研究会四十年の歩みを振り返り、あとがきに変えたい。

北条氏発給文書の講読とその研究――月例会

月例会は、『鎌倉遺文』所載の北条氏発給文書を一通ずつ読み、様式や意味を考え、関連する文書や論文を紹介し、出席者により議論を重ねてきた。初代執権である北条時政の発給文書から始め、現在では、九代執権北条貞時の発給文書を講読中である。

最初は学習院大学で例会を行っていたが、会員の就職等もあって一時休会する。再開後、代表を務めている菊池紳一氏のご自宅で行われるようになった。

研究成果としては、菊池紳一「北条時政発給文書について――その立場と権限――」（『学習院史学』一九、一九八二年）、下山忍「北条義時発給文書について」（安田元久先生退任記念論集刊行委員会編『中世日本の諸相』下巻、吉川弘文館、一九八九年）、久保田和彦「六波羅探題発給文書の研究――北条泰時・時房探題期について――」（『日本史研究』四〇一、一九九六年）、「六波羅探題発給文書の研究――北条重時・時盛探題期について――」（鎌倉遺文研究会編『鎌倉時代の政治と経済』、東京堂出版、一九九九年）、「六波羅探題発給文書の研究―北条時氏・時盛探題期について―」（『年報三田中世史研究』七、二〇〇〇年）、「六波羅探題北条長時発給文書の研究」（『日本史攷究』二六、二〇〇一年）、菊池紳一「鎌倉幕府の発給文書について」（北条氏研究会編『北条時宗の時代』、八木書店、二〇〇八年）、川島孝一「北条時頼文書概論」（同）、久保田和彦「六波羅探題発給文書の研究――北条時茂・時輔・義宗探題期について――」（同）、などの論考が発表された。

また、北条氏研究会として取り組んだ成果は、「北条氏系図考証」（安田元久編『吾妻鏡人名総覧』、吉川弘文館、一九九八年二月）、『北条時宗の謎』（新人物往来社、二〇〇〇年十二月）、『北条一族』（別冊歴史読本、新人物往来社、二〇〇一年一月）、『北条氏系譜人名辞典』（新人物往来社、二〇〇一年六月）、『北条時宗の時代』（八木書店、二〇〇八年五月）、『武蔵武士を歩く――重忠・直実のふるさと　埼玉の史跡――』（勉誠出版、二〇一五年一月）、『武蔵武士の諸相』（勉誠出版、二〇一七年十月）、『地形と歴史から探る・城塞都市鎌倉』（洋泉社歴史新書、二〇一八年二月）、『鎌倉北条氏人名辞典』（勉誠出版、二〇一九年十月）などがある。

夏季研修旅行――中世史や北条氏の史跡を訪ねて

続いて、北条氏研究会の夏季研修旅行について述べたい。北条氏研究会の会員の多くは高校の教員であったため、長期休日である夏休みは比較的自由に使えたため、中世史や北条氏の史跡見学を兼ねた夏季研修旅行を始めた。第一回の研修旅行は、一九八六年夏に実施した「伊賀国黒田荘と伊勢神宮」への旅である。筆者も三十一歳と若く、まだ独身でもあった。青春18切符を利用して大垣まで行き、三重県名張市に三泊して三日間にわたり地形図を片手に黒田荘故地を歩き回った。この時の経験をもとに執筆したのが拙稿「黒田荘出作・新荘の成立過程と国司政策」（『ヒストリア』一二八、一九九〇年九月）である。研修旅行は、このように学問的意欲を高めてくれる研究会の活動であった。

研修旅行の企画・手配・進行は、山野井功夫氏がほとんど一人で担当してくれた。山野井氏からいただいたデータをもとに、これまでの研修旅行を【表1】としてまとめてみた。

【表1】　夏季研修旅行一覧

	年	西暦	方面	都道府県	宿泊地	人数
1	昭和六十一年	一九八六	黒田荘と伊勢神宮	三重県	車中泊（大垣夜行）・名張市3泊	7
2	昭和六十三年	一九八八	見付一の谷遺跡と井伊谷・長篠	静岡県	浜北市1泊	7
3	平成元年	一九八九	好島荘（陸奥）と飯野八幡宮	福島県	いわき市1泊	4
4	平成二年	一九九〇	一乗谷と鯖江・大野周辺	福井県	福井市2泊	4
5	平成三年	一九九一	琵琶湖と朽木荘	滋賀県	長浜市1泊・朽木村1泊	6
6	平成四年	一九九二	浪岡城・十三湊と津軽の中世	青森県	五所川原市1泊・弘前市1泊	6

7	平成五年	一九九三	石岡・結城と常陸の中世	茨城県	土浦市1泊	5
8	平成六年	一九九四	松阪・吉野山・高野山と熊野三山	三重県・奈良県・和歌山県	松阪市1泊・橋本市1泊・龍神村1泊・津市1泊	6
9	平成七年	一九九五	多賀城と相馬	宮城県・福島県	仙台市1泊・福島市1泊	5
10	平成八年	一九九六	加賀と能登の中世	石川県	羽咋市1泊・珠洲市1泊・金沢市1泊	9
11	平成九年	一九九七	木津川流域の中世	京都府・奈良県	笠置町1泊・宇治市1泊・亀岡市1泊	8
12	平成十年	一九九八	丹後半島から小浜・太良荘	京都府・福井県	舞鶴市2泊・小浜市1泊・敦賀市1泊	7
13	平成十一年	一九九九	鎌倉から伊豆北条へ	神奈川県・静岡県	藤沢市2泊・修善寺町1泊	8
14	平成十二年	二〇〇〇	奥山荘と佐渡の史跡	新潟県	新潟市1泊・両津市2泊	6
15	平成十三年	二〇〇一	八戸・盛岡・平泉	青森県・岩手県	八戸市1泊・盛岡市1泊・一関市1泊	6
16	平成十四年	二〇〇二	中世の三河	愛知県	豊橋市1泊・安城市2泊	8
17	平成十五年	二〇〇三	東美濃	岐阜県	岐阜市1泊・関市1泊・中津川市1泊	8
18	平成十六年	二〇〇四	讃岐・阿波	香川県・徳島県	車中泊（サンライズ）・高松市1泊・祖谷温泉1泊・徳島市1泊	7
19	平成十七年	二〇〇五	津軽・下北半島	青森県	青森市1泊・竜飛温泉1泊・奥薬研温泉1泊	7
20	平成十八年	二〇〇六	対馬・壱岐・大宰府	長崎県・福岡県	厳原2泊・壱岐1泊・博多1泊	6
21	平成十九年	二〇〇七	米沢・山形・出羽三山・庄内	山形県	米沢市1泊・山形市1泊・鶴岡市1泊	8
22	平成二十年	二〇〇八	函館・松前・江差	北海道	松前町1泊・函館市2泊	6
23	平成二十一年	二〇〇九	新見荘と出雲	岡山県・島根県	車中泊（サンライズ）・米子市1泊・玉造温泉1泊・出雲市1泊	7
24	平成二十二年	二〇一〇	臼杵と国東半島	大分県	臼杵市1泊・大分市3泊	7
25	平成二十三年	二〇一一	草戸千軒・鞆の浦・沼田荘・三入荘	広島県	福山市2泊・広島市3泊	8
26	平成二十四年	二〇一二	犬居・飯田・伊那・諏訪	静岡県・長野県	駒ヶ根市1泊・飯田市1泊・伊那市1泊	9
27	平成二十五年	二〇一三	堺・千早赤阪・日野根・観心寺	大阪府	堺市3泊	9
28	平成二十六年	二〇一四	種子島・鹿児島・大隅半島	鹿児島県	種子島1泊・鹿児島1泊・鹿屋2泊（台風で1泊短縮）	6
29	平成二十七年	二〇一五	北信・上越	長野県・新潟県	長野市1泊・渋温泉1泊・直江津1泊	6
30	平成二十八年	二〇一六	五島列島・宗像・志賀島	長崎県・福岡県	福江2泊・中通島1泊・博多1泊	9
31	平成二十九年	二〇一七	郡上八幡・飛騨	岐阜県	郡上八幡1泊・高山2泊	8
32	平成三十年	二〇一八	愛媛・しまなみ海道・尾道	愛媛県・広島県	松山2泊・宇和島1泊・今治1泊・福山1泊	9
33	令和元年	二〇一九	米子・隠岐	鳥取県・島根県	米子2泊・島後1泊・島前1泊	8

【表1】を見ると、昭和・平成・令和の三つの元号を経験し、その回数は直近の「米子・隠岐」で三三回を数える。この他にも、日帰り、一泊、二泊での短期研修旅行も実施しているので、全国都道府県の三分の二以上は歩き回っていることになる。実によく歩いた。また、その日の見学が終了すると、分担で事前に調べた内容で報告し、食事やお酒は報告会が終わってからという勉強集団であった（今は勉強会が無くなり、地元の居酒屋にお金を落とすことが恒例となった）。

武蔵武士を歩く——武蔵武士の関連史跡を巡る見学会

夏季研修旅行とは別に、関東各地の中世関連史跡や博物館の企画展示の見学会も、しばしば実施された。その中でも、二〇〇二年六月から開始された武蔵武士巡検は、現在も継続して実施され、その成果として『武蔵武士を歩く——重忠・直実のふるさと　埼玉の史跡——』（勉誠出版、二〇一五年一月）、『武蔵武士の諸相』（勉誠出版、二〇一七年十月）が刊行された。

武蔵武士巡検は、現在では東京都・神奈川県に舞台を移し継続されていて、毎回、各地域のテーマを設定し、案内者が事前に下見してレジュメを作成し本番を迎える。筆者も神奈川県在住のため参加するようになり、これまで「横浜市旭区畠山重忠の故地、二俣川を歩く」（二〇一七年三月十九日実施）と「鎌倉街道上道・小野路と小山田荘・小山田氏（東京都町田市）」（二〇一九年九月八日実施）の二度案内者となり、まもなく三度目の「武蔵武士三田氏の故地（青梅市・奥多摩町）を歩く」を実施する。関東各地や武蔵武士を歩く以外にも、菊池氏や池田悦雄氏・塚本洋司氏等によって鎌倉街道を踏破するという試みが精力的に実施されている。

古文書輪読会

代表である菊池氏が前田育徳会尊経閣文庫在職中に、同文庫所蔵の古文書を中心に輪読し、毎年八月上旬に原本を確認する作業も始まった。古文書輪読会である。その成果は、『尊経閣文庫石清水文書』（史料纂集古文書編、八木書店、二〇一五年二月）、『鎌倉遺文研究』での史料紹介（十二回）、『鎌倉遺文補遺編・尊経閣文庫文書』（東京堂出版、二〇一六年四月）として刊行された。

以上、月例会、夏季研修旅行、武蔵武士を歩く、古文書輪読会など、さまざまな北条氏研究会の四十年におよぶ歩み（活動）を、筆者の視点から振り返ってみた。実に多様な活動が計画され、実施されていることがご理解いただけたと思う。多様な研究会の活動に会員各自がどのようにかかわったかはそれぞれであるが、そのすべてにかかわり続けた菊池紳一氏の存在は驚異的である。筆者にとっても、人生の三分の二以上の年月を研究会とともに過ごしたことになる。

本論集は、研究会の発足以来、長い間、代表をつとめてきた菊池紳一氏に対して、少しでも感謝の意を示したいと考えたことから、始まった企画である。最初の企画案を作成して、例会で提示したのは二〇一七年十月九日であった。それから約二年が過ぎようとしている。この間、どのような内容の論集にするのか、論集の構成はどのようにするのか、原稿が締め切りになかなか集まらない、などさまざまな問題を抱え、菊池氏と意見が合わないこともあった。いろいろあったが、初校・再校も終わり、ようやく完成に近づいている。無事に刊行されることを祈るばかりである。

勉誠出版の吉田祐輔・松澤耕一郎両氏には大変お世話になった。御礼を申し上げたい。

二〇一九年九月一日

北条氏研究会副代表　久保田和彦

執筆者一覧（掲載順）

菊池紳一（きくち・しんいち）
一九四八年生まれ。元前田育徳会常務理事・元尊経閣文庫主幹。
専門は日本中世政治史。
著書に、『図説 前田利家――前田育徳会の史料にみる――』（新人物往来社、二〇〇二年）、『加賀前田家と尊経閣文庫――文化財を守り、伝えた人々――』（勉誠出版、二〇一六年）、『鎌倉遺文 補遺編・尊経閣文庫所蔵文書』（東京堂出版、二〇一六年）、論文に「武蔵国における知行国支配と武士団の動向」（『埼玉県史研究』一一号、一九八三年、のち戎光祥出版株式会社『シリーズ・中世関東武士の研究 第七巻 畠山重忠』所収）、「武蔵国留守所惣検校職の再検討――「吾妻鏡」を読み直す――」（『鎌倉遺文研究』二五号、二〇一〇年）、「鎌倉幕府の政所と武蔵国務」（『埼玉地方史』六五号、二〇一一年）、「九条兼実の知行国について」（小原仁編『「玉葉」を読む――九条兼実とその時代――』勉誠出版、二〇一三年）などがある。

下山　忍（しもやま・しのぶ）
一九五六年生まれ。東北福祉大学教育学部教授。
専門は日本中世史・教科教育（社会科・地理歴史科）。
著書に『もういちど読む 山川日本史史料』（共著、山川出版社、二〇一七年）、『武蔵武士を歩く』（共著、勉誠出版、二〇一五年）、論文に「極楽寺流における北条義政の政治的立場と出家遁世事件」（北条氏研究会編『北条時宗の時代』八木書店、二〇〇八年）などがある。

久保田和彦（くぼた・かずひこ）
一九五五年生まれ。鶴見大学文学部・日本大学文理学部非常勤講師。
専門は日本中世史（北条氏・六波羅探題・荘園制・国司制度など）。
著書に『六波羅探題 研究の軌跡』（日本史史料研究会ブックス、文学通信、二〇一九年）、論文に「六波羅探題発給文書の研究――北条泰時・時房探題期について――」（『日本史研究』四〇一、一九九六年一月）、「鎌倉幕府「連署」制の成立に関する一考察」（『鎌倉遺文研究』四一、二〇一八年四月）などがある。

川島孝一（かわしま・こういち）
一九五七年生まれ。公益財団法人徳川黎明会徳川林政史研究所非常勤研究員・香取神宮史誌編纂委員。
専門は古文書学・尾張徳川史・香取神宮史。
論文に「『消息礼事及書礼事』解説」（『消息礼事及書礼事他』〈尊経閣善本影印集成55〉所収、八木書店、二〇一五年）、「近世香取神宮の官位について」（『國學院雜誌』一一二―五、二〇一一年）、校訂に『源敬様御代御記録』一～四（史料纂集〈共同校訂、八木書店、二〇一五年～二〇一九年）、『香取群書集成』第七巻～（共同校訂、香取神宮社務所、二〇〇四年～）などがある。

山野龍太郎（やまの・りゅうたろう）
一九八四年生まれ。埼玉県立小川高等学校教諭。
専門は日本中世の東国武士論。
論文に「鎌倉期武士社会における烏帽子親子関係」（山本隆志編『日本中世政治文化論の射程』思文閣出版、二〇一二年）、「畠山重忠の政治的遺産」（北条氏研究会編『武蔵武士の諸相』勉誠出版、二〇一七年）などがある。

山野井功夫（やまのい・いさお）
一九五九年生まれ。埼玉県立浦和西高等学校教諭。
専門は日本中世史。
論文等に「北条政村及び政村流の研究――姻戚関係から見た政村の政治的立場を中心に――」（北条史研究会編『北条時宗の時代』八木書店、二〇〇八年）、「館・城・街道」（関幸彦編『武蔵武士団』吉川弘文館、二〇一四年）、「館・山城を探る」（関幸彦編『相模武士団』吉川弘文館、二〇一七年）などがある。

森　幸夫（もり・ゆきお）
一九六一年生まれ。國學院大學非常勤講師。
専門は日本中世史。
著書に『六波羅探題の研究』（続群書類従完成会、二〇〇五年）、『北条重時』（吉川弘文館、二〇〇九年）、『中世の武家官僚と奉行人』（同成社、二〇一六年）などがある。

川島優美子（かわしま・ゆみこ）
一九六三年生まれ。放送大学非常勤講師。
専門は日本中世史。
論文に「中世関東における水運システム解明のための一試論」（『茨城県史研究』第七一号、一九九三年）、「女性たちの鎌倉――流人時代の頼朝と民間伝承――」（糟谷優美子・福田豊彦・関幸彦編『「鎌倉」の時代』山川出版社、二〇一五年）、「鎌倉街道をめぐる武蔵武士と鎌倉幕府――関渡と地域開発――」（北条氏研究会編『武蔵武士の諸相』勉誠出版、二〇一七年）などがある。

伊藤一美（いとう・かずみ）
一九四八年生まれ。NPO法人鎌倉考古学研究所理事・葉山町文化財保護委員会会長ほか。
専門は中世鎌倉史。
著書に『戦国時代の藤沢』（名著出版、一九八三年）、『大庭御厨に生きる人々』（藤沢市史ブックレット、藤沢市文書館、二〇一五年）、論文に「『墨書木簡』が語る鎌倉の御家人たち」（関幸彦編『相模武士団』吉川弘文館、二〇一七年）などがある。

牡丹健一（ぼたん・けんいち）
一九八六年生まれ。神奈川県立平塚湘風高校教諭。
専門は日本中世史（南北朝期の武士団）。
論文に「悲劇の征夷大将軍となった護良親王」（関口崇史編『征夷大将軍研究の最前線』洋泉社、二〇一八年）、「紀伊国飯盛城合戦の実像――六十谷定尚の考察を中心に――」（悪党研究会編『南北朝「内乱」』岩田書院、二〇一八年）などがある。

今井大輔（いまい・だいすけ）
一九九二年生まれ。早稲田学園わせがく高等学校教諭。
鎌倉～南北朝期にかけて、上位権力の権威が如何に変容していったかについて、その変遷を地方の目線から理解することを主眼とする。

遠山久也（とおやま・ひさや）

一九六四年生まれ。東京都立田園調布高等学校教諭。

専門は日本中世史。

論文に「鎌倉幕府における諸大夫について」（中野栄夫編『日本中世の政治と社会』吉川弘文館、二〇〇三年）、「得宗家庶子北条時輔の立場」（北条史研究会編『北条時宗の時代』八木書店、二〇〇八年）などがある。

永井　晋（ながい・すすむ）

一九五九年生まれ。現在関東学院大学客員教授。

専門は日本中世前期国家史。

著書に『官史補任』（続群書類従完成会、一九九八年）、『金沢北条氏の研究』（八木書店、二〇〇六年）、『源頼政と木曽義仲』（中公新書、二〇一五年）などがある。

鎌田寛之（かまだ・ひろゆき）

一九九二年生まれ。国立国会図書館非常勤職員。

専門は日本中世政治史・アーカイブズ学。

泉田崇之（いずみだ・たかゆき）

一九八六年生まれ。埼玉県立草加高等学校非常勤講師。

専門は「鎌倉時代における武士の発生と第二次産業との関わりについて」武士と刀、鎧、貨幣の発生の起源について考える。

論文に「応仁・文明の乱期の大沢久守と山科七郷の動向」（立教大学大学院文学研究科史学研究室編『立教史学』第二号、二〇一〇年）、「鎌倉幕府と「丹党」――安保氏から見た考察――」（北条氏研究会編『武蔵武士の諸相』勉誠出版、二〇一七年）などがある。

磯川いづみ（いそかわ・いづみ）

一九七二年生まれ。坂出市史編さん委員会編さん調査委員。

専門は日本中世史、とくに瀬戸内地域について。

編著に『伊予河野氏文書集（1）』（戦国史研究会、二〇一八年）、論文に「南北朝初期における河野通盛の軍事統率権」（北条氏研究会編『武蔵武士の諸相』勉誠出版、二〇一七年）、「河野弾正少弼通直最後の受給文書」（『戦国史研究』七七、二〇一九年）、「訴訟時における中世文書の「加工」」（『四国中世史研究』一五、二〇一九年）などがある。

甲斐玄洋（かい・としひろ）

一九七八年生まれ。佐伯市歴史資料館学芸員。

専門は日本中世史。

論文に「建武政権の太政官符発給――政権の理念と構想の一断面――」（『学習院史学』第四五号、二〇〇七年）、「鎌倉前期における朝幕交渉の形態的特質」（小原仁編『『玉葉』を読む――九条兼実とその時代――』勉誠出版、二〇一三年）、「九州における武蔵武士の足跡」（北条氏研究会編『武蔵武士の諸相』勉誠出版、二〇一七年）などがある。

齊藤直美（さいとう・なおみ）

一九七八年生まれ。文京区教育委員会文化財調査員。

専門は日本中世史および歴史考古学。

論文に「女性相続の実例について――鎌倉時代前半の『鎌倉遺文』から――」（『北条時宗の時代』二〇〇八年五月）、「古代の冥界観について――おもに『日本霊異記』をもとに――」(『国士舘史学』第一二号二〇〇八年三月)、「古代の冥界観について」(『国士舘考古学』第三号二〇〇七年五月)などがある。

北爪寛之(きたづめ・ひろゆき)

一九八二年生まれ。瑞穂町郷土資料館学芸員。

専門は日本中世史。

著書に『尊経閣文庫所蔵　石清水文書』(校訂、八木書店、二〇一五年)、『吾妻鏡地名寺社名等総覧』(共編、勉誠出版、二〇一五年)、論文に「武蔵武士宮寺氏と居館」(北条氏研究会編『武蔵武士の諸相』勉誠出版、二〇一七年)などがある。

北条氏発給文書の研究
附 発給文書目録

編者 北条氏研究会
発行者 池嶋洋次
発行所 勉誠出版㈱
〒101-0051 東京都千代田区神田神保町三－一〇－二
電話 〇三－五二一五－九〇二一㈹

二〇一九年十月二十五日 初版発行

印刷製本 太平印刷社

ISBN978-4-585-22256-9 C3021

鎌倉北条氏人名辞典

約一一〇〇項目を立項。充実の関連資料も附録として具備し、鎌倉時代の政治・経済を主導した鎌倉北条氏の全貌を明らかにする必備のレファレンスツール。

菊池紳一 監修／北条氏研究会 編・本体一八〇〇〇円（＋税）

吾妻鏡地名寺社名等総覧

『吾妻鏡』に記載される地名や寺社名などを網羅的に抽出し、記事本文とともに分類・配列。日本中世史の根本史料を使いこなすための必携書。

菊池紳一・北爪寛之 編・本体三八〇〇円（＋税）

武蔵武士の諸相

古文書・史書、系図や伝説・史跡などの諸史料に探り、多面的な観点から武蔵武士の営みを歴史のなかに位置付ける。新視点から読み解く日本中世史研究の最前線。

北条氏研究会 編・本体九八〇〇円（＋税）

武蔵武士を歩く
重忠・直実のふるさと 埼玉の史跡

武蔵武士ゆかりの様々な史跡を膨大な写真・図版資料とともに詳細に解説。史跡や地名から歴史を読み取るためのコツや、史跡めぐりのルート作成方法を指南。

北条氏研究会 編・本体二七〇〇円（＋税）

日本の文化財
守り、伝えていくための理念と実践

文化財はいかなる理念と思いのなかで残されてきたのか、また、その実践はいかなるものであったのか。文化国家における文化財保護のあるべき姿を示す。

池田寿 著・本体三二〇〇円（＋税）

加賀前田家と尊経閣文庫
文化財を守り、伝えた人々

伝統事業の成立過程、前田家の展開と文化活動、文庫伝来の古文書・古記録・系図類を解説。日本文化の根幹を未来へと伝える前田家・尊経閣文庫の営みに光を当てる。

菊池紳一 著・本体四八〇〇円（＋税）

日本中世史入門
論文を書こう

歴史学の基本である論文執筆のためのメソッドと観点を日本中世史研究の最新の知見とともにわかりやすく紹介、歴史を学び、考えることの醍醐味を伝授する。

秋山哲雄・田中大喜・野口華世 編・本体二七〇〇円（＋税）

公卿補任図解総覧
大宝元年（七〇一）〜
明治元年（一八六八）

大宝元年〜明治元年の一一六八年間における『公卿補任』掲載の全現任公卿二三二一人の人事記録を図解、位階・年齢・日付とともに一覧できる基礎資料の決定版。

所功 監修／坂田桂一 著・本体九八〇〇円（＋税）